MANUAL
DE
DIREITO CONSTITUCIONAL

JORGE BACELAR GOUVEIA
Professor Catedrático da Faculdade de Direito da Universidade Nova de Lisboa e da Universidade Autónoma de Lisboa
Agregado, Doutor e Mestre em Direito
Jurisconsulto e Advogado

MANUAL DE DIREITO CONSTITUCIONAL

Introdução
Parte Geral
Parte Especial

VOLUME I

4.ª EDIÇÃO, REVISTA E ATUALIZADA

ALMEDINA

MANUAL DE DIREITO CONSTITUCIONAL

AUTOR
JORGE BACELAR GOUVEIA
(jbg@fd.unl.pt)

EDITOR
EDIÇÕES ALMEDINA, SA
Rua Fernandes Tomás n.ºs 76, 78, 80
3000-167 Coimbra
Tel.: 239 851 904
Fax: 239 851 901
www.almedina.net
editora@almedina.net

PRÉ-IMPRESSÃO | IMPRESSÃO | ACABAMENTO
G.C. – GRÁFICA DE COIMBRA, LDA.
Palheira – Assafarge
3001-453 Coimbra
producao@graficadecoimbra.pt

Outubro, 2011

DEPÓSITO LEGAL
334843/11

Biblioteca Nacional de Portugal – Catalogação na Publicação

GOUVEIA, Jorge Bacelar, 1966-

Manual de direito constitucional. – 4ª ed. rev. e actualiz.- 2 v.
– (Manuais universitários)
1º v.: Introdução, parte geral, parte especial. - p.
- ISBN 978-972-40-4680-8

CDU 342
378

Ao Senhor Professor
Doutor Diogo Freitas do Amaral,
a minha singela homenagem a um grande homem,
um grande académico e um grande português.

NOTA PRÉVIA À 4.ª EDIÇÃO

Determinada pela pressão das circunstâncias, publica-se a 4.ª edição do *Manual de Direito Constitucional,* adiando para uma próxima oportunidade a revisão global que esta obra carece tanto do ponto de vista dos elementos informativos disponibilizados como da perspetiva da reformulação de algumas soluções que o tempo vai impondo.

Ainda assim, houve o cuidado de corrigir indicações que não estavam certas ou que entretanto se desatualizaram, no cumprimento de algo sagrado da vida académica: o dever que qualquer professor tem de oferecer aos seus alunos elementos pedagógicos e científicos que lhes permitam aprender a disciplina que é ministrada. Julgo que esta nova edição se alinha bem com esse propósito.

Jorge Bacelar Gouveia

Belo Horizonte, 7 de Setembro de 2011.

NOTA PRÉVIA À 3.ª EDIÇÃO

De novo rapidamente esgotada, publica-se a 3.ª edição do *Manual de Direito Constitucional*, mantendo-se a sua estrutura inicial e as soluções nela apresentadas.

Contudo, e como não podia deixar de ser, esta oportunidade de uma nova publicação permitiu acrescentar materiais bibliográficos entretanto dados à estampa, além da correcção de lapsos, bem como o reforço argumentativo de algumas opiniões expendidas.

O propósito de que se parte é sempre o mesmo: o de que a leitura deste livro seja útil a todos os que se interessam – estudantes ou profissionais – pelo Direito Constitucional, verdadeiro espelho consensual de uma comunidade.

Jorge Cláudio de Bacelar Gouveia

Vila do Bispo, 25 de Agosto de 2009.

NOTA PRÉVIA À 2.ª EDIÇÃO

Rapidamente esgotada, publica-se a 2.ª edição, revista e actualizada, do *Manual de Direito Constitucional*, que mantém o seu propósito fundamental: oferecer um panorama equilibradamente abrangente, suficientemente pormenorizado e totalmente actualizado sobre o Direito Constitucional.

Evidentemente que nestes dois anos que separam as duas edições foram muitos os contributos – legislativos, doutrinários e jurisprudenciais – que enriqueceram o ensino do Direito Constitucional, os quais foram levados em consideração no contexto de uma revisão limitada do texto publicado em 2005.

A 2.ª edição que agora se dá à estampa permitiu ainda corrigir vários lapsos que viciavam a 1.ª edição, além de se ter optado por acrescentar dois novos índices que se afiguram de uma importância substantiva apreciável – o Índice Cronológico e o Índice Ideográfico.

Jorge Cláudio de Bacelar Gouveia

Angra do Heroísmo, 24 de Junho de 2007.

NOTA PRÉVIA À 1.ª EDIÇÃO

1. O *Manual de Direito Constitucional* que neste momento se dá à estampa, na prestigiada Livraria Almedina, corresponde a um desejo de muitos anos e que vê a sua concretização finalmente alcançada: é com grande satisfação que publico o presente trabalho, sendo, na Faculdade de Direito da Universidade Nova de Lisboa, o primeiro livro didáctico dedicado ao Direito Constitucional.

A orientação que foi imprimida traduz o ensino deste sector do Direito na sua vertente de disciplina formativa, geral, obrigatória e introdutória, que logo se situa – e bem – no ano de entrada dos estudantes e que tenho levado a cabo, agora pelo terceiro ano consecutivo.

Evidentemente que tal facto não oblitera o interesse da sua utilização por outras disciplinas conexas – jurídicas e não jurídicas – que o plano de estudos desta instituição de ensino superior público abundantemente oferece em fases mais adiantadas da licenciatura.

Razões que se prendem com a sua urgente preparação, visando fornecer aos alunos adequados elementos doutrinais de estudo no âmbito da regência desta disciplina, impuseram a exclusão de alguns núcleos menos relevantes, mas que, em todo o caso, não comprometem a abrangência que deve ser apanágio de um manual universitário.

2. Gostaria de consignar palavras de expresso agradecimento a todos aqueles que, de um modo ou de outro, me apoiaram na conclusão da presente publicação, sem, em todo o caso, excluir alguns agradecimentos específicos.

Começo por referir os colegas da Faculdade de Direito da Universidade Nova de Lisboa que sempre me incentivaram a porfiar nesta tarefa, lembrando em particular o seu fundador, o Professor Doutor

Diogo Freitas do Amaral, sendo este meu labor tributário daquele projecto de ensino e de investigação do Direito, rasgando horizontes em Portugal e superando fossilizadas concepções fundadas na antiguidade estéril e nos apadrinhamentos carreiristas que sufocam o saudável ambiente universitário.

Mas não poderia deixar passar o ensejo da publicação deste *Manual de Direito Constitucional* sem lembrar o testemunho e o convívio de um excelente professor e constitucionalista português de outra Faculdade que não da Faculdade de Direito da Universidade Nova de Lisboa, a cuja influência académica estou grato, logo desde as primeiras aulas a que ansiosamente ia assistindo no 1.° ano da licenciatura em Direito: o Professor Doutor Jorge Miranda, com quem aprendi a ensinar Direito Constitucional.

É ainda devido um obrigado especial ao Dr. Francisco Pereira Coutinho, doutorando da Faculdade de Direito da Universidade Nova de Lisboa, e ao Dr. Pedro Félix, recém licenciado por essa mesma instituição universitária, na busca de numerosos elementos úteis, para além da discussão crítica de algumas das soluções adoptadas, assim tendo enriquecido o resultado final, agradecimento que estendo ao Dr. Vitorino Duarte pela cuidadosa revisão de muitos parágrafos deste trabalho, bem como a participação na elaboração dos respectivos índices.

3. Contudo, o percurso não chegou ao fim e a viagem pelo Direito Constitucional só agora começou: ela vai continuar na senda da correcção de soluções inadequadas, no aprofundamento argumentativo de certos problemas e na intensificação da informação que é apropriado dar num texto universitário.

Por isso, queira Deus que possa – tão brevemente quanto possível – regressar ao apaixonante Direito Constitucional, melhorando esta publicação, beneficiando das críticas e das sugestões da comunidade científica e forense em geral, bem como de todos aqueles que foram, são e serão meus alunos, primordial razão de ser deste escrito.

Jorge Cláudio de Bacelar Gouveia

Lisboa, 10 de Julho de 2005.

PLANO

I – INTRODUÇÃO AO DIREITO CONSTITUCIONAL

Capítulo I – *O Direito Constitucional*
Capítulo II – *O Estado no Direito Constitucional*
Capítulo III – *Perspectivas de Direito Constitucional Comparado*
Capítulo IV – *Evolução do Direito Constitucional Português*

II – PARTE GERAL DO DIREITO CONSTITUCIONAL

Capítulo V – *As fontes do Direito Constitucional*
Capítulo VI – *A dinâmica do Direito Constitucional*
Capítulo VII – *A interpretação, a integração e a aplicação do Direito Constitucional*
Capítulo VIII – *A sistematicidade do Direito Constitucional*
Capítulo IX – *O fundamento do Direito Constitucional*

III – PARTE ESPECIAL DO DIREITO CONSTITUCIONAL

Capítulo X – *Os princípios constitucionais*
Capítulo XI – *Os direitos fundamentais*
Capítulo XII – *A organização do poder político*
Capítulo XIII – *A garantia da Constituição*

ORIENTAÇÕES DE LEITURA

A) CITAÇÕES

1. As referências bibliográficas do texto indicam sempre o autor, a primeira ou as primeiras palavras do título, o número do volume, se houver mais do que um, as páginas ou notas pertinentes e, se for necessário, o número de edição, presumindo-se, na sua falta, havendo mais do que uma, que se cita a mais recente.

2. No caso de se tratar da primeira citação, menciona-se também o título completo, o número, o ano e o local da sua edição, bem como qualquer outro elemento identificador tido por conveniente.

3. A sequência das referências bibliográficas constantes de uma mesma nota obedece, tendencialmente, ao critério cronológico, não se estabelecendo, regra geral, qualquer distinção entre bibliografia nacional e estrangeira.

4. As transcrições são normalmente realizadas na língua portuguesa, sendo a respectiva tradução da responsabilidade do autor se outra coisa não resultar do texto, não se fazendo a tradução daqueles trechos que, pela sua importância, devam aparecer na língua original.

5. Para não sobrecarregar o texto, optou-se por um conjunto de várias abreviaturas, siglas e acrónimos, cujo significado agora se esclarece:

B) ABREVIATURAS, SIGLAS E ACRÓNIMOS

1) Actos normativos e jurisprudenciais

ac. – *acórdão*

al. – *alínea*

art. – *artigo*

CA – *Constituição da República de Angola* – aprovada em 3 de Fevereiro de 2010

CB – *Constituição da República Federativa do Brasil* – aprovada em 5 de Outubro de 1988,

CC – *Código Civil* – aprovado pelo Decreto-Lei n.° 47 344, de 25 de Novembro de 1966, com alterações posteriores

CCACI – *Convenção de Chicago sobre a Aviação Civil Internacional* – assinada em Chicago, em 7 de Dezembro de 1944

CCV – *Constituição da República de Cabo Verde* – aprovada em 1992

CE – *Constituição Espanhola* – sancionada em 27 de Dezembro de 1978

CEDH – *Convenção Europeia dos Direitos do Homem* – assinada em 4 de Novembro de 1950

CF – *Constituição da República Francesa* – promulgada em 4 de Outubro de 1958

CGB – *Constituição da República da Guiné-Bissau* – aprovada em 1993

CI – *Constituição da República Italiana* – aprovada em 22 de Dezembro de 1947

CIDH – *Carta Interamericana de Direitos do Homem* – de 22 de Novembro de 1969

CJAP – *Constituição do Japão* – promulgada em 3 de Novembro de 1946, tendo entrado em vigor em 3 de Maio de 1947

CM – *Constituição da República de Moçambique* – aprovada em 16 de Novembro de 2004

CNA – *Constituição Norte-Americana* – aprovada em 1787, com diversas emendas posteriores

CNU – *Carta da Organização das Nações Unidas* – assinada em São Francisco, a 26 de Junho de 1945

CNUDM – *Convenção das Nações Unidas sobre o Direito do Mar* – assinada em Montego Bay, em 10 de Dezembro de 1982

CP – *Código Penal Português* – aprovado pelo Decreto-Lei n.° 400/82, de 23 de Setembro, com alterações posteriores

CPC – *Código de Processo Civil* – aprovado pelo Decreto-Lei n.° 44 129, de 28 de Dezembro de 1961, com muitas alterações posteriores

CPP – *Código de Processo Penal* – aprovado pelo Decreto-Lei n.° 78/87, de 17 de Fevereiro, com alterações posteriores

CPTA – *Código de Processo nos Tribunais Administrativos* – aprovado pela Lei n.° 15/2002, de 22 de Fevereiro

CRP – *Constituição da República Portuguesa* – aprovada em 2 de Abril de 1976, constando a versão actual do anexo à Lei Constitucional n.° 1/2005, de 12 de Agosto

CRPC – *Constituição da República Popular da China* – de 4 de Dezembro de 1982

CS – *Constituição da Suíça* – aprovada em 1999

CSTP – *Constituição da República Democrática de São Tomé e Príncipe* – aprovada em 1990

CT – *Código do Trabalho* – aprovado pela Lei n.° 7/2009, de 12 de Fevereiro

CTL – *Constituição da República Democrática de Timor Leste* – aprovada em 22 de Março de 2002

C1822 – *Constituição Portuguesa de 1822* – de 23 de Setembro de 1822

C1826 – *Carta Constitucional Portuguesa de 1826* – de 29 de Abril de 1826

C1838 – *Constituição Portuguesa de 1838* – de 4 de Abril de 1838

C1911 – *Constituição Portuguesa de 1911* – de 21 de Agosto de 1911

C1933 – *Constituição Portuguesa de 1933* – de 11 de Abril de 1933

DDHC – *Declaração de Direitos do Homem e do Cidadão* – aprovada em 26 de Agosto de 1789

Dec. – *Decreto*

DL – *Decreto-Lei*

DUDH – *Declaração Universal dos Direitos do Homem* – aprovada pela Resolução da Assembleia Geral das Nações Unidas n.° 217-A (III), em 10 de Dezembro de 1948

EPARAA – *Estatuto Político-Administrativo da Região Autónoma dos Açores* – Lei n.° 39/80, de 5 de Agosto, com alterações posteriores, sendo a última a Lei n.° 2/2009, de 12 de Janeiro

EPARAM – *Estatuto Político-Administrativo da Região Autónoma da Madeira* – Lei n.° 13/91, de 5 de Junho, com alterações posteriores, sendo a última a Lei n.° 12/2000, de 21 de Junho

EPJ – *Estatuto do Provedor de Justiça* – aprovado pela Lei n.° 9/91, de 9 de Abril, alterada pela Lei n.° 30/96, de 14 de Agosto, e pela Lei n.° 52-A/2005, de 10 de Outubro

ERTPI – *Estatuto de Roma do Tribunal Penal Internacional* – assinado em Roma, a 17 de Julho de 1998

L – *Lei*

LAL – *Lei das Autarquias Locais* – Lei n.° 169/99, de 18 de Setembro, alterada pela Lei n.° 5-A/2002, de 11 de Janeiro

LC – *Lei Constitucional*

LCRTCP – *Lei dos Crimes de Responsabilidade dos Titulares dos Cargos Políticos* – L n.° 34/87, de 16 de Julho, com alterações posteriores

LDN – *Lei de Defesa Nacional* – Lei Orgânica n.° 1-B/2009, de 7 de Julho

LF – *Lei Fundamental de Bonn* – promulgada em 23 de Maio de 1949

LN – *Lei da Nacionalidade* – Lei n.° 37/81, de 3 de Outubro, alterada pela Lei n.° 25/94, de 19 de Agosto, pela Lei Orgânica n.° 1/2004, de 15 de Janeiro, e pela Lei Orgânica n.° 2/2006, de 17 de Abril

LO – *Lei Orgânica*

LOC – *Lei da Objecção de Consciência perante o serviço militar obrigatório* – Lei n.° 7/92, de 12 de Maio, alterada pela Lei n.° 138/99, de 28 de Agosto

LOFAR – *Lei da Organização e Funcionamento da Assembleia da República* – Lei n.° 77/88, de 9 de Julho, com alterações posteriores

LOG – *Lei Orgânica do XIX Governo Constitucional* – aprovada pelo Decreto-Lei n.° 86-A/2011, de 12 de Julho

LOPTC – *Lei da Organização e Processo do Tribunal de Contas* – Lei n.° 98/97, de 26 de Agosto, com alterações posteriores

LORL – *Lei Orgânica do Referendo Local* – Lei Orgânica n.° 4/ /2000, de 24 de Agosto

LORR – *Lei Orgânica do Regime do Referendo* – Lei n.° 15-A/98, de 3 de Abril, alterada pela Lei Orgânica n.° 4/2005, de 8 de Setembro

LPIFD – *Lei da Publicação, Identificação e Formulá rio dos Diplomas* – Lei n.° 74/98, de 11 de Novembro, alterada pela Lei n.° 2/2005, de 24 de Janeiro, e pela Lei n.° 26/2006, de 30 de Junho

LPP – *Lei dos Partidos Políticos* – Lei Orgânica n.° 2/2003, de 22 de Agosto

LTC – *Lei Orgânica sobre a Organização, Funcionamento e Processo do Tribunal Constitucional* – Lei n.° 28/82, de 15 de Novembro, com alterações posteriores, tendo sido a última introduzida pela Lei n.° 13-A/98, de 26 de Fevereiro

RAR – *Regimento da Assembleia da República* – Regimento da Assembleia da República n.° 1/2007, de 20 de Agosto, com alterações posteriores

RCM – *Regimento do Conselho de Ministros* – Resolução do Conselho de Ministros n.° 82/2005, de 15 de Abril, alterada pela Resolução do Conselho de Ministros n.° 186/2005, de 6 de Dezembro, e pela Resolução do Conselho de Ministros n.° 64/2006, de 18 de Maio, e pela Resolução do Conselho de Ministros n.° 198/ /2008, de 30 de Dezembro

Res. – *Resolução*

TCE – *Tratado Constitucional Europeu* ("Constituição Europeia") – assinado em Roma, em 29 de Outubro de 2004

TEUEE – *Tratado de Exploração e Utilização do Espaço Exterior* – assinado em Genebra, a 27 de Janeiro de 1967

TUE – *Tratado da União Europeia* (= *Tratado de Maastricht*) – assinado em Maastricht, a 7 de Fevereiro de 1992

2) Órgãos e instituições

CEu – *Conselho da Europa*

CPLP – *Comunidade dos Países de Língua Portuguesa*

ONU – *Organização das Nações Unidas*

STAPE – *Secretariado Técnico dos Assuntos para o Processo Eleitoral*

TPI – *Tribunal Penal Internacional*

UA – *União Africana*

UE – *União Europeia*

3) Publicações periódicas, revistas, enciclopédias, colectâneas, obras colectivas e recolhas de jurisprudência

ADH – *Anuário de Derechos Humanos*

AE – *Annuaire Européenne*

Af – *Africana*

AFDI – *Annuaire François de Droit International*

AIJC – *Anuario Iberoamericano de Justicia Constitucional*
AJIL – *American Journal of International Law*
AöR – *Archiv des Öffentlich Recht*
APD – *Archives de Philosophie du Droit*
APDC – *Anuário Português de Direito Constitucional*
AS – *Análise Social*
ATC – *Acórdãos do Tribunal Constitucional*
AUSST – *Annales de l'Université des Sciences Sociales de Toulouse*
AVR – *Archiv des Völkerrechts*
BFDB – *Boletim da Faculdade de Direito de Bissau*
BFDUC – *Boletim da Faculdade de Direito da Universidade de Coimbra*
BFDUM – *Boletim da Faculdade de Direito da Universidade de Macau*
BMJ – *Boletim do Ministério da Justiça*
CCEDF – *Cours Constitutionnelles Européennes et Droits Fondamentaux*
CJ – *Colectânea de Jurisprudência*
CTF – *Ciência e Técnica Fiscal*
D. – *Digesto*
DAC – *Diário da Assembleia Constituinte*
DDC – *Documentação e Direito Comparado*
DeC – *Direito e Cidadania*
DemL – *Democracia e Liberdade*
DG – *Diário do Governo*
DHP – *Dicionário de História de Portugal*
DJ – *Direito e Justiça*
DJAP – *Dicionário Jurídico da Administração Pública*
DR – *Diário da República*
DSoc – *Diritto e Società*
ED – *Enciclopedia del Diritto*
EG – *Enciclopedia Giuridica*
ELJ – *European Law Journal*
ESC – *Estudos sobre a Constituição*
Fr – *Fronteira*
FRDGF – *Fiscalidade – Revista de Direito e Gestão Fiscal*
HRLJ – *Human Rights Law Journal*

IP – *Il Politico*
JCP – *La Justice Constitutionnelle au Portugal*
L-CCL – *Legislação – Cadernos de Ciência da Legislação*
LD – *Lusíada – Direito*
ND – *Nação e Defesa*
NDAC – *Nos Dez Anos da Constituição* (org. de JORGE MIRANDA e MARCELO REBELO DE SOUSA)
NDI – *Nuovo Digesto Italiano*
NE – *Negócios Estrangeiros*
NssDI – *Novissimo Digesto Italiano*
OD – *O Direito*
PC – *Perspectivas Constitucionais – Nos 20 Anos da Constituição* (org. de JORGE MIRANDA)
PCC – *Pareceres da Comissão Constitucional*
PI – *Política Internacional*
Pol. – *Pólis – Enciclopédia Verbo da Sociedade e do Estado*
PSPC – *Portugal – Sistema Político e Constitucional – 1974/87*
RAOT – *Revista do Ambiente e do Ordenamento do Território*
RBAM – *Revista Brasileira de Administração Pública*
RBDC – *Revista Brasileira de Direito Comparado*
RCADI – *Recueil des Cours de l'Academie de Droit International*
RDdE – *Revista de Direito do Estado*
RDE – *Revista de Direito e Economia*
RDES – *Revista de Direito e Estudos Sociais*
RDI – *Rivista di Diritto Internazionale*
RDP – *Revista de Direito Público*
RDP(e) – *Revista de Derecho Público (espanhola)*
RDPSP – *Revue de Droit Public et Science Politique*
REDI – *Revista Española de Derecho Internacional*
REDP – *Revue Européenne de Droit Public*
REJP – *Polis – Revista de Estudos Jurídico-Políticos*
REP – *Revista de Estudios Políticos*
RFDC – *Revue Française de Droit Constitutionnel*
RFDUEM – *Revista da Faculdade de Direito da Universidade Eduardo Mondlane*

RFDUAN – *Revista da Faculdade de Direito da Universidade Agostinho Neto*
RFDUFMG – *Revista da Faculdade de Direito da Universidade Federal de Minas Gerais*
RFDUL – *Revista da Faculdade de Direito da Universidade de Lisboa*
RFDUNL – *THEMIS – Revista da Faculdade de Direito da Universidade Nova de Lisboa*
RJ – *Revista Jurídica da Associação Académica da Faculdade de Direito de Lisboa*
RJM – *Revista Jurídica de Macau*
RJUA – *Revista Jurídica do Urbanismo e Ambiente*
RLAD – *Revista Luso-Africana de Direito*
RMP – *Revista do Ministério Público*
ROA – *Revista da Ordem dos Advogados*
RPCC – *Revista Portuguesa de Ciência Criminal*
RPIIC – *Revista Portuguesa de Instituições Internacionais e Comunitárias*
RTDP – *Rivista Trimestrale di Diritto Pubblico*
RUDH – *Revue Universelle des Droits de l'Homme*
SI – *Scientia Iuridica*
RTDPC – *Rivista Trimestrale di Diritto e Procedura Civile*
VELBC – *Verbo – Enciclopédia Luso-Brasileira de Cultura*

4) Outras abreviaturas, siglas e acrónimos

AAVV – *autores vários*
a.C. – *antes de Cristo*
apud – *segundo*
CDS/PP – *Partido do Centro Democrático Social/Partido Popular*
cfr. – *confrontar*
coord. – *coordenação*
d.C. – *depois de Cristo*
dir. – *direcção*
ed. – *edição*
etc. – *et caetera*

FRELIMO – *Frente para a Libertação de Moçambique*
Leg. – *Legislatura*
MDP/CDE – *Movimento Democrático Português/Comissão Democrática Eleitoral*
MFA – *Movimento das Forças Armadas*
MPLA – *Movimento para a Libertação de Angola*
nt. – *nota*
n.º – *número*
org. – *organização*
p(p). – *página(s)*
§ – *parágrafo*
passim – *aqui e ali*
PCP – *Partido Comunista Português*
PCUS – *Partido Comunista da União Soviética*
PIDE/DGS – *Polícia Internacional de Defesa do Estado/Direcção-Geral de Segurança*
PPD/PSD – *Partido Popular Democrático/Partido Social Democrata*
proc. – *processo*
PS – *Partido Socialista*
Rec. – *recurso*
RENAMO – *Resistência Nacional Moçambicana*
S – *Série*
s.d. – *sem data*
sep. – *separata*
s.l. – *sem local*
s(s). – *seguinte(s)*
sup. – *suplemento*
t. – *tomo*
UDP – *União Democrática Popular*
UNITA – *União Nacional para a Independência Total de Angola*
URSS – *União das Repúblicas Socialistas Soviéticas*
v. – *vide*
v.g. – *verbi gratia*
vol(s). – *volume(s)*
vs – *versus*

I

INTRODUÇÃO
AO DIREITO CONSTITUCIONAL

CAPÍTULO I
O DIREITO CONSTITUCIONAL

§ 1.° O Direito Constitucional na Enciclopédia Jurídica

§ 2.° O Direito Constitucional na Ciência do Direito

§ 1.º O Direito Constitucional na Enciclopédia Jurídica

1. O conceito de Direito Constitucional

I. O Direito Constitucional, no contexto da sua inserção no Direito em geral, consiste no *conjunto de princípios e de normas que regulam a organização, o funcionamento e os limites do poder público do Estado, assim como estabelecem os direitos das pessoas que pertencem à respectiva comunidade política.*

Isso quer dizer que o Direito Constitucional assenta numa tensão dialéctica, que reflecte um *equilíbrio*, nem sempre fácil e nem sempre calibrado[1], entre[2]:

- por um lado, *o poder público estadual*, que numa sociedade organizada monopoliza os meios públicos de coacção e de força física; e

---

[1] Cfr. JORGE BACELAR GOUVEIA, *O estado de excepção no Direito Constitucional – entre a eficiência e a normatividade das estruturas de defesa extraordinária da Constituição*, I, Coimbra, 1998, p. 31, aqui se lembrando que "Nenhum outro ramo jurídico exprime com maior verdade que o Direito Constitucional a tensão que se reconhece existir entre a *liberdade de actuação da pessoa integrada na sociedade política* – de distanciação frente ao poder público – e a *autoridade na direcção dos negócios públicos do Estado-aparelho* – de intervir, mais ou menos intensamente, em nome daquela colectividade".

[2] Cfr. também JORGE MIRANDA, *Direito Constitucional*, in Pol., II, Lisboa, 1984, p. 434, *Direito Constitucional*, in DJAP, IV, Lisboa, 1991, p. 30, e *Manual de Direito Constitucional*, I, 7.ª ed., Coimbra, 2003, pp. 11 e ss.; ARMANDO M. MARQUES GUEDES, *Ideologias e sistemas políticos*, Lisboa, 1984, pp. 71 e 72; MARCELLO CAETANO, *Manual de Ciência Política e Direito Constitucional*, I, 6.ª ed., Coimbra, 1989, pp. 10 e ss.

– por outro lado, *a comunidade de pessoas em nome das quais aquele poder é exercido*[3], estas carecendo de autonomia e de liberdade frente ao poder público estadual[4].

II. A explicação do sentido do Direito Constitucional como sector da Ordem Jurídica não vem a ser unívoca, pois que nele é possível surpreender *três elementos*, a partir dos quais é viável a busca dos pilares fundamentais que permitem a respectiva caracterização[5]:

– *um elemento subjectivo* – que se define pelo *destinatário* da regulação que o Direito Constitucional contém, ao dirigir-se ao Estado na sua dupla vertente de *Estado-Poder* – a organização do poder público – e de *Estado-Comunidade* – o conjunto das pessoas que integram a comunidade política;
– *um elemento material* – que se define pelas *matérias* que são objecto da regulação levada a cabo pelo Direito Constitucional, nela se estipulando um sistema de normas e princípios, de natureza jurídica, que traçam as opções fundamentais do Estado;

---

[3] Referindo-se ao mesmo dilema nos termos amplos do Direito em geral, José de Oliveira Ascensão, *O Direito – Introdução e Teoria Geral*, 13.ª ed., Coimbra, 2005, pp. 56 e ss.

[4] É a este propósito que, impressivamente, Reinhold Zippelius (*Teoria Geral do Estado*, 3.ª ed., Lisboa, 1997, p. 70) fala na "ambivalência" do poder do Estado: "Mas o poder do Estado é ambivalente. Um Estado que dispõe do poder de proteger eficazmente os seus cidadãos também é suficientemente poderoso para os reprimir. Por isso, associa-se com a necessidade de um poder do Estado eficiente a exigência de que as actividades estatais se desenrolem como um acontecimento controlado que funciona por uma distribuição equilibrada de funções e conforme as regras do jogo seguras".

[5] Com contributos para a definição do Direito Constitucional, v. Marcelo Rebelo de Sousa, *Direito Constitucional I – Introdução à Teoria da Constituição*, Braga, 1979, pp. 9 e ss.; Marcello Caetano, *Manual de Ciência Política...*, I, pp. 40 e 41; Diogo Freitas do Amaral, *Manual de Introdução ao Direito*, I, Coimbra, 2004, p. 266.

– *um elemento formal* – que se define pela *posição* hierárquico-normativa que o Direito Constitucional ocupa no nível supremo da Ordem Jurídica, acima da qual não se reconhece outro patamar de juridicidade positiva interna, integrando-se num acto jurídico-público chamado "Constituição".

III. A terminologia utilizada – "Direito Constitucional" – acabaria por se cristalizar com o tempo e é hoje a designação mais utilizada um pouco por todo o Mundo, igualmente sendo reconhecida em múltiplas instituições internacionais e comparatísticas[6].

Esta denominação é directamente tributária da palavra "Constituição", que se apresentou coeva do nascimento deste novo sector do Direito Público a partir do século XVIII[7].

Assim sendo, o Direito Constitucional representa a síntese dos princípios e das normas que se condensam (pelo menos, maioritariamente[8]) na Constituição enquanto acto cimeiro do Estado e da sua Ordem Jurídica[9], podendo ser simplesmente definido como o "Direito do Estado na Constituição".

---

[6] Cfr. as denominações que são utilizadas em diversos Estados no tocante ao ensino do Direito Constitucional, através das respectivas universidades, em JORGE BACELAR GOUVEIA, *Ensinar Direito Constitucional*, Coimbra, 2003, pp. 265 e ss.

[7] Como explicita ANTÓNIO MANUEL HESPANHA (*Guiando a mão invisível – direitos, Estado e lei no liberalismo monárquico português*, Coimbra, 2004, pp. 30 e 31), a palavra "Constituição", ainda gerada no absolutismo régio, deriva dos étimos latimos *con-statuere*, que implica o propósito de ordenação conjunta de uma regulação do poder público estadual.

[8] Pelo menos maioritariamente porque o Direito Constitucional, como veremos, pode estar para além de um acto legislativo com valor constitucional e com o nome de "Constituição". Cfr. *infra* capítulo V.

[9] Claro que isso não determina que forçosamente todo o Direito Constitucional deva resumir-se à Constituição, ainda que nesta se concentre o que nele se considera ser essencial.

Cfr. *infra* a questão das relações do Direito Constitucional com outros ramos do Direito, bem como as diversas acepções de Constituição.

IV. Aquela expressão surgiu em França e na Itália[10], aquando da elaboração dos primeiros manuais que, nos respectivos contextos de recepção do Constitucionalismo Liberal[11], se dedicaram ao estudo sistemático deste ramo do Direito, nesse esforço se evidenciando o nome de PELLEGRINO ROSSI[12].

Esta conclusão não exclui, no entanto, que num momento inicial aquela expressão tivesse sofrido a concorrência de outras designações, como foi o que sucedeu com o do *Direito Político*.

Este é o caso, ainda hoje, de certos espaços científicos, *maxime* na vizinha Espanha, em que o Direito Constitucional é *grosso modo* equivalente ao Direito Político, embora depois nestas paragens os estudos tenham evoluído para a separação entre o Direito Político – numa análise mais próxima da Ciência Política – e o Direito Constitucional – numa apreciação essencialmente jurídico-normativa[13].

A propagação da locução "Direito Constitucional", ultrapassados estes momentos iniciais, acabaria por se consolidar um pouco por

[10] Cfr. ARMANDO M. MARQUES GUEDES, *Ideologias...*, pp. 311 e ss.; LOUIS FAVOREU, *L'enseignement de Droit Constitutionnel en France*, in AAVV, *L'enseignement du Droit Constitutionnel* (ed. de JEAN-FRANÇOIS FLAUSS), Bruxelles, 2000, pp. 47 e ss.

[11] Ainda que tal expressão já fosse conhecida no tempo do *Ancien Régime* na Europa, tendo também sido utilizada nos debates constitucionais norte-americanos.

[12] De origem italiana, e refugiado na Suíça por causa do seu ideal liberal e nacionalista, a PELLEGRINO ROSSI coube o mérito de ter realizado a primeira grande síntese do Direito Constitucional saído da Revolução Francesa de 1789, não obstante as suas lições só terem sido publicadas em 1866, 18 anos depois da sua morte.

O sucesso de PELLEGRINO ROSSI, contudo, não seria imediato, pois que enfrentou diversas dificuldades quando começou a desenvolver o seu ensino em Paris, mas rapidamente alcançaria grande reputação por força de uma visão que ia bastante além de uma dimensão literal da Carta Constitucional então vigente. Cfr. LOUIS FAVOREU, *L'enseignement...*, pp. 50 e ss.

[13] Curioso é notar que o próprio MARCELLO CAETANO (*Manual de Ciência Política...*, I, p. 40) foi tributário desta hesitação, embora depois tivesse enveredado pelo "Direito Constitucional", chegando mesmo a apresentar, em absoluta homologia, as expressões "Direito Político" e "Direito Constitucional".

toda a parte, ainda que se tomando nota da preocupação de não se fechar num quadro rigidamente normativista[14].

Portugal, não obstante algumas hesitações durante o século XIX, firmar-se-ia definitivamente no século XX como adepto do vocábulo "Direito Constitucional", tendência que se conserva até hoje[15], numa altura em que este ramo do Direito inclusivamente transbordou, ao nível terminológico e não só, para entidades supra-estaduais[16].

2. As divisões do Direito Constitucional

I. Mesmo tomando nota da sua unidade intrínseca, o Direito Constitucional é susceptível de ser encarado sob diversas perspectivas, tantas quantos os problemas mais específicos que permitem a erecção de pólos regulativos próprios, sem que tal possa quebrar aquela sua primária essência sistemática.

São estes os principais níveis por que o Direito Constitucional pode ser entendido[17]:

---

[14] É assim que ARMANDO M. MARQUES GUEDES (*Ideologias...*, p. 315), no contexto de maior pluralismo metodológico em que se situa, prefere Direito Político: "Há, por isso, quem com razão considere mais adequada a designação *Direito Político* por permitir abarcar realidades não reguladas, ou apenas fragmentária e ocasionalmente reguladas, pelos textos constitucionais – como os partidos políticos e os grupos de interesses, os órgãos de expressão da opinião pública, os órgãos de comunicação social em geral (...) e os organismos de propaganda, cujo papel político é no Estado de hoje de fundamental importância".

[15] Cfr. JORGE BACELAR GOUVEIA, *Ensinar Direito Constitucional*, pp. 61 e ss.

[16] É o caso da UE, em que não têm faltado estudos sobre o Direito Constitucional Comunitário, no sentido de um Direito Institucional dotado de supremacia hierárquico-normativa dentro de um Direito da União Europeia de estrutura já piramidal.

[17] Cfr. JORGE BACELAR GOUVEIA, *O estado de excepção no Direito Constitucional*, II, Coimbra, 1998, pp. 836 e ss., e *O Código do Trabalho e a Constituição Portuguesa*, Lisboa, 2003, pp. 43 e ss.

– *o Direito Constitucional Material*: o conjunto dos princípios e das normas constitucionais que versam sobre os direitos fundamentais das pessoas em relação ao poder público, quer nos seus aspectos gerais, quer nos seus aspectos de especialidade;
– *o Direito Constitucional Económico, Financeiro e Fiscal*: o conjunto dos princípios e das normas constitucionais que cuidam da organização económica da sociedade, medindo os termos da intervenção do poder público, no plano dos regimes económico, financeiro e fiscal;
– *o Direito Constitucional Organizatório*: o conjunto dos princípios e das normas constitucionais que fixam a disciplina do poder público, no modo como se organiza e funciona, bem como nas relações que nascem entre as suas estruturas;
– *o Direito Constitucional Garantístico*: o conjunto dos princípios e das normas constitucionais que estabelecem os mecanismos destinados à protecção da Constituição e à defesa da sua prevalência sobre os actos jurídico-públicos que lhe sejam contrários.

II. Dentro destes grandes âmbitos em que o Direito Constitucional se desenvolve, é ainda possível forjar distinções que assentam na existência de fenómenos mais específicos, ora dispondo uma regulação privativa, ora combinando tópicos pertinentes àquelas várias perspectivas, oferecendo, em qualquer caso, uma feição institucional[18].

Estas são algumas dessas possibilidades, muitas vezes até justificando a existência de disciplinas constitucionais autónomas, de cunho complementar relativamente a um patamar geral que o Direito Constitucional inegavelmente possui[19]:

---

[18] Alguns destes capítulos do Direito Constitucional são considerados por DIOGO FREITAS DO AMARAL (*Manual de Introdução...*, I, pp. 294 e ss.) como ramos menores do Direito Público: o Direito da Nacionalidade, o Direito Parlamentar, o Direito Regional, o Direito Militar ou o Direito da Informação.

[19] Que têm, aliás, bem frutificado nalgumas experiências académicas. É o caso da Faculdade de Direito da Universidade Nova de Lisboa. Cfr. JORGE BACELAR GOUVEIA, *Ensinar Direito Constitucional*, pp. 382 e ss.

– *o Direito Constitucional Internacional*: parcela do Direito Constitucional que traça as relações jurídico-internacionais do Estado, simultaneamente do ponto de vista da participação na formação e na incorporação do Direito Internacional Público no Direito Interno e do prisma dos critérios que orientam a acção do Estado nas grandes questões que se colocam à sociedade internacional, sem ainda esquecer as peculiares relações que os Estados hoje já ostentam com algumas organizações internacionais de cunho supra-nacional[20];
– *o Direito Constitucional dos Direitos Fundamentais*: parcela do Direito Constitucional que é atinente à regulação dos direitos fundamentais das pessoas frente ao poder público, nos pontos relativos à sua positivação, regime de exercício e mecanismos de defesa, dimensão que se concretiza tanto na generalidade quanto na especialidade dos seus diversos tipos[21];
– *o Direito Constitucional Económico*: parcela do Direito Constitucional que orienta a organização da economia, tanto no seu estrito âmbito privado, como nos instrumentos que ao poder público se consente de na mesma intervir[22];

---

[20] Sobre o Direito Constitucional Internacional em geral, v. CELSO D. DE ALBUQUERQUE MELLO, *Direito Constitucional Internacional*, 2.ª ed., Rio de Janeiro//São Paulo, 2000, pp. 3 e ss.; JORGE BACELAR GOUVEIA, *Manual de Direito Internacional Público*, 2.ª ed., Coimbra, 2004, pp. 45 e 46.

[21] Sobre o Direito Constitucional dos Direitos Fundamentais em geral, v. JORGE BACELAR GOUVEIA, *Os direitos fundamentais atípicos*, Lisboa, 1995, pp. 21 e ss.; PAULO FERREIRA DA CUNHA, *Teoria da Constituição II: Direitos humanos e direitos fundamentais*, Lisboa/São Paulo, 2000, pp. 9 e ss.; JORGE MIRANDA, *Manual de Direito Constitucional*, IV, 3.ª ed., Coimbra, 2000, pp. 7 e ss.; CRISTINA M. M. QUEIROZ, *Direitos Fundamentais (teoria geral)*, Coimbra, 2002, pp. 5 e ss.; JOSÉ CARLOS VIEIRA DE ANDRADE, *Os direitos fundamentais na Constituição Portuguesa de 1976*, 4.ª ed., Coimbra, 2009, pp. 71 e ss.

[22] Sobre o Direito Constitucional Económico em geral, v. VITAL MOREIRA, *Economia e Constituição*, 2.ª ed., Coimbra, 1979, pp. 19 e ss.; JORGE MIRANDA, *Direito da Economia*, Lisboa, 1983, pp. 119 e ss.; GUILHERME D'OLIVEIRA MARTINS, *Lições sobre a Constituição Económica Portuguesa*, I, Lisboa, 1983-1984, pp. 5 e ss.;

– *o Direito Constitucional Ambiental*: parcela do Direito Constitucional que, recebendo a influência crescente da necessidade da protecção do ambiente, o qual se mostra transversal a toda a Ordem Jurídica, confere direitos aos cidadãos e impõe deveres e esquemas de actuação ao poder público[23];
– *o Direito Constitucional Eleitoral*: parcela do Direito Constitucional que se organiza em torno da eleição como modo fulcral de designação dos governantes, quer numa perspectiva funcional, atendendo à dinâmica do procedimento eleitoral e dos momentos em que se desdobra, quer numa perspectiva estática, levando em consideração o direito de sufrágio e a possibilidade de os cidadãos poderem democraticamente influenciar a vida do Estado[24];
– *o Direito Constitucional dos Partidos Políticos*: parcela do Direito Constitucional que equaciona o estatuto jurídico dos partidos políticos, não apenas na sua conexão com os órgãos do poder público, mas também enquanto singular expressão da liberdade política, no plano dos vários direitos fundamentais de intervenção política[25];
– *o Direito Constitucional Parlamentar*: parcela do Direito Constitucional que define o estatuto do Parlamento, na sua estrutura e modo de funcionamento, sem esquecer as relações que

---

ANTÓNIO L. SOUSA FRANCO e GUILHERME D'OLIVEIRA MARTINS, *A Constituição Económica Portuguesa – ensaio interpretativo*, Coimbra, 1993, pp. 11 e ss.

[23] Sobre o Direito Constitucional Ambiental em geral, v. JORGE MIRANDA, *Manual...*, IV, pp. 532 e ss.; DIOGO FREITAS DO AMARAL, *Estudos de Direito Público e matérias afins*, II, Coimbra, 2004, pp. 157 e ss.

[24] Sobre o Direito Constitucional Eleitoral em geral, v. JORGE MIRANDA, *Estudos de Direito Eleitoral*, Lisboa, 1995, pp. 9 e ss., e *Direito Constitucional III – Direito Eleitoral e Direito Parlamentar*, Lisboa, 2003, pp. 5 e ss.; DIETER NOHLEN, *Sistemas electorales y partidos políticos*, 2.ª ed., Cidade do México, 1998, pp. 20 e ss..

[25] Sobre o Direito Constitucional dos Partidos Políticos em geral, v. MARCELO REBELO DE SOUSA, *Os partidos políticos no Direito Constitucional Português*, Braga, 1983, pp. 133 e ss.

mantém com outros órgãos do poder público, *maxime* com o Governo[26];

– *o Direito Constitucional Procedimental*: parcela do Direito Constitucional que disciplina os termos por que se desenrola o procedimento legislativo, na sua marcha tramitacional no âmbito da produção dos actos jurídico-públicos de feição procedimental, *maxime* dos actos legislativos[27];

– *o Direito Constitucional Regional (ou Autonómico)*: parcela do Direito Constitucional que incide no estatuto constitucional das regiões autónomas, expressando-se nos órgãos e competências respectivas, bem como na produção dos actos jurídico-públicos que lhe são próprios[28];

– *o Direito Constitucional Processual*: parcela do Direito Constitucional que se reserva ao estabelecimento dos mecanismos processuais de fiscalização da constitucionalidade das leis, genericamente associados à ideia de justiça constitucional[29];

---

[26] Sobre o Direito Constitucional Parlamentar em geral, v. SILVANO TOSI, *Diritto Parlamentare*, 2.ª ed., Milano, 1993, pp. 9 e ss.; MARIA LUISA MAZZONI HONORATI, *Diritto Parlamentare*, Torino, 2001, pp. 45 e ss.; JORGE MIRANDA, *Direito Constitucional III...*, pp. 201 e ss.

[27] Sobre o Direito Constitucional Procedimental em geral, v. JORGE MIRANDA, *Manual de Direito Constitucional*, V, 3.ª ed., Coimbra, 2004, pp. 7 e ss.

[28] Sobre o Direito Constitucional Regional em geral, v. FERNANDO AMÂNCIO FERREIRA, *As regiões autónomas na Constituição Portuguesa*, Coimbra, 1980, *passim*; CARLOS BLANCO DE MORAIS, *A autonomia legislativa regional*, Lisboa, 1993, pp. 19 e ss; AAVV, *Estudos de Direito Regional* (org. de JORGE MIRANDA e JORGE PEREIRA DA SILVA), Lisboa, 1997, pp. 13 e ss.; LIVIO PALADIN, *Diritto Regionale*, 7.ª ed., Padova, 2000, pp. 37 e ss.; PAULO H. FERREIRA GOUVEIA, *Estudo sobre o poder legislativo das Regiões Autónomas*, Coimbra, 2003, pp. 9 e ss.; JORGE MIRANDA, *Manual de Direito Constitucional*, III, 5.ª ed., Coimbra, 2004, pp. 296 e ss.

[29] Sobre o Direito Constitucional Processual em geral, v. VITALINO CANAS, *Introdução às decisões de provimento do Tribunal Constitucional*, 2.ª ed., Lisboa, 1994, pp. 7 e ss.; CARLOS BLANCO DE MORAIS, *Justiça Constitucional*, I, Coimbra, 2002, pp. 13 e ss.; GUILHERME DA FONSECA e INÊS DOMINGOS, *Breviário de Direito Processual Constitucional – recurso de constitucionalidade*, 2.ª ed., Coimbra, 2002, pp. 5 e ss.

– *o Direito Constitucional de Segurança*: parcela do Direito Constitucional que diz respeito à organização da actividade das forças armadas e policiais, constitucionalmente relevantes tanto como parte integrante das estruturas de protecção do Estado como da óptica dos deveres fundamentais dos cidadãos para com a defesa do Estado[30];
– *o Direito Constitucional de Excepção*: parcela do Direito Constitucional que engloba os princípios e as normas que se aplicam nas situações de crise que perturbam a estabilidade constitucional, numa lógica temporária, permitindo reforçar o poder público contra os direitos dos cidadãos, transformando radicalmente a Ordem Constitucional da Normalidade[31].

---

[30] Sobre o Direito Constitucional da Segurança em geral, v. FRANCISCO LUCAS PIRES, *As Forças Armadas e a Constituição*, in AAVV, ESC, I, Lisboa, 1977, pp. 321 e ss.; JORGE MIRANDA, *A participação dos militares no exercício da soberania*, in AAVV, ESC, II, Lisboa, 1978, pp. 43 e ss.; DIOGO FREITAS DO AMARAL, *A Lei de Defesa Nacional e das Forças Armadas – textos, discursos e trabalhos preparatórios*, Coimbra, 1983, pp. 99 e ss., *A elaboração da Lei de Defesa Nacional e das Forças Armadas*, in AAVV, *A Feitura das Leis – história da elaboração de textos legais*, I, Oeiras, 1986, pp. 117 e ss., e *A Constituição e as Forças Armadas*, in AAVV, PSPC, Lisboa, 1989, pp. 649 e ss.; FERNANDO LÓPEZ RAMÓN, *La caracterización jurídica de las fuerzas armadas*, Madrid, 1987, pp. 243 e ss.; JOSÉ MEDEIROS FERREIRA, *Um corpo perante o Estado: militares e instituições políticas*, in AAVV, PSPC, Lisboa, 1989, pp. 429 e ss.; MANUEL PEREIRA, *Política de segurança interna*, in ND, XV, n.° 54, Abril-Junho de 1990, pp. 11 e 12; FRANCISCO LIBERAL FERNANDES, *As forças armadas e a PSP perante a liberdade sindical*, Coimbra, 1990, pp. 4 e ss.; ANTÓNIO EGÍDIO DE SOUSA LEITÃO, *Forças Armadas*, in DJAP, IV, Lisboa, 1991, pp. 378 e ss.; MARIA CARRILHO, *Democracia e Defesa – sociedade política e forças armadas em Portugal*, Lisboa, 1994, pp. 102 e ss., e pp. 114 e ss.; ANTÓNIO VITORINO, *Defesa Nacional*, in DJAP, 1.° sup., Lisboa, 1998, pp. 92 e ss.; AAVV, *O Direito da Defesa Nacional e das Forças Armadas* (coord. de JORGE MIRANDA e CARLOS BLANCO DE MORAIS), Lisboa, 2000, pp. 29 e ss.; JOSÉ ALBERTO LOUREIRO DOS SANTOS, *Reflexões sobre Estratégia – Temas de Segurança e Defesa*, Mem Martins, 2000, pp. 153 e ss.

[31] Sobre o Direito Constitucional de Excepção em geral, v. FRANCISCO FERNÁNDEZ SEGADO, *El estado de excepción en el Derecho Constitucional Español*, Madrid, 1978, pp. 11 e ss.; CARLOS BLANCO DE MORAIS, *O estado de excepção*, Lisboa, 1984; ANTÓNIO DAMASCENO CORREIA, *Estado de sítio e estado de emergência em Democra-*

3. As características do Direito Constitucional

I. O mais profundo conhecimento preliminar do Direito Constitucional – sem ainda ter chegado o momento do seu estudo pormenorizado – deve ser apoiado pela apreciação dos *traços distintivos* que permitem a respectiva singularização no contexto mais vasto do Direito em que o mesmo se integra.

Esta nem sequer é uma observação isenta de escolhos num momento em que aquele conhecimento é superficial, embora uma breve alusão a essas características decerto faculta avançar-se um pouco mais na respectiva dilucidação.

Várias são as *características* que podemos elencar[32], cada uma delas carecendo de uma explicação breve, iluminando um pouco mais os meandros do Direito Constitucional[33]:

- Supremacia;
- Transversalidade;
- Politicidade;
- Estadualidade;
- Legalismo;
- Fragmentarismo;
- Juventude;
- Abertura.

---

cia, Lisboa, 1989, pp. 11 e ss.; JORGE BACELAR GOUVEIA, *O estado de excepção...*, I, pp. 557 e ss.; J. J. GOMES CANOTILHO, *Direito Constitucional e Teoria da Constituição*, 7.ª ed., Coimbra, 2003, pp. 1088 e ss.

[32] Sobre as características do Direito Constitucional em especial, v., por todos, MARCELO REBELO DE SOUSA, *Direito Constitucional...*, p. 59.

[33] Sobre as características do Direito em geral, algumas delas naturalmente comuns ao Direito Constitucional, v. HANS KELSEN, *Teoria Pura do Direito*, 6.ª ed., Coimbra, 1984, pp. 56 e ss.; MARCELO REBELO DE SOUSA, *Introdução ao Estudo do Direito*, Lisboa, 1987-88, pp. 296 e ss.; PAULO OTERO, *Lições de Introdução ao Estudo do Direito*, I, 1.° t., Lisboa, 1998, pp. 7 e ss.; DIOGO FREITAS DO AMARAL, *Manual de Introdução...*, I, pp. 69 e ss.; JOSÉ DE OLIVEIRA ASCENSÃO, *O Direito...*, pp. 96 e ss.

II. Antes, porém, de indagarmos o sentido de cada uma destas características, interessa situar o Direito Constitucional no contexto dos grandes compartimentos da Ordem Jurídica e aí proceder à respectiva localização.

Está sobretudo em questão a dicotomia entre Direito Público e Direito Privado, a qual tem sido o grande factor de especialização jurídico-científica, mas igualmente de orientação formal-pedagógica no Direito Interno.

Qualquer um dos critérios que ao longo do tempo têm sido propugnados para defender a operatividade desta *summa divisio* é válido para inserir o Direito Constitucional no Direito Público, não se suscitando a este propósito qualquer dúvida[34]:

- *é um ramo do Direito em que claramente avulta o interesse público*, na medida em que nele se estabelecem as máximas orientações da vida colectiva, sob a responsabilidade do Estado;
- *é um ramo do Direito que essencialmente regula o poder público, bem como as suas relações com as pessoas e os outros poderes*, sendo assim este o seu objecto normativo primacial;
- *é um ramo do Direito que posiciona o poder público na sua veste de suprema autoridade soberana*, atribuindo-lhe as mais amplas faculdades normativas que se conhece.

---

[34] Quanto a esta *summa divisio* entre o Direito Público e o Direito Privado no seio do Direito Interno, v. ANGEL LATORRE, *Introdução ao Direito*, Coimbra, 1978, pp. 208 e ss.; J. BAPTISTA MACHADO, *Introdução ao Direito e ao Discurso Legitimador*, Coimbra, 1983, pp. 64 e ss.; HANS KELSEN, *Teoria Pura...*, pp. 378 e ss.; JOSÉ DIAS MARQUES, *Introdução ao Estudo do Direito*, 5.ª ed., Lisboa, 1986, pp. 232 e ss.; INOCÊNCIO GALVÃO TELLES, *Introdução ao Estudo do Direito*, I, 11.ª ed., Coimbra, 1999, pp. 153 e ss.; DIOGO FREITAS DO AMARAL, *Sumários de Introdução ao Direito*, 2.ª ed., Lisboa, 2000, pp. 27 e ss., e *Manual de Introdução...*, I, pp. 247 e ss.; A. SANTOS JUSTO, *Introdução ao Estudo do Direito*, Coimbra, 2001, pp. 226 e ss.; MARIA LUÍSA DUARTE, *Introdução ao Estudo do Direito – sumários desenvolvidos*, Lisboa, 2003, pp. 147 e ss.; JORGE BACELAR GOUVEIA, *Manual...*, pp. 39 e 40; JOSÉ DE OLIVEIRA ASCENSÃO, *O Direito...*, pp. 333 e ss.

III. A primeira das características referenciadas é a da *supremacia* que o Direito Constitucional ocupa dentro da Ordem Jurídica.

Não é mais possível equacionar o Direito Positivo sem nele ao mesmo tempo ver uma estrutura hierarquicamente organizada, em que se depara com a existência de diferentes patamares normativos, compostos por outros tantos conjuntos de normas e de princípios jurídico-positivos.

Olhando para esse escalonamento da Ordem Jurídica, o Direito Constitucional, quanto à respectiva força jurídica, assume uma posição suprema, colocando-se no topo da respectiva pirâmide, desse facto decorrendo importantes corolários[35].

A localização no cume da hierarquia da Ordem Jurídica implica que o respectivo sentido ordenador não possa ser contrariado por qualquer outra fonte, que lhe deve assim obediência, tal facto se traduzindo na ideia de conformidade constitucional ou de constitucionalidade.

Essa força suprema não se mostra apenas concebível numa óptica *substantiva*, dada essa localização no topo da Ordem Jurídica. Ela é também *adjectiva*, ao igualmente implicar a adopção de mecanismos de verificação dessa supremacia, assim como a determinação de consequências negativas para os actos e os comportamentos que violem aquele Direito supremo.

Aquela supremacia, que é hierárquico-normativa, não se pode confundir, contudo, com qualquer putativa ilimitação material das

---

[35] Deve-se a HANS KELSEN (*Teoria Pura...*, pp. 309 e 310) a brilhante concepção piramidal da Ordem Jurídica, tendo no seu cume a Constituição, histórico-positiva e lógico-hipotética, que se mantém plenamente actual, mesmo depois de ultrapassado o positivismo metodológico que propôs: "A relação entre a norma que regula a produção de uma outra e a norma assim regularmente produzida pode ser figurada pela imagem espacial da supra-infra-ordenação. A norma que regula a produção é a norma superior, a norma produzida segundo as determinações daquela é a norma inferior. A Ordem Jurídica não é um sistema de normas jurídicas ordenadas no mesmo plano, situadas umas ao lado das outras, mas é uma construção escalonada de diferentes camadas ou níveis de normas jurídicas".

opções do Direito Constitucional, as quais se perspectivam dentro das condições axiológicas a que necessariamente se encontra adstrito[36].

IV. O posicionamento do Direito Constitucional no cimo do Ordenamento Jurídico pode também reflectir-se numa perspectiva material, o que automaticamente faz transparecer a *transversalidade* das matérias que o atravessam.

É que, por força desse lugar eminente, ao Direito Constitucional defere-se uma preocupação de traçar as grandes opções de certa comunidade, o que determina a sua relação com múltiplos temas que, nos dias de hoje, se mostram relevantes à convivência colectiva: o que, aliás, se revela em número progressivamente maior, que bem se compreende na hodierna e inevitável intensificação regulativa.

A transversalidade que se expressa nestas muitas conexões com tantos lugares da Ordem Jurídica foi bem identificada por um professor de origem italiana, refugiado na Suíça e depois radicado em França, no século XIX, PELLEGRINO ROSSI, ao considerar que o Direito Constitucional seria composto pelas "têtes de chapitre" da Ordem Jurídica.

Naturalmente que esta transversalidade traz dificuldades acrescidas nas tarefas de harmonização com as zonas fronteiriças de outros ramos de Direito, sobretudo na utilização de conceitos que sejam oriundos de outras paragens, não se podendo olvidar ainda a maior complexidade das tarefas hermenêuticas que lhe estão associadas.

V. Característica que igualmente avulta no Direito Constitucional, mas que também por certo lhe aumenta o seu encanto científico,

---

[36] Evidentemente que não estamos aqui a considerar a problemática do Direito Suprapositivo, que existe e que se considera estar ainda posicionado acima do Direito Constitucional, adiante nos competindo vislumbrar o seu sentido fundamental.

A supremacia hierárquica que está em questão é apenas a supremacia que faz sentido no contexto do Direito Positivo, que é a Ordem Jurídica criada e segregada pelo Homem nas suas múltiplas manifestações normativas.

é a da sua *politicidade*, o que resulta evidente por o seu objecto ser o estatuto do poder público.

A perspectiva a frisar aqui, porém, não é tanto a da natureza desse objecto quanto sobretudo a das implicações que de tal facto se projectam sobre a definição do regime jurídico que vai estabelecer.

Essa politicidade impõe por vezes a necessidade suplementar de se estar mais atento à proximidade entre as situações juridicamente reguláveis pelo Direito Constitucional e aquelas que devem manter-se no campo puro da Política, fora daquele âmbito, ou então, no caso de intervenção do Direito Constitucional, aceitar que aí a decisão possa ser livremente determinada por critérios políticos, não juridicamente controláveis ao nível dos respectivos parâmetros próprios.

Em resumo: pode aqui residir uma dificuldade acrescida, nem sempre fácil de transpor, de perceber os casos que devem ser deixados ao livre jogo da actividade política, assim dispensando ou aliviando a intervenção jurígena que necessariamente o Direito Constitucional acarreta, para além de outros problemas que surjam associados às tarefas especificamente interpretativas.

VI. Traço que paralelamente não pode ser olvidado é o da *estadualidade* que impregna o Direito Constitucional, por ser este, a um passo, sujeito e objecto do próprio Estado.

Claro que não se desconhece que o Direito não tem uma pertença necessariamente estadual, até se valorizando, nos tempos mais recentes, as preocupações pluralistas da Ordem Jurídica, quer no domínio das fontes, quer no domínio das entidades que são submetidas ao império do Direito e que o aplicam.

Contudo, sem dúvida que o Direito Constitucional ostenta uma estadualidade intrínseca, sendo porventura o mais estadual dos ramos jurídicos, ao representar a radicalidade da soberania estadual, daí decorrendo a sua projecção na modelação da pertinência dos outros ordenamentos jurídicos que não tenham uma origem estadual.

VII. Ao nível das fontes do Direito em geral, o Direito Constitucional expressa ainda uma específica tendência no modo como se sublinha a importância relativa de uma delas na produção das normas e dos princípios constitucionais, sendo influenciado por uma concepção *legalista*.

Inevitavelmente que o Direito Constitucional assenta numa visão de cunho legalista, pois que o acento tónico, na relevância que é conferida às respectivas possíveis fontes normativas, recai sobre a lei, sendo até este sector do Direito o resultado de uma intenção particular de disciplinar o poder público, bem como os espaços de autonomia das pessoas que o mesmo serve.

Assim é, desde logo, por razões históricas, uma vez que o Direito Constitucional, paralelamente à codificação que desde logo representou, se estabeleceu contra um Direito essencialmente consuetudinário, na preocupação de rasgar com o passado monárquico-absolutista triunfante até ao século XVIII.

Assim é, por outro lado, por razões estratégicas, tendo em atenção a função específica que está atribuída ao Direito Constitucional na regulação do poder público, porquanto se pretende, com a precisão possível, limitar o seu exercício, tarefa muito mais espinhosa – para não dizer impossível – se feita por uma via consuetudinária ou jurisprudencial.

Assim é, por fim, por razões filosófico-políticas, na medida em que o Direito Constitucional esteve e está associado à expressão democrática da soberania, que dificilmente se pode revelar em actos jurisdicionais ou que, nos actos costumeiros, nunca pode logicamente representar-se quantitativamente nas maiorias, que é apenas viável nas deliberações apropriadas à produção das leis.

VIII. Em razão da sua função ordenadora, o Direito Constitucional apresenta-se do mesmo modo como *fragmentário*, pois que nem sempre lhe compete proceder a uma regulação exclusivista das matérias constitucionais, em face da congénita essencialidade regulativa que o acompanha.

Tal fragmentarismo significa que raramente lhe compete efectuar uma regulação completa das matérias sobre que se debruça, deixando muitos dos seus elementos de regime a outros níveis reguladores, aparecendo o Direito Constitucional como um sector mínimo fundamental, no qual se estabelecem, ao nível da cúpula, os fundamentos dos diversos institutos jurídicos, públicos e privados.

Obviamente que esta característica nem sempre se apresenta com a mesma intensidade e a respectiva quantificação pode estar estritamente relacionada com o facto de haver matérias mais tipicamente constitucionais do que outras, para tal contribuindo cada opção no sentido de uma forte ou fraca constitucionalização material e formal das questões que são chamadas à respectiva órbita regulativa.

IX. O critério temporal na apreciação de um ramo do Direito não deixa de ser importante, já que a duração da respectiva vida autónoma inelutavelmente se reflecte nos resultados a que possa chegar-se.

É indubitável que o Direito Constitucional – juntamente com muitos outros ramos do Direito Público, como é o caso do Direito Administrativo, seu contemporâneo, e do Direito Internacional Público, aparecido algum tempo antes – comunga de uma mesma *juventude* na respectiva elaboração, pelo pouco tempo que medeia entre a sua criação moderna e a actualidade que vivemos.

As consequências não deixam de se sentir, em primeiro lugar, numa actividade doutrinária e jurisprudencial não tão abundante e sedimentada quanto sucede com os ramos jurídicos mais antigos, com profundos lastros histórico-culturais, a mergulhar nas profundezas de outras épocas históricas, como a Antiguidade Clássica e a Idade Média.

No entanto, a principal consequência a salientar reside na ideia de não ser possível lidar com conceitos e soluções testadas há muitos séculos, os quais sobreviveram à experiência do tempo e das circunstâncias, tal verificação podendo trazer o perigo de adicionais factores de debilidade dogmática nas soluções a encontrar.

X. Cumpre finalmente considerar quc o Direito Constitucional pode beneficiar de um traço claro de *abertura*, que o faz permeável aos influxos de outros ramos normativos, estando muito longe de ser um sistema normativo fechado.

Isso é essencialmente verdadeiro a partir da consideração do respectivo carácter fragmentário, porquanto para certas matérias não é o Direito Constitucional uma disciplina unitária, em larga medida sendo esse papel dificultado pelo seu cunho transversal e plurimaterial.

Em termos práticos, o Direito Constitucional aceita complementaridades e recepções de outros ordenamentos, internacionais e internos, e com eles mantém relações inter-sistemáticas que não podem ser desprezadas, sobretudo na parte dos direitos fundamentais.

4. As relações do Direito Constitucional com os ramos do Direito

I. O conhecimento do Direito Constitucional torna-se ainda mais impressivo pela concreta demarcação das suas linhas de fronteira no confronto com outros ramos do Direito, na suposição de que o Direito Constitucional – como, de resto, qualquer sector jurídico[37] – é uma região do continente mais vasto que é a Ordem Jurídica.

Só que essas linhas de fronteira com os outros ramos que lhe são mais próximos revestem a particularidade, que só se encontra presente no Direito Constitucional, de não ser, as mais das vezes, fruto de uma certa divisão de tarefas e, pelo contrário, surgir com zonas sobrepostas, simultaneamente presentes no Direito Constitucional e no ramo jurídico que com ele se relaciona.

A separação dos âmbitos regulativos não é normalmente feita pela identificação dos diferentes institutos ou matérias a regular, mas através da preocupação de que se defere ao Direito Constitucional a essência de uma regulação jurídico-normativa, à qual se acrescenta uma força hierárquico-formal suprema:

---

[37] Sobre os ramos jurídicos em geral, v. J. BAPTISTA MACHADO, *Introdução ao Direito...*, pp. 64 e ss.; DIOGO FREITAS DO AMARAL, *Manual de Introdução...*, I, pp. 215 e ss.; JOSÉ DE OLIVEIRA ASCENSÃO, *O Direito...*, pp. 335 e ss.

– a *essencialidade material regulativa* determina que o Direito Constitucional cumpre a relevante função de estabelecer as grandes opções do Ordenamento Jurídico, assim se lhe dando a tarefa de, a título fundacional, definir as opções estratégicas da comunidade política, este podendo assim apresentar-se conexo com múltiplos – senão mesmo, a totalidade – ramos do Direito;
– a *supremacia hierárquico-formal* subordina os diversos ramos jurídicos às respectivas orientações, acarretando a necessidade de os muitos desenvolvimentos regulativos lhe serem conformes, mas estando de fora do Direito Constitucional, pela impossibilidade operativa óbvia de tudo levar para dentro da Constituição.

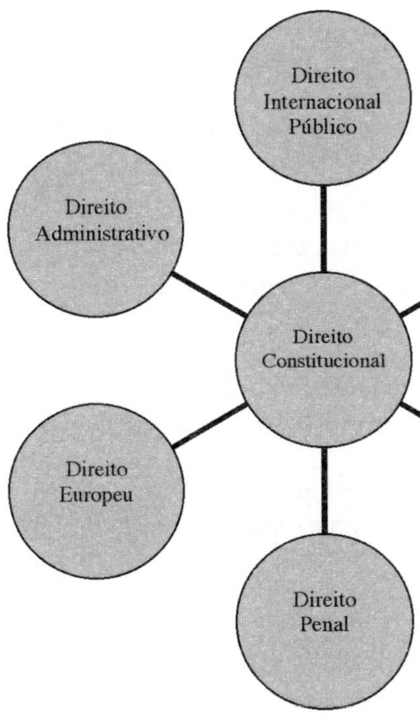

Daí que não possa estranhar-se que as relações do Direito Constitucional com os outros ramos sejam muito mais intensas e extensas do que sucede com qualquer outro sector jurídico, metaforicamente representadas pela imagem do tronco da árvore que sustenta a vastidão dos ramos e das folhas da Ordem Jurídica[38].

Esse facto até permite que surja o desenvolvimento, com importantes implicações dogmáticas, de *ramos jurídicos mistos*: o Direito Constitucional Administrativo, o Direito Constitucional Internacional, o Direito Constitucional Europeu ou o Direito Constitucional Penal, no Direito Público; o Direito Constitucional Civil ou o Direito Constitucional do Trabalho, no Direito Privado.

II. As relações mais intensas são entre o Direito Constitucional e os diversos ramos do Direito Público, o que bem se explica por aquele desenvolver o estatuto do poder público, ainda que em relação com os cidadãos, sendo de exemplificar os seguintes casos, com vários pontos de sobreposição regulativa[39]:

– *o Direito Administrativo*: sendo o Direito Administrativo o sector jurídico que estabelece a organização e o funcionamento da Administração Pública, bem como as suas relações com os administrados, relaciona-se com o Direito Constitucional porque lhe pede uma intervenção na fixação das grandes linhas orientadoras dos seus principais capítulos, como sejam

---

[38] Cfr. a interessante metáfora utilizada por MARIA LUÍSA DUARTE, *O ramo e árvore – a propósito do Direito da União Europeia*, in RDP, Ano I, n.° 1, Lisboa, Janeiro/Junho de 2009, pp. 247 e ss.

[39] Um lugar especial nesse relacionamento deve ainda ser conferido ao Direito do Estado (*Staatsrecht*), que agrupa um feixe de princípios e de normas muito mais vasto, os quais têm como centro agregador, subjectivamente falando, o fenómeno estadual, nele se inserindo o Direito Constitucional e o Direito Administrativo.

Esta tem sido sobretudo a experiência germânica, não só ao nível das realidades pedagógicas universitárias como, sobretudo, no plano científico, relativamente ao qual são inúmeros os exemplos de actividade juspublicista que aí se concentra e que se traduz em estudos dentro deste domínio mais amplo, com diversos elementos doutrinários proeminentes, a começar por alguns muito relevantes manuais universitários.

a organização administrativa, com realce para a posição do Estado-Administração, os direitos fundamentais dos administrados, as diversas manifestações do poder administrativo ou os termos da intervenção jurisdicional na averiguação da juridicidade administrativa[40];

– *o Direito Internacional Público*: se o Direito Internacional Público é o sector do Direito que estabelece as normas e os princípios que disciplinam a organização e a actividade dos membros da sociedade internacional, enquanto actuam nessa órbita e assistidos de poder público, ao Direito Constitucional compete a definição da relevância desse Direito na Ordem Interna, não só no modo da sua inserção e no respectivo lugar hierárquico, bem como os diversos poderes das pessoas colectivas internas no que respeita à participação nas relações internacionais, com a natural relevância que é dada ao Estado, entidade mais proeminente nas relações internacionais[41];

---

[40] Sobre o Direito Administrativo em geral, v. MARCELLO CAETANO, *Tratado Elementar de Direito Administrativo*, I, Coimbra, 1943, pp. 32 e ss., e *Manual de Direito Administrativo*, I, 10.ª ed., Coimbra, 1991, pp. 42 e ss.; AFONSO RODRIGUES QUEIRÓ, *Lições de Direito Administrativo*, I, Coimbra, 1976, pp. 115 e ss.; JOSÉ MANUEL SÉRVULO CORREIA, *Noções de Direito Administrativo*, I, Lisboa, 1982, pp. 50 e ss.; MÁRIO ESTEVES DE OLIVEIRA, *Direito Administrativo*, I, Coimbra, 1984, pp. 60 e ss.; JUAN ALFONSO SANTAMARÍA PASTOR, *Fundamentos de Derecho Administrativo*, I, Madrid, 1991, pp. 21 e ss; DIOGO FREITAS DO AMARAL, *Curso de Direito Administrativo*, I, 2.ª ed., Coimbra, 1994, pp. 121 e ss., *Estudos de Direito Público e matérias afins*, I, Coimbra, 2004, pp. 191 e ss., e *Manual de Introdução...*, I, pp. 269 e ss.; MARCELO REBELO DE SOUSA, *Lições de Direito Administrativo*, I, Lisboa, 1999, pp. 56 e ss.; JOÃO CAUPERS, *Introdução ao Direito Administrativo*, 7.ª ed., Lisboa, 2003, pp. 28 e ss.

[41] Sobre o Direito Internacional Público em geral, v. AFONSO RODRIGUES QUEIRÓ, *Lições de Direito Internacional Público*, Coimbra, 1960, pp. 3 e ss.; ANTÓNIO TRUYOL Y SERRA, *Noções fundamentais de Direito Internacional Público*, 2.ª ed., Coimbra, 1962, pp. 9 e ss.; ALBINO DE AZEVEDO SOARES, *Lições de Direito Internacional Público*, 4.ª ed., Coimbra, 1988, pp. 16 e ss.; JOSÉ A. PASTOR RIDRUEJO, *Curso de Derecho Internacional Público y Organizaciones Internacionales*, 3.ª ed., Madrid, 1989, pp. 7 e ss.; NUNO E SOUSA, *Curso de Direito Internacional Público*, Coimbra,

– *o Direito da União Europeia*: sendo o Direito da União Europeia o ramo jurídico que estabelece a organização e o funcionamento da UE, bem como as relações que mantém com outras entidades, *maxime* os Estados-membros, ao mesmo tempo que define a formação da sua própria Ordem Jurídica, ao Direito Constitucional comete-se a importante função de autorizar essa pertença comunitária e de definir as relações entre as duas Ordens Jurídicas, sem nunca perder de vista o carácter primário do poder estadual que se simboliza na própria ideia de Constituição como lei unicamente estadual[42];

1991, pp. 5 e ss.; ARMANDO M. MARQUES GUEDES, *Direito Internacional Público*, 2.ª ed., Lisboa, 1992, pp. 7 e ss., e *Direito Internacional Público*, in DJAP, 1.° sup., Lisboa, 1998, pp. 102 e ss.; ANDRÉ GONÇALVES PEREIRA e FAUSTO DE QUADROS, *Manual de Direito Internacional Público*, 3.ª ed., Coimbra, 1993, pp. 26 e ss.; JEAN TOUSCOZ, *Direito Internacional*, Lisboa, 1993, pp. 23 e ss.; ANTÓNIO CABRAL DE MONCADA, *Curso de Direito Internacional Público*, I, Coimbra, 1996, pp. 15 e ss.; EDUARDO CORREIA BAPTISTA, *Direito Internacional Público – conceito e fontes*, I, Lisboa, 1998, pp. 21 e ss.; GERSON MELLO BOSON, *Direito Internacional Público – O Estado em Direito das Gentes*, 3.ª ed., Belo Horizonte, 2000, pp. 58 e ss.; ADHERBAL MEIRA MATTOS, *Direito Internacional Público*, 2.ª ed., Rio de Janeiro/São Paulo, 2002, pp. 3 e 4; WLADIMIR BRITO, *Direito Internacional Público*, Braga, 2003, pp. 13 e ss., e *Direito Internacional Público – programa, conteúdos e métodos de ensino*, Braga, 2005, pp. 7 e ss.; JOAQUIM DA SILVA CUNHA e MARIA DA ASSUNÇÃO DO VALE PEREIRA, *Manual de Direito Internacional Público*, 2.ª ed., Coimbra, 2004, pp. 18 e ss.; JORGE MIRANDA, *Curso de Direito Internacional Público*, 2.ª ed., Cascais, 2004, pp. 23 e ss.; JÓNATAS E. M. MACHADO, *Direito Internacional – do paradigma clássico ao pós-11 de Setembro*, 2.ª ed., Coimbra, 2004, pp. 19 e ss.; JORGE BACELAR GOUVEIA, *Direito Internacional Público – elementos de estudo*, 3.ª ed., Lisboa, 2003, pp. 9 e ss., e *Manual...*, pp. 25 e ss.; JOSÉ LUCAS CARDOSO, *Direito Internacional Público II – sumários*, Lisboa, 2004, pp. 1 e ss.; DIOGO FREITAS DO AMARAL, *Manual de Introdução...*, I, pp. 219 e ss.

42 Sobre o Direito da União Europeia (Direito Comunitário), v. MARIA ISABEL JALLES, *Implicações jurídico-constitucionais da adesão de Portugal às Comunidades Europeias – alguns aspectos*, Lisboa, 1980, pp. 100 e ss.; FAUSTO DE QUADROS, *Direito das Comunidades Europeias – sumários*, Lisboa, 1983, pp. 17 e ss., *Direito das Comunidades Europeias e Direito Internacional Público – contributo para o estudo da natureza jurídica do Direito Comunitário Europeu*, Lisboa, 1984, pp. 31 e ss., *Direito Comunitá-*

– *o Direito Penal*: sendo o Direito Penal o sector jurídico que, de um modo mais drástico, sanciona os comportamentos humanos através da respectiva criminalização, aplicando aos infractores penas privativas de liberdade, para além dos casos das medidas de segurança, é indesmentível que o Direito Penal só se pode estabelecer em razão dos bens jurídicos que são recortados pelo Direito Constitucional no plano do catálogo dos direitos fundamentais consagrados, sinal da protecção mais relevante que a comunidade política quis fixar[43];

---

rio I – programa, conteúdos e métodos do ensino, Coimbra, 2000, pp. 11 e ss., e *Direito da União Europeia*, Coimbra, 2004, pp. 11 e ss.; JEAN-VICTOR LOUIS, *A Ordem Jurídica Comunitária*, 2.ª ed., Lisboa, 1983, pp. 9 e ss.; CHARLES VALLÉE, *O Direito das Comunidades Europeias*, Lisboa, 1983, pp. 5 e ss.; ETIENNE CEREXHE, *O Direito Europeu – as instituições*, Lisboa, 1985, pp. 85 e ss.; JEAN GROUX e PHILIPPE MANIN, *As Comunidades Europeias na Ordem Internacional*, Lisboa, 1985, pp. 9 e ss.; JOSÉ CARLOS MOITINHO DE ALMEIDA, *Direito Comunitário*, Lisboa, 1985, pp. 1 e ss.; JOÃO CAUPERS, *Introdução ao Direito Comunitário*, Lisboa, 1988, pp. 5 e ss.; ANTÓNIO BRAZ TEIXEIRA, *Direito Comunitário – sumários*, Lisboa, 1989, pp. 5 e ss.; ALBERTO SOUTO DE MIRANDA, *Temas de Direito Comunitário*, Coimbra, 1990, *passim*; ANTÓNIO DIAS TEIXEIRA, *A natureza das Comunidades Europeias*, Coimbra, 1993, pp. 81 e ss.; FERNANDO LOUREIRO BASTOS, *A União Europeia – fins, objectivos e estrutura orgânica*, Lisboa, 1993, pp. 11 e ss.; ANA MARIA GUERRA MARTINS, *Introdução ao Estudo do Direito Comunitário – sumários desenvolvidos*, Lisboa, 1995, pp. 23 e ss., *A natureza jurídica da revisão do Tratado da União Europeia*, Lisboa, 2000, pp. 35 e ss., e *Curso de Direito Constitucional da União Europeia*, Coimbra, 2004, pp. 65 e ss.; FRANCISCO LUCAS PIRES, *Introdução ao Direito Constitucional Europeu*, Coimbra, 1997, pp. 7 e ss.; MARIA JOÃO PALMA e LUÍS DUARTE D'ALMEIDA, *Direito Comunitário*, Lisboa, 2000, pp. 17 e ss.; PAULO SANDE, *O sistema político na União Europeia*, Lisboa, 2000, pp. 46 e ss.; MARIA LUÍSA DUARTE, *Direito da União Europeia e das Comunidades Europeias*, vol. I, t. I, Lisboa, 2001, pp. 21 e ss., *Contencioso Comunitário*, Cascais, 2003, pp. 49 e ss., e *O ramo e árvore...*, pp. 247 e ss.; PAULA VAZ FREIRE, *Os novos passos da integração europeia*, Lisboa, 2002, pp. 13 e ss.; RUI MOURA RAMOS, *Direito Comunitário – programa, conteúdos e métodos de ensino*, Coimbra, 2003, pp. 17 e ss.; JOÃO MOTA DE CAMPOS E JOÃO LUIZ MOTA DE CAMPOS, *Manual de Direito Comunitário*, 4.ª ed., Lisboa, 2004, pp. 63 e ss.; DIOGO FREITAS DO AMARAL, *Manual de Introdução...*, I, pp. 235 e ss.; MIGUEL GORJÃO-HENRIQUES, *Direito Comunitário*, 3.ª ed., Coimbra, 2005, pp. 11 e ss.

43 Sobre o Direito Penal em geral, v. TEREZA PIZARRO BELEZA, *Direito Penal*, I, 2.ª ed., Lisboa, 1984, pp. 17 e ss.; MANUEL CAVALEIRO DE FERREIRA,

– *o Direito Contra-Ordenacional*: num nível menos dramático, cabe ao Direito Contra-Ordenacional a tipificação de comportamentos ilícitos, mas em que a sua fraca ilicitude apenas determina a aplicação de sanções pecuniárias ou outras de cariz acessório, nunca privativas de liberdade, cabendo, contudo, ao Direito Constitucional a sua definição, numa lógica secundária em relação ao Direito Penal[44];
– *o Direito Judiciário:* pedindo-se ao Direito Judiciário o estabelecimento da organização e do funcionamento das instituições judiciárias que exercem o poder judicial, na sua vertente institucional, regista-se a conexão de ser ao Direito Constitucional que se atribui a definição fundamental do enquadramento de tal poder, bem como da respectiva organização, no contexto mais vasto dos diversos poderes do Estado[45];
– *o Direito Processual*: regulando o Direito Processual, nas suas múltiplas divisões, a tramitação do poder jurisdicional do Estado no seu lado material, e não tanto institucional, na dialéctica que se estabelece com os diversos sujeitos intervenientes, ao Direito Constitucional reconhece-se a preocupação pela imposição de certos direitos fundamentais de cunho processual, em ordem a proteger o núcleo fundamental daquela dialéctica[46];

Lições de Direito Penal, I, Lisboa, 1992, pp. 13 e ss.; JORGE DE FIGUEIREDO DIAS e MANUEL DA COSTA ANDRADE, *Direito Penal*, Coimbra, 1996, pp. 5 e ss.; GERMANO MARQUES DA SILVA, *Direito Penal Português*, I, Lisboa/São Paulo, 1997, pp. 11 e ss.; MANUEL SIMAS SANTOS e MANUEL LEAL-HENRIQUES, *Noções Elementares de Direito Penal*, Lisboa, 1999, pp. 9 e ss.; DIOGO FREITAS DO AMARAL, *Manual de Introdução...*, I, pp. 273 e ss.

[44] Sobre o Direito de Mera Ordenação Social em geral, v. TERESA PIZARRO BELEZA, *Direito Penal...*, I, pp. 129 e ss.; MANUEL CAVALEIRO DE FERREIRA, *Lições...*, I, pp. 107 e ss.; GERMANDO MARQUES DA SILVA, *Direito Penal...*, I, pp. 139 e ss.; DIOGO FREITAS DO AMARAL, *Manual de Introdução...*, I, pp. 277 e ss.

[45] Sobre o Direito Judiciário em geral, v. ARTUR ANSELMO DE CASTRO, *Direito Processual Civil Declaratório*, I, Coimbra, 1981, pp. 9 e ss.; DIOGO FREITAS DO AMARAL, *Manual de Introdução...*, I, pp. 289 e ss.

[46] Sobre o Direito Processual em geral, v. ARTUR ANSELMO DE CASTRO, *Direito Processual...*, I, pp. 37 e ss.; JOÃO DE CASTRO MENDES, *Direito Processual*

– *o Direito Financeiro*: representando o Direito Financeiro o sector jurídico que disciplina a actividade jurídico-financeira das entidades públicas, ele mostra uma íntima conexão com o Direito Constitucional na medida em que se estabelecem as prioridades fundamentais ao nível da estrutura do Orçamento do Estado, bem como das receitas e das despesas de diversos organismos públicos em geral, para além dos mecanismos de controlo, político e jurídico, daquela mesma actividade[47];
– *o Direito Fiscal:* uma vez que o Direito Fiscal tem a preocupação de estabelecer o regime das receitas dos impostos, inerentes à actividade pública, calibrando a tensão entre o Estado-Fisco e os contribuintes, facilmente se compreende que ao Direito Constitucional se reconheça a descrição dos fundamentos da tributação, na generalidade e na especialidade, assim como a positivação dos direitos fundamentais dos contribuintes[48];

Civil, I, Lisboa, 1986, pp. 125 e ss.; MIGUEL TEIXEIRA DE SOUSA, *Introdução ao Processo Civil*, Lisboa, 1993, pp. 11 e ss., e *Estudos sobre o Novo Processo Civil*, Lisboa, 1997, pp. 33 e ss.; JOSÉ LEBRE DE FREITAS, *Introdução ao Processo Civil*, Coimbra, 1996, pp. 7 e ss.; ALEXANDRE PESSOA VAZ, *Direito Processual Civil*, 2.ª ed., Coimbra, 2002, pp. 39 e ss.; OTHMAR JAUERNIG, *Direito Processual Civil*, 25.ª ed., Coimbra, 2002, pp. 35 e ss.; DIOGO FREITAS DO AMARAL, *Manual de Introdução...*, I, pp. 291 e ss.

47 Sobre o Direito Financeiro em geral, v. JOSÉ JOAQUIM TEIXEIRA RIBEIRO, *Lições de Finanças Públicas*, 5.ª ed., Coimbra, 1997, pp. 39 e ss.; JOSÉ JUAN FERREIRO LAPATZA, *Curso de Derecho Financiero Español*, I, 20.ª ed., Madrid/Barcelona, 1998, pp. 31 e ss.; ANTÓNIO L. DE SOUSA FRANCO, *Finanças Públicas e Direito Financeiro*, I, 4.ª ed., Coimbra, 2002, pp. 97 e ss.; JORGE BACELAR GOUVEIA, *Direito Financeiro – guia de estudo*, 2.ª ed., Lisboa, 2003, pp. 10 e ss.; DIOGO FREITAS DO AMARAL, *Manual de Introdução...*, I, pp. 281 e ss.; EDUARDO PAZ FERREIRA, *Ensinar Finanças Públicas numa Faculdade de Direito*, Coimbra, 2005, pp. 88 e ss.

48 Sobre o Direito Fiscal em geral, v. FERNANDO PESSOA JORGE, *Curso de Direito Fiscal*, Lisboa, 1964, pp. 17 e ss.; JOSÉ MANUEL CARDOSO DA COSTA, *Curso de Direito Fiscal*, 2.ª ed., Coimbra, 1972, pp. 1 e ss.; ALBERTO XAVIER, *Manual de Direito Fiscal*, I, Lisboa, 1974, pp. 19 e ss.; MANUEL PIRES, *Direito Fiscal – apontamentos*, Lisboa, 1980, pp. 5 e ss.; LOUIS TROTABAS e JEAN-MARIE COTTERET, *Droit Fiscal*, 7.ª ed., Paris, 1992, pp. 11 e ss.; KLAUS TIPKE, *Die Steuerrechtsordnung*, Köln,

– *o Direito da Religião*: como conjunto de orientações ordenadoras no tocante à protecção da religião numa sociedade democrática, é natural que neste recente sector autónomo do Direito se evidenciem aspectos de conexão com o Direito Constitucional, *maxime* em matéria de protecção da liberdade de religião – em ambas as perspectivas individuais e comunitárias – e no domínio da relação do poder público com o fenómeno religiosa, nas suas diversas manifestações[49];
– *Direito da Economia*: não sendo em Estado Social a actividade económica um domínio desregulamentado de intervenção humana, é natural que se façam sentir nos múltiplos capítulos do Direito da Economia zonas de sobreposição com os textos constitucionais, estes contendo a disciplina fundamental do regime económico a estabelecer[50];

1993, pp. 1 e ss.; PEDRO SOARES MARTÍNEZ, *Direito Fiscal*, 7.ª ed., Coimbra, 1993, pp. 6 e ss.; JEAN-JACQUES BIENVENU e THIERRY LAMBERT, *Droit Fiscal*, 2.ª ed., Paris, 1997, pp. 19 e ss.; GASPARE FALSITTA, *Manuale di Diritto Tributario – parte generale*, 2.ª ed., Padova, 1997, pp. 3 e ss.; JUAN MARTÍN QUERALT, CARMELO LOZANO SERRANO e FRANCISCO POVEDA BLANCO, *Derecho Tributario*, Pamplona, 1999, pp. 27 e ss.; JOSEF WERNDL, *Allgemeines Steuerrecht*, Wien/New York, 2000, pp. 1 e ss.; DIOGO LEITE DE CAMPOS e MÔNICA HORTA NEVES LEITE DE CAMPOS, *Direito Tributário*, 2.ª ed., Coimbra, 2000, pp. 15 e ss.; NUNO SÁ GOMES, *Manual de Direito Fiscal*, I, 11.ª ed., Lisboa, 2000, pp. 11 e ss.; J. L. SALDANHA SANCHES, *Manual de Direito Fiscal*, 2.ª ed., Coimbra, 2002, pp. 9 e ss.; JOSÉ CASALTA NABAIS, *Direito Fiscal*, 2.ª ed., Coimbra, 2003, pp. 3 e ss.; LUIZ FELIPE SILVEIRA DIFINI, *Manual de Direito Tributário*, São Paulo, 2003, pp. 1 e ss.; JORGE BACELAR GOUVEIA, *Direito Fiscal – guia de estudo*, 4.ª ed., Lisboa, 2003, pp. 10 e ss.; DIOGO FREITAS DO AMARAL, *Manual de Introdução...*, I, pp. 286 e 287.

[49] Para uma perspectiva do conjunto vasto de diplomas normativas que integram este sector jurídico, v., por todos, JORGE BACELAR GOUVEIA, M. SATURINO DA COSTA GOMES e FERNANDO SOARES LOJA, *Legislação de Direito da Religião*, Coimbra, 2006.

[50] Sobre o Direito da Economia em geral, v. JORGE MIRANDA, *Direito da Economia*, pp. 5 e ss.; ANTÓNIO L. DE SOUSA FRANCO, *Noções de Direito da Economia*, I, Lisboa, 1982-1983, pp. 5 e ss.; ANDRÉ DE LAUBADÈRE, *Direito Público Económico*, Coimbra, 1985, pp. 17 e ss.; ANTÓNIO MENEZES CORDEIRO, *Direito da Economia*, Lisboa, 1986, pp. 5 e ss.; ANTÓNIO L. SOUSA FRANCO e GUILHERME D'OLIVEIRA

– *Direito da Segurança*: o conjunto dos princípios e das normas, maioritariamente de Direito Público, que se aplicam em torno da prossecução da ideia de segurança, em cada uma das suas vertentes, como seja a segurança externa, a segurança interna, a segurança internacional ou a segurança do Estado[51].

III. Ainda que menos fortes, já não é novidade para ninguém que o Direito Constitucional igualmente se apresenta como um sector jurídico com muitas opções para o Direito Privado, até porque os tempos mais recentes têm vindo a esbater – para não dizer, apagar – uma inicial e essencialmente inadequada severa demarcação de fronteiras entre o Direito Público e o Direito Privado[52].

Está, assim, ultrapassado o dogma – que depois, para alguns, se tornou em preconceito e em trauma – da impenetrabilidade do Direito Público no Direito Privado ou, mais especificamente, da despiciência do Direito Constitucional para o Direito Privado. Os sectores constitucionais em que tal se torna mais nítido são os do Direito Constitucional dos Direitos Fundamentais e do Direito Constitu-

---

MARTINS, *A Constituição Económica...*, pp. 20 e 21; MANUEL AFONSO VAZ, *Direito Económico – a ordem económica portuguesa*, 4.ª ed., Coimbra, 1998, pp. 15 e ss.; ANTÓNIO CARLOS SANTOS, MARIA EDUARDA GONÇALVES e MARIA MANUEL LEITÃO MARQUES, *Direito Económico*, 3.ª ed., Coimbra, 1998, pp. 15 e ss.; LUÍS S. CABRAL DE MONCADA, *Direito Económico*, 3.ª ed., Coimbra, 2000, pp. 5 e ss.; DIOGO FREITAS DO AMARAL, *Manual de Introdução...*, I, pp. 287 e ss.; J. L. SALDANHA SANCHES, *Direito Económico*, Coimbra, 2008, pp. 15 e ss.

51 Sobre o Direito da Segurança, v. AAVV, *Estudos de Direito e Segurança* (coord. de JORGE BACELAR GOUVEIA e RUI PEREIRA), Coimbra, 2007.

Para uma panorâmica acerca da legislação aplicável, v. JORGE BACELAR GOUVEIA, RUI CARLOS PEREIRA, ARMÉNIO MARQUES FERREIRA e VIRGÍLIO TEIXEIRA, *Leis de Direito da Segurança*, Coimbra, 2006.

52 Paralelamente a esta relevância material, é preciso ainda dizer que o Direito Constitucional, para qualquer destas parcelas do Direito Privado, sempre se afigura pertinente no seu lado organizatório, na medida em que distribui o poder legislativo por diversas instâncias, dentro e fora do Estado, de acordo com os diversos pólos legislativos que são constitucionalmente reconhecidos.

cional da Economia, com verdadeiros estudos paradigmáticos a este propósito.

No primeiro caso, as conexões são múltiplas por força da dispersão dos direitos fundamentais praticamente em todos os ramos do Direito Privado[53], do Direito da Personalidade ao Direito do Trabalho, passando pelo Direito de Autor e pelo Direito da Família[54].

No outro caso, as conexões são mais visíveis no plano da ordenação constitucional da actividade económica, interessando ao Direito Civil, ao Direito da Concorrência, ao Direito dos Mercados Públicos ou ao Direito dos Valores Mobiliários, na sua vertente de Direitos patrimoniais.

[53] Sobre os ramos do Direito Privado em geral, v. DIOGO FREITAS DO AMARAL, *Manual de Introdução...*, I, pp. 303 e ss.; JOSÉ DE OLIVEIRA ASCENSÃO, *O Direito...*, pp. 343 e ss.

[54] Cfr. ANTUNES VARELA, *Direito da Família*, I, 3.ª ed., Lisboa, 1993, pp. 15 e ss.; JORGE DUARTE PINHEIRO, *Direito da Família e das Sucessões*, I, Lisboa, 2005, pp. 30 e ss.

§ 2.° O Direito Constitucional na Ciência do Direito

5. A Ciência do Direito Constitucional

I. A observação do Direito Constitucional, para que deste se possa extrair orientações para um concreto dever-ser no plano estadual, só pode ser bem sucedida quando executada por uma actividade científica, que se consubstancia na *Ciência do Direito Constitucional*[55].

O *objecto* da Ciência do Direito Constitucional é *o estudo do Ordenamento Jurídico-Constitucional*, com o propósito de se obter uma resposta quanto a um problema formulado, labor científico que assume também uma dimensão prática.

Isso quer dizer que a actividade da Ciência do Direito Constitucional, sendo hoje inequivocamente dotada de cientificidade, busca soluções com base num dado ordenamento constitucional concreto, repousando numa certa juridicidade positivada.

II. Os caminhos a trilhar para atingir aquele objectivo geral não são únicos porque é cada vez mais evidente a importância do *pluralismo metodológico* – o que nada tem que ver com qualquer condenável sincretismo metodológico – que possibilita este exercício científico numa perspectiva multi-dimensional, com fortes ganhos em

---

[55] Sobre a Ciência do Direito Constitucional em geral, v. MARCELLO CAETANO, *Manual de Ciência Política...*, I, pp. 38 e ss.; JORGE MIRANDA, *Manual...*, I, pp. 20 e ss.; LUÍS ROBERTO BARROSO, *Curso de Direito Constitucional Contemporâneo,* São Paulo, 2009, pp. 42 e ss.

razão de uma maior escala que o Direito Constitucional não pode naturalmente desconsiderar[56].

Deste modo, é possível evidenciar *quatro importantes perspectivas* que orientam o trabalho do Constitucionalista[57]:

– *a perspectiva histórico-comparatística*: esta perspectiva possibilita a captação de informação sobre o tratamento de um mesmo assunto não só por normas[58] anteriores como estrangeiras,

---

[56] Sobre as perspectivas metodológicas que se contêm na Ciência do Direito, com o peculiar realce que deve ser atribuído à perspectiva dogmática, v. J. BAPTISTA MACHADO, *Introdução ao Direito...*, pp. 359 e ss.; ROBERT ALEXY, *Teoría de la argumentación jurídica*, Madrid, 1989, pp. 240 e ss.; NORBERTO BOBBIO, *Contribución a la Teoría del Derecho*, Madrid, 1990, pp. 184 e ss.; JORGE BACELAR GOUVEIA, *Os direitos fundamentais atípicos*, pp. 14 e ss., e *O estado de excepção...*, I, pp. 49 e ss.; TÉRCIO SAMPAIO FERRAZ JÚNIOR, *Introdução ao Estudo do Direito*, 2.ª ed., São Paulo, 1996, pp. 82 e 83; MARIA LUÍSA DUARTE, *Introdução...*, pp. 71 e ss.; JOSÉ DE OLIVEIRA ASCENSÃO, *O Direito...*, pp. 225 e ss., e pp. 473 e ss.; ARTHUR KAUFMANN, *Filosofia do Direito*, Lisboa, 2004, pp. 18 e ss.

[57] Quanto a estas diversas perspectivas metodológicas no estudo do Direito Constitucional em geral, v. FRANCESCO P. CONTUZZI, *Trattato di Diritto Costituzionale*, Torino, 1895, pp. 81 e ss.; CÉSAR ENRIQUE ROMERO, *Introducción al Derecho Constitucional*, 2.ª ed., Buenos Aires, 1976, pp. 13 e ss.; MARCELO REBELO DE SOUSA, *Direito Constitucional...*, pp. 13 e 14; JORGE MIRANDA, *Direito Constitucional*, pp. 438 e ss., *Direito Constitucional*, pp. 36 e ss., e *Manual...*, I, pp. 24 e ss.; MARCELLO CAETANO, *Manual de Ciência Política...*, I, pp. 36 e ss.; DANIEL MORENO, *Derecho Constitucional Mexicano*, 11.ª ed., Cidade do México, 1990, pp. 6 e 7; MANUEL GARCÍA-PELAYO, *Derecho Constitucional Comparado*, 2.ª ed., Madrid, 1991, pp. 20 e ss.; BERND-CHRISTIAN FUNK, *Einführung in das österreichische Verfassungsrecht*, 8.ª ed., Graz, 1995, pp. 31 e ss.; VLADIMIRO NARANJO MESA, *Teoría Constitucional e Instituciones Políticas*, 6.ª ed., Santa Fé de Bogotá, 1995, pp. 46 e 47; ROBERT WALTER e HEINZ MAYER, *Grundriß des österreichischen Bundesverfassungsrechts*, 8.ª ed., Wien, 1996, pp. 3 e 4; JORGE BACELAR GOUVEIA, *O estado de excepção...*, I, pp. 50 e ss.; J. J. GOMES CANOTILHO, *Direito Constitucional e Teoria...*, pp. 1117 e ss.

[58] Sobre a História do Direito Constitucional, v. ARMANDO M. MARQUES GUEDES, *Ideologias...*, pp. 50 e ss.; JORGE MIRANDA, *Direito Constitucional*, p. 38, e *Manual...*, I, pp. 25 e 26; MARCELLO CAETANO, *Manual de Ciência Política...*, I, pp. 29 e 30; JORGE BACELAR GOUVEIA, *Os direitos fundamentais atípicos*, pp. 27 e ss.; J. J. GOMES CANOTILHO, *Direito Constitucional e Teoria...*, pp. 107 e ss.

assim localizando influências próximas e remotas[59], além de um fundo conceptual comum[60], tantas vezes explicativo das soluções adoptadas[61];

---

[59] Quanto à História do Direito em geral, v., de entre outras referências, FRANZ WIEACKER, *História do Direito Privado Moderno*, 2.ª ed., Lisboa, 1980, pp. 1 e ss.; ANTÓNIO MANUEL HESPANHA, *História das Instituições – épocas medieval e moderna*, Coimbra, 1982, pp. 11 e ss., *Poder e Instituições no Antigo Regime*, Lisboa, 1992, pp. 11 e ss., e *Cultura Jurídica Europeia – Síntese de um milénio,* Florianópolis, 2005, pp. 21 e ss.; JOHN GILISSEN, *Introdução Histórica ao Direito*, Lisboa, 1988, pp. 13 e ss.; MÁRIO JÚLIO DE ALMEIDA COSTA, *História do Direito Português*, Coimbra, 1989, pp. 23 e ss.; RUY DE ALBUQUERQUE e MARTIM DE ALBUQUERQUE, *História do Direito Português*, I, 7.ª ed., Lisboa, 1992, pp. 9 e ss.; J. DA SILVA CUNHA e CARLOS MARQUES DE ALMEIDA, *História das Instituições – aulas teóricas*, I, Porto, 1994, pp. 19 e ss.; NUNO J. ESPINOSA GOMES DA SILVA, *História do Direito Português – fontes de Direito*, 3.ª ed., Lisboa, 2000, pp. 27 e ss.; MARCELLO CAETANO, *História do Direito Português*, 4.ª ed., Lisboa/São Paulo, 2000, pp. 17 e ss.

[60] Sobre o Direito Constitucional Comparado, v. JORGE MIRANDA, *Notas para uma introdução ao Direito Constitucional Comparado*, Lisboa, 1970, pp. 5 e ss., *Sobre o Direito Constitucional Comparado*, in DJ, II, 1981-1986, pp. 201 e ss., *Direito Constitucional*, p. 39, e *Manual*..., I, p. 26; MARCELO REBELO DE SOUSA, *Direito Constitucional*..., p. 13; ARMANDO M. MARQUES GUEDES, *Ideologias*..., pp. 316 e ss.; GIUSEPPE DE VERGOTTINI, *La comparazione nel Diritto Costituzionale*, in DSoc, 1986, pp. 165 e ss., e *Diritto Costituzionale Comparato,* 3.ª ed., Padova, 1991, pp. 1 e ss.; MARCELLO CAETANO, *Direito Constitucional – Direito Comparado, Teoria Geral do Estado e da Constituição, As Constituições do Brasil*, I, 2.ª ed., Rio de Janeiro, 1987, pp. 62 e 63; PAOLO BISCARETTI DI RUFFÌA, *Introduzione al Diritto Costituzionale Comparato,* 6.ª ed., Milano, 1988, pp. 3 e ss.; PABLO LUCAS VERDÚ, *Curso de Derecho Político*, I, 2.ª ed., Madrid, 1992, pp. 405 e ss.; JORGE BACELAR GOUVEIA, *Os direitos fundamentais atípicos*, pp. 25 e 26, e *Considerações sobre as Constituições Fiscais da União Europeia*, in CTF, n.° 381, Janeiro-Março de 1996, pp. 37 e ss.

[61] Quanto ao Direito Comparado em geral, v. JOSÉ HERMANO SARAIVA, *Lições de Introdução ao Direito*, Lisboa, 1962-1963, pp. 68 e ss.; ANGEL LATORRE, *Introdução*..., pp. 254 e 255; RUBEN RODRIGUES NOGUEIRA, *Curso de Introdução ao Estudo do Direito*, São Paulo, 1979, pp. 23 e ss.; JOÃO DE CASTRO MENDES, *Direito Comparado*, Lisboa, 1982-1983, pp. 7 e ss., e pp. 48 e ss.; LÉONTIN-JEAN CONSTANTINESCO, *Traité de Droit Comparé*, III, Paris, 1983, pp. 19 e ss.; PAULO DOURADO DE GUSMÃO, *Introdução ao Estudo do Direito*, 14.ª ed., Rio de Janeiro, 1990, pp. 29 e ss.; KONRAD ZWEIGERT e HEIN KÖTZ, *An Introduction to Comparative Law*,

– *a perspectiva exegética*: dentro deste prisma de análise, pretende-se encontrar uma determinada solução segundo a interpretação das normas e a integração das suas lacunas, tomando como ponto de partida as fontes constitucionais disponíveis;
– *a perspectiva dogmática*: por esta via se avalia melhor os dados directamente obtidos das fontes constitucionais pela respectiva inserção numa lógica sistemática global, colocando-as em confronto com os princípios fundamentais que compõem o sistema constitucional[62], que é um sistema jurídico de elevada complexidade[63];
– *a perspectiva teorética*: numa preocupação mais ampla, é possível a elevação acima de cada Direito Constitucional Positivo e

2.ª ed., Oxford, 1992, pp. 2 e ss.; MARCELO REBELO DE SOUSA e SOFIA GALVÃO, *Introdução ao Estudo do Direito*, 2.ª ed., Lisboa, 1993, pp. 239 e ss.; CARLOS FERREIRA DE ALMEIDA, *Introdução ao Direito Comparado*, 2.ª ed., Coimbra, 1998, pp. 9 e ss., e *Direito Comparado – ensino e método*, Lisboa, 2000, pp. 61 e ss.; INOCÊNCIO GALVÃO TELLES, *Introdução ao Estudo do Direito*, II, 10.ª ed., Lisboa, 2000, pp. 227 e ss.; MICHEL FROMONT, *Grands systèmes de Droit étrangers*, 4.ª ed., Paris, 2001, pp. 1 e ss.; RENÉ DAVID e CAMILLE JAUFFRET-SPINOSI, *Les grands systèmes de Droit Contemporains*, 11.ª ed., Paris, 2002, pp. 1 e ss.; ARMINDO RIBEIRO MENDES, *Sistemas Jurídicos Comparados – sumários desenvolvidos*, Lisboa, 2004, pp. 2 e ss.; JOSÉ DE OLIVEIRA ASCENSÃO, *O Direito*..., pp. 141 e ss.

62 Sobre a Dogmática do Direito Constitucional, v. MARCELO REBELO DE SOUSA, *Direito Constitucional I – Relatório*, Lisboa, 1986, p. 27; JORGE MIRANDA, *Direito Constitucional*, p. 41, e *Manual*..., I, pp. 32 e 33; KLAUS STERN, *Derecho del Estado de la Republica Federal Alemana*, Madrid, 1987, pp. 163 e ss.; MARCELLO CAETANO, *Manual de Ciência Política*..., I, pp. 33 e ss.; J. J. GOMES CANOTILHO, *Direito Constitucional*, 6.ª ed., Coimbra, 1993, pp. 131 e 152; JORGE BACELAR GOUVEIA, *Os direitos fundamentais atípicos*, pp. 28 e 29.

63 Sobre a Ciência do Direito em geral, v. JOSÉ HERMANO SARAIVA, *Lições*..., pp. 61 e ss.; LUÍS CABRAL DE MONCADA, *Filosofia do Direito e do Estado*, II, Coimbra, 1966, pp. 56 e ss.; ROBERT ALEXY, *Teoría de la argumentación*..., pp. 240 e ss., e *Teoría de los derechos fundamentales*, Madrid, 1993, p. 29; NORBERTO BOBBIO, *Contribución*..., pp. 184 e ss.; TÉRCIO SAMPAIO FERRAZ JÚNIOR, *Introdução*..., pp. 82 e 83; JOSÉ DE OLIVEIRA ASCENSÃO, *O Direito*..., pp. 209 e ss.

formular orientações e conceitos gerais, úteis em vários espaços constitucionais, ora de natureza técnica, ora de natureza valorativa[64].

III. A despeito do acerto da delimitação temática da Ciência do Direito Constitucional, bem como do pluralismo metodológico que só a enriquece, pergunta-se até que ponto se justifica falar de *autonomia* da Ciência do Direito Constitucional.

É nítido que essa autonomia não pode ser olhada de um modo absoluto porque a Ciência do Direito Constitucional necessariamente partilhará de algumas das linhas fundamentais da Ciência do Direito, sendo dela uma especificação.

Isso não se faz, contudo, sem que se possam salientar os traços mais relevantes da autonomia da Ciência do Direito Constitucional, sob três distintos prismas:

– a *autonomia regulativa ou normativa*: que se firma na existência de textos normativos próprios, no caso até altamente codificados, como são os textos constitucionais, ganhando mesmo uma designação própria, que é o nome de "Constituição";
– a *autonomia científica ou dogmática*: que se atesta pela presença de conceitos e princípios privativos, os quais são tanto mais importantes quanto são crescentemente evidentes as peculiaridades regulativas e existenciais do Direito Constitucional;
– a *autonomia pedagógica ou didáctica*: que se afirma no facto de, nas escolas de Direito e não só, apresentar-se em disciplinas próprias, com ou sem esse nome, suscitando um momento pedagógico peculiar e separado no elenco das várias disciplinas, tanto das licenciaturas como dos cursos pós-graduados.

IV. Uma última referência merece ser feita à Ciência do Direito Constitucional em Portugal.

---

64 Sobre a Teoria do Direito Constitucional, v. JORGE BACELAR GOUVEIA, *O estado de excepção...*, I, pp. 58 e ss.

Dentro dos estudos jurídicos, esta vem a ser, neste momento, uma das mais dinâmicas áreas de trabalho, para cujo incremento muito contribuiu a Revolução de 25 de Abril de 1974, como a sequencial e nova Ordem Constitucional dali decorrente, consubstanciada na Constituição da República Portuguesa, de 2 de Abril de 1976 (CRP).

É normal e forçoso que uma nova ideia de Direito, quando se plasma num novo texto constitucional, implique não só o seu estudo, mas toda uma força irradiante para outros ramos do Direito[65].

A esse esforço não pode ainda ser alheia a excelência dos estudiosos do Direito Constitucional que despontaram com a implantação da III República Portuguesa, nalguns casos já anteriormente bem prenunciados no tempo do Estado autoritário de Oliveira Salazar e de Marcello Caetano.

V. Por isso, é um dever homenagear todos os cultores do Direito Constitucional em Portugal, referindo os mais relevantes professores doutorados nessa área científica, distribuídos pelas diversas escolas públicas de Direito[66]:

– *na Faculdade de Direito da Universidade de Coimbra*: José Joaquim Gomes Canotilho[67], Fernando Alves Cor-

---

[65] Sobre a evolução da Ciência do Direito Constitucional em Portugal, fundamentalmente associada ao respectivo ensino, v. Jorge Bacelar Gouveia, *Ensinar Direito Constitucional*, pp. 61 e ss.; António Manuel Hespanha, *Guiando...*, pp. 531 e ss.

[66] Sobre o actual ensino do Direito Constitucional em Portugal, v. Marcelo Rebelo de Sousa, *Direito Constitucional I – Relatório*, pp. 13 e ss.; Jorge Miranda, *L'enseignement du Droit Constitutionnel au Portugal*, in AAVV, *L'enseignement du Droit Constitutionnel* (ed. de Jean-François Flauss), Bruxelles, 2000, pp. 111 e ss.; Jorge Bacelar Gouveia, *Ensinar Direito Constitucional*, pp. 73 e ss.; Paulo Otero, *Instituições Políticas e Constitucionais*, I, Coimbra, 2007, pp. 37 e ss.

[67] José Joaquim Gomes Canotilho: *O problema da responsabilidade do Estado por actos lícitos*, Coimbra, 1974; *Constituição Dirigente e Vinculação do Legislador – contributo para a compreensão das normas constitucionais programáticas*, Coimbra, 1982;

REIA[68], JOSÉ CARLOS VIEIRA DE ANDRADE[69], FRANCISCO LUCAS PIRES[70], VITAL MARTINS MOREIRA[71] e JÓNATAS MACHADO[72];

– *na Faculdade de Direito da Universidade de Lisboa*: ARMANDO M. MARQUES GUEDES[73], JORGE MIRANDA[74], MARCELO REBELO DE SOUSA[75], PAULO OTERO[76], JOSÉ MANUEL RI-

Direito Constitucional, 6.ª ed., Coimbra, 1993; *Direito Constitucional e Teoria da Constituição*, 7.ª ed., Coimbra, 2004.

Com VITAL MOREIRA, *Fundamentos da Constituição*, Coimbra, 1991, e *Constituição da República Portuguesa anotada*, 3.ª ed., Coimbra, 1993.

[68] FERNANDO ALVES CORREIA: *O plano urbanístico e o princípio da igualdade*, Coimbra, 1989; *A Justiça Constitucional*, Coimbra, 2002.

[69] JOSÉ CARLOS VIEIRA DE ANDRADE: *Os direitos fundamentais na Constituição Portuguesa de 1976*, 4.ª ed., Coimbra, 2009.

[70] FRANCISCO LUCAS PIRES: *Teoria da Constituição de 1976 – a transição dualista*, Coimbra, 1988.

[71] VITAL MOREIRA: *Economia e Constituição*, 2.ª ed., Coimbra, 1979; *Elementos de Ciência Política*, Coimbra, 2001-2002; *Direito Constitucional – Guia de Estudo*, Coimbra, 2002-2003.

Com J. J. GOMES CANOTILHO, *Fundamentos da Constituição*, Coimbra, 1991, e *Constituição da República Portuguesa anotada*, 3.ª ed., Coimbra, 1993.

[72] JÓNATAS MACHADO: *A liberdade religiosa numa comunidade inclusiva – dos direitos da verdade aos direitos dos cidadãos*, Coimbra, 1996; *Liberdade de expressão – dimensões constitucionais da esfera pública no sistema social*, Coimbra, 2002.

[73] ARMANDO M. MARQUES GUEDES: *Introdução ao Estudo do Direito Político*, Lisboa, 1969; *Instituições e sistemas políticos*, Lisboa, 1984.

[74] JORGE MIRANDA: *Contributo para uma Teoria da Inconstitucionalidade*, Lisboa, 1968; *A Constituição de 1976 – formação, estrutura, princípios fundamentais*, Lisboa, 1978; *Manual de Direito Constitucional*, Coimbra, I, 8.ª ed., 2009, II, 6.ª ed., 2007, III, 5.ª ed., 2004, IV, 4.ª ed., 2008, V, 3.ª ed., 2004, VI, 2.ª ed., 2005, e VII, 2008; *Direito Constitucional III – Integração Europeia, Direito Eleitoral, Direito Parlamentar*, Lisboa, 2001; *Teoria do Estado e da Constituição*, Coimbra, 2002.

[75] MARCELO REBELO DE SOUSA: *Direito Constitucional I – Introdução à Teoria da Constituição*, Braga, 1979; *Os partidos políticos no Direito Constitucional Português*, Braga, 1983; *O valor jurídico do acto inconstitucional*, I, Lisboa, 1988.

[76] PAULO OTERO: *O poder de substituição no Direito Administrativo – enquadramento dogmático-constitucional*, I e II, Lisboa, 1996; *Legalidade e Administração Pública:*

BEIRO SÉRVULO CORREIA[77], MARGARIDA SALEMA D'OLIVEIRA MARTINS[78], JORGE REIS NOVAIS[79] e JOSÉ DE MELO ALEXANDRINO[80];
- *na Faculdade de Direito da Universidade do Porto*: PAULO FERREIRA DA CUNHA[81], CRISTINA QUEIROZ[82], PAULO PULIDO ADRAGÃO[83] e LUÍSA NETO[84];
- *na Escola de Direito da Universidade do Minho*: WLADIMIR BRITO e PEDRO BACELAR DE VASCONCELOS[85].

Nas instituições públicas de ensino do Direito, obviamente que não poderia esquecer-se o esforço, inovador em Portugal, da Faculdade de Direito da Universidade Nova de Lisboa[86], em cujo âmbito

---

o sentido da vinculação administrativa à juridicidade, Coimbra, 2003; *Instituições Políticas e Constitucionais*, I, Coimbra, 2007.

[77] JOSÉ MANUEL SÉRVULO CORREIA: *Noções de Direito Administrativo*, I, Lisboa, 1982; *Legalidade e autonomia contratual nos contratos administrativos*, Coimbra, 1987; *Direitos Fundamentais – sumários*, Lisboa, 2002.

[78] MARGARIDA SALEMA D'OLIVEIRA MARTINS: *O princípio da subsidiariedade em perspectiva jurídico-política*, Coimbra, 2003.

[79] JORGE REIS NOVAIS: *Contributo para uma Teoria do Estado de Direito*, Coimbra, 1987; *As restrições aos direitos fundamentais não expressamente autorizadas pela Constituição*, Coimbra, 2003; *Os princípios constitucionais estruturantes da República Portuguesa*, Coimbra, 2004.

[80] JOSÉ DE MELO ALEXANDRINO, *A estrutura dos direitos, liberdades e garantias na Constituição Portuguesa*, Coimbra, 2006.

[81] PAULO FERREIRA DA CUNHA: *Teoria da Constituição*: I – *mitos, memórias, conceitos*, Lisboa/São Paulo, 2002, e II – *Direitos Humanos e Direitos Fundamentais*, Lisboa/São Paulo, 2000.

[82] CRISTINA QUEIROZ: *Interpretação constitucional e poder judicial*, Coimbra, 1997; *Direitos Fundamentais (Teoria Geral)*, Porto, 2002.

[83] PAULO PULIDO ADRAGÃO: *A liberdade de aprender e a liberdade das escolas particulares*, Lisboa, 1995; *A liberdade religiosa e o Estado*, Coimbra, 2003.

[84] LUÍSA NETO, *O direito fundamental à disposição do corpo*, Coimbra, 2004.

[85] PEDRO BACELAR DE VASCONCELOS: *Teoria geral do controlo jurídico do poder público*, Lisboa, 1996.

[86] Com a curiosidade de na Faculdade de Direito da Universidade Nova de Lisboa todos os doutoramentos que nela se realizaram, na especialidade de Direito

pedagógico este livro se insere, com nomes como DIOGO FREITAS DO AMARAL, JOÃO CAUPERS, MARIA LÚCIA AMARAL[87], NUNO PIÇARRA, TIAGO DUARTE e JORGE BACELAR GOUVEIA.

VI. Nas instituições universitárias de Direito que não se integram no ensino superior público, é também de elencar professores com excelentes contributos para o Direito Constitucional:

- *na Faculdade de Direito da Universidade Católica Portuguesa*: em Lisboa, RUI MEDEIROS[88] e, no Porto, MANUEL AFONSO VAZ[89];
- *na Universidade Lusíada de Lisboa*: AFONSO D'OLIVEIRA MARTINS[90] e LUÍS S. CABRAL DE MONCADA[91].

6. As Ciências Afins e Auxiliares da Ciência do Direito Constitucional

I. O trabalho que é desenvolvido pela Ciência do Direito Constitucional, nas múltiplas vertentes que foram assinaladas, não está

Público, terem escolhido a disciplina do Direito Constitucional, com as respectivas dissertações já publicadas: JORGE BACELAR GOUVEIA, *O estado de excepção no Direito Constitucional*, I e II, Coimbra, 1998; PAULO PULIDO ADRAGÃO, *A liberdade religiosa e o Estado*, Coimbra, 2003; NUNO PIÇARRA, *O inquérito parlamentar e os seus modelos constitucionais*, Coimbra, 2003.

87 O caso de MARIA LÚCIA AMARAL não se insere naquela trilogia porque, apesar de professora nesta Escola, nela não realizou as suas provas de doutoramento, mas antes na Faculdade de Direito da Universidade de Lisboa, tendo depois publicado o respectivo texto: *Responsabilidade do Estado e dever de indemnizar do legislador*, Coimbra, 1998.

88 RUI MEDEIROS: *Ensaio sobre a responsabilidade civil do Estado por actos legislativos*, Coimbra, 1992; *A decisão de inconstitucionalidade*, Lisboa, 1999.

89 MANUEL AFONSO VAZ: *Lei e reserva de lei – a causa da lei na Constituição Portuguesa de 1976*, Porto, 1992.

90 AFONSO D'OLIVEIRA MARTINS: *La revisión constitucional y el ordenamiento portugués*, Lisboa/Madrid, 1995.

91 LUÍS S. CABRAL DE MONCADA: *Lei e regulamento*, Coimbra, 2002.

isento de domínios científicos de proximidade ou até de sobreposição com outras ciências que relativamente àquela se mostram ser *ciências afins* – no caso de cuidarem do mesmo objecto regulado pelo Direito Constitucional – e *ciências auxiliares* – no caso de, ostentando um outro objecto, permitirem fornecer elementos de trabalho úteis à Ciência do Direito Constitucional.

O interesse de equacionar o modo como a Ciência do Direito Constitucional se relaciona com essas ciências afins e auxiliares acaba por ser duplo:

– *porque se torna necessário demarcar criteriosamente as zonas de vizinhança*, com o propósito de evitar sincretismos metodológicos espúrios, fazendo colocar cada cientista no papel que lhe compete relativamente ao lugar onde se encontra;
– *porque importa assumir a utilidade que a Ciência do Direito Constitucional pode retirar do que aquelas outras ciências fornecem*, sendo certo que a actividade científica – do Direito Constitucional ou de qualquer outra – já não pode mais surgir isolada no saber, pois que com outros hemisférios científicos saudavelmente comunica e interage.

II. A relevância das relações da Ciência do Direito Constitucional com as Ciências que lhe são afins deve ser individualmente avaliada pela observação das relações que se estabelecem entre elas:

– *a Ciência Política*: o fenómeno político, diferentemente do Direito Constitucional, pode ser visto como um mero facto, pretendendo-se nesta ciência estudar os comportamentos das instituições e dos respectivos titulares, incluindo aspectos do sistema de partidos, do sistema eleitoral, do sistema de governo e do regime político que aquele não pode razoavelmente ignorar[92];

---

[92] Sobre a Ciência Política, v. César Enrique Romero, *Introducción...*, pp. 38 e ss.; Marcelo Rebelo de Sousa, *Direito Constitucional...*, p. 11, e *Ciência Política – conteúdos e métodos*, Coimbra, 1989, pp. 50 e ss.; Adriano Moreira, *Ciên-*

– a *Teoria Geral do Estado*: sendo esta uma actividade científica que estuda os elementos e as características do Estado enquanto realidade conceptual, naturalmente que auxilia o Direito Constitucional quando este define um conjunto de opções que se destinam à regulação jurídico-positiva concreta de determinada estrutura estadual[93];

---

cia Política, in Pol., I, Lisboa, 1983, pp. 852 e ss., e *Ciência Política*, Coimbra, 1992, pp. 63 e ss.; ARMANDO M. MARQUES GUEDES, *Ideologias...*, pp. 44 e ss.; MAURICE DUVERGER, *Os grandes sistemas políticos*, I, Coimbra, 1985, pp. 9 e ss.; JORGE MIRANDA, *Direito Constitucional*, p. 40, e *Manual...*, I, pp. 29 e ss.; KLAUS STERN, *Derecho del Estado...*, pp. 173 e ss.; PAULO BONAVIDES, *Ciência Política*, 7.ª ed., Rio de Janeiro, 1988, pp. 1 e ss.; MARCELLO CAETANO, *Manual de Ciência Política...*, I, pp. 13 e ss.; RUI CHANCERELLE DE MACHETE, *Estudos de Direito Público e Ciência Política*, Lisboa, 1991, pp. 660 e ss.; FRANCISCO PORRÚA PÉREZ, *Teoría del Estado – teoría política*, 24.ª ed., Cidade do México, 1991, pp. 126 e ss.; VITALINO CANAS, *Preliminares do estudo da Ciência Política*, Macau, 1992, pp. 34 e ss.; J. J. GOMES CANOTILHO, *Direito Constitucional*, pp. 159 e 160; DIOGO FREITAS DO AMARAL, *Ciência Política*, I, Lisboa, 1994, pp. 30 e ss.; LUÍS SÁ, *O lugar da Assembleia da República no sistema político*, Lisboa, 1994, pp. 25 e 26; JOSÉ ADELINO MALTEZ, *Sobre a Ciência Política*, Lisboa, 1994, pp. 91 e ss., e *Princípios de Ciência Política – introdução à teoria política*, Lisboa, 1996, pp. 23 e ss.; FRANCISCO FERNÁNDEZ SEGADO, *Aproximación a la Ciencia del Derecho Constitucional*, Lima, 1995, pp. 105 e ss.; VLADIMIRO NARANJO MESA, *Teoría...*, pp. 48 e ss.; JUAN FERRANDO BADÍA, *Los régimenes políticos actuales – presentación*, in AAVV, *Régimenes políticos actuales* (coord. de JUAN FERRANDO BADÍA), 3.ª ed., Madrid, 1995, pp. 28 e ss.; MICHAEL G. ROSKIN, ROBERT L. CORD, JAMES A. MEDEIROS e WALTER S. JONES, *Political Science – an Introduction*, 6.ª ed., Upper Saddle River, 1997, pp. 12 e ss.; VITAL MOREIRA, *Elementos de Ciência Política*, Lisboa, 2001-2002, pp. 5 e ss.; JORGE BACELAR GOUVEIA, *Ensinar Direito Constitucional*, pp. 373 e ss.; DONATELLA DELLA PORTA, *Introdução à Ciência Política*, Lisboa, 2003, pp. 13 e ss.; RICARDO LEITE PINTO, JOSÉ DE MATOS CORREIA e FERNANDO ROBOREDO SEARA, *Ciência Política e Direito Constitucional – Teoria Geral do Estado e Formas de Governo*, 3.ª ed., Lisboa, 2005, pp. 27 e ss.; MANUEL PROENÇA DE CARVALHO, *Manual de Ciência Política e Sistemas Políticos e Constitucionais*, 2.ª ed, Lisboa, 2007, pp. 13 e ss.

[93] Sobre a Teoria Geral do Estado, v. GEORGES BURDEAU, *O Estado*, Póvoa do Varzim, s. d., pp. 15 e ss.; MARCELLO CAETANO, *Manual de Ciência Política...*, I, pp. 121 e ss.; MARCELO REBELO DE SOUSA, *Ciência Política...*, pp. 78 e ss.; REINHOLD ZIPPELIUS, *Teoria...*, pp. 1 e ss.; GEORG JELLINEK, *Teoría General del*

– *a Sociologia Política*: é um sector da Sociologia que se dedica ao estudo das relações entre o poder e a sociedade, aquilatando até que ponto existem comportamentos dominantes, *maxime* no plano da representação dos interesses dos cidadãos e no respectivo comportamento eleitoral, pelo que os dados que possa fornecer são muito úteis às opções efectuadas pelo Direito Constitucional[94];
– a *História das Ideias Políticas* e a *História Política*: ao registar e analisar o contributo de diversos pensadores para a concepção do poder político, assim como ao explicitar as causas e as consequências dos acontecimentos políticos, na sua vertente comportamental, parece clara a sua importância na compreensão do lastro das instituições e da sua formação, muitas vezes o Direito Constitucional correspondendo à precipitação normativa do pensamento político e dos factos políticos que se tornaram marcantes[95];

Estado, Granda, 2000, pp. 1 e ss.; MANUEL PROENÇA DE CARVALHO, *Manual...*, pp. 55 e ss.

[94] Sobre a Sociologia Política, v. GASTON BOUTHOUL, *Sociologie de la Politique*, Paris, 1965, pp. 7 e ss.; MARCELO REBELO DE SOUSA, *Direito Constitucional...*, p. 12; JEAN CARBONNIER, *Sociologia Jurídica*, Coimbra, 1979, pp. 63 e ss.; PAULO BONAVIDES, *Ciência...*, pp. 36 e ss.; NIKLAS LUHMANN, *Sociologia do Direito*, I, Rio de Janeiro, 1983, pp. 20 e ss.; MAURICE DUVERGER, *Sociologia da Política*, Coimbra, 1983, pp. 17 e ss.; J. BAPTISTA MACHADO, *Introdução ao Direito...*, pp. 253 e ss.; ARMANDO M. MARQUES GUEDES, *Ideologias...*, pp. 43 e 44; JORGE MIRANDA, *Direito Constitucional*, p. 40, e *Manual...*, I, pp. 30 e 31; MÁRIO BIGOTTE CHORÃO, *Sociologia do Direito*, in Pol., V, Lisboa, 1987, pp. 955 e ss.; MARCELLO CAETANO, *Manual de Ciência Política...*, I, pp. 23 e 24; DIOGO FREITAS DO AMARAL, *Ciência...*, I, pp. 28 e 29, e *Manual de Introdução...*, I, pp. 154 e ss.; JOSÉ ADELINO MALTEZ, *Sobre a Ciência...*, pp. 92 e 93; JOSÉ DE OLIVEIRA ASCENSÃO, *O Direito...*, pp. 109 e ss.

[95] Sobre a História das Ideias Políticas, v. JEAN-JACQUES CHEVALLIER, *As grandes obras políticas de Maquiavel a nossos dias*, Brasília, 1982, pp. 15 e ss.; MARCELLO CAETANO, *Manual de Ciência Política...*, I, pp. 28 e ss., e *História...*, pp. 16 e ss.; MARCELO REBELO DE SOUSA, *Ciência Política...*, pp. 67 e ss.; MARCEL PRÉLOT e GEORGES LESCUYER, *Histoire des Idées Politiques*, 10.ª ed., Paris, 1990, pp. 7 e ss.; DIOGO FREITAS DO AMARAL, *História das Ideias Políticas*, I, Coimbra, 1998, pp. 15 e ss.; MANUEL PROENÇA DE CARVALHO, *Manual...*, pp. 23 e ss.

– *a Filosofia Política*: como parte da Filosofia, a Filosofia Política pretende, no que respeita ao fenómeno político, sobretudo estadual, descobrir os seus limites no que toca aos direitos das pessoas, sugerindo o estudo dos limites do poder público positivo[96];
– *a Política Constitucional*: é a parcela da Política Legislativa, assim aplicada ao Direito Constitucional[97], que pondera as necessárias e as convenientes alterações constitucionais, sopesando as vantagens e as desvantagens dos institutos a adoptar ou dos aspectos a aperfeiçoar[98];
– *a Análise Económica do Direito Constitucional (ou o Constitucionalismo Económico)*: exprime a observação do Direito Constitucional no objectivo de procurar ganhos de eficiência, minimizando os custos e maximizando os benefícios, perguntando

---

[96] Sobre a Filosofia Política, v. MARCELO REBELO DE SOUSA, *Direito Constitucional...*, p. 12; MIGUEL REALE, *Filosofia do Direito*, in Pol., II, Lisboa, 1984, p. 1437, *Teoria Tridimensional do Direito, Teoria da Justiça, Fontes e Modelos do Direito*, Lisboa, 2003, pp. 23 e ss., e *Introdução à Filosofia*, 4.ª ed., São Paulo, 2002, pp. 3 e ss.; ARMANDO M. MARQUES GUEDES, *Ideologias...*, pp. 53 e 54; JORGE MIRANDA, *Direito Constitucional*, p. 42, e *Manual...*, I, pp. 33 e 34; MARCELLO CAETANO, *Manual de Ciência Política...*, I, pp. 25 e ss.; PEDRO SOARES MARTÍNEZ, *Filosofia do Direito*, Coimbra, 1991, pp. 3 e ss.; DIOGO FREITAS DO AMARAL, *Ciência...*, I, p. 27; MICHEL VILLEY, *Filosofia do Direito,* São Paulo, 2003, pp. 3 e ss.; ARTHUR KAUFMANN, *Filosofia...*, pp. 11 e ss.

[97] Sobre a Política Constitucional, bem como a Ciência da Política Legislativa em geral, v. LUÍS S. CABRAL DE MONCADA, *Contributo para uma Teoria da Legislação*, Lisboa, 1998, pp. 7 e ss.; DAVID DUARTE, ALEXANDRE SOUSA PINHEIRO, MIGUEL LOPES ROMÃO e TIAGO DUARTE, *Legística – perspectivas sobre a concepção e redacção de actos normativos*, Coimbra, 2002, pp. 23 e ss.; JOÃO CAUPERS, *Relatório sobre o programa, conteúdo e métodos de uma disciplina de Metódica da Legislação*, in L-CCL, n.° 35, Outubro-Dezembro de 2003, pp. 5 e ss.; DIOGO FREITAS DO AMARAL, *Manual de Introdução...*, I, pp. 159 e ss.; JOSÉ DE OLIVEIRA ASCENSÃO, *O Direito...*, pp. 108 e 109; ARTHUR KAUFMANN, *Filosofia...*, pp. 24 e ss.

[98] No plano normativo, importa referir o facto de o RCM conter, no seu anexo II, relevantes regras de Legística material e formal no tocante aos actos jurídico-públicos do Governo. Cfr. os arts. 1.° e ss. do Anexo II da RCM.

até que ponto as opções constitucionais se afiguram aceitáveis na composição dos interesses em presença[99].

III. A actividade científica que pode ser levada a cabo no Direito Constitucional completa-se pelo registo das relações que mantém com as *ciências auxiliares*, as quais, diferentemente das ciências afins, têm menos parecenças com a Ciência do Direito Constitucional, mas nem por isso lhe deixam de ser úteis, essencialmente numa veste informativa:

- *a Ciência da Linguagem*: o alto nível proclamatório dos textos constitucionais, levando ao frequente aparecimento de metalinguagens, torna o estudo da linguagem constitucional particularmente importante no relevo ordenador que se lhe possa atribuir[100];
- *a Estatística e a Matemática*: são evidentes os contributos destas ciências no campo dos sistemas eleitorais ou da definição das maiorias deliberativas, sem cujos conceitos não é possível a

[99] Sobre a Análise Económica do Direito aplicada ao Direito Constitucional, ou o também designado "Constitucionalismo Económico", v. ROBERT COOTER e THOMAS ULEN, *Law and Economics*, 2.ª ed., Massachusetts, 1997, pp. 1 e ss.; AAVV, *Foundations of the Economic Approach to Law* (ed. por AVERY WIENER KATZ), New York/Oxford, 1998, pp. 3 e ss.; NUNO GAROUPA, *Análise Económica do Direito*, in L-CCL, n.° 32, Outubro-Dezembro de 2002, pp. 23 e ss.; ANÍBAL ALMEIDA, *Sobre o Estado e o Poder, a Economia e a Política*, Coimbra, 2003, pp. 85 e ss.; MARTA TAVARES DE ALMEIDA, *Avaliação da Legislação em Portugal*, in L-CCL, n°s. 33 e 34, Janeiro-Junho de 2003, pp. 93 e ss.; DIOGO FREITAS DO AMARAL, *Manual de Introdução...*, I, pp. 147 e ss.; FERNANDO ARAÚJO, *Introdução à Economia*, 3.ª ed., Coimbra, 2005, pp. 15 e ss.; JOSÉ DE OLIVEIRA ASCENSÃO, *O Direito...*, pp. 490 e 491.

[100] Sobre a Ciência da Linguagem, paredes meias com a Filosofia da Linguagem, v. LUDWIG WITTGENSTEIN, *Tratado Lógico-Flosófico*, 3.ª ed., Lisboa, 2002, pp. 29 e ss.; ANTÓNIO MENEZES CORDEIRO, *Manual de Direito do Trabalho*, Coimbra, 1991, pp. 41 e ss.; CARLOS FERREIRA DE ALMEIDA, *Texto e enunciado na teoria do negócio jurídico*, I, Coimbra, 1992, pp. 121 e ss.; JORGE BACELAR GOUVEIA, *O estado de excepção...*, I, pp. 73 e ss.; ARTHUR KAUFMANN, *Filosofia...*, pp. 165 e ss.

compreensão de algumas normas constitucionais[101], nem da sua lógica subjacente[102];

- a *História*: na explicação do percurso dos povos, nas suas múltiplas formas de organização, os acontecimentos económicos, sociais e religiosos, para além dos elementos directamente políticos, podem também justificar os acontecimentos constitucionais;
- a *Sociologia*: sendo-lhe confiado o estudo dos comportamentos colectivos, sem aqui incluir o sector da Sociologia Política, ela fornece elementos auxiliares preciosos quanto à adequação social de certas instituições jurídico-constitucionais, embora com maior êxito no Direito Constitucional Material do que no Direito Constitucional Organizatório;
- a *Economia*: na medida em que lhe está associada uma ideia de eficiente afectação de recursos escassos à satisfação das necessidades colectivas, esta disciplina dá as bases para as opções económicas que os textos constitucionais, a partir do século XX, normalmente têm na passagem do Estado Liberal ao Estado Social[103];
- a *Antropologia*: tendo a seu cargo perceber o comportamento humano nas civilizações tradicionais, compreensão indispen-

---

[101] Vários dos sistemas eleitorais que foram vertidos para normas constitucionais resultaram do esforço de matemáticos na melhor esquematização da conversão dos votos em mandatos. O exemplo mais significativo é o de Victor d'Hondt, matemático e jurista belga do século XIX, que inventou o sistema eleitoral com o mesmo nome e que é hoje o sistema adoptado em Portugal e em muitos outros países. Cfr. *infra* n.º 164.

[102] Sobre a importância da Estatística e da Matemática, v. FERNANDO ARAÚJO, *Introdução...*, pp. 74 e 75; DIOGO FREITAS DO AMARAL, *Manual de Introdução...*, I, pp. 558 e 559.

[103] Sobre ao valor do contributo da Economia, v. KENNETH E. BOULDING, *Análisis Económico*, Madrid, 1947, pp. 7 e ss.; PEDRO SOARES MARTÍNEZ, *Economia Política*, 8.ª ed., Coimbra, 1998, pp. 2 e ss.; JOÃO CÉSAR DAS NEVES, *Princípios de Economia Política*, Lisboa, 1998, pp. 14 e ss.; FERNANDO ARAÚJO, *Introdução...*, pp. 15 e ss.

sável ao itinerário dos sistemas políticos, fundamental numa tarefa comparatística dos diferentes estágios da sua evolução, no que também poderá ter interesse a manutenção de instituições mais antigas, mas porventura mais eficientes e representativas[104];

– a *Geografia e a Astrofísica*: relativamente à delimitação dos espaços estaduais, bem como ao aproveitamento que tais espaços proporcionam, sem o contributo destas ciências dificilmente seria possível conhecer certos conceitos jurídico-constitucionais, que só fazem sentido recorrendo à sua ajuda[105].

7. Os elementos de estudo

I. O esforço da Ciência do Direito Constitucional, no aprofundamento constante pelo conhecimento deste ramo do Direito, desembocará nos *elementos de estudo* que se possa oferecer, tanto em Portugal como no estrangeiro.

É diversa, portanto, a natureza dos elementos de estudo com que se deve partir, de entre eles se salientando quatro tipos[106]:

---

[104] Sobre a Antropologia Jurídica em geral, v. NORBERT ROULAND, *Antropologia Giuridica*, Milano, 1992, pp. 19 e ss.; ARMANDO M. MARQUES GUEDES, *Ideologias...*, pp. 38 e 39; MISCHA TITIEV, *Introdução à Antropologia Cultural*, 8.ª ed., Lisboa, 2000, pp. 5 e ss.; ARMANDO MARQUES GUEDES, *Entre factos e razões – contextos e enquadramentos da Antropologia Jurídica*, Coimbra, 2005, pp. 13 e ss.

Em várias comunidades tradicionais africanas, tem sido discutida a importância do voto tribal, paralelamente ao voto individual, mas em cuja definição se carece do indispensável apoio da Antropologia.

[105] É o caso da separação entre o espaço estadual aéreo e o espaço exterior, com a clara distinção de um regime de soberania naquele e de um regime internacional neste, em que só a Astrofísica pode ajudar na determinação da distinção da consistência material desses dois diferentes espaços, nem sequer tal linha de separação se encontrando juridicamente definida. Cfr. JORGE BACELAR GOUVEIA, *Manual...*, pp. 604 e ss.

[106] Cfr. JORGE BACELAR GOUVEIA, *Ensinar Direito Constitucional*, pp. 451 e ss.

– *os elementos doutrinais*;
– *os elementos legislativos*;
– *os elementos jurisprudenciais*; e
– *os elementos documentais*.

Tendo o presente livro por base o Direito Constitucional Português, o maior empenho aludirá à bibliografia portuguesa, embora seja indispensável compulsar os bons livros de Direito Constitucional que têm sido produzidos noutros Estados, aos quais também nos socorreremos, recordando as doutrinas mais significativas, na impossibilidade – e porventura inutilidade – de todas elas mencionar.

II. Do ponto de vista da doutrina de Direito Constitucional, são já vários os títulos que, em Portugal, representam a doutrina geral, embora no lugar próprio também tenhamos a preocupação de referir a doutrina específica.

Na vigência da actual Ordem Constitucional Democrática, cumpre referir os seguintes contributos, em obras de carácter geral, manuais e monografias[107]:

– ARMANDO M. MARQUES GUEDES: *Ciência Política II – Teoria Geral do Estado*, Lisboa, 1982; *Instituições e sistemas políticos*, Lisboa, 1984
– FILIPE FALCÃO OLIVEIRA, *Direito Público Guineense*, Coimbra, 2005
– FRANCISCO LUCAS PIRES: *Teoria da Constituição de 1976 – a transição dualista*, Coimbra, 1988
– JORGE BACELAR GOUVEIA: *Os direitos fundamentais atípicos*, Lisboa, 1995; *O estado de excepção no Direito Constitucional*, I e II vols., Coimbra, 1998; *Estudos de Direito Público,* I, Cascais, 2000; *Novos Estudos de Direito Público*, Lisboa, 2002; *Estudos de Direito Público de Língua Portuguesa*, Coimbra, 2004; *Novíssimos Estudos de Direito Público*, Coimbra, 2006; *International Ency-*

[107] Cfr. JORGE BACELAR GOUVEIA, *Ensinar Direito Constitucional*, pp. 477 e ss.

clopaedia of Laws – Constitutional Law of Portugal, Kluwer, The Netherlands, 2008, suplemento 75; *Manual de Direito Constitucional*, I e II vols., 3.ª ed., Coimbra, 2009

– JORGE MIRANDA: *A Constituição de 1976 – formação, estrutura, princípios fundamentais*, Lisboa, 1978; *Ciência Política – formas de governo*, Lisboa, 1992; *Manual de Direito Constitucional*: I tomo – *Preliminares, o Estado e os sistemas constitucionais*, 8.ª ed., Coimbra, 2009, II tomo – *Constituição*, 6.ª ed., Coimbra, 2007, III tomo – *Estrutura constitucional do Estado*, 5.ª ed., Coimbra, 2004, IV tomo – *Direitos fundamentais*, 4.ª ed., Coimbra, 2008, V tomo – *Actividade constitucional do Estado*, 3.ª ed., Coimbra, 2004, VI tomo – *Inconstitucionalidade e garantia da Constituição*, 2.ª ed., Coimbra, 2005, e VII tomo – *Estrutura Constitucional da Democracia*, Coimbra, 2007; *Teoria do Estado e da Constituição*, Coimbra, 2002

– JOSÉ CARLOS VIEIRA DE ANDRADE: *Os direitos fundamentais na Constituição Portuguesa de 1976*, 4.ª ed., Coimbra, 2009

– JOSÉ JOAQUIM GOMES CANOTILHO: *Constituição Dirigente e Vinculação do Legislador*, Coimbra, 1982; *Direito Constitucional*, 6.ª ed., Coimbra, 1993; *Direito Constitucional e Teoria da Constituição*, 7.ª ed., Coimbra, 2003

– JOSÉ JOAQUIM GOMES CANOTILHO e VITAL MOREIRA: *Fundamentos da Constituição*, Coimbra, 1991; *Constituição da República Portuguesa anotada*, 4.ª ed., Coimbra, 2007

– MANUEL AFONSO VAZ: *Lei e reserva de lei*, Porto, 1992

– MARCELO REBELO DE SOUSA: *Direito Constitucional I – Introdução à Teoria da Constituição*, Braga, 1979; *Ciência Política – conteúdos e métodos*, Coimbra, 1989

– MARIA LÚCIA AMARAL: *A forma da República – uma introdução ao Direito Constitucional*, Coimbra, 2005

– MARIA MANUELA MAGALHÃES SILVA e DORA RESENDE ALVES: *Noções de Direito Constitucional e Ciência Política*, 2.ª ed., Lisboa, 2008

– PAULO FERREIRA DA CUNHA: *Teoria da Constituição II: Direitos humanos e direitos fundamentais*, Lisboa/São Paulo, 2000; *Teoria da Constituição I: mitos, memórias, conceitos,* Lisboa/São Paulo, 2002; *Direito Constitucional Geral*, Lisboa, 2006; *Direito Constitucional Aplicado*, Lisboa, 2007

- Paulo Otero: *Instituições Políticas e Constitucionais,* I, Coimbra, 2007
- Ricardo Leite Pinto, José de Matos Correia e Fernando Roboredo Seara: *Ciência Política e Direito Constitucional – Teoria Geral do Estado e Formas de Governo*, 3.ª ed., Lisboa, 2005
- Rui Medeiros: *A decisão de inconstitucionalidade*, Lisboa, 1999
- Vital Martins Moreira: *Elementos de Ciência Política,* Coimbra, 2003

III. Igualmente importa registar o contributo doutrinal que no Direito Constitucional é muitas vezes dado através de comentários e anotações aos textos constitucionais, sendo de evidenciar os seguintes[108]:

- AAVV: *Constituição Portuguesa anotada* (coord. de Jorge Miranda e Rui Medeiros), tomos I, II e III, Coimbra, 2005, 2006 e 2007
- AAVV: *Comentário à Constituição Portuguesa* (coord. de Paulo Otero), I, II e III vols., Coimbra, 2008
- Alexandre Sousa Pinheiro e Mário João Fernandes: *Comentários à IV revisão constitucional*, Lisboa, 1999
- António Nadais, António Vitorino e Vitalino Canas: *Constituição da República Portuguesa – texto e comentários à Lei n.° 1/82*, Lisboa, 1982
- António Vitorino: *Constituição da República Portuguesa*, Lisboa, 1989
- Isaltino Morais, José Mário F. de Almeida e Ricardo Leite Pinto: *Constituição da República Portuguesa anotada e comentada*, Lisboa, 1983

[108] Cfr. Jorge Bacelar Gouveia, *Ensinar Direito Constitucional*, pp. 480 e 481.

– J. J. Almeida lopes: *Constituição da República Portuguesa anotada*, Coimbra, 2005
– J. L. Pereira coutinho, José Manuel Meirim, Mário Torres e Miguel Lobo Antunes: *Constituição da República Portuguesa – 2.ª revisão Constitucional*, Lisboa, 1989
– Jorge Lacão: *Constituição da República Portuguesa – 5.ª revisão*, Porto, 2001
– José Joaquim Gomes Canotilho e Vital Moreira: *Constituição da República Portuguesa*, 4.ª ed., Coimbra, 2007
– José Magalhães: *Dicionário da Revisão Constitucional*, 2.ª ed., Lisboa, 1999
– Luís Marques Guedes: *Uma Constituição Moderna para Portugal*, Lisboa, 1997
– Marcelo Rebelo de Sousa: *Constituição da República Portuguesa e Legislação Complementar*, Lisboa, 1992
– Marcelo Rebelo de Sousa e José de Melo Alexandrino: *Constituição da República Portuguesa comentada*, Lisboa, 2000
– Pedro Soares Martínez: *Comentários à Constituição Portuguesa de 1976*, Lisboa/São Paulo, 1978
– Vinício Ribeiro: *Constituição da República Portuguesa*, Coimbra, 1993
– Vitalino Canas: *Constituição da República Portuguesa – comentários e notas*, Lisboa, 2004

IV. O actual Direito Constitucional Português tem sido amplamente estudado, e com grande profundidade, ao nível de obras colectivas, num sinal original da sua importância, sendo de sublinhar estas[109]:

– AAVV, *Estudos sobre a Constituição* (org. de Jorge Miranda), I, Lisboa, 1977, II, Lisboa, 1978, e III, Lisboa, 1979

[109] Cfr. Jorge Bacelar Gouveia, *Ensinar Direito Constitucional*, p. 481.

– AAVV, *Nos Dez Anos da Constituição* (org. de JORGE MIRANDA e MARCELO REBELO DE SOUSA), Lisboa, 1986
– AAVV, *Portugal – O Sistema Político e Constitucional 1974-1987* (org. de MÁRIO BAPTISTA COELHO), Lisboa, 1989 (= *El sistema político y constitucional portugués, 1974-1987*, in REP, n.° monográfico 60-61, Abril-Setembro de 1988, Madrid)
– AAVV, *Études de Droit Constitutionnel Franco-Portugais*, Paris, 1992
– AAVV, *Estudos sobre a Jurisprudência do Tribunal Constitucional*, Lisboa, 1993
– AAVV, *Legitimidade e legitimação da Justiça Constitucional*, Coimbra, 1995
– AAVV, *Perspectivas Constitucionais – Nos 20 Anos da Constituição* (org. de JORGE MIRANDA), Coimbra, I, 1996, II, 1997, e III, 1998
– AAVV, *Nos 20 Anos da Constituição de 1976 – Jornadas de Coimbra* (org. de J. J. GOMES CANOTILHO), Coimbra, 1999
– AAVV, *Nos 25 Anos da Constituição da República Portuguesa de 1976 – Evolução Constitucional e Perspectivas Futuras*, Lisboa, 2001
– AAVV, *30 Anos da Constituição Portuguesa* (org. de JORGE BACELAR GOUVEIA *et alli*), Coimbra, 2006

V. Para períodos anteriores, é ainda de referir obras de carácter geral e monográfico de natureza histórica[110]:

– ARMANDO M. MARQUES GUEDES: *Direito Constitucional*, Lisboa, 1961; *Teoria Geral do Estado*, II vol., Lisboa, 1963; *Introdução ao Estudo do Direito Político,* Lisboa, 1969
– DOMINGOS FEZAS VITAL: *Direito Constitucional,* Coimbra, 1945-1946
– JORGE MIRANDA: *Contributo para uma teoria da inconstitucionalidade*, Lisboa, 1968

[110] Cfr. JORGE BACELAR GOUVEIA, *Ensinar Direito Constitucional*, pp. 479 e 480.

- José Alberto dos Reis: *Ciência Política e Direito Constitucional,* Coimbra, 1908
- José Carlos Moreira: *Direito Constitucional* (elementos coligidos por A. J. Machado Gonçalves e Graciano Alves), Coimbra, 1951-1952
- José Frederico Laranjo: *Princípios de Direito Político e Direito Constitucional Português,* Coimbra, 1898
- José Joaquim Lopes Praça: *Estudos sobre a Carta Constitucional de 1826 e o Acto Adicional de 1852,* 3 vols., Coimbra, 1878, 1879 e 1880
- José Marnoco e Sousa: *Lições de Direito Político,* Coimbra, 1900; *Direito Político – Poderes do Estado,* Coimbra, 1910; *Constituição Política da República portuguesa – Comentário,* Coimbra, 1913
- José Tavares: *Ciência do Direito Político,* Coimbra, 1909
- Marcello Caetano: *Manual de Ciência Política e Direito Constitucional*, I, 6.ª ed., Coimbra, 1989, e II, 6.ª ed., Coimbra, 1972; *Direito Constitucional*, 2.ª ed., Rio de Janeiro, 1987, I vol. – *Direito Comparado, Teoria Geral do Estado e da Constituição, As Constituições do Brasil,* e II vol. – *Direito Constitucional Brasileiro; Constituições Portuguesas*, 4.ª ed., São Paulo/Lisboa, 1978
- Martinho Nobre Melo: *Direito Constitucional,* Lisboa, 1957
- Miguel Galvão Teles, *Direito Constitucional Português Vigente*, Lisboa, 1970-1971
- Rogério Ehrhardt Soares: *Lições de Direito Constitucional,* Coimbra, 1971
- Silvestre Pinheiro Ferreira: *Cours de Droit Public Interne et Externe,* Paris, 1830; *Principes du Droit Public Constitutionnel, Administratif et des Gens ou Manuel du Citoyen sous un Gouvernment Représentatif,* Paris, 1934; *Précis d'un Cours de Droit Public, Administratif et des Gens,* Lisboa, 1845

VI. Os textos que fazem a recolha das normas constitucionais, bem como de legislação complementar no plano infraconstitucional, incluindo os mais relevantes arestos da jurisprudência constitucional, nalguns casos com anotações e comentários, são relevantes contributos documentais que não é justo negligenciar[111]:

- Eduardo Paz Ferreira, Rogério Fernandes Ferreira e Olívio Mota Amador: *Textos de Jurisprudência Fiscal Constitucional*, 2 vols., Lisboa, 1996
- Fernando Roboredo Seara, Fernando Loureiro Bastos, José de Matos Correia, Nuno Rogeiro e Ricardo Leite Pinto: *Legislação de Direito Constitucional*, Lisboa, 1990
- J. J. Gomes canotilho e Vital Moreira: *Constituição da República Portuguesa anotada*, 4.ª ed., Coimbra, 2007; *Constituição da República e Lei do Tribunal Constitucional*, 7.ª ed., Coimbra, 2003
- Jorge Bacelar Gouveia: *Legislação Eleitoral*, Lisboa, 1995; *As Constituições dos Estados da União Europeia*, Lisboa, 2000; *Constituição da República Portuguesa e Legislação Complementar*, 2.ª ed., Lisboa, 2001; *Legislação de Direitos Fundamentais*, 2.ª ed., Coimbra, 2004; *As Constituições dos Estados de Língua Portuguesa*, 2.ª ed., Coimbra, 2006; *Legislação de Direito Constitucional*, 2.ª ed., Coimbra, 2007
- Jorge bacelar Gouveia, M. Saturino da Costa Gomes e Fernando Soares Loja, *Legislação de Direito da Religião*, Coimbra, 2006
- Jorge Bacelar Gouveia, Rui Carlos Pereira, Arménio Marques Ferreira e Virgílio Teixeira, *Leis de Direito da Segurança*, Coimbra, 2006
- Jorge Miranda: *Constituições de Diversos Países*, 3.ª ed., I, Lisboa, 1986, e II, Lisboa, 1987; *Textos históricos do Direito Constitucional*, 2.ª ed., Lisboa, 1990; *Normas complementares da Constituição*, 2.ª ed., Lisboa, 1994; *Jurisprudência Constitucional Escolhida,* I vol., Lisboa, 1996, II vol., Lisboa, 1996, e III vol.,

[111] Cfr. Jorge Bacelar Gouveia, *Ensinar Direito Constitucional*, pp. 481 e 482.

Lisboa, 1997; *Leis Eleitorais para os Parlamentos dos Países da União Europeia*, Lisboa, 1998; *As Constituições Portuguesas*, 5.ª ed., Lisboa, 2004

- Jorge Miranda e Jorge Pereira da Silva: *Constituição da República Portuguesa*, 4.ª ed., Lisboa, 2004
- José Fontes: *Legislação de Direito Constitucional*, 2.ª ed., Coimbra, 2004
- José de Matos Correia: *Constituição da República Portuguesa anotada*, Lisboa, 2004
- Mário Torres, Alberto Esteves Remédio, António Rocha Marques, Margarida Menéres Pimentel e António De Araújo: *Guia da Jurisprudência do Tribunal Constitucional*, vol. 1.°, Coimbra, 2000, e 2.° vol., Coimbra, 2001
- Pedro Tavares De Almeida: *Legislação Eleitoral Portuguesa – 1820-1926*, Lisboa, 1998.

VII. O estudo do Direito Constitucional Português realiza-se finalmente no plano das revistas científicas e outras recolhas periódicas, sendo de lembrar as seguintes:

- *Acórdãos do Tribunal Constitucional*;
- *Anuário Português de Direito Constitucional*;
- *Boletim da Faculdade de Direito da Universidade de Coimbra*;
- *Boletim do Ministério da Justiça*;
- *Cadernos de Justiça Constitucional*;
- *Direito e Justiça*;
- *Estado e Direito;*
- *Legislação – Cadernos de Ciência da legislação*
- *O Direito*;
- *Pareceres da Comissão Constitucional*;
- *Revista da Faculdade de Direito da Universidade de Lisboa*;
- *Revista da Faculdade de Direito da Universidade Nova de Lisboa (THEMIS)*;
- *Revista da Ordem dos Advogados;*
- *Revista de Direito Público*;
- *Revista de Legislação e Jurisprudência.*

Ao nível das enciplopédias jurídicas, é de elencar estas mais significativas:

- *Dicionário da História de Portugal;*
- *Dicionário Jurídico da Administração Pública;*
- *Pólis – Enciclopédia Verbo da Sociedade e do Estado;*
- *Verbo – Enciclopédia Luso-Brasileira de Cultura.*

VIII. No plano dos recursos informáticos, têm-se difundido numerosos sítios internéticos em que se pode alcançar vastíssima informação sobre diversos sistemas constitucionais.

No tocante ao sistema constitucional português, esses sítios, para além das ligações que as páginas das Faculdades oferecem (www.fd.unl.pt, no caso da Faculdade de Direito da Universidade Nova de Lisboa) ou que algumas associações científicas possuem (como o Instituto de Direito Público, com a página www.idp.org.pt), representam as principais instituições jurídico-constitucionais:

- Presidente da República: www.presidenciadarepublica.pt;
- Assembleia da República: www.parlamento.pt;
- Governo: www.governo.pt;
- Tribunal Constitucional: www.tribunalconstitucional.pt;
- Procuradoria-Geral da República: www.pgr.pt.

IX. Quanto à bibliografia estrangeira de Direito Constitucional, o difícil é seleccionar, tal a sua profusão, num caso em que a quantidade nem sempre é sinónimo de qualidade, sendo de sugerir os seguintes títulos, de entre obras doutrinárias didácticas, monografias e comentários constitucionais[112]:

[112] Cfr. JORGE BACELAR GOUVEIA, *Ensinar Direito Constitucional*, pp. 482 e ss.

A) Alemanha

1) Obras doutrinais de carácter geral

- AAVV, *Handbuch des Staatsrechts* (org. de JOSEF ISENSEE e PAUL KIRCHHOF), I, II, III, IV, V, VI, VII e VIII, Heidelberg, 1992; *Handbuch des Verfassungsrechts der Bundesrepublik Deutschland* (org. ERNST BENDA, WERNER MAIHOFER E HANS-JOCHEN VOGEL), Berlin/New York, 2.ª ed., 2 vols., 1995
- ALBERT BLECKMANN, *Staatsrecht*, Köln/Berlin/Bonn/München: *I – Staatsorganisationsrecht*, 1993; II – *Die Grundrechte*, 4.ª ed., 1997
- ALFRED KATZ, *Staatsrecht*, 13.ª ed., Heidelberg, 1996
- BODO PIEROTH E BERNHARD SCHLINK, *Staatsrecht, II,* 15.ª ed., Heidelberg, 1999
- CHRISTIAN STARCK, *El concepto de la ley en la Constitución Alemana*, Madrid, 1979; *La Constitution – cadre et mesure du Droit*, Paris – Aix en Provence, 1994
- CHRISTOPH DEGENHART, *Staatsrecht*, 11.ª ed., Heidelberg, 1995
- EKKEHART STEIN, *Staatsrecht*, 12.ª ed., Tübingen, 1990, e *Lehrbuch des Staatsrechts,* 17.ª ed., Tübingen, 2000
- GEORG SCHOLZ, *Grundgesetz*: I, 6.ª ed., München, 1990; II, 5.ª ed., München, 1987
- H. U. ERICHSEN, *Staatsrecht und Verfassungsgerichtsbarkeit*, I, 3.ª ed., München, 1982; II, Bochum, 1979
- HANS HERBERT ARNIM, *Staatslehre der Bundesrepublik Deutschland,* München, 1984
- HANS PETERS, *Geschichtliche Entwicklung und Grundfragen der Verfassung,* Berlin, 1969
- HANS WOLFGANG ARNDT E WALTER RUDOLF, *Öffentliches Recht,* 10.ª ed., München, 1994
- INGO VON MÜNCH, *Staatsrecht*, I, 5.ª ed., Stuttgart/Berlin//Köln, 1993; *Grundbegriffe des Staatsrechts*: I, 6.ª ed., Stuttgart, 2001; II, 5.ª ed., Stuttgart, 1991

– J. STAFF, *Verfassungsrecht,* Baden-Baden, 1976
– KLAUS STERN, *Das Staatsrecht der Bundesrepublik Deutschland:* vol. I, 2.ª ed., 1982; vol. II, 1.ª ed., 1980; vol. III/1, 1989; vol. III/2, 1994; vol. V, 2000
– KONRAD HESSE, *Grundzüge des Verfassungsrechts der Bundesrepublik Deutschland*, 20.ª ed., Karlsruhe/Heidelberg, 1993
– MARTIN KRIELE, *Einführung in die Staatslehre*, 4.ª ed., Hamburg, 1990
– MICHAEL SACHS, *Verfassungsrecht II – Grundrechte*, Springer, 2000
– MICHAEL SCHWEITZER, *Staatsrecht III*, 5.ª ed., Heidelberg, 1995
– PETER BADURA, *Straatsrecht*, 2.ª ed., München, 1996
– PIER GIORGIO LUCIFREDI, *Appunti di Diritto Costituzionale Comparato – il sistema tedesco*, IV, 5.ª ed., Milano, 1992
– R. WEBER-FAS, *Das Grundgesetz,* Berlin, 1983
– REINHOLD ZIPPELIUS, *Allgemeine Staatslehre,* 11.ª ed., München, 1991
– ROLF-PETER MAGEN, *Staatsrecht – eine Einführung*, 7.ª ed., Berlin, 1985
– TH. SCHRAMM, *Staatsrecht:* I, 2.ª ed., Köln, 1977; II, 2.ª ed., 1979; III, 2.ª ed., 1980
– THEODOR MAUNZ E REINHOLD ZIPELLIUS, *Deutsches Staatsrecht*, 29.ª ed., München, 1994
– ULRICH BATTIS E CHRISTOPH GUSY, *Einführung in das Staatsrecht*, 3.ª ed., Heidelberg, 1991

2) Comentários constitucionais e recolhas de textos

– AAVV, *Grundgesetz Kommentar* (org. de THEODOR MAUNZ e GÜNTER DÜRIG), I, II, III, IV e V, München, 1996
– BRUNO SCHMIDT-BLEIBTREU E FRANZ KLEIN, *Grundgesetz für die Bundesrepublik,* 9.ª ed., Neuwied, 1999
– KARL-HEINZ SEIFERT E DIETER HÖMIG, *Grundgesetz für die Bundesrepublik Deutschland*, 5.ª ed., Baden-Baden, 1995

B) Direito Constitucional Argentino

- ADOLFO GABINO ZIULU, *Derecho Constitucional,* Buenos Aires: I, 1997; II, 1998
- CARLOS S. NIÑO, *Fundamentos de Derecho Constitucional*, Buenos Aires, 1992
- CÉSAR ENRIQUE ROMERO, *Introducción al Derecho Constitucional*, 2.ª ed., Buenos Aires, 1976
- GERMAN J. BIDART CAMPOS, *Derecho Constitucional,* Buenos Aires, 1964; *Manual de Derecho Constitucional Argentino,* Buenos Aires, 1979; *Tratado Elemental de Derecho Constitucional Argentino,* Buenos Aires, 1992; *Lecciones Elementales de Política,* 5.ª ed., Buenos Aires, 1996
- HELIO JUAN ZARINI, *Derecho Constitucional*, 2.ª ed., Buenos Aires, 1999
- HUMBERTO QUIROGA LAVIÉ, *Curso de Derecho Constitucional,* Buenos Aires, 1987
- J. REINALDO VANOSSI, *Teoría Constitucional,* Buenos Aires, 1975
- JUAN A. GONZÁLEZ CALDERÓN, *Curso de Derecho Constitucional,* 6.ª ed., Buenos Aires, 1988
- M. M. PADILLA, *Derecho Constitucional*, Buenos Aires, 1998
- NESTOR PEDRO SAGUÈS, *Elementos de Derecho Constitucional,* Buenos Aires, 1993

C) Direito Constitucional Austríaco

1) Obras doutrinais de carácter geral

- BERND-CHRISTIAN FUNK, *Einführung in das österreichische Verfassungsrecht*, 8.ª ed., Graz, 1995
- FELIX ERMACORA (actualizado por GERHARD BAUMGARTNER e GERHARD STREJCEK), *Österreichische Verfassungslehre,* Wien, 1998

- FRIEDRICH KOJA, *Das Verfassungsrecht der österreichischen Bundesländer,* Wien, 2.ª ed., 1988; *Allgemeine Staatslehre,* Wien, 1993
- HANS KLECATSKY, *Das österreichische Bundesverfassungsrecht,* 9.ª ed., Wien, 1999
- HANS KLECATSKY e SIEGBERT MORSCHER, *Das österreichische Bundesverfassungsrecht,* 9.ª ed., Wien, 1999
- LUDWIG K. ADAMOVICH, BERND-CHRISTIAN FUNK e GERHART HOLZINGER, *Österreichisches Staatsrecht,* Wien/New York: 1, 1997; 2, 1998
- PETER PERNTHALER, *Allgemeine Staatslehre und Verfassungslehre,* 2.ª ed., Wien/New York, 1996
- ROBERT WALTER, *Österreichisches Bundesverfassungsrecht,* Wien, 1972
- ROBERT WALTER/HEINZ MAYER, *Grundri? des österreichischen Bundesverfassungsrechts,* 8.ª ed., Wien, 1996
- THEO ÖHLINGER, *Verfassungsrecht,* 3.ª ed., Wien, 1997

2) Comentários constitucionais e recolhas de textos

- FELIX ERMACORA, *Die österreichischen Bundesverfassungsgesetz,* 9.ª ed., 1980
- HANS KELSEN, H. FRÖEHLICH e ADOLF MERKL, *Die Bundesverfassung vom 1. Oktober 1920,* 1922
- HEINZ MAYER, *Das österreichische Bundes-Verfassungsrecht – kurzkommentar,* Wien, 1994
- HEINZ SCHÄFFER, *Österreiche Verfassungs-und Verwaltungsgesetze,* Wien, 1981

D) Direito Constitucional Belga

- ANDRÉ ALEN, *Constitutional Law of Belgium,* The Hague/London/Boston, 1992

– FRANCIS DELPÉRÉE, *Le Droit Constitutionnel de la Belgique*, Bruxelles/Paris, 2000
– MARC UYTTENDAELE, *Précis de Droit Constitutionnel Belge*, Bruxelles, 2001
– PIERRE WIGNY, *Droit Constitutionnel – Principes et Droit Positif*, I e II, Bruxelles, 1952

E) Direito Constitucional Brasileiro

1) *Obras doutrinárias de carácter geral*

– A. A. DE M. FRANCO, *Curso de Direito Constitucional,* Rio de Janeiro, 1958
– A. ANDRADE, *Lições de Direito Constitucional,* Rio de Janeiro, 1973
– ADI LAMMÊGO BULOS, *Manual de Interpretação Constitucional*, São Paulo, 1997
– ALEXANDRE DE MORAES, *Direito Constitucional,* 16.ª ed., São Paulo, 2004
– ANTÓNIO JOSÉ FEU ROSA, *Direito Constitucional*, São Paulo, 1998
– CARLOS MÁRIO DA SILVA VELLOSO, *Temas de Direito Público*, Belo Horizonte, 1994
– CELSO RIBEIRO BASTOS, *Elementos de Direito Constitucional,* São Paulo, 1975; *Hermenêutica e interpretação constitucional*, São Paulo, 1997; *Curso de Direito Constitucional,* 22.ª ed., São Paulo, 2001
– CLEMERSON MERLIN CLEVE, *Temas de Direito Constitucional*, São Paulo, 1993
– FERNANDO WHITAKER DA CUNHA, *Direito Constitucional do Brasil,* Rio de Janeiro, 1990
– GILMAR FERREIRA MENDES, *Direitos Fundamentais e Controle de Constitucionalidade – Estudos de Direito Constitucional*, 2.ª ed., São Paulo, 1999

– GILMAR FERREIRA MENDES, INOCÊNCIO MÁRTIRES COELHO E PAULO GUSTAVO GONET BRANCO, *Curso de Direito Constitucional*, 3.ª ed., São Paulo, 2008
– INOCÊNCIO MÁRTIRES COELHO, *Interpretação Constitucional*, Porto Alegre, 1997
– IVO DANTAS, *Princípios Constitucionais e Interpretação Constitucional*, Rio de Janeiro, 1995
– JORGE MIGUEL, *Curso de Direito Constitucional*, 2.ª ed., São Paulo, 1995
– JOSÉ AFONSO DA SILVA, *Direito Ambiental Constitucional*, 2.ª ed., São Paulo, 1998; *Aplicabilidade das normas constitucionais*, São Paulo, 1998; *Curso de Direito Constitucional Positivo*, 20.ª ed., São Paulo, 2002
– JOSÉ CRETELLA JÚNIOR, *Elementos de Direito Constitucional*, 4.ª ed., São Paulo, 2001
– LUÍS ROBERTO BARROSO, *Interpretação e Aplicação da Constituição*, 3.ª ed., São Paulo, 1999; *O Direito Constitucional e a efetividade de suas normas*, 3.ª ed., Rio de Janeiro, 1996; *Curso de Direito Constitucional Contemporâneo*, São Paulo, 2009
– LUIZ ALBERTO DAVID ARAÚJO e SERRANO NUNES JÚNIOR VIDAL, *Curso de Direito Constitucional*, 5.ª ed., São Paulo, 2001
– LUIZ PINTO FERREIRA, *Direito Constitucional Resumido*, 3.ª ed., Rio de Janeiro, 1987; *Estado de Direito e Constituição*, São Paulo, 1988; *Manual de Direito Constitucional*, Rio de Janeiro, 1989; *Curso de Direito Constitucional*, 11.ª ed., São Paulo, 2001
– MANOEL GONÇALVES FERREIRA FILHO, *Direito Constitucional Comparado – Poder Constituinte*, São Paulo, 1974; *Curso de Direito Constitucional*, 28.ª ed., São Paulo, 2002
– MARCELLO CAETANO, *Direito Constitucional*, 2.ª ed., Rio de Janeiro, 1987: I vol. – *Direito Comparado, Teoria Geral do Estado e da Constituição, As Constituições do Brasil*; II vol. – *Direito Constitucional Brasileiro*
– MICHEL TEMER, *Elementos de Direito Constitucional*, 18.ª ed., São Paulo, 2002

- PAULINO JACQUES, *Curso de Direito Constitucional,* 9.ª ed., Rio de Janeiro, 1983
- PAULO BONAVIDES, *Direito Constitucional,* 3.ª ed., Rio de Janeiro, 1988; *Curso de Direito Constitucional,* 11.ª ed., São Paulo, 2001; *Teoria do Estado,* 3.ª ed., São Paulo, 2001
- R. RUSSOMANO, *Curso de Direito Constitucional,* 2.ª ed., São Paulo, 1972
- RAUL MACHADO HORTA, *Estudos de Direito Constitucional,* Belo Horizonte, 1995; *Direito Constitucional,* 2.ª ed., Belo Horizonte, 1999
- REIS FRIEDE, *Curso Analítico de Direito Constitucional e de Teoria Geral do Estado,* 3.ª ed., Rio de Janeiro, 2002
- SAHID MALUF, *Direito Constitucional,* 12.ª ed., São Paulo, 1980
- VALMIR PONTES FILHO, *Curso Fundamental de Direito Constitucional,* Recife, 2001
- W. ACCIOLI, *Instituições de Direito Constitucional,* 3.ª ed., Rio de Janeiro, 1984

2) Comentários constitucionais e recolhas de textos

- CELSO RIBEIRO BASTOS e IVES GANDRA DA SILVA MARTINS, *Comentários à Constituição do Brasil de 1988,* 15 vols., São Paulo, 1998
- JOSÉ CRETELLA JUNIOR, *Comentários à Constituição Brasileira de 1988,* 9 vols., Rio de Janeiro
- LUÍS ROBERTO BARROSO, *Constituição da República Federativa do Brasil anotada,* São Paulo, 1998
- LUIZ PINTO FERREIRA, *Comentários à Constituição Brasileira,* 7 vols., São Paulo, 1989
- MANOEL GONÇALVES FERREIRA FILHO, *Comentários à Constituição Brasileira,* 4 vols., São Paulo, 1989-1995

F) Direito Constitucional Britânico

1) *Obras doutrinais de carácter geral*

- Albert Venn Dicey, *Introduction to the Study of the Law of the Constitution,* 10.ª ed., London, 1959
- David C. M. Yardley, *Introduction to British Constitutional Law,* 7.ª ed., London, 1990
- E. Barendt, *An Introduction to Constitutional Law,* Oxford, 1998
- E. C. S. Wade e O. Hood Phillips, *Constitutional Law,* 11.ª ed., London, 1993
- Goedfrey Marshall, *Constitutional Theory,* Oxford, 1980
- Harry Calvert, *British Constitutional Law*, London, 1985
- Helen Fenwick, *Constitutional & Administrative Law*, London, 1993
- Ian Loveland, *Constitutional Law – A Critical Introduction,* Londres, 1996
- I. M. M. Macphail, *An Introduction to the British Constitution,* London, 1970
- Ivor Jennings, *The Law and the Constitution,* 5.ª ed., London, 1967; *A Constituição Britânica,* Brasília, 1981
- J. D. B. Mitchell, *Constitutional Law,* 2.ª ed., Edimburgh, 1968
- J. Harvey e L. Bather, *British Constitution and Politics,* London, 1982
- John F. Mceldowney, *Public Law,* Londres, 1994
- Karl Loewenstein, *Staatspraxis von Grossbritannien,* Berlin/Heidelberg/New York, 1967
- O. Hood Phillips, *Constitutional and Administrative Law,* 7.ª ed., London, 1983
- O. Hood Phillips e Paul Jackson, *Constitutional and Administrative Law*, 7.ª ed., London, 1987
- Pier Giorgio Lucifredi, *Appunti di Diritto Costituzionale Comparato – il sistema britannico*, II, 6.ª ed., Milano, 1992

- STANLEY DE SMITH, *Constitutional and Administrative Law*, 5.ª ed., London, 1985
- WILLIAM BLACKSTONE, *Commentaries on the Laws of England*, I, II, III e IV, Chicago/London, 1979

2) Comentários constitucionais e recolhas de textos

- C. TURPIN, *British Government and the Constitution Text, Cases and Materials*, 2.ª ed., London, 1990
- D. KEIR e F. H. LAWSON, *Cases Constitutional Law*, 6.ª ed., Oxford, 1979
- G. WILSON, *Cases and materials on the Constitutional and Administrative Law*, Cambridge, 1966
- O. HOOD PHILLIPS, *Leading on Constitutional Law*, 2.ª ed., London, 1957
- POLLARD e D. HUGHES, *Constitutional and Administrative Law. Text and Materials*, London, 1990
- S. H. BALEY, D. J. HARRIS e B. L. JONES, *Civil Liberties: Cases and materials*, 3.ª ed., London/Dublin/Edinburg, 1991

G) Direito Constitucional Espanhol

1) Obras doutrinárias de carácter geral

- ÁNGEL LUIS ALONSO DE ANTONIO e JOSÉ ANTONIO ALONSO DE ANTONIO, *Derecho Constitucional Español*, Madrid, 2002
- ANTONIO CARLOS PEREIRA MENAUT, *Lecciones de Teoria Constitucional*, 2.ª ed., Madrid, 1987
- ANTONIO TORRES DEL MORAL, *Principios de Derecho Constitucional Español*, Madrid, 4.ª ed., 1998
- ENRIQUE ÁLVAREZ CONDE, *El regimen político español*, 2.ª ed., Madrid, 1985; *Curso de Derecho Constitucional*, I, 3.ª ed., Madrid, 1999, e II, 4.ª ed., Madrid, 2003

– F. M. CLIVILLÉS, *Introducción al Derecho Constitucional Español,* Madrid, 1975
– FRANCISCO FERNÁNDEZ SEGADO, *El Sistema Constitucional Español,* Madrid, 1992
– IGNACIO DE OTTO, *Lecciones de Derecho Constitucional,* Oviedo, 1980; *Derecho Constitucional – Sistema de Fuentes,* 2.ª ed., Barcelona, 1995
– IÑIGO CAVERO LATAILLADE e TOMÁS ZAMORA RODRÍGUEZ, *Introducción al Derecho Constitucional,* Madrid, 1996
– ISIDRE MOLAS, *Derecho Constitucional,* Madrid, 1998
– J. GONZÁLEZ CASANOVA, *Teoría del Estado y Derecho Constitucional,* Barcelona, 3.ª ed., 1987
– JAVIER PÉREZ ROYO, *Curso de Derecho Constitucional,* 9.ª ed., Madrid/Barcelona, 2003
– JORGE DE ESTEBAN e PEDRO J. GONZÁLEZ-TREVIJANO, *Curso de Derecho Constitucional Español,* Madrid: I, 1992, e II, 1993, e III, 1994
– JOSÉ FERNANDO MERINO MÉRCHAN, MARIA PÉREZ-UGENA COROMINA e JOSÉ MANUEL VERA SANTOS, *Lecciones de Derecho Constitucional,* Madrid, 1995
– JUAN FERRANDO BADÍA, *Teoría de la Constitución,* Valencia, 1992
– LUÍS CANGA RODRÍGUEZ-VALCÁRCE, *Derecho Constitucional Español,* Madrid, 1993
– LUÍS LÓPEZ GUERRA, EDUARDO ESPÍN, JOAQUÍN GARCÍA MORILLO, PABLO PÉREZ TREMPS e MIGUEL SATRÚSTEGUI, *Derecho Constitucional,* Valencia, 1991
– LUÍS SANCHEZ AGESTA, *Sistema Político de la Constitución Española de 1978*, 7.ª ed., Madrid, 1994
– M. A. APARÍCIO, *Introducción al Sistema Politico y Constitucional Español,* 1980
– PABLO LUCAS VERDÚ, *Curso del Derecho Político:* I, 2.ª ed, Madrid, 1992, II, 3.ª ed., Madrid, 1986, III, Madrid, 1985, e IV, Madrid, 1984

– RAFAEL RUIZ MANTECA, ANTÓNIO-RAFAEL HERNÁNDEZ OLIVENCIA e JAVIER FERNÁNDEZ LÓPEZ, *Introducción al Derecho y Derecho Constitucional*, Valladolid, 1994
– REMEDIO SÁNCHEZ FERRIZ, *Introducción al Estado Constitucional*, Barcelona, 1993
– ROBERTO L. BLANCO VALDÉS, *Introducción a la Constitución de 1978*, Madrid, 1998
– OSCAR ALZAGA VILLAAMIL, *Derecho Político Español, según la Constitución de 1978*, I, Madrid, 1996

2) Comentários constitucionais e recolhas de textos

– AAVV, *La Constitución Española de 1978* (org. de PREDIERI, ALBERTO e ENTERRÍA, GARCIA DE), 2.ª ed., Madrid, 1981; *Comentarios a la Constitución Española de 1978* (org. de ÓSCAR ALZAGA, VILLAAMIL,), Madrid: I, 1983, II, 1984, III, 1984, IV, 1984, V, 1997, VI, 1996, VII, 1998, VIII, 1998; IX, 1998, X, 1998, XI, 1996, XII, 1996
– F. T. RODRIGUES, *Lecturas sobre la Constitución Española,* 2 vols., Madrid, 1978
– G. F. FALLA, *Comentarios a la Constitución,* 2.ª ed., Madrid, 1985
– J. ANUA, E. AULESTIA e M. CASTELLS, *La Constitución Española,* S. Sebastian, 1978
– S. E. GOYANES, *Constitución Española comentada,* Madrid, 1979

H) Direito Constitucional Francês

1) Obras doutrinais de carácter geral

– A. HAURIOU, *Droit Constitutionnel et Institutions Politiques,* 11.ª ed., Paris, 1991

– B. JEANNEAU, *Droit Constitutionnel et Institutions Politiques,* 9.ª ed., Paris, 1991
– BERNARD CHANTEBOUT, *Droit Constitutionnel,* 19.ª ed., Paris, 2002
– CH. CADOUX, *Droit Constitutionnel et Institutions Politiques,* I, 4.ª ed., Paris, 1998, e II, 3.ª ed., Paris, 1991
– CHARLES DEBBASCH, JEAN-MARIE PONTIER, JACQUES BOURDON e JEAN-CLAUDE RICCI, *Droit Constitutionnel et Institutions Politiques*, 4.ª ed., Paris, 2001
– CLAUDE LECLERQ, *Droit Constitutionnel et Institutions Politiques,* 9.ª ed., Paris, 1995
– DMITRI GEORGES LAVROFF, *Le Droit Constitutionnel de la Ve République*, 3.ª ed., Paris, 1999
– DOMINIQUE CHAGNOLLAUD, *Droit Constitutionnel Contemporain*, I e II, 2.ª ed., Paris, 2001
– DOMINIQUE TURPIN, *Droit Constitutionnel,* 4.ª ed., Paris, 1999
– ELISABETH ZOLLER, *Droit Constitutionnel,* 2.ª ed., Paris, 1999
– ERIC OLIVA, *Droit Constitutionnel*, 2.ª ed., Paris, 2000
– FRÉDÉRIC ROUVILLOIS, *Droit Constitutionnel – fondements et pratiques*, Paris, 2002
– GEORGES BURDEAU, *Manuel de Droit Constitutionnel et Institutions Politiques,* 25.ª ed., Paris, 1997
– GEORGES BURDEAU, FRANCIS HAMON e MICHEL TROPER, *Droit Constitutionnel*, 27.ª ed., Paris, 2001
– HUGUES PORTELLI, *Droit Constitutionnel*, 4.ª ed., Paris, 2001
– J. C. CABANNE, *Introduction à l'étude du Droit Constitutionnel et de la Science Politique,* Toulouse, 1981
– J. MERKHANTAR, *Droit Politique et Constitutionnel,* 1997
– JACQUES CADART, *Institutions Politiques et Droit Constitutionnel,* I e II, 3.ª ed., Paris, 1990 e 1991
– JEAN-MARIE AUBY, *Droit Public*, 2.ª ed., Paris, 1989
– JEAN-MARIE AUBY e JEAN-BERNARD AUBY, *Droit Public – Droit Constitutionnel*, 12.ª ed., Paris, 1996
– JEAN-MARIE AUBY e ROBERT DUCOS-ADER, *Droit Public – Droit Constitutionnel*, I, 9.ª ed., Paris, 1984

– JEAN GICQUEL, *Droit Constitutionnel et Institutions Politiques,* 18.ª ed., Paris, 2002
– JEAN-CLAUDE MASCLET e JEAN-PAUL VALETTE, *Droit Constitutionnel et Institutions Politiques*, 2.ª ed., Paris, 1996
– JEAN-PAUL JACQUÉ, *Droit Constitutionnel et Institutions Politiques*, 4.ª ed., Paris, 2000
– LOUIS FAVOREU, PATRICK GAÏA, RICHARD GHEVONTIAN, JEAN-LOUIS MESTRE, ANDRÉ ROUX, OTTO PFERSMANN e GUY SCOFFONI, *Droit Constitutionnel,* 4.ª ed., Paris, 2001
– LOUIS TROTABAS e PAUL ISOART, *Manuel de Droit Public*, 22.ª ed., Paris, 1992
– M. PRÉLOT e J. BOULOUIS, *Institutions Politiques et Droit Constitutionnel,* 11.ª ed., Paris, 1990
– MARIE-ANNE COHENDET, *Droit Constitutionnel*, 2.ª ed., Paris, 2002
– MAURICE DUVERGER, *Institutions Politiques et Droit Constitutionnel,* I, 18.ª ed., Paris, 1990; II, 21.ª ed., Paris, 1996; *Eléments de Droit Public*, 13.ª ed., Paris, 1995
– MICHEL HENRI FABRE, *Principes républicains de Droit Constitutionnel,* 4.ª ed., Paris, 1984
– OLIVIER DUHAMEL, *Droit Constitutionnel et Politique,* Paris, 1994; *Droit Constitutionnel I – Le pouvoir politique en France*, 4.ª ed., Paris, 1999; *Droit Constitutionnel II – Les démocraties,* 3.ª ed., Paris, 2000
– P. GABORIT e D. GAXIE, *Droit Constitutionnel et Institutions Politiques,* Paris, 1978
– P. VIALLE, *Droit Constitutionnel et Institutions Politiques,* 2.ª ed., Paris, 1998
– PHILIP ARDANT, *Institutions Politiques et Droit Constitutionnel,* 14.ª ed., Paris, 2002
– PHILIPPE GEORGES e GUY SIAT, *Droit Public*, 12.ª ed., Paris, 2001
– PIER GIORGIO LUCIFREDI, *Appunti di Diritto Costituzionale Comparato – il sistema francese*, I, 7.ª ed., Milano, 1994

– PIERRE PACTET, *Institutions Politiques et Droit Constitutionnel,* 21.ª ed., Paris, 2002
– Y. GUCHET, *Droit Constitutionnel,* Paris, 1996

2) Comentários constitucionais e recolhas de textos

– FRANÇOIS LUCHAIRE e GERARD COÑAC, *La Constitution de la République Française,* 2.ª ed., Paris, 1987
– GUY CARCASSONNE, *La Constitution,* Paris, 1996
– JACQUES GODECHOT, *Les Constitutions de la France depuis 1789,* Paris, 1995
– LOUIS FAVOREU e PHILIP LOÏC, *Les grandes décisions du Conseil Constitutionnel,* 11.ª ed., Paris, 2001
– O. DUHAMEL e Y. MENY, *Dictionnaire Constitutionnel,* Paris, 1992
– PIERRE PACTET, *Textes de Droit Constitutionnel,* 2.ª ed., Paris, 1992

I) Direito Constitucional Italiano

1) Obras doutrinais de carácter geral

– A. BOZZI, *Istituzionni di Diritto Pubblico,* Milano, 1977
– A. VIGNUDELLI, *Diritto Costituzionale,* Torino, 1999
– ACHILLE MELONCELLI, *Diritto Pubblico,* 2.ª ed., Rimini, 1991
– ALESSANDRO PIZZORUSSO, *Lezioni di Diritto Costituzionale,* Roma, 1978; *Sistema istituzionali di Diritto Pubblico Italiano,* 2.ª ed., Napoli, 1992; *Manuale di Istituzioni di Diritto Pubblico,* Napoli, 1998
– CARLO CERETI, *Corso di Diritto Costituzionale Italiano,* 5.ª ed., Torino, 1958
– CARLO LAVAGNA, *Istituzioni di Diritto Pubblico,* 6.ª ed., Torino, 1985

– COSTANTINO MORTATI, *Istituzioni di Diritto Pubblico,* 10.ª ed., Padova, 1975 (actualizada por FRANCO MODUGNO, ANTÓNIO BALDASSARE e CARLO MEZZANOTTE)
– EMILIO CROSA, *Diritto Costituzionale,* 3.ª ed., Torino, 1951
– ENRICO SPASSA MUSSO, *Diritto Costituzionale,* 4.ª ed., Padova, 1992
– FAUSTO CUOCOLO, *Istituzioni di Diritto Pubblico,* 10.ª ed., Milano, 1998; *Principi di Diritto Costituzionale,* 2.ª ed., Milano, 1999
– FERRUCCIO PERGOLESI, *Diritto Costituzionale,* 16.ª ed., Padova, 1962/1968
– GIANDOMENICO FALCON, *Lineamenti di Diritto Pubblico,* 6.ª ed., Padova, 1998
– GIULIANO AMATO e AUGUSTO BARBERA, *Mannuale di Diritto Pubblico,* 5.ª ed., Bologna, 1999
– GIUSEPPE UGO RESCIGNO, *Corso di Diritto Pubblico,* 5.ª ed., Bologna, 2000
– GIUSEPPE DE VERGOTTINI, *Diritto Costituzionale,* Padova, 1998
– GUSTAVO VIGNOCCHI e GIULIO GHETT, *Corso di Diritto Pubblico,* 2.ª ed., Milano, 1986
– GUSTAVO ZAGREBELSKY, *Manuale di Diritto Costituzionale,* I, Torino, 1987
– IGNAZIO SCOTTO, *Diritto Costituzionale,* 2.ª ed., Milano, 1992
– LIVIO PALADIN, *Diritto Costituzionale,* 2.ª ed., Padova, 1995
– M. DOGLIANI, *Introduzione al Diritto Costituzionale,* Bologna, 1994
– M. MAZZIOTI, *Lezioni di Diritto Costituzionale,* 2.ª ed., Milano, 1993
– MANLIO MAZZIOTTI DI CELSO, *Lezioni di Diritto Costituzionale,* I e II, Milano, 1985
– MANLIO MAZZIOTTI DI CELSO e G. M. SALERNO, *Manuale di Diritto Costituzionale,* Padova, 2002
– PAOLO BARILE, *Istituzioni di Diritto Pubblico,* 6.ª ed., Padova, 1991

– PAOLO BISCARETTI DI RUFFÌA, *Diritto Costituzionale – Istituzioni di Diritto Pubblico,* 15.ª ed., Napoli, 1989
– PAOLO CARETTI e UGO DE SIERVO, *Istituzioni di Diritto Pubblico,* 2.ª ed., Torino, 1994
– PIETRO VIRGA, *Diritto Costituzionale,* 9.ª ed., Milano, 1979
– SALVATORE FODERARO, *Manuale di Diritto Pubblico*, Padova, 1971
– SILVANO LABRIOLA, *Elementi di Diritto Costituzionale,* Padova, 2001
– TEMISTOCLES MARTINES, *Diritto Costituzionale,* 9.ª ed., Milano, 1997
– VEZIO CRISAFULLI, *Lezioni do Diritto Costituzionale,* 6.ª ed., Padova, 1993

2) Comentários constitucionais e recolhas de textos

– A. S. AGRO, C. LAVAGNA, F. SCOCA e P. VITUCCI, *La Costituzione Italiana,* Torino, 1979
– F. FALZONE, F. PALERMO e F. COSENTINO, *La Costituzione della Repubblica Italiana,* 2.ª ed., Milano, 1991
– GABRIELE PESCATORE, FRANCESCO FELICETTI, GIUSEPPE MARZIALE e CARMELO SGROI, *Costituzione e leggi sul processo costituzionale e sui referendum,* 2.ª ed., Milano, 1992
– P. CALAMANDREI e A. LEVI, *Commentario sistematico alla Costituzione italiana,* Firenze, 1960
– PAOLO GIOCOLI NACCI e ALDO LOIODICE, *Costituzione Italiana,* Bari, 1991
– VEZIO CRISAFULLI e LIVIO PALADIN, *Commentario breve alla Costituzione,* Padova, 1990

J) Direito Constitucional Mexicano

1) Obras doutrinais de carácter geral

– DANIEL MORENO, *Derecho Constitucional Mexicano,* 12.ª ed., México, 1990
– ELISUR ARTEAGA NAVA, *Derecho Constitucional Estatal,* México, 1988
– F. T. RAMIREZ, *Derecho Constitucional Mexicano,* 29.ª ed., México, 1995
– H. FIX-ZAMUDIO e S. VALENCIA CARMONA, *Derecho Constitucional Mexicano y Comparado,* México, 1999
– IGNACIO BURGOA, *Derecho Constitucional Mexicano,* 7.ª ed., México, 1989
– RODRIGO BORJA, *Derecho Político y Constitucional,* 2.ª ed., México, 1991
– S. V. CARMONA, *Derecho Constitucional Mexicano a fin de siglo,* México, 1995

2) Comentários constitucionais e recolhas de textos

– AAVV, *Constitución Política de los Estados Unidos Mexicanos, Comentada,* 14.ª ed., México, 1998
– JORGE CARPIZZO, *La Constitución Mexicana de 1917,* 2.ª ed., México, 1985

K) Direito Constitucional Norte-Americano

1) Obras doutrinárias de carácter geral

– BERNARD SCHWARTZ, *American Constitutional Law,* Cambridge, 1955; *Constitutional Law – A Textbook,* New York, 1978

- C. H. PRITCHETT, *The American Constitution,* 3.ª ed., New York, 1977
- G. STONE, *Constitutional Law,* 2.ª ed., New York, 1996
- JEROME A. BARRON e C. THOMAS DIENES, *Constitutional Law,* 3.ª ed., St. Paul, 1995
- JERRE S. WILLIAMS, *Constitutional Analysis*, St. Paul, 1979
- JOHN E. NOWAK, RONALD D. ROTUNDA e J. YOUNG, *Constitutional Law,* 4.ª ed., 1993
- LAURENCE H. TRIBE, *Constitutional Choices*, Cambridge/London, 1985; *American Constitutional Law,* 3.ª ed., New York, 1998
- NORMAN REDLICH, BERNARD SCHWARTZ e JOHN ATTANASIO, *Understanding Constitutional Law*, Danvers, 1998
- ROBERT J. STEAMER e RICHARD J. MAIMAN, *American Constitutional Law*, New York, 1992
- THOMAS M. COOLEY, *Princípios Gerais de Direito Constitucional nos Estados Unidos da América*, Campinas, 2002
- WILLIAM B. LOCKHART, YALE KAMISAR, JESSE H. CHOPER e STEVEN H. SCHIFRIN, *Constitutional Law,* 7.ª ed., St. Paul, 1991

2) Comentários constitucionais e recolhas de textos

- BERNARD SCHWARTZ, *A Commentary on the Constitution of the U. S.,* 5 vols., New York, 1963/68
- EDUARD S. CORWIN, *The Constitution of the U.S.A – Analysis and Interpretation,* Washington, 1959; *A Constituição Norte-Americana e seu significado atual,* Rio de Janeiro, 1978
- GERALD GUNTHER, *Cases and Materials on Constitutional Law,* 9.ª ed., Brooklyn, 1979
- J. H. KILLIAN, *The Constitution of the United States of America – Analysis and Interpretation,* Washington, 1987
- JOHN E. NOWAK e RONALD D. ROTUNDA, *Constitutional Law,* 5.ª ed., St. Paul, 1995

– M. R. FORRESTER, *Cases on Constitutional Law,* St. Paul, 1959
– P. FREUD, A. SUTHERLAND, M. HOWE e E. BROWN, *Constitutional Law. Cases and other Problems,* 3.ª ed., Boston/Toronto, 1967

L) Direito Constitucional Suíço

1) *Obras doutrinais de carácter geral*

– ANDREAS AUER, GIORGIO MALINVERNI E MICHEL HOTTELIER, *Droit Constitutionnel suisse,* vols. I e II, Berne, 2000
– DANIEL THÜRER, JEAN-FRANÇOIS AUBERT e JÖRG PAUL MÜLLER, *Verfassungsrecht der Schweiz,* Zürich, 2001
– F. FLEINER E Z. GIACOMETI, *Schweizerisches Bundesstaatsrecht,* 2.ª ed., Zürich, 1965
– J. AUBERT, *Traité de Droit Constitutionnel suisse,* Neuchâtel, 1967
– M. BRIDEL, *Précis de Droit Constitutionnel et Public suisse,* Lausanne, 1965
– PETER SALADIN, *Grundrecht im Wandel,* Bern, 1982
– ULRICH HÄFELIN e WALTER HALLER, *Schweizerisches Bundesstaatsrecht,* 5.ª ed., Zürich, 2001
– YVO HANGARTNER, *Grundzüge des scheweizerischen Staatsrechts,* I, Zürich, 1982

2) *Comentários constitucionais e recolhas de textos*

– J. F. AUBERT, *Commentaire de la Constitution Féderale de la Conféderation Suisse,* Bern/Zürich, 1987
– W. BURCKHARDT, *Kommentar der schweizerischen Bundesverfassung vom 29 Mai 1874,* 3.ª ed., Bern, 1931

M) Outros Direitos Constitucionais

- AAVV, *Les Constitutions des Pays Arabes*, Bruxelles, 1999
- André Tremblay, *Droit Constitutionnel – principes*, Montréal, 1993
- Dion Basson e Henning Viljoen, *South African Constitutional Law*, Cape Town/Johannesburg, 1988
- Gretchen Carpenter, *Introduction to South African Constitutional Law*, Durban, 1987
- Irina Bogdanovskaia e Tatiana Vassilieva, *Constitutional Law – the Russian Federation*, 36, The Hague/London/Boston, 2000
- James Casey, *Constitutional Law in Ireland*, 2.ª ed., London, 1992
- Ruben Hernández Valle, *El Derecho de la Constitución*, I e II, San José (Costa Rica), 1993
- Vladimiro Naranjo Mesa, *Teoría Constitucional e Instituciones Políticas*, 6.ª ed., Santa Fé de Bogotá, 1995
- Yash Ghai, *Hong Kong Constitutional Order*, 2.ª ed., Hong Kong, 2001

X. As referências jurídico-constitucionais estrangeiras ficam completas com a indicação de algumas importantes recolhas de textos e documentos constitucionais:

- A. Catanis e M. L. Martin, *Les Constitutions d'Afrique Francophone,* Paris, 1999
- Dimitri G. Lavroff e G. Peiser, *Les Constitutions Africaines,* Paris, 1961
- F. Reyntjens, *Constitutiones Africae,* Bruxelles/Paris, 1988
- Francis Delpérée, Marc Verdussen e Karine Biver, *Recueil des Constitutions Européennes,* Bruxelles, 1994
- Francisco Rubio Llorente e Mariano Daranas Peláez, *Constituciones de los Estados de la Unión Europea,* Madrid, 1997

– GEORGE BERLIA e PAUL BASTID, *Corpus Constitutionnel,* Leiden, 1970
– GERMÁN GÓMEZ ORFANEL, *Las Constitutiones de los Estados de la Unión Europea*, Madrid, 1996
– JACQUES GODECHOT, *Les Constitutions du Proche et du Moyen Orient,* Paris, 1957
– JORGE BACELAR GOUVEIA, *Constituições dos Estados da União Europeia,* Lisboa, 2000; *As Constituições dos Estados de Língua Portuguesa,* 2.ª ed., Lisboa, 2006
– JORGE DE ESTEBAN, *Constituciones Españolas y Estrangeras,* I e II, Madrid, 1977
– JORGE MIRANDA, *Textos constitucionais estrangeiros,* Lisboa, 1974; *Constituições de Diversos Países,* 3.ª ed., Lisboa, I, 1986, II, 1987; *As Constituições Portuguesas,* 5.ª ed., Lisboa, 2004
– MAURICE DUVERGER, *Constitutions et documents politiques,* Paris, 1996
– P. F. GONIDEC, *Les Constitutions des États de la Communauté,* Paris, 1959
– PAOLO BISCARETTI DI RUFFÌA, *Costituzioni Stranieri Contemporanee,* 4.ª ed., Milano, 1985

8. As opções metodológicas e a sistematização da obra

I. Embora correndo o risco das sempre temerárias auto-qualificações científicas, cumpre esclarecer algumas das opções metodológicas que guiarão o percurso da presente obra, assim tornando-a mais intelegível.

Como o nome do presente livro directamente o inculca, trata-se de apresentar o Direito Constitucional numa perspectiva pedagógica, segundo as orientações ditadas pela Ciência do Direito Constitucional.

Sendo a perspectiva principal de natureza jurídica, daí não se pode concluir que não sejam pertinentes as perspectivas dadas por outras ciências, afins e auxiliares, na medida em que os fenómenos estudados pelo Direito Constitucional não se submetam a essa exclusiva apreciação científica.

De resto, torna-se hoje cada vez mais difícil – para não dizer impossível – não só segmentar os diversos saberes científicos como inclusivamente perceber a vantagem do isolamento científico, o que não equivale a qualquer condenável sincretismo metodológico.

O estudo do Estado é bem um exemplo disso mesmo, uma vez que a perspectiva do Direito Constitucional, mesmo que assumida a título principal, só pode beneficiar dos complementos que sejam fornecidos por outras abordagens científicas, como a Teoria Geral do Direito ou qualquer outra ciência afim útil, na certeza de que sem Estado não pode haver Direito Constitucional.

II. Dentro da metodologia propiciada pela Ciência do Direito Constitucional, também importa referir que o objectivo primordial é o de analisar o Direito Constitucional Português enquanto ordenamento positivo actual.

Simplesmente, se o nosso esforço se restringisse a esse âmbito, o resultado seria profundamente empobrecedor, o que, portanto, se quer afastar. Se fosse esse o objectivo, o título da presente publicação revelar-se-ia incompleto por não se referir ao Direito Constitucional "Português".

O horizonte que se tem pela frente é mais amplo, ainda que se focalizando no interesse prático do estudo daquele ramo jurídico positivo: sempre que oportuno e útil, quer autonomamente, quer pontualmente, serão feitas incursões históricas e comparatísticas, desse jeito se enriquecendo o Direito Constitucional Positivo vigente.

Por outra parte, o conhecimento jurídico-normativo não pode ser rasteiro ao ponto de se entreter nas opções, mais ou menos miúdas, de cada Direito Constitucional Positivo. Sob essas opções, jazem lastros conceptuais da maior importância, directamente relacionados com juízos teóricos da elevada grandeza, assim como se jogam elucubrações de natureza geral, que assumem a virtualidade de perdurar para além do circunstancialismo histórico-espacial de cada Direito Constitucional Positivo, mas cujo conhecimento se exige.

III. Esta apresentação da introdução ao Direito Constitucional, na sua dupla vertente de ramo jurídico e de sector do saber, não pode terminar sem que sejam explicadas as opções que foram feitas em matéria de sistematização da presente obra, com isso se podendo melhor compreender o respectivo itinerário.

Como se pode logo adivinhar pela leitura do respectivo plano, mostrado no seu frontispício, sistematizando as divisões internas em que se exprime, há a intenção de encarar três partes essenciais:

- a Parte I, dedicada à "Introdução ao Direito Constitucional", com uma consistência bastante heterogénea, mas em que se assinala a orientação comum de fornecer os fundamentos do Direito Constitucional, indispensáveis depois ao início do estudo do Direito Constitucional Português;
- a Parte II, reservada à "Parte Geral do Direito Constitucional", na qual se pretende surpreender os temas gerais do Direito Constitucional Português e que não relevam de uma óptica da especialidade, com uma manifesta vocação aplicativa plena;
- a Parte III, direccionada à "Parte Especial do Direito Constitucional", sendo o contraponto da anterior, nela havendo a preocupação com o estudo de temas circunscritos do Direito Constitucional Português, que pela sua complexidade e singularidade representam pólos próprios de elaboração dogmática.

IV. Eis uma metodologia que parece muito interessante, além de inovadora no panorama doutrinário português, em que se estabelece uma linha divisória nítida entre os temas com uma vocação geral – daí tirando uma vantagem irradiante para todo o Direito Constitucional, colocando-se no plano em que merecem estar – e os temas específicos – tributários de singularidades que não fazem sentido noutros institutos. Muitas vezes, sem essa linha de separação, adultera-se os resultados dogmáticos alcançados[113].

A lógica que está subjacente à existência das três distintas partes deste *Manual de Direito Constitucional*, todas elas da óptica do Direito Constitucional Português, ainda que ao mesmo não se estritamente resumindo, apoia-se em duas contraposições fundamentais[114]:

- *a destrinça entre a parte geral e a parte especial* não é sinónimo de parte teórica naquela e de parte positiva portuguesa nesta, pois em ambos os casos se cuida, primordialmente, do Direito Constitucional Português;
- *a distinção entre a perspectiva introdutória ao Direito Constitucional e cada uma das duas Partes, a geral e a especial*, igualmente não significa que ali se refira tudo o que não seja do Direito Constitucional Português, este se acantonando nestas duas partes, uma geral e a outra especial.

O mais sofisticado estudo do Direito Constitucional já há muito tempo que deixou de poder ser feito com base em clivagens metodológicas profundas entre sistemas constitucionais nacionais, estrangeiros e históricos.

Por detrás de uma clara divisão de fontes e de soluções, sobretudo vista numa perspectiva geral, seria sempre redutor – para não dizer mesmo cientificamente claudicante – não considerar em cada uma das partes do estudo do Direito Constitucional Português (a geral e a especial) o contributo de outras soluções e ensinamentos, esbatendo-se assim essa abissal distinção, que não faz hoje sentido.

V. A Parte I, assumindo um cunho introdutório, distribui-se por quatro importantes capítulos, incluindo aquele que presentemente está terminando:

---

113 Cfr. JORGE BACELAR GOUVEIA, *Ensinar Direito Constitucional*, pp. 351 e ss.

114 Cfr. JORGE BACELAR GOUVEIA, *Ensinar Direito Constitucional*, pp. 379 e ss.

- o **Capítulo I**, sobre o *Direito Constitucional*, evidencia o lugar deste ramo do Direito, ao mesmo tempo que se percebe as suas coordenadas metodológicas;
- o **Capítulo II**, sobre o *Estado no Direito Constitucional*, em que se enfrenta o objectivo de enquadrar a realidade estadual, não um exaustivo esquema de tipo conceptual, histórico, sociológico ou filosófico, mas unicamente apresentando o Estado nos seus rudimentos, em razão da posição de sujeito por excelência do Direito Constitucional, numa projecção histórico-conceptual, sem nunca esquecer a inserção do Estado Português;
- o **Capítulo III**, sobre as *Perspectivas de Direito Constitucional Comparado*, releva de um prisma comparatístico na sua apresentação, sendo feita de forma a serem mostradas as principais contribuições de cada um dos Estados em análise na formação das mais relevantes figuras e institutos de Direito Constitucional, na impossibilidade de todos observar, mas também na certeza de terem sido escolhidas as experiências matriciais para a formação do Direito Constitucional da Idade Contemporânea;
- o **Capítulo IV**, sobre a *Evolução do Direito Constitucional Português*, desde o primeiro texto constitucional à formação do texto constitucional vigente, ilumina os itinerários dos diversos articulados constitucionais que Portugal conheceu na época de Constitucionalismo, fazendo perceber as suas constâncias e as suas mudanças, sem olvidar as alterações circunstanciais e as soluções concretas que foram dadas em resposta às principais interrogações político-constitucionais.

VI. A Parte II, reservada à Parte Geral do Direito Constitucional, mostra os temas gerais deste ramo do Direito, num prisma de teoria geral, mas em que igualmente se afigura pertinente a sua aplicação ao Direito Constitucional Português vigente, evidenciando-se cinco capítulos:

- o **Capítulo V**, sobre as *Fontes do Direito Constitucional*, cuida das fontes de onde emanam os princípios e as normas constitucionais, com base na teoria das fontes do Direito, mas em que se assinalam as singularidades que, neste domínio, o Direito Constitucional veio trazer não só na proeminência da lei como na organização do Ordenamento Jurídico, incluindo a importância da Constituição como acto jurídico-público estruturador deste ramo jurídico;

– o **Capítulo VI**, sobre a *Dinâmica do Direito Constitucional*, de certo jeito a continuação do capítulo precedente, quer frisar as peculiaridades que são sentidas no momento da elaboração da Constituição, assim como nas respectivas vicissitudes, estas mesmas se graduando consoante a intensidade dos seus efeitos sobre a estabilidade da Ordem Constitucional;

– o **Capítulo VII**, sobre a *Interpretação, a Integração e a Aplicação do Direito Constitucional*, nele se observando os traços distintivos destas operações hermenêuticas quando aplicadas ao Direito Constitucional;

– o **Capítulo VIII**, sobre a *Sistematicidade do Direito Constitucional*, analisa este sector do Direito como sistema científico próprio, nos seus princípios e nas suas normas, bem como nos modos de operacionalização da produção do dever-ser constitucional;

– o **Capítulo IX**, sobre o *Fundamento do Direito Constitucional*, altura em que, conhecido na sua globalidade, se pergunta em que termos o Direito Constitucional se afigura legítimo no plano da sua referência suprapositiva, ao mesmo tempo se indagando como, na prática, essa resposta positiva pode traduzir-se.

VII. A Parte III, atinente à Parte Especial do Direito Constitucional, lida com temas mais específicos, os quais exprimem problemáticas próprias, aproveitando-se a sistemática do texto constitucional português para desse modo se ordenarem as diversas matérias, com quatro capítulos:

– o **Capítulo X**, sobre os *Princípios Constitucionais*, serve de pórtico de entrada ao estudo do Direito Constitucional na especialidade, deste modo se apresentando as grandes opções constitucionais portuguesas, a maior parte delas depois densificadas por soluções pormenorizadas noutros lugares da Constituição;

– o **Capítulo XI**, sobre os *Direitos Fundamentais*, corresponde ao estudo da Constituição Social, nela se enquadrando a defesa da pessoa pela atribuição subjectiva de direitos fundamentais, nos seus variados domínios;
– o **Capítulo XII**, sobre a *Organização do Poder Político*, representando a Constituição Política, trata da organização e funcionamento do Estado-Poder, com a explicitação tanto dos respectivos órgãos como dos actos por que se exprime, com particular realce para os actos legislativos;
– o **Capítulo XIII**, sobre a *Garantia da Constituição*, dizendo respeito à Constituição Garantística, concretiza a ideia geral de defesa da Constituição, sendo um maior desenvolvimento dado à fiscalização da constitucionalidade dos actos jurídico--públicos inconstitucionais.

VIII. Acompanhando estas preocupações sistemáticas, estão finalmente as preocupações linguísticas que um texto pedagógico de natureza jurídica merece, sobretudo versando tópicos multidisciplinares em que a diversidade de matérias poderia aguar aquele rigor[115].

---

115 Como não recordar as directrizes filosófico-linguísticas de LUDWIG WITTGENSTEIN, que no seu *Tratado Lógico-Filosófico* pretendeu precisamente equacionar, afirmando que "O livro também desenhará a linha da fronteira do pensamento ou melhor ainda – não do pensamento, mas da expressão do pensamento, uma vez que para desenhar a linha de fronteira do pensamento deveríamos ser capazes de pensar ambos os lados desta linha" (p. 27), depois veementemente confirmada pela proposição 5.6., ao proclamar que "Os limites da minha linguagem significam os limites do meu mundo" (*Die Grenzen meiner Sprache bedeuten die Grenzen meiner Welt*) (p. 114).

É por isso que a exposição dos assuntos deve procurar ser clara, enfileirando-se no objectivo de poder comunicar um conteúdo "são"[116], e não ser a própria linguagem mais um obstáculo erguido contra a compreensão do leitor, que já tem pela frente a vastidão do Direito Constitucional.

[116] Preocupações linguísticas que, noutros tempos, suscitaram a THOMAS HOBBES (*Leviatã – ou matéria, forma e poder de um Estado Eclesiástico e Civil*, Lisboa, 1995, pp. 44 e 45) um curioso comentário no sentido de diferenciar entre os usos "sãos" e os usos "maléficos" da linguagem: 1.º) como registo de pensamentos, função de memorização que pode ser utilizada para registos erróneos; 2.º) como aconselhamento e ensino dos outros, podendo ser utilizada metaforicamente para enganar outrem; 3.º) como pedido de auxílio dos outros segundo a nossa vontade, sendo o seu uso abusivo susceptível de expressar aquilo que não pertence à vontade do sujeito; 4.º) como modo de divertimento, "jogando com as palavras, por prazer e ornamento, de maneira inocente", podendo transformar-se no modo de as pessoas se ofenderem mutuamente, porque segundo a nossa natureza "nada mais é do que um abuso da linguagem ofender os outros com a língua".

CAPÍTULO II
O ESTADO NO DIREITO CONSTITUCIONAL

§ 3.° O poder político e o Estado

§ 4.° O Estado como principal entidade jurídico-política

§ 5.° A evolução do Estado na História Universal

§ 6.° O Estado Constitucional da Idade Contemporânea

§ 7.° A caracterização do Estado Português

§ 3.° O poder político e o Estado

9. Conceito e origem do poder político

I. A actividade humana não depende apenas da interacção livre e espontânea dos indivíduos e dos grupos, mas igualmente carece de uma intervenção concertada, a cargo de um conjunto de estruturas, de organizações e de procedimentos.

Isso essencialmente acontece porque o comportamento humano apenas atinge os altos padrões da boa convivência social quando se possa exercer um *poder político*, que harmonize os diferentes objectivos que presidem ao sentido da vida das pessoas e dos grupos em que se inserem[117].

Está hoje demonstrada, tanto na teoria como na prática, a inconveniência de dois resultados[118], que importam desvios ou distorções da tarefa que o poder político se propõe desenhar na organização social:

– *a anomia ou a anarquia*, traduzindo a ausência de poder político, com muitos casos de irracionalidade nas relações sociais colectivas, mostra a inevitabilidade daquele poder[119];

---

[117] Sobre o poder político em geral, v. MARCELLO CAETANO, *Manual de Ciência Política...*, I, pp. 5 e ss., e pp. 130 e ss.; MARCELO REBELO DE SOUSA, *Ciência Política...*, pp. 50 e ss.; RICARDO LEITE PINTO, JOSÉ DE MATOS CORREIA e FERNANDO ROBOREDO SEARA, *Ciência Política...*, pp. 34 e ss.

[118] Cfr. JORGE BACELAR GOUVEIA, *O estado de excepção...*, I, pp. 31 e 32.

[119] Discutindo alguns aspectos do anarquismo, sobretudo desenvolvido por autores socialistas utópicos no século passado, M. A. MACAREL, *Elementos do Direito*

– *a ditadura ou o totalitarismo*, representando o poder político arbitrário, que não respeita o exercício de um espaço vital da liberdade humana, desvirtua aquela sua função de organização social.

II. Consequentemente, pode afirmar-se que o poder político se apresenta como uma alavanca indispensável ao estabelecimento de um conjunto estável de orientações jurídico-normativas, na pressuposição de que a sua existência assenta na natureza social do homem e do seu Direito (*ubi societas, ibi ius*): apenas na medida em que é necessário regular as relações inter-subjectivas se justifica a pertinência de uma estrutura de poder político.

Desta óptica, *o poder político consiste na produção de comandos que imponham determinados comportamentos, relativamente aos quais revela uma intrínseca aptidão de obrigar, pela força se necessário, ao respectivo acatamento, através do emprego de esquemas de coacção material.*

Estão aqui presentes duas dimensões fundamentais:

– de um lado, uma *dimensão substantiva*, através da qual o poder político exprime orientações jurídicas destinadas à regulação da vida em comunidade;
– do outro lado, uma *dimensão adjectiva*, em que ao poder político se comete a tarefa de se "defender a si próprio", organizando a própria obediência que os outros lhe devem.

Político, Recife, 1842, pp. 248 e 249; Henri Arvon, *L'Anarquisme*, Paris, 1964, *passim*; Hans Kelsen, *Teoría General del Estado*, 14.ª ed., Cidade do México, 1979, pp. 36 e ss.; José Valle de Figueiredo, *Anarquismo*, in Pol., I, Lisboa, 1983, pp. 301; Nuno Rogeiro, *Anomia*, in Pol., I, Lisboa, 1983, pp. 319 e 320; Nicolás Pérez Serrano, *Tratado de Derecho Político*, 2.ª ed, Madrid, 1984, pp. 208 e ss.; Marcel Prélot e Georges Lescuyer, *Histoire...*, pp. 731 e ss.; José Fernando Nunes Barata, *Autoridade*, in DJAP, I, 2.ª ed., Lisboa, 1990, p. 617; António De Sousa Lara, *Elementos de Ciência Política*, 2.ª ed., Lisboa, 1990, pp. 147 e ss.; Diogo Freitas do Amaral, *Ciência Política*, III, Lisboa, 1991, pp. 23 e ss.; Rodrigo Borja, *Derecho Político y Constitucional*, Cidade do México, 1992, pp. 274 e ss.; Reinhold Zippelius, *Teoria...*, pp. 180 e ss.

III. Se é verdade que a existência de estruturas de desempenho de poder político não se afigura contestável, o mesmo já não pode dizer-se a respeito da sua origem, pois que importa determinar qual a causa que explica a respectiva atribuição, assim como dos limites intrínsecos que se colocam no respectivo exercício.

Vendo esta matéria ao longo da História das Ideias Políticas, é hoje possível equacionar a existência de três grandes orientações na busca da origem do poder político[120]:

- uma origem *naturalista*, pela qual o poder político se apresenta necessário à organização social, para o qual os seres humanos tendem, mesmo contra a sua vontade individual, só aí se realizando plenamente, de acordo com a sua sociabilidade inata;
- uma origem *teológica*, segundo a qual o poder político, como também os outros poderes humanos, derivam de Deus, directamente ou por níveis de intermediação, sendo Deus a causa final de tudo e de todos, bem como da criação em geral[121];
- uma origem *voluntarista*, através da qual se afirma que o poder não está em Deus, nem numa inevitabilidade de convivência social pacífica, mas antes na vontade dos titulares do poder político, que em cada momento encarnam a fonte desse mesmo poder, a qual pode depois desdobrar-se em múltiplas

[120] A respeito da fundamentação do poder político, v. JOSÉ FERREIRA MARNOCO E SOUSA, *Direito Político – Poderes do Estado – sua organização segundo a Sciência Política e o Direito Constitucional Português*, Coimbra, 1910, pp. 7 e ss.; MARCELO REBELO DE SOUSA, *Direito Constitucional...*, pp. 62 e ss.; MARCELLO CAETANO, *Manual de Ciência Política...*, I, pp. 251 e ss.; REINHOLD ZIPPELIUS, *Teoria...*, pp. 157 e ss.; ENRIQUE ÁLVAREZ CONDE, *Curso de Derecho Constitucional*, I, 3.ª ed., Madrid, 1999, pp. 29 e ss.; GEORG JELLINEK, *Teoría...*, pp. 177 e ss.

[121] Lembrando as solenes palavras das Sagradas Escrituras, através da Carta de SÃO PAULO aos Romanos (Rm 13, 1-2): "Submeta-se cada qual às autoridades constituídas. Pois não há autoridade que não tenha sido constituída por Deus e as que existem foram estabelecidas por Ele. Quem resiste, pois, à autoridade, opõe-se à ordem estabelecida por Deus, e os que lhe resistem atraem sobre si a condenação". Cfr. também JOÃO PAULO II, *Catecismo da Igreja Católica*, 2.ª ed., Coimbra, 2000, pp. 477 e ss.

modalidades, em que também se integram as opções voluntaristas de timbre minoritário, moldadas pelas concepções absolutistas, marxistas e leninistas ou fascistas do Estado, atribuindo a grupos socialmente minoritários, como as elites pensantes, o proletariado ou as corporações, a origem do poder político.

IV. A origem *naturalista* do poder político radica no pensamento de ARISTÓTELES, para quem o Homem, sendo um animal social – até mais social do que outros animais não humanos gregários –, só não degeneraria na sua convivência inter-relacional se se inserisse numa ordem comunitária, avultando o poder político para a fixação das regras de ordenação colectiva, assim plenamente desenvolvendo a sua personalidade[122].

ARISTÓTELES é até bem impressivo nesta matéria: "Estas considerações evidenciam que uma cidade é uma daquelas coisas que existem por natureza e que o homem é, por natureza, um ser vivo político. Aquele que, por natureza e não por acaso, não tiver cidade, será um ser decaído ou sub-humano, tal como o homem condenado por Homero como "sem família, nem lei, nem lar"; porque aquele que é assim por natureza, está, além do mais, sedento de ir para a guerra, e é comparável à peça isolada de um jogo"[123].

---

[122] Cfr. ARISTÓTELES, *Política*, Lisboa, 1998, pp. 49 e ss. Cfr. DIOGO FREITAS DO AMARAL, *História...*, I, pp. 111 e ss.; REINHOLD ZIPPELIUS, *Teoria...*, pp. 156 e ss.

[123] ARISTÓTELES, *Política*, pp. 53 e 55, ainda acrescentando: "A razão pela qual o homem, mais do que uma abelha ou um animal gregário, é um ser vivo político em sentido pleno é óbvia. A natureza, conforme dizemos, não faz nada ao desbarato, e só o homem, de entre todos os seres vivos, possui a palavra. Assim, enquanto a voz indica prazer ou sofrimento, e nesse sentido é também atributo de outros animais (cuja natureza também atinge sensações de dor e de prazer e é capaz de as indicar), o discurso, por outro lado, serve para tornar claro o útil e o prejudicial e, por conseguinte, o justo e o injusto. É que, perante os outros seres vivos, o homem tem as suas peculiaridades: só ele sente o bem e o mal, o justo e o injusto; é a comunidade destes sentimentos que produz a família e a cidade".

Deste modo, a concepção aristotélica apoia-se em dois pilares fundamentais, como frisa MIGUEL REALE: "...a concepção do Homem como «animal político», visto ser a socialidade o seu fim natural, só realizável plenamente no Estado; e a ideia de que o fim do Estado só pode ser a realização do *bem* em sua mais alta plenitude"[124].

V. A origem *teológica* do poder político identifica a presença de Deus como sua fonte, mas actua, na relação com os governantes, em acordância com diferentes prismas, podendo conceber-se outras tantas modalidades, conforme a maior ou menor pertinência do factor religioso:

- as *teorias teocráticas*, normalmente monárquicas, que divinizam os reis, sendo-lhes por vezes até prestado culto, como sucedeu com alguns regimes do Estado Oriental;
- as *teorias do direito divino sobrenatural*, que implicam que os governantes sejam directamente escolhidos por Deus, exercendo um poder que é dom divino, o que se demonstra pela ajuda na realização de feitos históricos[125];
- as *teorias do direito divino providencial*, em que os governantes são designados, não já directamente por Deus, mas através de uma ordem constitucional estabelecida, assim como sucede, em geral, com a organização da comunidade política em que se verifica do mesmo modo o consentimento de Deus, no pressuposto de que é a causa final de todas as coisas, chegando o poder político aos governantes através do povo[126] – *omnis*

---

[124] MIGUEL REALE, *Teoria Tridimensional...*, p. 165.

[125] Na Batalha de Ourique, Jesus Cristo Ressuscitado revela-se a D. Afonso Henriques, prometendo-lhe a vitória sobre os infiéis.

[126] Como refere PAULO MERÊA (*Sobre a origem do poder civil – estudos sobre o pensamento político e jurídico dos séculos XVI e XVII*, Coimbra, 2003..., p. 36 e ss.), "Esta autoridade emana de Deus (...), mas, por Direito Natural, radica-se originariamente na própria sociedade, a qual, não podendo exercê-la por si mesma, a confere a uma ou mais pessoas. Deste modo o poder público, considerado concretamente, não procede de Deus de um modo imediato: tem o seu fundamento no

potestas a Deo per populum – e reivindicando-se deste pensamento SANTO AGOSTINHO[127] e SÃO TOMÁS DE AQUINO[128].

VI. A origem *voluntarista* do poder político, contrastando com a sua origem divina, igualmente afastando os postulados do naturalismo, sublinha que é numa expressão de vontade dos cidadãos – *um pacto ou contrato social* – em que este mesmo se ancora, abrindo-se as portas à respectiva origem democrática, hodiernamente seguida.

A Idade Moderna foi o tempo favorável para a assunção racionalista da organização da sociedade, amplamente defendida nas diversas teorizações do contrato social, na passagem do estado de natureza ao estado de sociedade, em que todos consentiriam na limitação da sua liberdade individual para a criação de uma estrutura de poder

---

acordo do corpo social, e só é legítimo quando emanado do consentimento tácito ou expresso da sociedade...".

127 Cfr. SANTO AGOSTINHO, *A Cidade de Deus*, I, 2.ª ed., Lisboa, 1996, pp. 497 e 498 (Livro V, capítulo XI), afirmando que "Efectivamente, este supremo e verdadeiro Deus que, com o seu Verbo e o seu Espírito Santo, são Três em Um (...), *de quem procedem toda a regra, toda a forma e toda a ordem* (...), que não deixou de conceder, não somente ao céu e à terra, não somente ao anjo e ao homem, mas também aos órgãos do mais pequenino e do mais desprezível dos animais, à mais pequena das penas da ave, à flor dos campos, à folha da árvore, a harmonia das suas partes e como que uma certa paz – seria de todo inconcebível que Ele quisesse deixar o reino dos homens, as suas dominações e as suas sujeições fora das leis da sua Providência".

128 O qual depois seria secundado por outros autores da Escolástica. É também o caso de FRANCISCO SUÁREZ, que no seu *De Legibus* (I, Lisboa, 2004, p. 205) o afirma: "Digo, em segundo lugar, que suposta a criação das criaturas racionais a lei foi necessária com necessidade de fim, tanto simplesmente como para ser melhor. Esta verdade é como que um princípio evidente nesta matéria. E quanto à primeira parte, de uma necessidade simples, pode explicar-se porque a criatura intelectual, pelo facto de ser criatura, tem um superior a cuja providência e ordem está submetida; e, por ser intelectual, é susceptível de governo moral, o qual se dá por meio do mandado. É, portanto, conatural e necessário a tal criatura que se submeta a algum superior que a governe por meio do mandado, ou lei".

Cfr. DIOGO FREITAS DO AMARAL, *História...*, I, pp. 169 e ss.; PAULO MERÊA, *Sobre a origem...*, pp. 35 e ss., e pp. 49 e ss.

político que a todos defendesse por igual, mesmo que isso significasse o sacrifício dos interesses e das liberdades individuais.

Dentro de uma mesma explicação voluntária acerca da origem do poder político, foram surgindo cambiantes, ao sabor de outros tantos pressupostos político-filosóficos:

- a *teoria do pacto de sujeição irrevogável e absoluto*, conferindo-se aos governantes o poder de vida e de morte sobre os súbditos, como fez THOMAS HOBBES, na construção do Leviatã, a única maneira de passar do estado de natureza ao estado de sociedade, com isso se protegendo os cidadãos e se evitando a destruição da sociedade pela guerra de todos contra todos, sendo o homem o lobo do próprio homem (*homo homini lupus*)[129];
- a *teoria do pacto de sujeição revogável*, podendo o povo retirar o poder aos governantes, admitindo-se mesmo a deposição e o tiranicídio, como defenderam os monarcómacos;
- *as teorias contratualistas democráticas*, as quais radicam o poder político na vontade da comunidade, mas com respeito pelos seus direitos fundamentais e genericamente limitado, como defendeu JOHN LOCKE[130];
- *a teoria do contrato social em favor de um poder parlamentar*, numa concepção democrática totalitária, à maneira de JEAN-JACQUES ROUSSEAU[131].

VII. Com a Idade Contemporânea e com o Constitucionalismo, a origem do poder político, sendo consensualmente popular, foi oscilando entre a soberania nacional e a soberania popular[132], deixando de ter interesse a questão do mecanismo de transferência do

---

[129] Cfr. THOMAS HOBBES, *Leviatã...*, pp. 29 e ss.

[130] Cfr. JOHN LOCKE, *Segundo Tratado sobre el Goberno Civil*, Madrid, 1990, pp. 7 e ss.

[131] Cfr. JEAN-JACQUES ROUSSEAU, *O Contrato Social*, Mem Martins, 1981, pp. 5 e ss.

[132] Cfr. MARCELO REBELO DE SOUSA, *Direito Constitucional...*, pp. 63 e 64.

poder político na transição do estado de natureza ao estado de sociedade, ou sequer mesmo a sua conceptualização:

- *a soberania nacional* reconhece o poder político na nação como comunidade sociológica e histórica, ainda que não individualmente manifestada pelos cidadãos do Estado; e
- *a soberania popular* aceita que o poder político resida na comunidade através de cada um dos seus membros, os cidadãos com direitos de participação política e sem exclusões arbitrárias entre os mesmos.

Nos tempos mais recentes, provando que a questão perdeu terreno, tudo se estabilizou no reconhecimento de que o poder político – *maxime,* o poder constituinte, que é a mais forte de todas as suas expressões – deriva da vontade dos cidadãos, que livremente estruturam a sua comunidade política por intermédio da aprovação da Constituição.

VIII. As teorias da origem voluntária e *minoritária* do poder político, sendo mais recentes, são bem mais heterogéneas do que as teorias anteriores, unificando-se sob o diapasão comum de defenderem a atribuição a apenas um grupo restrito de cidadãos da possibilidade de escolha do poder político, não podendo ser verdadeiramente consideradas democráticas por distorcerem os fundamentos da comunidade política em que se inserem.

A primeira delas é a corrente do Despotismo Esclarecido, na passagem, dentro do Estado Absoluto da Idade Moderna, ao *Polizeistaat,* em que o poder político se fundou na iluminação do rei, coadjuvado por toda a sua elite bem-pensante e com o repúdio da sua origem divina.

Outra é a da doutrina marxista-leninista, que preconizou a ditadura do proletariado, posta em prática nos Estados de inspiração soviética, num totalitarismo de esquerda, afastando do exercício do poder político a generalidade dos grupos sociais e, em contrapartida, somente o fazendo assentar numa concepção económica de pertença a determinada classe social: o proletariado e afins.

Não se esqueça ainda de considerar os totalitarismos de direita, nos regimes fascistas e fascizantes que, negando a democracia, proclamaram a origem do poder político na interpretação do interesse da nação e da organização corporativa, em razão de concepções organicistas e belicistas da sociedade.

IX. A verdade é que se trata de uma questão que, tendo sido tão ampla e furiosamente debatida, se esvaziou há muitos anos a esta parte, deixando de pertencer às grandes querelas do Direito Constitucional ou da Filosofia Política, pelo menos nestes termos radicais.

Isso não equivale a dizer que o seu conhecimento seja despiciendo ou que o seu percurso não tenha espelhado relevantes contributos para a Teoria do Direito Constitucional. Efectivamente, pode afirmar-se que o princípio democrático de hoje – que não suscita reticências a quase ninguém – conseguiu impor-se, na sua relevância, graças aos debates que se fizeram na defesa das diversas teorias voluntaristas que implicaram a afirmação dos limites da acção do poder político em relação aos membros da comunidade política.

É até possível que as três grandes orientações apresentadas acabem por ser objecto de uma reflexão conciliatória, que não anula a importância de cada uma delas, de acordo com a seguinte proposição: o poder político, de acordo com a teoria da sua origem divina, só existe, ainda que formalmente titulado pelo povo, como raiz do poder constituinte porque Deus o permite e o não proíbe, ao mesmo tempo que não há nenhum poder político que não receba as influências sociais do meio em que se exerce, bem como das pessoas cujos problemas quer resolver, assim se impregnando da sociabilidade intrínseca do homem.

10. O poder político e os outros poderes

I. Se o poder político repousa na possibilidade de a estrutura que o detém impor comandos e fazer-se obedecer aos mesmos, incluindo o uso da força quando seja caso disso[133], tal não quer significar que a observação da realidade não possa demonstrar a existência de outros poderes, por vezes bem mais efectivos do que o poder político.

É que, nas suas relações sociais, as pessoas e os grupos recebem e inserem-se em complexos e até inextricáveis conjuntos de influências que não têm necessariamente uma explicação ao nível do poder político estabelecido.

As pessoas e os grupos, nas suas relações inter-subjectivas, são igualmente movidas por outros poderes, de natureza fáctica em relação àqueles, mas que por contraste não são dotados da característica que avulta no poder político, que assim se encontra ausente: a da *coercibilidade*[134].

II. O poder político determina o cumprimento dos seus comandos recorrendo à força se necessário[135]: *ora, isso já não é o que*

---

[133] Como refere REINHOLD ZIPPELIUS (*Teoria...*, p. 62), "A obediência a normas extrajurídicas será obtida, se necessário, apenas através da pressão social. Quem ofender as normas das boas maneiras e dos bons costumes corre, porventura, o risco de ficar isolado social e, por vezes também, profissionalmente. Pelo contrário, a obediência às normas jurídicas é imposta (também) mediante procedimentos de execução juridicamente organizada e regulamentada, p. ex., em virtude das disposições dos códigos de processo penal e de processo civil. Os deveres jurídicos a observar num tal "procedimento coercivo" (...) estão, por sua vez, sujeitos a sanções juridicamente reguladas cuja aplicação, por seu turno, é juridicamente garantida".

[134] Em ambos os casos se trata de "poder" porque, como explica MARCELLO CAETANO (*Manual de Ciência Política...*, I, p. 5) "...existe *poder* sempre que alguém tem a possibilidade de fazer acatar pelos outros a sua própria vontade, afastando qualquer resistência exterior àquilo que quer fazer ou obrigando os outros a fazer o que ele queira".

[135] Cfr. MARCELLO CAETANO, *Manual de Ciência Política...*, I, p. 7, explicando este autor que "O poder político é uma *autoridade de domínio*, isto é, que impõe obediência a quantos pertençam à sociedade política, constrangendo-os à observância das normas jurídicas e quebrando as resistências eventuais".

sucede com estes outros poderes, de natureza fáctica, que assentam numa lógica de persuasão, não tanto num fenómeno de coacção material[136].

Dada a sua relevância, que todos mais ou menos sentimos ou vivemos, é de evidenciar estas três modalidades dos poderes de persuasão, que não configuram projecções do poder político[137]:

- *o poder social;*
- *o poder religioso;*
- *o poder comunicacional*[138].

III. Partindo de uma perspectiva de convivência colectiva, no plano dos poderes distintos do poder político, o que logo salta à vista é o *poder social*, que se resume à circunstância de a vida em sociedade estar submetida a tradições comuns e a normas de comportamento,

---

[136] Lembremos estas notáveis palavras de HANS KELSEN (*Teoria Pura...*, p. 87): "É, por isso, de rejeitar uma definição do Direito que o não determine como ordem de coacção, especialmente porque só através da assunção do elemento coacção no conceito de Direito este pode ser distintamente separado de toda e qualquer outra ordem social, e porque, com o elemento de coacção, se toma por critério um factor sumamente significativo para o conhecimento das relações sociais e altamente característico das ordens sociais a que chamamos «Direito»; e mais especialmente ainda porque só então será possível tomar em conta a conexão que existe – na hipótese mais representativa para o conhecimento do Direito, que é a do moderno Direito estadual – entre o Direito e o Estado, já que este é essencialmente uma ordem de coacção e uma ordem de coacção centralizadora e limitada no seu domínio territorial de validade".

[137] Quanto à destrinça entre o Direito e o Poder Público que o produz e as outras ordens normativas, v. GEORGES BURDEAU, *O Estado*, pp. 99 e ss.; HANS KELSEN, *Teoria Pura...*, pp. 48 e ss., e pp. 93 e ss.; J. BAPTISTA MACHADO, *Introdução ao Direito...*, pp. 33 e ss.; MARCELO REBELO DE SOUSA, *Ciência Política...*, pp. 51 e 52, e *Introdução...*, pp. 307 e ss.; ANTÓNIO BRAZ TEIXEIRA, *Filosofia do Direito*, Lisboa, 1987, pp. 243 e ss.; DIOGO FREITAS DO AMARAL, *Manual de Introdução...*, I, pp. 53 e ss., e pp. 97 e ss.; JOSÉ DE OLIVEIRA ASCENSÃO, *O Direito...*, pp. 39 e ss.

[138] Em qualquer um deste casos, vem a propósito a distinção sociológica proposta por MAX WEBER entre três categorias de autoridade no exercício do poder: a autoridade tradicional, a autoridade legal-racional e a autoridade carismática.

em conformidade com certos padrões de etiqueta social, traduzindo a inserção de cada pessoa num ambiente social específico.

Este poder social está subjacente a uma peculiar ordem normativa de que se extraem imposições de dever-ser, mas que não são assistidas por qualquer protecção coactiva, a qual toma a designação de *Ordem de Civilidade ou Ordem de Trato Social*[139].

Só que da respectiva violação não derivam situações de desvantagem para quem se coloca numa posição de infracção às mesmas, sujeitando-se a um juízo subjectivo de censura ou de reprovação social como resposta para o acto ilícito praticado, corporizado pela vergonha ou pelo mal-estar da situação criada, para não falar de outras hipóteses mais drásticas.

Todos temos a experiência de sentirmos o nosso comportamento social condicionado por tais normas de trato social, que determinam os nossos comportamentos, embora não saibamos muito bem a sua origem, ou sequer como elas nasceram, num exemplo bem vivo de auto-disciplina social.

IV. É também de considerar a existência do *poder religioso*, o qual expressa a vontade das organizações religiosas no estabelecimento de um conjunto de normas disciplinadoras da atitude, externa e interna, dos respectivos crentes.

Este conjunto de comandos pode ser paralelamente considerado na sua vertente normativa, desta feita de natureza religiosa. Trata-se da *Ordem Religiosa*, que disciplina um dever-ser vertical e horizontal: verticalmente, entre os crentes e Deus; horizontalmente, só entre os crentes.

São inúmeras as experiências de manifestação do poder religioso que se encontra associado à *Ordem Religiosa*, sendo certo que uma das características do Homem é a sua religiosidade, ela se exemplificando

---

[139] Os exemplos mais comuns de normas pertencentes à Ordem de Civilidade são a necessidade de esperar pela ordem de chegada para entrar em transportes públicos e a obrigatoriedade de cumprimentar as pessoas que se conhece e que se encontra.

nas consequências negativas de cunho sobrenatural que se abatem sobre aqueles que violam aqueles imperativos, reunidas em torno do conceito de pecado[140], algumas já vividas no plano terreno, outras definitivamente presentes no momento do juízo particular.

No caso do Cristianismo, em que a Teologia logrou ir mais longe, o poder religioso, vindo de Deus e executado pelos respectivos sacerdotes aquando da administração dos sacramentos, mostra-se na efusão da graça divina que permite aceder à visão beatífica, na ordem do sobrenatural, perdoando as ofensas cometidas contra a lei divina[141].

V. Cumpre ainda considerar a pertinência do *poder da comunicação social*, muitas vezes sugestivamente referido como o "4.° poder"[142], a seguir aos três clássicos poderes desenhados por CHARLES DE MONTESQUIEU no século XVIII.

O desenvolvimento deste poder mediático assenta na função de intermediação que os meios de comunicação social facultam entre as notícias e os cidadãos, estes os respectivos consumidores, num vasto ambiente comunicacional em que, usados de certo modo, os instrumentos de simples informação podem ser desvirtuados e influenciar

---

140 Como explicita o *Catecismo da Igreja Católica* (pp. 467 e 468), "O pecado é uma falta contra a razão, a verdade, a recta consciência. É uma falha contra o verdadeiro amor para com Deus e para com o próximo, por causa de um apego perverso a certos bens. Fere a natureza do homem e atenta contra a solidariedade humana. Foi definido como «uma palavra, um acto ou um desejo contrários à Lei eterna»".

141 A título de exemplo, a violação mais grave dos principais mandamentos de Deus, expressos no Decálogo, que se consubstancia no conceito de pecado mortal, impede o acesso à visão beatífica depois da morte, a menos que o crente alcance a misericórdia divina pela recepção da graça inserta na administração do sacramento da confissão, assim se libertando da condenação do Inferno e podendo chegar ao Purgatório ou ao Paraíso Celeste.

142 Como é o que fazia, sugestivamente, um dos jornais semanários portugueses, "O Independente", que tinha no seu subtítulo a locução, naturalmente publicitária da sua capacidade jornalística, "O 4.° Poder".

os cidadãos para além dos factos que querem relatar. Esta é uma verdade que se atesta por diversos modos: as decisões jornalísticas de publicar ou não publicar certos factos, de publicar com ou sem investigação, de publicar com ou sem comentários próprios ou de publicar com grande ou pouca evidência[143].

A força do poder da comunicação social afere-se pelo seu inestimável contributo na formação da opinião pública, que resume o conjunto das opiniões publicadas que limitam os decisores políticos e a opinião dos cidadãos em geral, ao redireccionar a actuação dos órgãos do poder político, essencialmente tendo em vista a participação eleitoral seguinte, no contexto da democracia participativa[144].

VI. Outros poderes finalmente merecem uma breve alusão:

- *o poder económico*: representa a capacidade de influência que é atribuída aos agentes económicos na produção de bens e serviços, capacidade que é tanto maior quanto mais concentrados estiverem os meios de produção, numa altura em que essa tendência se consolida e agrava no contexto da globalização que favorece a existência de numerosas empresas multinacionais à escala planetária;
- *o poder militar*: traduz-se na influência que o meio militar protagoniza, não tanto pelos meios de força física que detém – que quando postos ao serviço do poder político são uma sua concretização – mas enquanto instituição social, que forma um escol de pessoas e que é capaz de orientar as opiniões[145];

---

[143] Não são infelizmente poucos os casos em que as notícias dadas de certa maneira, ou algumas das investigações jornalísticas conduzidas num certo sentido, exercem uma forte influência social, modificando até o comportamento eleitoral dos cidadãos.

[144] Cfr. *infra* n.° 167.

[145] Não é difícil encontrar exemplos em que as altas patentes militares se transformam em figuras públicas do maior relevo, enveredando ou não, depois, pelo mundo da actividade política. O caso do peronismo, na Argentina, é bem disso um exemplo, no qual o General Perón aproveitou o seu passado militar para

– *o poder cultural*: expressa-se na actividade inerente à realização cultural, nos seus mais variados campos, sendo muito frequentes as rupturas sociais e de mentalidades que tiveram na sua origem a persuasão da Cultura[146];
– *o poder desportivo*: exprime a capacidade atractiva do fenómeno desportivo em geral, e do futebol em particular, em torno dos respectivos praticantes e também dos seus dirigentes[147];
– *o poder científico*: significa a importância da Ciência e da Técnica, ao condicionar inúmeras decisões aos mais diversos níveis, como o político, o económico e o social[148].

11. O poder político e as diversas entidades jurídico-políticas

I. O poder político ganha um real sentido quando associado às estruturas que vivificam e segregam os seus comandos e que exprimem a respectiva concretização prática e externa.

A entidade que emblematicamente está ligada ao poder político – e que também maximamente o interpreta – é o *Estado*, em razão

se catapultar para a ribalta política, rentabilizando a influência que ali gerou e que depois passou formalmente a exercer como Chefe de Estado.

146 Basta pensar na revolução de mentalidades que em França se viveu com os livros do existencialismo ou na revolução de hábitos de vida que ocorreu depois da explosão da música rock nos anos sessenta, no Reino Unido com o grupo "The Beatles", ou nos Estados Unidos da América com o festival de "Woodstock".

147 Neste caso, são muitas as vezes em que um dirigente desportivo se torna uma figura pública com mais poder fáctico do que os titulares do poder político em razão da equipa que lidera e da realidade desportiva em que se insere, por vezes havendo perniciosas misturas entre o Desporto e a Política, cujos exemplos, por demais conhecidos, não vale a pena mencionar.

148 A Revolução das Comunicações ou a Idade da Informação, em que estamos vivendo, demonstram à saciedade o amplo poder de informar que é protagonizado pelos especialistas nessa matéria ou pelas empresas que estão nesse mercado.

dele se definindo, em nome do maior ou menor afastamento que se regista, as restantes entidades dotadas de poder político.

Mas o Estado, embora se possa considerar como a realidade fundamental na organização política da sociedade humana e sendo, por antonomásia, a que o representa, não é a única entidade política que pode protagonizar um desejo de organização colectiva[149].

Pelo que é muito legítimo perguntar que outras entidades podem aproximar-se do Estado enquanto do mesmo modo detentoras de poder político, ainda que obviamente com ele não possam confundir-se.

É de avançar com a seguinte tipologia, de acordo com o ponto de vista da relação de cada uma dessas entidades com a entidade estadual[150]:

- as *entidades pré-estaduais*;
- as *entidades infra-estaduais*;
- as *entidades inter-estaduais*;
- as *entidades para-estaduais*.

II. As *entidades pré-estaduais* são formas incipientes de poder político, antes da concepção e desenvolvimento do Estado como tipo histórico fundamental, posteriormente substituídas por outras manifestações de poder político[151].

---

[149] Como bem lembra GEORGES BURDEAU (*O Estado*, p. 23), "Nem toda a sociedade politicamente organizada é um Estado. Não se pode, por conseguinte, aceitar como válidas as definições que o assimilam à existência da diferenciação entre governantes e governados. O que esta hierarquia revela é a instalação de um poder. (...) Evidentemente que se discerne bem em todos estes grupos a existência da coacção: o machado do carrasco é feito do mesmo metal, quer ele execute a sentença proferida em nome do Estado ou obedeça à ordem de um sátrapa que concentra na sua pessoa a propriedade e os atributos do Poder".

[150] Sobre algumas dessas entidades afins, v., por todos, RICARDO LEITE PINTO, JOSÉ DE MATOS CORREIA e FERNANDO ROBOREDO SEARA, *Ciência Política...*, pp. 64 e ss.

[151] Cfr. MARCELLO CAETANO, *Manual de Ciência Política...*, I, pp. 1 e ss.

As entidades pré-estaduais mais representativas confundem-se com os primeiros assomos de organização da colectividade, em que a titularidade do poder político era cometida a certas pessoas ou entidades, numa preocupação geral pela manutenção da segurança e da convivência colectiva, limitado ao nível de comunidades tradicionais e no plano de uma restrita zona territorial.

Com a sofisticação trazida pela organização estadual, estas entidades deixariam de subsistir ou, no caso de ainda persistirem, foram remetidas para o domínio da clandestinidade de um poder político que se assume à revelia do poder estadual e que, ainda assim, se projecta em certa parcela do território.

III. As *entidades infra-estaduais*, inserindo-se no âmbito territorial do Estado, ao mesmo circunscrevendo o seu raio de acção, apresentam-se com autonomia organizatória e funcional, não se misturando com a realidade estadual, de acordo com um fenómeno de descentralização de aspectos parcelares do poder político estadual.

O carácter infra-estadual radica essencialmente no facto de a sua configuração estar na dependência de uma indicação estadual, enquanto expressão máxima da organização do poder político, o qual pode decidir livremente sobre a sua criação e permanência[152].

Porém, é viável indexar tal carácter infra-estadual a outros aspectos do mesmo modo relevantes, como seja a menor intensidade e qualidade das competências exercidas, a menor extensão espacial da actividade dos respectivos órgãos, ou ambos estes critérios entre si combinados.

Estas *entidades infra-estaduais*, que corporizam espaços territoriais, dotados de autonomia jurídico-pública e com poderes, embora limitados, na vida interna e às vezes internacional[153], correspondem ao

---

[152] Cfr. JORGE BACELAR GOUVEIA, *Manual*..., pp. 454 e ss.

[153] Quanto à posição internacional das colectividades territoriais infra-estaduais em geral, v., por todos, WLADIMIR BRITO, *A Convenção-Quadro Europeia sobre a Cooperação Transfronteiriça entre as Colectividades ou Autoridades Territoriais*, Coimbra, 2000, pp. 294 e ss., e pp. 348 e ss.

contexto geral das entidades que se situam abaixo do Estado a que diferenciadamente se vinculam[154].

Numa visão geral, estas entidades reflectem desejos de autonomia jurídico-pública, nunca deixando de estar submetidas a um poder constituinte originário do Estado que as subordina, surgindo às vezes até com um estatuto temporário[155].

As *regiões autónomas* são a mais comum cristalização desta possibilidade, consubstanciando-se em pessoas colectivas de Direito Público que desenvolvem atribuições e competências em diversos domínios, podendo ser objecto de regulação por parte de alguns sectores do Direito Público.

Outro exemplo de entidade infra-estadual relevante – e até mais sofisticada do que o regionalismo europeu, ainda que não integrável em nenhum modelo – é aquele que existe na China, relativamente a Hong Kong e a Macau, territórios que têm um estatuto praticamente idêntico, tendo as respectivas regiões sido criadas na sequência da cessação das administrações britânica e portuguesa, respectivamente em 1997 e em 1999.

Estas regiões – que tomam a designação de "regiões administrativas especiais", de Hong Kong e de Macau[156] – fazem parte inte-

---

[154] Situação que também poderia integrar-se neste conceito geral, embora se tivesse alargado a todo o território, era a de Timor Leste, durante a administração da ONU.

Sobre a respectiva situação jurídico-internacional, v., por todos, MIGUEL GALVÃO TELES, *Timor Leste*, in DJAP, 2.° sup., Lisboa, 2001, pp. 643 e ss.

[155] Tal como refere REINHOLD ZIPPELIUS (*Teoria*..., p. 64), "São precisamente as competências que se revestem de particular importância quando se trata de distinguir o Estado de outras comunidades juridicamente organizadas (p. ex., de municípios ou sociedades por acções). O Estado é apenas aquela comunidade que, como instância suprema, dispõe do instrumento de direcção normativa...".

[156] Quanto ao enquadramento jurídico-público das regiões especiais de Hong Kong e de Macau, v. YASH GHAI, *Hong Kong's New Constitutional Order*, 2.ª ed., Hong Kong, 1999, pp. 457 e ss.; JORGE BACELAR GOUVEIA, *A Lei Básica da Região Administrativa Especial de Macau – contributo para uma compreensão de Direito Constitucional*, in AAVV, *2.° Seminário Internacional sobre a Lei Básica – Comemorativo*

grante da República Popular da China, cujo texto constitucional admite a existência de um regime administrativo especial, desviante em relação ao regime unitarista que é praticado no restante território chinês.

A despeito da nomenclatura utilizada, o certo é que são muito mais do que regiões administrativas especiais, indo para além do modelo europeu de regionalismo político-administrativo, assim bem se justificando a sua autonomização conceptual:

- no *plano interno*, as suas atribuições são também do foro legislativo e jurisdicional, podendo fazer leis e tendo tribunais próprios, que decidem algumas questões em última instância;
- no *plano internacional*, estas regiões são relevantes em certos domínios, ao ser-lhes reconhecida competência para a celebração de certos tratados internacionais e para a pertença a algumas organizações internacionais[157].

No âmbito dos Estados federais, pode ainda surgir outra modalidade de entidades infra-estaduais, com uma importante parcela de poder público, que não se identificam com os Estados federados: são entidades de Direito Público que, não tendo uma matriz estadual,

---

do 20.° Aniversário da Universidade de Macau, BFDUM, ano VI, n.° 13, 2002, pp. 192 e ss., e *Os direitos fundamentais em Macau*, in AAVV, *Estudos Comemorativos dos 10 Anos da Faculdade de Direito da Universidade Nova de Lisboa*, I, Coimbra, 2008, pp. 317 e ss.; MANUEL DE ALMEIDA RIBEIRO, *A região administrativa especial de Macau e o Direito Internacional*, in BFDUM, ano VI, n.° 13, 2002, pp. 199 e ss.; MANUEL TRIGO, *Por um lugar para Macau*, in AAVV, *Colóquio de Direito Internacional – Comunidade dos Países de Língua Portuguesa* (org. de J. J. GOMES CANOTILHO) Coimbra, 2003, pp. 127 e ss.

157 Como tivemos ocasião de escrever (JORGE BACELAR GOUVEIA, *A Lei Básica...*, p. 198), "Tudo isto aponta para a qualificação da Região de Macau, sendo uma nova pessoa colectiva de Direito Público de carácter geral, como uma entidade *sui generis*: os seus traços não se encaixam em nenhuma outra realidade, mas aproximam-se bastante da realidade estadual, em vista da amplitude e diversidade de poderes, podendo assim ser considerada como uma entidade pró-estadual".

dispõem de amplos poderes de cunho político-legislativo, assim como administrativo e jurisdicional[158].

IV. As *entidades inter-estaduais* representam a possibilidade de duas ou mais realidades estaduais se associarem, dessa junção resultando uma nova realidade por eles composta, abrindo-se a possibilidade de, por seu turno, terem ou não, natureza estadual[159].

Os *Estados compostos*, como o próprio nome o indicia, assumem essa natureza estadual, mas sem que as realidades estaduais subjacentes desapareçam, apenas ficando limitadas nos seus poderes.

A análise da realidade dos Estados compostos permite deslindar a existência de sub-espécies, tendo em atenção que a natureza da novel entidade criada por essa associação, que deles se dissocia, pode ter um destes dois possíveis resultados, sendo deste modo de distinguir as uniões pessoais[160] destas associações[161]:

---

[158] Vem a ser este o caso dos Municípios brasileiros, entidades de Direito Público que, pertencendo aos Estados federados, desenvolvem amplos poderes, com base na autonomia pública que lhes é reconhecida.

A título de exemplo, na Constituição do Estado do Ceará (Brasil), de 5 de Outubro de 1989, afirma-se, no seu art. 25.°, que "A estrutura organizacional do Estado do Ceará é constituída por Municípios, politicamente autónomos, nas latitudes previstas na Constituição da República e nesta Constituição".

[159] Sobre as entidades inter-estaduais em geral, v. JOSÉ F. F. TAVARES, *Estudos Jurídico-Políticos*, Lisboa, 1996, pp. 19 e ss.; JORGE MIRANDA, *Manual...*, III, pp. 274 e ss., e *Curso...*, pp. 193 e ss.; JORGE BACELAR GOUVEIA, *Manual...*, pp. 461 e ss.

[160] Há ainda quem considere as *uniões pessoais* como Estados compostos: só que estas não são propriamente associações de Estados, pois que não ostentam qualquer dimensão orgânica e unicamente conceptualizam a coincidência de certa pessoa ser titular de órgãos de chefia em dois ou mais Estados, por aplicação de um critério de sucessão hereditária.

Como afirmam JOAQUIM DA SILVA CUNHA e MARIA DA ASSUNÇÃO DO VALE PEREIRA (*Manual...*, p. 429), "Os Estados integrados numa união pessoal conservam a sua plena capacidade internacional (continuam a ser Estados soberanos) e a união não goza de personalidade jurídica internacional". Cfr. também ARMANDO M. MARQUES GUEDES, *Direito Internacional...*, p. 168.

[161] V. o caso da união pessoal da Espanha e Portugal, entre 1580 e 1640, que

– ou *Estados Federais*, na medida em que a nova realidade estadual, não fazendo desaparecer os Estados membros, adquire a natureza estadual com base na criação de uma nova estrutura de *sobreposição* em relação àquela que permanece nos Estados federados[162];
– ou *Uniões Reais*, na medida em que a nova realidade estadual surge numa estrutura de *fusão* com algum ou alguns dos Estados membros dessa União, com um duplo papel de pertença à União Real e ao Estado membro dessa União, que se funda num tratado internacional[163].

Semelhante fenómeno de entidades inter-estaduais pode igualmente suceder – embora numa dimensão menos intensa, por não haver uma nova entidade estadual a surgir – com as *associações confederativas*, nas quais a transferência de poderes estaduais apenas acontece nalguns dos seus aspectos, aparecendo as confederações, no plano do relacionamento externo, como muito mais limitadas do que no caso da formação de novos Estados compostos, ainda que igualmente assumam uma dimensão territorial.

As *confederações* são associações de Estados que se fundam num tratado internacional – o *pactum confoederationis* – e em cujos termos

---

muito prejudicou os interesses de Portugal como Estado independente, não obstante a coincidência de terem os mesmos reis: Filipe I, Filipe II e Filipe III.

Mas há outros exemplos: a união da Prússia e de Neuchatel, entre 1707 e 1857; a união da Grã-Bretanha e do Hanover, entre 1714 e 1837; a união dos Países Baixos e do Luxemburgo, entre 1815 e 1890.

162 Os exemplos mais emblemáticos de Estados Federais são os Estados Unidos da América e a República Federativa do Brasil. Cfr. *infra*, respectivamente, §§ 10.° e 12.°. Mas há outros: a Suíça, desde 1848; a Alemanha, desde 1871; a Áutria e a Bélgica.

163 Vários exemplos históricos: a União da Suécia e da Noruega, entre 1815-1905; a União da Áustria e da Hungria, entre 1867 e 1919; a União da Dinamarca e da Islândia, entre 1918 e 1944.

são vertidas as atribuições que lhes são transmitidas, bem como os órgãos que ficam incumbidos da respectiva prossecução[164].

A junção de esforços entre os Estados pode ainda desembocar na criação de *organizações internacionais*, em que aparece uma nova entidade jurídico-internacional, sem carácter estadual, sendo o seu estatuto essencialmente determinado pelo Direito Internacional Público, entidades que permitem diversas combinações, em razão de outras tantas classificações[165].

Nas organizações internacionais[166], assinala-se a existência de dois elementos complementares:

---

[164] O principal exemplo histórico é o da Conferação Norte-Americana, criada em 15 de Novembro de 1777 e posta em vigor a 1 de Março de 1781. Cfr. ANA MARIA GUERRA MARTINS, *As origens da Constituição Norte-Americana – uma lição para a Europa*, Lisboa, 1994, pp. 37 e ss., descrevendo o seu funcionamento e reflectindo sobre as razões do seu rápido fracasso.

Mas há outros exemplos: a Suíça, entre 1815 e 1848; a Confederação do Reno, de 1806 até 1813; a Confederação Germânica, de 1815 até 1866.

[165] Sobre as organizações internacionais em geral, v. GAETANO MORELLI, *Nozioni di Diritto Internazionali,* 7.ª ed., Milano, 1967, pp. 229 e ss.; PAUL REUTER, *Instituições internacionais*, Lisboa, s. d., pp. 217 e ss.; ADRIANO MOREIRA, *Direito Internacional Público*, Lisboa, 1983, pp. 135 e ss.; MÁRIO BETTATI, *Le Droit des Organisations Internationales*, Paris, 1987, pp. 11 e ss.; JOÃO CAUPERS, *Direito Internacional Público II – Sumários*, Lisboa, 1988, pp. 11 e ss.; ALBINO DE AZEVEDO SOARES, *Lições...*, pp. 373 e ss.; J. G. STARKE, *Introduction to International Law*, 10.ª ed., London, 1989, pp. 601 e ss.; IAN BROWNLIE, *Principles of Public International Law*, 4.ª ed., Oxford, 1990, pp. 679 e ss.; MALCOLM N. SHAW, *International Law*, 3.ª ed., Cambridge, 1991, pp. 742 e ss.; NUNO E SOUSA, *Curso...*, pp. 149 e ss.; ARMANDO M. MARQUES GUEDES, *Direito Internacional...*, pp. 195 e ss.; PIERRE-MARIE DUPUY, *Droit International Public*, Paris, 1992, pp. 97 e ss.; ANDRÉ GONÇALVES PEREIRA e FAUSTO DE QUADROS, *Manual...*, pp. 411 e ss.; ANTONIO CASSESE, *International Law in a divided World*, Oxford, 1994, pp. 85 e ss.; JEAN TOUSCOZ, *Direito Internacional*, pp. 159 e ss.; MARGARIDA SALEMA D'OLIVEIRA MARTINS e AFONSO D'OLIVEIRA MARTINS, *Direito das Organizações Internacionais*, I, 2.ª ed., Lisboa, 1996, pp. 9 e ss.; REINHOLD ZIPPELIUS, *Teoria...*, pp. 519 e ss.; MARIA LUÍSA DUARTE, *A teoria dos poderes implícitos e a delimitação de competências entre a União Europeia e os Estados-membros*, Lisboa, 1997, pp. 155 e ss.; MANUEL DE ALMEIDA RIBEIRO, *A Organização das Nações Unidas*, Coimbra, 1998, pp. 7 e ss.; JOSÉ FRANCISCO REZEK,

– um *elemento organizacional*; e
– um *elemento internacional*.

O primeiro destes elementos atende à formação de uma nova pessoa colectiva, de substrato associativo e com carácter de permanência, dotada de órgãos próprios, que lhe imputam uma vontade funcional em nome de interesses privativos, diversos dos sujeitos estaduais que a promoveram.

O outro elemento chama a atenção para o facto de esta nova entidade ser regulada pelo Direito Internacional, não sendo primeiro criada por qualquer Direito Interno, assim se distinguindo, de entre outros motivos, das *organizações não governamentais*, que aqui têm a sua sede jurídica inicial[167].

V. As *entidades para-estaduais* são estruturas que, se bem que se aproximando da realidade estadual, não têm esse teor, com razões

---

Direito Internacional Público – curso elementar, 8.ª ed., São Paulo, 2000, pp. 239 e ss.; CRISTINA M. M. QUEIROZ, *Direito Internacional Público II – organizações internacionais*, Lisboa, 2002, pp. 5 e ss.; NGUYEN QUOC DINH, PATRICK DAILLIER e ALAIN PELLET, *Droit International Public*, 7.ª ed., Paris, 2002, pp. 573 e ss.; JÓNATAS E. M. MACHADO, *Direito Internacional...*, pp. 177 e ss.; FRANCISCO FERREIRA DE ALMEIDA, *Direito Internacional Público*, 2.ª ed., Coimbra, 2003, pp. 267 e ss.; WLADIMIR BRITO, *Direito...*, pp. 269 e ss.; JOAQUIM DA SILVA CUNHA e MARIA DA ASSUNÇÃO DO VALE PEREIRA, *Manual...*, pp. 511 e ss.; JORGE MIRANDA, *Curso...*, pp. 200 e ss., e pp. 227 e ss.; EDUARDO CORREIA BAPTISTA, *Direito Internacional Público – sujeitos e responsabilidade*, II, Coimbra, 2004, pp. 233 e ss.; JORGE BACELAR GOUVEIA, *Manual...*, pp. 464 e ss.; MIGUEL GORJÃO-HENRIQUES, *Direito Comunitário*, pp. 13 e ss.

166 Cfr. alguns dos textos institutivos das principais organizações internacionais em JORGE BACELAR GOUVEIA, *Organizações internacionais – textos fundamentais*, 2.ª ed., Coimbra, 1995; MANUEL DE ALMEIDA RIBEIRO, ANTÓNIO VASCONCELOS SALDANHA e MÓNICA FERRO, *Organizações internacionais – textos fundamentais*, 2.ª ed., Lisboa, 2003.

167 Não suscita hoje qualquer dúvida, a não ser havendo indicações em sentido contrário, a atribuição às organizações internacionais de personalidade jurídica internacional, que é diferente da dos Estados, ou de outros sujeitos internacionais, que as tenham criado e que delas fazem parte.

diferenciadas para tal suceder, em particular se pensando na estruturação de cada uma delas, segundo dois grupos possíveis:

– *os beligerantes e os insurrectos* – entidades que não são Estados, mas que ficam marcadas pela temporariedade da sua existência, com base na promessa de virem a exercer o poder político dentro do Estado onde actuam[168];
– *as minorias nacionais ou os movimentos de libertação nacional* – entidades que ainda não são Estados, mas que agem na promessa da sua criação futura.

Neste enquadramento, o poder político desenvolvido, com maior relevância no plano internacional do que no plano interno, expressa a aptidão para competências que sejam compatíveis com a expectativa de poderem ser concebidas, num futuro tão próximo quanto possível, como realidades estaduais ou de se instalarem no exercício desse poder estadual.

Os *beligerantes* correspondem a grupos de rebeldes armados, que põem em acção uma actividade bélica em prol da mudança do sistema político do Estado em que se integram.

Uma das suas características fundamentais é a prossecução da luta armada, naturalmente contrariando as exigências da ordem constitucional e da ordem pública do Estado onde exercem essa actividade.

Noutra perspectiva, a luta armada é feita em nome do objectivo da mutação do sistema político, dentro do contexto estadual em que

---

168 Sobre os beligerantes e os insurrectos, v. ANTONIO CASSESE, *International Law*..., pp. 81 e ss.; ALBINO DE AZEVEDO SOARES, *Lições*..., pp. 208 e ss.; JOAQUIM DA SILVA CUNHA, *Direito Internacional Público – relações internacionais*, III, Lisboa, 1990, pp. 74 e ss.; ARMANDO M. MARQUES GUEDES, *Direito Internacional*..., pp. 179 e ss.; NGUYEN QUOC DINH, PATRICK DAILLIER e ALAIN PELLET, *Droit*..., pp. 568 e 569; WLADIMIR BRITO, *Direito*..., pp. 313 e 314; JOAQUIM DA SILVA CUNHA e MARIA DA ASSUNÇÃO DO VALE PEREIRA, *Manual*..., pp. 453 e ss.; JORGE MIRANDA, *Curso*..., pp. 193 e ss.; JÓNATAS E. M. MACHADO, *Direito Internacional*..., pp. 206 e ss.; EDUARDO CORREIA BAPTISTA, *Direito Internacional*..., II, pp. 334 e ss.

se encontram, não extravasando, portanto, para outros Estados e normalmente não tendo uma implicação internacional.

Os beligerantes ainda se definem por levarem a cabo uma actividade parcialmente bem sucedida, já que devem necessariamente ocupar uma parte do território estadual, ainda que com diversos graus de implantação.

A relevância dos beligerantes ou dos movimentos revolucionários tem-se jogado entre duas doutrinas: *a doutrina da legitimidade* (Carlos Tobar) e a *doutrina da efectividade* (Genaro Estrada)[169], embora a prática internacional tenha vindo a dar prevalência à efectividade no tocante ao conteúdo – através da qual se atende mais ao domínio do território do que ao respeito pelo princípio democrático – e à não intervenção nos assuntos internos – em que ressalta a adopção de comportamentos indirectos de aceitação dos beligerantes[170].

Os *insurrectos* representam, tal como os beligerantes, grupos de rebeldes que levam por diante uma luta armada com o objectivo de derrubar o sistema político vigente, mudando depois a ordem constitucional estabelecida.

Contudo, ao contrário do que sucede com os beligerantes, os insurrectos não ocupam nenhuma parcela do território estadual, executando as suas actividades de guerrilha em diversas zonas desse território, sem que se possa concluir que nalguma delas assumem o respectivo controlo político-administrativo.

As *minorias nacionais* – ou, noutra terminologia, os *movimentos de libertação nacional*[171] – são também colectividades para-estaduais, desta

---

[169] Cfr. Armando M. Marques Guedes, *Direito Internacional...*, p. 183.

[170] Cfr. José Francisco Rezek, *Direito...*, pp. 221 e ss.

[171] Sobre os movimentos de libertação nacional, v. António Cassese, *International Law...*, pp. 90 e ss.; Armando M. Marques Guedes, *Direito Internacional...*, pp. 177 e 178; Nguyen Quoc Dinh, Patrick Daillier e Alain Pellet, *Droit...*, pp. 569 e 570; Francisco Ferreira de Almeida, *Direito...*, pp. 324 e ss.; Joaquim da Silva Cunha e Maria da Assunção do Vale Pereira, *Manual...*, p. 450; Jorge Miranda, *Curso...*, pp. 195 e 196; Eduardo Correia Baptista, *Direito Internacional...*, II, pp. 346 e ss.

feita se colocando numa posição de futuro: querem transformar o território onde habitam, bem como o conjunto das pessoas que agregam, numa realidade estadual, dando origem ao nascimento de uma unidade jurídico-política onde já existe uma unidade histórico-geográfica.

As minorias nacionais concretizam os seus objectivos de construção de um novo Estado tanto pela simples proclamação da independência política, quanto a uma colónia, como pela secessão, separando-se do Estado a que pertenciam.

Distintamente dos beligerantes e dos insurrectos, a actividade que as minorias nacionais desenvolvem não é necessariamente bélica, assumindo diversos cambiantes: para lá de uma actividade militar, combatendo no terreno do Estado onde se pretende edificar a nova entidade política estadual, pode haver uma actividade puramente diplomática, chamando a atenção para a justeza da criação daquela nova realidade[172].

VI. No plano regulativo, à diferente natureza destas entidades detentoras de poder político segue-se uma diversa pertinência do sector do Direito Público que se considera apto a proceder à respectiva conformação.

Não se pode estranhar, por isso, que a relevância destas entidades políticas para o Direito Constitucional, não obstante a sua fundamentalidade material e formal, seja desigual, ao repartir-se em razão da divisão de tarefas que o Direito Público tem vindo a conhecer.

É o Direito Constitucional o sector jurídico que primacialmente traça o estatuto do Estado, como principal entidade jurídico-política,

---

[172] O exemplo mais emblemático de movimento de libertação nacional foi durante muito tempo a Organização da Libertação da Palestina, com o objectivo da criação do Estado da Palestina, embora agora com a Autoridade Palestiniana, de base territorial e gozando de uma certa autonomia político-administrativa, a sua posição internacional seja diversa. Mas pode ainda referir-se os diversos movimentos que justamente lutavam pela independência das antigas colónias portuguesas em África.

em nenhuma outra estrutura de poder político o Direito Constitucional se apresentando com tanta intensidade regulativa.

Já nas restantes entidades políticas, embora mantendo sempre uma conexão com o Estado e o seu Direito Constitucional, deve ser atribuída uma maior relevância a outros ramos do Direito Público que são chamados a delinear o respectivo estatuto estrutural e funcional:

- o *Direito Administrativo* para as entidades infra-estaduais, uma vez que se mostra aplicável às pessoas colectivas públicas que integram a Administração Pública;
- o *Direito Internacional Público* para as entidades inter-estaduais e para-estaduais, porquanto estas são entidades que se especializam na vertente externa do poder político, para o que aquele sector do Direito se mostra vocacionado.

§ 4.º O Estado como principal entidade jurídico-política

12. O sentido de Estado em geral

I. O que é, porém, fundamental para quem se abalança ao estudo do Direito Constitucional é o conhecimento do Estado, bem como da sua estrutura[173], sendo certo que é nele que se con-

---

[173] Sobre o Estado como estrutura jurídico-pública, na sua dimensão simultaneamente interna e internacional, v. ALBERTO DA CUNHA ROCHA SARAIVA, *Construção Jurídica do Estado*, II, Coimbra, 1912, pp. 1 e ss.; JAMES LESLIE BRIERLY, *Direito Internacional*, 4.ª ed., Lisboa, 1979, pp. 123 e ss.; GEORGES BURDEAU, *O Estado*, pp. 15 e ss.; MARCELO REBELO DE SOUSA, *Direito Constitucional...*, pp. 108 e ss.; PAUL REUTER, *Instituições internacionais*, pp. 139 e ss., e *Direito Internacional Público*, Lisboa, 1981, pp. 101 e ss.; ARMANDO M. MARQUES GUEDES, *Ideologias...*, pp. 56 e ss.; MICHAEL AKEHURST, *Introdução ao Direito Internacional*, Coimbra, 1985, pp. 67 e ss.; ANTONIO CASSESE, *International Law...*, pp. 77 e ss., e *International Law*, Oxford, 2003, pp. 46 e ss.; ALBINO DE AZEVEDO SOARES, *Lições...*, pp. 217 e ss.; J. G. STARKE, *Introduction...*, pp. 95 e ss.; MARCELLO CAETANO, *Manual de Ciência Política...*, I, pp. 121 e ss.; FRIEDRICH HEGEL, *Princípios da Filosofia do Direito*, Lisboa, 1990, pp. 224 e ss.; PIERRE-MARIE DUPUY, *Droit...*, pp. 21 e ss.; ARMANDO M. MARQUES GUEDES, *Direito Internacional...*, pp. 155 e ss.; JEAN TOUSCOZ, *Direito Internacional*, pp. 62 e ss.; ANDRÉ GONÇALVES PEREIRA e FAUSTO DE QUADROS, *Manual...*, pp. 328 e ss.; REINHOLD ZIPPELIUS, *Teoria...*, pp. 61 e ss.; JOSÉ FRANCISCO REZEK, *Direito...*, pp. 153 e ss.; HANS KELSEN, *Teoria Geral do Direito e do Estado*, São Paulo, 1990, pp. 299 e ss.; GERSON MELLO BOSON, *Direito Internacional...*, pp. 217 e ss.; ADHERBAL MEIRA MATTOS, *Direito...*, pp. 63 e ss.; FAUSTO DE QUADROS e JORGE BACELAR GOUVEIA, *As relações externas de Portugal – aspectos jurídico-políticos*, Lisboa, 2001, pp. 10 e ss.; GEORG JELLINEK, *Teoría...*, pp. 385 e ss.;

centra, nos dias de hoje, o principal modo de organização política e social[174].

É verdade que o Estado nem sempre existiu, nem sequer se pode ter a certeza de que o Estado seja uma realidade imutável ou eterna. Mas não é menos verdade que se tem mantido estável na sua essência, apesar das modificações sensíveis que tem vindo a conhecer ao longo das diferentes épocas históricas que tem atravessado, assim como das concepções que o têm acompanhado[175].

Seja como for, o Estado de hoje, herdado da Idade Contemporânea, é ainda um modo de organização que satisfaz os interesses dos cidadãos, se comparado com outros modos de organização que têm surgido, a um ritmo cada vez mais veloz.

II. Uma primeira aproximação à essência da natureza estadual implica que dela se possa formular uma definição conceptual: *o Estado é a estrutura juridicamente personalizada, que num dado território exerce um poder político soberano, em nome de uma comunidade de cidadãos que ao mesmo se vincula.*

NGUYEN QUOC DINH, PATRICK DAILLIER e ALAIN PELLET, *Droit...*, pp. 407 e ss.; JÓNATAS E. M. MACHADO, *Direito Internacional...*, pp. 130 e ss.; FRANCISCO FERREIRA DE ALMEIDA, *Direito...*, pp. 202 e ss.; WLADIMIR BRITO, *Direito...*, pp. 241 e ss.; RICARDO LEITE PINTO, JOSÉ DE MATOS CORREIA e FERNANDO ROBOREDO SEARA, *Ciência Política...*, pp. 47 e ss.; FILIPE FALCÃO OLIVEIRA, *Direito Público Guineense*, Coimbra, 2005, pp. 13 e ss.; MANUEL PROENÇA DE CARVALHO, *Manual...*, pp. 53 e ss.

[174] Merecendo a GEORGES BURDEAU (*O Estado*, p. 15) estas impressivas palavras: "Jamais alguém viu o Estado. Quem poderia, no entanto, negar que ele é uma realidade? O lugar que ocupa na nossa vida quotidiana é de tal ordem que ele não poderia ser daí retirado sem que, do mesmo lance, ficassem comprometidas as nossas possibilidades de viver. Revestimo-lo de todas as paixões humanas: ele é generoso ou somítico, engenhoso ou estúpido, cruel ou complancente, discreto ou abusivo".

[175] Sobre as concepções de Estado, v., de entre outros, ALBERTO DA CUNHA ROCHA SARAIVA, *Construção...*, II, pp. 2 e ss.; REINHOLD ZIPPELIUS, *Teoria...*, pp. 35 e ss.

Antes de se analisar com mais detença estes três elementos tradicionais do Estado – o elemento humano, o elemento funcional e o elemento espacial – vem ocasião de observarmos alguns aspectos preliminares que contribuem para a sua melhor percepção:

– *as características do Estado*;
– *os fins do Estado*;
– *as acepções do Estado*; e
– *o nome do Estado*.

III. As *características do Estado* como fenómeno político-social permitem o seu melhor entendimento, para além da respectiva diferenciação em face de realidades afins, características que se resumem a estas seis reflexões:

– a *complexidade organizatória e funcional*: o Estado pressupõe um mínimo de complexidade organizacional e funcional, isso acarretando uma pluralidade de organismos, de tarefas, de actividades e de competências para levar a cabo os seus objectivos;
– *a institucionalização dos objectivos e das actividades*: o Estado assenta na dissociação da sua realidade estrutural por contraposição aos interesses particulares e pessoais daqueles que nele desempenham funções, criando-se um quadro próprio de referência, nisso consistindo, aliás, a ideia de personalidade colectiva;
– *a autonomia dos fins*: naquele aparelho complexo, o Estado separa os fins que prossegue dos interesses pretendidos pelos seus membros individualmente considerados, permanecendo para além da sua vida terrena e com os mesmos não se confundindo, nem sequer sendo o seu somatório e avultando, assim, a ideia de bem comum;
– *a originariedade do poder*: o Estado expressa-se em função da qualidade do poder político de que é detentor, no caso e necessariamente um poder político originário, que se mostra constitutivo dele mesmo, de tal sorte que é o próprio Estado

a auto-determinar-se e a auto-organizar-se nos seus diversos planos de organização e de funcionamento, poder esse que é o poder constituinte;

– *a sedentariedade do exercício do poder*: o Estado, na prossecução dos seus fins, carece de uma localização geográfico-espacial, uma vez que a sua actividade necessariamente se lança num dado território, não havendo Estados virtuais, nem Estados nómadas;

– *a coercibilidade dos meios*: o Estado, embora não o seja em exclusividade, é o depositário supremo das estruturas de coerção, que podem aplicar a força física para fazer respeitar o Direito que produz e a ordem político-social que mantém.

IV. Ao lado das características do Estado, é de sublinhar que a sua importância na organização social também se mede pelos *fins* por que luta[176].

[176] Quanto aos fins do Estado, v. RICCARDO MONACO e GIORGIO CANSACCHI, *Lo Stato e il suo Ordinamento Giuridico*, 7.ª ed., Torino, 1958, pp. 132 e ss.; GERARDO MORELLI, *La sospensione dei diritti fondamentali nello Stato Moderno*, Milano, 1966, pp. 12 e ss.; ROGÉRIO EHRHARDT SOARES, *Direito Público e Sociedade Técnica*, Coimbra, 1969, pp. 63 e ss.; COSTANTINO MORTATI, *Le forme di governo – lezioni*, Padova, 1973, pp. 61 e ss.; ERNST FORSTHOFF, *Stato di Diritto in transformazione*, Milano, 1973, pp. 31 e ss.; VITAL MOREIRA, *Economia...*, pp. 77 e ss.; MARCELO REBELO DE SOUSA, *Direito Constitucional...*, pp. 132 e ss., *Estado Social*, in Pol., II, Lisboa, 1984, pp. 1188 e ss., *Ciência Política...*, pp. 81 e 82, *Estado*, in DJAP, IV, Lisboa, 1991, p. 217, *Administração Pública e Direito Administrativo em Portugal*, Lisboa, 1992, pp. 29 e 30, e *A lei no Estado Contemporâneo*, in L-CCL, n.° 11, Outubro-Dezembro de 1994, pp. 10 e ss.; PAULO BONAVIDES, *Do Estado Liberal ao Estado Social*, Rio de Janeiro, 1980, pp. 203 e ss.; DIOGO FREITAS DO AMARAL, *Estado*, in Pol., II, Lisboa, 1984, pp. 1140 e ss.; ARMANDO M. MARQUES GUEDES, *Ciência Política II – Teoria Geral do Estado*, Lisboa, 1982, pp. 87 e ss.; ANTÓNIO SOUSA LARA, *A subversão do Estado*, Lisboa, 1987, p. 111; JORGE REIS NOVAIS, *Contributo para uma teoria do Estado de Direito*, Coimbra, 1987, pp. 188 e ss., *Estado de Direito*, in DJAP, IV, Lisboa, 1991, pp. 253 e ss., e *Tópicos de Ciência Política e Direito Constitucional Guineense*, Lisboa, 1996, pp. 28 e ss.; MARCELLO CAETANO, *Manual de Ciência Política...*, I, pp. 143 e ss.; SEBASTIÁN ESTRELLA

A erecção de uma realidade estadual não é neutra, nem satisfaz interesses indiferenciados, antes vai corresponder a desejos e a objectivos que fazem dessa estrutura, ainda hoje, a mais relevante entidade de satisfação das necessidades colectivas da vida em sociedade.

Tais fins têm sido tradicionalmente agrupados em três vertentes:

- *a segurança*: a *segurança externa* contra as entidades agressoras, no plano territorial, no plano das pessoas e no plano do poder; a *segurança interna*, na manutenção da ordem pública, da segurança de pessoas e bens, e na prévenção e repressão de danos de bens sociais, para além da própria aplicação geral do Direito[177];

MÉNDEZ, *La Filosofia del juicio de amparo*, Cidade do México, 1988, pp. 139 e ss.; CARL SCHMITT, *Légalité et légitimité*, in *Du Politique – légalité et légitimité et autres essais*, Puiseaux, 1990, pp. 50 e ss.; FRANCISCO GONZÁLEZ NAVARRO, *El Estado Social y Democrático de Derecho*, Pamplona, 1992, pp. 55 e ss.; ANGEL GARRORENA MORALES, *El Estado Español como Estado Social y Democrático de Derecho*, Madrid, 1992, pp. 29 e ss.; REMEDIO SÁNCHEZ FERRIZ, *Introducción al Estado Constitucional*, Barcelona, 1993, pp. 139 e ss.; MARIA DA GLÓRIA FERREIRA PINTO DIAS GARCIA, *Organização administrativa*, in DJAP, VI, Lisboa, 1994, pp. 236 e ss; MARCELO REBELO DE SOUSA e SOFIA GALVÃO, *Introdução...*, pp. 26 e ss., e pp. 268 e ss.; GASPAR CABALLERO SIERRA e MARCELA ANZOLA GIL, *Teoría Constitucional*, Santa Fé de Bogotá, 1995, pp. 89 e ss.; GIUSEPPE UGO RESCIGNO, *Corso di Diritto Pubblico*, 3.ª ed., Bologna, 1995, pp. 94 e ss.; VASCO PEREIRA DA SILVA, *Em busca do acto administrativo perdido*, Coimbra, 1996, pp. 71 e ss.; JOSÉ FERNANDO MERINO MERCHÁN, MARÍA PÉREZ-UGENA Y COROMINA e JOSÉ MANUEL VERA SANTOS, *Lecciones de Derecho Constitucional*, Madrid, 1995, pp. 44 e ss.; IÑIGO CAVERO LATAILLADE e TOMÁS ZAMORA RODRÍGUEZ, *Introducción al Derecho Constitucional*, Madrid, 1996, pp. 119 e ss.; PAULO OTERO, *Lições...*, pp. 237 e ss.; JORGE MIRANDA, *Manual...*, I, pp. 95 e ss.; RICARDO LEITE PINTO, JOSÉ DE MATOS CORREIA e FERNANDO ROBOREDO SEARA, *Ciência Política...*, pp. 140 e ss.

177 Como recorda REINHOLD ZIPPELIUS (*Teoria...*, p. 69), "Quando a conformação ou o exercício das competências estatais não bastam para cumprir esta tarefa, fica frustrada uma das necessidades mais fundamentais da comunidade jurídica, o poder de Estado perde a sua credibilidade e juntamente com a segurança coloca-se em jogo também a permanência da ordem estatal...".

- *a justiça*: a *justiça comutativa*, quando se impõe estabelecer relações de igualdade, abolindo as situações de privilégio, com uniformes critérios de decisão; a *justiça distributiva*, no sentido de dar a cada um o que lhe pertence pelo mérito ou pela sua situação real, numa visão não necessariamente igualitarista;
- *o bem-estar*: o *bem-estar económico* pela provisão de bens que o mercado não pode fornecer ou não pode fornecer satisfatoriamente; o *bem-estar social* pela prestação de serviços sociais e culturais a cargo do Estado, normalmente desinseridos do mercado.

Evidentemente que cada Estado, através da sua Constituição, se encarregará de concretizar as suas grandes tarefas, especificando melhor os desígnios que explicam o seu sentido útil, que tem subjacente, de resto, um amplo debate num dos principais temas da Filosofia Contemporânea, com a contraposição entre as teorias individualistas e as teorias comunitaristas.

V. O conceito de "Estado", para além do seu lado linguístico, acolhe diferentes acepções que nele se acobertam, designando outras tantas perspectivas da estruturação do Estado, de alguma sorte em razão da incidência que se pretenda conferir a alguns dos seus aspectos[178]:

- *Estado no Direito Constitucional*: Estado-Poder e Estado-Comunidade, conforme se pretenda realçar, respectivamente, o conjunto dos órgãos, titulares, atribuições e competências ou o conjunto das pessoas, essencialmente cidadãos, que beneficiam da protecção conferida pelos direitos fundamentais, sendo certo que, em ambos os casos, é a mesma pessoa colectiva pública que detém o poder constituinte e que interpreta mais abstractamente o interesse público no exercício das funções legislativa e governativa;

---

178 Cfr. Marcelo Rebelo de Sousa, *Direito Constitucional...*, pp. 154 e 155.

- *Estado no Direito Internacional Público*: Estado enquanto pessoa colectiva participante das relações jurídicas internacionais que integram a sociedade internacional como o seu sujeito qualitativamente mais antigo, e ainda essencial não obstante o alargamento subjectivo que essa mesma sociedade internacional tem vindo a alcançar;
- *Estado no Direito Administrativo* (Estado-Administração): Estado enquanto pessoa colectiva pública, distinta de outras pessoas colectivas reguladas pelo Direito Administrativo, noutros níveis e sectores da Administração Pública;
- *Estado no Direito Judiciário* (Estado-Poder Judicial): Estado enquanto pessoa colectiva pública que desenvolve a função jurisdicional através dos órgãos judiciais, assim realizando a administração da Justiça;
- *Estado no Direito Privado*: Estado enquanto pessoa colectiva que se submete ao Direito Privado, este como Direito comum que é, em tudo o que não requeira a regulação dada pelos diversos capítulos do Direito Público.

VI. A *palavra Estado*, numa perspectiva terminológica, nem sempre foi o vocábulo designado para o denominar, sendo um atributo de recente conquista.

Nisso foi decisiva a obra de NICOLAU MAQUIAVEL[179], a partir da qual essa nomenclatura definitivamente se instalaria na doutrina político-constitucional: *status* e *stato*.

Até então, o Estado aparecia normalmente referido pela expressão atinente à forma institucional de governo vigente, praticamente sendo exclusiva da monarquia, por contraposição à república.

A conveniência da palavra "Estado", na esteira da proposta daquele autor florentino, radica na sua adequação para referir uma das

---

[179] NICOLAU MAQUIAVEL, *O Príncipe*, Lisboa, 1990, pp. 8 e ss., e *Discourses on Livy*, Chicago/London, 1996, pp. 20 e ss., e pp. 49 e ss.

suas características, que é a permanência e a intensidade do respectivo poder político[180].

13. O elemento humano – o povo

I. O *elemento humano* do Estado é o conjunto das pessoas que, relativamente a determinada estrutura estadual, apresentam com a mesma um laço de vinculação jurídico-política, que tem o nome de *cidadania*, conjunto de *cidadãos* de um Estado que toma, por isso, o substantivo colectivo de *povo*[181].

A consideração dos cidadãos no seu vínculo jurídico-público ao Estado, com tudo o que isso implica, refrange a existência de um substrato humano ou pessoal, em relação ao qual a actividade do Estado ganha uma dimensão própria, ao nela evidenciar-se a vertente comunitária, até por contraponto a outras estruturas, que possuindo também uma parcela do poder político, não ostentam aquele substrato pessoal.

Do ponto de vista terminológico, ao lado da locução "cidadania", utiliza-se muitas vezes a expressão "nacionalidade". Como esta igualmente se aplica a realidades afins que não são as pessoas humanas, a título de exemplo a nacionalidade das pessoas colectivas, de navios e de aeronaves, o seu emprego, neste contexto, deve ser evitado[182], preferindo-se a expressão "cidadania", ainda que se reco-

---

[180] Cfr. GEORG JELLINEK, *Teoría...*, pp. 121 e ss.

[181] Sobre o povo do Estado, v. JORGE MIRANDA, *Sobre a noção de povo em Direito Constitucional*, in AAVV, *Estudos de Direito Público em honra do Professor Marcello Caetano*, Lisboa, 1973, pp. 201 e ss., e *Manual...*, III, pp. 50 e ss.; MARCELO REBELO DE SOUSA, *Direito Constitucional...*, pp. 110 e ss.; MARCELLO CAETANO, *Manual de Ciência Política...*, I, pp. 122 e ss.; REINHOLD ZIPPELIUS, *Teoria...*, pp. 92 e ss.; HANS KELSEN, *Teoria Geral do Direito e do Estado*, pp. 334 e ss.; RICARDO LEITE PINTO, JOSÉ DE MATOS CORREIA e FERNANDO ROBOREDO SEARA, *Ciência Política...*, pp. 70 e ss.

[182] Ou, pelo menos, cuidadosamente explicada no seu contexto, para evitar confusões qualificativas.

nheça que o nome "nacionalidade" é, na linguagem corrente e até legal, muito mais frequente[183].

II. A importância do substrato humano do Estado, como pessoa jurídica colectiva, é visível em diversos domínios, aparecendo como o mais relevante de todos o facto de ser em favor dessas pessoas – e de outras que venham a ser eventualmente equiparadas àquelas para certos objectivos da governação estadual – que são definidos os seus objectivos e desenvolvidas as respectivas actividades.

Eis alguns dos domínios em que se torna mais nítida a relevância do substrato humano da organização estadual:

- *na escolha dos governantes*: havendo democracia, como é mais frequente, quem escolhe os titulares do poder político são os cidadãos, não estrangeiros ou empresas, exprimindo a sua livre vontade através do sufrágio;
- *no desempenho de cargos públicos*: os cargos públicos mais directamente ligados ao poder do Estado, como o de Chefe de Estado e outros equiparados, só podem ser desempenhados por cidadãos desse mesmo Estado, havendo, porém, uma margem variável que cada Direito Constitucional em particular especifica;
- *na definição das prestações sociais*: as preocupações com o bem-estar económico e social, através do exercício dos direitos fundamentais económicos e sociais, são aquilatadas em função dos cidadãos que delas vão beneficiar;
- *no cumprimento de alguns deveres fundamentais*: na defesa da Pátria, por exemplo, o respectivo dever de protecção contra agressões inimigas recai sobre quem tem a qualidade de cidadão desse mesmo Estado.

III. O conceito de povo deve ser cuidadosamente diferenciado de outros *conceitos afins*, cuja dilucidação interessa para se descortinar

[183] Aderimos ao reparo feito por JORGE MIRANDA (*Manual...*, III, pp. 97 e ss.), verberando esta utilização imprópria da expressão nacionalidade.

os contornos destas realidades jurídico-políticas, sendo de enunciar as seguintes:

- *a população*: as pessoas residentes ou habitantes no território estadual, independentemente do vínculo de cidadania, nacional ou estrangeira, ou do não-vínculo de apolidia, em que não há cidadania alguma[184];
- *a nação*: as pessoas que se ligam entre si com base em laços sócio-psicológicos, como uma mesma cultura, religião, etnia, língua ou tradições, formando uma comunidade com esses traços identitários[185];
- *a pátria*: o sítio onde viviam os pais, a terra dos antepassados, numa conjunção de factores territoriais e histórico-culturais;
- *a nacionalidade (stricto sensu)*: a qualidade atribuída a pessoas colectivas ou a bens móveis registáveis, como as aeronaves ou os navios, que os associa a determinada Ordem Jurídica, tornando-a aplicável.

IV. No seu conteúdo, a relação jurídico-pública de cidadania pode ser vista sob uma dupla veste:

- ora como um *estatuto*;
- ora como um *direito*.

A cidadania como *estatuto* designa sinteticamente a atribuição de um feixe de posições jurídicas à pessoa que dela beneficia, feixe de

---

[184] Este é um conceito essencialmente estatístico e económico, uma vez que a acção do Estado e das empresas está muitas vezes mais interessada na quantificação do número de consumidores – os habitantes de certo território – do que propriamente na distinção, dentro desses habitantes, entre os que são e os que não são cidadãos do Estado, diferença que para aquela finalidade se mostra irrelevante.

[185] Pode bem acontecer, embora não seja o caso de Portugal, que o povo de certo Estado não tenha dentro de si qualquer nação – alguns micro-Estados, que são apenas estruturas burocráticas ou de negócios, como sucede com muitos paraísos fiscais – ou que o povo de certo Estado contenha dentro de si várias nações, como é o caso de Espanha.

posições jurídicas que tem um carácter acentuadamente caleidoscópico, variando em função da natureza das posições que nesse estatuto se encontram presentes:

- *posições activas* – direitos – e *posições passivas* – deveres;
- *posições constitucionais* – atribuídas logo pela Constituição – e *posições infra-constitucionais* – de natureza internacional ou legal.

A cidadania como *direito* traduz o percurso trilhado no sentido de se obter aquele estatuto, mediante o respeito por algumas regras fundamentais, assim favorecendo a ligação da pessoa a determinada estrutura estadual.

Há orientações internacionais no sentido de tornar indesejável a situação de apolidia ou de apatridia, como do mesmo modo existem orientações internas que favorecem o acesso à cidadania mediante o preenchimento de determinadas condições.

O fenómeno da atribuição da cidadania, tal como a História Política nos tem mostrado, condensou-se na prevalência de dois grandes critérios[186]:

- o *ius sanguinis* – as relações de sangue, porque se os progenitores pertencem a certa cidadania, ela se comunica aos seus descendentes;
- o *ius soli* – o lugar do nascimento, por uma ligação afectivo-territorial justificar a atribuição da cidadania.

14. O elemento funcional – a soberania

I. O *elemento funcional* do Estado expressa a organização de meios que se destinam a operacionalizar a actividade estadual em ordem a alcançar os respectivos fins.

---

[186] Cfr. MARCELO REBELO DE SOUSA, *Direito Constitucional...*, p. 112; REINHOLD ZIPPELIUS, *Teoria...*, pp. 106 e 107.

O poder político do Estado, contudo, não oferece uma infinita combinação de cambiantes porque, tratando-se de uma estrutura própria, a mesma toma a natureza de *soberania*, que vale duplamente, na esfera externa e na esfera interna[187]:

– a *soberania na ordem interna* representa a *supremacia* sobre qualquer outro centro de poder político, que lhe deve obediência e cujas existência e amplitude são forçosamente definidas pelo próprio Estado;
– a *soberania na ordem externa* significa a igualdade e a independência nas relações com outras entidades políticas, *maxime* dos outros Estados, nelas se reconhecendo diversos poderes, como o direito de celebrar tratados (*ius tractuum*), o direito de estabelecer relações diplomáticas e consulares (*ius legationis*), o direito de apresentar queixa, o direito de exercer a legítima defesa e o direito de participar na segurança da comunidade internacional (*ius belli*)[188].

II. O reconhecimento de que o poder político do Estado é soberano, para lá da dupla vertente que fica assinalada, reflecte ainda o traço fundamental de a respectiva dilucidação, qual seja a de uma dimensão estritamente qualitativa, se expressar na primariedade do poder político do Estado, que é o poder máximo da sua auto-organização, interna e externa: a *Kompetenz-Kompetenz* ou *a competência das competências*[189].

---

187 Relativamente ao poder soberano do Estado, v. MARCELO REBELO DE SOUSA, *Direito Constitucional...*, pp. 129 e ss.; MARCELLO CAETANO, *Manual de Ciência Política...*, I, pp. 130 e ss.; HANS KELSEN, *Teoria Geral do Direito e do Estado*, pp. 364 e ss., e pp. 544 e ss.; JORGE MIRANDA, *Manual...*, III, pp. 165 e ss.

188 Quanto a estas diversas manifestações da personalidade e capacidade jurídico-internacionais, v. FAUSTO DE QUADROS e JORGE BACELAR GOUVEIA, *As relações...*, pp. 21 e ss.

189 Como esclarece REINHOLD ZIPPELIUS (*Teoria...*, p. 77), "O poder do Estado integra, pois, também a competência de decidir sobre a extensão das competências das competências. A "omnipotência do Estado", no plano jurídico, não

Essa primariedade do poder do Estado implica que lhe compete, em cada momento, auto-definir-se na sua estruturação e que os outros poderes políticos, internos e externos, existem e medem-se em razão de uma decisão fundamental que só ao Estado cabe tomar.

Em termos práticos, esse é o poder constitucional de auto-organização do Estado, que tanto pode ser inicial, quando o Estado estabelece uma nova Constituição, ou superveniente, quando em cada momento modifica a Constituição ou, mais profundamente, exerce um novo poder constituinte primário.

Contudo, importa dizer que esta primariedade do poder político do Estado não pode associar-se a uma qualquer ideia de omnipotência estadual, no sentido de lhe ser permitido agir sem limites.

São essencialmente dois os limites com que é preciso contar: com os limites axiológicos que se imponham à actuação de qualquer poder político e, por isso, também do poder soberano; e com os limites lógicos que derivam da coexistência, sobretudo na ordem internacional, dos diversos Estados soberanos[190].

III. A *soberania interna* do Estado implica que dentro das extremas da actividade política estadual, no seio do seu território, *é o Estado a autoridade máxima, nenhuma outra com ele podendo ombrear.*

Desta soberania interna decorre, em primeiro lugar, que é o Estado que se apresenta como a autoridade máxima, dele dependendo a fonte da juridicidade da Ordem Jurídica interna.

Essa soberania interna implica, por outro lado, que é ao Estado que compete optar pela existência de outras entidades infra-estaduais ou menores, opção que normalmente se insere no respectivo texto constitucional.

A soberania interna traduz ainda a orientação de que é ao Estado que incumbe o estabelecimento da natureza, da intensidade e dos limites do poder político atribuído a essas estruturas infra-estaduais.

---

reside na soma das competências subordinadas, mas nesta soberania de competência".

[190] Cfr. *infra* n.° 118.

Definida nestes termos, a soberania interna separa-se da qualidade do poder político que é entregue às entidades infra-estaduais que com ele convivem, mas que por serem infra-estaduais não podem ser, segundo esta perspectiva, soberanas.

É assim preferível utilizar-se neste contexto o conceito de *autonomia*, ao exprimir a possibilidade de accionar meios próprios de acção política, mas sempre condicionados, tomando o poder estadual soberano por referência, seja porque é o poder estadual que permite a sua criação, seja porque é o poder estadual que baliza os poderes que lhes são delegados.

IV. Os poderes que se integram na soberania estadual interna costumam ser repartidos por dois núcleos distintos:

– as *competências territoriais*; e
– as *competências pessoais*[191].

As *competências pessoais* representam um dos aspectos mais nobres do exercício do poder político na esfera interna, incidindo sobre o conjunto das pessoas que são os seus cidadãos, em relação às quais o Estado define o respectivo estatuto jurídico-político, a começar por quem o pode ser e por quem o não pode ser, se bem que a acção do seu poder possa igualmente incidir sobre as restantes pessoas que residam no respectivo território.

---

[191] Sobre as competências pessoais e territoriais do Estado, integrando o seu poder soberano, v. ALBINO DE AZEVEDO SOARES, *Lições...*, pp. 219 e ss., e pp. 275 e ss.; MARCELLO CAETANO, *Manual de Ciência Política...*, I, pp. 125 e ss.; ANDRÉ GONÇALVES PEREIRA e FAUSTO DE QUADROS, *Manual...*, pp. 330 e 331; GERSON MELLO BOSON, *Direito Internacional...*, pp. 282 e ss.; FAUSTO DE QUADROS e JORGE BACELAR GOUVEIA, *As relações...*, p. 19; NGUYEN QUOC DINH, PATRICK DAILLIER e ALAIN PELLET, *Droit...*, pp. 463 e ss.; WLADIMIR BRITO, *Direito...*, pp. 256 e ss.; JOAQUIM DA SILVA CUNHA e MARIA DA ASSUNÇÃO DO VALE PEREIRA, *Manual...*, pp. 388 e ss.; JORGE BACELAR GOUVEIA, *Manual...*, pp. 551 e 552; RICARDO LEITE PINTO, JOSÉ DE MATOS CORREIA e FERNANDO ROBOREDO SEARA, *Ciência Política...*, pp. 116 e ss.

As *competências territoriais*, do mesmo modo vistas da óptica do Estado, determinam que se lhe reconheça a capacidade de livremente configurar o regime da utilização e aproveitamento dos seus espaços geográficos. É unicamente o Estado a entidade com *senhorio territorial*, aí projectando as suas leis, o mesmo é dizer, a respectiva Ordem Jurídica.

V. A *soberania externa* do Estado, mantendo relações de independência – ou seja, de não sujeição – e de igualdade de direitos no seio da sociedade internacional, simboliza a liberdade de as estruturas estaduais escolherem os seus vínculos contratuais e diplomáticos, sem que se possa aceitar a existência de autoridades que lhes sejam superiores, a não ser com o seu consentimento, ou que esse resultado seja uma consequência lógica da viabilidade da actuação internacional dos Estados[192].

Porém, a realidade estadual, se é fácil de averiguar do ponto de vista da soberania interna, no plano internacional enfrenta hipóteses que se mostram mais variáveis, sendo os Estados internamente sempre soberanos, mas no plano internacional tal podendo nem sempre acontecer, no todo ou em parte, falando-se a este propósito de duas categorias:

– *os Estados semi-soberanos*: os Estados semi-soberanos são Estados que, por várias razões, não se apresentam com uma soberania plena na esfera das relações internacionais[193]; e
– *os Estados não soberanos*: os Estados não soberanos, embora sendo verdadeiros Estados, somente o são assim na ordem interna, carecendo na ordem internacional de capacidade de actuação própria[194].

---

[192] Como se tem reconhecido num conjunto de proibições e de mecanismos que permitem "civilizar" a sociedade internacional, sendo este certamente o caso da proibição geral do uso da força, hoje consagrada na CNU, após um longo debate jurídico e doutrinal. Cfr. JORGE BACELAR GOUVEIA, *Manual...*, pp. 643 e ss.

[193] Cfr. JORGE BACELAR GOUVEIA, *Manual...*, pp. 431 e ss.

[194] Cfr. JORGE BACELAR GOUVEIA, *Manual...*, pp. 434 e 435.

VI. Os Estados *semi-soberanos* – relativamente aos quais se verifica, da óptica do Direito Internacional, mas que também assume relevância para o Direito Constitucional, uma limitação na sua capacidade – podem ter diversas causas, assim como atingir aspectos daquela soberania internacional, devendo distinguir-se os seguintes exemplos[195]:

- os *Estados confederados*;
- os *Estados vassalos*;
- os *Estados protegidos*;
- os *Estados exíguos*;
- os *Estados neutralizados*;
- os *Estados federados*; e
- os *Estados membros de organizações supranacionais*.

Os *Estados confederados*, do prisma de cada uma das unidades que integra a confederação, vêem a sua soberania internacional limitada nos assuntos que ficaram delegados na estrutura confederativa, tal como os mesmos foram indicados no tratado que a fundou. Não se trata de uma limitação total porque mantêm a capacidade internacional nos domínios não abrangidos pela actividade da confederação,

---

[195] Quanto a estas categorias, v. MARCELO REBELO DE SOUSA, *Direito Constitucional...*, pp. 131 e 132; ADRIANO MOREIRA, *Direito...*, pp. 99 e ss.; ALBINO DE AZEVEDO SOARES, *Lições...*, pp. 337 e 338; MARCELLO CAETANO, *Manual de Ciência Política...*, I, pp. 133 e ss.; JOAQUIM DA SILVA CUNHA, *Direito Internacional...*, III, pp. 69 e ss.; ARMANDO M. MARQUES GUEDES, *Direito Internacional...*, pp. 172 e ss.; ANDRÉ GONÇALVES PEREIRA e FAUSTO DE QUADROS, *Manual...*, pp. 348 e ss.; MARCUS CLÁUDIO ACQUAVIVA, *Teoria Geral do Estado*, São Paulo, 1994, pp. 7 e ss.; GERSON MELLO BOSON, *Direito Internacional...*, pp. 229 e ss., e pp. 305 e ss.; REINHOLD ZIPPELIUS, *Teoria...*, pp. 503 e ss.; FAUSTO DE QUADROS e JORGE BACELAR GOUVEIA, *As relações...*, pp. 11 e ss.; JOAQUIM DA SILVA CUNHA e MARIA DA ASSUNÇÃO DO VALE PEREIRA, *Manual...*, pp. 374 e ss.; JORGE MIRANDA, *Curso...*, pp. 191 e ss.; EDUARDO CORREIA BAPTISTA, *Direito Internacional...*, II, pp. 161 e ss.

que por natureza jamais absorve todos os assuntos que integram a política internacional de um Estado[196].

Os *Estados vassalos* reflectem a existência de um vínculo feudal, através do qual o Estado suserano, em troca do exercício de poderes internacionais, confere protecção e segurança ao Estado vassalo. Não existindo hoje exemplos deste tipo de vínculo, foi ele utilizado algumas vezes nos séculos passados[197].

Os *Estados protegidos*, numa situação próxima da anterior, colocam-se numa posição de menoridade relativamente ao Estado protector, a quem conferem um mandato para o exercício de certos poderes internacionais, em troca de protecção e de ajuda. Tal como os anteriores, são situações históricas[198].

Os *Estados exíguos* – ou, noutra nomenclatura, os micro-Estados ou os Estados-Lilipute[199] – são Estados que, por causa da sua pequenez territorial, não são aceites à plenitude da capacidade jurídico-internacional, embora possam ter alguns dos poderes que se lhes reconhecem, naturalmente sendo impossível esquecer o óbice de essa exiguidade ser, na verdade, impeditiva da assunção de maiores responsabilidades na cena internacional[200].

---

[196] Exemplos: os Estados da Confederação americana que antecedeu a actual Federação; ou a União Europeia, no seu estádio actual, já além de uma mera organização internacional, no entendimento de alguns.

[197] Exemplos: várias situações no Império Otomano, em relação ao Egipto, de 1841 até 1914, em relação aos principados balcânicos da Valáquia, Moldávia, Sérvia e Montenegro, de 1856 a 1878, ou em relação à Bulgária, de 1878 a 1908.

[198] Exemplo: Marrocos em relação à França, entre 1912 e 1956.

[199] Em recordação da Ilha de Lilipute, descoberta por Lemuel Gulliver, nas suas aventuras marítimas, habitada por minúsculas criaturas humanas, tal como nos conta JONATHAN SWIFT (*As viagens de Gulliver*, Porto, 2004, p. 20): "Daí a pouco, senti qualquer coisa viva a mexer sobre a minha perna esquerda, a qual, avançando suavemente sobre o meu peito, me chegou quase até ao queixo, quando, ao virar os olhos para baixo o mais que podia, percebi tratar-se de uma criatura humana que não chegava a ter seis polegadas de altura, de arco e flechas na mão e uma alijava às costas".

[200] Exemplos de Estados exíguos na Europa, embora com poderes diversos na esfera jurídico-internacional: Andorra, com 468 km2 e 64 000 habitantes;

Os *Estados neutralizados* são os Estados que, por acto unilateral interno ou por tratado internacional, ficaram decepados do seu poder de intervir em assuntos de natureza militar no plano internacional[201], separando-se dos Estados neutros, estes correspondendo a uma opção momentânea de não intervir num determinado conflito armado, beneficiando do estatuto da neutralidade.

Os *Estados federados* são verdadeiramente Estados, mas por força da sua inclusão numa federação perdem parte da respectiva capacidade internacional, nos termos previstos no texto institutivo da respectiva estrutura federativa, tendo sido disso um bom exemplo algumas das repúblicas da ex-URSS[202], embora noutras situações possa essa perda ser total, devendo neste caso integrar o grupo dos Estados não soberanos e não o grupo destes Estados semi-soberanos.

Mónaco, com 22 km2 e 20 000 habitantes; Liechtenstein, com 159 km2 e 14 000 habitantes; São Marino, com 64 km2 e 5 000 habitantes.

[201] Os exemplos mais relevantes destes Estados são, por um lado, a Suíça, que se neutralizou no âmbito do Tratado de Paris, de 20 de Março de 1815, e a Áustria, numa situação prevista no Tratado de 15 de Maio de 1955, com a URSS, depois confirmada pela Constituição Austríaca de 1955, forçada à neutralização como condição da restauração da sua independência política.

Pode ainda acrescentar-se, por via dos acontecimentos posteriores à II Guerra Mundial, o exemplo do Japão, que no art. 9.° da sua Constituição (CJAP), prescreve o seguinte: "Aspirando sinceramente a uma paz internacional baseada na justiça e na ordem, o povo japonês renuncia para sempre à guerra como direito soberano da nação e à ameaça ou o uso da força como meios de solução de disputas internacionais. A fim de cumprir o objectivo do parágrafo anterior, as forças de terra, mar e ar, bem como outro potencial bélico, jamais serão mantidos. O direito de beligerância não será reconhecido".

[202] Assim, ADRIANO MOREIRA, *Direito*..., pp. 102 e 103; ANDRÉ GONÇALVES PEREIRA e FAUSTO DE QUADROS, *Manual*..., pp. 352 e ss.

Admitindo as duas possibilidades, JOAQUIM DA SILVA CUNHA e MARIA DA ASSUNÇÃO DO VALE PEREIRA, *Manual*..., p. 388, dizendo que "Se, porém, a Constituição federal consentir a intervenção dos Estados federados na vida internacional, e se qualquer, ou quaisquer, normas de Direito Internacional positivo considerarem esses Estados como seus destinatários directos, estar-se-á em presença do que Verdross chama *um sujeito parcial de Direito Internacional*".

Os *Estados membros de organizações supranacionais* são Estados que, ao fazerem parte destas entidades internacionais, deixam de possuir a plenitude da sua soberania internacional, delegada ou transferida para a órbita daquelas, as quais lhes podem impor as suas decisões, mesmo contra a sua vontade[203].

VII. Os *Estados não soberanos*, nos quais apenas se assinala a verificação da soberania interna, sendo verdadeiros Estados para o Direito Constitucional, desdobram-se em duas modalidades estruturalmente distintas, previstas nos respectivos textos constitucionais[204]:

– os *Estados federados*; e
– os *Estados membros de uniões reais*.

Os *Estados federados*, pertencentes a federações mais amplas, na sequência do exemplo precursor dos Estados Unidos da América, mantêm a sua soberania interna, com os poderes que a identificam, incluindo o poder constituinte[205], e estabelecem uma estrutura de separação entre o nível estadual e o nível federal. Os Estados federados, nesta sua versão, não são sequer sujeitos de Direito Internacional[206],

---

[203] O caso da UE não deixa, hoje em dia, qualquer margem para dúvidas, na opinião de certos autores, de que os Estados que a integram já não são plenamente soberanos, mas apenas semi-soberanos. Neste sentido, JOAQUIM DA SILVA CUNHA e MARIA DA ASSUNÇÃO DO VALE PEREIRA, *Manual...*, p. 386.

[204] Cfr. MARCELLO CAETANO, *Manual de Ciência Política...*, I, pp. 136 e ss.; FAUSTO DE QUADROS e JORGE BACELAR GOUVEIA, *As relações...*, pp. 10 e 11; JORGE MIRANDA, *Curso...*, pp. 192 e 193.

[205] Não só os Estados federados que integram as Federações adoptam o nome de Constituição como se lhes reconhece a radicalidade do respectivo poder, ainda que limitado, de um prisma heterónomo, ao poder constituinte federal.

[206] Isso mesmo se confirma pelo exemplo do Estado do Ceará (Brasil), em cuja Constituição, de 5 de Outubro de 1989, no respectivo art. 14, proémio, se estipula que "O Estado do Ceará, pessoa jurídica de Direito Público interno, exerce em seu território as competências que, explícita ou implicitamente, não lhe sejam vedadas pela Constituição Federal...".

por terem transferido a totalidade dos poderes de actuação internacional para o nível federal[207].

Os *Estados membros de uniões reais*, que se inserem nestas estruturas estaduais compósitas, mantêm a sua soberania interna, ainda que limitada, mas diferentemente do que sucede com os Estados federados, alguns dos órgãos daqueles podem ser comuns à união real, numa lógica de fusão dos poderes estaduais subjacentes com os poderes estaduais superiores.

15. O elemento espacial – o território

I. O *elemento espacial* do Estado consiste no domínio geográfico em que o poder do Estado faz sentido, o que se denomina por *território estadual*[208], ou seja, uma parcela de espaço físico que se submete ao respectivo poder político soberano, que também pode tomar o nome de *senhorio territorial* ou de *domínio eminente*.

Tudo isto implicita que a actividade do Estado não pode nunca desprender-se de um suporte físico, que é o seu território, embora se discuta se o elemento territorial tem a mesma natureza constitutiva dos outros elementos do Estado – o povo e a soberania – ou se não será apenas uma condição da sua existência.

A importância do elemento espacial do Estado percebe-se melhor através das várias funções que o território estadual é chamado a desempenhar[209]:

---

[207] Assim, mesmo analisando casos atípicos, como foi o do federalismo soviético, NGUYEN QUOC DINH, PATRICK DAILLIER e ALAIN PELLET, *Droit...*, pp. 426 e 427.

[208] Sobre o território do Estado, v. MARCELO REBELO DE SOUSA, *Direito Constitucional...*, pp. 118 e ss.; MARCELLO CAETANO, *Manual de Ciência Política...*, I, pp. 125 e ss.; REINHOLD ZIPPELIUS, *Teoria...*, pp. 108 e ss.; HANS KELSEN, *Teoria Geral do Direito e do Estado*, pp. 299 e ss.; JORGE BACELAR GOUVEIA, *Manual....*, pp. 545 e ss.; JORGE MIRANDA, *Manual...*, III, pp. 236 e ss.; RICARDO LEITE PINTO, JOSÉ DE MATOS CORREIA e FERNANDO ROBOREDO SEARA, *Ciência Política...*, pp. 93 e ss.

[209] Cfr. MARCELO REBELO DE SOUSA, *Direito Constitucional...*, pp. 123 e 124.

– *a sede dos órgãos estaduais*: é no território que se situa a capital do Estado, que se pode transferir para qualquer lugar em vista da melhor garantia do objectivo de segurança externa;
– *o lugar de aplicação das políticas públicas do Estado, bem como da residência da maioria dos seus cidadãos*: a definição das políticas públicas, sobretudo de cunho infra-estrutural, leva em consideração a extensão do território, beneficiando os cidadãos desse mesmo Estado, propiciando mais elevados níveis de bem-estar;
– *a delimitação do âmbito de aplicação da ordem jurídica estadual*: é o território que traça as fronteiras da aplicação do poder estadual, bem como dos outros poderes, que se expressam na Ordem Jurídica que produzem e que têm a missão de preservar e defender;
– *o espaço vital de independência nacional*: é o território que favorece a permanência e a independência do Estado relativamente aos respectivos inimigos, para além de ser um espaço de construção da sua singularidade identitária.

II. O conceito de território estadual, na medida em que o mesmo possa acolher a titularidade e o exercício de poderes de natureza soberana, deve ser cuidadosamente apartado de outros conceitos afins que do mesmo modo ligam o poder político ao espaço físico onde o mesmo se projecta, sobretudo relevando do Direito Administrativo[210].

Um desses conceitos é o de *domínio público do Estado e das demais pessoas colectivas*, que designa os direitos de utilização de bens colectivos que, por causa da sua função, não podem ser objecto de comér-

---

210 Sobre estas noções, v. JORGE BACELAR GOUVEIA, *A utilização ilegal do domínio público hídrico pelos particulares: o caso das construções clandestinas na Lagoa de Santo André*, in *Novos Estudos de Direito Público*, II, Lisboa, 2002, pp. 356 e ss.; J. L. SALDANHA SANCHES e JOÃO TABORDA DA GAMA, *Taxas municipais pela ocupação do subsolo*, in FRDGF, n.os 19/20, Julho-Dezembro de 2004, pp. 29 e ss.; JORGE MIRANDA, *Manual...*, III, pp. 248 e ss.

cio privado, estando sujeitos a um severo regime de imprescritibilidade e de inalienabilidade.

Outro conceito a referir é o do *domínio privado do Estado e das demais pessoas colectivas públicas*, nele se sinalizando os direitos de utilização de bens colectivos que, ao contrário daqueles primeiros que inerem ao domínio público, permitem a sua entrada no comércio privado, sujeitos à regra geral da disponibilidade jurídica.

Conceito ainda a aludir, sendo mais amplo, é o de *domínio privado das pessoas privadas*, que não tem qualquer peculiaridade, ao denominar os direitos reais comuns que se exercem sobre os bens.

A diferença essencial entre estes conceitos cifra-se no facto de o senhorio territorial exprimir, num plano mais abstracto, a aplicação espacial do Direito Estadual, ao passo que o domínio público e o domínio privado são esquemas concretos de aproveitamento de bens que se integram na esfera jurídica das pessoas colectivas públicas, mesmo de entidades infra-estaduais.

III. No seu território soberano, o Estado organiza a sua competência segundo três características fundamentais[211], que se adequam bem ao referido conceito de senhorio territorial, na sua acepção positiva e negativa[212]:

- a *permanência*: o poder do Estado é tido por duradouro e não consubstancia qualquer situação de vigência limitada, pois que, se assim fosse, não configuraria um verdadeiro poder estadual;
- a *plenitude*: o poder do Estado é exercido na máxima potencialidade que se conhece, não se concebendo outra modalidade mais ampla, podendo imaginar-se vários outros direitos de natureza menor, mas que não podem almejar à qualificação de direitos de soberania territorial;

[211] Sobre estas características do espaço estadual, v., por todos, NGUYEN QUOC DINH, PATRICK DAILLIER e ALAIN PELLET, *Droit...*, pp. 474 e ss., e JORGE BACELAR GOUVEIA, *Manual...*, p. 552.

[212] Cfr. REINHOLD ZIPPELIUS, *Teoria...*, p. 112.

– a *exclusividade*: o poder do Estado não é partilhável com mais ninguém ao seu nível de soberania, sendo exercido somente pelo Estado nesse domínio territorial e a esse título[213].

Ainda que estas características do território estadual se possam socorrer da Dogmática do Direito Civil, a verdade é que só por aproximação faz sentido falar em direitos reais – *ius in rem* – quando se refere a relação do Estado com o seu território, na certeza de que alguns dos seus traços fundamentais não se aplicam. Tal discussão parece assim ser ociosa[214] ou necessariamente construída noutros moldes, para o que são apresentadas algumas teorias explicativas da conexão do poder estadual em relação ao respectivo território[215]:

– a *teoria patrimonial*, segundo a qual o direito sobre o território, sendo dominial, teria as mesmas características do direito de propriedade do Direito Civil;
– *a teoria do imperium pessoal*, pela qual o direito sobre o território se exerceria sobre as pessoas que nele se situassem ou residissem;
– *a teoria do direito real institucional*, idêntica à primeira, mas mitigada pela função dos serviços estaduais;
– *a teoria da jurisdição ou senhorio*, para a qual o direito sobre o território afecta simultaneamente pessoas e bens, nunca se equiparando a um direito real.

O desenvolvimento do território estadual tem vindo a confirmar a correcção da *teoria do senhorio territorial*, não ostentando as ca-

---

[213] Porquanto a sua partilha sempre implicaria o desaparecimento da plenitude do mesmo.

[214] É essa a posição de Hans Kelsen (*Teoria Geral do Direito e do Estado*, p. 314), para quem "Não existe absolutamente relação alguma entre o Estado, considerado como pessoa, e o território, já que este é apenas a esfera territorial de validade da ordem jurídica nacional. Portanto, é fora de propósito perguntar se a relação do Estado com o seu território tem o carácter de um *jus in rem* ou de um *jus in personam*".

[215] Cfr. Marcelo Rebelo de Sousa, *Direito Constitucional...*, pp. 126 e 127.

racterísticas dos direitos reais porque não persiste qualquer apropriação dos espaços, mas só uma difusa aplicação da Ordem Jurídica estadual, sendo também por isso inviáveis as teorias patrimoniais, pessoais ou funcionais do território.

IV. A afirmação da evidência e da necessidade do território estadual não é ainda suficiente, porquanto a sua explicitação possibilita desfibrar a existência de três modalidades, a primeira e a última inelutáveis, se bem que a segunda meramente eventual[216]:

- *o espaço terrestre*;
- *o espaço marítimo*; e
- *o espaço aéreo*.

Note-se, contudo, que já não é hoje possível alcançar uma total uniformidade na medida dos poderes soberanos de que os Estados dispõem sobre cada uma destas modalidades de território estadual.

Não raras vezes são reconhecidos limites específicos à soberania territorial que sobre eles se projecta, em nome da novidade desses mesmos espaços – como é o caso das águas arquipelágicas, que, para serem recentemente reconhecidas, tiveram de integrar mais severas limitações na aplicação da soberania do Estado arquipelágico em comparação com outros espaços marítimos "mais soberanos" – ou em nome de necessidades relevantes no plano da segurança da actividade internacional ou na própria subsistência dos respectivos recursos biológicos ou naturais – como é o caso das restrições que certas organizações internacionais com atribuições marítimas

[216] Cfr. Simón Planas Suárez, *Tratado de Derecho Internacional Público*, I, Madrid, 1916, pp. 69 e ss.; Marcelo Rebelo de Sousa, *Direito Constitucional...*, pp. 119 e 120; António de Sousa Lara, *A subversão...*, pp. 39 e ss., e *Elementos...*, pp. 15 e ss.; Daniel Moreno, *Derecho...*, pp. 311 e ss.; José Calvet de Magalhães, *Fronteira*, in DJAP, IV, Lisboa, 1991, pp. 401 e ss.; Joaquim da Silva Cunha, *Direito Internacional Público – a sociedade internacional*, II, 4.ª ed., Lisboa, 1993, pp. 207 e 208; Reinhold Zippelius, *Teoria...*, pp. 108 e ss.; Jorge Bacelar Gouveia, *Manual...*, pp. 546 e ss.

impõem, como sucede com a UE, quer através da adopção de procedimentos de segurança na navegação, quer através do estabelecimento de limites máximos de captura para preservação de espécies em perigo de extinção.

O percurso, nesta como noutras matérias, tem sido o da progressiva limitação quantitativa da soberania estadual, em ordem à preservação de tais espaços, bem como das actividades que neles podem ser desenvolvidas, tarefa que tem sido progressivamente atribuída ao Direito Internacional Público[217].

V. O *espaço terrestre* corresponde à massa de terra seca, continental ou insular, onde o Estado, os seus órgãos e os respectivos cidadãos desenvolvem a sua actividade, espaço que, não obstante aquela caracterização física, pode ainda incluir massas líquidas, assim globalmente distribuídas[218]:

- *a terra seca*: a porção de terra que se encontra acima do nível médio das águas;
- *os cursos fluviais*: as porções de água doce, assistidas de corrente circulatória, que percorrem os meandros da terra seca;
- *os lagos e lagoas*: as porções de água doce (nalguns casos de regime internacional e não meramente interno), sem corrente circulatória, que se encerram em espaços delimitados por terra seca.

[217] É por isso que HANS KELSEN (*Teoria Geral do Direito e do Estado*, p. 301) refere que "O território do Estado é o espaço dentro do qual é permitido que os actos do Estado e, em especial, os seus actos coercitivos sejam efectuados, é o espaço dentro do qual o Estado e, isso significa, os seus órgãos estão autorizados pelo Direito Internacional a executar a ordem jurídica nacional", depois concluindo ainda que "A ordem jurídica internacional determina como a validade das ordens jurídicas nacionais está restrita a certo espaço e quais são as fronteiras desse espaço".

[218] Sobre o espaço terrestre em geral, v. MARCELO REBELO DE SOUSA, *Direito Constitucional...*, p. 118; ALBINO DE AZEVEDO SOARES, *Lições...*, p. 219; JOAQUIM DA SILVA CUNHA e MARIA DA ASSUNÇÃO DO VALE PEREIRA, *Manual...*, pp. 588 e ss.; JORGE BACELAR GOUVEIA, *Manual...*, pp. 563 e ss.

VI. O *espaço marítimo* abrange a porção de água salgada que circunda o território terrestre, nalguns casos podendo abranger ainda o solo e o subsolo marítimos, de acordo com as seguintes subcategorias[219]:

- *as águas interiores*: a porção de água salgada até ao limite interno do mar territorial;
- *o mar territorial*: a porção de água salgada entre a linha de baixa-mar e o limite exterior das 12 milhas, ou a partir do limite exterior das águas interiores, quando seja caso disso, no que também se inclui o solo e o subsolo subjacentes, ainda nesta categoria se considerando, em certos casos, o regime especial dos estreitos internacionais;
- *a plataforma continental*: o solo e o subsolo marítimos até ao bordo exterior da plataforma continental ou, no máximo, até às 350 milhas;
- *as águas arquipelágicas*: a massa de água compreendida entre a linha da baixa-mar e o perímetro arquipelágico exterior, nos casos de Estados totalmente constituídos por ilhas, nelas se exercendo poderes preferenciais de aproveitamento de pesca, mas apenas concorrentes na navegação e na instalação de cabos e oleodutos, numa situação em que se registam significativos limites à soberania marítima.

VII. O *espaço aéreo* abrange a camada de ar sobrejacente aos espaços terrestres e marítimos submetidos à soberania estadual, até a um limite superior a partir do qual se considera existir o espaço exterior, aí vigorando um regime internacional, e não já de soberania interna[220].

---

[219] Sobre o espaço marítimo em geral, v. MARCELO REBELO DE SOUSA, *Direito Constitucional...*, pp. 119 e 120; JORGE BACELAR GOUVEIA, *O direito de passagem inofensiva no novo Direito Internacional do Mar*, Lisboa, 1993, pp. 30 e ss., e pp. 59 e ss., e *Manual...*, pp. 580 e ss., para aí se remetendo mais amplas indicações bibliográficas.

[220] Sobre o espaço aéreo nacional, v. MARCELO REBELO DE SOUSA, *Direito Constitucional...*, pp. 118 e 119; ADRIANO MOREIRA, *Direito...*, p. 133; ALBINO DE

Assim, todo o espaço aéreo nacional está submetido à acção do Estado, que pode realizar o seu aproveitamento, autorizando e impedindo a circulação das aeronaves, tal como outras eventuais utilizações.

O principal título jurídico deste tipo de espaço vem a ser o Direito Interno de cada Estado a que respeita, mas também é possível que essas indicações sejam complementadas por outros títulos jurídicos, internos e internacionais.

Algumas desses princípios e normas consideradas aplicáveis encontram-se em disposições da CNUDM que versam sobre os espaços marítimos que genericamente se adequam à soberania estadual, este tratado internacional acessoriamente avançando para a definição de regras aplicáveis a espaços que não têm a consistência daqueles, como é o que se passa com o espaço aéreo nacional.

O mais relevante instrumento internacional, porque especificamente concebido para regular os espaços aéreos nacionais, acaba indiscutivelmente por ser a CCACI[221], a qual estabeleceu, desde 7 de Dezembro de 1944, as normas e os princípios fundamentais em matéria de Direito Aéreo, na base da partilha das diversas soberanias nacionais.

Este espaço aéreo nacional não deve ser confundido com outra qualidade de espaço aéreo, este já internacional, que corresponde à massa de ar, até ao limite inferior do espaço exterior, em que se assinala um regime puramente internacional, sendo a projecção superior de espaços terrestres ou marítimos onde não se exerce qualquer soberania territorial.

AZEVEDO SOARES, *Lições...*, pp. 259 e ss.; JOSÉ FRANCISCO REZEK, *Direito...*, pp. 317 e ss.; NGUYEN QUOC DINH, PATRICK DAILLIER e ALAIN PELLET, *Droit...*, pp. 1247 e ss.; JÓNATAS E. M. MACHADO, *Direito Internacional...*, pp. 149 e ss.; GUALDINO RODRIGUES, *As fontes internacionais do Direito Aéreo*, Lisboa, 2003, pp. 17 e ss.; JOAQUIM DA SILVA CUNHA e MARIA DA ASSUNÇÃO DO VALE PEREIRA, *Manual...*, pp. 680 e ss.; JORGE BACELAR GOUVEIA, *Manual...*, pp. 568 e ss.

221 Cfr. o respectivo texto em JORGE BACELAR GOUVEIA, *Organizações Internacionais – Textos Fundamentais*, 1.ª ed., Lisboa, 1991, pp. 145 e ss.

VIII. O território do Estado, que se compõe por estes diversos espaços, naturalisticamente diferenciados, não permite ainda determinar a totalidade das situações de exercício do poder estadual. É possível observar casos em que existem poderes menos intensos, que não são de soberania, mas que expressam, todavia, importantes vias de aproveitamento ou exploração[222], para lá dos poderes de jurisdição e de fiscalização, numa por vezes intrincada rede de direitos e deveres[223]:

- *a zona contígua*: espaço marítimo delimitado entre as 12 e as 24 milhas, a seguir ao mar territorial, em que o Estado costeiro pode exercer poderes de fiscalização com vista a evitar ou reprimir violações às suas leis e regulamentos internos;
- *a zona económica exclusiva*: espaço marítimo delimitado entre as 12 e as 200 milhas, a seguir ao mar territorial, nela o Estado exercendo direitos preferenciais de aproveitamento dos recursos biológicos vivos aí existentes, para além de poderes de jurisdição e de fiscalização.

IX. Como o Estado igualmente assume uma vertente de relacionamento internacional, é ainda apropriado considerar que lhe está permitido um uso livre, dentro dos limites gerais estabelecidos pelo Direito Internacional, dos espaços internacionais[224], que são também de três naturezas:

- ou *espaços terrestres*, em que o Estado pode desenvolver diversas actividades em igualdade e liberdade com os outros Estados, situação que actualmente apenas se exemplifica pela *Antártida*, dado o completo aproveitamento dos espaços terrestres

---

[222] Os quais, no dizer de HANS KELSEN (*Teoria Geral do Direito e do Estado*, p. 306), não se submetem à característica da "impenetrabilidade".

[223] Sobre estes espaços mistos, v. JORGE BACELAR GOUVEIA, *Manual...*, pp. 599 e ss.

[224] Sobre os espaços internacionais em geral, na sua diversidade geográfica e jurídica, v., de entre outros, BIN CHENG, *Studies in International Space Law*, Oxford, 2004.

pelas diversas autoridades estaduais que foram gradualmente ocupando as faixas de terra seca, no Globo progressivamente descobertas[225];

- ou *espaços marítimos*, neles o Estado podendo fazer navegar navios que arvoram a sua bandeira ou desenvolver quaisquer actividades permitidas, podendo tais espaços corresponder ao *alto mar*, à *zona económica exclusiva* (considerando apenas a vertente de navegação) e à *área*[226];
- ou *espaços aéreos*, em que o Estado pode efectuar os aproveitamentos inerentes à actividade aeronáutica e à actividade rádio-eléctrica, concretizando-se tais espaços no *espaço aéreo internacional* e no *espaço exterior*[227].

16. As vicissitudes do Estado

I. A realidade estadual, que considerámos sob uma óptica estática, pode paralelamente ser vista numa perspectiva dinâmica, na certeza de que se trata de uma realidade não eterna, que teve um começo, que terá um fim e que sofre transformações.

Esses acontecimentos incorporam o conceito de *vicissitudes do Estado*[228], estas assumindo duas tonalidades:

---

[225] Quanto às regiões polares em geral, nas suas dimensões geográfica e jurídico-internacional, v. ALFRED VAN DER ESSEN, *Les régions arctiques et antarctiques*, in AAVV, *Traité du Nouveau Droit de la Mer* (org. por RENÉ-JEAN DUPUY e DANIEL VIGNES), Paris/Bruxelles, 1985, pp. 463 e ss.; VICTOR MARQUES DOS SANTOS, *A Humanidade e o seu património*, Lisboa, 2001, pp. 655 e ss.; JORGE BACELAR GOUVEIA, *Manual...*, pp. 602 e ss.

[226] Cfr. JORGE BACELAR GOUVEIA, *Manual...*, pp. 610 e ss.

[227] Sobre estes espaços aéreo e exterior, v. JORGE BACELAR GOUVEIA, *Manual...*, pp. 599 e ss.

[228] Sobre as vicissitudes do Estado em geral, v. RICCARDO MONACO e GIORGIO CANSACCHI, *Lo Stato...*, pp. 134 e ss.; ANDRÉ GONÇALVES PEREIRA, *Da sucessão de Estados quanto aos tratados*, Lisboa, 1968, pp. 12 e ss.; MARCELO REBELO DE SOUSA, *Direito Constitucional...*, p. 122; MICHAEL AKEHURST, *Introdução...*,

– *as vicissitudes políticas;* e
– *as vicissitudes territoriais.*

II. As *vicissitudes políticas* referenciam mutações no sistema político dos Estados, com óbvias implicações em cada sistema constitucional, como sucede com o reconhecimento dos governos provisórios, ou com as situações em que a capacidade internacional dos Estados se altera.

Na maior parte dos casos, estas vicissitudes políticas ganham apenas uma projecção sobre os sistemas constitucionais dos Estados, operando-se modificações nos seus regimes político, social ou económico, não sendo, por isso, imediatamente concernentes ao plano internacional.

Também pode dar-se a hipótese de tais alterações políticas se projectarem na fisionomia internacional dos Estados, determinando alterações na sua aparência, podendo diminuir ou aumentar a sua capacidade jurídico-internacional.

III. As *vicissitudes territoriais* referenciam alterações no elemento territorial, que se modifica total ou parcialmente, determinando uma mutação na respectiva configuração, sendo estas, de longe, as mais usuais na vida internacional, já que directamente interferem no respectivo posicionamento.

---

pp. 177 e ss.; PAOLO BISCARETTI DI RUFFÌA, *Diritto Costituzionale – Istituzioni di Diritto Pubblico*, 15.ª ed., Napoli, 1989, pp. 67 e ss.; NICOLÁS PÉREZ SERRANO, *Tratado...*, pp. 219 e ss.; ANDRÉ GONÇALVES PEREIRA e FAUSTO DE QUADROS, *Manual...*, pp. 332 e ss.; ENRICO SPAGNA MUSSO, *Diritto Costituzionale*, 4.ª ed., Padova, 1992, pp. 55 e ss.; RÚBEN HERNÁNDEZ VALLE, *El Derecho de la Constitución*, I, San José, 1993, pp. 418 e ss.; FRANCISCO PORRÚA PÉREZ, *Teoría...*, pp. 453 e ss.; ADERSON DE MENEZES, *Teoria Geral do Estado*, 6.ª ed., Rio de Janeiro, 1994, pp. 164 e ss.; REINHOLD ZIPPELIUS, *Teoria...*, pp. 116 e ss.; HANS KELSEN, *Teoria Geral do Direito e do Estado*, pp. 307 e ss.; GERSON MELLO BOSON, *Direito Internacional...*, pp. 317 e ss.; GEORG JELLINEK, *Teoría...*, pp. 259 e ss.; NGUYEN QUOC DINH, PATRICK DAILLIER e ALAIN PELLET, *Droit...*, pp. 517 e ss.; JORGE MIRANDA, *Manual...*, III, pp. 35 e ss.; JORGE BACELAR GOUVEIA, *Manual...*, pp. 435 e ss.

Uma melhor dilucidação das vicissitudes territoriais depara com três categorias, acompanhando o Estado nas suas alterações vitais, assim sendo:

- *vicissitudes aquisitivas*;
- *vicissitudes modificativas*; e
- *vicissitudes extintivas*.

IV. As *vicissitudes aquisitivas* designam o aparecimento do Estado, que é o momento jurídico-político a partir do qual, contrariamente ao que sucedia antes, emerge no Direito Público, interno e internacional, uma nova entidade jurídico-política, que tem poderes de intervenção próprios da natureza de que aí se reveste.

O aparecimento do Estado manifesta-se por diferentes modos, já que o momento jurídico-formal da sua criação é susceptível de diversas perspectivas, pelo que podemos enquadrar as seguintes situações[229]:

- o *nascimento a partir de um processo de secessão*, com manutenção do Estado anterior, assim ficando reduzido, surgindo um novo Estado através de um acto de separação territorial;
- o *nascimento a partir de um processo de descolonização política*, com fundamento no movimento da descolonização internacional[230];
- o *nascimento por fusão num novo Estado de territórios que pertenciam a outros Estados*, que ao mesmo tempo se dissolvem, ou, pelo contrário, por cisão ou desmembramento de um Estado anterior em dois ou mais Estados, por efeito do fenómeno da sua extinção[231].

---

229 Cfr. NGUYEN QUOC DINH, PATRICK DAILLIER e ALAIN PELLET, *Droit*..., pp. 518 e ss.; EDUARDO CORREIA BAPTISTA, *Direito Internacional*..., II, pp. 216 e ss.

Numa perspectiva mais histórica, JOSÉ FRANCISCO REZEK, *Direito*..., pp. 155 e ss.

230 Exemplos: os novos Estados africanos de língua portuguesa, até 1975 territórios coloniais portugueses: Angola, Cabo Verde, Guiné-Bissau, Moçambique e São Tomé e Príncipe.

231 Exemplo: o caso, em 1993, do aparecimento da República Checa e da República da Eslováquia, por desmembramento, decidido em referendo, da antiga Checoslováquia.

V. As *vicissitudes modificativas*, não postulando o desaparecimento do Estado, apenas o modificando territorialmente, concretizam-se segundo diversos esquemas:

- a *aquisição de parcelas territoriais*, seja por fenómenos naturais, como o aluvião e o avulsão, em conjunto a acessão, seja por actos jurídicos, como a ocupação de terras *res nullius*, a ocupação autorizada ou a adjudicação onerosa[232];
- a *perda de parte do seu território*, por cataclismos naturais, como terramotos ou inundações permanentes;
- a *cessão parcial voluntária*, havendo a decepação de parcela do seu território, a integrar noutro Estado ou a erigir-se, autonomamente, em novo Estado, através de um processo convencional.

VI. As *vicissitudes extintivas* determinam o desaparecimento do Estado, o que pode surgir segundo diversos fenómenos[233]:

- o *desaparecimento físico do seu território*, como terá sido o caso da lendária Atlântida, que se "afundou" no Oceano Atlântico;
- a *secessão extintiva*, quando o Estado se desagrega, integrando-se as suas partes noutros Estados já existentes[234] ou dando origem a novos Estados;

---

[232] Exemplos de compra de território: a compra da Louisiana à França pelos Estados Unidos da América, em 1803, por 60 milhões de francos, ou do Alaska à Rússia, em 1867, por 7,2 milhões de dólares; a compra do Acre à Bolívia pelo Brasil, em 1903, por 2 milhões de libras esterlinas e a prestação de determinados serviços. Cfr. José Francisco Rezek, *Direito...*, p. 156.

[233] Ainda que a extinção do Estado possa ser determinada por outras lógicas, além da territorial. Gerson Mello Boson (*Direito Internacional...*, pp. 335 e 336) distingue quatro tipos de causas: (i) as causas físicas; (ii) as causas biológicas; (iii) as causas psicológicas; e (iv) as causas jurídicas.

[234] Exemplo: a antiga República Democrática Alemã, que se extinguiu por incorporação na República Federal da Alemanha, com a reunificação de 1990.

- a *usucapião*, quando a posse sobre território alheio, sem que seja contestada, se convola em direito de soberania territorial;
- a *decisão unilateral* de um governo de facto ou de uma organização internacional, quando impõe a consequência jurídica da extinção do Estado.

§ 5.° A evolução do Estado na História Universal

17. A periodificação da evolução histórica do Estado

I. O Estado como entidade jurídico-política, no qual se assinalam diversas vestes e em que se representam diferentes ramos da Ordem Jurídica, não deve ser olhado como uma realidade imutável, que desde a sua primeira precipitação histórica se tivesse conservado estático.

Bem pelo contrário: o Estado, na sua estrutura e nas suas incumbências, é bem um testemunho eloquente da evolução da própria sociedade humana, retratada pelos diferentes períodos que a História Universal foi conhecendo.

É assim possível – tal como essa tarefa é viável, senão mesmo uma condição *sine qua non* da investigação científica, para a História Geral – efectuar a análise desse percurso, discernindo vários períodos, em nome de traços fundamentais que os caracterizam.

II. Nesse esforço de periodificação da evolução do Estado, cumpre recordar o trabalho há muitas décadas levado a cabo pelo grande juspublicista e politólogo alemão GEORG JELLINEK, que na sua célebre *Allgemeine Staatslehre* (Teoria Geral do Estado) teorizou a existência de *tipos históricos do Estado*, em razão de um compósito conjunto de critérios de raiz histórico-estrutural[235].

---

[235] Cfr. GEORG JELLINEK, *Teoría...*, pp. 281 e ss. Cfr. também MARCELO REBELO DE SOUSA, *Direito Constitucional...*, pp. 101 e ss.; REINHOLD ZIPPELIUS,

Na proposta deste autor, é possível identificar os seguintes tipos históricos de Estado, *grosso modo* correspondentes a outras tantas fases da História Universal:

- o Estado Oriental;
- o Estado Grego;
- o Estado Romano;
- o Estado Medieval;
- o Estado Moderno.

O mérito de GEORG JELLINEK é tão evidente que os seus estudos no registo da evolução do Estado recorrendo a um pensamento tipológico, dando assim uso a esse raciocínio nas ciências sociais, é ainda hoje essencialmente válido, continuando a ser utilizado nos estudos científicos, bem como no ensino do Direito Constitucional e da Ciência Política, na parte correspondente à Teoria Geral do Estado[236].

III. Da nossa parte, a sua análise suscita a necessidade de reequacionar o resultado de tal proposta no tocante ao último dos tipos históricos de Estado apresentados, que é o Estado Moderno.

Sinceramente, não cremos que o Estado que vivemos, na Idade Contemporânea e depois das tremendas alterações políticas e sociais impostas pelo Constitucionalismo, possa ser reconduzido, nos seus aspectos nucleares, ao Estado Moderno, independentemente de qualquer uma das suas fases caracterizadoras e tal como ele foi sendo desenhado depois do Renascimento.

Se outro fundamento não fosse pertinente, sempre bastaria este: então não foi o Estado Constitucional exactamente inventado por oposição ao Estado Moderno, na sua última versão de absolutismo monárquico? Este, por si só, seria um fundamento mais do que suficiente para justificar tal autonomização.

Teoria..., pp. 16 e ss.; RICARDO LEITE PINTO, JOSÉ DE MATOS CORREIA e FERNANDO ROBOREDO SEARA, *Ciência Política...*, pp. 55 e ss.

[236] Cfr. GEORG JELLINEK, *Teoría...*, pp. 27 e ss.

Mas há outros concretos e substanciais motivos que igualmente impõem esse diferente modo de ver tal periodificação, relacionando-se directamente com a mudança da organização social na passagem ao Liberalismo, sem esquecer ainda as revoluções industriais e tecnológicas que foram vividas durante os séculos XIX e XX.

Tudo razões de sobra para exigir a separação do *tipo histórico do Estado Constitucional*, que por ser o Estado no tempo do nascimento e desenvolvimento do Direito Constitucional requer um tratamento mais pormenorizado[237].

18. O Estado Oriental

I. O *Estado Oriental* configura a entidade política estadual mais recuada e que se localiza nos princípios da História, quando se assinalou a presença da escrita, por cerca de 3 000 a. C.

Aquela designação, sem exactamente corresponder a uma única experiência, ao invés acolhe esquemas de governação experimentados na antiga Mesopotâmia, no antigo Egipto ou no antigo Israel, alguns séculos antes do início da era cristã[238].

Estas foram as primeiras civilizações que melhor se estruturaram e também sendo as que mais elementos informativos forneceram até aos dias de hoje, possibilitando um esforço historiográfico minimamente científico.

---

[237] No mesmo sentido, MARCELO REBELO DE SOUSA, *Direito Constitucional...*, p. 107.

[238] Sobre a caracterização do Estado Oriental em geral, v. F. P. DE ALMEIDA LANGHANS, *Estudos de Direito*, Coimbra, 1957, pp. 11 e ss.; JOHN GILISSEN, *Introdução...*, pp. 51 e ss.; GEORG JELLINEK, *Teoría...*, pp. 282 e ss.; JACQUELINE MOURA ROMÃO, VALQUÍRIA SOARES CAVALCANTI e FLÁVIA AVERBACH KOGAN, *História do Direito*, Rio de Janeiro, 2003, pp. 45 e ss.; JORGE MIRANDA, *Manual...*, I, pp. 51 e 52.

II. De acordo com os dados coligidos, é possível referir algumas das suas mais relevantes características:

- uma *elevada extensão territorial*, em acordância com a grandiosidade cultural e política dos impérios de então;
- um *regime teocrático* de fusão na relação entre o poder político e o poder religioso, com o predomínio da dimensão religiosa sobre a dimensão política, ainda que com hipóteses distintas de o monarca ser deus ou ser apenas o seu delegado, à divindade se subordinando e lhe prestando culto[239];
- um *sistema monárquico*, em que o Chefe de Estado, com a dignidade régia, governava segundo essa legitimidade;
- um *acentuado escalonamento e estratificação social*, com uma profunda hierarquia entre os diversos grupos sociais.

III. A antiga Mesopotâmia, localizada entre os rios Tigre e Eufrates, na Ásia Menor, foi porventura o mais emblemático desses exemplos.

No plano jurídico-político, dos relevantes contributos que esta unidade territorial pôde trazer para o Estado e o Direito Constitucional, sobressai a edição do primeiro código jurídico, o Código de Hammurabi[240].

Também conhecida foi a civilização do Egipto, com vários séculos de importante cultura e múltiplos contributos relacionais com outros Estados, profundamente potenciados depois da descoberta, por JEAN-FRANÇOIS CHAMPOLLEON, do significado dos hieróglifos da Pedra da Roseta (1822).

O mesmo se pode ainda dizer de Israel, historicamente concebido como uma monarquia comandada por YAVÉ, amplamente documentado pelo Antigo Testamento.

---

239 Cfr. GEORG JELLINEK, *Teoría...*, p. 284.

240 Cfr. FEDERICO LARA PEINADO, *Código de Hammurabi*, 2.ª ed., Madrid, 1992, pp. 3 e ss.

19. O Estado Grego

I. O *Estado Grego* – ou, melhor dizendo, os diversos Estados da Grécia antiga – são assinalados pela existência de algumas experiências de organização política naquele território, no período anterior à hegemonia romana[241].

Não é, pois, viável a construção de um Estado Grego unitário, mas antes a apresentação daqueles itinerários, por vezes radicalmente distintos e até construídos em ambiente de rivalidade e de emulação político-social, quando não mesmo em clima de lutas armadas.

Assim se impõe a individualização de duas concretizações assaz diferenciadas e melhor conhecidas – as cidades-Estado de Atenas e Esparta – que dominaram este período, ainda que tivesse havido outras igualmente relevantes, como foi o caso de Tessalónica.

II. Mesmo assim, é possível desenhar, mercê de um mesmo contexto cultural, alguns dos traços que lhes são comuns, antes de averiguarmos aquelas particularidades:

- *a diversidade simultânea dos regimes políticos experimentados*, com soluções imaginativas e inovadoras;

---

[241] Quanto à caracterização do Estado grego em geral, v. JOSÉ FREDERICO LARANJO, *Princípios de Direito Político e Direito Constitucional Portuguez*, I, Coimbra, 1905, pp. 114 e ss.; ANDRÉ AYMARD e JEANNINE AUBOYER, *O Oriente e a Grécia Antiga*, I, 2.° vol., 3.ª ed., São Paulo, 1962, pp. 107 e ss.; FUSTEL DE COULANGES, *A Cidade Antiga*, 10.ª ed., Lisboa, 1971, pp. 213 e ss.; J. DA SILVA CUNHA, *História Breve das Ideias Políticas – das origens à revolução francesa*, Porto, 1981, pp. 3 e ss.; CLAUDE MOSSÉ, *Atenas: a História de uma Democracia*, 2.ª ed., Brasília, 1982, pp. 108 e ss.; ERNEST BARKER, *Teoria Política Grega*, 2.ª ed., Brasília, 1983, pp. 27 e ss.; JOHN GILISSEN, *Introdução...*, pp. 73 e ss.; FRANCISCO PORRÚA PÉREZ, *Teoría...*, pp. 51 e ss.; GERMÁN J. BIDART CAMPOS, *Manual de História Política*, Buenos Aires, 1994, pp. 19 e ss.; ADERSON DE MENEZES, *Teoria Geral...*, pp. 109 e ss.; VLADIMIRO NARANJO MESA, *Teoría...*, pp. 144 e ss.; JORGE BACELAR GOUVEIA, *O estado de excepção...*, I, pp. 109 e ss.; GEORG JELLINEK, *Teoría...*, pp. 286 e ss.; JACQUELINE MOURA ROMÃO, VALQUÍRIA SOARES CAVALCANTI e FLÁVIA AVERBACH KOGAN, *História...*, pp. 95 e ss.; JORGE MIRANDA, *Manual...*, I, pp. 52 e ss.

– *a exiguidade dos territórios políticos*, todos construídos em torno das cidades, as pólis gregas;
– *a proximidade da esfera religiosa com a esfera civil*, admitindo-se nalguns casos a interferência do politeísmo pagão dominante;
– *um sentido reflexivo a respeito da condição humana*, com um intenso lugar para o aparecimento da Filosofia e, sobretudo, para a discussão de modelos de organização colectiva[242].

III. A cidade-Estado de Atenas, sendo a experiência mais famosa, em grande parte pelo relevo da especulação filosófica que se propiciou no seu período áureo, acolheu uma organização política de base civil e democrática, em que se demarcou a importância de Péricles, no século V a. C[243].

Os órgãos de governo de Atenas estavam assim distribuídos: um órgão executivo, de tipo monárquico, um órgão parlamentar, representado pelo Aerópago, e órgãos de natureza judicial.

A dimensão democrática deste sistema político – a preclara democracia ateniense – assinalou-se pela abertura do Parlamento aos cidadãos detentores de direitos políticos, numa lógica de igualdade (*isonomia*) e de liberdade (*isegoria*)[244], embora as mulheres, os

---

[242] Como bem refere GEORG JELLINEK (*Teoría...*, p. 307), tal facto fazendo a ponte da Antiguidade Clássica para o pensamento filosófico moderno, tendo sido o pensamento grego o que mais se aproximou de uma concepção do homem como fim em si mesmo, bem em contraste, por exemplo na escravatura, com os duros tempos que viriam a seguir, com o Estado Romano e com a escravatura negra.

[243] Como escreve ARISTÓTELES (*Constituição dos Atenienses*, Lisboa, 2003, p. 63), "...assim que Péricles tomou a direcção do povo e começou, pela primeira vez, a ganhar fama (ainda novo, ao acusar Címon por ocasião da sua prestação de contas enquanto estratego), a Constituição tornou-se ainda mais democrática. Com efeito, Péricles retirou ao Areópago alguns dos seus poderes e, em especial, medidas que permitiram ao povo ganhar confiança para chamar a si a maior parte dos assuntos de Estado".

[244] Cfr. J. DA SILVA CUNHA, *História Breve...*, pp. 16 e 17; MARCEL PRÉLOT e GEORGES LESCUYER, *Histoire...*, p. 47.

escravos e os metecos (estrangeiros) não pudessem dispor desses direitos[245].

IV. Contudo, não se pode dizer que a democracia ateniense, nestes moldes, pudesse alguma vez ombrear com a democracia que praticamos hoje. Central a frisar é o facto de a democracia, no tempo da Atenas antiga, ser essencialmente uma *democracia-participação*, com toda a falta de elementos que, num contexto de pluralismo social e político, dão o tom fundamental a essa forma política de governo.

É a este propósito muito feliz a síntese que BENJAMIN CONSTANT fez das condições de participação dos cidadãos atenienses, ao referir a liberdade então existente ser apenas uma "liberdade dos antigos", que se contraporia à "liberdade dos modernos", aquela uma *liberdade-participação* no acto do exercício do poder público, e nada mais do que isso, esta uma *liberdade-autonomia*, de distância e de contestação do próprio poder[246].

Como tão bem descreve FUSTEL DE COULANGES a situação que se vivia nesse período ateniense, "Os antigos não conheciam, portanto, nem a liberdade de vida privada, nem a de educação, nem a liberdade religiosa. A pessoa humana tinha muito pouco valor, perante esta autoridade santa e quase divina que se chamava Pátria ou Estado. (...) Singular erro é, pois, entre todos os erros humanos, acreditar-se que nas cidades antigas o homem gozava de liberdade. O homem não tinha sequer a mais ligeira ideia do que esta fosse"[247].

Há melhor explicação para tudo quanto se acaba de sublinhar do que o julgamento de Sócrates[248], um dos primeiros julgamentos in-

---

[245] Sobre os contornos da democracia ateniense, v. CLAUDE MOSSÉ, *Atenas: a História...*, pp. 11 e ss.; DIOGO FREITAS DO AMARAL, *História...*, I, pp. 60 e ss.; ROBERT A. DAHL, *Democracia*, Lisboa, 2000, pp. 15 e ss.

[246] BENJAMIN CONSTANT, *De la libertad de los antiguos comparada com la de los modernos*, in *Escritos Políticos*, Madrid, 1989, pp. 257 e ss.

[247] FUSTEL DE COULANGES, *A Cidade...*, pp. 282 e 283.

[248] Cfr. PETER SCHOLZ, *Der Prozeß gegen Sokrates – ein «Sündenfall» der athenischen Demokratie*, in AAVV, *Große Prozesse im antiken Athen* (org. de LEONHARD BURCKHARDT e JÜRGEN VON UNGERN-STERBERG), München, 2000, pp. 157 e ss.

quisitoriais da Humanidade, em que o "pai" da Filosofia foi vítima de uma inaceitável intolerância religiosa?[249]. Certamente que não.

V. A cidade-Estado de Esparta espelhou uma opção de organização política militarista, em que a liberdade individual se indexava às exigências de defesa do território, com todo um vasto conjunto de deveres de natureza pessoal e social.

Licurgo foi a figura central do período áureo de Esparta, tendo ficado conhecidos os seus pensamentos de raiz totalitária em relação ao papel dos cidadãos, bem como no modo como o Estado se deveria relacionar com os outros Estados, dentro de uma filosofia claramente belicista.

No plano da forma política de governo, Esparta registou, no período assinalado, uma primeira experiência de monarquia bicéfala, mas mais tarde evoluindo para uma verdadeira oligarquia[250].

20. O Estado Romano

I. O *Estado Romano* abrangeu, com diferenças relativamente aos dois tipos históricos anteriores, um período muito longo, bem mais de um milénio, desde a fundação da cidade de Roma até ao fim do Império Romano do Ocidente, com a chegada dos povos bárbaros[251].

Dentro daquele extenso período, é depois possível individualizar linhas específicas de organização política, ao mesmo tempo que se deve assinalar a permanência de outras características que singulariza-

---

[249] Cfr. FUSTEL DE COULANGES, *A Cidade...*, p. 282.

[250] Cfr. J. DA SILVA CUNHA, *História Breve...*, pp. 15 e 16.

[251] Não se contabilizando, para este efeito, a sobrevivência, até ao início da Idade Moderna, do Império Romano do Oriente, com a sua sede em Constantinopla, ainda que comungando de muitas das caracterísicas da última fase imperial do Estado romano ocidental.

ram o Estado Romano no percurso da evolução histórica geral do Estado[252].

II. Num plano que é comum àquelas diversas fases dentro do período áureo da civilização romana e da respectiva proposta político-jurídica, é de assinalar alguns dos seus mais notáveis contributos:

[252] Quanto ao Estado Romano em geral, nas suas diversas fases de evolução política, v. J. P. OLIVEIRA MARTINS, *História da República Romana*, I, 7.ª ed., Lisboa, 1987, pp. 60 e ss.; ARTUR MONTENEGRO, *Lições de Direito Romano*, Lisboa, 1917, pp. 96 e ss., e *A conquista do Direito na Sociedade Romana*, Lisboa, 1999, pp. 67 e ss.; EUGÈNE PETIT, *Tratado Elemental de Derecho Romano*, Madrid, s. d., pp. 28 e ss.; LÉON HOMO, *Les Institutions Politiques Romaines – de la Cité à l'État*, Paris, 1950, pp. 1 e ss.; JOÃO DE CASTRO MENDES, *História do Direito Romano*, Lisboa, 1958, pp. 147 e ss.; ANDRÉ AYMARD e JEANNINE AUBOYER, *Roma e seu império – o Ocidente e a formação da unidade mediterrânica*, II, 1.° vol., 3.ª ed., São Paulo, 1962, pp. 85 e ss., e *Roma e seu Império – as civilizações da unidade romana*, II, 2.° vol., São Paulo, 1956, pp. 11 e ss.; JOSÉ CARLOS MOREIRA ALVES, *Direito Romano*, I, 3.ª ed., Rio de Janeiro, 1971, pp. 19 e ss.; FUSTEL DE COULANGES, *A Cidade...*, pp. 215 e ss.; SÍLVIO A. B. MEIRA, *Curso de Direito Romano – história e fontes*, 2.ª ed., São Paulo, 1975, pp. 30 e ss.; VICENTE ARANGIO-RUIZ, *Historia del Derecho Romano*, 4.ª ed., Madrid, 1980, pp. 18 e ss.; J. DA SILVA CUNHA, *História Breve...*, pp. 79 e ss.; PAULINO JACQUES, *Curso de Direito Constitucional*, 9.ª ed., Rio de Janeiro, 1983, pp. 18 e ss.; EOH VAN ZYL, *History and Principles of Roman Private Law*, Durban, 1983, pp. 4 e ss.; SEBASTIÃO CRUZ, *Direito Romano*, I, 4.ª ed., Coimbra, 1984, pp. 59 e ss.; NUNO ROGEIRO, *República*, in Pol., V, Lisboa, 1987, pp. 418 e 419; JOHN GILISSEN, *Introdução...*, pp. 80 e ss.; ARMANDO TORRENT, *Derecho Público Romano y sistema de fuentes*, Zaragoza, 1991, pp. 65 e ss.; CÉSAR RASCÓN GARCÍA, *Manual...*, pp. 60 e ss.; EDUARDO VERA CRUZ PINTO, *Senatus-consulta*, in AAVV, *Estudos de Direito Romano*, II, Lisboa, 1991, pp. 140 e ss.; FRANCISCO PORRÚA PÉREZ, *Teoría...*, pp. 63 e 64; GERMÁN J. BIDART CAMPOS, *Manual...*, pp. 41 e ss.; VLADIMIRO NARANJO MESA, *Teoría...*, pp. 151 e ss.; ANTÓNIO FERNÁNDEZ DE BUJAN, *Derecho Público Romano*, Madrid, 1996, pp. 39 e ss., e pp. 127 e ss.; JORGE BACELAR GOUVEIA, *O estado de excepção...*, I, pp. 113 e ss., e *Manual...*, pp. 85 e ss.; GEORG JELLINEK, *Teoría...*, pp. 307 e ss.; NUNO J. ESPINOSA GOMES DA SILVA, *História...*, pp. 57 e ss.; MARCELLO CAETANO, *História...*, pp. 65 e ss.; JACQUELINE MOURA ROMÃO, VALQUÍRIA SOARES CAVALCANTI e FLÁVIA AVERBACH KOGAN, *História...*, pp. 118 e ss.; ROBERT A. DAHL, *Democracia*, pp. 20 e ss.; JOSÉ DE OLIVEIRA ASCENSÃO, *O Direito...*, pp. 125 e ss.

– *a acentuação do factor territorial*, com a expansão do Estado romano a paragens muito mais largas do que o inicialmente previsto;
– *a diversidade sucessiva de experiências políticas díspares*, incluindo primeiro a monarquia, depois a república, e finalmente o dominato;
– *uma relação de domínio do poder político sobre o factor religioso*, com interferência daquele neste em regime de cesaropapismo, primeiro no paganismo e depois no Cristianismo[253];
– *a preocupação com a construção dos grandes alicerces do Direito e das suas fontes*, *maxime* a ideia da publicidade nas fontes de natureza legal[254], de que foi exemplo a Lei das XII Tábuas[255];

---

[253] Depois de uma primeira fase de perseguição religiosa ao Catolicismo, este tornou-se a religião do Império Romano, primeiro com o Édito de Milão, de Fevereiro de 313, em que Constantino estabeleceu regras de intervenção do poder temporal no poder espiritual, e depois com o Édito de Teodósio I, de Fevereiro de 380, pelo qual se fixou a obrigação de se professar a religião católica, com exclusão de qualquer outra religião.

Cfr. DOMINIQUE LE TOURNEAU, *Direito da Igreja – Iniciação ao Direito Canónico*, Lisboa, 1998, pp. 119 e 120; ROSA DIONÍZIO NUNES, *Das Relações da Igreja com o Estado*, Coimbra, 2005, pp. 115 e ss.

[254] Tendo esta representado um importante momento de publicidade e de certeza no Direito Aplicável, codificando os *mores maiorum*. Cfr. FUSTEL DE COULANGES, *A Cidade*..., pp. 380 e ss.

[255] Lei das XII Tábuas que, ainda assim, assumiria outros importantes significados, como bem ilustra ARTUR MONTENEGRO (*A conquista*..., pp. 50 e 51): "Aprovadas pelos comícios centurais, as XII Tábuas, de 305, obtemperaram às reclamações populares, estatuindo a igualdade civil entre os romanos. Sem favores nem exclusões, regulou o mesmo direito patrícios e plebeus, ricos e pobres; fixou-se novo conceito, para vir ao campo jurídico uma sociedade que dele andava arredada. Subsistente entre as duas classes a interdição de casamento, revogou-a, passados quatro anos, o plesbiscito Canuleio. Com o costume findava a instabilidade; desconhecia mistérios de revelação a obra criada; a vontade do povo ditava a lei, e a sanção religiosa do *mos majorum* – *sacer esto* – perdia o carácter de penalidade ordinária". Cfr. também SEBASTIÃO CRUZ, *Direito*..., I, pp. 175 e ss.

– *a afirmação dos vários direitos de cidadania romana*, bem distinta de outros grupos sociais (como os *hostes*, os *barbari* e os *peregrini*), aquela integrando um feixe de direitos públicos e privados: como direitos públicos, o *ius suffragii* e o *ius honorum*; e como direitos privados, o *ius connubium* e o *ius commercii*[256].

III. No caminho do Estado Romano, quanto à sua organização política, não houve qualquer uniformidade de opções jurídico-públicas, antes a separação clara de três fases:

– *a fase monárquica*: foi a primeira fase, de expansão, em que Roma foi governada por um *rex*, que era eleito, embora mandasse a título vitalício;
– *a fase republicana*: foi a segunda fase, desde a revolução republicana de 509 a. C. até à fundação do dominato, com a multiplicação e diferenciação funcional das magistraturas governativas, cargos marcados pela elegibilidade, colegialidade e temporariedade;
– *a fase dominial*: foi a terceira e última fase, sucessivamente de principado e de império, nela se tendo assistido à progressiva concentração de poder no *princeps*.

IV. A *Monarquia*, na sua estruturação, incluía a existência de três órgãos: o Rei, a Assembleia Curiata e o Senado.

O Rei, exercendo funções vitaliciamente, era proposto por um *interrex*, este escolhido, por seu turno, pelo Senado, que assumia funções na vacatura do cargo, com confirmação posterior pelo *Comitia Curiata*, e desempenhava a totalidade do poder executivo – civil, militar, judiciário e religioso.

A Assembleia Curiata, só constituída por patrícios e com a exclusão dos plebeus, exercia funções legislativas, judiciais, electivas e administrativas, havendo uma certa divisão de poderes.

---

256 Cfr. MAX KASER, *Direito Privado Romano*, Lisboa, 1999, pp. 48 e ss.; MARCELLO CAETANO, *História...*, p. 67

O Senado, constituído pelos chefes das gentes, tinha funções auxiliares relativamente ao Rei, a não ser em caso de vacatura desse cargo ou para a ratificação das deliberações tomadas pelas assembleias populares.

V. Com a Revolução do ano de 509 a. C., instaurou-se a *República*, que não estabeleceu uma ruptura completa com o passado monárquico institucional, conservando dois dos seus órgãos – as Assembleias Populares e o Senado – mas substituindo o Rei pelos cônsules, para além da multiplicação das poucas magistraturas anteriormente existentes.

O Consulado era composto por dois magistrados que exerciam o poder executivo, durante um ano, alternadamente, disfrutando ambos de um de direito de veto (*intercessio*) sobre as decisões do outro, com recurso para o Senado nas situações de impasse.

As Assembleias Populares, mantendo-se a princípio a dos Curiatas, mas que cairia rapidamente em desuso, compunham-se dos *Comitia Centuriata* e dos *Comitia Tributa*, reconhecendo-se nesta a crescente importância social da plebe e do seu decisivo contributo no derrube do patriciado na Revolução Republicana, acolhendo já os plebeus, que entretanto faziam parte do exército, com poderes electivos, legislativos e judiciais: (i) electivos na designação dos magistrados, particularmente dos cônsules; (ii) legislativos na votação das leis e na decisão acerca da guerra e da paz; (iii) judiciais nos recursos dos condenados à morte.

O Senado não exercia inicialmente funções legislativas, conservando-se como órgão auxiliar dos cônsules, mas depois, obtendo progressivamente mais poderes, passou a intervir nas deliberações e na vida de outras instituições, ratificando as decisões do Conselho do Povo (*auctoritas patrum*) e adjuvando os magistrados (*sententia, consultum*).

VI. A expansão territorial do Estado Romano, juntamente com as graves crises económicas e militares que assolaria a estabilidade da República, quase que inevitavelmente determinaram, no fim da era pré-cristã, a sua evolução para o *Dominato*, com o fortalecimento do poder executivo, num primeiro momento no *princeps*, paralelamente que se mantinham alguns dos órgãos da fase republicana, como o consulado com poderes reduzidos e sobretudo sem o *imperium militiae* assumido pelo *princeps*.

As assembleias populares perderiam gradualmente a sua importância em favor do Senado, que neste primeiro momento de *Principado* recuperou o prestígio perdido e partilhou o poder com o *princeps*. O primeiro *princeps* foi Cayo Octávio, que, no ano de 27 a. C., se intitulou César Augusto.

A partir da reforma do Diocleciano, em 284 d. C., que dividiu o Estado Romano em duas partes, ocidental e oriental, estabeleceu-se o último momento já de *Império*, com total concentração do poder político no imperador, vitaliciamente designado pelo Senado, com direito de indicar o respectivo sucessor, e exercendo todas as funções incorporadas no poder estadual. O Senado, que voltou a decair nesta fase, desempenhava apenas limitadas funções electivas de alguns magistrados, bem como de carácter administrativo, simultaneamente que as assembleias comiciais desapareceriam por completo.

VII. O período do Estado Romano, continuado em muitos aspectos pelo Império Bizantino do Oriente, ficaria também assinalado no Direito Constitucional pelo seu contributo para a construção de vários institutos jurídico-públicos, assim como em geral para a própria edificação de um Direito Público, que só viria a ser verdadeiramente reconhecido a partir do Constitucionalismo.

Não se pretendendo ser exaustivo, eis alguns desses marcos que uma análise objectiva, ainda que com muitos séculos de permeio, não pode desconsiderar:

- a *preocupação com a participação popular nas assembleias*, a princípio restrita, mas que se alargaria a todos os cidadãos, depois da revolução republicana, embora posteriormente perdesse importância, daqui derivando a ideia da raiz popular do poder público, cujo exercício se legitimava pelas *lex rogata imperio*;

– a *complexidade organizatória do poder político*, sofisticadamente acentuada na fase republicana, com os princípios da colegialidade, temporariedade e electividade das magistraturas;
– a *formalização da produção do Direito e o relevo da jurisprudência e da doutrina na respectiva densificação*, numa concepção que estava muito para além de uma concepção literal do Direito e assumindo-se a produção pretoriana e doutrinal do mesmo.

21. O Estado Medieval

I. O *Estado Medieval* abrangeu a estrutura estadual durante toda a Idade Média, a qual se apresentou na expansão do Cristianismo, na sua projecção político-social, bem como na recepção das ideias e tradições dos povos bárbaros que tinham invadido a Europa e, assim, destruído o Império Romano do Ocidente, simbolizada na tomada de Roma por Alarico[257].

---

[257] Sobre o Estado Medieval em geral, bem como a sua organização política, v. José Joaquim Lopes Praça, *Estudos sobre a Carta Constitucional de 1826 e o Acto Adicional de 1852*, I, Coimbra, 1878-1880, pp. LIII e LIV; Georg Jellinek, *L'État Moderne et son Droit*, I, Paris, 1911, pp. 482 e ss., e *Teoría...*, pp. 312 e ss.; Édouard Perroy, *A Idade Média – o período da Europa feudal, do Islã turco e da Ásia mongólica e dos tempos difíceis*, III, 2.° vol., 2.ª ed., São Paulo, 1958, pp. 9 e ss.; Riccardo Monaco e Giorgio Cansacchi, *Lo Stato...*, pp. 158 e ss.; Nicolás Pérez Serrano, *Tratado...*, pp. 435 e 436; J. da Silva Cunha, *História Breve...*, pp. 129 e ss.; John Gilissen, *Introdução...*, pp. 127 e ss.; António Manuel Hespanha, *História das Instituições...*, pp. 81 e ss.; Diogo Freitas do Amaral, *Estado*, pp. 1158 e 1159; Costantino Mortati, *Istituzioni di Diritto Pubblico*, I, 10.ª ed., Padova, 1991, pp. 141 e 142; Marcel Prélot e Georges Lescuyer, *Histoire...*, pp. 161 e ss.; Juan Alfonso Santamaría Pastor, *Fundamentos...*, I, pp. 72 e ss.; Francisco Porrúa Pérez, *Teoría...*, pp. 73 e ss.; Remedio Sánchez Ferriz, *Introducción...*, pp. 34 e ss.; Maria da Glória Ferreira Pinto Dias Garcia, *Da justiça administrativa em Portugal – sua origem e evolução*, Lisboa, 1994, pp. 29 e ss.; Aderson de Menezes, *Teoria Geral...*, pp. 115 e ss.; Germán J. Bidart Campos, *Manual...*, pp. 71 e ss.; Vladimiro Naranjo Mesa, *Teoría...*, pp. 159 e ss.; Jorge Bacelar Gouveia, *O estado de excepção...*, I, pp. 133 e ss., e *Manual...*, pp. 87 e

Simplesmente, o período do Estado Medieval não ficou apenas assinalado por uma especial relação entre o poder político e a religião, ao contrário daqueles que sugerem ter sido uma época de "obscurantismo": antes se caracterizaria pela enorme revolução agrária e comercial que propiciaria, com o nascimento das cidades, sem esquecer o incremento cultural que se ficou a dever ao surgimento das universidades.

II. Do ponto de vista da caracterização das formas políticas de governo, um pouco ao arrepio do legado romano, verificou-se uma acentuada simplificação dos mecanismos governativos.

A forma política de governo que praticamente hegemonizou a experiência medieval foi a da monarquia, agora de acordo com a tradição germânica, em que o rei era escolhido com base num critério de sucessão hereditária, optando os Estados pela lei sálica – somente a escolha de varões – ou pela liberdade nessa indicação e sem tal restrição sexual.

A grande extensão territorial do Estado medieval determinou a criação de diversos lugares de cunho aristocrático, auxiliando o rei na sua governação, mas sem qualquer relevo atribuído às assembleias populares, pelo menos numa primeira fase, elas apenas assumindo um maior relevo político na passagem ao Estado Estamental da Idade Moderna.

III. Ao nível da organização político-territorial, o Estado Medieval, que muitos consideram um período de obnubilação da realidade estadual enquanto tal[258], assistiu à perda de parcelas fundamentais de poder político, ora de cariz centrípeto em favor de estruturas

88; JACQUELINE MOURA ROMÃO, VALQUÍRIA SOARES CAVALCANTI e FLÁVIA AVERBACH KOGAN, *História...*, pp. 147 e ss.; JORGE MIRANDA, *Manual...*, I, pp. 56 e ss.

258 Numa concepção das coisas porventura excessiva, bastando dizer que Portugal nasceria precisamente na Idade Média, nada o tendo impedido de se impor como verdadeiro Estado que se tornou e é.

infra-estaduais, ora de cariz centrífugo em favor de estruturas supra-estaduais:

- no primeiro caso, pela proliferação de novas unidades políticas dentro dos Estados, os senhorios feudais, tributárias da novel organização política e social que ficou conhecida por feudalismo[259];
- no outro caso, pela preponderância político-internacional do Papado, sendo o Papa o Chefe da Respublica Christiana, e do Sacro Império Romano-Germânico, a reconstituição medieval do Império Romano do Ocidente, chefiada pelo Imperador.

IV. No plano interno, o sentido centrípeto do poder político feudal conduziria à fragmentação do Estado em unidades territoriais menores, com base na necessidade da protecção de grandes extensões de território, relativamente às quais o Estado se revelaria absolutamente incapaz de executar a respectiva defesa.

Assim nasceram os domínios ou senhorios feudais, porções de território, integrados no Estado, mas com amplos poderes de natureza política, como o poder militar, o poder judicial e o poder fiscal, fazendo às vezes parecer estar-se perante Estados dentro do próprio Estado.

V. No plano externo, o poder político feudal definir-se-ia segundo uma força centrífuga em favor de duas entidades supra-estaduais então emergentes: o Papado, com a *Respublica Christiana*, e o Sacro Império Romano-Germânico.

---

[259] Feudalismo que assentava num contrato entre o suserano e o vassalo, pelo qual este lhe presta serviços e obediências, como a protecção militar, recebendo em troca, em delegação, domínios territoriais e diversas categorias de poderes, como o judicial, o administrativo e até o monetário, conforme as características próprias que cada Estado desenvolveu, não havendo uniformidade.

Sobre o sistema feudal, nas suas dimensões política e social, v. ANTÓNIO MANUEL HESPANHA, *História das Instituições...*, pp. 83 e ss.

Ambas as instituições representavam a conveniente encarnação, respectivamente, do poder espiritual e do poder temporal, na sequência da influência do pensamento de dois importantes autores medievais, defensores do *dualismo cristão*, mas que posteriormente se aplicaria desvirtuadamente, redundando na supremacia do poder espiritual sobre o poder temporal, nos termos do conhecido *hierocratismo medieval*[260]:

- Santo Agostinho, com a distinção entre o governo da cidade de Deus e o governo da cidade dos homens; e
- o Papa S. Gelásio I[261], com a sua "teoria dos dois gládios", dois poderes distintos, o poder espiritual dirigido à salvação das almas, e o poder temporal, destinado à solução dos assuntos do bem comum na Terra[262].

A progressiva expansão da Igreja Católica, desde a queda do Império Romano do Ocidente, favoreceu a concentração do poder espiritual no Romano Pontífice, que, como vigário de Jesus Cristo na Terra, detinha a globalidade do poder espiritual.

A recomposição do Império Romano do Ocidente por Carlos Magno, mais tarde continuado, ainda que com algumas interrupções,

---

[260] Cfr. DIOGO FREITAS DO AMARAL, *Ciência*..., I, pp. 216 e ss.; DOMINIQUE LE TOURNEAU, *O Direito da Igreja*..., pp. 120 e ss.

[261] Cfr. J. DA SILVA CUNHA, *História Breve*..., pp. 130 e 131; DIOGO FREITAS DO AMARAL, *Ciência*..., I, pp. 214 e ss.

[262] Como explica DOMINIQUE LE TOURNEAU (*O Direito da Igreja*..., p. 122), "No contexto da Cristandade, as relações entre os dois poderes assemelham-se decididamente às relações que dentro da Igreja se estabelecem entre clérigos e leigos. Os dois grupos – clérigos e leigos – estão de acordo no mesmo ideal, conservar e estender o Reino de Deus, mas o poder secular deve ser guiado pelo sacerdotal. Instaura-se assim a hierocracia. Não se põe em causa o dualismo de poderes, mas fica esbatida a dualidade das sociedades na qual cada um actua. E, na luta entre as duas autoridades dentro de um regime de Cristandade, o lógico foi afirmar a superioridade da autoridade espiritual sobre a temporal. O expoente principal desta concepção é o Papa Gregório VII, que consolidou a consideração do Papa como cabeça da Cristandade, com base na superioridade do poder espiritual sobre o temporal".

pelo Sacro-Império Romano-Germânico, fundado por Otão I, significou o gradual esvaziamento das unidades políticas estaduais por ele territorialmente abrangidas, com a inevitável centralização do poder imperial.

VI. O tempo do Estado Medieval, em toda a sua extensão à roda de um milénio, igualmente se projectaria em não menos relevantes aspectos político-sociais.

O nascimento de uma nova religião, o Cristianismo, bem como a sua propagação, introduziu uma radical diferença na relação entre o Estado e o fenómeno religioso, numa experiência bastante contrastante com aquela que tinha sido equacionada na época da Antiguidade Clássica, em vários dos seus momentos.

A orientação geral estabelecida no Novo Testamento por Jesus Cristo foi a de o poder temporal se diferenciar do poder espiritual, tratando-se de esferas distintas porque prosseguindo diversos objectivos, numa separação entre os respectivos poderes – tal como o referiu Jesus Cristo, na resposta à capciosa pergunta farisaica, "Dai a César o que é de César, e a Deus o que é de Deus"[263] – que sempre constituiu a base do dualismo cristão, na sua pureza original.

Como escreve FUSTEL DE COULANGES, "Pelo que respeita ao Estado, podemos dizer que o Cristianismo o transformou na sua essência, precisamente porque não se ocupou dele. (...) A religião, já não sendo terrena, deixa de imiscuir-se nas coisas da terra senão no mínimo"[264].

---

[263] Cfr. o Evangelho de São Mateus, capítulo 22, versículo 21. Esta, porém, não vem a ser a única referência, importando ainda mencionar a resposta dos Apóstolos Pedro e João ao Sinédrio: "Vede se é justo diante de Deus obedecer antes a vós que a Deus". Cfr. Actos dos Apóstolos, capítulo 4, versículo 19.

[264] FUSTEL DE COULANGES, *A Cidade...*, p. 474.

22. O Estado Moderno

I. O período da Idade Moderna, entre o Renascimento/Descobrimentos e as revoluções liberais dos finais do século XVIII, assinalou uma significativa viragem na estrutura do Estado, no plano do poder político de que era titular, e registou a defesa – e também a prática – de inúmeras formas de ditaduras soberanas.

Por oposição à época medieval, a concepção do poder político centrar-se-ia e concentrar-se-ia na instituição estadual – atenuadas, primeiro, e destruídas, depois, as estruturas infra-estaduais e supra-estaduais que dominaram o panorama da organização política durante aquele período[265].

A estrutura feudal, que pulverizara o poder político estadual em inúmeras entidades menores, desapareceria e, com isso, se daria a revitalização, no Estado, desse poder político interno.

---

[265] Quanto ao Estado Moderno, em termos de organização jurídico-estadual e política, v. GEORG JELLINEK, *L'État...*, I, pp. 491 e ss., e *Teoría...*, pp. 319 e ss.; ROGÉRIO EHRHARDT SOARES, *Interesse público, legalidade e mérito*, Coimbra, 1955, pp. 49 e ss.; J. DA SILVA CUNHA, *História Breve...*, pp. 157 e 158; JORGE BORGES DE MACEDO, *Absolutismo*, in Pol., I, Lisboa, 1983, pp. 36 e ss.; DIOGO FREITAS DO AMARAL, *Estado*, pp. 1159 e 1160, e *Ciência Política*, II, Lisboa, 1994, pp. 5 e ss.; JOSÉ CARLOS VIEIRA DE ANDRADE, *Unidade*, in Pol., V, Lisboa, 1987, pp. 1409 e 1410, frisando a recuperação da distinção entre uma "unidade físico-social" e uma "unidade espiritual-mítica"; NICOLÁS PÉREZ SERRANO, *Tratado...*, pp. 436 e ss.; JUAN ALFONSO SANTAMARÍA PASTOR, *Fundamentos...*, I, pp. 102 e ss.; FRANCISCO PORRÚA PÉREZ, *Teoría...*, pp. 83 e ss.; MARCELO FIGUEIREDO, *Teoria Geral do Estado*, São Paulo, 1993, pp. 59 e ss.; REMEDIO SÁNCHEZ FERRIZ, *Introducción...*, pp. 45 e ss.; MANUEL PROENÇA DE CARVALHO, *Ciência Política e Direito Constitucional*, Lisboa, 1995, pp. 28 e ss.; ADERSON DE MENEZES, *Teoria Geral...*, pp. 118 e 119; GERMÁN J. BIDART CAMPOS, *Manual...*, pp. 137 e ss.; VLADIMIRO NARANJO MESA, *Teoría...*, pp. 184 e ss.; IÑIGO CAVERO LATAILLADE e TOMÁS ZAMORA RODRÍGUEZ, *Introducción...*, pp. 71 e ss.; REINHOLD ZIPPELIUS, *Teoria...*, pp. 205 e 206; MICHAEL STOLLEIS, *Histoire du Droit Public en Allemagne – Droit Public Imperial et Science da la Police (1600-1800)*, Paris, 1998, pp. 185 e ss.; JORGE BACELAR GOUVEIA, *O estado de excepção...*, I, pp. 140 e ss., e *Manual...*, pp. 90 e 91; JORGE MIRANDA, *Manual...*, I, pp. 63 e ss.; LUÍS SALGADO DE MATOS, *O Estado de Ordens*, Lisboa, 2004, pp. 168 e ss.

A *Respublica Christiana*, mercê da divisão religiosa provocada pelo protestantismo e pela afirmação do poder civil, cederia o lugar, ainda que não imediatamente, à igualdade dos Estados na cena internacional, formalmente confirmada pela Paz de Westefália, em 1648, pondo termo à Guerra dos Trinta Anos.

II. Não se pode pensar que a instalação de um novo tipo histórico do Estado Moderno pudesse ter sido um movimento ocorrido em termos lineares ou de um modo particularmente célere.

Bem ao contrário, já que foi sendo gradualmente construído a partir de alguns pensadores políticos da época, como certamente o foram NICOLAU MAQUIAVEL, JEAN BODIN e THOMAS HOBBES:

- NICOLAU MAQUIAVEL (1469-1527)[266] teorizou a necessidade do fortalecimento do Estado[267], cabendo-lhe a autoria dessa designação, numa perspectiva essencialmente político-militar, enquanto entidade em que o poder devia ser exercido por

---

[266] Pensamento político de NICOLAU MACQUIAVEL que acabaria por fundar a Ciência Política, destinada a avaliar as condições do exercício do poder, independentemente de quaisquer constrições externas, de natureza ética ou religiosa. Cfr. J. DA SILVA CUNHA, *História Breve...*, pp. 166 e ss.; DIOGO FREITAS DO AMARAL, *Ciência...*, I, p. 34, e *Ciência...*, II, pp. 22 e ss.; VIRIATO SOROMELHO-MARQUES, *A era da cidadania – de Maquivel a Jefferson*, Lisboa, 1996, pp. 19 e ss.

[267] Sem esquecer ainda o seu contributo para a estabilização da palavra "Estado" (*Stato*) na identificação terminológica do fenómeno estadual.

Realçando este contributo, GEORG JELLINEK, *L'État...*, I, p. 226; J. DA SILVA CUNHA, *História Breve...*, p. 166; NICOLÁS PÉREZ SERRANO, *Tratado...*, p. 85; DIOGO FREITAS DO AMARAL, *Ciência...*, II, pp. 14 e 15; MARCEL PRÉLOT e GEORGES LESCUYER, *Histoire...*, pp. 252 e 253; ADERSON DE MENEZES, *Teoria Geral...*, p. 41; IÑIGO CAVERO LATAILLADE e TOMÁS ZAMORA RODRÍGUEZ, *Introducción...*, pp. 64 e ss.; JORGE MIRANDA, *Manual...*, I, p. 65.

A originalidade de tal contributo, no entanto, como frisa NORBERTO BOBBIO (*Democracy and Dictatorship*, Cambridge, 1997, pp. 57 e ss.), carece de alguma relativização, já que a respectiva concepção de Estado – do conceito de Estado usado por NICOLAU MAQUIAVEL – se apresentava bastante diferente daquela que seria posteriormente empregue na Idade Moderna. A originalidade deste autor foi, deste modo, mais "terminológica" do que propriamente "científica".

uma só pessoa, em regime monárquico[268], devidamente apoiado num braço militar[269];

– JEAN BODIN (1530-1596) ocupou-se da recuperação de um conceito de poder político estadual liberto das amarras feudais, numa óptica internacional e interna, a que chamaria "soberania", o qual consistiria na faculdade de legislar sobre os súbditos sem o seu consentimento, soberania que não seria concebida, contudo, como omnipotente porque conhecia alguns limites, como os mandamentos divinos, as leis naturais e certos princípios gerais de Direito[270];

---

[268] Sendo esta a última vontade de NICOLAU MAQUIAVEL, que se pode ler no seu escrito *O Príncipe*. A verdade é que este autor, como frisa DIOGO FREITAS DO AMARAL (*Ciência...*, II, p. 10), em obra anterior – *Discursos sobre a primeira década de Tito Lívio* – defendeu sempre a república. No mesmo sentido, CARL SCHMITT, *La dictadura*, Madrid, 1968, p. 38.

[269] Sobre o pensamento político de NICOLAU MAQUIAVEL em geral, v. JOSÉ JOAQUIM LOPES PRAÇA, *Estudos...*, I, pp. LV e LVI; MARCEL DE LA BIGNE DE VILLENEUVE, *Traité Général de l'État – essai d'une théorie realiste de Droit Politique,* I, Paris, 1929, pp. 137 e ss.; LUÍS CABRAL DE MONCADA, *Filosofia do Direito e do Estado,* I, 2.ª ed., Coimbra, s. d., pp. 98 e ss.; GIORGIO DEL VECCHIO, *Lições de Filosofia do Direito*, 5.ª ed., Coimbra, 1979, pp. 77 e 78; J. DA SILVA CUNHA, *História Breve...*, pp. 159 e ss.; JEAN-JACQUES CHEVALLIER, *As grandes obras políticas...*, pp. 17 e ss.; JAIME NOGUEIRA PINTO, *Maquiavelismo*, in Pol., IV, Lisboa, 1986, pp. 61 e ss.; MARCEL PRÉLOT e GEORGES LESCUYER, *Histoire...*, pp. 248 e ss.; ANTÓNIO TRUYOL Y SERRA, *História da Filosofia do Direito e do Estado*, II, 3.ª ed., Lisboa, 1989, pp. 9 e ss.; FRANCISCO PORRÚA PÉREZ, *Teoría...*, pp. 86 e ss.; CRISTINA M. M. QUEIROZ, *Os actos políticos no Estado de Direito – o problema do controle jurídico do poder*, Coimbra, 1990, pp. 36 e ss.; DIOGO FREITAS DO AMARAL, *Para uma História das Ideias Políticas: Maquiavel e Erasmo ou as duas faces da luta entre o poder e a moral,* in DJ, VI, 1992, pp. 92 e ss., *Ciência...*, II, pp. 10 e ss., e *História...*, I, pp. 197 e ss.; PABLO LUCAS VERDÚ, *Curso...*, I, pp. 277 e ss.; MANUEL PROENÇA DE CARVALHO, *Ciência Política...*, pp. 19 e 20; VITALINO CANAS, *Preliminares...*, pp. 54 e ss.; NUNO ROGEIRO, *Política*, Lisboa, 1993, pp. 32 e ss.; VIRIATO SOROMENHO-MARQUES, *A era da cidadania...*, pp. 17 e ss.; JORGE MIRANDA, *Ciência Política – formas de governo*, Lisboa, 1992, pp. 16 e 17; GERMÁN J. BIDART CAMPOS, *Manual...*, pp. 165 e ss.; MARIA DA GLÓRIA FERREIRA PINTO DIAS GARCIA, *Da justiça...*, pp. 145 e 146.

[270] JEAN BODIN, *Los seis libros de la República*, 2.ª ed., Madrid, 1992, pp. 9 e ss. Cfr. também JEAN-JACQUES CHEVALLIER, *As grandes obras políticas...*, pp. 49 e

– THOMAS HOBBES (1588-1679) desenvolveria a mais célebre explicação contratualista acerca da justificação do poder político absoluto, referindo um *pactum subjectionis* em que os cidadãos[271], para se preservarem e para evitar a guerra de todos contra todos, cederiam irrevogavelmente ao Estado o "poder de vida e de morte" sobre eles próprios[272], num óbvio contributo para o engrandecimento do poder régio.

III. Nestes termos, o Estado Moderno, que se ergueu das cinzas do Estado Medieval, quase dissolvido pelas tendências simultaneamente centrípetas e centrífugas, instalou-se sobre novos vectores, os quais marcariam uma importante viragem:

– *a intensificação do poder estadual com recurso ao conceito de soberania*, tanto na ordem interna como na ordem internacional, aqui com a protecção inerente ao nascimento do Direito Internacional Público;
– *a dominação do poder religioso pelo poder político,* segundo uma concepção regalista[273], em que a actividade religiosa se sub-

ss.; DIOGO FREITAS DO AMARAL, *História...*, I, pp. 317 e ss.; REINHOLD ZIPPELIUS, *Teoria...*, pp. 75 e ss.

[271] Cfr. THOMAS HOBBES, *Leviatã...*, pp. 23 e ss. Cfr. também JEAN-JACQUES CHEVALLIER, *As grandes obras políticas...*, pp. 64 e ss.; DIOGO FREITAS DO AMARAL, *História...*, I, pp. 351 e ss.; REINHOLD ZIPPELIUS, *Teoria...*, pp. 162 e ss.; PAULO MERÊA, *Sobre a origem...*, pp. 163 e ss.

[272] Como refere REINHOLD ZIPPELIUS (*Teoria...*, p. 163), "Devido à importância primordial de assegurar a paz, o titular do poder, uma vez instituído, não fica dependente da participação e aceitação permanentes dos cidadãos. O Estado por estes criado é o grande Leviathan, o deus mortal. O poder soberano une-se nas mãos do titular do poder instituído. Todos os outros indivíduos são incondicional e irrevogavelmente os seus súbditos".

[273] Cfr. DOMINIQUE LE TOURNEAU, *O Direito da Igreja...*, pp. 125 e ss., que em todo o caso diferencia os Estados protestantes dos Estados católicos: "Convém assinalar que, nos Estados onde triunfa o protestantismo, é restaurado o monismo: as comunidades reformadas convertem-se em Igreja do Estado, cujo chefe, de uma forma ou de outra, será o príncipe. Nos Estados católicos, o dualismo interpreta-se

metia a uma regulação jurídico-política, apesar de tudo nem sempre uniformemente exercida ou dogmaticamente assumida;
- *a construção dos novos Estados com base nas nações subjacentes*, determinadas por identidades histórico-culturais, propiciadas pelo clima cultural da Renascença.

Numa palavra: a modernidade estadual, com todos os reflexos que isso teve nos mais variados campos da actividade humana, como o Direito, nasceria com uma marca de *racionalidade* e de *voluntariedade* na concepção do poder político, por oposição ao teocratismo e ao naturalismo medievais.

IV. A tendência geral de recuperação do poder estadual não se desenvolveria, na teoria política e na praxis monárquica, sem que uma evolução se estabelecesse com uma fase estamental do poder, uma fase de absolutização divina do poder e uma fase de absolutização racional-policial do poder, cada uma delas ostentando elementos peculiares, definindo subtipos dentro do Estado Moderno:

- o *Estado Estamental* correspondeu ao dualismo rei-reino, no sentido de que o princípio monárquico se limitava por decisões que tinham de ganhar o consenso nos diversos estratos sociais, presentes nessas assembleias estamentais, ainda assim muito distantes das contemporâneas assembleias representativas;
- o *Estado Absoluto* veio a coincidir com a abolição – ou, pelo menos, a eliminação da sua importância efectiva – desses estamentos e a concentração do poder público no monarca, que governava segundo uma concepção hierocrática, reconhe-

de maneira diversa: por parte do Estado, surge a tendência a intervir nos negócios eclesiásticos através do chamado jurisdicionalismo, que toma diversas formas nacionais (galicanismo francês, febronianismo alemão, regalismo espanhol e português, josefinismo na Áustria, etc.)".

cendo em Deus um limite à sua actuação, em aplicação da teoria do direito divino dos reis[274];

- o *Estado de Polícia* (*Polizeistaat*), que foi a fase terminal do Estado Absoluto no século XVIII, espelhou a mudança na estrutura do poder régio e, ao mesmo tempo, sugeriu a noção de "razão de Estado", além de se fundar numa legitimidade não divina, mas racional, de governação – o "Despotismo Iluminado" ou "Esclarecido"[275].

V. Só que no tempo histórico da Idade Moderna, e a despeito dos inúmeros avanços de cunho político-doutrinário em sentido contrário, a situação era ainda de máxima afirmação do poder do monarca, que raros limites conhecia, sem qualquer defesa dos cidadãos ou sequer qualquer intenção de segurança jurídica, tendo o Estado Moderno mostrado ser, deste modo, uma "época de todas as ausências":

- ausência de "direitos fundamentais" – não havia a consagração e, sobretudo, a presciência da necessidade da respectiva protecção contra o arbítrio do poder público;
- ausência de "cidadania" – pois que as pessoas eram, na verdade, autênticos súbditos, que se submetiam às investidas arbitrárias do poder;
- ausência de "representação" e de "democracia" – a forma de governo reinante era a monarquia e os parlamentos de então não tinham qualquer consistência democrática[276].

---

[274] Definindo o Estado Absoluto Pré-Constitucional, MARIA JOÃO ESTORNINHO, *A fuga para o Direito Privado – contributo para o estudo da actividade de Direito Privado da Administração Pública*, Coimbra, 1996, pp. 23 e ss.; REINHOLD ZIPPELIUS, *Teoria...*, pp. 368 e ss.; JORGE BACELAR GOUVEIA, *O estado de excepção...*, I, pp. 140 e ss.; JORGE MIRANDA, *Manual...*, I, pp. 79 e ss.

[275] Aparecendo como um totalitarismo *avant la lettre*. Cfr. REINHOLD ZIPPELIUS, *Teoria...*, pp. 369 e 370.

[276] Nesta perspectiva, era também uma época de "simulacros constitucionais", a despeito de certa doutrina constitucional mais conservadora entender con-

Em matéria de direitos fundamentais, o pouco que pudesse existir com esse nome era unicamente atribuído a grupos, como sucedeu no caso britânico, dentro de uma lógica colectiva de protecção de classes sociais, nada disso se aproximando dos verdadeiros direitos fundamentais da época contemporânea.

No que tange à representação e à democracia, os parlamentos desse período, na sua qualidade de instâncias de veiculação da vontade das pessoas integradas na comunidade política, mostravam-se ser peças de acção muito frágil, senão mesmo totalmente inútil a partir de certa altura, num sistema que progressivamente se encaminhou rumo ao absolutismo real. A representação era meramente estamental e a actividade dos parlamentos estava longe de poder atingir um mínimo de actividade legiferante.

Ora, não é de estranhar que, neste caldo de cultura, se lançassem as bases de um novo Estado: o Estado Contemporâneo, iniciado pelo Liberalismo e posto em prática pelas revoluções liberais, que deflagrariam a partir do último quartel do século XVIII.

23. O Estado Contemporâneo

I. O *Estado Contemporâneo*, coincidindo com o período da Idade Contemporânea, que vai desde os fins do século XVIII até à actualidade, embora se tivesse fundado em vários aspectos que a modernidade política trouxe, traçou algumas não menos relevantes rupturas com esse passado imediatamente precedente, merecendo uma clara autonomização como tipo histórico de Estado *a se*.

Porém, se é verdade que o Estado Contemporâneo, por ser um Estado Constitucional, ficou indelevelmente marcado sobretudo por

---

cluir, nos últimos tempos, que tal período não teria sido assim tão mau do ponto de vista das conquistas constitucionais obtidas com a revolução constitucionalista.

Todavia, a franca observação da realidade desse tempo, se despida de preconceitos ideológicos ou doutrinários, só pode mostrar a incongruência de tais conclusões.

alusão a um passado anterior, não é menos verdade que não evoluiu homogeneamente nestes duzentos anos de Constitucionalismo, antes o seu estudo exige, no mínimo, a percepção de diversas fases.

É por isso que o Estado Contemporâneo, de cunho constitucional e recebendo, em menor ou maior escala, a herança liberal, deve ser distribuído por vários momentos de evolução histórica, falando-se agora em *tipos constitucionais de Estado*, nem sempre se conservando fiéis aos postulados fundamentais do Constitucionalismo:

- o *Estado Liberal*;
- o *Estado Socialista*;
- o *Estado Fascista*;
- o *Estado Social*; e
- o *Estado Pós-Social*.

Daí que seja importante, na caracterização geral do Estado Constitucional, referir as grandes linhas que o localizam na evolução histórica do Estado, deixando para mais tarde a individualização dos elementos definitórios de cada uma daquelas fases, nalguns casos – o Estado Socialista e o Estado Fascista – em manifesta ruptura com os fundamentos do Estado Contemporâneo, colocando-o mesmo entre parêntesis, experiências que, não obstante tal verificação, ainda fazem parte da História do Constitucionalismo.

II. A ideia mais impressiva do Estado Contemporâneo, e que nunca o abandonou até hoje, é a sua concepção como *Estado de Direito, que significa que o poder político estadual se submete materialmente ao Direito e que este efectivamente contém o respectivo poder.*

O Estado de Direito significou um corte abissal com o passado, revelando-se uma orientação forte contra o arbítrio régio, reinante no Estado Absoluto, em que as decisões praticamente correspondiam ao exercício puro do poder, sem um mínimo de parametrização material[277].

---

277 Lembrando-se a advertência de Lord Acton, segundo a qual "o poder corrompe e o poder absoluto tende a corromper absolutamente".

Com o Estado Contemporâneo, deu-se um salto de gigante na estruturação do poder político, passando esta a estar submetida a uma medida de decisão, num duplo sentido formal e material, que calibra os seus efeitos e evita que a mesma esteja submetida aos desejos caprichosos dos titulares do poder político.

Numerosas foram as técnicas então sugeridas de limitação do poder político[278], todos elas recondutíveis ao Estado de Direito, e que bem exemplificaram a sua aplicação prática.

III. Dentro da preocupação de se efectuar uma caracterização do Estado Contemporâneo, que se quer elevar acima das particularidades que cada um daqueles tipos constitucionais de Estado sublinha, segundo a ideia geral da limitação do poder político própria do Estado de Direito, cumpre assinalar os seguintes vectores fundamentais, os quais permitem desenhar o seu esboço geral[279]:

- *a afirmação de uma legalidade constitucional, voluntária e escrita*, consubstanciada numa lei escrita, decretada e superior às demais;
- *o reconhecimento de um conjunto de direitos fundamentais inerentes à pessoa humana*, anteriores e superiores ao poder político e que este se limitaria a declarar e não a criar;
- *a separação entre o poder político e o fenómeno religioso*, com o reconhecimento específico da liberdade de consciência e de religião, ainda que com momentos de perturbação recíproca[280];

---

[278] Como tão bem explicita MARCELLO CAETANO, *Manual de Ciência Política...*, I, pp. 280 e ss.

[279] Sobre o Estado Contemporâneo, v. JOHN GILISSEN, *Introdução...*, pp. 413 e ss.; JORGE BACELAR GOUVEIA, *O estado de excepção...*, I, pp. 166 e ss., e *Manual...*, pp. 91 e ss.; ENRIQUE ÁLVAREZ CONDE, *Curso...*, I, pp. 42 e ss.

[280] Como escreve DOMINIQUE LE TOURNEAU (*O Direito da Igreja...*, pp. 127 e 128), "O período revolucionário que teve início nos finais do século XVIII, exaltado pelo pensamento da Ilustração, originou grandes mudanças na sociedade civil e nas relações com as confissões religiosas. Os postulados liberais pediam o aban-

– *a origem liberal e democrática do poder político*, com base na soberania popular, numa democracia de índole representativa, operando-se um passo em frente para o governo representativo, juntamente com *a proclamação da teoria da separação de poderes do Estado*, contra a concentração absolutista dos mesmos, sem excluir sequer *a proposta do princípio republicano*, enquanto concebido como projectando uma chefia do Estado democraticamente designada.

Vejamos mais desenvolvidamente o sentido destes elementos caracterizadores do Estado Contemporâneo na sua qualidade de "Estado de Constituição", "Estado de Direitos Fundamentais", "Estado Laico" e "Estado Democrático e Republicano".

Não deixa de ser emblemático, a este propósito, um dos preceitos da DDHC, aprovada logo no calor da Revolução Francesa, em 26 de Agosto de 1789: "Qualquer sociedade em que não esteja assegurada a garantia dos direitos, nem estabelecida a separação dos poderes, não tem Constituição"[281].

IV. No tocante à Ordem Jurídica Estadual, o início do Constitucionalismo Liberal, numa conquista que nunca mais se perderia, conseguiu a aplicação prática, pela primeira vez, da ideia de Constituição.

Os primeiros exemplos de textos constitucionais escritos foram, nos Estados Unidos da América, a CNA, de 1787, e na Europa, a Constituição de 3 de Maio de 1791 da Polónia (aprovada pela "Dieta dos Quatro Anos"), logo seguida da 1.ª Constituição Francesa, desse mesmo ano de 1791.

---

dono da confessionalidade e a separação da Igreja e do Estado. Um dos resultados destas revoluções foram as declarações de direitos, nas quais se formulavam as liberdades que o homem reivindicava como exigências fundamentais face ao poder político. Foram introduzidas referências concretas à liberdade em matéria religiosa, que exerceram uma grande influência na evolução posterior das relações entre o poder político e a dimensão religiosa do homem".

[281] Art. 16.º da DDHC.

Vem a ser dupla a perspectiva da importância da Constituição, ao nela salientar-se uma vertente formal e uma vertente material, em qualquer caso limitando o arbítrio do poder político:

- do ponto de vista *formal*, porque a Constituição, sendo (i) *escrita e legal* e sendo (ii) aprovada por um *processo formal* que a tornava rígida, menos facilmente poderia ser modificada e, por maioria de razão, revogada;
- do ponto de vista *material*, porque a Constituição, sendo substancialmente caracterizada pelos princípios da (i) separação de poderes, da (ii) representação liberal da soberania nacional e da (iii) proclamação dos direitos fundamentais liberais, melhor protegeria a esfera do indivíduo contra a acção do Estado[282].

[282] Em relação às características do Constitucionalismo da Idade Contemporânea, com incidência nesta primeira versão de teor liberal, v. ROGÉRIO EHRHARDT SOARES, *Interesse...*, pp. 62 e ss.; ROLAND MOUSNIER e ERNEST LABROUSSE, *História Geral das Civilizações – o Século XVIII*, V, 2.° vol., 2.ª ed., São Paulo, 1961, pp. 37 e ss.; COSTANTINO MORTATI, *Le forme...*, pp. 36 e ss.; CARLOS ROBERTO PELLEGRINO, *Emergências constitucionais*, in BMJ, n.° 361, Dezembro de 1986, p. 6; NICOLÁS PÉREZ SERRANO, *Tratado...*, pp. 438 e ss.; JORGE REIS NOVAIS, *Contributo...*, pp. 51 e ss., e *Os princípios constitucionais estruturantes da República Portuguesa*, Coimbra, 2004, pp. 19 e ss.; DIOGO FREITAS DO AMARAL, *Ciência...*, II, pp. 201 e 202; PAOLO CARETTI e UGO DE SIERVO, *Istituzioni di Diritto Pubblico*, Torino, 1992, pp. 31 e ss.; NORBERTO BOBBIO, *Democracy...*, pp. 114 e ss., este frisando a peculiar diferença com a antiga *arcana praxis*, agora substituída pelo princípio da publicidade (pp. 18 e ss.); ALEXIS DE TOCQUEVILLE, *El Antiguo Régimen y la Revolución*, Cidade do México, 1996, pp. 93 e ss., realçando a dimensão religiosa da ruptura da Idade Contemporânea com o Estado Absoluto; REMEDIO SÁNCHEZ FERRIZ, *Introducción...*, pp. 87 e ss.; CARLOS BLANCO DE MORAIS, *O estado...*, p. 18; JUAN ALFONSO SANTAMARÍA PASTOR, *Fundamentos...*, I, pp. 124 e ss.; ADERSON DE MENEZES, *Teoria Geral...*, pp. 119 e ss.; VASCO PEREIRA DA SILVA, *Em busca...*, pp. 11 e ss.; JOSÉ FERNANDO MERINO MERCHÁN, MARÍA PÉREZ-UGENA COROMINA e JOSÉ MANUEL VERA SANTOS, *Lecciones...*, pp. 37 e ss.; MARIA JOÃO ESTORNINHO, *A Fuga...*, pp. 29 e ss.; GIUSEPPE UGO RESCIGNO, *Corso...*, pp. 91 e ss.; IÑIGO CAVERO LATAILLADE e TOMÁS ZAMORA RODRÍGUEZ, *Introducción...*, pp. 109 e ss.; ENRIQUE ÁLVAREZ CONDE, *Curso...*, I, pp. 42 e ss., e pp. 93 e ss.; VITAL MOREIRA, *Elementos...*, pp. 23 e ss.; JORGE MIRANDA, *Manual...*, I, pp. 83 e ss.; HORST DIPPEL, *História do Constitucionalismo Moderno – novas perspectivas*, Lisboa, 2007, pp. 1 e ss.

V. No plano das relações entre o Estado e os cidadãos, o Estado Contemporâneo notabilizou-se pela ideia original da declaração dos direitos fundamentais nos textos constitucionais.

A importância da positivação dos direitos fundamentais não se resumiu só ao facto de representarem novos espaços de autonomia individual, como também incluiu uma noção de segurança jurídica inerente à circunstância de os direitos se encontrarem escritos.

Porventura mais relevante do que isso foi ainda a concepção jusnaturalista que lhes estava subjacente, através da qual os direitos da pessoa, como ser humano e como cidadão activo, abstractamente se localizavam acima da vontade do Estado e que este, com as declarações de direitos, apenas se limitava a reconhecer, e não a criar.

A afirmação dos direitos fundamentais foi devidamente preparada pela Filosofia do Iluminismo durante o século XVIII, essencialmente em França, radicando-se a existência de tais direitos no quadro do universalismo da protecção do homem perante o Estado e de acordo com os postulados da razão raciocinante[283].

---

[283] Quanto às origens, natureza e funções destas declarações de direitos, v., de entre outros, GEORG JELLINEK, *La Déclaration des Droits de l'Homme et du Citoyen*, Paris, 1902, *passim*; A. ESMEIN, *Eléments de Droit Constitutionnel*, I, Paris, 1921, pp. 553 e ss.; ALBERTO DA CUNHA ROCHA SARAIVA, *Construção Jurídica do Estado*, I, Coimbra, 1912, pp. 67 e ss.; LÉON DUGUIT, *Manuel de Droit Constitutionnel*, 12.ª ed., Paris, 1911, pp. 206 e ss., e *Traité de Droit Constitutionnel*, III, 3.ª ed., Paris, 1930, pp. 599 e ss.; GERARDO MORELLI, *La sospensione...*, pp. 29 e ss.; MARCELO REBELO DE SOUSA, *Direito Constitucional...*, pp. 156 e ss.; NICOLÁS PÉREZ SERRANO, *Tratado...*, pp. 587 e ss.; ANTONI ROVIRA VIÑAS, *El abuso de los derechos fundamentales*, Barcelona, 1983, pp. 18 e ss.; CÉSAR ENRIQUE ROMERO, *Introducción...*, pp. 89 e ss.; JEAN RIVERO, *Les libertés publiques*, I, 3.ª ed., Paris, 1981, pp. 43 e ss.; HANS HERBERT V. ARNIM, *Staatslehre der Bundesrepublik Deutschland*, München, 1984, pp. 33 e ss.; JACQUES MARX, *Resistances à la Declaration des Droits de l'Homme et du Citoyen de 1789*, in AAVV, *Laicité et droits de l'homme* (org. de GUY HAARSCHER), Bruxelles, 1989, pp. 35 e ss.; BLANDINE BARRET-KRIEGEL, *Les droits de l'homme et le droit naturel*, Paris, 1989, pp. 9 e ss.; MARCELLO CAETANO, *Manual de Ciência Política...*, I, pp. 311 e ss.; MARIA DA ASSUNÇÃO ANDRADE ESTEVES, *A constitucionalização do direto de resistência*, Lisboa, 1989, pp. 58 e ss., e pp. 77 e ss.; MICHEL TROPER, *La Déclaration des Droits de l'Homme et du Citoyen en 1789*, in

VI. O Estado Contemporâneo reformularia o tipo de relações existentes entre o poder político e o fenómeno religioso, agora no sentido de uma secularização, com laivos, em muitos casos, mais de laicismo e não tanto de laicidade, em que ocorre a separação entre o plano da governação e o plano dos assuntos de natureza religiosa.

Para além de esta ser uma decorrência da afirmação do princípio democrático, não podia deixar de estar presente na intenção de vingança histórica contra o facto de a religião ter sido, no Estado Moderno, um instrumento ao serviço do fortalecimento do poder régio, que se pretendia esconjurar.

A evolução das respectivas relações durante estes duzentos anos ofereceu assinaláveis diferenças no tocante à sua concretização, decantando-se três grandes linhas de relacionamento:

- de combate do fenómeno religioso por parte do poder político, numa visão laicista do Estado;
- de separação colaborante ou cooperativa entre o poder político e o fenómeno religioso, uma visão mais amadurecida dessas relações;

AAVV, *La Déclaration des Droits de l'Homme et du Citoyen et la jurisprudence*, Paris, 1989, pp. 13 e ss.; ROBERT ETIEN, *La nature juridique de la Déclaration de 1789 en 1989*, in RBAM, ano 42, n.° 250, Julho-Agosto de 1989, pp. 334 e ss.; GERHARD OESTREICH, *La idea de los derechos humanos a través de la Historia*, in GERHARD OESTREICH e KARL-PETER SOMMERMANN, *Pasado y presente de los derechos humanos* (ed. de EMILIO MIKUNDA), Madrid, 1990, pp. 55 e ss.; ADRIANO MOREIRA, *Ciência...*, pp. 311 e ss.; MANUEL GARCÍA-PELAYO, *Derecho Constitucional...*, pp. 144 e ss.; GREGORIO PECES-BARBA, *Teoria dei Diritti Fondamentali*, Milano, 1993, pp. 130 e ss.; CARL SCHMITT, *Théorie de la Constitution*, Paris, 1993, pp. 295 e ss.; JORGE REIS NOVAIS, *Tópicos...*, pp. 22 e ss.; MARIA DA GLÓRIA FERREIRA PINTO DIAS GARCIA, *Da justiça...*, pp. 274 e ss.; ÁNGELA APARISI MARALLES, *La Revolución Norteamericana – aproximación a sus orígenes ideológicos*, Madrid, 1995, pp. 374 e ss.; VIRIATO SOROMENHO-MARQUES, *A era...*, pp. 171 e ss.; VLADIMIRO NARANJO MESA, *Teoría...*, pp. 450 e ss.; JOSÉ AFONSO DA SILVA, *Curso de Direito Constitucional Positivo*, 20.ª ed., São Paulo, 2002, pp. 149 e ss.; JOSÉ MANUEL SÉRVULO CORREIA, *Direitos Fundamentais – sumários*, Lisboa, 2002, pp. 5 e ss.

– de separação neutral, sem intervenção, entre o poder político e o poder religioso, com um tratamento igual das confissões religiosas.

VII. Em termos de organização política, mudou radicalmente a concepção acerca da origem do poder, modelando-se a mesma pelo *princípio da soberania popular*, sendo os cidadãos, não já súbditos, mas titulares do poder político do Estado[284].

Consequentemente, surgiu o prisma da *democracia representativa*, num primeiro momento com um maior realce dado à representação do que propriamente à democracia: dá-se uma viragem fundamental ao conceber-se o poder político, não em nome próprio ou em nome de uma fundamentação transcendente, como era no Estado Absoluto, mas em nome dos interesses dos cidadãos que integram a comunidade política, os cidadãos activos enquanto titulares da soberania.

Densificando essa ideia de governo representativo, desabrocharam diversos e peculiares direitos fundamentais ligados à afirmação da cidadania. São os *direitos fundamentais de natureza política*, através dos quais se exercia essa soberania, ora num primeiro momento constituinte – quando as Constituições são votadas democraticamente ou até mesmo referendadas – ora noutros momentos posteriores, de construção quotidiana da vida da comunidade política – quando a legislação ordinária é elaborada por parlamentos democraticamente eleitos.

Obviamente que isso ainda traria o saudável *alastramento do princípio republicano* e, simetricamente, o declínio do princípio monárquico, forçando a que a chefia do Estado fosse sendo gradualmente

---

284 Ainda que numa primeira fase seja referenciada como princípio da soberania nacional – radicando o poder público na nação, mas não no conjunto dos cidadãos – e só depois progressivamente evoluindo para a total consequência da soberania popular.

Sobre esta evolução, contrapondo a democracia clássica, liberal-burguesa, à democracia hodierna, v., por todos, GEORGES BURDEAU, A *Democracia*, 3.ª ed., Mem Martins, 1975, pp. 24 e ss.

sensível aos argumentos do princípio democrático através da sua designação democrática e não já dinástica, ao que se adicionaria o desenvolvimento progressivo da teoria da separação de poderes, se bem que com apresentações multiformes durante toda a Idade Contemporânea.

No plano doutrinário, a concepção democrática deveu-se em grande parte às ideias de JEAN-JACQUES ROUSSEAU[285], que desenvolveria uma concepção totalitária de democracia.

[285] JEAN-JACQUES ROUSSEAU, *O Contrato Social*, p. 31, tendo ficado célebres as seguintes palavras deste autor: "Pela mesma razão por que é inalienável, a soberania é indivisível. Porque ou a vontade é geral, ou então não o é – ou é de todo o povo, ou é apenas de uma parte dele. No primeiro caso, esta vontade declarada é um acto de soberania e constitui a lei. No segundo, não passa de um acto particular, ou se trata de um acto de magistratura – quando muito, um decreto".

Cfr. também JEAN-JACQUES CHEVALLIER, *As grandes obras políticas...*, pp. 159 e ss.

§ 6.º O Estado Constitucional da Idade Contemporânea

24. O Estado Liberal do século XIX

I. O Estado Contemporâneo, tal como se foi concebendo nos tempos do Iluminismo e do Liberalismo, começou por ser um *Estado Liberal*, o qual nasceria na Europa e na América do Norte nos finais do século XVIII, se prolongaria por todo o século XIX e entraria um pouco pelo século XX adentro.

Dentro do diapasão comum do Estado Liberal, com tudo quanto isso representava de limitação interna do Estado pelo Direito, o século do Liberalismo conformaria algumas das suas instituições numa resposta imediata – e até algo reactiva – ao período anterior, que se pretendia esquecer, de acordo com três grandes parâmetros:

- *a positivação dos direitos fundamentais de defesa*, em reconhecimento da anterioridade do Homem em relação ao Estado;
- *a ideia de um poder estadual com separação de poderes,* numa concepção orgânica e material das funções jurídico-públicas, acrescendo-lhe a implantação *do governo liberal e representativo restrito,* mas em que a participação dos cidadãos não era intensa em face das fortes limitações introduzidas no sufrágio político;
- *a organização económica liberal de cunho fisiocrático*, libertando a economia das peias da sociedade estratificada que até então se conheceu.

II. O Estado Liberal só se pode compreender na sua integralidade se compaginado com a doutrina do Liberalismo, que impulsionaria todas as revoluções que o virar do século observaria na Europa e nos Estados Unidos da América.

Neste contexto, o Liberalismo – político, económico e filosófico – surgiu num propósito de ruptura para com o passado absolutista e real, fazendo vingar uma nova concepção de pessoa e de sociedade: o individualismo enquanto doutrina de afirmação do homem e do cidadão em si mesmo, e não no seu valor grupal ou estratificado, e o indivíduo como centro da acção política, separado, autónomo e livre do Estado[286].

Não pode por isso ser de admirar a riqueza imaginativa do Liberalismo na construção de esquemas de limitação do poder político, direccionando-se em múltiplos domínios da sua intervenção, finalmente concretizando um esforço de muitas décadas de discussão doutrinária que já ocorrera antes, durante a vigência do *Ancien Régime*.

III. No que é pertinente à afirmação dos direitos fundamentais, o Estado Liberal, ao ver nascer essa importante conquista do Constitucionalismo, enquadrá-los-ia numa dimensão mínima, na sua veste de *direitos de defesa*, com os quais se visava essencialmente garantir uma não intervenção do Estado, preservando espaços de autonomia dos cidadãos.

De um lado, surgiu um importante conjunto de *direitos civis*, com os quais as pessoas passaram a ser reconhecidas nos seus atributos mais elementares de personalidade e de capacidade jurídica, ao mesmo tempo que se visava uma intensa humanização do Direito Penal e do Direito Processual Penal, com o estabelecimento de diversas garantias criminais, substantivas e processuais.

Do outro lado, apareceram os primeiros *direitos de cunho político*, intimamente associados ao novo esquema da representação política,

[286] Sobre o Liberalismo em geral, v. GEORGES BURDEAU, *O Liberalismo*, Póvoa do Varzim, 1979, pp. 37 e ss.; REINHOLD ZIPPELIUS, *Teoria...*, pp. 375 e ss; DIOGO FREITAS DO AMARAL, *História das Ideias Políticas*, II, Lisboa, 1998, pp. 59 e ss.

para a qual os cidadãos, sendo os titulares do poder estadual em nome do princípio da soberania popular, eram elementos activos, que actuavam pelo voto nas eleições e pelo exercício das liberdades públicas, como a liberdade de expressão, a liberdade de reunião ou a liberdade de associação.

A marca fundamental do Estado Liberal, neste aspecto, foi a da afirmação da liberdade individual negativa, à maneira de um *status negativus*, em que o Estado assumia um dever geral de abstenção na sociedade e assim reconhecendo uma liberdade geral de acção dos cidadãos, liberdade política e sobretudo liberdade económica.

IV. No que à organização política respeita, o Estado Liberal implicou a adesão plena ao *princípio da separação de poderes*, tal como ele foi concebido por CHARLES SECONDAT DE MONTESQUIEU, numa lógica orgânico-funcional, cabendo a cada órgão uma função do poder público.

Por outra parte, os órgãos parlamentares gradualmente abandonariam o princípio aristocrático e, no seu lugar, emergiria o princípio democrático, com todas as consequências que daí derivariam para os critérios de escolha dos governantes parlamentares numa lógica de governo representativo: os deputados passaram então a ser deputados que representavam o povo, titular da soberania, escolhidos por actos eleitorais, na base de um sufrágio, em todo o caso, restrito por ainda sofrer entorses de cunho censitário e capacitário.

V. Do prisma da *organização económico-social*, o Estado Liberal consagrou o *liberalismo económico*, na sua expressão mais pura, consubstanciada no *fisiocratismo*, para cuja doutrina o poder público se deveria abster de intervir na economia, que funcionaria bem se se conservasse fora da manipulação do Estado.

Durante este período, a abstenção do Estado teve vários resultados tanto na concepção de finanças públicas neutras, sem recurso ao crédito e sem sectores públicos apreciáveis, como numa tributação dispersa, que se fundava essencialmente em critérios de proporcionalidade.

É por isso mesmo que muito se ajusta a este período a expressão, de LASSALE, de Estado "guarda-nocturno", na medida em que unicamente se lhe atribuía funções policiais, jamais funções materiais de intervenção social e económica.

25. O Estado Totalitário Socialista

I. Se o século XIX assistiria a uma acentuada uniformidade das experiências político-estaduais que um pouco por toda a Europa se foram sucedendo, o século XX, pelo contrário, ficaria marcado por uma forte diversidade de percursos, algumas experiências de curta duração, outras mais prolongadas.

A primeira delas, rasgando totalmente o legado liberal, foi a do Estado Socialista, ou o totalitarismo comunista ou de esquerda, que se inspiraria na Revolução Bolchevique de 1917, a partir da qual se construiria o Estado Soviético, com inspiração nas doutrinas marxistas e leninistas[287].

No entanto, esta seria uma experiência que terminaria dentro do século XX[288], embora nalguns países para onde foi exportada ainda persista, fim politicamente simbolizado na queda do Muro de Berlim e doutrinalmente executado pela Perestroïka, que Mikhaïl Gorbat-

---

[287] Sobre as doutrinas marxistas, nos seus fundamentos e ramificações em geral, v., por todos, DIOGO FREITAS DO AMARAL, *História...*, II, pp. 259 e ss.

[288] Tendo sempre constituído a ex-URSS a grande referência do Estado Totalitário de Esquerda, sobretudo na sua versão mais dura de estalinismo, quando aquela federação foi dirigida por JOSÉ ESTALINE.

Como não recordar, a este propósito, a mordaz crítica de GEORGE ORWELL (*O Triunfo dos Porcos*, em inglês *Animal Farm*, 3.ª ed., Lisboa, 1980, p. 106) à organização política estalinista, evidenciando todas as suas contradições e mostrando apenas uma apetência pelo poder, numa alegoria que traduz, afinal, o descrédito em que essa experiência cairia para sempre, e que bem se resumia à adulteração do principal mandamento dessa nova organização política, segundo o qual "Todos os animais são iguais, mas alguns são mais iguais do que outros".

chov defenderia, num directo propósito de aperfeiçoar o sistema socialista[289], mas que desembocou na sua aniquilação.

A radicalidade do sistema político-constitucional socialista igualmente se plasmaria na criação de um sistema jurídico próprio, diverso do sistema jurídico romano-germânico, com o qual tem mais aproximações. Segundo René David, são elementos fundamentais deste sistema jurídico a exclusividade da lei e a nula autonomia decisória do juiz[290].

II. Relativamente à sua caracterização, o Estado Socialista assentou numa ideologia de revolução social, de acordo com os postulados do marxismo científico, protagonizado por Karl Marx e Friedrich Engels, resumindo-se aos seguintes tópicos:

– *ser a luta de classes o motor da História*, numa dialéctica entre o povo oprimido – o proletariado – e o povo opressor – os capitalistas – em que relevam apenas factores materiais, o *materia-*

---

289 Num livro de Mikhaïl Gorbatchov que ficaria célebre pela porta que abriria à extinção do sistema soviético e, em geral, de sua inspiração um pouco por todo o Mundo, no qual escreveria o seguinte (Mikhaïl Gorbatchov, *Perestroïka – novo pensamento para o nosso país e para o Mundo*, 11.ª ed., Mem Martins, 1988, p. 25): "A *perestroïka* é uma necessidade urgente surgida dos profundos processos de desenvolvimento na nossa sociedade socialista. Esta sociedade está madura para as mudanças. Há muito que ansiava por elas. Qualquer demora no lançamento da *perestroïka* poderia conduzir, num futuro próximo, a uma situação interna exacerbada que, para colocar as coisas com franqueza, estaria carregada de crises sociais, económicas e políticas muito sérias".

E mais adiante concretizaria (p. 60): "...a *perestroïka* é uma revolução. Uma aceleração decisiva do desenvolvimento sócio-económico e cultural da sociedade soviética que envolve alterações radicais na via para um Estado qualitativamente novo; é inegavelmente uma tarefa revolucionária".

290 Sobre as características do sistema jurídico de inspiração soviética, v. Georges Burdeau, *A Democracia*, pp. 83 e ss.; Vladímir Tumánov, *O pensamento jurídico burguês contemporâneo*, Lisboa, 1985, pp. 11 e ss.; Konrad Zweigert e Hein Kötz, *An Introduction...*, pp. 296 e ss.; René David e Camille Jauffret-Spinosi, *Les grands systèmes...*, pp. 136 e ss.; José de Oliveira Ascensão, *O Direito...*, pp. 151 e 152.

lismo dialéctico, e nunca factores espirituais, muito menos religiosos[291];

- *explicar-se pela luta de classes a periodificação da História*, com as fases do comunismo primitivo, do esclavagismo antigo, do feudalismo medieval, do capitalismo moderno, do socialismo científico e, finalmente, do comunismo (que nunca viria a suceder);
- *atribuir-se ao proletariado, transitoriamente, o poder político exclusivo*, forma de governo designada por "ditadura do proletariado";
- *abolir-se, na fase do Estado comunista final, as classes sociais, o Estado e o Direito*, enquanto super-estruturas, e atingir-se a perfeição comunista e o "homem novo".

Caberia depois a Vladimir Lénine, a partir da Revolução Russa, a aplicação destes princípios do socialismo científico à construção do Estado Socialista, assim se concebendo a forma leninista de governo[292].

---

291 Religião considerada por KARL MARX, numa frase que ficaria tristemente célebre por causa das perseguições que propiciou, como o "ópio do povo".

292 Relativamente às características político-institucionais das ditaduras socialistas, marxistas ou de esquerda em geral, v. MAURICE CROUZET, *História Geral das Civilizações – a época contemporânea*, VII, I vol., 2.ª ed., São Paulo, 1961, pp. 271 e ss.; MICHEL LESAGE, *Les régimes politiques de l'U.R.S.S. et de l'Europe de l'Est*, Paris, 1971, pp. 194 e ss.; COSTANTINO MORTATI, *Le forme...*, pp. 50 e ss., e pp. 353 e ss.; FREDERICK M. WALTKINS e ISAAC KRAMNICK, *A Idade da Ideologia*, Brasília, 1979, pp. 78 e ss.; MAURICE DUVERGER, *Les régimes politiques*, Paris, 1961, pp. 100 e ss., e *Os grandes...*, pp. 405 e ss.; MARCEL PRÉLOT e GEORGES LESCUYER, *Histoire...*, pp. 778 e ss.; ROSA LUXEMBURG, *A Revolução Russa*, Barreiro, 1975, pp. 11 e ss.; HENRY ROUSSILLON, *Le problème du contrôle de la constitutionnalité des lois dans les pays socialistes*, in RDPSP, 1977, pp. 56 e ss.; GEORGES BURDEAU, *Manuel de Droit Constitutionnel et Institutions Politiques*, 20.ª ed., Paris, 1984, pp. 230 e ss.; JOHN GILISSEN, *Introdução...*, pp. 221 e ss.; DIOGO FREITAS DO AMARAL, *Ciência...*, III, pp. 156 e ss.; NORBERTO BOBBIO, *Democracy...*, pp. 117 e ss.; FRANCISCO PORRÚA PÉREZ, *Teoría...*, pp. 489 e ss.; JORGE REIS NOVAIS, *Contributo...*, pp. 167 e ss.; PAOLO BISCARETTI DI RUFFÌA, *Introduzione...*, pp. 70 e ss., e 375 e ss.; GIUSEPPE

III. A expansão do Estado Socialista, genericamente fundado nestes pressupostos ideológico-filosóficos, não seria propriamente uniforme e antes se diversificou ao sabor de diferenças que o século XX foi ramificando, com estas experiências mais relevantes:

- o Estado Socialista Soviético, a partir da Revolução Bolchevique de 1917;
- o Estado Socialista Chinês, a partir da Revolução de 1949;
- o Estado Norte-Coreano, depois da guerra da Coreia;
- o Estado Socialista Cubano, a partir da Revolução Castrense de 1959.

Em muitos outros países vigoraram regimes comunistas, à maneira soviética, mas com a Queda do Muro de Berlim os mesmos se modificariam no sentido da implantação do modelo do Estado Democrático e Social, como sucedeu com a II República dos Estados Africanos de Língua Portuguesa.

IV. Do ponto de vista científico, foi o Estado Soviético aquele que levaria mais longe o socialismo científico marxista e leninista, tendo sido também ele o que mais influenciaria os outros países, pelo que tem sido justamente considerado paradigmático.

Se bem que extinto em 1989, foi ele que indubitavelmente melhor se estruturou, embora a construção do Constitucionalismo Soviético se tivesse escalonado em diversos momentos históricos[293]:

DE VERGOTTINI, *Diritto Costituzionale Comparato,* pp. 605 e ss.; MANUEL GARCÍA-PELAYO, *Derecho Constitucional...*, pp. 574 e ss.; JUAN FEDERICO ARRIOLA, *Teoría General dela Dictadura – un estudio sobre política y libertad*, Cidade do México, 1994, pp. 76 e ss.; VLADIMIRO NARANJO MESA, *Teoría...*, pp. 528 e ss.; JUAN FERRANDO BADÍA, *Los régimenes marxistas – introducción*, in AAVV, *Régimenes políticos actuales* (coord. de JUAN FERRANDO BADÍA), 3.ª ed, Madrid, 1995, pp. 611 e ss.; REINHOLD ZIPPELIUS, *Teoria...*, pp. 570 e ss.; JORGE MIRANDA, *Manual...*, I, pp. 183 e ss.

293 Sobre a evolução histórica da URSS, v., por todos, PETER KENEZ, *História da União Soviética*, Lisboa, 2007, pp. 11 e ss.

- a Revolução de 25 de Outubro de 1917 (data do calendário juliano seguido, equivalente a 7 de Novembro de 1917, no calendário gregoriano, adoptado na Europa Ocidental) e a transformação da Rússia em União das Repúblicas Socialistas Soviéticas, com a aprovação da 1.ª Constituição de 10 de Julho de 1918;
- a 2.ª Constituição de 1924, sob a influência pessoal de Vladimir Lénine;
- a 3.ª Constituição de 1936, sob a inspiração directa de José Estaline;
- a 4.ª Constituição de 1977, sob a liderança de Leónidas Brejnev.

V. A concepção de Constituição Socialista, por força da carga ideológica que em si encerraria, abandonou os postulados liberais, desviando-se do paradigma do Estado de Direito, e pelo contrário abraçou a ideia de Constituição "balanço-programa", como que porta-estandarte de um plano global do Estado e da Sociedade, numa evolução definitiva e inevitável rumo à fase final do Estado Comunista.

Dentro deste contexto, a Constituição perderia a sua função garantística dos direitos fundamentais e limitadora da estrutura de poder, para se tornar, ela própria, um instrumento de afirmação da ideologia única, ao serviço da ditadura do proletariado.

De igual sorte, o Direito em geral ficaria funcionalizado a esta concepção ideológica, fortemente se centralizando na lei a regulação aplicável, com a abolição do costume, bem como através da acentuação da função notarial da jurisprudência, acantonada a uma simples actividade confirmativa dos actos legislativos.

A leitura da Constituição da URSS de 1977 não permite ter, a este propósito, qualquer hesitação: "As organizações estatais e sociais e os funcionários públicos são obrigados a observar a Constituição da URSS e as leis soviéticas"[294].

[294] Cfr. o art. 4.°, n.° 2, da Constituição da URSS de 7 de Outubro de 1977.

VI. A protecção dos cidadãos foi desde logo ideologicamente limitada àqueles que podiam protagonizar a ditadura do proletariado, nem todos sendo proletários, devido à diferente condição económica, numa concepção restritiva da cidadania, por motivos políticos[295], dizendo-se na Constituição da URSS de 1977 que "A União das Repúblicas Socialistas Soviéticas é um Estado socialista de todo o povo que interpreta a vontade e os interesses dos operários, dos camponeses e da intelectualidade, dos trabalhadores de todas as nações e etnias do país"[296].

Isso também quis dizer que os direitos fundamentais, afirmados no Estado Contemporâneo, foram vinculados à ideologia única, vistos sobretudo como direitos materiais, de cariz económico e social, destinados à "desalienação" do homem.

Foram postergados, ainda que formalmente reconhecidos, os direitos de natureza liberal, os direitos civis e políticos que nasceriam na cultura liberal burguesa[297], em nome da ideologia única: "O usu-

---

[295] Quanto à concepção socialista de democracia, v., por todos, GEORGES BURDEAU, *A Democracia*, pp. 18 e ss.

[296] Art. 1.° da Constituição da URSS de 1977, que depois ainda se especificava ao estabelecer-se, no seu art. 19.°, n.° 1, que "A base social da URSS é constituída pela aliança indestrutível dos operários, camponeses e intelectuais".

[297] Quanto ao sistema de direitos e deveres dos textos constitucionais de matriz soviética, v. HENRY ROUSSILLON, *Le problème...*, pp. 90 e ss.; RUI MACHETE, *Os direitos do homem no Mundo*, Lisboa, 1978, pp. 34 e ss.; ADÉLIO PEREIRA ANDRÉ, *Defesa dos direitos e acesso aos tribunais*, Lisboa, 1980, pp. 87 e ss.; JEAN-MARIE BECET e DANIEL COLARD, *Les droits de l'homme – dimensions nationales et internationales*, I, Paris, 1982, pp. 42 e ss.; JACQUES ROBERT, *Libertés publiques et droits de l'homme*, 4.ª ed., Paris, 1988, pp. 61 e ss.; PAOLO BISCARETTI DI RUFFÌA, *Introduzione...*, pp. 417 e ss.; SIMON PETERMANN, *Marxismes et droits de l'homme*, in AAVV, *Laicité et droits de l'homme* (ed. de GUY HAARSCHER), Bruxelles, 1989, pp. 97 e ss.; VICTOR CHKHIKVADZE, *La conception socialiste des droits de l'homme*, in AAVV, *Les dimensions universelles des droits de l'homme* (org. de ANDRÉ LAPEYRE, FRANÇOIS DE TINGUY e KAREL VAZAK), Bruxelles, 1990, pp. 253 e ss.; MANUEL GARCÍA-PELAYO, *Derecho Constitucional...*, pp. 595 e ss.; GIUSEPPE DE VERGOTTINI, *Diritto Costituzionale Comparato*, pp. 635 e ss.; JORGE REIS NOVAIS, *Tópicos...*, pp. 40 e 41; JORGE MIRANDA, *Manual...*, I, pp. 191 e ss.

fruto dos direitos e liberdades pelos cidadãos não deve prejudicar os interesses da sociedade e do Estado nem os direitos dos demais cidadãos"[298].

Esta concepção era finalmente bem testemunhada pelo primeiro texto que a Revolução Bolchevique proclamaria, a Declaração de Direitos do Povo Trabalhador e Explorado, de 4 de Janeiro de 1918, com relevo para as seguintes disposições: "Com vista essencialmente a suprimir toda a exploração do homem pelo homem, a abolir completamente a divisão da sociedade em classes, a esmagar implacavelmente todos os exploradores, a instaurar a organização socialista da sociedade e a fazer triunfar o socialismo em todos os países, o III Congresso Pan-Russo dos Sovietes, de Deputados Operários, Soldados e Camponeses decide o seguinte: 1.° A fim de se realizar a socialização da terra, é abolida a propriedade privada da terra; (...) 3.° O Congresso ratifica a transferência de todos os bancos para o Estado operário e camponês como uma das condições de libertação das massas laboriosas do jugo do capital; 4.° Tendo em vista suprimir os elementos parasitas da sociedade e organizar a economia, é estabelecido o serviço do trabalho obrigatório para todos; 5.° A fim de assegurar a plenitude do poder das massas laboriosas e de afastar qualquer possibilidade de restauração do poder dos exploradores, o Congresso decreta o armamento dos trabalhadores..."[299].

VII. A organização económica no Estado Socialista não seria descurada nas suas profundas marcas, passando os textos constitucionais a ocupar-se especificamente destas matérias, numa nítida antecipação daquilo que aconteceria com o Estado Social[300].

---

[298] Art. 39.°, n.° 2, da Constituição da URSS de 1977.

[299] Capítulo I da Declaração dos Direitos do Povo Trabalhador e Explorado. Cfr. JORGE MIRANDA, *Textos históricos do Direito Constitucional,* 2.ª ed., Lisboa, 1990, pp. 297 e 298.

[300] Quanto à organização económica soviética em geral, v. ANTÓNIO L. SOUSA FRANCO e GUILHERME D'OLIVEIRA MARTINS, *A Constituição Económica...*, pp. 77 e ss.

Os meios de produção tornaram-se públicos, na esfera jurídica do Estado ou de outras entidades públicas, embora o tempo fosse acomodando alguns esquemas de privatização parcial, num movimento de nacionalização de terras e de equipamentos industriais, dizendo-se na Constituição da URSS de 1917 que "A base do sistema económico da URSS é a propriedade socialista dos meios de produção na forma da propriedade estatal (de todo o povo) e colcoziano-cooperativa"[301].

O mercado cedeu o lugar ao plano, enquanto instrumento burocrático e imperativo de definição da actividade económica, tanto ao nível da produção como ao nível dos preços e dos salários, num sistema que justamente se designaria por direcção central[302].

VIII. No plano da organização política, a URSS, sendo federal, assentava numa lógica piramidal, em que o poder se estratificava da base para o topo, com uma rejeição da teoria liberal da separação de poderes[303], estratificação que era composta por quatro níveis[304]: a Federação, os Estados e as repúblicas, as comarcas rurais e urbanas e as povoações e localidades, excepcionalmente se admitindo esquemas especiais de administração nas repúblicas autónomas, territórios e regiões.

No topo dessa estrutura piramidal, havia os seguintes órgãos, todos eles marcados pela ideia de colegialidade[305]:

---

[301] Art. 10.°, n.° 1, da Constituição da URSS de 1977.

[302] Cfr. o art. 16.° da Constituição da URSS de 1977.

[303] Bem ilustrativa desta orientação era a atribuição, logo na 1.ª Constituição Russa Soviética de 1918, de todos os poderes aos dois supremos órgãos do Estado: o Congresso Pan-Russo dos Sovietes e o Comité Executivo Central Pan-Russo dos Sovietes, dizendo-se deste, supremo nos intervalos de funcionamento daquele, que "O Comité Executivo Central Pan-Russo dos Sovietes é o órgão supremo de legislação, de administração e de controlo da RSFSR."

[304] Quanto ao sistema de governo soviético, v. DIOGO FREITAS DO AMARAL, *História...*, II, pp. 290 e ss.; REINHOLD ZIPPELIUS, *Teoria...*, pp. 574 e ss.; JORGE MIRANDA, *Manual...*, I, pp. 194 e ss.

[305] Cfr. os arts. 108.° e ss. da Constituição da URSS de 1977.

- *o Soviete Supremo*: órgão colegial de assembleia, com cerca de 1500 membros, subdividindo-se em duas câmaras, o *Soviete da União* e o *Soviete das Nacionalidades*;
- *o Presidium do Soviete Supremo*: órgão colegial restrito, eleito pelo Soviete Supremo, funcionando no tempo em que aquele não estava reunido (pois que só reunia poucos dias no ano), com poderes delegados por ele e exercendo as competências mais relevantes no plano internacional, político e de defesa;
- *o Conselho de Ministros*: eleito pelo Soviete Supremo, com competências administrativas nos diversos assuntos da burocracia federal, incluindo a planificação económica imperativa, e também com alguns poderes legislativos;
- *os tribunais*: distribuídos pelos diversos níveis de poder, dispondo de escassa autonomia de aplicação do Direito, sendo os juízes eleitos pelo Soviete correspondente ao respectivo escalão.

A estrutura de governo da URSS, assim como de outros sistemas constitucionais comunistas, podia receber a qualificação de *sistema convencional*: a concentração de poderes num órgão colegial parlamentar, sem qualquer pluralismo político.

IX. O sistema de governo soviético só verdadeiramente se entenderia na sua integralidade com a observação do sistema monopartidário vigente, protagonizado pelo Partido Comunista da União Soviética (PCUS).

Para não haver quaisquer dúvidas, era logo o texto da Constituição da URSS de 1977 a afirmar que "A força dirigente e orientadora da sociedade soviética, o núcleo do seu sistema político e de todas as organizações estatais e sociais é o Partido Comunista da União Soviética. O PCUS existe para o povo e serve o povo"[306].

306 Art. 6.°, n.° 1, da Constituição da URSS de 1977.

O PCUS surgiu, neste contexto, como estrutura omnipresente e paralela do Estado, ressaltando-se a sua qualidade de vanguarda do povo e de legítimo depositário da doutrina oficial do Estado[307].

O texto da Constituição de 1977 da URSS era bem concludente sobre este ponto, ao estabelecer as candidaturas únicas, sob a égide dominante do PCUS, a todos os cargos públicos: "Têm direito a apresentar candidatos a deputados as organizações do Partido Comunista da União Soviética, dos sindicatos, da União das Juventudes Comunistas Leninistas da URSS, as cooperativas e outras organizações sociais e colectivas de trabalho, assim como as assembleias de militares nas unidades de militares"[308].

Como o Estado, o PCUS organizava-se numa pluralidade de órgãos colegiais:

- o *Congresso*, órgão máximo, mas que reunia quinquenalmente;
- o *Comité Central*, com cerca de 300 membros, era o órgão fundamental da acção política, reunindo de seis em seis meses;
- o *Politburo e o Secretariado*, os órgãos do quotidiano, funcionavam nesses intervalos, cabendo àquele as decisões políticas fundamentais e a este as decisões de cunho mais burocrático.

A ausência de liberdade partidária estava plasmada no *princípio do centralismo democrático*, pelo qual a orientação política partidária era definida de cima para baixo, com a obediência total de baixo para cima, sendo emblemáticas as frases do preâmbulo dos Estatutos do

---

[307] Como escreve GEORGES BURDEAU (*A Democracia*, p. 94), "A existência do partido único é com certeza o traço característico do regime marxista. É para ela que convergem finalmente todas as críticas dirigidas, em nome da liberdade, contra o sistema soviético. Sem minimizar a importância capital da controvérsia, é útil observar que não é geralmente travada no seu verdadeiro campo: é racionalmente impossível limitar as objecções ao partido, pois ele não é uma particularidade da democracia marxista, é a sua essência. Em regime comunista, a pluralidade dos partidos é mais inconcebível que o restabelecimento da apropriação privada dos meios de produção".

[308] Art. 100.°, n.° 1, da Constituição da URSS de 1977.

PCUS sobre este ponto: "É lei irrevogável da vida do PCUS a unidade ideológica e organizativa, a coesão monolítica das suas fileiras, a elevada e consciente disciplina de todos os comunistas. Qualquer manifestação de fraccionismo ou formação de grupos é incompatível com o espírito marxista-leninista do Partido, com a permanência do Partido"[309].

Outro aspecto fundamental era o da influência dos órgãos do PCUS nas diversas instâncias do poder político, com uma quase automática homologia de posições, num esquema, ao nível federal, de "união pessoal"[310] entre a direcção do PCUS e o Soviete Supremo e o Conselho de Ministros, ainda que na prática nem sempre se tivesse agido da mesma forma: enquanto que José Estaline e Nikita Kruchtchov ocuparam, ao mesmo tempo, os cargos de Secretário-geral e de Presidente do Conselho de Ministros, já com Leonidas Brejnev, Konstantin Chernenko e Yuri Andropov se aliviaria esse regime, que seria definitivamente modificado num sentido mais oligárquico e menos monocrático com Mikhaïl Gorbatchov.

X. No contexto das experiências totalitárias de esquerda, neste momento a mais antiga é a da República Popular da China, fundada

---

309 Preâmbulo dos Estatutos do PCUS, que depois também se reflectia no próprio texto da Constituição da URSS de 1977, no seu art. 3.º: "A organização e a actividade do Estado soviético estrutura-se segundo o princípio do centralismo democrático: eleição de todos os órgãos do poder estatal de baixo para cima, obrigação de prestar contas ao povo pela sua gestão e obrigatoriedade das decisões dos órgãos superiores para os inferiores. O centralismo democrático conjuga a direcção única com a iniciativa e a actividade criadora na base, com a responsabilidade de cada organismo estatal e de cada funcionário pela missão de que foi encarregado".

Cfr. em Portugal ÁLVARO CUNHAL, *O Partido com Paredes de Vidro*, 6.ª ed., Lisboa, 2002, pp. 105 e ss., em certo trecho este autor afirmando que "Todos os membros do Partido têm o direito de expressar e defender a sua opinião no organismo a que pertencem, mas nenhum tem o direito de sobrepor ou querer sobrepor a sua opinião individual à opinião do colectivo, à opinião do seu organismo ou organização, à opinião do seu Partido" (p. 112).

310 A feliz expressão é de REINHOLD ZIPPELIUS, *Teoria...*, p. 584.

por Mao Tsé-Tung em 1949, numa revolução que forçou ao refúgio de Chiang Kai-Shek para a ilha Formosa, aí fundando a China Nacionalista, cujo reconhecimento como Estado – Taiwan – não tem sido internacionalmente aceite.

Os traços fundamentais do regime socialista chinês fundaram-se no pensamento de Mao Tsé-Tung[311], elaborado em contraponto a alguns dos traços do socialismo soviético, considerado revisionista, procurando-se uma maior pureza da revolução comunista, com base nalgumas linhas fundamentais[312]:

– *na concepção da revolução socialista em duas fases*, primeiro numa fase democrática e, depois, numa fase verdadeiramente socialista;
– *na radicação da revolução chinesa na aliança entre operários e camponeses*, dadas as características próprias do imenso território chinês[313];
– *no apoio das forças armadas no desenvolvimento da revolução chinesa*, dando-se um lugar constitucional ao Exército Chinês[314];

---

[311] Boa parte desse pensamento inserto num texto contendo as suas principais citações: MAO TSÉ-TUNG, *O Livro Vermelho*, São Paulo, 2003, pp. 17 e ss.

[312] A respeito do Constitucionalismo Chinês Socialista, v. ALICE ERH-SOON TAY, *People's Republic of China*, in AAVV, *Asian Legal Systems – Law, Society and Pluralism in East Asia* (ed. Por POH-LING TAN), Sydney, Adelaide, Brisbane, Canberra, Melbourne e Perth, 1997, pp. 26 e ss.; LIN FENG, *Constitutional Law in China*, Hong Kong, Singapore, Malaysia, 2000, pp. 21 e ss.; JORGE BACELAR GOUVEIA, *A Lei Básica...*, pp. 178 e ss.; YASH GHAI, *Hong Kong's New Constitutional...*, pp. 86 e ss.; JORGE MIRANDA, *Manual...*, I, p. 197; JÚLIO PEREIRA, *A Lei Penal na República Popular da China*, Coimbra, 2007, pp. 81 e ss.

[313] Parafraseando MAO TSÉ-TUNG (*O Livro...*, p. 41), "A ditadura democrática popular baseia-se na aliança entre a classe operária, a classe camponesa e a pequena burguesia urbana, mas sobretudo na aliança operário-camponesa, pois essas duas classes constituem oitenta a noventa por cento da população chinesa. Essas duas classes são a força principal para a derrocada do imperialismo e dos reaccionários do Kuomintang. A transição da democracia nova ao socialismo depende sobretudo da aliança dessas duas classes".

[314] Como escrevia MAO TSÉ-TUNG (*O Livro...*, p. 79 e 80), "O Exército Vermelho é um corpo armado destinado a cumprir as tarefas da revolução. Espe-

– *na perspectiva nacionalista da revolução chinesa*, sem intuitos imperialistas de expansão, em divergência do modelo soviético.

O percurso da experiência constitucional chinesa tem sido variado, dentro do mesmo tipo de regime constitucional, podendo divisar-se três períodos, nos quais se sucederam os textos constitucionais de 1954, de 1975 e de 1978:

– *o período inicial*, de implantação do sistema socialista;
– *o período intermédio*, de consolidação do sistema, com a Revolução Cultural de 1966 como um dos seus momentos mais relevantes;
– *o período actual*, de reforma interna a partir de Deng Xiao Ping, com a afirmação do princípio "um país, dois sistemas", com diversas aberturas a novas experiências político-constitucionais[315].

A actual Constituição da República Popular da China (CRPC) tem a data de 4 de Dezembro de 1982, já pontualmente revista, e corresponde àquelas preocupações[316]:

– o fundamento do Estado é a aliança entre operários e camponeses: "A República Popular da China é um Estado Socialista

cialmente no momento actual, o Exército Vermelho não deve de maneira alguma limitar-se apenas a combater; além de combater para destruir o poderio militar do inimigo, ele deve ainda assumir tarefas tão importantes como a de fazer propaganda no seio das massas, organizar as massas, armar as massas, ajudar as massas a instaurar o poder político revolucionário e inclusive criar organizações do Partido Comunista. O Exército Vermelho não combate meramente por combater, mas sim para fazer propaganda entre as massas, organizá-las, armá-las e ajudá-las a instaurar o poder político revolucionário. Sem esses objectivos, o combate perde o seu sentido e o Exército Vermelho deixa de ter razão de existir".

[315] Sobre este princípio "um país, dois sistemas" e a sua relação com a Região Administrativa Especial de Macau, v. WANG ZHEN-MIN, *"Um país, dois sistemas" e a Lei Básica de Macau*, Macau, 2008, pp. 33 e ss.

[316] Sobre a actual CRPC, v. ALICE ERH-SOON TAY, *People's Republic...*, pp. 35 e ss.; LIN FENG, *Constitutional...*, pp. 17 e ss.; YASH GHAI, *Hong Kong's...*, pp. 92 e ss.; JÚLIO PEREIRA, *A Lei Penal...*, pp. 317 e ss.

subordinado à ditadura democrático-popular da classe operária e assente na aliança dos operários e camponeses"[317];

– a lógica do sistema político é a da estruturação piramidal dos poderes: "Os órgãos através dos quais o povo exerce o poder político são o Congresso Nacional Popular e os congressos populares locais dos vários níveis"[318];
– a concepção dos poderes do Estado, não obstante os diversos órgãos, como o Congresso Nacional Popular, o Presidente e o Vice-Presidente, o Conselho de Estado e os Tribunais, é a da sua concentração naquele primeiro órgão, perante quem os restantes são responsáveis: "O Congresso Nacional Popular da República da China é o órgão supremo do poder político"[319], podendo este destituir todos os restantes órgãos[320];
– a liberdade individual fica vinculada a um projecto global de sociedade: "O Estado reforça a construção da civilização espiritual socialista, difundindo ideais elevados e a moralidade, generalizando a educação básica e o conhecimento da disciplina e da lei e promovendo ainda a formação e o cumprimento de regras de comportamento e de padrões comuns de vida pelo povo tanto nas cidades como nas zonas rurais"[321];
– a organização económica apoia-se num entendimento colectivista: "A base do sistema económico socialista da República Popular da China é a propriedade pública socialista dos meios de produção, designadamente a propriedade de todo o povo e a propriedade colectiva do povo trabalhador"[322].

XI. Cuba é outro dos poucos Estados de ideologia única de socialismo científico, neste caso na América Central, essencialmente

---

[317] Art. 1.° da CRPC.
[318] Art. 2.°, § 2.°, da CRPC.
[319] Art. 57.°, primeira parte, da CRPC.
[320] Cfr. o art. 63.° da CRPC.
[321] Art. 24.°, § 1.°, da CRPC.
[322] Art. 6.°, § 1.°, da CRPC.

moldado à imagem da personalidade de Fidel Castro, o herói da Revolução Socialista Cubana, que em 1959 derrubou o regime capitalista e subordinado aos Estados Unidos da América de Fulgêncio Baptista.

O texto da Constituição vigente, de 1976, com revisões posteriores, denota os elementos fundamentais do marxismo-leninismo, não obstante algumas particularidades do pensamento comunista cubano:

- o fundamento: "Cuba é um Estado socialista de trabalhadores, independente e soberano, organizado com todos e para o bem de todos, como república unitária e democrática, para o desfrute da liberdade política, da justiça social, do bem-estar individual e colectivo e da solidariedade humana"[323];
- a unicidade do poder popular: "Na República de Cuba, a soberania reside no povo, do qual dimana todo o poder do Estado. Esse poder é exercido directamente ou por intermédio das Assembleias do Poder Popular e demais órgãos do Estado que delas derivem, na forma e segundo as normas fixadas pela Constituição e pelas leis"[324];
- o partido único: "O Partido Comunista de Cuba, martiano e marxista-leninista, vanguarda da nação cubana, é a força dirigente superior da sociedade e do Estado, que organiza e orienta os esforços comuns rumo aos altos fins da construção do socialismo e à sociedade comunista"[325];
- a propriedade pública: "Na República de Cuba, vigora o sistema de economia baseado na propriedade socialista de todo o povo sobre os meios fundamentais de produção e da supressão da exploração do homem pelo homem"[326];
- o parlamento nacional como órgão supremo: "A Assembleia Nacional do Poder Popular é o órgão supremo do poder do

[323] Art. 1.º da Constituição de Cuba.

[324] Art. 3.º, § 1.º, da Constituição de Cuba.

[325] Art. 5.º da Constituição de Cuba.

[326] Art. 14.º, § 1.º, da Constituição de Cuba.

Estado. Representa e expressa a vontade soberana de todo o povo"[327].

26. O Estado Totalitário Fascista

I. O século XX assistiria a uma outra experiência totalitária, agora de direita, protagonizada pelos regimes que se instalariam na Europa depois da I Guerra Mundial[328], a que se convencionou chamar globalmente de *fascismo*.

Elas foram, nas suas versões mais drásticas, experiências de curta duração, se comparativamente analisadas com as experiências comunistas, podendo incluir-se os seguintes exemplos:

- a Itália, a partir de 1922, com Benito Mussolini, com um regime fascista *stricto sensu*, que se impôs depois da "Marcha sobre Roma", contando com o apoio do rei[329];
- a Alemanha, a partir de 1933, com Adolf Hitler, com um regime nacional-socialista, fundado no *Führerprinzip* e dominado por um intuito expansionista e racista[330];

---

[327] Art. 69.° da Constituição de Cuba.

[328] Quanto aos Estados de inspiração fascista em geral, v. JAIME NOGUEIRA PINTO, *Fascismo*, in Pol., II, Lisboa, 1984, pp. 1379 e ss.; DIOGO FREITAS DO AMARAL, *História...*, II, pp. 307 e ss.; JORGE MIRANDA, *Manual...*, I, pp. 210 e ss.; LUÍS SALGADO DE MATOS, *O Estado de Ordens*, pp. 300 e ss.

[329] Sobre o Estado Fascista italiano, v. DIOGO FREITAS DO AMARAL, *História...*, II, pp. 317 e ss.; JORGE MIRANDA, *Manual...*, I, pp. 213 e ss.; PEDRO VELEZ, *Do Direito Constitucional na Europa das Revoluções Comunitárias: uma primeira aproximação a três grandes modelos constitucionais entre-guerras*, in NE, n.° 10, Fevereiro de 2007, pp. 456 e ss.; RENZO DE FELICE, *Breve Storia del Fascismo*, Milano, 2008, pp. 3 e ss.

[330] Sobre o Estado Nacional-Socialista alemão, v. JOSEPH BILLIG, *L'Hitlérisme et le système concentrationaire*, Paris, 1967, pp. 15 e ss.; DIOGO FREITAS DO AMARAL, *História...*, II, pp. 319 e ss.; JORGE MIRANDA, *Manual...*, I, p. 214; PEDRO VELEZ, *Do Direito Constitucional na Europa...*, pp. 449 e ss.

- Portugal, a partir de 1926 e até 1974, com Oliveira Salazar e depois Marcello Caetano, num regime autoritário;
- a Espanha, a partir de 1939 e até 1976, com Francisco Franco, como Caudilho, num regime nacionalista e tradicionalista, com sete Leis Fundamentais[331].

II. Curiosamente, do ponto de vista ideológico, não se pode dizer que estes totalitarismos de direita se tivessem fundamentado numa qualquer corrente uniforme ou sequer revolucionária, verificando-se, pelo contrário, que muitas das suas instituições se acomodaram bem ao legado institucional liberal, embora adulterando-o em grande medida.

No entanto, é possível evidenciar alguns dos pontos comuns das doutrinas fascistas, tal como elas foram sendo desenhadas nestes Estados:

- *a ausência de liberdade e de pluralismo políticos*, bem como a adopção de um sistema de partido único e de outros instrumentos de repressão política;
- *o repúdio do parlamentarismo liberal*, acusado de ineficácia política, e o predomínio, no seu lugar, do poder executivo, em esquemas de concentração de poder mais ou menos assumidos, salientando-se ainda o culto da personalidade do chefe e a exaltação da concepção militarista do Estado;
- *a aceitação de uma economia capitalista de raiz*, não obstante a introdução de múltiplas entorses, a um tempo dirigistas e nacionalistas.

O pano de fundo desta experiência totalitária podia ainda compreender-se numa *concepção transpersonalista do Estado e do Direito*, em que o individualismo liberal deveria ceder o passo ao interesse colectivo, ditatorialmente interpretado pelo poder executivo, de que foi

[331] Sobre o Estado Franquista espanhol, v. JORGE MIRANDA, *Manual...*, I, p. 216.

um sinal óbvio dois dos lemas proclamados por Estados que atravessaram essa fase:

– "Tudo pelo Estado, nada contra o Estado", em Itália[332]; ou
– "Tudo pela Nação, nada contra a Nação", em Portugal.

III. Em matéria de direitos fundamentais, os textos constitucionais que formalizariam os Estados fascistas mantinham os direitos de natureza liberal, a despeito de acentuarem, através de algumas cláusulas constitucionais, a nominalização da sua efectividade, invocando a necessidade de segurança do Estado.

Daí que não tivessem sido poucos os mecanismos de controlo da opinião pública, como a censura, a limitação no exercício de direitos de reunião, de manifestação e de associação ou a polícia política.

Se bem que com o repúdio formal dos direitos económicos e sociais, a organização da sociedade era sensível à inclusão da pessoa nas instituições, com base numa concepção corporativista, imposta de cima para baixo por parte do Estado e destinada a desvitalizar o pluralismo social, em decorrência da referida concepção transpersonalista.

O mesmo se diga do relevo atribuído, no rescaldo da Questão Social, ao trabalho e à sua organização, com a manipulação das representações sindicais aos fins do Estado, o que se podia comprovar, *v. g.*, com a aprovação da Carta do Trabalho em Itália, num universo de disposições de cunho corporativo e previdencialista.

IV. No plano da organização do poder político, regista-se que os Estados totalitários de direita, em geral, e com a excepção do alemão de Adolf Hitler, não criaram figuras propriamente originais,

---

[332] De alguma sorte ideia inserta na Carta do Trabalho, de 21 de Abril de 1927, em cujo art. 1.° se dizia que "A Nação Italiana é um organismo com fins, vida e meios de acção superiores, pelo poder e pela duração, aos dos indivíduos isolados ou associados que o constituem. É uma unidade moral, política e económica que se realiza integralmente no Estado Fascista".

convivendo com as formas institucionais de governo pré-existentes: a monarquia em Itália[333] ou a república em Portugal são disso exemplos, assim como o caso espanhol, em que se elaboraram Sete Leis Fundamentais[334].

Onde essencialmente se fez sentir a singularidade da organização política fascista ou fascizante seria precisamente na intensificação do poder executivo e a concomitante desvalorização do poder parlamentar, abolindo-se o princípio da separação de poderes e acumulando-se o poder, de facto ou de direito, no órgão executivo.

Nos Estados fascistas, acabaria por se tornar muito relevante a função de um conjunto de estruturas de unificação política do poder, com isso se combatendo qualquer veleidade de pluralismo político:

- *a imposição de um único partido político*, ainda que formalmente se rejeitando por vezes essa ideia, com muitas ligações à estrutura do Estado; ou
- *a profissão de fé na ideologia do regime na admissão à função pública*, limitando o acesso a certos cargos públicos em função de exigências de fidelidade política.

V. A organização económica viveria na aceitação dos postulados liberais, conservando-se a lógica da propriedade privada e do mercado, tal como elas tinham sido defendidas pelas revoluções liberais.

Isso, porém, não seria feito sem que algumas limitações se estabelecessem dentro de uma linha de intervenção estadual de tipo dirigista:

- internamente, através do condicionamento da actividade industrial e comercial, em nome da defesa de objectivos traçados pelo Estado, privilegiando-se certos grupos económicos;

---

[333] Ainda que diversa legislação, no caso italiano, e sem beliscar o flexível Estatuto Albertino, tivesse a seu cargo o reforço dos poderes do executivo, no caso o Primeiro-Ministro como chefe do Governo: foi o caso da lei sobre atribuições e prerrogativas do Chefe do Governo, Primeiro-Ministro e Secretário de Estado, de 24 de Dezembro de 1925. Cfr. JORGE MIRANDA, *Textos históricos...*, pp. 321 e ss.

[334] Cfr. JORGE DE ESTEBAN, *Las Constituciones de España*, 2.ª ed., Madrid, 2000, pp. 318 e ss.

– externamente, através da adopção de medidas de proteccionismo económico, afirmando o valor da economia do Estado no domínio das relações internacionais.

27. O Estado Social do século XX

I. A partir de meados do século XX, sobretudo depois de a II Guerra Mundial ter acabado, começaria a esboçar-se uma nova concepção de Estado, que se apelidaria de *Estado Social.*

Para essa expansão do Estado Social seria importante o contributo de algumas experiências precedentes, que lançariam os caboucos da sua afirmação global depois da abolição dos fascismos alemão e italiano com a sua derrota naquele conflito mundial: o caso da experiência social na pendência da Constituição alemã de Weimar de 1919[335], já na esteira do previdencialismo bismarkiano, ou o caso da experiência mexicana com a sua Constituição de 1917[336].

Só que, por outro lado, a preocupação pelo pluralismo, numa sociedade de cunho mais democrático, e não apenas liberal, implicava uma intervenção do Estado, ao nível prestador e regulador, propiciando ao cidadão uma liberdade de participação na definição da governação através de um *status activus.*

A experiência do Estado Social[337], tendo começado na Europa, rapidamente se expanderia um pouco por toda a parte, de acordo

---

[335] O texto desta Constituição dedicava muitas disposições, dentro da sua Parte II, reservada aos "Direitos e deveres fundamentais dos alemães", a aspectos fundamentais numa óptica de Constituição social: a vida social, a educação, o ensino e a vida económica.

[336] O texto desta Constituição estabelecia várias disposições de cunho social, como as que são incluídas no seu título VI, com a epígrafe "Do trabalho e da previdência social". Cfr. JORGE MIRANDA, *Textos históricos...*, pp. 262 e ss.

[337] Sobre o Estado Social, v. REINHOLD ZIPPELIUS, *Teoria...*, pp. 380 e ss.; ENRIQUE ÁLVAREZ CONDE, *Curso...*, I, pp. 109 e ss.; JORGE REIS NOVAIS, *Os princípios...*, pp. 30 e ss.

com instituições bem definidas, num claro aperfeiçoamento em relação ao Estado Liberal, mas cujo legado não podia desconsiderar.

II. Do ponto de vista ideológico, é difícil rastrear uma orientação que especificamente tivesse suscitado a criação e o desenvolvimento do Estado Social, sendo antes mais viável considerar uma pluralidade de pontos de vista que para o mesmo fim confluíram.

Num plano mais remoto, sem dúvida que a Questão Social do século XIX[338] muito contribuiu para trazer à superfície todas as contradições do Liberalismo político e jurídico puro, sem que ao Estado fossem pedidas responsabilidades de intervenção social, ao que se juntariam as diversas correntes do pensamento social católico[339].

Num plano mais imediato, não se pode esquecer que o Estado Social foi o produto pragmático de um conjunto de circunstâncias que o tornariam inevitável: os escombros da II Guerra Mundial, que devastaria muitas partes do Globo, mas essencialmente a Europa. O Estado Social foi então visto como o único caminho a trilhar para que a Europa se pudesse erguer das cinzas.

III. O Estado Social, com o qual temos tido um maior ou menor contacto, pelo menos no conjunto das democracias ocidentais, implica novos paradigmas em três aspectos fundamentais da definição do Estado:

– *no aparecimento de novos direitos fundamentais*, em nome de uma igualdade social e reduzindo a liberdade individual;

[338] Em relação à Questão Social, bem como aos respectivos desenvolvimentos doutrinários, v. António Menezes Cordeiro, *Manual de Direito do Trabalho*, pp. 67 e ss.; Pedro Romano Martinez, *Direito do Trabalho*, Coimbra, 2002, pp. 77 e ss.; Jorge Bacelar Gouveia, *O Código do Trabalho...*, pp. 21 e ss.; José João Abrantes, *Contrato de trabalho e direitos fundamentais*, Coimbra, 2005, pp. 31 e ss.

[339] Sobre a Doutrina Social da Igreja, v. Martim de Albuquerque, *A Doutrina Social de Igreja*, Lisboa, 1965, pp. 5 e ss.; Rita Amaral Cabral, *Eficácia externa da obrigação e o n.° 2 do art. 406.° do Código Civil*, Braga, s. d., pp. 18 e ss.

- *na sofisticação de diversos mecanismos de organização do poder político*, com a abolição do dogma da separação rígida de poderes e o favorecimento de mecanismos de participação democrática;
- *na criação de uma organização constitucional da economia*, domínio relevante para levar à prática vários objectivos de intervenção social.

IV. Um dos sectores que mais sofre mutação é o dos direitos fundamentais, que observa uma evolução acumulativa dos respectivos catálogos, tal como eles foram arquitectados nos textos constitucionais do século XIX.

É certo que se mantêm os diversos tipos de direitos de natureza liberal, garantindo aos cidadãos espaços de autonomia frente à actividade do poder político.

Mas não deixa de ser seguro o surgimento de novas categorias de direitos fundamentais, os direitos fundamentais sociais ou de 2.ª geração, positivando vantagens de igualdade em favor dos cidadãos, ao permitirem o acesso à saúde, à educação ou à segurança social, nos termos dos respectivos sistemas públicos, que passam a ser criados[340], assumindo a estrutura de direitos a prestações (*Leistungrechte*).

E mesmo em relação aos direitos fundamentais de defesa, passam a ser submetidos a várias cláusulas limitativas em função dos interesses gerais da comunidade, como é exemplo mais ilustrativo a função social da propriedade, que deixa de ser um direito liberal absoluto.

V. Em termos de organização política, completa-se o percurso, iniciado mas nunca acabado, pelo liberalismo político: a representa-

---

[340] Sobre os direitos fundamentais sociais neste contexto aparecidos, v. GEORGES BURDEAU, *A Democracia*, pp. 40 e ss.; JOSÉ MANUEL SÉRVULO CORREIA, *Direitos Fundamentais...*, pp. 13 e ss.; JORGE MIRANDA, *Manual...*, IV, pp. 31 e ss.; MÁRIO RAMOS PEREIRA DA SILVA, *O regime dos direitos sociais na Constituição Cabo-Verdiana de 1992*, Coimbra, 2004, pp. 15 e ss.; JOSÉ JOÃO ABRANTES, *Contrato de trabalho e direitos...*, pp. 36 e ss.

ção liberal atinge a plenitude da representação democrática, com a adopção do sufrágio universal, no lugar do sufrágio masculino, censitário e capacitário.

O aperfeiçoamento da democracia política também se faria sentir no desenvolvimento de outros mecanismos de expressão da vontade popular, como os referendos ou as iniciativas legislativas populares.

Até a articulação dos poderes do Estado se transformou numa visão mais adequada a uma maior necessidade de intervenção social, com a possibilidade de o poder executivo exercer poder legislativo, ao que naturalmente não foi estranho o desaparecimento – ou, pelo menos, a sua profunda desvitalização – do princípio monárquico, impondo-se os princípios republicano e democrático.

Para além disso, surgiram outras instâncias, acima e abaixo do Estado, com uma relevante intervenção política e que determinariam uma maior partilha do poder, enviesando o prisma da separação de poderes para uma lógica vertical.

É por isto que o Estado Social oferece muitas vezes um segundo adjectivo: Estado Social, mas também Democrático, e não já meramente liberal.

VI. A ideia de se atingir uma nova organização económica passa a pertencer ao programa constitucional, que inclui a novidade de inserir capítulos sobre a estruturação da economia – as Constituições económicas – e num profundo contraste com o silêncio, nestas matérias, das Constituições liberais.

A concepção não intervencionista do Estado fica eliminada e, no seu lugar, propõe-se a intervenção económica do Estado como sujeito e como ordenador da actividade económica.

A tributação molda-se ao princípio da progressividade, ao mesmo tempo que se assiste ao crescimento do sector público, perante o aumento assinalável das funções sociais do Estado, na satisfação dos novos direitos fundamentais económicos e sociais.

28. O Estado Pós-Social e da Pós-Modernidade do século XXI?

I. A chegada do século XXI e de um novo milénio fez acentuar um conjunto de problemas que, sobretudo no último quartel do século XX, colocariam em dúvida a utilidade do Estado Social, pelo menos tal como ele tivera sido concebido e praticado a seguir à II Guerra Mundial, no que ficou conhecido por "crise do Estado Social", alguns já dando o nome de *Estado Pós-Social*[341].

Uma das razões radica nas insuficiências do gigantesco aparelho social que se criou com os diversos sistemas de direitos económicos e sociais, fazendo aumentar a carga fiscal e gerando diversas ineficiências na gestão dos recursos.

Por outra banda, a globalização derrubaria fronteiras em todos os domínios, não se excluindo a circulação das pessoas e a migração, para além do facto de a competição directa ser feita à escala global, não já dentro de espaços economicamente protegidos.

II. Na perspectiva da protecção dos direitos fundamentais, a configuração do Estado Pós-Social enfrenta uma mudança sensível na estrutura dos direitos apresentados, surgindo novas gerações, a 3.ª e a 4.ª[342], considerados direitos fundamentais "pós-modernistas"[343].

---

[341] Defendendo a existência de um Estado Pós-Social de Direito, ainda que com interpretações muito próprias, ANTONIO J. PORRAS NADALES, *Introducción a una Teoría del Estado Postsocial*, Barcelona, 1988, pp. 127 e ss.; VASCO PEREIRA DA SILVA, *Para um contencioso administrativo dos particulares – esboço de uma teoria subjectivista do recurso directo de anulação*, Coimbra, 1989, pp. 56 e ss., e *Em busca...*, pp. 122 e ss.; ROBERT NOZICK, *Anarquia, Estado e Utopia*, Rio de Janeiro, 1991, p. 150, este num cunho mais liberalizante, chamando a atenção para os perigos de o Estado Social se descontrolar nas suas funções, transformando-se num "Estado Frankenstein"; MARCELO REBELO DE SOUSA, *Constituição da República Portuguesa e Legislação Complementar – introdução*, Lisboa, 1992, pp. 8 e 9; MARIA JOÃO ESTORNINHO, *A Fuga...*, pp. 47 e ss.

[342] Sobre as 3.ª e 4.ª gerações de direitos fundamentais em geral, v. JORGE MIRANDA, *Manual...*, IV, pp. 15 e ss.; JOSÉ MANUEL SÉRVULO CORREIA, *Direitos Fundamentais...*, pp. 37 e ss.

Deixando de existir um unívoco fio condutor na positivação destes novos direitos, eles vão surgindo ao sabor de necessidades mais particulares, à medida que outros desafios se vão colocando ao Estado:

- *os desafios da degradação ambiental*, com a criação de direitos fundamentais de protecção no ambiente;
- *os desafios do progresso tecnológico*, com o aparecimento de direitos de protecção da pessoa na Bioética;
- *os desafios do multiculturalismo das sociedades*, com o aparecimento de direitos de defesa das minorias.

III. Os sinais dessa mudança, que nos parece inelutável, são visíveis nas múltiplas dimensões da organização do poder estadual, pelo que nem sequer se pode dizer que seja apenas a afirmação de um aspecto parcelar da caracterização da evolução do Estado Constitucional.

Esses sinais são desde logo nítidos na configuração do exercício do poder público e nas relações que este mantém com os cidadãos, afirmando-se a intensidade de uma democracia participativa, que sem colocar em causa a democracia representativa a fortemente condiciona:

- no uso constante de sondagens, assinalando as diversas etapas da decisão política;
- na abertura permanente da decisão política aos contributos dos grupos de interesses;
- na possibilidade de os cidadãos, pela petição e pela iniciativa legislativa popular, poderem impulsionar o procedimento legislativo.

Esses sinais são também claros na configuração da execução dos direitos fundamentais dos cidadãos, com a concorrência entre esquemas públicos, privados e sociais, num claro recuo do exclusivo dos sistemas públicos. As recentes reformas que se vão fazendo na saúde, no ensino ou na segurança social são disso uma indesmentível evidência.

IV. Pode é questionar-se até que ponto estas alterações, que vão sendo mais estruturais do que conjunturais, se mostram verdadeiramente relevantes para permitirem afirmar um Estado Pós-Social, designação que, à falta de outra melhor, se afirma pela negação daquilo que o Estado já não é.

Uma boa parte da doutrina entende que estas mudanças, não obstante serem inquestionáveis, se posicionam como acertos normais num longo percurso que o Estado Social já tem, mas que não têm em si mesmo a virtualidade de sugerir a transição para um novo modelo de Estado, assumindo-se apenas numa óptica de intensidade e não tanto na respectiva natureza.

Não parece que essa concepção seja suficientemente explicativa da realidade. Os factores de mudança são tão fortes que tem sentido afirmar um novo modelo de Estado, até por força do influxo da própria globalização e do multiculturalismo que lhe está subjacente.

§ 7.° A caracterização do Estado Português

29. A formação e a evolução de Portugal

I. A evolução do Estado em geral não deixará de interessar a Portugal, sendo certo que não é um Estado de formação recente[344]

---

[343] Usando a expressão de JOSÉ MANUEL SÉRVULO CORREIA, *Direitos Fundamentais...*, p. 37.

[344] Sobre a evolução do Estado Português em geral, nas suas mais marcantes datas e acontecimentos, v. F. P DE ALMEIDA LANGHANS, *Estudos de Direito*, pp. 225 e ss.; DIOGO FREITAS DO AMARAL, *Uma solução para Portugal*, 6.ª ed., Mem Martins, 1985, pp. 17 e ss., e *Manual de Introdução...*, I, pp. 92 e ss.; PEDRO SOARES MARTÍNEZ, *História Diplomática de Portugal*, Lisboa, 1986, pp. 23 e ss.; J. P. OLIVEIRA MARTINS, *História de Portugal*, Lisboa, 1988, pp. 53 e ss.; MÁRIO JÚLIO DE ALMEIDA COSTA, *História...*, pp. 149 e ss.; A. H. DE OLIVEIRA MARTINS, *História de Portugal – síntese*, Lisboa, 1991, pp. 13 e ss.; JOSÉ HERMANO SARAIVA, *História de Portugal*, Mem Martins, 1993, pp. 55 e ss.; ANTÓNIO MANUEL HESPANHA, *História das Instituições...*, pp. 113 e ss., e *As Vésperas do Leviathan – Instituições e poder político em Portugal (séc. XVII)*, Coimbra, 1994, pp. 61 e ss.; JORGE BACELAR GOUVEIA, *La Citoyenneté au Portugal – commentaires et réflexions*, in AAVV, *Citoyennetés nationales et citoyenneté européenne* (coord. de FRANÇOISE PARISOT), Paris, 1998, pp. 206 e ss.; KENNETH MAXWELL, *A construção da Democracia em Portugal*, Lisboa, 1999, pp. 21 e ss.; JORGE MIRANDA, *Manual...*, I, pp. 73 e 74; MARCELLO CAETANO, *História...*, pp. 177 e ss.; NUNO J. ESPINOSA GOMES DA SILVA, *História...*, pp. 139 e ss.; MANUEL DE SOUSA, *Reis e Rainhas de Portugal*, 6.ª ed., Mem Martins, 2002, pp. 31 e ss.; PAULO MERÊA, *O poder real e as Cortes*, in *Estudos de Filosofia Jurídica e de História das Doutrinas Políticas*, Lisboa, 2004, pp. 225 e ss.

e, pelo contrário, mergulha as suas raízes nas profundezas da Idade Média[345].

É assim possível distribuir os períodos da História de Portugal pelos diversos momentos por que se apresenta o Estado no seu caminho ao longo dos tempos, de que cumpre evidenciar as seguintes fases, na esteira da proposta de MARCELLO CAETANO[346]:

- *o período medieval*: o nascimento e o alastramento peninsular do Estado;
- *o período moderno*: a expansão territorial além continental e o fortalecimento do poder real, com o desconto da interrupção da união pessoal com Espanha;
- *o período contemporâneo*: a redução europeia e o Constitucionalismo, assim como as vicissitudes do século XX, com a crise da monarquia e a I República, a II República autoritária e nacionalista e a actual III República, Democrática e Social.

II. A origem do Estado Português remonta a 1179[347], altura em que, pela bula *Manifestis Probatum*, o Papa Alexandre III reconheceu

---

[345] Numa interessante e específica perspectiva da evolução do Estado Português sob a óptica das instituições de ordem pública, v. ANTÓNIO PEDRO RIBEIRO DOS SANTOS, *O Estado e a Ordem Pública – as instituições militares portuguesas*, Lisboa, 1999, pp. 13 e ss.

[346] MARCELLO CAETANO (*História...*, p. 31 e ss.), um dos maiores historiadores do Direito e do Estado em Portugal, é mais analítico e propõe cinco períodos, em obra que infelizmente não teria tempo de terminar:

- 1.° período: Formação do Estado (1140-1248);
- 2.° período: Consolidação do Estado (1248-1495);
- 3.° período: Estabilização do Estado (1495-1750);
- 4.° período: Reformas da Ilustração (1750-1820);
- 5.° período: Revolução liberal (1820-1926).

[347] Sobre estas diversas datas para a afirmação de Portugal, v. AAVV, *8.° Centenário do Reconhecimento de Portugal pela Santa Sé* (org. pela Academia Portuguesa de História), Lisboa, 1979; PEDRO SOARES MARTÍNEZ, *História Diplomática...*, pp. 24 e ss.; DIOGO FREITAS DO AMARAL, *D. Afonso Henriques – biografia*, Lisboa, 2000, pp. 85 e ss., e *Em que momento se tornou Portugal um país independente*, Coimbra,

a D. Afonso Henriques o título de *rex* de Portugal, sinal decisivo ao tempo, na lógica própria da *Respublica Christiana*[348].

Só que essa não foi a data da autonomia político-institucional daquilo que se chama Portugal, com outros marcos a assinalar:

– *o ano de 1139*: a data da batalha de Ourique, a partir da qual D. Afonso Henriques começou a ser apelidado de rei;
– *o ano de 1143*: momento da celebração do Tratado de Zamora com Castela, com o reconhecimento da posição de rei a D. Afonso Henriques por parte de D. Afonso VII, rei de Leão e Castela.

Como quer que seja, o início do Estado Português não pode nunca corresponder à completude da esmagadora maioria das suas parcelas no espaço continental, uma vez que isso só viria a acontecer muito mais tarde, no tempo do reinado de D. Afonso III, com a conquista do Algarve, assim se definitivamente estabelecendo no plano ibérico, que se mantém, com pequenas excepções, até aos nossos dias[349].

2001, pp. 11 e ss.; MARCELLO CAETANO, *História...*, pp. 203 e ss., e *A Bula Manifestis Probatum*, in *Marcello Caetano no exílio*, Lisboa, 2006, pp. 135 e ss.; MARGARIDA GARCEZ VENTURA, *A definição das fronteiras – 1096/1297*, Lisboa, 2007, pp. 7 e ss.

[348] Como se dizia na Bula *Manifestis Probatum*, de 23 de Maio de 1179, "Está demonstrado com provas manifestas que, através de esforços bélicos e aguerridas pelejas, tens sido um intrépido extirpador dos inimigos do nome cristão e um diligente propagador da fé cristã; e, como bom filho e príncipe católico, tens também tido variadas atenções de benevolência com tua mãe a Santa Igreja, deixando aos vindouros um nome digno de louvor e um exemplo a imitar".

[349] Na opinião de MARCELLO CAETANO (*A Bula...*, p. 135), "É corrente entre os homens de leis a distinção entre o que é constitutivo de direitos e o que serve para mera declaração de direitos já existentes. A bula de Alexandre III é, a esta luz, um acto meramente declarativo de uma situação criada muito antes", noutro passo ainda acrescentando (p. 137) que "A independência de Portual, meus senhores, não foi pois, como alguns pretendem insinuar, uma dávida da Santa Sé: Portugal não nasceu no regaço da Igreja Católica, não foi embalado, acarinhado,

III. A partir do século XV, com os Descobrimentos, o Estado Português conheceu um período de múltiplos alargamentos territoriais, pelo acrescento das novas possessões ultramarinas entretanto descobertas, da África à Ásia, passando pela América do Sul.

Embora juridicamente se mantendo a unidade do Estado, a expansão territorial abriria os horizontes religiosos e económicos da vida portuguesa, ao mesmo tempo que impunha novos esquemas de aplicação do Direito Estadual, levando em consideração as particularidades ditadas por essas novas realidades.

Entre 1580 e 1640, Portugal viveria um período de união pessoal com os soberanos de Espanha, coincidindo na mesma pessoa a titularidade das coroas portuguesa e espanhola.

Juridicamente, não se poderia colocar em crise a subsistência de Portugal como Estado, embora *de facto* se pudesse assinalar uma dependência constante dos interesses de Portugal em relação aos interesses de Espanha, por os titulares da coroa, nessa união pessoal, serem espanhóis e não portugueses.

Com a Restauração de 1640, e todas as vicissitudes que se lhe seguiriam, seria possível recuperar a independência política fáctica, sendo de novo Portugal governado por portugueses e em nome do seu interesse próprio, terminando a união pessoal e a subjugação política a Espanha, em continuação da afirmação do poder régio até ao século XIX.

IV. O período da Idade Contemporânea projectou-se na evolução que o Estado Português ofereceu com a Revolução Liberal de 1820, na esteira de outras experiências revolucionárias de cunho liberal, como a francesa de 1789 e a espanhola de 1808.

Foi a partir de então que se instalaria em Portugal o fenómeno dos textos constitucionais escritos, que não mais seria abandonado, contando neste momento com seis Constituições.

---

nutrido, fortificado pelos pontífices romanos. Isso nada depõe contra a Igreja que tinha a sua política e a sua visão dos interesses da Cristandade. Mas é a verdade: Portugal nasceu da vontade e do esforço dos portugueses, que na guerra e na diplomacia souberam então impor a sua autonomia política".

Neste período de Estado Constitucional, julga-se ainda de dissociar diferentes fases, em correspondência com as opções fundamentais de cada uma dessas Constituições, assim como em razão de outros factores – históricos, políticos e sociais – da maior importância[350].

30. O elemento humano: os cidadãos portugueses

I. Do ponto de vista do elemento humano, o Estado Português – como, de resto, qualquer estrutura estadual – só faz sentido ao assentar no conjunto das pessoas que se lhe vinculam por um laço jurídico-público de cidadania: *os cidadãos portugueses*[351].

Trata-se de uma qualidade jurídica de feição complexa, nela se perspectivando múltiplas e heterogéneas posições jurídico-públicas, que substanciam uma relação estrutural do Estado enquanto agremiação de pessoas com um destino colectivo, as quais dão sentido a um projecto de poder político.

Terminologicamente, o Direito Português não é excepção no uso erróneo da palavra "nacionalidade", em vez da palavra "cidadania", tal como o mostra a nossa lei ordinária, que é a Lei da Nacionalidade (LN), embora tal não sucedendo no plano da CRP.

O regime da cidadania em Portugal obedece a duas fontes internas fundamentais, sem ainda esquecer a pertinência de fontes internacionais: por um lado, as normas e os princípios constitucionais; por outro lado, a LN, que concretiza os múltiplos processos de atribuição da cidadania, bem como os efeitos que lhe estão associados.

II. No tocante ao texto constitucional, a relevância da cidadania portuguesa como substrato humano da estrutura estadual surge

---

[350] Que depois analisaremos no capítulo sobre a evolução do Direito Constitucional Português. Cfr. *infra* capítulo IV.

[351] Num total de 10 356 117 habitantes, no plano populacional, para além de mais 4 milhões de cidadãos portugueses que vivem no estrangeiro.

referenciada a diversos títulos, se bem que com intensidades regulativas desiguais.

Em matéria de caracterização de quem é ou pode ser cidadão português, que é de longe o aspecto mais relevante, a CRP é literalmente silente, limitando-se a dizer, em preceito com a epígrafe "Cidadania portuguesa", que "São cidadãos portugueses todos aqueles que como tal sejam considerados pela lei ou por convenção internacional"[352].

De acordo com uma perspectiva meramente textual, debalde podemos captar neste preceito constitucional uma qualquer indicação substantiva a respeito do acesso à qualidade de cidadão português, numa remissão que assim se opera para o Direito Infraconstitucional, que parece ser condenável, dados os termos demasiado amplos em que foi formulada.

Por isso mesmo, tem-se reconhecido que, a despeito desta abertura à discricionariedade normativa infra-constitucional, as opções a tomar não são absolutamente livres e apenas podem mover-se no âmbito de uma margem de liberdade com algumas balizas definidas, devendo comprovar-se uma peculiar ligação a Portugal nos critérios da escolha dos cidadãos portugueses[353].

III. Perante a omissão de dados constitucionais suficientemente densos, tem competido à lei ordinária um papel fundamental na explicitação dos critérios que subjazem à atribuição do vínculo de cidadania, o que veio a suceder com a LN, que estabelece diversos esquemas da sua concessão[354]:

– *a atribuição originária pelo nascimento*, a que se chama cidadania originária, para os casos de nascimento de cidadão português ou em território português, ainda que com algumas limitações;

---

352 Art. 4.° da CRP.

353 É esta a opinião de J. J. GOMES CANOTILHO e VITAL MOREIRA, *Constituição da República Portuguesa anotada*, 3.ª ed., Coimbra, 1993, p. 15.

354 Cfr. os arts. 1.° e ss. da LN.

- *a aquisição por efeito da vontade*, incluindo-se nesta hipótese o caso da aquisição por filhos menores ou incapazes quando os progenitores adquirem a cidadania portuguesa e o caso da aquisição da cidadania do cônjuge por efeito do casamento ou da união de facto;
- *a aquisição por efeito da adopção*, quando os pais adoptivos transmitem ao filho adoptado a sua cidadania;
- *a aquisição por naturalização*, situação em que ao cidadão estrangeiro, em nome de uma ligação forte a Portugal dada pela residência e pelo conhecimento das suas realidades, é atribuída a cidadania portuguesa.

O vínculo da cidadania portuguesa pode ainda ser observado sob a perspectiva da sua perda, prevendo-se a renúncia, que só não é operativa no caso de desembocar numa situação de apolidia[355].

IV. De um modo geral, dois são os principais critérios que costumam ser invocados para se proceder a uma conexão das pessoas relativamente aos Estados no seio de um vínculo de cidadania:

- o *ius sanguinis*; e
- o *ius soli*.

O *ius sanguinis* significa que a cidadania permanece na descendência daqueles que, uma primeira vez, a alcançaram, sendo assim cidadãos de um Estado os descendentes dos que já o eram antes, independentemente da consideração de outros critérios.

O *ius soli*, inversamente, sublinha a importância do lugar do nascimento da pessoa em questão, atribuindo-se a cidadania do Estado em cujo território aquele aconteça com desconsideração da ligação aos respectivos progenitores.

Na prática, estes dois modelos de atribuição não podem funcionar nesta sua pureza e transformam-se normalmente em *sistemas mis-*

[355] Cfr. o art. 8.° da LN.

tos, nos quais aqueles dois critérios se encontram presentes, ainda que um deles possa ser predominante relativamente ao outro.

A observação dos esquemas que a LN de Portugal permite nas diversas hipóteses de *atribuição da nacionalidade*, com o peculiar relace que deve ser dado à aquisição por nascimento, frisa a predominância do *ius sanguinis* por relação com *ius soli*[356], sendo de descrever os dois casos que exemplificam a sua aplicação prática:

- os filhos de pai ou mãe portuguesa são sempre portugueses, nascidos em Portugal, e se nascidos no estrangeiro também o são desde que aí eles se encontrem ao serviço de Portugal, se declararem querer ser portugueses ou se inscreverem no registo civil português;
- os indivíduos nascidos em Portugal só são portugueses se não possuírem outra cidadania ou se se colocarem numa destas situações: "Os indivíduos nascidos no território português, filhos de estrangeiros, se pelo menos um dos progenitores também aqui tiver nascido e aqui tiver residência, independentemente de título, ao tempo do nascimento", ou "Os indivíduos nascidos no território português, filhos de estrangeiros que não se encontrem ao serviço do respectivo Estado, se declararem que querem ser portugueses e desde que, no momento do nascimento, um dos progenitores aqui resida legalmente há pelo menos cinco anos"[357].

---

[356] Quanto à configuração do Direito Português da Nacionalidade, v. MARCELO REBELO DE SOUSA, *Direito Constitucional...*, pp. 114 e ss.; CRISTINA SOUSA MACHADO, *Concessão da nacionalidade portuguesa – limites intrínsecos da discricionariedade*, in AAVV, *XX Aniversário do Provedor de Justiça – estudos*, Lisboa, 1995, pp. 19 e ss.; ANTÓNIO MARQUES DOS SANTOS, *Estudos de Direito da Nacionalidade*, Coimbra, 1998, pp. 213 e ss.; JORGE BACELAR GOUVEIA, *La citoyenneté...*, pp. 212 e ss.; RUI MOURA RAMOS, *Continuidade e mudança no Direito da Nacionalidade em Portugal*, in AAVV, *Portugal-Brasil Ano 2000*, Coimbra, 1999, pp. 399 e ss.; JOSÉ JOÃO GONÇALVES PROENÇA, *Tratado Elementar de Direito Internacional Privado – parte geral*, I, Lisboa, 2004, pp. 89 e ss.; JORGE MIRANDA, *Manual...*, III, pp. 117 e ss.

[357] Art. 1.°, n.° 1. als. d) e e), da LN.

V. A relevância da cidadania portuguesa, num efeito que, irradiando da CRP, se comunica a todas as paragens da Ordem Jurídica Portuguesa, não se resume ao aspecto particular da sua atribuição e vivifica-se mais amplamente num estatuto que compreende diversas parcelas, que em síntese podem ser assim resumidas:

- a capacidade para eleger e referendar, nos termos do direito de sufrágio;
- a exclusividade do acesso aos cargos políticos mais relevantes;
- a obrigação de defender a Pátria, em caso de necessidade.

31. O elemento funcional: a soberania portuguesa

I. O elemento funcional estruturante do Estado Português, que diz respeito à natureza do poder político que lhe está atribuído, não faz sobrar qualquer dúvida sobre a sua feição soberana.

É isso que é referido em diversos passos da CRP, nos quais se sublinha a ideia comum do carácter soberano do poder político, genericamente representado pela República Portuguesa como Estado soberano e fundado na soberania popular[358].

Esta mesma conclusão é reforçada pela opção fundamental que o texto constitucional fez no sentido do unitarismo como esquema de estruturação do Estado Português.

II. Da perspectiva da explicitação da origem deste poder estadual, tomando por referência o critério da sua primariedade, registe-se que são múltiplos os elementos normativo-constitucionais que o facilmente comprovam.

Primeiro, a própria ideia de o texto constitucional ser o produto da vontade do povo soberano, tal como ela vem a ser algo poeticamente apresentada no preâmbulo da CRP: "A Assembleia Consti-

---

[358] Cfr. os arts. 1.° e ss. da CRP.

tuinte afirma a decisão do povo português de defender a independência nacional...".

Depois, a nitidez da afirmação do princípio da constitucionalidade, que interessa aqui não tanto sob o prisma da superioridade hierárquico-formal do texto constitucional quanto sobretudo por inculcar o sentido de que o texto constitucional é o texto fundador da Ordem Jurídica Estadual[359].

Finalmente, cumpre ainda referir todas as limitações que a CRP apresenta quando permite a manifestação do poder de revisão constitucional, através de uma extensa cláusula de limites materiais de revisão constitucional, nelas não olvidando a independência nacional e a soberania do poder político estadual[360].

III. Atendendo às duas vertentes da soberania estadual, Portugal é duplamente definido como soberano na ordem interna e na ordem externa[361], assinalando-se as marcas que comprovam tal especial modalidade de poder político, que é o poder político soberano[362]:

- *ao nível interno*, todos devem obediência ao Estado através da sua Constituição, dado que a validade dos actos jurídicos praticados depende da conformidade com o respectivo texto constitucional;
- *ao nível externo*, as relações internacionais de Portugal devem pautar-se por importantes princípios, sendo um deles o do respeito pela independência nacional, dos outros Estados e de si próprio, princípio da independência nacional que se confirma tanto no conjunto das tarefas fundamentais do Estado como, mais solenemente, na matéria dos limites materiais de revisão constitucional[363].

---

359 Cfr. o art. 3.° da CRP.

360 Cfr. o art. 288.° da CRP.

361 Num dos sentidos possíveis que podemos atribuir aos termos em que está redigido o art. 1.° da CRP: "Portugal é uma República soberana...".

362 Cfr., por todos, JORGE MIRANDA, *Manual...*, III, pp. 183 e ss.

363 Cfr., respectivamente, os arts. 9.°, al. a), e 288.°, al. a), da CRP.

IV. Para confirmar tudo quanto se refere está ainda o facto de a soberania portuguesa, interna e externa, não ser motivo para impedir outros esquemas de organização política.

Dentro do território português, a estruturação do poder político soberano desenvolve-se concomitantemente com a aceitação de estruturas dotadas de *autonomia política*, mas que não são de soberania:

- as regiões autónomas;
- as autarquias locais; e
- outras entidades administrativas.

No relacionamento internacional, a soberania portuguesa é compatível com a adopção de compromissos internacionais, assim como a pertença de Portugal a várias instâncias internacionais, que nele projectam os respectivos ordenamentos jurídicos.

32. O elemento espacial: o território português

I. É com a preocupação de delimitar o território nacional de Portugal que a CRP lhe reserva artigo próprio[364], com a epígrafe "Território", assim esclarecendo os seus diversos espaços[365]:

> "1. Portugal abrange o território historicamente definido no continente europeu e os arquipélagos dos Açores e da Madeira."
>
> "2. A lei define a extensão e o limite das águas territoriais, a zona económica exclusiva e os direitos de Portugal aos fundos marinhos contíguos."

---

[364] Cfr. o art. 5.° da CRP.

[365] Sobre o território português em geral, v. JORGE MIRANDA, *O território*, in AAVV, ESC, II, Lisboa, 1978, pp. 73 e ss., *Manual...*, III, pp. 253 e ss.; MARCELO REBELO DE SOUSA, *Direito Constitucional...*, pp. 127 e ss.; JOSÉ CALVET DE MAGALHÃES, *Fronteira*, pp. 406 e ss.; J. J. GOMES CANOTILHO e VITAL MOREIRA, *Constituição...*, pp. 73 e 74; JOSÉ PEDRO FERNANDES, *Território nacional*, in DJAP, VII, Lisboa, 1996, pp. 412 e ss.; JORGE BACELAR GOUVEIA, *O estado de excepção...*, II, pp. 982 e ss., e *Manual...*, pp. 576 e ss.

"3. O Estado não aliena qualquer parte do território português ou dos direitos de soberania que sobre ele exerce, sem prejuízo da rectificação de fronteiras".

Numa palavra: o território português inclui as três categorias possíveis que ficaram assinaladas, que são o território terrestre[366], o território marítimo e o território aéreo.

II. No tocante ao *espaço terrestre*, a CRP, ao contrário de exemplos colhidos de anteriores textos constitucionais, adopta a técnica da cláusula geral, esquivando-se a uma alusão tipológica, na enunciação das respectivas parcelas.

Por outro lado, com a descolonização terminada e com a saída de Macau e de Timor Leste da órbita portuguesa, caducaram as disposições constitucionais que disciplinavam, quanto a estes territórios, o exercício de alguns poderes, embora já não fossem considerados como fazendo formalmente parte de Portugal[367].

Note-se, porém, que a fraseologia constitucional, para o território terrestre, é bastante equívoca por falar em "território historicamente definido no continente europeu e os arquipélagos...", dando a entender que é o território composto pela terra seca, sendo certo que o conceito de território, nesta acepção, inclui outros espaços, como os marítimos, para além do óbvio suplemento de certeza jurídica que seria inerente à utilização de normas tipológicas na identificação do território.

Resta ainda mencionar que, mesmo não tendo sido individualizados, os espaços lacustres e fluviais, integrados na terra seca, ficam

---

[366] O território terrestre português tem a seguinte extensão: continental, 88 797 km^2; insular açoriano, 2 333 km^2; insular madeirense, 797 km^2.

[367] Por essa razão – e bem – a LC n.° 1/2004, que protagonizou a VI revisão da CRP, revogou os arts. 292.° e 293.° da CRP, que respectivamente disciplinavam os poderes de Portugal em relação a esses territórios, entretanto o primeiro integrado na República Popular da China e o outro erigido a Estado independente.

automaticamente sendo pertença do território terrestre. Para isso também contribui, ainda que indirectamente, a consideração desses espaços no âmbito do domínio público, segundo um argumento de maioria de razão.

Deste modo, o território terrestre português é simultaneamente continental e insular:

- *no continente europeu*, abrange "o território historicamente definido" na Península Ibérica;
- *em matéria de ilhas*, abrange "os arquipélagos dos Açores e da Madeira".

De pequenas dimensões a princípio, passando depois a imenso império territorial com os Descobrimentos dos séculos XV e XVI, Portugal encontra-se de novo confinado a um pequeno território terrestre com cerca de 88 000 km?, cujas fronteiras continentais, contudo, são as mais antigas da Europa.

Numa situação incerta está o território de Olivença, *de facto* sob a soberania de Espanha, mas *de iure* pertencendo a Portugal[368], o que se pode comprovar por um conjunto de argumentos jurídicos inequívocos:

- as declarações proferidas por Deputados à Assembleia da República reclamando a pertença de Olivença a Portugal;
- a recusa, por parte da Comissão Internacional de Limites entre Portugal e Espanha, de traçar a fronteira entre o Rio Caia e a Ribeira de Cuncos;

---

[368] Ainda que a CRP não o diga explicitamente, Olivença pertence a Portugal desde que essa parcela foi formalmente incorporada na soberania portuguesa pelo Tratado de Alcanices, assinado em 12 de Setembro de 1297 pelo rei D. Dinis e pelo rei D. Fernando IV, de Castela.

Embora no período das invasões napoleónicas, em 6 de Junho de 1801, a praça de Olivença tivesse sido incluída no território espanhol pelo art. III do Tratado de Badajoz, essa disposição seria pouco tempo depois revogada pelo art. 105.° – assim se mantendo até hoje – da Acta Final do Congresso de Viena, assinado em 9 de Junho de 1815, vinculando Portugal e Espanha, para além das diversas potências europeias na época pós-napoleónica.

– o reconhecimento, em parecer (homologado) do Conselho Consultivo da Procuradoria-Geral da República, de que os naturais do território oliventino são portugueses[369].

III. Em relação ao *espaço marítimo*, depara-se com algumas anomalias, cometendo o supra-mencionado preceito vários erros técnicos, que só têm desculpa porque o legislador não é juscientista:

– inventa um conceito – o conceito de "águas territoriais" – que não tem qualquer correspondência com o Direito Internacional do Mar, o qual só pode ser deslindado através da sua decomposição em três realidades distintas, a saber: (i) as águas interiores, (ii) os estreitos internacionais e (iii) o mar territorial, conceitos que não são propriamente coincidentes;
– confunde diversos espaços terrestres que subjazem aos espaços marítimos, sendo certo que a plataforma continental tem uma natureza de soberania estadual, ao passo que a área é um espaço fortemente internacionalizado, sendo certo que o texto constitucional à mesma coisa equivocadamente se referindo por intermédio da expressão "fundos marinhos";
– erra na consideração como espaço soberano de um espaço que é apenas limitado – a zona económica exclusiva – porque lhe faz referência em preceito que se destina, como se deduz da sua epígrafe, à definição da soberania territorial do Estado Português, numa inserção sistemática assim totalmente deslocada[370].

---

[369] Sobre a questão de Olivença, v. JORGE MIRANDA, *Manual...*, III, pp. 253 e ss., e PEDRO CARMONA, *Aspectos histórico-Jurídicos de Olivença,* in NE, n.° 12, Lisboa, Janeiro de 2008, pp. 245 e ss.

V. ainda as iniciativas que têm sido levadas a cabo pela Associação "Grupo dos Amigos de Olivença" (www.olivenca.org).

[370] Eis alguns tópicos para reflectir numa próxima revisão constitucional, assim terminando com dúvidas regulativas sobre esta matéria, que não devem continuar.

Por via da sua posição atlântica, Portugal goza de um território marítimo que inclui as águas interiores, o mar territorial até às 12 milhas[371] e uma extensa plataforma continental.

Os poderes do Estado Português sobre as águas atlânticas, não já de soberania mas de mera jurisdição, abrangem ainda os espaços correspondentes à zona contígua, das 12 até às 24 milhas[372], e à zona económica exclusiva, até às 200 milhas[373], ao redor da costa continental e das ilhas dos arquipélagos dos Açores e da Madeira, zona económica exclusiva que é das mais extensas da Europa[374].

IV. Em matéria de *território aéreo*, com espanto, enfrenta-se um total silêncio constitucional, nada abonatório para a qualidade da redacção deste preceito da CRP.

Atrever-se-iam alguns a insinuar que Portugal teria renunciado ao exercício de poderes de soberania sobre o espaço aéreo que se compreendesse sobrejacentemente aos espaços terrestres e marítimos da sua soberania. Essa seria uma conclusão absurda, bem desmentida pela prática como pelo Direito Internacional a que Portugal se vinculou.

O que há é uma flagrante lacuna constitucional, que convém integrar pela criação de uma norma idêntica àquela que existe para os espaços soberanos análogos, esperando-se que em próxima revisão constitucional a lacuna desapareça de vez pelo seu preenchimento normativo.

---

[371] Cfr. o art. 1.° da L n.° 34/2006, de 28 de Julho.

[372] Cfr. o art. 7.° da L n.° 34/2006.

[373] Cfr. o art. 8.° da L n.° 34/2006.

[374] Quanto aos inúmeros problemas de definição e delimitação dos espaços marítimos portugueses, em grande medida motivados pela ratificação da CNUDM, de 10 de Dezembro de 1982, v. FAUSTO DE QUADROS, PAULO OTERO e JORGE BACELAR GOUVEIA, *Portugal e o Direito do Mar*, Lisboa, 2004, pp. 37 e ss. e pp. 95 e ss.

O território aéreo, apesar de a CRP não conter nenhuma disposição a este propósito, abrange o espaço aéreo sobrejacente aos espaços terrestres e marítimos de soberania estadual, prolongando-se verticalmente até ao limite inferior do espaço exterior, a definir-se de acordo com a prática do Direito Internacional.

CAPÍTULO III
PERSPECTIVAS DE DIREITO CONSTITUCIONAL COMPARADO

§ 8.° Aspectos metodológicos gerais

§ 9.° O Direito Constitucional do Reino Unido

§ 10.° O Direito Constitucional dos Estados Unidos da América

§ 11.° O Direito Constitucional da França

§ 12.° Os Direitos Constitucionais dos Estados de Língua Portuguesa

§ 13.° Outros Direitos Constitucionais

§ 8.º Aspectos metodológicos gerais

33. A comparação em Direito Constitucional

I. Descrita a evolução do Estado ao longo da História Universal, tendo ainda sido especialmente focada a sua inserção na Idade Contemporânea, em que aparece o Direito Constitucional, é agora o momento azado para se viajar pelos mais relevantes sistemas constitucionais sob o ponto de vista do seu contributo na formação das instituições constitucionais mais significativas.

Nunca é demais alinhar as diversas vantagens que a actividade comparativa no Direito Constitucional – como, de resto, no Direito em geral – pode proporcionar àqueles que se abalançam ao estudo deste apaixonante sector jurídico[375]:

- *uma função pedagógica*, possibilitando melhor conhecer as soluções próprias;
- *uma função hermenêutica*, oferecendo contributos para a interpretação e a integração de lacunas;
- *uma função prospectiva*, dando pistas para alterações legislativas no futuro;

[375] Realçando estas e outras funções do Direito Comparado, KONRAD ZWEIGERT e HEIN KÖTZ, *An Introduction...*, pp. 13 e ss.; CARLOS FERREIRA DE ALMEIDA, *Introdução...*, pp. 15 e ss., e *Direito Comparado...*, pp. 66 e ss.; RENÉ DAVID e CAMILLE JAUFFRET-SPINOSI, *Les grands systèmes...*, pp. 2 e ss.; ARMINDO RIBEIRO MENDES, *Sistemas...*, pp. 33 e ss.; JOSÉ DE OLIVEIRA ASCENSÃO, *O Direito...*, pp. 141 e ss.

– *uma função formativa*, contribuindo para a elevação cultural dos juristas.

II. Simplesmente, seria estulto pensar que esse estudo se poderia fazer sem uma metodologia específica, que é a *metodologia comparatística*, com a qual se pretende evitar que a apresentação das diversas instituições constitucionais possa cair num destes condenáveis erros[376]:

– numa amálgama e mistura sem nexo, em que não se sabe o que procurar e o que apreciar;
– num conjunto de soluções apresentadas em razão de critérios cronológicos, territoriais ou pessoais.

Bem pelo contrário: a metodologia comparatística, hoje já bastante afinada, quer melhor observar os sistemas constitucionais, sem se perder com a ausência de critérios ou com a adopção de falsos critérios.

III. Essa é uma resposta que não é única, na medida em que se deve primeiro frisar quais são os objectos da comparação, pois que a metodologia comparatística assenta na radical dissociação entre[377]:

– a *macro-comparação*, quando se pretende comparar blocos ou ordenamentos jurídicos; e
– a *micro-comparação*, quando se compara um instituto ou um problema mais específico, numa óptica funcional[378].

---

[376] A respeito da metodologia comparatística, v. JOÃO DE CASTRO MENDES, *Direito Comparado*, pp. 24 e ss.; JORGE BACELAR GOUVEIA, *Os direitos fundamentais atípicos*, pp. 25 e 26, e *Considerações...*, pp. 41 e ss.; KONRAD ZWEIGERT e HEIN KÖTZ, *An Introduction...*, pp. 29 e ss.; CARLOS FERREIRA DE ALMEIDA, *Introdução...*, pp. 19 e ss., e *Direito Comparado...*, pp. 113 e ss.; ARMINDO RIBEIRO MENDES, *Sistemas...*, pp. 2 e ss.; JOSÉ DE OLIVEIRA ASCENSÃO, *O Direito...*, pp. 143 e ss.

[377] Cfr. CARLOS FERREIRA DE ALMEIDA, *Introdução...*, pp. 20 e ss.; ARMINDO RIBEIRO MENDES, *Sistemas...*, pp. 47 e ss.

[378] Bom exemplo deste esforço é o *trust*, no Direito Anglo-Saxónico e no Direito Continental: MARIA JOÃO TOMÉ e DIOGO LEITE DE CAMPOS, *A propriedade*

Qualquer uma delas se mostra muito útil no Direito Constitucional, que facilmente absorve as vantagens que ficaram assinaladas[379].

A tarefa comparativa a empreender pode ainda ficar a meio caminho entre a macro-comparação e a micro-comparação, sendo apelidada de *meso-comparação constitucional*[380], ao desejar-se a comparação, não de sistemas jurídicos globais, nem de institutos, mas de sistemas jurídico-constitucionais nos seus traços fundamentais.

IV. No plano em que nos encontramos, na tentativa de se conhecer o desenvolvimento do Direito Constitucional por algumas paragens que não o Direito Constitucional Português, só parece interessar, pelo menos para já, a *macro-comparação constitucional*[381], ainda que com alguma concessão a uma lógica que também pode relevar da *meso-comparação constitucional*.

O que está em causa – sendo também isso o que é praticável num momento de Introdução ao Direito Constitucional – é a observação conjunta e organizada dos principais sistemas constitucionais que determinaram a genealogia dos outros sistemas constitucionais.

Não se trata tanto de apreciar soluções específicas para certos institutos jurídicos, por mais importantes que sejam, antes dar atenção às grandes coordenadas que caracterizam o Direito Constitucio-

---

fiduciária (Trust) – estudo para a sua consagração no Direito Português, Coimbra, 1999, pp. 13 e ss.

Nós próprios já ensaiámos uma comparação constitucional desta natureza em relação às Constituições Fiscais Europeias: JORGE BACELAR GOUVEIA, *Considerações...*, pp. 43 e ss.

379 Sobre o Direito Constitucional Comparado em geral, v., por todos, JORGE MIRANDA, *Manual...*, I, pp. 103 e ss., e PAULO FERREIRA DA CUNHA, *Geografia Constitucional – sistema juspolíticos e globalização*, Lisboa, 2009, pp. 11 e ss.

380 Cfr. CARLOS FERREIRA DE ALMEIDA, *Introdução...*, p. 12.

381 Querendo isto dizer que pode haver casos, já dentro do estudo do Direito Constitucional Português, em que o recurso à micro-comparação constitucional se possa revelar absolutamente indispensável.

nal dos Estados, apreciando como as diversas questões que se colocaram à respectiva regulação foram resolvidas, a partir da afirmação global e extensiva do Estado Constitucional Contemporâneo.

V. Mas também aqui se colocam algumas dúvidas, visto que não é propriamente óbvia a demarcação de quais são os grandes eixos que devem ser considerados na análise comparatística que deve ser executada.

Atendendo ao papel do Direito Constitucional na afirmação do Estado Contemporâneo, sem ainda esquecer todo um percurso progressivamente enriquecedor dos sistemas constitucionais envolvidos, podemos propor a seguinte grelha das questões constitucionais a estudar:

- *o enquadramento histórico-geográfico dos sistemas constitucionais*, com particular relevo para os sistemas constitucionais da actualidade;
- *a configuração, conteúdo e função da Constituição* na formação do Direito Constitucional, assim como o seu desenvolvimento contínuo;
- *a consagração dos direitos fundamentais*, no seu papel limitador do poder político e em articulação com o poder judicial;
- *a modelação das formas e dos regimes políticos*, frisando-se a repartição de atribuições e competências entre o Estado e outras entidades políticas, bem como *a formatação dos sistemas de governo dos órgãos de soberania.*

Importa, porém, lembrar que se concebe esta grelha comparativa com bastante mobilidade, porquanto a análise não se escravizará à ponderação de todos estes critérios e, pelo contrário, escolherá, nos sistemas a apreciar, aqueles que permitem obter os resultados mais singulares no panorama da comparação constitucional geral.

34. Os Direitos Constitucionais Estrangeiros a comparar

I. Definidos os critérios científicos que devem orientar aquele referido estudo, até para que o mesmo se apresente minimamente útil, cumpre fazer a escolha dos sistemas constitucionais a incluir na comparação a empreender.

Escusado será dizer que o conhecimento dos diversos sistemas constitucionais estrangeiros a analisar será tanto mais intenso quanto maior for o número dos sistemas que puderem ser apreciados, no limite se atingindo o ideal da meta da observação dos sistemas constitucionais de todos os Estados do Mundo.

Perante a impossibilidade de realizar essa tarefa no contexto em que nos encontramos, com os mais de 200 Estados existentes, deve ao mesmo tempo duvidar-se da respectiva utilidade, já que é preferível escolher sistemas políticos mais originais no seu contributo para o Direito Constitucional, sem esquecer as múltiplas influências que alguns ordenamentos constitucionais exerceram sobre outros ordenamentos constitucionais.

II. É mais avisado – e, obviamente, também o único procedimento exequível – escolher somente aqueles sistemas constitucionais que são considerados determinantes na evolução do Direito Constitucional nestes duzentos anos que tem de história.

A este propósito, tem sido habitual a formação de *famílias constitucionais*, em que os diversos sistemas se encaixam em função da sua filiação e em função das influências recebidas, deles depois ressaltando os respectivos contributos originais.

Eis um modo de ver o Direito Constitucional Comparado que apresenta óbvias dificuldades, pois que o papel dos sistemas jurídico-constitucionais é variável e nem sempre pode ser calibrado ao nível macroscópico da importância de uma família a que tenham dado origem: pode haver um sistema constitucional profundamente original, mas que por si não pôde reproduzir-se na influência projectada sobre outros sistemas constitucionais.

III. Sem menoscabo para a importância das famílias constitucionais, se entendida a sua organização de um modo menos radical, quer parecer-nos que urge matizar esse critério puramente material com a adopção de outros critérios que permitem obter uma panorâmica mais real dos diversos sistemas constitucionais, sem que tal possa obliterar a preponderância de algumas das suas instituições, fazendo aplicar também uma grelha comparativa.

É assim que, ao lado de um critério puramente comparatístico, se devem adicionar outros critérios, como o geográfico-cultural ou o histórico-político, nos seguintes termos:

- *um critério normativo-sistemático*, pois que a apresentação dos resultados da comparação não se pode descarnar de cada sistema constitucional como um ordenamento, em que muitas das soluções plasmadas podem não assumir qualquer relevância no plano das originalidades dos sistemas apreciados, mas cujo estudo é necessário para a compreensão daquelas;
- *um critério geográfico-cultural*, uma vez que os sistemas constitucionais não se podem apresentar desinseridos das suas circunstâncias espaciais e das ideias que estiveram na sua génese e que determinaram a sua evolução, que em grande medida explicam as realidades actuais;
- *um critério histórico-político*, dado que os sistemas constitucionais igualmente se singularizam nos acontecimentos políticos, económicos e sociais que impuseram um certo curso dos acontecimentos, numa óbvia interacção com a configuração do poder político.

IV. Do ponto de vista dos resultados, registe-se ainda que não se deve excluir a relevância do Direito Constitucional Português, como iremos estudar, por referência a outros sistemas constitucionais, em relação aos quais mantém fortes conexões, sob múltiplos pontos de vista.

Não seria assim aceitável que a apreciação dos diversos sistemas constitucionais estrangeiros se pudesse fazer à revelia da importância do nosso Direito Constitucional, a despeito das influências que, por seu lado, recebeu de outros, na configuração do Direito Constitucional dos Estados de Língua Portuguesa.

Simplesmente, já não parece crível que se possa afirmar a existência, no plano da globalidade das questões constitucionais, de um sistema constitucional de matriz portuguesa, com instituições próprias.

Isso obviamente não quer dizer que não haja uma grande proximidade entre as Constituições dos Estados de Língua Portuguesa. Só que essa proximidade é meramente textual, histórica e cultural, o que evidentemente também tem a sua decisiva relevância:

- *proximidade textual* porque os preceitos das respectivas Constituições são muito inspirados no texto da CRP, mesmo ao nível da respectiva fraseologia;
- *proximidade histórica* porque a formação dos Estados, mesmo no caso do Brasil, se ficou a dever a acontecimentos em que participaram portugueses e em que ocorreu um período de transição e de absorção;
- *proximidade cultural* porque os Estados de Língua Portuguesa receberam uma herança comum de Portugal, que também se manifesta no Direito como manifestação de Cultura, não se podendo dela excluir o próprio Direito Constitucional.

V. A aplicação prática destes critérios desemboca na escolha dos seguintes sistemas constitucionais, dispostos por ordem cronológica do aparecimento dos respectivos textos constitucionais fundamentais:

- *o Direito Constitucional do Reino Unido*;
- *o Direito Constitucional dos Estados Unidos da América*;
- *o Direito Constitucional da França*;
- *os Direitos Constitucionais dos Estados de Língua Portuguesa*, incluindo o Brasil e os Estados de Angola, Cabo Verde, Guiné-Bissau, Moçambique, São Tomé e Príncipe e Timor Leste;
- *o Direito Constitucional da Suíça*;
- *o Direito Constitucional da Itália*;

– *o Direito Constitucional da Alemanha;*
– *o Direito Constitucional da Espanha.*

Por causa da diferente intensidade de tratamento doutrinário, os quatro primeiros merecem uma divisão autónoma, ao passo que os outros não são pertinentes ao ponto de requererem um tão amplo desenvolvimento, sendo agrupados num mesmo parágrafo.

Como se percebe, a razão de ser assenta na relevância dos mesmos para o amadurecimento do Direito Constitucional, assim como a sua proximidade da realidade do Direito Constitucional Português, na certeza de que qualquer selecção tem sempre algo de convencional, ao deixar alguns sistemas constitucionais de fora e que também mereceriam inclusão.

§ 9.° O Direito Constitucional do Reino Unido

35. A formação histórica e a evolução na continuidade

I. O primeiro dos sistemas constitucionais a analisar, cronológica mas também historicamente, é o do Reino Unido, que ainda hoje se conserva como um dos mais originais, a vários títulos[382].

---

[382] Sobre o Direito Constitucional britânico em geral, v. MAURICE DUVERGER, *Les régimes...*, pp. 65 e ss.; I. M. M. MACPHAIL, *An Introduction to the British Constitution*, London, 1970, pp. 46 e ss.; PATRICK J. DALTON e ROBINA S. DEXTER, *Constitutional Law*, London, 1976, pp. 7 e ss.; NICOLÁS PÉREZ SERRANO, *Tratado...*, pp. 477 e ss.; ARMANDO M. MARQUES GUEDES, *Ideologias...*, pp. 90 e ss.; GEORGES BURDEAU, *Manuel...*, pp. 250 e ss.; HARRY CALVERT, *An introduction to British Constitutional Law*, London, 1985, pp. 18 e ss.; STANLEY SMITH, HARRY STREET e RODNEY BRAZIER, *Constitutional and Administrative Law*, 5.ª ed., Suffolk, 1986, pp. 27 e ss.; OWEN HOOD PHILLIPS e PAUL JACKSON, *Constitutional and Administrative Law*, 7.ª ed., London, 1987, pp. 17 e ss.; MANUEL GARCÍA-PELAYO, *Derecho Constitucional...*, pp. 249 e ss.; MARCELLO CAETANO, *Manual de Ciência Política...*, I, pp. 45 e ss.; DAVID C. M. YARDLEY, *Introduction to British Constitutional Law*, 7.ª ed., London/Dublin/Edinburgh, 1990, pp. 3 e ss.; PIER GIORGIO LUCIFREDI, *Appunti di Diritto Costituzionale Comparato – il sistema britannico*, 6.ª ed., Milano, 1992, pp. 1 e ss.; HELEN FENWICK, *Constitutional & Administrative Law*, London, 1993, pp. 1 e ss.; FRANCISCO FERNÁNDEZ SEGADO, *El régimen político británico*, in AAVV, *Régimenes políticos actuales* (coord. de JUAN FERRANDO BADÍA), 3.ª ed., Madrid, 1995, pp. 69 e ss.; IÑIGO CAVERO LATAILLADE e TOMÁS ZAMORA RODRÍGUEZ, *Los sistemas políticos*, Madrid, 1996, pp. 49 e ss.; REINHOLD ZIPPELIUS, *Teoria...*, pp. 535 e ss.; JACQUELINE MOURA ROMÃO, VALQUÍRIA SOARES CAVALCANTI e FLÁVIA AVERBACH KOGAN, *História...*, pp. 167 e ss.; JORGE MIRANDA, *Manual...*, I, pp. 124 e ss.; ELIZABETH WICKS, *The Evolution of a Constitution*, Oxford, 2006, pp. 1 e ss.; MANUEL PROENÇA DE CARVALHO, *Manual...*, pp. 147 e ss.

O que nele podemos ver é essencialmente o fruto de uma evolução histórica, desde que o Reino Unido se formou até aos nossos dias, pelo que se pode dizer que *o respectivo sistema constitucional assenta numa lenta formação institucional*, com poucos sobressaltos e muitas transições suaves.

Estamos assim perante esta sua primeira característica, que se expressa na circunstância de os avanços que o sistema sofreu terem sido determinados por lentas modificações ocorridas ao sabor de costumes e tradições, tendo raramente havido a oportunidade para a eclosão de rupturas constitucionais.

II. Não se pode pensar, porém, que o sistema constitucional actual, apesar do relevo daquele gradualismo, tivesse sido sempre o mesmo, até porque o Estado do Reino Unido, tal como o conhecemos, nem sempre existiu.

É necessário equacionar, para melhor estudar o sentido do seu Direito Constitucional, a existência de algumas fases fundamentais e que, por si, desenham o mapa das principais alterações ocorridas, com inspiração na proposta de MARCELLO CAETANO[383]:

- *um primeiro período de estabilização territorial e de predomínio do factor monárquico*, em correspondência aos primórdios da formação da Inglaterra;
- *um segundo período de turbulência institucional*, com rupturas e guerras, e simultâneos aparecimentos de importantes textos constitucionais em matéria de protecção de direitos;
- *um terceiro período de predomínio do factor aristocrático*, no qual também se consolidou o Reino Unido como Estado composto; e
- *um quarto período de prevalência do factor democrático*, que se mantém até à actualidade, com base no qual se construiu a democracia que se conhece.

383 MARCELLO CAETANO, *Manual de Ciência Política...*, I, pp. 56 e 57.

III. Foi praticamente com a origem da Inglaterra, reino que se instalou no sul da ilha britânica, que surgiu a primeira fase, mais primitiva, de elaboração do respectivo sistema constitucional, de raiz monárquica.

Estava em causa a outorga da *Magna Charta Libertatum* (1215), na sequência da derrota do Rei João Sem Terra, em que a nobreza e o clero de então lhe exigiram um importante conjunto de garantias de defesa em matéria processual criminal e em matéria tributária.

Este período, que vai das origens ao século XVII, igualmente ficaria assinalado pela sedimentação do poder régio, numa fase de estabilização territorial, com predomínio do papel do rei no contexto da estruturação do poder público da época.

IV. O século XVII, o que veio a corresponder ao segundo período, ficaria particularmente marcado na história constitucional britânica pela turbulência que o atravessou, com várias guerras civis e mudanças dinásticas.

Em matéria de protecção de direitos, foi durante este período que se elaboraram alguns importantes textos constitucionais, normalmente no rescaldo de conflitos e lutas que permitiram consolidar a sociedade frente ao poder, em que se evidenciam a Petição de Direito e a Declaração de Direitos.

Ao nível da forma institucional de governo, neste período é ainda de assinalar a vigência, por um curto tempo, do Protectorado de OLIVER CROMWELL, uma espécie de república *avant la lettre*, mas que logo terminaria com a morte do seu fundador, tendo-se revelado uma das ditaduras mais sangrentas, tanto na intolerância religiosa como na imposição da uma "revolução puritana"[384].

A importância desse período, por muito estranho que possa parecer, espelhou-se finalmente no pensamento político, em que se sobressaiu o esforço de THOMAS HOBBES.

---

[384] Cfr. BARRY COWARD, *Oliver Cromwell*, Mem Martins, 1999, pp. 125 e ss.

V. Só, porém, com o século XVIII é que se consolidariam as instituições jurídico-constitucionais, tal como elas agora se conhecem, se bem que o seu estatuto e preponderância tivessem mudado, vivendo-se neste período a ascensão política, ao lado do rei, da Câmara dos Lordes, numa projecção da importância da aristocracia, em forte contraste com o absolutismo real que caracterizava o outro lado do Canal da Mancha, designadamente em França.

Foi também nesta fase que se completaria a formação do Estado Britânico, através da unificação dos diversos Estados simples, num percurso bastante sincopado:

- em 1284, a Inglaterra anexou o País de Gales, anexação que se tornaria definitiva no século XVI (*Act of Supremacy*), com Henrique VIII, em 1534, adoptando-se o *Wales Act*;
- em 1603, a Escócia, até então independente, passou a relacionar-se com a Inglaterra e o País de Gales pela união pessoal de um rei comum, mas de origem escocesa, Jaime VI da Escócia e Jaime I da Inglaterra, situação que se transformaria em união real em 1707, através do *Act of Union with Scotland*;
- em 1801, seria a vez da Irlanda integrar-se na Grã-Bretanha, que receberia a designação de "Reino Unido da Grã-Bretanha e Irlanda"[385], através do *Act of Union of Britain and Ireland*, Irlanda esta que hoje apenas abrange a Irlanda do Norte (o Ulster, composto de seis condados), dada a independência obtida em 1921 pela República da Irlanda (Eire), depois de uma dura guerra civil, separação reconhecida pelo *Irish Free State (Agreement) Act* de 1922.

VI. Com o século XIX, e até aos nossos dias, é que se viveria o período democrático, pela proeminência político-funcional crescente, no sistema constitucional britânico, da Câmara dos Comuns.

---

[385] Assim, MARCELLO CAETANO, *Manual de Ciência Política...*, I, pp. 48 e 49. Contra, dizendo que o Reino Unido é um "...Estado unitário, já que há uma unidade de poderes políticos...", MANUEL PROENÇA DE CARVALHO, *Manual...*, p. 148.

O reconhecimento formal dessa primazia ficou a dever-se a diversas reformas parlamentares que a partir de 1832 definiram a sua composição e respectivas competências, fazendo apagar as competências dos outros órgãos, melhorado por actos posteriores, texto que se firmaria no *Parliament Act* de 1911.

É preciso também não olvidar que nesta fase se iniciou, paralelamente, a autonomização funcional do Governo: primeiro, através da figura do Primeiro-Ministro, a que mais tarde se juntariam os Ministros.

Obviamente que o fundamento desse reconhecimento assentou na propagação do princípio democrático um pouco por toda a Europa, em detrimento do princípio monárquico.

VII. O sistema constitucional britânico, dada a sua longevidade e dado o pioneirismo das suas instituições, evidentemente que se projectaria em muitos outros Estados.

Estão nestas circunstâncias todos os Estados que antes foram colónias do império britânico, na África e na Oceânia, influência que se registaria, paralelamente, no próprio sistema jurídico geral.

Nem sequer deixa de ser impressionante verificar que nalguns Estados essa influência foi marcante ao ponto de, não obstante a sua soberania política prática, se reconhecerem subordinados à Coroa Britânica: apesar de terem as suas próprias Constituições, neles o monarca britânico faz-se representar por um delegado, como sucede nos casos da Austrália e do Canadá[386].

36. Um ordenamento constitucional misto e flexível

I. Ao nível das fontes do Direito, o que não é alheio ao próprio Direito Constitucional, o sistema britânico insere-se numa das va-

---

386 Sobre o sistema político-constitucional do Canadá, v., por todos, PATRICK J. MONAHAN, *Constitutional Law*, 2.ª ed., Toronto, 2002, pp. 3 e ss.

riantes mais singulares dos sistemas jurídicos: o sistema anglo-saxónico, mais conhecido por sistema da *common law*.

Por contraposição ao sistema romano-germânico que caracteriza a Europa Continental, aquele sistema jurídico assenta em três traços fundamentais[387]:

- *a importância do costume* (*custom law*) como fonte de Direito, por oposição à fonte legal (*statutory law*)[388];
- *a relevância dos tribunais* na realização do Direito (a *precedent rule*);
- *o esbatimento das fronteiras* entre o Direito Público e o Direito Privado.

II. Estes traços globais do sistema jurídico britânico também se comunicam ao Direito Constitucional, pois o Reino Unido é um dos poucos Estados com *um sistema constitucional essencialmente consuetudinário*, no qual a fonte prevalecente é o costume constitucional, assumindo assim um cariz essencialmente não escrito (*unwritten Constitution*)[389], em detrimento de um monopólio legal dominante noutros sistemas jurídico-constitucionais, normalmente protagonizado pela Constituição escrita enquanto singular acto legislativo[390].

É fácil reparar que muitas das regras, não tendo sido intencionalmente decretadas, traduzem práticas, por vezes imemoriais, que lograram obter efectividade porque assumidas como obrigatórias pelos titulares do sistema político.

---

[387] Cfr. JOSÉ DE OLIVEIRA ASCENSÃO, *As fontes do Direito no sistema jurídico anglo-americano*, Lisboa, 1974, pp. 39 e ss.; CARLOS FERREIRA DE ALMEIDA, *Introdução...*, pp. 85 e ss.

[388] Que naturalmente assume uma menor relevância noutros ramos do Direito: como afirma CARLOS FERREIRA DE ALMEIDA (*Introdução...*, pp. 108 e 109), "O costume no Direito inglês não tem, nem nunca teve, especial importância, a não ser porventura no âmbito dos Direitos Constitucional e Comercial".

[389] Cfr. ARMANDO M. MARQUES GUEDES, *Ideologias...*, pp. 88 e ss.

[390] Para uma análise específica dos diversos textos constitucionais britânicos, v. MANUEL PROENÇA DE CARVALHO, *Manual...*, pp. 148 e ss.

O sistema constitucional britânico é um exemplo vivo da importância das praxes e das convenções constitucionais (*conventions*), que, não sendo formalmente incluídas nas fontes legais ou costumeiras, do mesmo modo contribuem para a produção de regras por todos respeitadas, mesmo que estas não tenham uma mesma autoridade dado o facto de não contarem com a efectividade jurisdicional[391].

III. Claro que esta afirmação deve ser entendida *cum grano salis*, porquanto não é legítimo pensar que a lei constitucional não possa, neste sistema britânico, desenvolver qualquer papel, o que seria, de resto, desmentido pela observação da realidade.

São diversos os diplomas que podemos identificar como fazendo parte do Direito Constitucional britânico de cunho legal, e não já consuetudinário, pelo menos a título directo[392], todos eles em grande parte vigentes e fruto de circunstâncias históricas específicas:

- *a Magna Carta* (*Magna Charta Libertatum*), de 15 de Junho de 1215: o resultado da afirmação de direitos da nobreza e do clero contra o rei derrotado, que em grande parte ainda vigoram;
- *a Petição de Direito* (*Petition of Right*), de 7 de Junho de 1628: a proclamação de direitos fundamentais *avant la lettre*, em favor dos cidadãos, representando a vitória do Parlamento contra o Rei Carlos I;
- *a Lei do Habeas Corpus* (*Habeas Corpus Act*), de 1679: o diploma de reforço das garantias dos arguidos contra detenções arbitrárias;

---

[391] Assim, Marcelo Rebelo de Sousa, *Direito Constitucional...*, p. 47, dando alguns exemplos, como a designação dos Ministros de entre os membros do Parlamento, a designação do Primeiro-Ministro como *leader* do partido maioritário ou a proibição de veto do monarca a uma lei aprovada pelo Parlamento. Cfr. também Carlos Ferreira de Almeida, *Introdução...*, p. 109.

[392] Cfr. os respectivos textos em Jorge Bacelar Gouveia, *As Constituições dos Estados da União Europeia*, Lisboa, 2000, pp. 611 e ss.

- *a Declaração de Direitos* (*Bill of Rights*), de 13 de Fevereiro de 1689: a proclamação mais ampla de direitos fundamentais decretada pelo Parlamento, ganha contra Jaime II, que foi deposto na sequência da Revolução Gloriosa de 1688 (*Glorious Revolution*);
- *o Acto de Estabelecimento* (*Act of Settlement*), de 12 de Junho de 1701: o estabelecimento da necessidade de se professar a fé anglicana para se ser rei, além de várias garantias de autonomia do poder parlamentar relativamente ao poder real[393];
- *o Acto do Parlamento* (*Parliament Act*), de 18 de Agosto de 1911, modificado em 1949 e em 1958: o documento que positivou novos e democráticos esquemas de funcionamento parlamentar.

IV. Esta especial conjunção de fontes constitucionais – legais e costumeiras – determina que um mesmo resultado se obtenha no plano da qualificação da respectiva Constituição como sendo flexível.

Tanto ao nível das normas costumeiras como no plano das normas intencionalmente produzidas, verifica-se que a respectiva alteração ou revogação não está sujeita a um específico formalismo, podendo assim esse efeito ser alcançado em qualquer momento e sem dependência de um especial procedimento.

A ideia de Constituição flexível, tal como a categoria nasceu na mente de James Bryce, foi muito tempo associada à de Constituição não escrita, portanto, de origem costumeira.

Só que não vem a ser essa a conclusão certeira, já que o actual exemplo da "Constituição" Britânica, na conciliação entre estas duas fontes, mostra que, sendo parcialmente escrita no sentido de oriunda de uma vontade legislativo-constitucional, não lhe imprimiu, nem sequer parcialmente, a qualidade de texto rígido.

---

[393] Bem na sequência, de resto, da ruptura protagonizada por Henrique VIII em relação à Igreja Católica, fundando ele próprio a sua igreja, movimento que ficou conhecido por Anglicanismo: em 1534, Henrique VIII auto-proclamou-se Chefe Supremo da Igreja de Inglaterra, promulgando o *Act of Supremacy*.

V. O sentido flexível da Constituição Britânica, nestas suas consequências, funda-se num pressuposto da maior importância e que por vezes é omitido, não obstante o facto de ser uma monarquia semi-constitucional: *a supremacia político-legislativa do Parlamento.*

Isto implica que, no sistema constitucional britânico, a aplicação da Constituição rígida significaria uma auto-limitação da vontade parlamentar, sacrossanto princípio deste Direito Constitucional.

No seu lugar, tem-se preferido manter, na maior amplitude possível, o princípio da soberania parlamentar, que é tanto maior quanto menores forem os casos de auto-vinculação pela emissão de legislação que depois se vê forçada a rever.

37. Os direitos fundamentais e o papel dos tribunais na limitação do poder público

I. O travejamento do sistema constitucional britânico tem como uma das suas peculiaridades a preocupação precoce em torno da protecção dos direitos fundamentais e o seu papel de limitação da acção do poder público.

Essa importância é de tal ordem intensa que se pode dizer que a construção paulatina do sistema constitucional britânico – assim como a própria edificação da identidade do Estado e da Nação – em grande medida se ficou a dever à gradual afirmação desses direitos.

No reverso dessa conclusão, pode recordar-se o facto de o sistema constitucional britânico, em qualquer uma das respectivas fases, ter sido imune às correntes absolutistas, que dominaram a Europa durante do Estado Moderno e que intervalou a Idade Média da Idade Contemporânea.

Na impossibilidade de uma apreciação exaustiva, importa observar os principais textos, bem como os respectivos contributos[394]:

[394] Quanto aos direitos fundamentais no sistema constitucional britânico, v. JORGE MIRANDA, *Manual...*, I, pp. 132 e ss.; REINHOLD ZIPPELIUS, *Teoria...*, pp. 421 e ss.; JOSÉ CARLOS VIEIRA DE ANDRADE, *Os direitos fundamentais...*, pp. 22 e 23.

– a *Magna Carta*;
– a *Petição de Direito*;
– a *Lei do Habeas Corpus*; e
– a *Declaração de Direitos*.

II. O caminho na positivação dos direitos fundamentais no sistema constitucional britânico tem uma primeira fase antes da actual configuração democrático-representativa, em sistema nominalmente monárquico, protagonizada pela *Magna Charta Libertatum*, já na baixa Idade Média.

A *Magna Carta* foi concedida pelo Rei João Sem Terra, na sequência de uma revolta, selando um novo equilíbrio entre o poder real, o poder aristocrático e o poder eclesiástico, de que se evidenciam alguns destes importantes direitos e liberdades, num texto com 63 artigos, alguns deles já revogados ou caducados:

– Art. 1 – a liberdade da Igreja Católica: "...que a Igreja inglesa seja livre, conserve todos os seus direitos e não veja desprezadas as suas liberdades";
– Art. 12 – o princípio democrático na criação de impostos: "Não lançaremos taxas militares ou tributos no nosso Reino sem o consentimento geral, a não ser para o resgate da nossa pessoa, para armar cavaleiro o nosso filho primogénito e para casar (uma vez só) a nossa filha mais velha. Com este objectivo, só poderão ser estabelecidos tributos razoáveis e a mesma regra será seguida para os impostos da cidade de Londres";
– Art. 39 – o princípio da intervenção judicial: "Nenhum homem livre poderá ser detido ou encarcerado, ou privado dos seus direitos ou dos seus bens, nem considerado fora-da-lei, nem desterrado ou privado da sua posição de qualquer outra forma, nem usaremos de força contra ele nem ordenaremos a outros que o façam, a não ser em virtude de sentença judicial dos seus pares e de acordo com a lei do Reino";
– Art. 42 – a liberdade de emigração: "Doravante, qualquer homem poderá deixar o nosso reino e voltar sem sofrer danos

e sem temor, por terra ou por mar, mantendo o seu vínculo de fidelidade para connosco, excepto em época de guerra, por um breve período de tempo e para o bem comum do Reino".

III. No século XVII, viver-se-ia um outro período extremamente agitado, mas também relevante para a afirmação dos direitos fundamentais, deste feita por causa de duas revoluções que terminariam com o reconhecimento de novos acervos de direitos, aceitando mais uma limitação no poder régio.

A *Petição de Direito*, partindo da verificação de um conjunto de violações perpetradas pelo rei contra legislação anteriormente aprovada, nela se incluindo a própria *Magna Carta*, reiterou vários direitos em favor dos súbditos:

> "...que suplicam humildemente a Vossa Excelentíssima Majestade que ninguém seja obrigado, doravante, a fazer dádivas, emprestar dinheiro ou fazer uma contribuição voluntária, nem a pagar imposto ou taxa alguma, excepto com o consentimento de todos, concedido por Lei do Parlamento";
>
> "...que ninguém seja chamado para julgamento nem obrigado a prestar juramento, nem chamado para realizar serviços, nem detido, inquietado ou molestado por causa destes tributos ou da recusa de os pagar";
>
> "...que nenhum homem livre seja detido ou encarcerado da forma antes indicada";
>
> "...que V. M. se digne ordenar a retirada dos soldados e marinheiros a que se fez menção e impedir, doravante, que as pessoas sejam oprimidas desta forma";
>
> "...que sejam revogadas e anuladas as comissões da lei marcial e que não se entregue ninguém a semelhantes comissões, para evitar que com este pretexto alguns súbditos vossos sejam vexados ou mortos, contra o disposto nas leis e franquias do território"[395].

IV. A *Lei do Habeas Corpus*, de 1679, constituiria outro momento de afirmação dos direitos das pessoas, desta vez no plano estri-

[395] N.° 10 da Petição de Direito.

tamente processual-penal, na medida em que se referia à necessidade de combater as prisões arbitrárias havendo a suspeita da prática de ilícitos criminais.

O instituto do *habeas corpus* já era antes conhecido da *common law* e esta lei apenas se destinou a aperfeiçoar vários aspectos do seu regime[396], representando uma garantia acrescida em favor do detido no sentido, primeiro, de poder conhecer as causas da sua detenção e, depois, de se lhe oferecer a libertação, sob determinadas condições, ideia bem expressa, de resto, na expressão latina que o designa, que quer dizer "ter o corpo".

Com os 19 pontos desta *Lei do Habeas Corpus*, alguns dos traços de um regime consuetudinário, mais facilmente contornáveis pelo poder judiciário, ficaram mais favoráveis à liberdade individual, cumprindo lembrar estes[397]:

- Art. I – "Quando alguém for portador de um *habeas corpus*, dirigido a alguazil, carcereiro ou qualquer outro funcionário, em nome de indivíduo colocado sob sua custódia, (...) ficam estes obrigados a manifestar a causa da detenção no prazo de três dias a contar da apresentação (...), pagando ou oferecendo-se para financiar os gastos necessários para conduzir o prisioneiro...";
- Art. II – "...cumpridas estas disposições, o Lorde Chanceler ou qualquer outro juiz põe em liberdade o preso, sob prévia identificação e recebendo em garantia a quantia que os juízes considerem mais conveniente tendo em conta a qualidade do preso ou a natureza do delito, para se assegurar de que este comparecerá diante do Tribunal do Banco do Rei (...) ou diante do tribunal competente; (...) O que acabou de ser dito, no entanto, não se aplica quando constar aos juízes que o preso se encontra detido em virtude de acção ilegal que não permita fiança...";

---

396 Cfr. JORGE MIRANDA, *Textos históricos...*, p. 21, nota.

397 Sobre a importância específica do *Habeas Corpus Act* em geral, v. JORGE BACELAR GOUVEIA, *O estado de excepção...*, I, pp. 202 e ss.

– Art. V – "...fica disposto que nenhuma pessoa posta em liberdade em virtude de um *habeas corpus* pode ser detida outra vez pelo mesmo delito, a não ser por ordem e decisão do tribunal onde aquela ou aquelas forem obrigadas a comparecer, ou de qualquer outro que seja competente para a causa em questão";
– Art. VIII – "Nenhum súbdito deste Reino que se encontre sob custódia de um funcionário por motivo criminal pode ser confiado à vigilância de outro, a não ser em virtude de um *habeas corpus* ou de qualquer outra ordem legal, ou então quando o preso for entregue ao guarda ou a um funcionário inferior para ser conduzido à prisão, ou quando, por ordem do juiz competente, for enviado para um estabelecimento penal ou transferido de um sítio para outro do mesmo condado, para ser submetido a julgamento, ou em caso de incêndio repentino, epidemia ou circunstâncias semelhantes..."[398].

V. A *Declaração de Direitos*, de 1689, veio na sequência da Revolução Gloriosa de 1688 (*Glorious Revolution*), consagrando de novo um rol de direitos fundamentais, em acordância com uma votação realizada no Parlamento[399], em que se sublinhou, além dos direitos já outorgados por outros documentos, a preponderância da vontade parlamentar:

– Art. I – "Que é ilegal o pretendido poder de suspender as leis e a aplicação das mesmas, em virtude da autoridade real e sem o consentimento do Parlamento";

[398] Cfr. o texto em Jorge Bacelar Gouveia, *As Constituições dos Estados da União...*, pp. 625 e ss.

[399] Bem expresso na fórmula preambular da respectiva aprovação: "Nestas circunstâncias, os referidos Lordes espirituais e temporais e os Comuns hoje reunidos em virtude das suas cartas e eleições, e constituindo a plena e livre representação desta nação, examinando os melhores meios para alcançar os fins indicados, declaram, em primeiro lugar, como procederam em casos semelhantes os seus antepassados, para defender e assegurar os seus antigos direitos e liberdades..."

– Art. II – "Que é ilegal o pretendido poder de dispensar das leis ou da sua aplicação em virtude da autoridade real...";
– Art. III – "Que a comissão para instituir o alto Tribunal de causas eclesiásticas e as restantes comissões e tribunais da mesma natureza são ilegais e perniciosos";
– Art. IV – "Que é ilegal a cobrança de impostos em benefício da Coroa ou para seu uso, sob pretexto da prerrogativa real, sem o consentimento do Parlamento";
– Art. V – "Que é direito dos súbditos apresentar petições ao Rei, sendo ilegal qualquer prisão ou processamento dos peticionários";
– Art. VI – "Que o recrutamento ou manutenção de um exército, dentro das fronteiras do Reino, em tempo de paz e sem autorização do Parlamento, é contrário à lei";
– Art. VII – "Que todos os súbditos protestantes podem ter armas para a sua defesa, de acordo com as suas circunstâncias particulares e na forma autorizada pelas leis";
– Art. VIII – "Que as eleições para os deputados do Parlamento devem ser livres";
– Art. IX – "Que as liberdades de expressão, discussão e actuação no Parlamento não podem ser julgadas nem investigadas por outro Tribunal senão o Parlamento";
– Art. X – "Que não se deve erigir fianças exageradas, impor multas excessivas ou aplicar castigos cruéis ou desusados";
– Art. XI – "Que as listas dos jurados eleitos deve ser constituída em boa e devida forma e que os jurados que decidam a sorte dos acusados em processos de alta traição devem ser proprietários";
– Art. XII – "Que são ilegais e nulos todos os indultos e promessas sobre multas e confiscos feitos antes da sentença";
– Art. XIII – "E que para remediar todas estas queixas e conseguir a manutenção das leis, o Parlamento deve reunir-se com frequência"[400].

[400] Cfr. a Declaração de Direitos em JORGE BACELAR GOUVEIA, *As Constituições dos Estados da União...*, pp. 631 e ss.

VI. Já na época actual, pode dizer-se que o sistema constitucional britânico beneficia da afirmação de novíssimos direitos fundamentais, relacionados com a vinculação a textos internacionais de protecção de direitos humanos e, em especial, da vinculação à CEDH.

Muito relevante tem sido o contributo da CEDH, na medida em que se apresentou como um texto contemporâneo, completo e actualizado, ao mesmo tempo que se alimenta de uma jurisprudência internacional e multipolar no seio dos Estados que integram o CEu.

Ainda que os tribunais britânicos não apliquem directamente a CEDH, por força do *Human Rights Act*, de 1998, na detecção de situações de incompatibilidade da legislação interna em relação aos preceitos da CEDH, fica o poder legislativo obrigado a promanar a norma necessária para colocar o Direito Britânico conforme àqueles padrões internacionais de protecção dos direitos fundamentais[401].

VII. Não deixa de ser curioso assinalar que estas proclamações de direitos fundamentais, todas elas, puderam antecipar o fenómeno da positivação constitucional dos direitos fundamentais, tal como ele seria produzido no âmbito do Constitucionalismo Europeu Continental, depois da Revolução Francesa.

Aqui, os direitos fundamentais foram – e ainda lhe é um elemento conceptual fundamental – marcados pela ideia da respectiva declaração formal, mas em que o Estado reconhece posições subjectivas dos cidadãos, individualmente considerados, segundo os postulados do liberalismo político, firmados ao nível supremo da Constituição formal-hierárquica.

Ali, os direitos fundamentais, nascidos *avant la lettre* e que seriam depois consagrados nos textos continentais europeus, surgiram associados a uma representação estamental da sociedade, não à aplicação

---

[401] Cfr. ARMINDO RIBEIRO MENDES, *Sistema...*, p. 169.

da lógica do Liberalismo político e do Individualismo, embora com o mesmo propósito de fundo de limitação da acção do poder pela afirmação escrita de um importante conjunto de direitos[402].

VIII. Só que não se pode pensar que a proverbial limitação do poder político britânico, que tem sido uma característica indelével do seu Constitucionalismo, tivesse sido apenas alimentada por esta antecipação original da proclamação de direitos fundamentais de grupos sociais.

Ela também tem sido o fruto de uma concepção judicialista muito própria na aplicação do Direito, em que aos tribunais se concede uma ampla capacidade de intervenção, anti-formalista, pragmática e substancialista.

Instituto específico e que contribui para essa influência dos tribunais na realização do Direito é a *regra do precedente*: perante um caso idêntico, uma primeira decisão fica sendo exemplar para a resolução de quaisquer casos futuros análogos.

38. O parlamentarismo de gabinete numa monarquia simbólica

I. O sistema constitucional britânico prevê diversos órgãos, que se organizam em razão das competências que lhe estão adstritas, em parte mantendo uma longínqua tradição monárquica, hoje só simbólica[403].

---

[402] Ainda que aqui e ali salpicados por momentos trágicos, como o da condenação à morte de São THOMAS MORE, numa manifestação de intolerância religiosa no tempo de Henrique VIII, o fundador do Anglicanismo. Cfr. PETER ACKROYD, *Thomas More – biografia*, Lisboa, 2003, pp. 244 e ss.

[403] Quanto aos órgãos do sistema político britânico em geral, v. ARMANDO M. MARQUES GUEDES, *Ideologias...*, pp. 77 e ss., e pp. 111 e ss.; MARCELLO CAETANO, *Manual de Ciência Política...*, I, pp. 49 e ss.; JORGE MIRANDA, *Manual...*, I, pp. 135 e ss.; MANUEL PROENÇA DE CARVALHO, *Manual...*, pp. 151 e ss.

Os órgãos constitucionais britânicos são os seguintes:

- o *Monarca*;
- o *Parlamento*;
- o *Gabinete*;
- os *Tribunais*;
- o *Conselho Privado*.

Todos estes órgãos actuam em nome da Coroa, o mesmo é dizer, agem como pertença do Reino Unido, que é figurativamente retratado na Coroa[404].

II. O *Monarca* exerce o seu cargo a título vitalício, segundo as regras comuns da sucessão pela proximidade de linha e de grau, não havendo a aplicação da lei sálica, devendo ainda ser crente da Igreja Anglicana de Inglaterra[405].

A posição constitucional do Monarca é aparentemente forte, porquanto tudo é feito em seu nome, quer no Parlamento, quer no Gabinete, funcionando a sua invocação como sendo o próprio Estado Britânico em acção: o "Reino de Sua Majestade".

Efectivamente, o Monarca não dispõe de qualquer poder político real, sendo simplesmente um cargo honorífico, mesmo em momentos de crise político-militar, estando isento de qualquer responsabilidade, política e jurídica, devido à regra da referenda ministerial: *the King can do no wrong*[406].

Daí que a intervenção do monarca possa ser definida, como impressivamente propõe MONIQUE CHARLOT, como "...o direito de ser consultado, o direito de encorajar e o direito de advertir"[407].

---

404 Assim, MARCELLO CAETANO, *Manual de Ciência Política...*, I, p. 52; MANUEL PROENÇA DE CARVALHO, *Manual...*, p. 151.

405 Tal como ficou escrito no Acto de Estabelecimento, no seu n.º 1: "Que, doravante, quem subir ao trono, terá de pertencer à Igreja de Inglaterra, estabelecida nos termos da lei". Cfr. JORGE MIRANDA, *Textos históricos...*, p. 27.

406 Cfr. MARCELLO CAETANO, *Manual de Ciência Política...*, I, pp. 52 e 53.

407 MONIQUE CHARLOT, *Le système politique britannique*, Paris, 1976, p. 209.

Até nos pequenos actos protocolares, o Monarca não dispõe de qualquer autonomia funcional: por exemplo, o discurso que profere na abertura do ano parlamentar é redigido pelo Primeiro-Ministro!

Não obstante esta realidade, são vários os actos que têm a intervenção do Monarca, actos que são totalmente devidos, em que não disfruta de qualquer liberdade decisória, nomeadamente: a nomeação e a exoneração do Primeiro-Ministro, em função dos resultados eleitorais; a dissolução da Câmara dos Comuns a pedido do Primeiro-Ministro; a sanção das leis, depois de aprovadas no Parlamento; a nomeação dos juízes e dos lordes; o comando das forças armadas e a declaração da guerra; o direito de indulto; a criação de pares; a atribuição de títulos e condecorações[408].

III. No extremo oposto, encontra-se o *Parlamento*, a quem o Direito Constitucional Britânico confere o lugar fulcral na acção política, Parlamento que, no entanto, é bicameral:

– *a Câmara dos Lordes* (câmara alta); e
– *a Câmara dos Comuns* (câmara baixa).

O bicameralismo britânico, no contexto das várias razões possíveis para isso suceder, é de raiz monárquica, uma vez que a câmara alta se destina a fazer representar a aristocracia, hoje substancialmente atenuada em favor de uma representação que é mais de mérito.

A *Câmara dos Lordes* (*House of Lords*), ainda reflexo do princípio aristocrático, tem um número variável de pares, sendo os mesmos nomeados pelo Monarca para cargos vitalícios, tendo sido recentemente abolidos os pares hereditários[409]. Este órgão tem competências de intervenção no procedimento legislativo, numa fase posterior, mas sem qualquer possibilidade de co-decisão, apenas dispondo de

---

[408] Cfr. MAURICE DUVERGER, *Os grandes...*, pp. 221 e ss.; MANUEL PROENÇA DE CARVALHO, *Manual...*, p. 153.

[409] O que foi levado a cabo por um acto legislativo de 1999, eliminando a permissão geral de o título de "par" ser transmitido para descendentes, ainda que transitoriamente um pequeno grupo o mantivesse.

um poder de avaliação dos actos legislativos que pode resultar no atraso da respectiva aprovação, nunca no respectivo veto, havendo que distinguir, nessa faculdade "retardadora" da aprovação das leis[410], entre as leis financeiras – em que a Câmara dos Lordes só pode obstar à sua aprovação real, votando contra um diploma que lhe seja enviado no último mês da sessão legislativa – e as outras leis – em que a Câmara dos Lordes tem a possibilidade de atrasar a sua aprovação real durante um ano[411].

A *Câmara dos Lordes*, através dos seus *Law Lords*, tem também sido o supremo tribunal britânico, funcionando como última instância judicial, além de nela terem ainda assento os lordes espirituais, em número de 26, que são os arcebispos e os bispos da Igreja Anglicana, embora a partir de Outubro de 2009 seja constituído, por esses membros Law Lordes, em número de 12, um Supremo Tribunal do Reino Unido, separado deste órgão parlamentar e na sequência da aprovação do *Constitutional Reform Act* de 2005.

A *Câmara dos Comuns* (*House of Commons*), plenamente fundada no princípio democrático, tem 650 Deputados, escolhidos por cinco anos[412], com base no sufrágio directo e universal dos britânicos, pelo sistema de círculos eleitorais uninominais, decidindo-se o vencedor pela regra da maioria a uma volta, assim bastando alcançar-se a maioria relativa[413]. É à Câmara dos Comuns que são reconhecidas as com-

---

[410] Como explicita MARCELLO CAETANO (*Manual de Ciência Política*..., I, p. 55), "...a Câmara dos Lordes está reduzida a um mero papel retardador. Só a autoridade de alguns dos seus membros, antigos políticos, jurisconsultos insignes, altos funcionários aposentados, faz com que sejam ouvidas as opiniões que emite e aceites certas emendas que propõe. A Câmara funciona como tribuna política e como conselho técnico: mas não já como órgão de governo".

[411] Cfr. os arts. I e II do *Parliament Act*, de 18 de Agosto de 1911, modificado pelo *Parliament Act*, de 16 de Dezembro de 1949.

[412] De acordo com o art. VII do *Parliament Act* de 1911.

[413] De acordo com o n.° 18 da parte III da Lei Eleitoral do Reino Unido (*Representation of the People Act* de 1983), "Na eleição, o direito de voto exerce-se através da marcação da escolha do candidato num boletim de voto, o resultado é obtido através do cômputo dos votos atribuídos a cada candidato, sendo eleito aquele a quem for atribuído o maior número de votos".

petências de natureza política e legislativa, sendo as respectivas deliberações decisivas tanto para a subsistência política do Governo como para a aprovação das leis. Os respectivos trabalhos são orientados pelo *Speaker*, que é o seu Presidente, escolhido de entre os Deputados da maioria.

IV. O Gabinete, o Governo britânico, composto pelo Primeiro-Ministro e pelos Ministros, é uma emanação política da Câmara dos Comuns, sendo com base na maioria que nesta se forma que se procede à escolha dos respectivos membros, bem como à definição da respectiva orientação política.

O Governo britânico tem duas categorias de Ministros, para além do próprio Primeiro-Ministro, que é o seu chefe: os *senior Ministers* e os *junior Ministers*.

O funcionamento do Governo permite destrinçar o círculo mais restrito do *Cabinet* (os *Ministers in the Cabinet*), que traduz o Governo reduzido e da maior confiança política do Primeiro-Ministro, em que são tomadas as decisões mais relevantes, contrapondo-se ao Governo *extra-Cabinet*, com os restantes membros (os *ministers not in the Cabinet*).

O Governo exerce competências legislativas delegadas pela Câmara dos Comuns (*delegate legislation*), bem como as competências administrativas próprias do poder executivo que encarna.

De todas as competências do Governo, cumpre frisar estas que se julga serem primaciais:

– a iniciativa legislativa junto do Parlamento;
– a elaboração das *orders in council*, que é o seu poder regulamentar;
– a apresentação do programa através do discurso que prepara para o Monarca ler na sessão de abertura do Parlamento;
– a sujeição ao controlo político por parte da Câmara dos Comuns, perante quem tem o dever de explicar as medidas que vai tomando[414].

---

414 Cfr. ARMANDO M. MARQUES GUEDES, *Ideologias...*, pp. 97 e ss.

O Primeiro-Ministro é a figura central do Governo e nele reside a condução da sua política, livremente propondo a nomeação e a exoneração dos Ministros, além de lhe competir defender a política geral do Governo[415].

V. O *Conselho Privado* (*Privy Council*) é o órgão de consulta do Chefe de Estado e integra uma ampla variedade de membros, desde pessoas designadas por razões políticas, até aos representantes da Igreja Anglicana, passando pelos titulares do poder judicial.

As suas competências são limitadas e assumem um relevo muito escasso no contexto dos órgãos do sistema político britânico, sem esquecer que a prática tem vindo a desvitalizar a sua relevância política[416].

VI. Os *tribunais britânicos* distribuem-se, em termos gerais, pelos tribunais inferiores e pelos tribunais superiores[417].

Os tribunais inferiores são os *county courts* e os *magistrates courts*, estando os primeiros reservados às questões de Direito Civil e os outros a questões criminais de pequena gravidade.

Os tribunais superiores têm duas categorias: a Câmara dos Lordes, através do *Appellate Commitee*, com a natureza de verdadeiro tribunal, não interferindo nas outras funções daquela câmara alta; o *Supreme Court*, que por sua vez se desdobra no *Court of Appeal*, no *High Court of Justice* (com competências de Direito Civil) e no *Crown Court* (com competência para os crimes mais graves).

VII. No plano dos partidos políticos[418], o sistema constitucional britânico é exemplar no aparecimento de um sistema bipartidário

---

[415] Cfr. ARMANDO M. MARQUES GUEDES, *Ideologias...*, pp. 97 e 98.

[416] Cfr. ARMANDO M. MARQUES GUEDES, *Ideologias...*, pp. 94 e 95.

[417] Cfr. CARLOS FERREIRA DE ALMEIDA, *Introdução...*, pp. 87 e ss.

[418] Sobre os partidos políticos britânicos, v. MARCELLO CAETANO, *Manual de Ciência Política...*, I, pp. 57 e ss.; ARMANDO M. MARQUES GUEDES, *Ideologias...*, pp. 107 e ss.; MANUEL PROENÇA DE CARVALHO, *Manual...*, pp. 164 e ss.

perfeito, no qual o conjunto dos mandatos da Câmara dos Comuns é distribuído por dois grandes partidos, que ocupam mais de 85% dos mandatos ganhos.

Os dois grandes partidos que actualmente existem no espaço político britânico são o Partido Trabalhista (*Labour Party*) e o Partido Conservador (*Conservative Party*), mergulhando as suas raízes, respectivamente, nos Whigs e nos Tories.

Todavia, esta bipolaridade do sistema político tende a esbater-se pela afirmação recente de uma terceira formação partidária, que é o Partido Liberal Democrata, sendo o resultado da fusão de dois outros partidos mais pequenos, o Partido Liberal e o Partido Social-Democrata, para além de outros pequenos partidos que vão crescendo em representação eleitoral.

Tem sido muito discutida a razão de ser para a permanência desta característica do sistema partidário britânico: de entre as diversas explicações possíveis, parece que a única verdadeiramente credível reside no sistema eleitoral, que é maioritário a uma volta, com círculos uninominais[419].

VIII. O sistema de governo britânico, com base em tudo quanto acabámos de dizer, tem sido qualificado como um *sistema parlamentar de gabinete*[420], naquele que talvez seja um dos primeiros sistemas de governo do Globo a estabilizar-se, juntamente com o norte-americano.

O traço parlamentar do sistema de governo repousa no facto de ser na Câmara dos Comuns que se forma a orientação geral da gover-

---

[419] MARCELLO CAETANO (*Manual de Ciência Política*..., I, p. 59), depois de colocar várias hipóteses, é original ao considerar que "A verdade parece-nos, porém, que é esta: o bom senso inglês sabe que o sistema parlamentar não pode funcionar satisfatoriamente senão com dois partidos".

[420] Sobre o sistema de governo britânico, v. MARCELO REBELO DE SOUSA, *Direito Constitucional*..., pp. 329 e 330; JORGE MIRANDA, *Manual*..., I, p. 137; RICARDO LEITE PINTO, JOSÉ DE MATOS CORREIA e FERNANDO ROBOREDO SEARA, *Ciência Política*..., pp. 251 e ss.; MANUEL PROENÇA DE CARVALHO, *Manual*..., pp. 162 e ss.

nação, já que é no seu seio que se determina o Governo. Tudo depende, assim, da maioria parlamentar que sair das eleições legislativas, sendo normalmente o chefe do partido vencedor a ser indicado como Primeiro-Ministro, para além de os membros do Governo serem membros do Parlamento.

A dependência político-parlamentar do Governo não se assinala apenas no momento da formação, mas é uma constante ao longo do exercício das suas funções, porquanto são vários os mecanismos existentes que mantêm a tensão dessa responsabilidade:

- a informação regular aos parlamentares;
- a presença periódica do Primeiro-Ministro e dos Ministros no Parlamento; ou
- a possibilidade da aprovação de moções de censura ao Governo.

IX. Esta responsabilidade política do Governo perante a Câmara dos Comuns tem o peculiar elemento de se enquadrar na ideia de *parlamentarismo de gabinete*, o que quer dizer que ao Primeiro-Ministro, como chefe do Gabinete, se atribui um papel primordial, considerando em conjunto os dois órgãos, ou seja, a Câmara dos Comuns e o Governo.

A circunstância de o fulcro da acção política residir no Parlamento não o faz o centro vital nas opções que são tomadas, pois que esse fulcro, embora nele formalmente residindo, se desloca para a figura do Primeiro-Ministro, que passa a ser o verdadeiro centro da decisão política.

São vários os factores que caracteristicamente contribuem para esse resultado:

- o facto de o Governo ser o resultado de uma maioria homogénea de um só partido;
- o facto de o Primeiro-Ministro ser o chefe partidário da formação que vence as eleições;
- o facto de o Primeiro-Ministro ser membro do Parlamento.

§ 10.º O Direito Constitucional dos Estados Unidos da América

39. Uma formação rápida e um aperfeiçoamento linear

I. Outro Estado que interessa analisar, nesta viagem jurídico--constitucional por sistemas constitucionais estrangeiros, na procura da identificação das principais instituições, são os Estados Unidos da América[421].

Sendo recente, a sua história tem a curiosidade de ter sido muito própria, embora se reclamando de diversas influências, principalmente britânicas, explicáveis pela sua anterior condição de colónias do Reino Unido.

Os Estados Unidos da América entram para a História Constitucional Universal por terem sido os primeiros a efectivar uma revolução liberal, para além de possuírem a mais antiga e também a primeira Constituição escrita feita até hoje.

---

421 Sobre o Direito Constitucional norte-americano em geral, v. ARMANDO M. MARQUES GUEDES, *Ideologias...*, pp. 117 e ss.; MARCELLO CAETANO, *Manual de Ciência Política...*, I, pp. 66 e ss.; BRUCE ACKERMANN, *We The People – transformations*, II, Cambridge/London, 1998, pp. 3 e ss.; RICARDO LEITE PINTO, *O "momento maquiavélico" na Teoria Constitucional norte-americana – Republicanismo, História, Teoria Política e Constituição*, Lisboa, 1998, pp. 37 e ss.; SEYMOUR MARTIN LIPSET e GARY MARKS, *Por que não houve socialismo na América?*, Lisboa, 2001, pp. 47 e ss.; THOMAS M. COOLEY, *Princípios Gerais de Direito Constitucional nos Estados Unidos da América*, Campinas, 2002, pp. 31 e ss.; JORGE MIRANDA, *Manual...*, I, pp. 141 e ss.; MANUEL PROENÇA DE CARVALHO, *Manual...*, pp. 177 e ss.

II. Aquilo que os Estados Unidos da América são actualmente como Estado federal não foi uma criação inicial, tendo passado por uma fase de transição.

Desde a descoberta da América do Norte até ao último quartel do século XVIII, o território ocupado estava repartido por treze colónias britânicas, que eram administradas de acordo com o regime colonial então estabelecido[422].

Vários seriam os motivos que definitivamente contribuiriam para a proclamação da independência política dessas colónias, a 4 de Julho de 1776[423]:

- os ideais liberais de emancipação colonial do novo mundo;
- a libertação financeira do império britânico, designadamente para aliviar a carga fiscal pesada, que tinha sido aumentada pela lei do açúcar, de 1764, e pela lei do selo, de 1765;
- a expansão económica através da afirmação de uma economia e de um mercado próprios[424].

A justificação geral para a independência seria solenemente assumida nos seguintes termos, que ficariam célebres, da Declaração de Independência de 1776: "A prudência aconselha a não mudar governos há muito estabelecidos em virtude de causas ligeiras e passageiras;

[422] As colónias eram: Carolina do Norte, Carolina do Sul, Connecticut, Delaware, Geórgia, Hampshire, Maryland, Massachusets, Nova Jérsia, Nova Iorque, Pensilvânia, Rhode Island e Virgínia.

[423] Quanto a estas razões, v. ARMANDO M. MARQUES GUEDES, *Ideologias...*, pp. 117 e ss.; CARLOS FERREIRA DE ALMEIDA, *Introdução...*, pp. 113 e ss.; THOMAS M. COOLEY, *Princípios gerais...*, pp. 17 e ss.; BERNHARD KNOLLENBERG, *Origin of the American Revolution: 1759-1766*, Indianápolis, 2002, pp. 1 e ss.

[424] THOMAS M. COOLEY (*Princípios Gerais...*, p. 21) refere ainda estas quatro outras razões: 1.ª a imposição de impostos sem o consentimento dos representantes do povo; 2.ª a manutenção de exércitos em tempo de paz para intimidar o povo; 3.ª a recusa do direito ao júri composto de vizinhos em alguns casos e o transporte para a Grã-Bretanha de pessoas acusadas de crimes cometidos na América, a fim de lá sofrerem o respectivo processo; 4.ª a sujeição da propriedade do cidadão a buscas, bem como a sua pessoa e bens a intervenção do poder.

e, na verdade, toda a experiência tem demonstrado que os homens estão mais dispostos a sofrer males suportáveis do que a fazer justiça a si próprios, abolindo as formas a que estão acostumados. Mas, quando uma longa sucessão de abusos e usurpações, visando invariavelmente o mesmo fim, revela o desígnio de os submeter ao despotismo absoluto, é seu direito – é seu dever – livrar-se de tal governo e tomar novas providências para bem da sua segurança. Foi este o paciente sofrimento destas colónias e é agora a necessidade que as constrange a alterar o seu antigo sistema de governo. A história do actual rei da Grã-Bretanha é a história de repetidas injúrias e usurpações, todas tendo como directo objectivo o estabelecimento de uma tirania absoluta sobre estes Estados"[425].

III. Afirmada a independência, desenvolver-se-ia um período de organização geral, através da criação, em 1781, de uma Confederação.

A estrutura confederativa, preservando ao máximo a soberania dos novos Estados, que também tinham redigido as respectivas Constituições, assentava na existência de um Congresso, com escassos poderes, com um timbre essencialmente diplomático e representativo[426].

O ambiente ainda não estava amadurecido para o caminho federal e as competências atribuídas à Confederação não incluíam os recursos para fazer face às despesas militares, tão necessárias numa fase de consolidação da independência nacional.

---

[425] § 2.° da Declaração de Independência dos Estados Unidos da América, de 4 de Julho de 1776. Cfr. JORGE MIRANDA, *Textos históricos...*, pp. 35 e 36.

[426] Como refere MARCELLO CAETANO (*Manual de Ciência Política...*, I, p. 70), "O Congresso não podia fazer leis: apenas aprovava *recomendações* aos governos dos Estados confederados para estes legislarem num ou noutro sentido. Não havia também um órgão executivo da Confederação distinto do Congresso que, como assembleia, dificilmente conduzia os negócios com a decisão, a energia e a prontidão necessárias." Cfr. também ARMANDO M. MARQUES GUEDES, *Ideologias...*, pp. 120 e 121.

IV. Daí que a fragilidade da organização confederal rapidamente conduzisse à urgência do reforço de um poder central, que passaria a ser de tipo federal, matéria discutida na Convenção de Filadélfia, que ultimaria, ao fim de quatro meses de trabalho, o texto que viria a ser a CNA[427].

Simplesmente, esse momento constituinte só pôde concluir-se mercê de um conjunto de compromissos que foi possível acertar e que o federalismo pôde exprimir com equilíbrio algures entre a má experiência da confederação e a impossível construção de um Estado unitário, compromissos visíveis:

- entre Estados pequenos e Estados grandes;
- entre Estados do Norte e Estados do Sul;
- entre Estados esclavagistas e Estados não esclavagistas;
- entre Estados industriais e Estados agrícolas.

No plano doutrinário, a esse sucesso não foi alheio o empenho de diversos homens públicos norte-americanos, que ardorosamente defenderam o federalismo em escritos de imprensa: os nomes de ALEXANDER HAMILTON, JAMES MADISON e JOHN JAY[428].

V. É desse momento a aprovação da *Constituição Norte-Americana* (*Constitution of the United States of America*), de 17 de Setembro de 1787, que ainda se mantém em vigor nos dias de hoje, múltiplas vezes revista nas suas emendas, com sete extensos artigos, alguns subdivididos por secções.

Posteriormente, em 1791, seria aprovada a *Declaração de Direitos* (*Bill of Rights*), que se acrescentaria ao texto inicial com os respecti-

---

[427] Quanto ao percurso constitucional criador da CNA, v. ARMANDO M. MARQUES GUEDES, *Ideologias...*, pp. 124 e ss.; BRUCE ACKERMANN, *We The People...*, II, pp. 32 e ss.; THOMAS M. COOLEY, *Princípios Gerais...*, pp. 21 e ss.; MANUEL PROENÇA DE CARVALHO, *Manual...*, pp. 182 e 183.

[428] Escritos depois reunidos em livro: JAMES MADISON, ALEXANDER HAMILTON e JOHN JAY, *The Federalist Papers*, London, 1987, pp. 87 e ss.

vos primeiros dez aditamentos, numa séria preocupação pela limitação do poder federal e em favor da protecção dos Estados.

Com o tempo e a experiência alcançada, simultaneamente reflectindo as vicissitudes da história, novos aditamentos seriam apostos ao texto constitucional inicial.

VI. A História do Direito Constitucional dos Estados Unidos da América não se pode, contudo, resumir a este momento primeiro de fundação, salpicado por outros momentos menores de emendas constitucionais, com um maior ou menor reflexo na arquitectura constitucional.

Desde 1787 até hoje, é possível encontrar diversos períodos, os quais traduzem mudanças da sua rica história político-constitucional:

- *um período de expansão territorial até meados do século XIX*, com o acrescento de novos territórios mais longínquos, até à configuração territorial que hoje se conhece, como a aquisição da Louisiana à França ou como a ocupação dos espaços ocidentais da costa do Oceano Pacífico;
- *um período de fractura político-social na segunda metade do século XIX*, com uma dura guerra civil, a guerra de secessão, que opôs os sulistas, que pretendiam sair da Federação, e os nortistas, que queriam a sua manutenção, estes acabando por vencer;
- *um período de internacionalização e de industrialização no primeiro quartel do século XX*, com o apoio às independências do continente americano e da afirmação internacional como potência económica;
- *um período de mundialização desde a II Guerra Mundial*, com a colocação dos Estados Unidos da América num lugar de super-potência, intervindo em duas guerras mundiais do século XX e interferindo em muitos outros conflitos do Globo.

VII. Os elementos de grande originalidade do Direito Constitucional Norte-Americano não deixariam de ser sentidos noutras regiões do Mundo, sobretudo no restante continente americano, na altura todo colonizado pelos Estados Europeus.

Este foi um contexto político-social azado para a sua expansão, sendo a América o terreno mais fértil para a importação das instituições constitucionais norte-americanas, o que se pode bem comprovar no presidencialismo e no federalismo.

O mesmo sucesso não pode ser referenciado no tocante à fiscalização da constitucionalidade ou à protecção dos direitos fundamentais, cuja compressão muitas vezes se relaciona com o desvirtuamento do presidencialismo, nas muitas experiências em que o mesmo facilmente resvalou para o autoritarismo.

40. A durabilidade, a elasticidade e a rigidez da Constituição de 1787

I. Do ponto de vista das respectivas fontes, e não obstante o sistema jurídico norte-americano se reclamar da influência britânica da *common law*, o Direito Constitucional Norte-Americano sempre se orientou dentro de um perfil formalmente legalista, através da vigência de um acto legislativo chamado Constituição, de resto, a primeira Constituição do Mundo moderno[429].

Mesmo aceitando a relevância das fontes costumeiras, simultaneamente se atribuindo um forte papel aos tribunais na formação do Direito, a começar pelo *stare decisis* que o Supremo Tribunal Federal pode decretar, é seguro que as grandes opções de organização do novo Estado se reflectiram ao nível de um texto constitucional escrito.

---

[429] Sobre a CNA, v. EDWARD S. CORWIN, *A Constituição norte-americana e seu significado atual,* Rio de Janeiro, 1978, pp. 9 e ss.; LAURENCE H. TRIBE, *American Constitutional Law*, 2.ª ed., Mineola/London/New York, 1988, pp. 15 e ss.; MARCELLO CAETANO, *Manual de Ciência Política...*, I, pp. 66 e 67; THOMAS M. COOLEY, *Princípios Gerais...*, pp. 31 e ss.; JORGE MIRANDA, *Manual...*, I, pp. 149 e ss.; MANUEL PROENÇA DE CARVALHO, *Manual...*, pp. 183 e ss.

A elaboração da CNA foi obra de uma convenção constituinte, a Convenção de Filadélfia, reunida em 1787, com o objectivo de reformatar os Estados Unidos da América, em ordem a uma maior eficiência na acção estadual, mas sem nunca anular o papel dos Estados, oferecendo a seguinte sistematização:

- Artigo I – *Poder Legislativo*
- Artigo II – *Poder Executivo*
- Artigo III – *Poder Judicial*
- Artigo IV – *Federação e Estados Federados*
- Artigo V – *Revisão Constitucional*
- Artigo VI – *Disposições Finais e Transitórias*
- Artigo VII – *Entrada em vigor*

II. Este não vem a ser um texto que, nos dias de hoje, se tivesse mantido inalterado, sendo apenas em parte a versão original, só tendo os Estados Unidos da América conhecido, desde a sua fundação, um único texto constitucional.

Têm-se multiplicado os momentos de revisão constitucional, porventura não muito profundas, mas nem por isso irrelevantes no acompanhamento da evolução institucional dos Estados Unidos da América:

- pouco depois da elaboração da Constituição, surgiram os primeiros dez aditamentos, contendo a Declaração de Direitos de 1791, matéria que estava omissa no texto constitucional originário, puramente organizatório;
- ao longo dos anos, e até aos dias de hoje, têm sido vários os momentos de aprovação de novos aditamentos, e também de revogação de outros, num número apreciável, correspondendo a momentos relevantes na vida do Estado, como a abolição da escravatura ou a aprovação da lei seca, atingindo actualmente, com a inclusão da Declaração de Direitos, o número 26.

III. A CNA tem assim o privilégio de ser o texto constitucional escrito global mais duradouro do Mundo, contando com mais de dois séculos de vida, para além de ter sido a primeira Constituição escrita a ser aprovada.

Não tem sido pouca a curiosidade em torno de tal fenómeno, até porque são raros os casos em que os textos constitucionais tivessem durado muito tempo, sendo sempre o fruto das diversas circunstâncias políticas e sociais, por natureza mutáveis.

Algumas explicações dadas podem residir no carácter lacónico do texto constitucional, em grande medida organizatório, não obstante os aditamentos em matéria de direitos fundamentais.

É na secura regulativa da organização dos poderes do Estado que se pode encontrar a explicação para essa longevidade, evitando-se uma tónica programática que é sempre mais conjuntural do que estrutural.

Também não será alheio a este facto o papel simultaneamente conservador e renovador do Supremo Tribunal Federal, que tem prudentemente conduzido os destinos constitucionais nas veredas da Constituição, mas sem nunca lhe forçar os termos[430].

Por tudo isto, o texto constitucional norte-americano, como poucos, goza da característica da *elasticidade*, ao suavemente adequar-se às novas necessidades de regulação do Estado, sem perder os seus traços fundamentais e, em muitos casos, sem a introdução de emendas[431].

IV. Note-se que esta longevidade constitucional, conseguida a partir da elasticidade do texto da Constituição, é tanto mais surpreendente quanto é certo, diversamente do que sucede com os textos constitucionais britânicos, ela ser uma Constituição hiper-rígida, que para ser modificada carece de um procedimento específico, agravado relativamente à elaboração de uma lei federal ordinária, para além de haver alguns limites materiais[432].

---

[430] Cfr. Carlos Ferreira de Almeida, *Introdução...*, pp. 122 e ss.

[431] Cfr. Marcello Caetano, *Manual de Ciência Política...*, I, pp. 67 e 68.

[432] Sobre o regime da revisão da CNA, v. Thomas M. Cooley, *Princípios Gerais...*, pp. 199 e ss.

As alterações constitucionais, num primeiro momento, são levadas a cabo por deliberação dos membros do Congresso Federal, carecendo de uma votação de dois terços dos membros de ambas as câmaras, ou por convenção constitucional, sob a iniciativa de dois terços das assembleias legislativas estaduais (*convention*).

Porém, as alterações constitucionais só se tornam vigentes cumprindo-se uma segunda parte do procedimento, em cada um daqueles métodos: desde que, ao nível federal, elas sejam aprovadas pelas assembleias legislativas de três quartos dos Estados, ou no caso de procedimento convencional, elas sejam aprovadas por três quartos dos Estados federados[433].

41. A novidade da estrutura federal

I. O nascimento dos Estados Unidos da América trouxe como importante contributo jurídico-constitucional a estrutura federal do poder estadual, até então desconhecida.

Para tanto concorreram razões ligadas ao fracasso da estrutura confederal que tinha sido criada em 1781, a seguir à proclamação da independência política, por via da ineficiência do órgão executivo.

Para esse resultado também seriam relevantes aspectos de cunho mais existencial, directamente associados aos perigos a vencer por um novo Estado em ambiente hostil, sem esquecer a sua grande extensão territorial, que mais cresceria com a conquista do "Far-West" durante todo o século XIX.

II. O Estado federal norte-americano, gradualmente acrescentado de novos Estados até aos 50 que neste momento o integram, sem contar com o distrito federal, é uma associação de Estados federados, em que estes mantêm a sua autonomia federativa ao nível dos pode-

[433] Cfr. o art. V da CNA. Cfr. BRUCE ACKERMANN, *We The People...*, II, pp. 71 e ss.

res legislativo, executivo e judicial, segundo uma Constituição estadual própria[434].

A soberania constitucional dos Estados federados[435], que até podem elaborar a sua própria Constituição[436], não deixa de ter os limites heterónomos impostos pelo respeito pela Constituição Federal, não só esta prevalecendo sobre as Constituições estaduais, como certas opções internas dos Estados federados não podendo deixar de ser condicionadas:

- *explicitamente*, o respeito pela forma republicana de governo[437], assim como a igualdade de voto dos Estados no Senado Federal;
- *implicitamente*, a estrutura dos órgãos estaduais, bem como o respeito das competências próprias da federação constitucionalmente atribuídas[438].

III. A repartição de competências entre o nível federal e o nível estadual assume múltiplas dimensões:

---

[434] A respeito do federalismo norte-americano, v. MARCELLO CAETANO, *Manual de Ciência Política...*, I, pp. 72 e ss.; JORGE MIRANDA, *Manual...*, I, pp. 145 e ss.; MANUEL PROENÇA DE CARVALHO, *Manual...*, pp. 189 e ss.

[435] As quais antecederam a formação da própria União: como recorda THOMAS M. COOLEY (*Princípios Gerais...*, p. 335), "Enquanto a Revolução progredia, as colónias converteram-se em repúblicas autónomas, e as formas de governo foram alteradas (...). Todos os Estados, menos dois, redigiram Constituições por escrito".

[436] Segundo THOMAS M. COLLEY (*Princípios Gerais...*, p. 338), "Toda a Constituição estadual deve esperar-se que contenha: 1) uma descrição do sistema de governo; 2) os requisitos gerais para o direito de sufrágio; 3) os freios e os equilíbrios do governo republicano, reconhecendo três departamentos governamentais separados; 4) algum reconhecimento de autogoverno local; 5) uma declaração de direitos protectores dos indivíduos e das minorias".

[437] Estabelecendo o art. IV, secção III, n.° 3, da CNA, que "Os Estados Unidos garantem a todos os Estados da União a forma republicana de governo".

[438] Uma vez que claramente se refere, no art. VI, n.° 2, primeira parte, da CNA que "Esta Constituição, as leis dos Estados Unidos em sua execução e os tratados celebrados ou que houverem de ser celebrados em nome dos Estados Unidos constituirão o Direito supremo do país".

– *as competências exclusivamente federais*, definidas positiva ou negativamente[439], sendo os mais relevantes exemplos das primeiras, porque descendendo directamente da soberania federal, a emissão de moeda, a contracção de empréstimos, as relações externas, a defesa nacional ou em geral todas "...as leis que forem necessárias e convenientes ao exercício dos poderes acima enunciados..."[440];
– *as competências exclusivamente estaduais*, as quais dizem respeito, de entre outros numerosos exemplos, à legislação penal e civil;
– *as competências estaduais federalmente autorizadas*, correspondendo a situações em que o poder legislativo federado só se exerce se obtiver o consentimento do Estado federal, como a criação de impostos alfandegários ou a celebração de tratados internacionais[441];
– *as competências partilhadas*, densificando-se na ideia de que o seu exercício conta com a intervenção dos dois níveis – o federal e o estadual – em função da intensidade regulativa da legislação em causa, deferindo-se à Federação um papel enquadrador e fiscalizador.

A competência federal ainda se tem desenvolvido ao abrigo da categoria das competências implícitas, no contexto da *teoria dos poderes implícitos* (*implied powers*)[442], numa evolução facilmente evidente à medida que os Estados Unidos da América, depois da Guerra de Secessão, cresceram e se consolidaram como super-potência mundial.

---

[439] Exemplos de competências vedadas aos Estados, como se lê no art. I, secção X, n.° 1, da CNA: "É vedado aos Estados celebrar tratados, alianças ou pactos de confederação, conceder cartas de corso ou de represália; cunhar moeda; emitir títulos de crédito; pôr em circulação valor diverso do ouro ou da prata; aprovar leis de perda de direitos civis, leis retroactivas ou leis que enfraqueçam as obrigações contratuais, ou conferir títulos de nobreza".

[440] Art. I, secção VIII, último parágrafo, da CNA.

[441] Art. I, secção X, n.os. 2 e 3, da CNA.

[442] Cfr. MARCELLO CAETANO, *Manual de Ciência Política*..., I, pp. 73 e 74; JOSÉ F. F. TAVARES, *Estudos*..., pp. 54 e ss.; THOMAS M. COOLEY, *Princípios Gerais*..., pp. 103 e ss.

42. A força defensiva dos direitos fundamentais

I. Outro relevante aspecto da caracterização do Direito Constitucional Norte-Americano é o da positivação dos direitos fundamentais[443], que surgiu algum tempo depois da formação da Constituição Federal de 1787[444].

---

[443] Sobre os direitos fundamentais na CNA, bem como o respectivo percurso na consolidação constitucional da União, v. BERTHA MOSER HAINES e CHARLES GROVE HAINES, *The Constitution of the United States*, New York, 1933, pp. 186 e ss.; ALEXANDER HAMILTON, in ALEXANDER HAMILTON, JOHN JAY e JAMES MADISON, *Sobre a Constituição dos Estados Unidos*, São Paulo, 1964, pp. 159 e ss.; EDWARD S. CORWIN, *A Constituição...*, pp. 228 e ss.; ARMANDO M. MARQUES GUEDES, *Ideologias...*, pp. 147 e 148; LAURENCE H. TRIBE, *American...*, pp. 769 e ss.; KLAUS STERN, *Das Staatsrecht der Bundesrepublik Deutschland*, III/1, München, 1988, pp. 90 e ss.; ALBERT BLECKMANN, *Staatsrecht II – Die Grundrechte*, 3.ª ed., Köln, Berlin, Bonn e München, 1989, pp. 23 e 24; BODO PIEROTH E BERNHARD SCHLINK, *Grundrechte – Staatsrecht II*, 6.ª ed., Heidelberg, 1990, p. 8; MANUEL GARCÍA-PELAYO, *Derecho Constitucional...*, pp. 442 e ss.; MARCELLO CAETANO, *Manual de Ciência Política...*, I, pp. 90 e 91; NUNO ROGEIRO, *Constituição dos EUA – anotada e seguida de estudo sobre o sistema constitucional dos Estados Unidos*, Lisboa, 1993, pp. 58 e ss.; ANA MARIA GUERRA MARTINS, *As origens da Constituição Norte-Americana...*, pp. 111 e ss.; JORGE BACELAR GOUVEIA, *Os direitos fundamentais atípicos*, pp. 175 e 176; JEROME A. BARRON e C. THOMAS DIENES, *Constitutional Law*, 3.ª ed., St. Paul, 1995, pp. 147 e ss.; WILLIAM B. LOCKHART, YALE KAMISAR, JESSE H. CHOPER e STEVEN H. SHIFFRIN, *Constitutional Law – cases, comments and questions*, 7.ª ed., St. Paul, 1991, pp. 391 e ss.; JOHN E. NOWAK e RONALD D. ROTUNDA, *Constitutional Law*, 5.ª ed., St. Paul, 1995, pp. 339 e ss.; REINHOLD ZIPPELIUS, *Teoria...*, pp. 424 e ss.; JORGE MIRANDA, *Manual...*, I, pp. 147 e ss.; THOMAS M. COOLEY, *Princípios Gerais...*, pp. 203 e ss.

[444] Numa óptica mais jurisprudencial, sobretudo em torno de três momentos que marcaram uma significativa viragem na defesa dos direitos fundamentais a partir da actividade do Supremo Tribunal Federal, como foram os casos *Griswold vs. State of Connecticut* [381 US 479 (1965)], sobre o direito à privacidade, *Brown vs. Board of Education of Topeka* e *Shawnee County, Kan.* [347 US 483 (1954)], a respeito da igualdade racial, ou *Roe vs. Wade* [410 US 113 (1973)], sobre o aborto.

Cfr. BRUCE ACKERMAN, *We the People – Foundations*, 1, Cambridge/London, 1993, pp. 131 e ss., e RONALD DWORKIN, *Freedom's Law – the moral reading of the American Constitution*, Cambridge, 1996, *passim*.

O texto constitucional inicial era quase silente em matéria de direitos fundamentais, apenas se ocupando da organização do poder público, seguindo a tripartição clássica do poder legislativo, do poder executivo e do poder judicial[445].

Só com a aprovação dos primeiros dez aditamentos, consubstanciando a *Declaração de Direitos*, aprovados em 25 de Setembro de 1789 e ratificados em 15 de Dezembro de 1791, é que os direitos fundamentais veriam a luz do dia, com os seguintes tipos de direitos então enunciados:

- Aditamento I – a liberdade de religião e de culto, a liberdade de opinião e de imprensa, a liberdade de reunião e o direito de petição;
- Aditamento II – o direito de uso e porte de armas;
- Aditamento III – o não aboletamento forçado em tempo de paz;
- Aditamento IV – a garantia da inviolabilidade pessoal, comunicacional e do domicílio;
- Aditamento V – a garantia de um processo devido, bem como o direito à propriedade privada;
- Aditamento VI – as garantias processuais criminais de defesa;
- Aditamento VII – o direito a um julgamento por júri;
- Aditamento VIII – o direito à limitação das cauções e da proporcionalidade das penas;
- Aditamento IX – a cláusula de abertura a outros direitos fundamentais;
- Aditamento X – a cláusula de os poderes federais serem atribuídos, residualmente, aos Estados e ao Povo.

A afirmação destes direitos fundamentais, ainda que num catálogo algo tímido, foi extremamente relevante por ser a positivação for-

[445] Não sem que antes outro importante texto da Revolução Americana, a Declaração de Direitos da Virgínia, já tivesse avançado, em 16 de Junho de 1776, com alguns dos mais importantes direitos, como as garantias criminais, a liberdade de imprensa ou a liberdade religiosa.

mal pioneira dos mesmos, ao mesmo tempo que tal se fazia através do método tipológico, aceitando como realidade singular o objecto e o conteúdo de cada um dos direitos criados.

II. A verdade é que os direitos fundamentais hoje reconhecidos vão muito para lá do apertado elenco dos direitos fundamentais daqueles primeiros dez aditamentos.

Em momentos posteriores, novos direitos vieram a ser consagrados, substancialmente aumentando o número dos tipos de direitos directamente reconhecidos no texto constitucional norte-americano, através de novos aditamentos, de que cumpre evidenciar:

- Aditamento XIII (18 de Dezembro de 1865) – a abolição da escravatura e do trabalho forçado;
- Aditamento XV (30 de Março de 1870) – a igualdade racial do direito de sufrágio;
- Aditamento XIX (26 de Agosto de 1920) – a igualdade sexual do direito de sufrágio;
- Aditamento XXIV (23 de Janeiro de 1964) – a igualdade fiscal do direito de sufrágio;
- Aditamento XXVI (30 de Junho de 1971) – a maioridade no direito de sufrágio aos dezoito anos.

III. O catálogo de direitos fundamentais igualmente beneficiaria de outros tipos, para tanto contribuindo diversos esquemas lógico-processuais.

É de referir, em primeiro lugar, a importância da cláusula de abertura de direitos fundamentais não tipificados, tal como se dispõe no Aditamento IX, assim se permitindo o aparecimento de mais direitos para além dos consagrados.

Por outro lado, tal alargamento pode também ser conseguido através da "interpretação expansiva" dos preceitos constitucionais, através da teoria da penumbra.

Tanto num caso como noutro, tem sido decisivo o trabalho do Supremo Tribunal Federal, que por qualquer uma daquelas técnicas tem vindo a alargar os âmbitos de protecção dos direitos já reconhecidos, assim como a aceitar novos direitos fundamentais, de que se evidenciam diversas decisões que ficariam célebres[446]:

- *Brown vs. Board of Education of Topeka*, de 1954, que julgou inconstitucional a segregação racial nas escolas;
- *Miranda vs. Arizona*, de 1966, em que se tornou obrigatória a comunicação ao detido, no momento da detenção, de um feixe de direitos, como o direito ao silêncio e o direito à defesa por advogado;
- *Roe vs. Wade*, de 1972, com a consideração da inconstitucionalidade de uma lei estadual que limitava a possibilidade do aborto, discernindo períodos em que só a mãe poderia fazê-lo, mas podendo o Estado, em momentos mais avançados, fixar limitações nessa faculdade, reconhecendo-se no texto constitucional a consagração do direito à privacidade[447].

IV. A apreciação do actual catálogo de direitos fundamentais no texto constitucional norte-americano tem merecido da parte dos diversos autores a sua qualificação de liberal, dada a ausência de direitos fundamentais de cunho social, matéria em que aquele articulado, também por força da sua longevidade, nunca viria a proclamar.

Não obstante tal facto, o Supremo Tribunal Federal tem protagonizado um importante esforço na defesa destes direitos, por vezes indo além dessa matriz liberal, o que melhor se percebe pelos períodos que foram sendo experimentados[448]:

---

[446] Cfr. JOSÉ CARLOS BARBOSA MOREIRA, *A Suprema Corte Norte-Americana: um modelo para o mundo?*, in RBDC, n.° 26, Rio de Janeiro, 1.° semestre de 2004, pp. 33 e ss.

[447] Cfr. AAVV, *The Ethics of Abortion* (ed. de ROBERT M. BAIRD & STUART E. ROSENBAUM), Buffalo/New York, 1989, pp. 13 e ss.

[448] Cfr. MARCELLO CAETANO, *Manual de Ciência Política...*, I, 89 e 90; JORGE MIRANDA, *Manual...*, I, p. 151; MANUEL PROENÇA DE CARVALHO, *Manual...*, pp. 235 e ss.

– *uma primeira fase expansiva*, de protecção dos direitos fundamentais liberais, bem como de afirmação dos respectivos poderes de fiscalização da constitucionalidade;
– *uma segunda fase conservadora*, de confrontação com os poderes legislativo e executivo, designada por "governo dos juízes", de que foi exemplo o tempo do New Deal, em que só a ameaça do Presidente Roosevelt fez o Supremo Tribunal recuar nas suas decisões mais conservadoras e liberais;
– *uma terceira fase progressista*, destinada a colmatar as falhas do texto constitucional, mais virado para a igualdade racial e sexual, assim como para os direitos das mulheres.

43. O presidencialismo perfeito e a separação colaborante dos poderes

I. No plano da organização dos órgãos públicos, ao nível da Federação, a CNA, de acordo com as opções no seu texto inicial, apresenta os poderes em razão dos órgãos que os exercem, sendo claramente tributária da separação orgânico-funcional de poderes[449]:

– poder legislativo: *o Congresso Federal*;
– poder executivo: *o Presidente da União*;
– poder judicial: *os tribunais federais*.

[449] Sobre o sistema de governo norte-americano, v. Marcelo Rebelo de Sousa, *Direito Constitucional...*, p. 332; Armando M. Marques Guedes, *Ideologias...*, pp. 129 e ss.; Marcello Caetano, *Manual de Ciência Política...*, I, pp. 76 e ss.; Pedro Bacelar de Vasconcelos, *A separação dos poderes na Constituição Americana*, Coimbra, 1994, pp. 23 e ss., e pp. 67 e ss.; Bruce Ackermann, *We The People...*, II, pp. 120 e ss.; Thomas M. Cooley, *Princípios Gerais...*, pp. 51 e ss.; Jorge Miranda, *Manual...*, I, pp. 152 e ss.; Ricardo Leite Pinto, José de Matos Correia e Fernando Roboredo Seara, *Ciência Política...*, pp. 262 e ss.; Manuel Proença de Carvalho, *Manual...*, pp. 195 e ss.

II. O poder legislativo está atribuído ao Congresso Federal, órgão parlamentar que tem duas câmaras[450]:

– *a Câmara dos Representantes*; e
– *o Senado Federal*[451].

A *Câmara dos Representantes (House of Representatives)*, composta por um número variável de membros em função da densidade dos eleitores de cada Estado[452], sendo actualmente 435, ao que acrescem membros sem direito a voto de Estados associados e do distrito federal, é o órgão que espelha a participação directa dos cidadãos norte-americanos num Parlamento à escala federal, sendo irrelevantes as divisões que existem entre os Estados federados. O mandato dos representantes é de dois anos.

O *Senado Federal (Senate)*, composto por dois senadores por cada Estado, num total de 100, é o órgão que reflecte a organização federal, uniformemente posicionando todos os Estados, com independência da sua dimensão geográfica, densidade populacional ou riqueza económica. Os senadores são escolhidos para um mandato de seis anos[453].

O *Congresso Federal* corresponde à reunião destes dois órgãos, que na sua essência funcionam conjuntamente, sendo necessário que ambos aprovem as providências legislativas para que estas venham a transformar-se em acto legislativo, de acordo com uma regra geral de bicameralismo perfeito.

---

[450] Quanto ao estatuto constitucional do Congresso, v. ARMANDO M. MARQUES GUEDES, *Ideologias...*, pp. 139 e ss.; MARCELLO CAETANO, *Manual de Ciência Política...*, I, pp. 84 e ss.; THOMAS COOLEY, *Princípios Gerais...*, pp. 61 e ss.; MANUEL PROENÇA DE CARVALHO, *Manual...*, pp. 224 e ss.

[451] Dizendo o texto constitucional, no seu art. I, secção I, que "Todos os poderes legislativos conferidos pela presente Constituição serão atribuídos ao Congresso dos Estados Unidos, composto do Senado e da Câmara dos Representantes".

[452] Como refere o art. I, secção II, n.º 3, da CNA, "Os representantes (...) serão distribuídos pelos diversos Estados da União, de harmonia com a respectiva população...".

[453] Cfr. o art. I, secção III, n.º 1, da CNA.

No entanto, é forçoso reconhecer a proeminência do Senado Federal nos domínios do exercício da função política, uma vez que lhe compete dar assentimento à designação dos membros do Governo e dos magistrados do Supremo Tribunal Federal, sem olvidar outras competências de fiscalização política, que exclusivamente lhe competem.

III. O poder executivo é protagonizado pelo *Presidente dos Estados Unidos da América*, que desempenha um mandato de 4 anos, tal como o seu Vice-Presidente[454], apenas podendo exercer outro mandato, seguida ou interpoladamente[455].

A escolha do Presidente, em conjunto com o Vice-Presidente, é feita em dois momentos distintos[456]:

- *primeiro*, cada Estado, em razão do seu número de eleitores e da importância da organização estadual, escolhe um conjunto de cidadãos que integrarão o colégio eleitoral restrito, em representação desse Estado, em número igual ao conjunto dos seus representantes e senadores, mais os três delegados do Distrito de Colúmbia, convertendo-se os votos em mandatos segundo o sistema maioritário[457];
- *depois*, uma vez este colégio eleito, com 538 membros, cabe-lhe escolher as pessoas que irão ocupar aqueles cargos executivos, entendendo-se que os votos por Estado correspondem

[454] Sobre o estatuto constitucional do Presidente e do Vice-Presidente, v. ARMANDO M. MARQUES GUEDES, *Ideologias...*, pp. 130 e ss.; MARCELLO CAETANO, *Manual de Ciência Política...*, I, pp. 76 e ss.; THOMAS M. COOLEY, *Princípios Gerais...*, pp. 111 e ss.; MANUEL PROENÇA DE CARVALHO, *Manual...*, pp. 214 e ss.

[455] Regra que, não constando da versão inicial da CNA, viria a ser introduzida pelo aditamento XXII, de 27 de Fevereiro de 1951.

[456] Para mais pormenores sobre a eleição presidencial norte-americana, v. MANUEL PROENÇA DE CARVALHO, *Manual...*, pp. 196 e ss.

[457] À excepção, como refere MANUEL PROENÇA DE CARVALHO (*Manual...*, pp. 203 e 204), dos Estados do Maine e do Nebraska, em que vigora um sistema misto.

a um voto global e dispondo a Câmara de Representantes, se for caso disso, de voto de desempate[458].

Para quem optou por este sistema, o objectivo inicial era o de fazer vingar critérios de mérito e de competência, sob a responsabilidade daqueles que, por serem "homens bons", melhor pudessem estar preparados para efectuar as escolhas, sem contar com a protecção dada aos Estados menos populosos por contraposição aos Estados maiores.

Com o aparecimento da dimensão política, partidária e ideológica, os cargos de Presidente e de Vice-Presidente deixaram de se explicar dentro dessa lógica, perdendo o colégio eleitoral qualquer autonomia porque os seus membros passaram a ser escolhidos em função da sua pertença às candidaturas em disputa, já previamente anunciadas antes da eleição desse colégio.

O *Presidente* é simultaneamente o Chefe de Estado e do Governo Federal, embora na prática assuma as funções, no plano executivo, de Primeiro-Ministro, repartindo a gestão governativa com os outros membros do seu gabinete, como o Vice-Presidente, o Secretário de Estado e os outros secretários sectoriais, sendo burocraticamente assistido pelo *Executive Office*, conjunto de serviços administrativos.

O *Vice-Presidente* tem escassas competências constitucionais, porventura as mais relevantes de natureza vicarial, quando substitui o Presidente nas suas faltas e impedimentos, bem como no caso de vacatura do cargo, mas igualmente desempenha as funções de Presidente do Senado, assim como outras funções que lhe sejam delegadas pelo Chefe de Estado.

IV. O poder judicial é exercido pelos tribunais federais, tendo como respectiva cúpula o Supremo Tribunal Federal[459].

---

458 Cfr. o art. II, secção I, n.° 3, da CNA.

459 Quanto ao Supremo Tribunal Federal, v. ARMANDO M. MARQUES GUEDES, *Ideologias...*, pp. 145 e 146; MARCELLO CAETANO, *Manual de Ciência Política...*, I, pp. 89 e 90; JOSÉ CARLOS BARBOSA MOREIRA, *A Suprema Corte...*,

A estrutura dos tribunais federais fixa-se em três níveis de tribunais[460]:

- os *District Courts*, tribunais de 1.ª instância;
- os *Courts of Appeals*, tribunais de recurso; e
- o *Supreme Court*, o único tribunal directamente criado pela CNA.

Este alto órgão judicial tem 9 membros, designados pelo Presidente, vitaliciamente, ainda que com a possibilidade de reforma a partir dos 70 anos, devendo antes obter o consentimento do Senado Federal. O Presidente do Supremo Tribunal Federal (*Chief Justice*) é designado pelo Presidente da União, não sendo escolhido pelos seus pares.

As competências do Supremo Tribunal Federal são de natureza contenciosa, quer em recurso de outras decisões judiciais, quer a título exclusivo, nos seguintes termos: "Ao Supremo Tribunal competirá julgar originariamente as causas respeitantes a embaixadores, enviados diplomáticos e cônsules e aquelas em que seja parte qualquer Estado. Em todas as outras causas ele terá competência por via de recurso tanto em matéria de direito como de facto, salvas as excepções e observada a regulamentação que o Congresso estabelecer"[461].

Em termos práticos, o Supremo Tribunal Federal tem competência para apreciar, para além da intervenção primária, recursos interpostos contra as decisões dos tribunais federais de segundo grau, bem como dos supremos tribunais estaduais, sobre questões de Direito federal.

---

pp. 35 e ss.; Luís Ferreira Leite, *O Tribunal Constitucional e o sistema político*, Lisboa, 2007, pp. 33 e ss.; Manuel Proença de Carvalho, *Manual...*, pp. 235 e ss.

[460] Quanto à organização judiciária federal, v. Carlos Ferreira de Almeida, *Introdução...*, pp. 114 e ss.; Thomas M. Cooley, *Princípios Gerais...*, pp. 119 e ss.

[461] Art. III, secção II, n.º 2, da CNA.

O principal mecanismo adoptado é a *petition for certiorari*, em que se pede ao Supremo Tribunal Federal que resolva a incompatibilidade "...entre a decisão do tribunal e a Constituição, os tratados e as leis dos Estados Unidos, ou quando se invoca algum título, direito, privilégio ou imunidade conferido pelo ordenamento jurídico nacional"[462].

Os tribunais em geral, e o Supremo Tribunal Federal como detentor da última palavra, desempenham o importante papel de "guardiães da Constituição", a partir do célebre caso *Marbury vs. Madison* (1803), em que o Chief Justice Marshall formulou a doutrina da *judicial review*: que todos os tribunais têm o poder de desaplicar o acto legislativo contrário à Constituição, fundando-se a respectiva invalidade por respeito pela prevalência do texto constitucional sobre os restantes patamares da Ordem Jurídica[463].

Num aresto posterior, *Fletcher vs. Peck* (1810), o mesmo Supremo Tribunal Federal alargaria este entendimento a todas as leis estaduais que se apresentassem contrárias à CNA.

V. Apesar da distinta repartição dos poderes do Estado, conduzidos por diferentes órgãos, é certo que existem laços de conexão entre eles, de tal modo que o sistema de governo assenta numa separação activa e colaborante de poderes, designada por "checks and balances", nos seguintes termos:

- do poder executivo para o poder legislativo, é de assinalar a iniciativa legislativa e o poder de veto, superável por maioria de dois terços, a não ser o veto de bolso em circunstâncias excepcionais[464];
- do poder legislativo para o poder executivo, cumpre referir os diversos mecanismos de fiscalização política, como o assentimento a certas nomeações ou a constituição de comissões de

---

462 José Carlos Barbosa Moreira, *A Suprema Corte...*, p. 38.

463 Cfr. Manuel Proença de Carvalho, *Manual...*, pp. 233 e 234.

464 Cfr. o art. I, secção VII, n.° 2, da CNA.

inquérito, para além do poder legislativo que incide sobre a estrutura do poder executivo, como as questões orçamentais;

- do poder executivo para o poder judicial, é de não olvidar a nomeação dos juízes do Supremo Tribunal Federal;
- do poder judicial para o poder executivo, mencione-se a faculdade de aquele julgar os titulares do poder em determinadas condições;
- do poder legislativo para o poder judicial, refira-se o consentimento que emite em relação à nomeação dos juízes do Supremo Tribunal Federal;
- do poder judicial para o poder legislativo, indique-se as competências deste em relação à fiscalização da constitucionalidade das leis.

De natureza judicial, e não já política, é o procedimento do impedimento do Chefe de Estado (*impeachment*), em que é feito um julgamento por crimes de responsabilidade: a Câmara dos Representantes pode formular a acusação, cabendo depois ao Senado julgar, presidido pelo Presidente do Supremo Tribunal, e a votação tem de ser tomada por maioria de dois terços dos senadores presentes[465].

VI. A estrutura organizativa da Federação norte-americana fica mais esclarecida com a alusão aos respectivos partidos políticos, um dos sistemas mais antigos do Mundo, à semelhança da longevidade britânica[466].

Tal como aqui sucede, o sistema partidário norte-americano é um bipartidarismo perfeito, em que avultam dois partidos hegemónicos:

- *o Partido Republicano*: vencedor da Guerra da Secessão, com uma marca mais liberal e de origem nortista, de moral pre-

[465] Cfr. os art. I, secção II, n.° 5, e secção III, n.° 6, da CNA.

[466] Sobre os partidos norte-americanos, v. ARMANDO M. MARQUES GUEDES, *Ideologias...*, pp. 148 e 149; MARCELLO CAETANO, *Manual de Ciência Política...*, I, pp. 74 e 75; MANUEL PROENÇA DE CARVALHO, *Manual...*, pp. 245 e ss.

dominantemente protestante, sendo o representante do sector mais à direita do espectro político-ideológico;

– *o Partido Democrata*: com uma marca mais social e de origem sulista, de moral predominantemente católica, mais progressista, situando-se à esquerda no espectro político-ideológico.

Existem outros partidos políticos, mas sem expressão eleitoral suficiente para rivalizarem com estes dois partidos políticos.

Não é ainda menos certo que os partidos norte-americanos, ao contrário dos partidos europeus, têm um timbre muito menos ideológico, com escassas diferenças separando-os no plano dos princípios e dos valores[467].

VII. O sistema de governo norte-americano tem recebido a qualificação de *presidencialismo perfeito*, o que se deve à exaltação ou proeminência da figura do Presidente, ao nele se encarnar, formalmente, todo o poder executivo[468].

De um modo mais esquemático, são estes os elementos caracterizadores do presidencialismo, que depois inspiraria muitos outros sistemas constitucionais, fundamentalmente na América Latina:

– *a independência política recíproca entre o Presidente da União e o Congresso Federal*, não podendo os respectivos mandatos condicionar-se politicamente, nenhum deles podendo demitir ou dissolver o outro por razões políticas;

---

[467] Como refere MARCELLO CAETANO (*Manual de Ciência Política*..., I, p. 75), "Os partidos americanos são hoje, por conseguinte, grandes amálgamas cuja coesão resulta de uma solidariedade de tipo clubista entre os seus membros, mais do que grupos ideológicos formados à volta de princípios ou de programas. A sua estrutura é muito mais descentralizada e a sua disciplina muito mais frouxa do que nos partidos britânicos e por isso nunca está seguro o voto dos seus parlamentares".

[468] Quanto ao sistema de governo norte-americano, v. ARMANDO M. MARQUES GUEDES, *Ideologias*..., pp. 151 e ss.; THOMAS M. COOLEY, *Princípios Gerais*..., pp. 149 e ss.; JORGE MIRANDA, *Manual*..., I, p. 154; MANUEL PROENÇA DE CARVALHO, *Manual*..., pp. 239 e ss.

- *a eleição do Chefe de Estado por sufrágio universal dos cidadãos, embora formalmente seja a título indirecto*, mas sendo vivida como eleição substancialmente directa, dada a absoluta falta de autonomia do colégio eleitoral;
- *a acumulação na mesma pessoa das funções de Chefe de Estado e de Chefe de Governo*, não havendo diarquia no poder executivo, ganhando o Presidente essas duas qualidades e agindo ao seu abrigo.

O carácter perfeito do presidencialismo norte-americano explica-se no facto de, em termos formais, ser o Chefe de Estado a corporizar a totalidade desse poder, ainda que facticamente, assim como na sua organização, outros titulares do poder surjam com protagonismo político acentuado.

A distinção em relação ao presidencialismo imperfeito radica na circunstância de nesta hipótese o poder executivo ser atribuído a um governo como órgão colegial *a se*, e não a um só titular, ainda que este, por seu turno, o delegue em conjuntos mais ou menos vastos de matérias.

VIII. A expressão "presidencialismo", no peculiar contexto em que nasceu a partir do exemplo do Direito Constitucional Norte-Americano, resulta da importância prática que desde cedo se atribuiu ao papel do Chefe de Estado.

Contudo, isso só pode ser totalmente compreendido no quadro da afirmação de um novo Estado, com um complexo lastro colonialista, agravado por uma traumática experiência confederal, em que a ausência de um poder executivo central e forte poderia ter feito soçobrar o projecto da nação americana.

Uma avaliação formal e material da distribuição de poderes entre os diversos órgãos do Estado Norte-Americano conclui que a expressão "presidencialismo" é um pouco excessiva, porquanto o que se regista é um equilíbrio de poderes, com certas características, segundo a lógica dos "checks and balances".

44. A fiscalização da constitucionalidade e a importância dos tribunais

I. O sistema constitucional norte-americano ainda ficaria para sempre assinalado na História do Direito Constitucional pelo singular esquema que desenvolveu de fiscalização da constitucionalidade das leis.

Esta, porém, não foi algo que directamente decorresse do texto constitucional, tanto na sua versão originária quanto depois nas alterações que seriam aprovadas, o que é mais um outro sinal seguro da respectiva elasticidade.

A fiscalização da constitucionalidade merece ser tão assinalada quanto é certo ter sido, durante mais de um século, o único instrumento de controlo da constitucionalidade das leis, num momento em que a Europa ainda se ocupava da sua estruturação constitucional em patamares mais rudimentares e procurava libertar-se da máquina do Estado Absoluto.

II. A descoberta deste modo de fiscalização da constitucionalidade das leis surgiu na decisão *Marbury vs Madison*, num caso decidido no Supremo Tribunal Federal em 1803, de que foi protagonista o juiz Marshall.

A questão de fundo teve que ver com a possibilidade da intervenção do poder executivo na margem de decisão do poder legislativo, tendo o Supremo Tribunal Federal considerado que seria constitucionalmente inadmissível que o poder executivo interferisse na esfera do poder legislativo.

Daí que depois se tivesse chegado à conclusão de que não seria legítimo a qualquer tribunal norte-americano aplicar, nos feitos submetidos a julgamento, normas ou leis que se pudessem considerar desconformes à Constituição, parâmetro supremo e verificador da validade do ordenamento jurídico, o qual qualquer tribunal, embora com recurso para o Supremo Tribunal Federal, poderia sindicar.

III. Este modo de conceber a fiscalização da constitucionalidade, com todo o mérito que lhe está associado pelo seu pioneirismo, assenta nas seguintes características:

– *é judicial*: o poder de verificar a conformidade e de considerar, na sequência desse juízo, a norma inválida, não a aplicando por isso, pertence ao poder judicial, não a qualquer outro poder constitucionalmente estabelecido;
– *é difuso*: o poder para fiscalizar a constitucionalidade das leis encontra-se distribuído pelas instâncias judiciais, não sendo pertença de nenhum especial tribunal ou instância, democratizando-se esse poder;
– *é concreto*: o poder para controlar a constitucionalidade das leis é exercitável no âmbito da tarefa da aplicação judicial do Direito, não tendo que ver com um juízo que, abstractamente ou em tese, estude ou investigue a conformidade constitucional das leis;
– *é incidental*, uma vez que o processo judicial não é interposto para averiguar da questão da constitucionalidade, mas para resolver a questão de fundo, sendo aquela questão incidental em relação a esta, que é a principal[469].

---

[469] Como esclarece José Carlos Barbosa Moreira (*A Suprema Corte...*, p. 38), "A Suprema Corte Norte-Americana só pode declarar inconstitucional uma lei quando lhe caiba decidir caso concreto; a questão da compatibilidade ou incompatibilidade entre a lei e a Constituição não representará o *objecto* do julgamento, senão apenas etapa lógica do raciocínio que a Corte deva fazer para pronunciar-se num ou noutro sentido. O juízo da Corte sobre a questão da alegada inconstitucionalidade funcionará como fundamento da decisão".

§ 11.° O Direito Constitucional da França

45. Turbulência e estabilidade na evolução constitucional

I. Diversamente do que se passa com os sistemas constitucionais que pudemos apreciar com a brevidade adequada, a França é bem mais original no modo como suscita o estudo do seu Direito Constitucional.

Ao contrário do que se verifica no Reino Unido ou nos Estados Unidos da América, a França é bem o exemplo de como um Estado vai assistindo a todo o tipo de mudanças, nenhuma das normas constitucionais originais estando hoje em vigor, e sendo povoado, pelo contrário, por muitas e opostas experiências.

Quer isso dizer que a grande característica da França, quanto ao seu sistema constitucional, a partir da Idade Contemporânea, é da respectiva turbulência, tão numerosas que foram as reformas e as contra-reformas, num total de 16 textos constitucionais, um verdadeiro "laboratório constitucional".

II. Aquela turbulência constitucional, longe de suscitar dificuldades, até acabou por merecer alguma reflexão científica, propondo-se a existência, nesse aparente e errático caos evolutivo, de um fio condutor, que precisamente os arrumaria por períodos mais ou menos uniformes e que se repetiriam, por duas vezes: os "ciclos constitucionais", descobertos por MAURICE HAURIOU[470].

---

[470] Cfr. MAURICE HAURIOU, *Précis de Droit Constitutionnel*, Paris, 1923, pp. 325 e ss. Cfr. também ARMANDO M. MARQUES GUEDES, *Ideologias...*, pp. 162 e 163.

Numa fundamentação algo dialéctica, segundo esta concepção da História do Direito Constitucional da França, é possível vislumbrar ciclos, em qualquer deles irrompendo fases políticas distintas:

- *uma primeira fase de governo parlamentar*, de afirmação democrática e revolucionária, com a criação de instituições representativas;
- *uma segunda fase de governo de assembleia*, de cariz totalitário; e
- *uma terceira fase de governo pessoal*, com a criação de instituições monocráticas.

Os ciclos, adaptados à totalidade da evolução da História do Direito Constitucional Francês, assumem a seguinte configuração possível[471]:

- *I Ciclo*: desde a primeira Constituição monárquica, de 1791, até à queda do sistema constitucional de Napoleão Bonaparte;
- *II Ciclo*: desde a Restauração, com a Carta Constitucional de 1814, até ao fim do sistema constitucional do império de Luís Napoleão Bonaparte;
- *III Ciclo*: desde a transição parlamentar de assembleia no fim do sistema do II Império até à actualidade.

III. O certo é que, já no século XX, não seria mais viável assim explicar a evolução jurídico-constitucional francesa, pelo que se trata de uma teoria que apenas explica o século XIX.

Desde que a III República Francesa surgiu, tem havido sempre uma essência democrática nos textos constitucionais, a despeito da diversidade de sistemas de governo que foram sendo postos em prática.

Em suma: esta é uma teoria que apenas permite explicar a primeira metade do Constitucionalismo Francês, no século XIX, mas já não é aplicável ao século XX.

---

[471] De resto, é dentro desta divisão que, por exemplo, ARMANDO M. MARQUES GUEDES (*Ideologias...*, pp. 163 e ss.) organiza a sua exposição sobre a evolução histórico-constitucional francesa.

IV. Vale a pena identificar os momentos relevantes da evolução da História do Direito Constitucional Francês, sendo também certa a sua relevância para a cultura jurídico-constitucional, tal a profusão das experiências e dos institutos adoptados.

O Constitucionalismo Francês seria a consequência da Revolução Francesa, que se assinalaria em 14 de Julho de 1789, com a Tomada da Bastilha, uma data mais simbólica do que real, em que se concentra a mudança de um regime e de um paradigma de Estado: a passagem do Estado Moderno ao Estado Contemporâneo[472].

Rapidamente as instituições do *Ancien Régime* seriam abolidas e, no seu lugar, proclamadas as instituições do Liberalismo e do Constitucionalismo.

No domínio dos direitos fundamentais, ficaria célebre o primeiro texto que efectuou a respectiva proclamação, à luz da teoria dos direitos naturais: a Declaração dos Direitos do Homem e do Cidadão, de 26 de Agosto de 1789 (DDHC).

Em matéria de organização política, ocorreria outra não menos importante alteração, destinada a afirmar as novas instituições: a transformação do Parlamento em Cortes Gerais, Extraordinárias e Constituintes, com o propósito de produzir uma Constituição, fundando-se nos princípios sugeridos por EMMANUEL SIEYÈS, de que a cada Deputado deveria competir um voto, não sendo as votações feitas por ordens, mas individualmente.

46. A sucessão dos diversos textos constitucionais

I. Em conformidade com a turbulência assinalada, a análise conjunta da evolução do Direito Constitucional Francês mostra a

[472] Sobre a Revolução Francesa, v., de entre tantos outros, FILOMENA BELO e ANA OLIVEIRA, *A Revolução Francesa*, Lisboa, 2001, pp. 9 e ss.; MICHEL VOVELLE, *A Revolução Francesa 1789-1799*, Lisboa, 2007, pp. 11 e ss.

existência de 16 textos constitucionais, correspondentes a outros tantos períodos de vigência[473].

Tais textos, cuja explicitação se impõe no seio dos acontecimentos político-constitucionais que estiveram na sua génese, dando ao texto actual, como se compreende, uma maior desenvolvimento, são os seguintes:

– a Constituição monárquica de 1791;
– a Constituição convencional de 1793;
– a Constituição directorial de 1795;
– a Constituição consular de 1799;
– a Constituição imperial de 1802;
– a Constituição imperial de 1804;
– a Carta Constitucional da Restauração de 1814/1815;
– o Acto Adicional às Constituições Imperiais de 1815;
– a Carta Constitucional orleanista de 1830;
– a Constituição presidencialista da II República de 1848;
– a Constituição do I Império de 1852 e as suas revisões;
– a Constituição do II Império Liberal de 1870;
– a Constituição parlamentar da III República de 1875;
– a Constituição do Governo de Vichy de 1940;
– a Constituição parlamentar da IV República de 1946;
– a Constituição semipresidencial da V República de 1958[474].

II. Curiosamente, a Revolução Francesa, cronologicamente simbolizada pela Tomada da Bastilha, não produziu imediatamente

---

[473] Cfr. os respectivos textos em PIERRE PACTET, *Textes de Droit Constitutionnel*, 2.ª ed., Paris, 1992, pp. 7 e ss., e JACQUES GODECHOT, *Les Constitutions de la France depuis 1789*, Paris, 1995, pp. 21 e ss.

[474] Com uma resenha acerca da evolução histórica do Direito Constitucional da França, v. ARMANDO M. MARQUES GUEDES, *Ideologias...*, pp. 159 e ss.; MARCELLO CAETANO, *Manual de Ciência Política...*, I, pp. 93 e ss.; JORGE MIRANDA, *Manual...*, I, pp. 163 e ss.; MANUEL PROENÇA DE CARVALHO, *Manual...*, pp. 264 e ss.

um texto constitucional, antes uma declaração de direitos: a Declaração dos Direitos do Homem e do Cidadão (DDHC).

Só dois anos mais tarde, é que viria a ser aprovada a primeira Constituição da França, em 3 de Setembro de 1791[475], consagrando aquilo que era então possível (sendo já um importante progresso): um regime de monarquia constitucional, em que o rei admitia limitar o seu poder por um texto constitucional democraticamente aprovado, cedendo o princípio monárquico ao princípio da soberania nacional[476].

A distribuição dos poderes e dos órgãos constitucionais aceitava a herança da teoria da separação de poderes, cometendo-se o poder executivo ao Rei e aos seus ministros, o poder legislativo à Assembleia Nacional Legislativa, com deputados eleitos por dois anos, de acordo com um sufrágio indirecto, nos novos moldes de funcionamento que a Revolução Francesa tinha ditado, e o poder judiciário aos tribunais, expressamente se proibindo o respectivo exercício pelos outros órgãos.

A protecção de direitos fundamentais era feita por alusão à DDHC, que fazia parte integrante do texto constitucional através de um mecanismo remissivo.

Só que o clima revolucionário em França jamais poderia ser contido por este primeiro e emblemático texto constitucional. Embora sendo um avanço notório em relação ao ideário liberal e constitucionalista, a estrutura de uma monarquia constitucionalmente limitada, com a protecção dos direitos fundamentais, sabia a pouco a boa parte dos revolucionários.

---

[475] Com a seguinte sistematização: Título I – Disposições fundamentais garantidas pela Constituição; Título II – Da divisão do Reino e do estado dos cidadãos; Título III – Dos poderes públicos; Título IV – Da força pública; Título V – Das contribuições públicas; Título VI – Das relações entre a Nação Francesa e as Nações estrangeiras; Título VII – Da revisão dos decretos constitucionais.

[476] Cfr. JACQUES GODECHOT, *Les Constitutions...*, pp. 21 e ss.

III. Rapidamente aconteceria a aceleração da revolução, com a formação da Convenção (lembrando a experiência norte-americana), a quem caberia a proclamação, em 21-22 de Setembro de 1792, da I República Francesa, ao que se seguiu a execução do rei Luís XVI, guilhotinado, depois de julgado, a 21 de Janeiro de 1793.

Assim começaria um outro período da história revolucionária da França, conhecido pelo "Período de Terror", cuja radicalidade estava bem patente no facto de até o calendário ter sido alterado, começando a era republicana precisamente no Ano I, tendo entretanto sido criados diversos organismos provisórios, de que se evidenciava o Comité de Salvação Pública, presidido por MAXIMILIANO ROBESPIERRE e constituído em Março de 1793.

A precipitação dos acontecimentos revolucionários trouxe ao de cima da política francesa a afirmação de novos princípios, no regime de Convenção, bastante diversos daqueles que tinham enformado o primeiro período de transição para a monarquia constitucional: o princípio republicano, o princípio da unidade do poder político e o princípio do mandato imperativo, colhendo grande inspiração nas ideias de JEAN-JACQUES ROUSSEAU, defendidas no seu livro *O Contrato Social*, e após uma primeira fase em que o predomínio foi dos girondinos, mas que logo seriam afastados pelos jacobinos.

Foi neste ambiente que se aprovaria a 2.ª Constituição, em 24 de Junho de 1793 (ou do Ano I), a Constituição da Convenção[477], com 124 artigos, implantando uma república, fundada no princípio da democracia semidirecta.

---

[477] Com 124 artigos, assim distribuídos: Da República; Da distribuição do povo; Do estado dos cidadãos; Da soberania do povo; Das assembleias primárias; Da representação nacional; Das assembleias eleitorais; Do Corpo Legislativo; Sessões do Corpo Legislativo; Das funções do Corpo Legislativo; Da formação da lei; Da designação das leis e dos decretos; Do Conselho Executivo; Das relações do Conselho Executivo com o Corpo Legislativo; Dos corpos administrativos e municipais; Da justiça civil; Da justiça criminal; Do Tribunal da Cassação; Das contribuições públicas; Do tesouro nacional; Da auditoria; Das forças da República; Das convenções nacionais; Das relações da República com as nações estrangeiras; Da garantia dos direitos.

No plano dos direitos fundamentais, a Convenção resolveria redigir uma declaração própria, corrigindo bastante a DDHC aprovada em Agosto de 1789, numa linha mais social e mais igualitária.

Em matéria de organização política, o Acto Constitucional, a outra parte da Constituição de 1793, no lugar da separação de poderes, prescrevia a unidade do poder popular, na titularidade do povo francês, que o exercia através de referendos, sendo os Deputados apenas comissários do povo, reunidos no Corpo Legislativo, a quem se encomendaria a preparação dos projectos de leis, a serem aprovados pelo povo, até 40 dias depois. O poder executivo, confiado ao Conselho Executivo, com 24 membros, mais não seria do que uma "emanação" parlamentar, perante o Parlamento respondendo e podendo por ele ser destituído, a quem competia nomear ministros e estabelecer as orientações da actividade administrativa[478].

Seguro é que este texto constitucional nem sequer chegaria a entrar em vigor. Em face da convulsão dos acontecimentos revolucionários que se sucediam, a sua vigência viria a ser sistematicamente protelada e o poder continuava entregue ao Comité de Salvação Pública, um organismo ditatorial que protagonizava a revolução em marcha, escolhido pela Convenção, o auto-proclamado órgão constituinte que, feita a Constituição de 1793, continuaria em actividade e a exercer os diversos poderes públicos, incluindo o poder judicial.

IV. Por via, em parte, do seu radicalismo e por via, noutra parte, da sua impraticabilidade, a revolução convencional acabaria por sucumbir frente aos numerosos inimigos que havia criado em pouco tempo, dando-se uma contra-revolução destinada a restabelecer a marca original do moderado Constitucionalismo Francês.

O Período de Terror viria assim a terminar com o golpe de Estado do 9 do Thermidor (27 de Julho de 1794), sendo MAXIMILIANO ROBESPIERRE e seus sequazes presos e guilhotinados no dia seguinte.

---

478 Cfr. JACQUES GODECHOT, *Les Constitutions...*, pp. 69 e ss.

Num clima de maior pacificação, procedeu-se, então, à elaboração e aprovação, em 22 de Agosto de 1795, da 3.ª Constituição de 1795 (ou do ano III), a Constituição do Directório[479], que tinha como objectivo fundamental aplicar à risca a teoria da separação de poderes defendida por CHARLES DE MONTESQUIEU, mas mantendo o regime republicano e defendendo uma separação absoluta entre os diversos órgãos, sem qualquer responsabilidade de um perante os outros, aprendendo com a experiência imediatamente anterior de absoluta concentração de poder na Convenção[480].

Regressando aos três poderes clássicos, o texto constitucional distribuía-os do seguinte modo:

- o poder legislativo confiado a um Parlamento bicameral, o Conselho dos Quinhentos, com 500 membros, que discutia os projectos legislativos, e o Conselho dos Anciãos, com 250 membros de idade superior a 40 anos, que os votavam;
- o poder executivo atribuído ao Directório, um órgão colegial restrito com cinco directores, eleitos pelo Conselho dos Anciãos pelo período de cinco anos, sob proposta do Conselho dos Quinhentos, mas com renovação de um deles por ano, a decidir por sorteio, a quem competia também nomear os ministros; e
- o poder judicial endereçado aos tribunais, exercendo aquele poder através de juízes eleitos e de jurados, com uma cláusula expressa de incomunicabilidade com os outros poderes.

---

[479] Com 377 artigos, de acordo com a seguinte sistematização: Título I – Divisão do território; Título II – Estatuto político dos cidadãos; Título III – Assembleias primárias; Título IV – Assembleias eleitorais; Título V – Poder legislativo; Título VI – Poder executivo; Título VII – Corpos administrativos e municipais; Título VIII – Poder judiciário; Título IX – Da força armada; Título X – Instrução pública; Título XI – Finanças; Título XII – Relações exteriores; Título XIII – Revisão da Constituição; Título XIV – Disposições gerais.

[480] Cfr. JACQUES GODECHOT, *Les Constitutions...*, pp. 93 e ss.

A proclamação dos direitos fundamentais ficava a cargo de uma declaração, ao tempo reelaborada, mas inspirada na DDHC, e com a singularidade da inclusão de alguns deveres fundamentais, ela se incluindo na primeira parte do texto constitucional, com numeração própria.

V. A vigência deste texto constitucional seria apenas de quatro anos, com vários golpes de Estado de permeio, pois que com a entrada em cena do corso Napoleão Bonaparte muito iria mudar no Constitucionalismo Francês.

Com o 18 de Brumário do Ano VIII (9 de Novembro de 1799), deu-se um outro golpe de Estado, desta vez profícuo, em que Napoleão Bonaparte, depois de assumir o poder, protagonizou uma nova Constituição, a 4.ª Constituição de 13 de Dezembro de 1799, de feição republicana[481] e que se ficou a dever a EMMANUEL SIEYÈS, mas instituindo uma democracia cesarista, de limitação das liberdades fundamentais, ainda que se reclamando de uma legitimidade popular, e não monárquica.

A grande fonte de inspiração era sem dúvida a experiência política romana na passagem da república ao dominato, com a adopção, embora adulterada, de algumas das suas instituições[482]:

– o poder executivo foi confiado a três Cônsules, eleitos por dez anos, com indefinida reelegibilidade, sendo o 1.° – Napoleão Bonaparte – o único com poder decisório e os outros dois com funções consultivas, Cônsules dotados de poderes administrativos gerais, incluindo a nomeação dos ministros; mas assumia também uma função importante, no contexto geral do sistema político, o Senado Conservador, com 80 senado-

[481] Com 95 artigos, de acordo com a seguinte sistematização: Título I – Do exercício dos direitos de cidadania; Título II – Do Senado Conservador; Título III – Do poder legislativo; Título IV – Do Governo; Título V – Dos tribunais; Título VI – Da responsabilidade dos funcionários públicos; Título VII – Disposições gerais.

[482] JACQUES GODECHOT, *Les Constitutions...*, pp. 143 e ss.

res, inamovíveis e vitalícios, a quem competia escolher os Cônsules, assim como outras competências de charneira;

- o poder legislativo estava repartido por três assembleias legislativas, num bem complicado esquema de procedimento legislativo, sendo as propostas das leis da competência do Conselho de Estado, que as fazia pelo Governo consular, endereçando-as depois ao Tribunado, com 100 tribunos, a fim de aí serem discutidas, transitando finalmente para o Corpo Legislativo, com 300 membros, que apenas as podia votar sem discutir;
- o poder judicial foi cometido aos juízes, que genericamente se tornaram vitalícios nas suas funções, mas sendo nomeados pelo Primeiro-Cônsul.

VI. O sucesso da prática política de Napoleão Bonaparte, que com os seus sonhos expansionistas devolveria à França a ambição, que perdera, de ser o centro da Europa e, por isso, do Mundo, permitiu-lhe avançar no fortalecimento da sua posição político-constitucional.

Com os senatus-consultus de 2 e 4 de Agosto de 1802 (ano X)[483], Napoleão Bonaparte, depois de realizado um plesbiscito em 10 de Maio de 1802, foi proclamado Cônsul vitalício, ao mesmo tempo que se produziria uma reforma nas competências que lhe estavam atribuídas, alargando os seus poderes, em detrimento dos órgãos legislativos: o indulto, a ratificação de tratados internacionais, a indicação dos Segundo e Terceiro Cônsules para nomeação pelo Senado, para além da indicação do seu sucessor em caso de morte, e a indicação das pessoas a eleger pelo Senado para membros do Tribunado, reduzido a 50 membros[484].

[483] Este texto constitucional tinha 86 artigos, assim distribuídos: Título I – Disposições gerais; Título II – Das assembleias de cantão; Título III – Dos colégios eleitorais; Título IV – Dos cônsules; Título V – Do Senado; Título VI – Dos Conselheiros de Estado; Título VII – Do Corpo Legislativo; Título VIII – Do Tribunado; Título IX – Da justiça e dos tribunais; Título X – Do direito de graça.

[484] Cfr. JACQUES GODECHOT, *Les Constitutions...*, pp. 163 e ss.

VII. Dois anos depois, chegaria a altura de fazer coincidir a verdade formal do texto constitucional com a verdade material da prática política e transformar o regime napoleónico num império cesarista propriamente dito, que era exactamente como estava funcionando.

Essa seria a ocasião para a aprovação de um novo texto constitucional, a Constituição do Império[485], através do Senatus-Consultus orgânico de 18 de Maio de 1804 (ou do Ano XII), instaurando um império, tendo em Napoleão Bonaparte, o Napoleão I, com o título de "Imperador de todos os Franceses".

Neste novo regime imperial, o Imperador dispunha da globalidade dos poderes públicos, passando a nomear os senadores. O Tribunado ainda se conservaria até 1807, funcionando até àquele momento por secções (secção de legislação, secção de interior e secção de finanças), mas naquela data viria a ser extinto[486].

VIII. Com a abdicação de Napoleão em 1814 e o seu exílio na ilha de Elba, terminaria o período do constitucionalismo napoleónico, iniciando-se, a partir de então, um novo período constitucional, com a Restauração da monarquia constitucional, em moldes próximos dos que vigoravam no tempo prévio ao período republicano do terror.

A Carta Constitucional de 4 de Julho de 1814, após a frustração da Constituição Senatorial de 6 de Abril de 1814 que lhe havia sido proposta, seria outorgada por LUÍS XVIII[487].

---

[485] Com 142 artigos, que se organizaram assim: Título I – Disposições gerais; Título II – Da hereditariedade; Título III – Da família imperial; Título IV – Da regência; Título V – Das grandes dignidades do Império; Título VI – Dos grandes funcionários do Império; Título VII – Dos juramentos; Título VIII – Do Senado; Título IX – Do Conselho de Estado; Título X – Do Corpo Legislativo; Título XI – Do Tribunado; Título XII – Dos colégios eleitorais; Título XIII – Do Alto Tribunal Imperial; Título XIV – Da ordem judiciária; Título XV – Da promulgação; Título XVI – Disposições finais.

[486] Cfr. JACQUES GODECHOT, *Les Constitutions...*, pp. 179 e ss.

[487] Com 76 artigos, assim organizados: Direito Público dos Franceses; Forma de Governo do Rei; Da Câmara dos Pares; Da Câmara dos Deputados dos Depar-

A concessão deste texto constitucional continha a mensagem da instauração de uma monarquia constitucional, em que era o monarca a aceitar a auto-limitação do seu poder pela redacção de um texto constitucional, optando-se pelo regresso à tradicional divisão de poderes, embora a prática se direccionando no sentido do parlamentarismo[488]:

– o poder executivo atribuído ao rei, com a faculdade de dissolução parlamentar e de nomeação dos ministros, não politicamente responsáveis perante o Parlamento, assim como o poder de propor leis;
– o poder legislativo atribuído a duas câmaras, a Câmara dos Pares, de nomeação régia, e a Câmara dos Deputados dos Departamentos, cujo membros eram eleitos pelos departamentos com base no sufrágio censitário;
– o poder judicial atribuído aos tribunais.

IX. Simplesmente, a vigência deste texto constitucional outorgado seria, numa primeira fase, muito curta, pois que Napoleão Bonaparte, fugindo do seu exílio, reinstituiria o seu poder pessoal, no chamado "Governo dos Cem Dias".

Durante esse período, com o Acto Adicional às Constituições do Império de 22 de Abril de 1815[489], os textos napoleónicos anteriores seriam repostos em vigor, mas com as alterações incluídas nesse novo texto constitucional[490].

---

tamentos; Dos Ministros; Da Ordem Judiciária; Direitos particulares garantidos pelo Estado; Artigos transitórios.

[488] Cfr. JACQUES GODECHOT, *Les Constitutions...*, pp. 209 e ss.

[489] Com 67 artigos, de acordo com a seguinte sistematização: Título I – Disposições gerais; Título II – Dos colégios eleitorais e do modo de eleição; Título III – Da lei e do imposto; Título IV – Dos ministros e da responsabilidade; Título V – Do poder judiciário; Título VI – Direitos dos cidadãos.

[490] Cfr. JACQUES GODECHOT, *Les Constitutions...*, pp. 225 e ss.

X. O definitivo fim do regime napoleónico só aconteceria com a sua derrota na Batalha de Waterloo, em 18 de Junho de 1815, às mãos dos aliados, chefiados pelo Duque de Wellington.

O regresso à normalidade institucional determinou a segunda vigência da Carta Constitucional de 1814, ainda que se tivesse pensado na respectiva revisão por parte de uma assembleia constituinte para o efeito eleita, devidamente depurada dos bonapartistas (*la Chambre introuvable*), mas que nunca consumaria o seu trabalho, sendo logo dissolvida em homenagem à necessidade do apaziguamento da cena política francesa.

XI. O conservadorismo do constitucionalismo da Restauração, criado em 1814/1815, não geraria os suficientes apoios e, em 1830, ocorreria uma revolução, a Revolução de Julho, destituindo o monarca, o rei CARLOS X, e mandando proceder a uma reforma constitucional.

A Constituição então aprovada, em 14 de Agosto de 1830[491], obedeceria a um figurino de equilíbrio entre a componente monárquica e a componente parlamentar, assim funcionando até 1848, e já não seria um texto outorgado, mas um texto fundado na soberania nacional, aprovado pelo Parlamento, com duas básicas linhas de força[492]:

- o reforço do poder legislativo, conferindo ao Parlamento o poder de iniciativa legislativa e abolindo-se o pariato hereditário na Câmara dos Pares;
- a diminuição do poder executivo, sujeitando os ministros a responsabilidade parlamentarmais ampla.

---

[491] Com 70 artigos, deste modo ordenados: Direito Público dos Franceses; Formas do Governo do Rei; Da Câmara dos Pares; Da Câmara dos Deputados; Dos Ministros; Da Ordem Judiciária; Direitos particulares garantidos pelo Estado; Disposições particulares.

[492] Cfr. JACQUES GODECHOT, *Les Constitutions...*, pp. 241 e ss.

Depois da promanação do novo texto constitucional, a continuidade monárquica seria atribuída ao Duque de Orléans, de fama liberal e filho de um antigo convencional regicida, que trocara o título nobiliárquico pelo nome de "Philipe Egalité": Luís Filipe de Orleães, que juraria a Constituição como produto da vontade soberana da Nação.

XII. Em 1848, deu-se um golpe de Estado que depôs Filipe de Orleães e, no seu lugar, instituiu uma república presidencial, em correspondência a um amplo movimento social, de cariz romântico e já influenciado pelo socialismo científico, tendo o manifesto comunista sido publicado nesse mesmo ano.

Em 4 de Novembro de 1848, depois de algum tempo de trabalho na Assembleia Constituinte, escolhida com base no sufrágio directo e universal, seria aprovada a Constituição da II República Francesa[493].

A forma republicana, pela segunda vez adoptada no percurso institucional francês, era, no entanto, bastante diferente da experiência traumática da I República, com a preocupação da separação de poderes[494]:

- o poder legislativo estava atribuído a uma única câmara parlamentar, a Assembleia Nacional, cujos membros, em número total de 750, eram eleitos para um mandato de três anos, por sufrágio directo, mas com total independência do Chefe de Estado, dada a impossibilidade de dissolução, assinalando-se ainda a existência de um Conselho de Estado com compe-

---

[493] Com 116 artigos, com esta sistematização: Capítulo I – Da soberania; Capítulo II – Direitos dos cidadãos garantidos pela Constituição; Capítulo III – Dos poderes públicos; Capítulo IV – Do poder legislativo; Capítulo V – Do poder executivo; Capítulo VI – Do Conselho de Estado; Capítulo VII – Da Administração Interior; Capítulo VIII – Do poder judiciário; Capítulo IX – Da força pública; Capítulo X – Disposições particulares; Capítulo XI – Da revisão da Constituição; Capítulo XII – Disposições transitórias.

[494] Cfr. JACQUES GODECHOT, *Les Constitutions...*, pp. 253 e ss.

tências consultivas no seio do procedimento legislativo, bem como outras competências administrativas de controlo;

- o poder executivo estava atribuído ao Presidente da República, eleito por sufrágio universal e directo, por quatro anos, que também era o Chefe de Governo e a quem se incumbia a nomeação e a destituição dos ministros, sob a sua livre escolha e confiança; e
- o poder judicial estava atribuído aos tribunais, que o desenvolviam com separação em relação aos outros poderes.

O sistema de governo era tributário do presidencialismo norte-americano, com os órgãos executivo e legislativo independentes entre si na respectiva subsistência política, nenhum deles dependendo do outro.

XIII. A ambição de poder pessoal de Luís Napoleão Bonaparte, terceiro filho de Luís Bonaparte, irmão de Napoleão Bonaparte, determinaria a mudança de regime constitucional: eleito Presidente da República na vigência da Constituição de 1848, com 5 434 226 votos, mas na impossibilidade de ser reeleito, por este texto constitucional só prever uma única eleição, dissolveu a Assembleia Nacional, que não alterou a Constituição de 1848 para lhe fazer a vontade, e em 2 de Dezembro de 1851 protagonizou um golpe de Estado que suspenderia a sua vigência.

Submetendo-se a um plesbiscito logo de seguida, Luís Napoleão Bonaparte seria confirmado Chefe de Estado, com amplos poderes para redigir um novo texto constitucional, que viria a ser decretado em 14 de Janeiro de 1852, após o trabalho de uma comissão, entrando-se assim no tempo da Constituição de 1852[495].

---

[495] Com 58 artigos, assim organizados: Título I – Disposição geral; Título II – Formas do Governo da República; Título III – Do Presidente da República; Título IV – Do Senado; Título V – Do Corpo Legislativo; Título VI – Do Conselho de Estado; Título VII – Do Alto Tribunal de Justiça; Título VIII – Disposições gerais e transitórias.

A posição presidencial de Luís Napoleão Bonaparte rapidamente se elevaria à dignidade imperial, com a proclamação do II Império, através do senatus-consultus de 7 de Novembro de 1852, fixando a sucessão ao trono na família do novo imperador, com o nome de Napoleão III, mas conservando na essência o restante sistema constitucional já anteriormente definido, apenas alterado nalgumas das suas normas:

– o decreto imperial de 2 de Dezembro de 1852, que promulgou o senatus-consultus de 7 de Novembro de 1852, conferindo a dignidade imperial a Luís Napoleão III;
– o senatus-consultus de 12 de Dezembro de 1852, estabelecendo a lista civil e a dotação da coroa;
– o senatus-consultus de 25 de Dezembro de 1852, dando competência ao imperador para conceder clemência;
– o senatus-consultus de 23 de Abril de 1856, interpretativa do de 12 de Dezembro de 1852;
– o senatus-consultus de 17 de Julho de 1856, sobre a regência do Império.

Este novo texto constitucional consagrou um sistema de governo nitidamente inspirado na primeira Constituição napoleónica[496], com a adopção dos mesmos órgãos, tendo a chefia do Estado sido inicialmente atribuída a Luís Napoleão Bonaparte por dez anos: o Conselho de Estado, o Senado e o Corpo Legislativo[497].

XIV. O percurso de Luís Napoleão no poder seria bem diferente do de seu tio, na medida em que se enfraqueceria à medida que o tempo passava, diferentemente do crescente poder ditatorial de Napoleão Bonaparte.

Foi a partir dos anos sessenta do século XIX que repetidos acontecimentos introduziriam fortes limitações no autoritarismo do II

---

[496] De acordo com uma versão "simplificada", como lhe chama ARMANDO M. MARQUES GUEDES, *Ideologias...*, p. 193.

[497] Cfr. JACQUES GODECHOT, *Les Constitutions...*, pp. 279 e ss.

Império, até que pelo senatus-consultus de 21 de Maio de 1870 se formalizaria esse percurso, decretando-se uma nova Constituição Imperial[498], em que se evidenciava já a consagração constitucional das duas câmaras legislativas – Corpo Legislativo e Senado – com iniciativa legislativa e com o reconhecimento da responsabilidade política dos ministros perante o Parlamento.

Contudo, este Império Liberal não duraria muito porque não resistiu à derrota frente aos prussianos, na guerra franco-prussiana, com a rendição de Luís Napoleão em Sedan, em 2 de Setembro de 1870, nem com os posteriores acontecimentos da Comuna de Paris.

XV. Com a queda do Império Liberal, abriu-se um período de interregno constitucional, em que se hesitou em relação à solução monárquica a adoptar, de acordo com a opção entre a linha legitimista dos Bourbons, defendendo o conde de Vahmbord, neto de Carlos X, e a linha orleanista, propondo-se o Conde de Paris, neto de Luís Filipe. Mas também a ala republicana se fazia sentir, protagonizada por Gambetta.

Durante esse intervalo, o governo foi confiado a Thiers, proclamado provisoriamente pela Assembleia Nacional, primeiro como Chefe do Poder Executivo da República Francesa (Fevereiro de 1871) e, depois, como Presidente da República Francesa (Agosto de 1871), após o que assumiria essas funções o General Mac Mahon.

Ganhando tempo em relação à solução dinástica definitiva, assim como agindo sob a pressão da necessidade da estruturação do Estado, a Assembleia Nacional, num compromisso entre monárquicos e republicanos, que entretanto ganhavam posições, resolveu aprovar três leis constitucionais avulsas e puramente orgânicas, em 24 e 25 de Fevereiro e 16 de Julho de 1875[499]:

---

[498] Com 44 artigos, assim organizados: Título I – Disposição geral; Título II – Da dignidade imperial e da regência; Título III – Formas de Governo do Imperador; Título IV – Do Imperador; Título V – Do Senado; Título VI – Do Corpo Legislativo; Título VII – Do Conselho de Estado; Título VIII – Disposições gerais.

[499] Cfr. JACQUES GODECHOT, *Les Constitutions...*, pp. 321 e ss.

- a lei de 24 de Fevereiro de 1875 era relativa à organização do Senado, com 11 artigos: a instituição de um Senado com 300 senadores, escolhidos para um mandato de 9 anos, com competência legislativa, menos nas propostas de legislação financeira, podendo ainda julgar o Chefe de Estado e os ministros, assim como os crimes contra a segurança do Estado;
- a lei de 25 de Fevereiro de 1875 era relativa à organização dos poderes públicos, com 9 artigos: a atribuição do poder legislativo a duas câmaras, sendo a Câmara dos Deputados escolhida por sufrágio directo e universal, composta por Deputados eleitos para um mandato de 4 anos, e tendo o Senado uma regulamentação em lei própria; a atribuição do poder executivo a um Presidente da República, eleito pelas duas câmaras, para um mandato de 7 anos, com a possibilidade de escolher os ministros, em todo o caso responsáveis perante o Parlamento, podendo ainda dissolver a Câmara dos Deputados, desde que com o assentimento do Senado;
- a lei de 16 de Julho de 1875 era relativa às relações entre os poderes públicos, com 14 artigos: o estabelecimento das regras de funcionamento parlamentar, com a sua dupla e paralela intervenção, e o reconhecimento das imunidades dos seus membros, para além do direito de veto suspensivo por parte do Chefe de Estado quanto às respectivas leis e o necessário consentimento parlamentar em matéria de ratificação de tratados internacionais.

Inadvertidamente por este caminho nasceria a III República, aquela que até à data, tendo sido compromissória e transitoriamente concebida[500], se tornaria no regime mais duradouro que a França

[500] Como escreve ARMANDO M. MARQUES GUEDES (*Ideologias...*, p. 202), "Fragmentário, liberto do tom dogmático e das preocupações ideológicas das Constituições anteriores, não completado por uma declaração de direitos, o ordenamento constitucional de 1875 havia sido o resultado de um compromisso entre monárquicos e republicanos".

experimentaria, ainda que em grande instabilidade governamental, aparecendo 100 Governos no respectivo período, entre 1875 e 1940[501].

Outras alterações seriam introduzidas nesta Constituição dispersa de 1875 por estes diplomas: a lei de 21 de Junho de 1879; a lei de 14 de Agosto de 1884; a lei de 10 de Agosto de 1926.

XVI. A III República vigoraria até à II Guerra Mundial, que duramente atingiria a França, trazendo o humilhante resultado da sua parcial ocupação pelas tropas alemãs.

A subjugação ao III Reich permitiu a instituição, na parte sul do território não directamente ocupado, de um governo chefiado pelo Marechal Petain, instalado em Vichy, investido em plenos poderes pela Assembleia Nacional, em 10 de Julho de 1940, e com a incumbência de preparar uma nova Constituição, o que não deveria acontecer enquanto perdurasse o domínio alemão, ainda que o projecto chegasse a ser redigido[502].

Durante o período de ocupação vigorou em França um conjunto de leis constitucionais provisórias decretadas pelo Governo de Vichy, as quais só terminariam com a libertação da França, quando em 25 de Agosto de 1944 Paris é declarada livre[503].

---

[501] Como elucidativamente escreve MARCELLO CAETANO (*Manual de Ciência Política...*, I, pp. 108 e 109), "No activo desta Constituição (chamada da *Terceira República*), há, porém, a averbar o facto de que, enquanto das treze Constituições francesas anteriores completas e harmoniosas, elaboradas na ideia de que perdurariam por séculos e quase todas ratificadas pelo *referendum* popular, nenhuma havia resistido mais de dezoito anos e algumas apenas tinham vigorado durante breves dias – a Constituição de 1875, contida em três leis secas e sumárias, feitas na ideia de que seria por pouco tempo, e apenas votadas pela Assembleia Nacional, durou quase sem alterações setenta anos!"

[502] Com 42 artigos, seguindo a seguinte sistematização: Título I – A função governamental; Título II – A função legislativa; Título III – O Congresso Nacional; Título IV – A função jurisdicional; Título V – Os conselhos municipais, departamentais e provinciais; Título VI – O Governo do Império.

[503] Cfr. JACQUES GODECHOT, *Les Constitutions...*, pp. 339 e ss.

XVII. É assim que de imediato, depois da instalação do Governo provisório de libertação da República Francesa, chefiado pelo General Charles de Gaulle, se iniciou a preparação de um novo texto constitucional, facto que aconteceu com a lei constitucional de 2 de Novembro de 1945, que foi referendada e simultaneamente habilitou a Assembleia Nacional com poderes constituintes, balizados dentro de uma lógica de introduzir limites imanentes ao poder constituinte em formação, como a manutenção da autonomia do poder executivo, a função apenas constituinte do Parlamento eleito e a necessidade de o novo texto constitucional ser referendado.

O texto constitucional elaborado por esta Assembleia Constituinte não seria aprovado, em referendo popular, à primeira (Abril de 1946), pois que só com o trabalho de uma outra Assembleia Nacional o texto seria aceite, em 27 de Outubro de 1946, dando assim corpo à Constituição da IV República[504], piorando o parlamentarismo que as leis constitucionais de 1875 já haviam consagrado.

O fulcro do sistema governativo residia no poder legislativo exercido pela Assembleia Nacional, que contava com a colaboração de três outras assembleias[505]: o Conselho da República, o Conselho Económico e o Conselho da União Francesa. Das competências da Assembleia Nacional constavam ainda poderes de fiscalização e de responsabilização política sobre o Conselho de Ministros.

O poder executivo era confiado ao Conselho de Ministros, chefiado pelo Presidente do Conselho, e ao Presidente da República, com algumas competências executivas e eleito conjuntamente pela Assembleia Nacional e pelo Conselho da República.

---

[504] Com 106 artigos, assim distribuídos: Título I – Da soberania; Título II – Do Parlamento; Título III – Do Conselho Económico; Título IV – Dos tratados diplomáticos; Título V – Do Presidente da República; Título VI – Do Conselho de Ministros; Título VII – Da responsabilidade penal dos ministros; Título VIII – Da União Francesa; Título IX – Do Conselho Superior da Magistratura; Título X – Das colectividades territoriais; Título XI – Da revisão da Constituição; Título XII – Disposições transitórias.

[505] Cfr. JACQUES GODECHOT, *Les Constitutions...*, pp. 357 e ss.

O poder judicial, tendo o respectivo exercício por parte dos juízes, era encimado pelo Conselho Superior de Magistratura.

A vida da Constituição de 1946 não seria longa: soçobraria na instabilidade governativa que assolou a França e que atingiu o clímax com a crise da Argélia, à qual o regime não conseguiu fazer frente.

XVIII. Estava assim gerado o ambiente propício a uma nova ordem constitucional, devolvendo estabilidade governativa, em muito estimulado pelo grande herói da II Guerra Mundial, que sempre fortemente verberara a experiência da IV República Francesa: o General Charles de Gaulle.

Foi com a sua intervenção que o texto da nova Constituição seria elaborado, sendo amplamente aprovado por referendo popular em 28 de Setembro de 1958 e tendo entrado em vigor em 5 de Outubro: dava-se assim início à V República Francesa.

A "presidencialização" do novo sistema constitucional não se limitaria à configuração inicial da Constituição de 1958, visto que ela se acentuaria não apenas na praxis política, devido à forte personalidade do General Charles de Gaulle, mas também com alterações posteriores a esse mesmo texto, como a transformação da eleição presidencial em directa pelo referendo de 26 de Outubro de 1962, posta em prática pela Lei de 6 de Novembro de 1962, havendo entretanto muitas outras alterações.

A presença do General Charles de Gaulle na vida política francesa não seria muito prolongada, uma vez que renunciou ao cargo na sequência de o povo francês ter rejeitado, no referendo de 27 de Abril de 1969, as alterações constitucionais por si propostas em matéria de estatuto das regiões e do Senado.

47. A actual Constituição Francesa de 1958

I. O actual texto constitucional francês foi aprovado em 5 de Outubro de 1958, nele tendo sido exercida grande influência pelo

General Charles de Gaulle, o grande herói da resistência francesa durante a fase de exílio, em Londres e noutros locais[506].

A CF teve a particularidade de ser aprovada pelos franceses em referendo popular, tornando os cidadãos autores directos da nova ordem constitucional, com a seguinte sistematização[507]:

- Título I – *Da soberania*
- Título II – *Do Presidente da República*
- Título III – *Do Governo*
- Título IV – *Do Parlamento*
- Título V – *Das relações entre o Parlamento e o Governo*
- Título VI – *Dos tratados e acordos internacionais*
- Título VII – *Do Conselho Constitucional*
- Título VIII – *Das autoridades judiciárias*
- Título IX – *Do Alto Tribunal de Justiça*
- Título X – *Da responsabilidade penal dos membros do Governo*
- Título XI – *Do Conselho Económico, Social e Ambiental*
- Título XI BIS – *Do Defensor dos Direitos*
- Título XII – *Das colectividades territoriais*
- Título XIII – *Das disposições transitórias relativas à Nova Caledónia*

---

[506] Sobre o actual Direito Constitucional francês em geral, v. ARMANDO M. MARQUES GUEDES, *Ideologias...*, pp. 213 e ss.; MARCELLO CAETANO, *Manual de Ciência Política...*, I, pp. 113 e ss.; MARCEL PRÉLOT e JEAN BOULOUIS, *Institutions Politiques et Droit Constitutionnel,* 11.ª ed., Paris, 1990, pp. 601 e ss.; JEAN GICQUEL, *Droit Constitutionnel et Institutions Politiques,* 10.ª ed., Paris, 1989, pp. 561 e ss.; PHILIPPE ARDANT, *Institutions Politiques & Droit Constitutionnel (Manuel)*, 3.ª ed., Paris, 1991, pp. 389 e ss.; LOUIS TROTABAS e PAUL ISOART, *Manuel de Droit Public*, 22.ª ed., Paris, 1992, pp. 35 e ss.; DOMINIQUE TURPIN, *Droit Constitutionnel*, 2.ª ed., Paris, 1994, pp. 324 e ss.; JACQUES GODECHOT, *Les Constitutions...*, pp. 411 e ss.; DMITRI GEORGES LAVROFF, *Le Droit Constitutionnel de la V République*, Paris, 1995, pp. 67 e ss.; MAURICE DUVERGER, *Eléments de Droit Public*, 13.ª ed., Paris, 1995, pp. 87 e ss.; PIERRE PACTET, *Institutions Politiques – Droit Constitutionnel*, 14.ª ed., Paris, 1995, pp. 322 e ss.; JORGE MIRANDA, *Manual...*, I, pp. 169 e ss.; MANUEL PROENÇA DE CARVALHO, *Manual...*, pp. 274 e ss.

[507] Cfr. o respectivo texto em JORGE BACELAR GOUVEIA, *As Constituições dos Estados da União...*, pp. 315 e ss.

– Título XIV – *Da Francofonia e dos Acordos de Associação*
– Título XV – *Da União Europeia*
– Título XVI – *Da revisão constitucional*

II. Este texto constitucional surgiu na sequência da progressiva afirmação de uma recente tradição constitucional republicana e estabeleceu a V República, após uma má experiência a seguir à II Guerra Mundial.

O texto constitucional, na respectiva sistematização, é puramente organizatório e não espelha uma directa relevância aos direitos fundamentais.

Tal, porém, não quer dizer que a sua positivação não aconteça, embora este resultado apenas se atingindo por remissão para outros textos e valores, não directamente positivados.

III. A revisão constitucional em França, segundo este texto, obedece a requisitos particularmente exigentes, comprovando tratar-se de um texto hiper-rígido[508].

A iniciativa do respectivo procedimento compete simultaneamente ao Presidente da República, sob proposta do Primeiro-Ministro, e aos membros do Parlamento.

A aprovação das alterações à Constituição desenvolve-se segundo dois distintos procedimentos, ambos peculiarmente exigentes[509]:

---

[508] Sobre o regime da revisão constitucional, v. MARCEL PRÉLOT e JEAN BOULOUIS, *Institutions Politiques...*, pp. 629 e ss.; JEAN GICQUEL, *Droit Constitutionnel...*, pp. 589 e ss.; PHILIPPE ARDANT, *Institutions...*, pp. 80 e ss.; LOUIS TROTABAS e PAUL ISOART, *Manuel...*, pp. 74 e 75; DANIEL GAXIE, *Article 89*, in AAVV, *La Constitution de la République Française* (org. de FRANÇOIS LUCHAIRE e GÉRARD CONAC), 2.ª ed., Paris, 1987 pp. 1325 e ss.; DOMINIQUE TURPIN, *Droit Constitutionnel...*, pp. 86 e ss.; DMITRI GEORGES LAVROFF, *Le Droit...*, pp. 102 e ss.; MAURICE DUVERGER, *Eléments...*, pp. 151 e ss.; PIERRE PACTET, *Institutions...*, pp. 499 e ss.; GUY CARCASSONNE, *La Constitution*, Paris, 1996, pp. 312 e ss.

[509] Cfr. o art. 89, §§ 2 e 3, da CF.

– por um lado, a aprovação pelas duas câmaras, em votações separadas, ao que se segue o assentimento popular por intermédio do referendo;
– por outro lado, a aprovação pelo Parlamento reunido em congresso, sob decisão do Presidente da República, carecendo da maioria de três quintos dos sufrágios expressos, e assim se dispensando a convocação do referendo.

A revisão constitucional submete-se a dois outros limites, um circunstancial e o outro material: circunstancial porque a revisão não pode "...iniciar-se ou continuar enquanto se verificar qualquer ataque contra a integridade do território"; material porque a "...forma republicana de governo não pode ser objecto de revisão"[510].

48. A deficiente positivação dos direitos fundamentais e o papel do Conselho Constitucional

I. O facto de a França ter sido a pátria das revoluções liberais, na Europa, não deixa de ser desarmónica com o que sucede na protecção de direitos fundamentais que se concebe neste ordenamento constitucional, que podemos considerar deficiente, pelo menos se comparada com outros e coevos ordenamentos constitucionais[511].

---

[510] Art. o art. 89, §§ 4 e 5, da CF.

[511] Para uma panorâmica acerca dos direitos fundamentais na CF, v. JEAN RIVERO, *Les garanties constitutionnelles des droits de l'homme en Droit Français*, in RIDC, 1972, pp. 12 e ss., e *Les Libertés Publiques*, II, 2.ª ed., Paris, 1980, pp. 21 e ss.; JACQUES MOURGEON, *L'évolution récente du droit des libertés publiques en France*, in AUSST, XXVI, 1978, pp. 129 e ss.; JEAN MORANGE, *Les libertés publiques*, 3.ª ed., Paris, 1979, pp. 49 e ss., *Droits de l'homme et libertés publiques*, 2.ª ed., Paris, 1989, pp. 117 e ss., e *Les droits de l'homme en France au debut du XXIè siècle*, in AAVV, *Proceedings of International Academic Conference Commemorating the 61st Anniversary of the Korean Constitution*, Seoul, 2009, pp. 204 e ss.; MARIA ISABEL JALLES, *Os direitos da pessoa na Comunidade Europeia*, in DDC, n.º 2, 1980, pp. 41 e 70; LAURENT RICHER, *Les droits de l'homme et du citoyen*, Paris, 1982, pp. 224 e ss.;

Ao contrário do que sucede com muitos textos constitucionais dos nossos dias, a CF insiste em não conter qualquer catálogo de direitos fundamentais, limitando-se a fazer-lhes algumas esparsas alusões e, em geral, remetendo para a DDHC e para outros textos.

Só que a técnica da positivação dos direitos fundamentais, bem como os resultados concretos a que tem chegado, não deixam de causar alguma decepção na força e amplitude com que os mesmos são garantidos.

II. A leitura do articulado deste texto constitucional não permite deparar com qualquer conjunto de direitos fundamentais, pois que se trata de um texto puramente organizatório.

É através do preâmbulo do texto constitucional que se consegue chegar à consagração dos direitos fundamentais, apresentando-se quatro relevantes e distintas técnicas:

- a remissão para a DDHC, com a consagração, de entre outros, dos direitos à igualdade, à liberdade, à liberdade política, à proibição das prisões arbitrárias, à necessidade das penas, à presunção de inocência, à liberdade de opinião e de pensamento e ao direito de propriedade[512];
- a protecção dos direitos fundamentais reconhecidos pelas leis da República;

François Goguel, *Objet et portée de la protection des droits fondamentaux*, in AAVV, CCEDF, Paris/Aix-en-Provence, 1982, pp. 228 e ss.; Jean-Marie Auby e Robert Ducos-Ader, *Droit Public*, I, 9.ª ed., Paris, 1984, pp. 135 e ss.; François Luchaire, *La protection constitutionnelle des droits et des libertés*, Paris, 1987, pp. 11 e ss.; Albert Bleckmann, *Staatsrecht II...*, pp. 24 e ss.; Bodo Pieroth e Bernhard Schlink, *Grundrechte...*, II, p. 8 e ss.; Klaus Stern, *Das Staatsrecht...*, III/1, pp. 94 e ss.; Jacques Robert, *Libertés publiques et droits de l'homme*, 4.ª ed., Paris, 1988, pp. 171 e ss.; Claude-Albert Colliard, *Libertés publiques*, 7.ª ed., Paris, 1989, pp. 231 e ss.; Arlete Heymann-Doat, *Libertés publiques et droits de l'homme*, 2.ª ed., Paris, 1990, *passim*; Louis Trotabas e Paul Isoart, *Manuel...*, pp. 114 e ss.; Maurice Duverger, *Eléments...*, pp. 191 e ss.; Reinhold Zippelius, *Teoria...*, pp. 426 e ss.

512 Cfr. os arts. 1.° e ss. da DDHC.

– a protecção dos princípios económicos e sociais necessários ao nosso tempo; e
– os direitos e os deveres constantes da Carta do Ambiente de 2004.

III. Simplesmente, a aceitação da força constitucional destas orientações normativas em matéria de direitos fundamentais não foi sempre pacífica.

Não se pode esquecer que nenhuma dessas alusões integra o articulado do texto constitucional, pelo que durante muito tempo se instalou a dúvida acerca da sua força constitucional. Os preâmbulos constitucionais, de um modo geral, não têm a intensidade dispositiva dos articulados que os seguem.

Somente o trabalho do Comité Constitucional, primeiro, e do Conselho Constitucional, depois, permitiu superar tais dúvidas e definitivamente aniquilar as divergências doutrinárias que se instalariam, concedendo ao preâmbulo da Constituição de 1946 força constitucional, e consequentemente a todo o seu conteúdo no reconhecimento dos direitos fundamentais.

IV. A DDHC, para além dos seus aspectos simbólicos e matriciais do Estado Contemporâneo, como primeiro produto da Revolução Francesa, assume outra veste da maior importância, que é a da positivação de diversos direitos fundamentais no sistema constitucional francês.

Mas as eventuais deficiências que se possa reconhecer naquele sistema constitucional em matéria de direitos fundamentais, se foram superadas quanto à técnica da respectiva positivação, dificilmente podem ser vencidas, na sua totalidade, quanto ao seu número e qualidade.

V. É neste contexto que sobressai o papel do Conselho Constitucional, desempenhando a tarefa fundamental de corrigir, pela sua actividade para-judicial, o que não pôde ser feito pela via legal-constitucional.

O Conselho Constitucional é um órgão de natureza para-judicial[513], composto por nove conselheiros designados[514], num mandato de nove anos não renovável, sendo três nomeados pelo Presidente da República, três designados pelo Presidente da Assembleia Nacional e três nomeados pelo Presidente do Senado, com diversas competências de índole judicial[515].

49. O semi-presidencialismo "gaullista" e a preponderância do Chefe de Estado

I. O funcionamento do sistema político francês, no âmbito da forma republicana que tem vigorado há mais de um século, assenta em vários órgãos intervenientes e activos:

- o Presidente da República;
- o Parlamento;
- o Governo;
- os tribunais.

II. O *Presidente da República*, com funções distintas das do Governo, é o Chefe de Estado e partilha algumas competências executivas.

O mandato do Presidente da República é de cinco anos, não havendo, no entanto, qualquer impedimento à reeleição. A designação é feita com base no sufrágio directo e universal, a duas voltas: se à primeira nenhum candidato conseguir vencer com maioria absoluta, terá lugar uma segunda volta só com os dois candidatos mais votados[516].

---

[513] Sobre o Conselho Constitucional francês, v., por todos, BEATRIZ SEGORBE e CLAÚDIA TRABUCO, *O Conselho Constitucional Francês*, Coimbra, 2002, pp. 26 e ss.

[514] Tendo ainda direito à titularidade de membro deste órgão os antigos Presidentes da República.

[515] Cfr. BEATRIZ SEGORBE e CLÁUDIA TRABUCO, *O Conselho...*, pp. 28 e ss.

[516] Ainda que na versão da CF até 1962, a eleição fosse por sufrágio indirecto, para um mandato de sete anos, que também por outra revisão constitucional, de 2000, viria a ser reduzido para cinco.

As funções do Chefe de Estado são de representação da República, embora lhe sejam confiadas competências executivas nos domínios da política externa e da defesa.

O Presidente da República exerce outros poderes relevantes, como a presidência do Conselho de Ministros, a dissolução da Assembleia Nacional, a promulgação e veto dos diplomas legislativos, a sujeição de questões a referendo nacional ou a declaração do estado de excepção.

III. O *Parlamento* tem uma estrutura bicameral, sublinhando-se embora que estamos em face de um bicameralismo assimétrico ou imperfeito, dado que a maior parcela de poderes é conferida à Assembleia Nacional em detrimento do Senado da República.

A *Assembleia Nacional* é um órgão de representação dos franceses, sendo composto por 577 Deputados, eleitos para um mandato de 5 anos, ao nível dos departamentos, através do sistema do escrutínio uninominal a duas voltas[517], cabendo-lhe a competência legislativa, partilhada com o Senado da República, e a competência de fiscalização política, exclusivamente.

O *Senado da República* é um órgão de representação das colectividades territoriais, sendo constituído, num total de 348 senadores, por membros designados, pelo período de 6 anos, pelos departamentos, em cujo colégio eleitoral participam os deputados, os conselheiros regionais e os delegados dos conselheiros municipais, de acordo com os sistemas eleitorais maioritário e proporcional.

IV. O *Governo* é o órgão com funções executivas e integra o Primeiro-Ministro, como seu chefe, e os Ministros, sendo aquele nomeado pelo Presidente da República de harmonia com os resultados das eleições para a Assembleia Nacional, perante quem tem de apresentar o seu programa.

---

[517] Cfr. o art. 119.° e ss. do Código Eleitoral, aprovado pelo Decreto n.° 64-1086, de 27 de Outubro de 1964, com revisões subsequentes.

A prática política, mais do que a CF, tem frisado a sujeição do Governo a uma dupla responsabilidade política: perante o Chefe de Estado, que o nomeia e o exonera, além de participar nalgumas matérias da actividade do Governo; perante a Assembleia Nacional, a quem deve manter-se fiel, pois esta tem poderes de responsabilidade política através da apresentação de moções de censura[518].

V. O *poder jurisdicional* é de natureza estadual e está repartido por três jurisdições[519]:

– *a jurisdição comum*;
– *a jurisdição administrativa*; e
– *a jurisdição constitucional.*

A *jurisdição comum* diferencia-se por três instâncias, com tribunais de 1.ª instância, tribunais de 2.ª instância, os *Cours d'Appel*, e o tribunal de última instância, a *Cour de Cassation.*

A *jurisdição administrativa* compreende a existência do *Conseil d'État* e a jurisdição constitucional expressa-se no trabalho do *Conselho Constitucional.*

VI. O estudo do sistema de governo francês é um dos casos mais emblemáticos que comprovam a importância de uma leitura conjunta de duas ciências sociais: da Ciência do Direito Constitucional e da Ciência Política, esforços que podem desembocar em resultados díspares.

Numa óptica de Direito Constitucional, de acordo com a distribuição dos poderes entre os diversos órgãos, verifica-se que se está

---

518 Refere-se aqui a tradição republicana, segundo a qual o Chefe de Governo deve sempre apresentar a sua demissão perante o Chefe de Estado no caso de divergências políticas ou perante a realização de novas eleições, presidenciais e legislativas. Cfr. MANUEL PROENÇA DE CARVALHO, *Manual...*, p. 279.

519 Sobre a organização judiciária francesa, v. CARLOS FERREIRA DE ALMEIDA, *Introdução...*, pp. 62 e 63.

perante um sistema de governo semipresidencial[520], que tem como orientação os três órgãos políticos terem uma real capacidade de intervenção.

A sua definição pode ser feita tanto positiva como negativamente, ou seja, por exclusão de outros sistemas e por escolha de elementos distintivos próprios.

Por contraposição aos outros dois sistemas de governo já conhecidos, o sistema semipresidencial:

- *não é presidencial* porque tem a diarquia no poder executivo, com a separação das qualidades de Chefe de Estado e de Chefe de Governo, nem sequer o Governo sendo politicamente independente do Parlamento;
- *não é parlamentar* porque o Chefe de Estado é eleito por sufrágio universal e directo dos cidadãos franceses, tal facto lhe conferindo uma legitimidade popular.

Em relação à caracterização positiva do sistema de governo semipresidencial, pode recordar-se dois elementos essenciais:

- *a dupla responsabilidade política do Governo perante o Presidente da República e a Assembleia Nacional*, já que fica dependente dos respectivos juízes políticos;
- *o poder de dissolução do Parlamento*, que o Chefe de Estado pode livremente exercer.

O sistema semipresidencial, aqui mostrando a sua singularidade, vai beber influências de outros sistemas de governo, especificamente no ponto de o Governo estar politicamente dependente das duas

---

[520] Sobre o sistema de governo francês, v. MARCELO REBELO DE SOUSA, *Direito Constitucional...*, pp. 335 e ss.; MARCELLO CAETANO, *Manual de Ciência Política...*, I, pp. 113 e ss.; JORGE MIRANDA, *Manual...*, I, pp. 172 e ss.; VITALINO CANAS, *Semi-Presidential System*, in APDC, vol. IV, 2004-2005, pp. 95 e ss.; RICARDO LEITE PINTO, JOSÉ DE MATOS CORREIA e FERNANDO ROBOREDO SEARA, *Ciência Política...*, pp. 272 e ss.; MANUEL PROENÇA DE CARVALHO, *Manual...*, pp. 291 e ss.

maiorias políticas, a presidencial e a parlamentar, sem esquecer que o Chefe de Estado pode agir como calibrador do funcionamento dos órgãos políticos.

VII. Segundo uma perspectiva de Ciência Política, este sistema de governo semipresidencial pode oscilar entre um verdadeiro semi-presidencialismo e um presidencialismo forte, que exacerba a preponderância político-constitucional do Presidente da República. Tudo depende da conjunção das maiorias presidencial e parlamentar.

Até aos anos 80, houve essa consonância, dando-se a circunstância de a pessoa politicamente considerada o líder dessa maioria política se encontrar na posição de Presidente da República.

A partir dos anos 80, tem havido fenómenos de *coabitação política*, em que coexistem maiorias distintas, de direita e de esquerda, nos planos presidencial e parlamentar.

Daqui se pode inferir que o sistema de governo francês é susceptível de graduações conforme um conjunto de variáveis que se relacionam com a prática política, não tanto com o sistema constitucional formal.

50. A fiscalização para-jurisdicional da constitucionalidade

I. Ponto que ainda deve merecer atenção é o modo como em França se procede à fiscalização da constitucionalidade das leis, registando-se um percurso histórico-constitucional elevadamente original.

Pelo texto constitucional, o controlo da constitucionalidade dos actos do poder público é cometido ao Conselho Constitucional, sucessor de Comité Constitucional, criado no âmbito da IV República, depois da II Guerra Mundial.

II. O Conselho Constitucional é composto por membros designados pelo Presidente da República, num total de nove, desenvolvendo as suas funções com carácter de inamovibilidade e de independência.

As respectivas funções são múltiplas[521], incluindo o contencioso da constitucionalidade e o contencioso eleitoral.

No âmbito do contencioso da constitucionalidade, o Conselho Constitucional exerce um controlo preventivo da conformidade à Constituição, antes portanto de os diplomas serem promulgados ou assinados pelo Presidente da República.

Este controlo preventivo é normalmente facultativo, cabendo ao Chefe de Estado, assim como a outras instâncias, chamar a intervenção do Conselho Constitucional (*saisine*), mas há também casos em que esta intervenção é obrigatória, como sucede com os regimentos parlamentares e as leis orgânicas.

Outra competência relevante é a de produzir pareceres sobre questões jurídico-constitucionais, que não são vinculativos, sendo, contudo, extremamente úteis na aplicação futura do Direito Constitucional.

III. O estatuto do Conselho Constitucional, no que é corroborado pelo modo de designação dos seus membros, não permite considerá-lo um verdadeiro e próprio tribunal, nem sequer como tal se integrando no poder jurisdicional que é partilhado pelos tribunais franceses.

No entanto, quer por força do estatuto dos respectivos membros, quer por força das suas funções, bem pode aparentar-se a um tribunal, dada a proximidade das suas características a um verdadeiro órgão da judicatura.

Ainda assim, não deixa de ser notória a limitação do poder de fiscalização da constitucionalidade que inere a este sistema francês: essa fiscalização nunca é sucessiva, só sendo preventiva, e unicamente incide nos actos para os quais tenha havido o exercício da vontade de os submeter à intervenção do Conselho Constitucional.

Por isso, pode dizer-se que a fiscalização da constitucionalidade em França, se bem que tendo um lastro de fiscalização política, é hoje uma fiscalização para-jurisdicional, pela vizinhança do Conselho Constitucional dos verdadeiros tribunais.

---

[521] Cfr. BEATRIZ SEGORBE e CLÁUDIA TRABUCO, *O Conselho...*, pp. 31 e ss.

§ 12.° Os Direitos Constitucionais dos Estados de Língua Portuguesa

51. A independência do Brasil e a sequência dos textos constitucionais

I. A evolução histórica do Brasil, desde que ganhou a independência até aos dias de hoje, mostra uma sucessão de acontecimentos e de textos constitucionais bem reveladora das grandes questões que ocuparam a Humanidade nestes dois séculos XIX e XX que já vivemos.

A História Político-Constitucional do Brasil costuma ser repartida, acima das várias Constituições, entre o período antigo e o período moderno, sendo a Revolução de 1930 o momento de viragem[522] da república velha para a república nova[523].

---

522 Quanto à evolução histórico-constitucional do Brasil, v. PAULINO JACQUES, *Curso...*, pp. 46 e ss.; MARCELLO CAETANO, *Direito Constitucional...*, I, pp. 469 e ss., e *Direito Constitucional – Direito Constitucional Brasileiro*, II, 2.ª ed., Rio de Janeiro, 1987, pp. 1 e ss.; MIGUEL GALVÃO TELES, *Constituição*, in VELBC, 5.° vol., Lisboa, s.d., pp. 1501 e ss.; J. CRETELLA JÚNIOR, *Comentários à Constituição de 1988 – artigos 1.° a 5.°, LXVII*, Rio de Janeiro/São Paulo, 1989, pp. 3 e ss.; JORGE MIGUEL, *Curso de Direito Constitucional*, 2.ª ed., São Paulo, 1995, pp. 35 e ss.; ANTÔNIO CARLOS POJO DO REGO e JOÃO PAULO MACHADO PEIXOTO, *A política das reformas econômicas no Brasil*, Rio de Janeiro, 1998, pp. 53 e ss.; CELSO RIBEIRO BASTOS, *Curso de Direito Constitucional*, 22.ª ed., São Paulo, 2001, pp. 103 e ss.; JOSÉ AFONSO DA SILVA, *Curso...*, pp. 69 e ss.; LUÍS CÉSAR AMAD COSTA e LEONEL ITAUSSU A. MELLO, *História do Brasil*, 11.ª ed., São Paulo, 2002, pp. 137 e ss.

523 Numa perspectiva histórica predominantemente internacional, v. LUIZ ALBERTO MONIZ BANDEIRA, *Brasil, Argentina e Estados Unidos – da Tríplice Aliança ao Mercosul (1870-2003)*, 2.ª ed., Rio de Janeiro, 2003, pp. 43 e ss.

II. Já em matéria de regime institucional, o Brasil, desde cedo obtendo a independência política em 7 de Setembro de 1822, subdivide-se em duas grandes eras:

- *a era monárquica*, desde a fundação até à revolução republicana de 15 de Novembro de 1889; e
- *a era republicana*, desde esta revolução até aos nossos dias.

Não deixam de ser impressionantes as grandes diferenças que caracterizam cada uma destas eras de evolução político-constitucional: enquanto que a primeira apenas se estruturou com uma única Carta Constitucional, a outra ficou marcada pela sucessão de seis textos constitucionais.

III. O Brasil, até ao momento, já viveu sete textos constitucionais, que sinteticamente assim se apresentam:

- *a Carta Constitucional de 1824*: foi a primeira Constituição Brasileira, outorgada pelo fundador e libertador do Estado, D. Pedro I (D. Pedro IV, em Portugal), consagrando uma monarquia constitucional e imperial;
- *a Constituição de 1891*: foi a primeira Constituição da era republicana, proclamada pela revolução de 15 de Novembro de 1889, importando várias instituições jurídico-constitucionais já experimentadas nos Estados Unidos da América, como o federalismo, o presidencialismo e a fiscalização judicial difusa da constitucionalidade;
- *a Constituição de 1934*: foi um texto constitucional progressista, de cariz socializante, derrubando a chamada "República Velha", na sequência da Revolução de 1930, de que foi mentor Getúlio Vargas;
- *a Constituição de 1937*: foi um texto constitucional autoritário de direita, criando um Estado Novo, inspirado na Constituição Polaca, restringindo os direitos e as liberdades individuais;
- *a Constituição de 1946*: foi um texto constitucional democratizante, de suavização do regime do Estado Novo;

– *a Constituição de 1967-69*: foi um texto constitucional de cariz autoritário de direita, estabelecendo um regime de preponderância militar[524];
– *a Constituição de 1988*: é o texto constitucional em vigor, de pendor democrático e social.

52. A actual Constituição Brasileira de 1988

I. O actual texto constitucional do Brasil (CB) é a Constituição de 1988, aprovada em 5 de Outubro de 1988[525], inaugurando uma nova fase na História do Direito Constitucional Brasileiro, com a seguinte sistematização[526], num total de 250 artigos, mais os 94 artigos do Ato das Disposições Constitucionais Transitórias:

– Título I – *Dos princípios fundamentais*
– Título II – *Dos direitos e garantias fundamentais*
– Título III – *Da organização do Estado*
– Título IV – *Da organização dos poderes*
– Título V – *Da defesa do Estado e das instituições democráticas*

---

[524] Cfr. Marcello Caetano, *Direito Constitucional...*, II, pp. 499 e ss.; Elio Gaspari, *A ditadura escancarada*, São Paulo, 2002, pp. 17 e ss.

[525] Sobre o actual Direito Constitucional brasileiro, moldado a partir da CB, v. Celso Ribeiro Bastos, *Curso...*, pp. 161 e ss.; Paulo Bonavides, *Curso de Direito Constitucional*, 8.ª ed., São Paulo, 1999, pp. 327 e ss.; Manoel Gonçalves Ferreira Filho, *Curso de Direito Constitucional*, 28.ª ed., São Paulo, 2002, pp. 56 e ss., e *Aspectos do Direito Constitucional Contemporâneo*, São Paulo, 2002, pp. 129 e ss.; José Afonso da Silva, *Curso...*, pp. 91 e ss.; AAVV, *Seminário dos 15 Anos da Constituição de 1988* (org. do Senado Federal – Instituto Legislativo Brasileiro), Brasília, 2004, *passim*; Jorge Miranda, *Manual...*, I, pp. 223 e ss.; Alexandre de Moraes, *Direito Constitucional*, 16.ª ed., São Paulo, 2004, pp. 52 e ss.; Zulmar Fachin, *Teoria Geral do Direito Constitucional*, 2.ª ed., Londrina, 2006, pp. 1 e ss.; Luís Roberto Barroso, *Vinte Anos da Constituição Brasileira de 1988: o Estado a que chegámos*, in RDdE, Ano 3, n.º 10, Abril/Junho de 2008, pp. 25 e ss.

[526] Cfr. o respectivo texto em Jorge Bacelar Gouveia, *As Constituições dos Estados de Língua Portuguesa*, 2.ª ed., Coimbra, 2006, pp. 111 e ss.

– Título VI – *Da tributação e do orçamento*
– Título VII – *Da ordem económica e financeira*
– Título VIII – *Da ordem social*
– Título IX – *Das disposições constitucionais gerais*

Este texto constitucional brasileiro já sofreu muitas alterações, que são de duas categorias: 66 emendas constitucionais e 6 emendas constitucionais de revisão.

A recente CB significou, assim, um marco importantíssimo na evolução constitucional do Brasil[527], assinalando, em definitivo, a transição para uma democracia representativa e sem tutela militar[528].

---

[527] As ligações entre o Direito Constitucional Português e o Direito Constitucional Brasileiro não são de hoje, bastando lembrar a circunstância de a nossa segunda Constituição (a C1826) e a primeira Constituição Brasileira (a Carta Constitucional de 1824) terem sido outorgadas pela mesma pessoa – D. Pedro IV em Portugal e D. Pedro I no Brasil – para cimentar uma ligação verdadeiramente umbilical que já vinha de longe.

Essa foi uma influência que não se perderia com o tempo, pois a C1911, por exemplo, acolheria o instituto fundamental da fiscalização difusa da constitucionalidade, consagrado pela Constituição Brasileira de 1891.

Agora, com os dois últimos textos constitucionais democráticos em ambos os países, essa tradição reforçou-se e são vários os elementos da CRP que influenciaram a Constituição Brasileira de 1988.

[528] Quanto à influência da CRP sobre a CB, v. MANOEL GONÇALVES FERREIRA FILHO, *A Constituição Brasileira de 1988 – aspectos gerais*, in ROA, ano 49, 1989, pp. 947 e ss., *Sobre a Constituição de 1988*, in RFDUL, XXXI, 1990, pp. 71 e 72, e *Constitucionalismo português e constitucionalismo brasileiro*, in AAVV, PC, I, Coimbra, 1996, pp. 59 e ss.; PAULO BONAVIDES, *Constitucionalismo Luso-Brasileiro: influxos recíprocos*, in AAVV, PC, I, Coimbra, 1996, pp. 51 e ss.; OSCAR DIAS CORRÊA, *Breves observações sobre a influência da Constituição Portuguesa na Constituição Brasileira de 1988*, in AAVV, PC, I, Coimbra, 1996, pp. 73 e ss.; NAILÊ RUSSOMANO, *Influências da Constituição da República Portuguesa de 1976 na Constituição Brasileira de 1988 – da defesa do consumidor*, in AAVV, PC, III, Coimbra, 1998, pp. 428 e ss.; LUÍS ROBERTO BARROSO, *Influência da reconstitucionalização de Portugal sobre a experiência constitucional brasileira*, in AAVV, *30 Anos da Constituição Portuguesa* (org. de JORGE BACELAR GOUVEIA et alli), Lisboa, 2006, pp. 71 e ss.; JOSÉ JÚNIOR FLORENTINO DOS SANTOS MENDONÇA, *A abertura do Direito Constitucional Brasileiro ao*

Na sua elaboração, foram visíveis algumas influências de textos constitucionais europeus, naturalmente nelas se evidenciando a relevância da CRP. Esses marcantes contributos – meramente de normas ou também de institutos – podem mesmo justificar para alguns, como se tem afirmado com maior ou menor ênfase, a construção, em termos mais vastos[529], de uma família lusófona de Direito Constitucional[530].

II. No plano dos direitos fundamentais, verifica-se uma forte profusão de posições subjectivas, nas mais variadas áreas da actividade humana, sem mesmo esquecer a importância de novos direitos, como em matéria ambiental, social e informática[531].

Constitucionalismo Português, in RDP, Ano I, n.º 1, Lisboa, Janeiro/Junho de 2009, pp. 139 e ss.

[529] Sobre este ponto, sem contudo conclusões muito afirmativas, JORGE MIRANDA, *As novas Constituições de Cabo Verde, São Tomé e Príncipe e Moçambique – nota prévia*, Lisboa, 1991, pp. 5 e ss., e *Manual...*, I, pp. 242 e 243 (= *Os sistemas constitucionais do Brasil e dos Países Africanos de Língua Portuguesa*, in RLAD, I, Lisboa, 1997, pp. 165 e 166); JORGE BACELAR GOUVEIA, *As Constituições dos Estados Lusófonos – introdução*, 1.ª ed., Lisboa, 1993, pp. 7 e ss., e, mais difusamente, *Estudos de Direito Público de Língua Portuguesa*, Coimbra, 2004, *passim*, ou *Sistemas constitucionais africanos de língua portuguesa: a caminho de um paradigma?*, in AAVV, *30 Anos da Constituição Portuguesa* (org. de JORGE BACELAR GOUVEIA *et allí*), Lisboa, 2006, pp. 121 e ss.; ANTÓNIO DE SOUSA FRANCO, *Dinheiros públicos, julgamento de contas e controlo financeiro institucional*, in RLAD, I, Lisboa, 1997, p. 151; PAULO FERREIRA DA CUNHA, *Em demanda dos fundamentos de uma comunidade constitucional lusófona*, in AAVV, PC, II, Coimbra, 1997, pp. 11 e ss.

[530] Numa visão mais radicalmente céptica, de teor mais político do que propriamente jurídico-constitucional, em que inclusivamente se duvida do carácter democrático de alguns Estados Africanos de Língua Portuguesa, ao afirmar-se que "Nos Estados africanos, com especial relevo para os que foram dilacerados por guerras civis, ainda não completamente saradas, não existem ainda condições materiais para uma democracia praticada» (p. 61)", CARLOS BLANCO DE MORAIS, *Tópicos sobre a formação de uma comunidade constitucional lusófona*, in AAVV, *75 Anos da Coimbra Editora*, Coimbra, 1998, pp. 55 e ss.

[531] Sobre os direitos fundamentais da CB, v. ODACIR SOARES, *A nova Constituição – comentários*, Brasília, 1988, pp. XII e ss.; J. CRETELLA JÚNIOR, *Comentá-*

É também de sublinhar a abertura a novos direitos fundamentais, com a grande importância atribuída aos direitos sociais, assim como o olhar dirigido aos mecanismos de efectividade[532] desses mesmos direitos[533].

Está neste caso a força que se atribuiu ao *habeas-data* como novo mecanismo de protecção do cidadão contra a utilização da informática[534].

III. Em matéria de organização do Estado, é mantido o modelo federal, adoptado logo com o segundo texto constitucional republicano, estabelecendo-se quatro categorias de entidades[535] dotadas de poder político[536]:

---

rios..., I, pp. 178 e ss.; PINTO FERREIRA, *Comentários à Constituição Brasileira*, I, São Paulo, 1989, pp. 59 e ss.; MARCELO FIGUEIREDO, *Teoria Geral...*, pp. 155 e ss.; JORGE BACELAR GOUVEIA, *Os direitos fundamentais atípicos*, pp. 245 e ss.; JORGE MIGUEL, *Curso...*, pp. 135 e ss.; CELSO RIBEIRO BASTOS, *Curso...*, pp. 173 e ss.; MANOEL GONÇALVES FERREIRA FILHO, *Curso...*, pp. 287 e ss.; JOSÉ AFONSO DA SILVA, *Curso...*, pp. 189 e ss.; JORGE MIRANDA, *Manual...*, I, pp. 235 e 236; ALEXANDRE DE MORAES, *Direito Constitucional*, pp. 60 e ss.; INGO WOLFGANG SARLET, *A eficácia dos direitos fundamentais*, 9.ª ed., Porto Alegre, 2007, pp. 73 e ss.; GILMAR FERREIRA MENDES, INOCÊNCIO MÁRTIRES COELHO e PAULO GUSTAVO GONET BRANCO, *Curso de Direito Constitucional*, 3.ª ed., São Paulo, 2008, pp. 231 e ss.

532 Como sucede com a regra da aplicabilidade imediata dos direitos e garantias fundamentais, nos termos do art. 5.°, § 1.°, da CB.

533 Cumpre a este propósito realçar a importância do Título II, que nos seus arts. 5.° e ss. estabelece os diversos preceitos sobre a matéria.

534 O art. 5.°, inciso LXXII, prescreve que "conceder-se-á *habeas-data*: a) para assegurar o conhecimento de informações relativas à pessoa do impetrante, constantes de registros ou bancos de dados de entidades governamentais ou de carácter público; b) para a retificação de dados, quando não se prefira fazê-lo por processo sigiloso, judicial ou administrativo".

535 Ainda que a CB admita a existência de Territórios Federais, os quais, nos termos do art. 18.°, § 2.°, da CB, "...integram a União, e sua criação, transformação em Estado ou reintegração ao Estado de origem serão reguladas em lei complementar", tendo o respectivo regime constitucional fixado no art. 33.° da CB.

536 Dizendo-se no proémio do art. 18.° da CB que "A organização político-administrativa da República Federativa do Brasil compreende a União, os Estados,

– a *União* (Estado Federal ou Federação), que é a entidade política suprema, titular do poder constituinte máximo e federal;
– os *Estados* (federados), que são 26 e que possuem as respectivas Constituições;
– o *Distrito Federal* (equiparado a Estado federado), que representa uma entidade político-administrativa autónoma com vista a assegurar a neutralidade da sede dos órgãos federais;
– os *Municípios*, que são uma espécie de regiões, com amplos poderes administrativos, mas igualmente político-legislativos.

Há uma rigorosa separação entre as competências estaduais e as competências federais, ainda que com a proeminência da componente do poder federal, num federalismo que tem muito de centralista[537].

IV. No tocante à organização dos poderes do Estado, é seguida de perto a tripartição norte-americana, de tipo orgânico-funcional[538]:

– *o poder legislativo*: o Congresso Nacional, composto pela Câmara dos Deputados e pelo Senado Federal;
– *o poder executivo*: o Presidente, o Vice-Presidente e o Governo Federal;

---

o Distrito Federal e os Municípios, todos autónomos, nos termos desta Constituição".

[537] Discutindo a questão do federalismo, v. MARCELLO CAETANO, *Direito Constitucional...*, II, pp. 43 e ss.; MANOEL GONÇALVES FERREIRA FILHO, *Organização do Estado brasileiro e as tendências do federalismo: simetria e assimetria*, in OD, ano 136.°, 2004, I, pp. 35 e ss.; JORGE MIRANDA, *Manual...*, I, p. 237; ALEXANDRE DE MORAES, *Direito Constitucional*, pp. 268 e ss.

[538] Sobre o sistema de governo na CB, sem esquecer o lastro histórico do presidencialismo brasileiro, v. MARCELLO CAETANO, *Direito Constitucional...*, II, pp. 154 e ss.; OMAR SEIXO KADRI, *O executivo legislativor: o caso brasileiro*, Coimbra, 2004, pp. 63 e ss.; JORGE MIRANDA, *Manual...*, I, pp. 237 e 238; ALEXANDRE DE MORAES, *Direito Constitucional*, pp. 382 e ss. GILMAR FERREIRA MENDES, INOCÊNCIO MÁRTIRES COELHO e PAULO GUSTAVO GONET BRANCO, *Curso...*, pp. 855 e ss.

– *o poder judiciário*: os diversos tribunais superiores, de entre eles se salientando o Supremo Tribunal Federal e o Superior Tribunal de Justiça.

O poder legislativo é atribuído ao *Congresso Nacional*, um Parlamento de cunho bicameral, com dois órgãos, com competências próprias, mas principalmente com competências conjuntas, sendo a legislatura de quatro anos: a *Câmara dos Deputados*, constituída por Deputados em número proporcional aos cidadãos eleitores de cada Estado federado e do Distrito Federal onde decorre a respectiva eleição, com um mandato de quatro anos e não podendo ser superior a 513; e o *Senado Federal*, constituído por três senadores por cada Estado e pelo Distrito Federal, com um mandato de oito anos, num total de 81 senadores[539].

O poder executivo é protagonizado pelo *Presidente da República*, auxiliado pelos Ministros de Estado[540]. O Presidente da República é eleito, juntamente com o Vice-Presidente, para um mandato de 4 anos, sem possibilidade de segunda reeleição. A CB prevê a existência de um Governo Federal, composto pelos Ministros, livremente escolhidos e demitidos pelo Presidente.

O poder judiciário, visto na lógica de uma estrutura federal, inclui as instâncias supremas do poder judiciário que se exerce acima do poder judiciário dos Estados federados, assim como outros tribunais que absorvem a totalidade da competência especializada que lhes é atribuída[541].

V. O sistema de governo brasileiro corresponde a um *presidencialismo imperfeito*, fortemente influenciado pelo texto constitucional norte-americano, mas sofrendo alguns desvios, que devem ser interpretados como suas relevantes actualizações.

---

[539] Cfr. os arts. 44.° e ss. da CB.

[540] Cfr. os arts. 76.° e ss. da CB.

[541] Cfr. os arts. 92.° e ss. da CB.

Os traços fundamentais deste sistema de governo presidencial não são difíceis de identificar:

- a junção na mesma pessoa dos cargos de Chefe de Estado e de Chefe de Governo;
- a eleição por sufrágio universal e directo do Chefe de Estado;
- a subsistência independente dos poderes legislativo e executivo, não obstante os múltiplos pontos de contacto e de colaboração.

O carácter imperfeito do presidencialismo brasileiro cifra-se na figura, constitucionalmente autónoma, do Governo Federal, composto pelos Ministros de Estado, a quem o Presidente da República pode deferir competências executivas.

53. Os Estados Africanos de Língua Portuguesa – do Socialismo à Democracia

I. Um dos principais objectivos da III República Democrática, implantada em Portugal a partir da Revolução de 25 de Abril de 1974, foi o da descolonização dos povos e territórios de África, durante vários séculos e até então colónias de Portugal, assim ganhando a sua legítima independência política, nas seguintes datas históricas[542]:

---

[542] Sobre a evolução e caracterização geral dos sistemas constitucionais africanos de língua portuguesa, v. JORGE MIRANDA, *Manual...*, I, pp. 239 e ss.; ANTÓNIO ALBERTO NETO, *Instituições políticas e sistemas constitucionais nos países africanos de expressão portuguesa*, Luanda, 2003; JORGE BACELAR GOUVEIA, *Os sistemas político-constitucionais dos Estados Africanos de Língua Portuguesa*, in *Estudos de Direito Público de Língua Portuguesa*, Coimbra, 2004, pp. 288 e ss. (=*Les systèmes politico-constitutionnels des États africains de langue portugaise*, in RFDC, n.° 73, 2008, pp. 185 e ss.), e *Sistemas constitucionais africanos de língua portuguesa: a caminho de um paradigma?*, pp. 123 e ss.; FILIPE FALCÃO OLIVEIRA, *Direito Público...*, pp. 95 e ss.; NUNO PIÇARRA, *A evolução do sistema de garantia da Constituição em Cabo Verde*, in DeC, ano VII,

- Angola: 11 de Novembro de 1975;
- Cabo Verde: 5 de Julho de 1975;
- Guiné-Bissau: 24 de Setembro de 1973;
- Moçambique: 25 de Junho de 1975;
- São Tomé e Príncipe: 12 de Julho de 1975.

Essa é uma evolução político-constitucional que não permite surpreender uma única tendência, antes dois períodos bem distintos para a respectiva compreensão[543]:

- uma primeira era constitucional de I República Socialista (1975-1990); e
- uma segunda era constitucional de II República Democrática (1990-....).

II. O contexto da descolonização portuguesa, no terreno da luta de libertação nacional e nos anos que se seguiram à Revolução dos Cravos de Portugal[544], foi politicamente dominada pela emer-

n.° 22, Praia, 2005, pp. 211 e ss.; CRISTINA NOGUEIRA DA SILVA, *«Missão civilizacional» e codificação de* usos e costumes *na doutrina colonial portuguesa (séculos XIX-XX)*, in *Quaderni Fiorentini per la Storia del Pensiero Giuridico Moderno*, 33-34 (2004-2005), Milano, 2005, pp. 899 e ss.; LUÍSA NETO, *Trajectos de independência e consolidação da estrutura estadual nos países africanos de língua oficial portuguesa*, in AAVV, *Estudos em Homenagem ao Prof. Doutor Joaquim Moreira da Silva Cunha*, Coimbra, 2005, pp. 563 e ss.; DÁRIO MOURA VICENTE, *Unidade e diversidade nos actuais sistema jurídicos africanos*, in AAVV, *Prof. Doutor Inocêncio Galvão Telles: 90 anos – Homenagem da Faculdade de Direito da Universidade de Lisboa*, Lisboa, 2007, pp. 317 e ss.

543 Cfr. JORGE BACELAR GOUVEIA, *Os sistemas político-constitucionais...*, pp. 292 e ss.

544 Quanto à importância da formação das elites africanas que levariam as colónias à independência política, v. BRAZÃO MAZULA, *Educação, cultura e ideologia em Moçambique: 1975-1985*, Porto, 1995, pp. 65 e ss.; DALILA CABRITA MATEUS, *A luta pela independência – a formação das elites fundadoras da FRELIMO, MPLA e PAIGC*, Mem Martins, 1999, pp. 43 e ss.; KENNETH MAXWELL, *A construção...*, pp. 115 e ss.; GEORGE WRIGHT, *A destruição de um país – a política dos Estados Unidos para Angola desde 1945*, Lisboa, 2000, pp. 79 e ss.; ARISTIDES PEREIRA, *Uma luta, um partido, dois países*, 2.ª ed., Lisboa, 2002, pp. 73 e ss.; CARLOS VEIGA, *Cabral e a*

gência de formações partidárias e de ideologias marxistas, de directa inspiração soviética[545].

A esmagadora maioria dos movimentos de libertação nacional, que nas colónias combatiam as Forças Armadas Portuguesas que aguentavam, a custo, o domínio português na vigência da ditadura do Estado Novo, foi doutrinalmente influenciada pelos ideais comunistas, tal como eles foram desenvolvidos na antiga URSS, ainda que se assinalassem algumas originalidades ou outras proveniências, em qualquer caso com pesos sempre marginais.

Afora tudo o que essa motivação decerto representava de fé numa nova organização política e social, era verdade que, por detrás desses apoios, se encavalitava um escondido desejo de a URSS se expandir para os territórios que, em breve, deixariam de pertencer a Portugal.

No fervor dos acontecimentos revolucionários, em que dominava o MFA, tendo sido a Revolução de Abril um golpe de Estado com a participação decisiva dos militares, até à legitimação dos novos órgãos de poder político por eleições democráticas, os ideais comunistas eram também prevalecentes, pelo que se facilitou uma conexão interna na concessão do poder, dentro dos novos Estados independentes, aos grupos de libertação que estavam afinados pelo mesmo diapasão do socialismo científico.

---

construção do Estado em Cabo Verde – uma apreciação crítica, in DeC, ano VI, n.° 19, Janeiro a Abril de 2004, pp. 67 e ss.; FILIPE FALCÃO OLIVEIRA, *Direito Público...*, pp. 82 e ss.; PEDRO BORGES GRAÇA, *A construção da Nação em África*, Coimbra, 2005, pp. 175 e ss.

[545] Ainda que com a manutenção, até hoje, de importantes traves-mestras do Direito Privado, que se mantêm comuns a Portugal e aos Estados Africanos de Língua Portuguesa.

Cfr. o exemplo de Moçambique em relação aos Códigos Civil, Penal e Comercial, embora o segundo só até certo ponto: JORGE BACELAR GOUVEIA, SUSANA BRASIL DE BRITO e ARÃO FEIJÃO MASSANGAI, *Código Civil e Legislação Complementar*, 2.ª ed., Maputo, 2000; JORGE BACELAR GOUVEIA e EMÍDIO RICARDO NHAMISSITANE, *Código Penal e Legislação Penal*, 2.ª ed., Maputo, 2000; JORGE BACELAR GOUVEIA e LÚCIA DA LUZ RIBEIRO, *Código Comercial e Legislação Comercial*, 2.ª ed., Maputo, 2000.

III. A análise comparada dos diversos sistemas constitucionais dos novos Estados Africanos de Língua Portuguesa revela traços comuns, dentro daquela única fonte de inspiração, tanto político-ideológica como jurídico-constitucional:

- *o sistema social*: a prevalência dos direitos económicos e sociais, como instrumentos de "desalienação do homem", em detrimento dos direitos e liberdades políticos e civis, num forte monismo ideológico e partidário;
- *o sistema económico*: a apropriação dos meios de produção, com a colectivização da terra, que passou a ser propriedade do Estado, e a planificação imperativa da economia;
- *o sistema político*: a concentração de poderes no órgão parlamentar de cúpula, com a omnipresença do partido único e a sua localização paralela em todas as estruturas do Estado.

IV. A primeira fase na evolução político-constitucional dos Estados africanos de língua portuguesa durou cerca de uma década e meia, sendo ainda possível nela divisar períodos diferenciados[546]:

- *1.° período*: o período inicial de implantação das estruturas dos Estados agora independentes, com o retorno de muitos portugueses e a sua reorganização interna;
- *2.° período*: o período intermédio de organização política e social segundo o modelo de inspiração soviética, com a intensificação da cooperação com os países do bloco comunista, principalmente a URSS, Cuba e a República Democrática Alemã; e

[546] Período que não ocorreu sem que se sentissem também inúmeras dificuldades de natureza jurídica, na transição do Direito Português, colonialmente aplicável, para o novo Direito dos Estados Independentes. V., a este propósito, o problema do regime jurídico aplicável ao casamento nestes novos Estados, tanto na sua acepção religiosa, como na sua acepção civil.

Para o caso moçambicano, cfr. JORGE BACELAR GOUVEIA, *A relevância civil do casamento católico*, in Af, n.° 14, Porto, 1994, pp. 155 e ss.

– *3.° período*: o período final de progressiva crise económica, com o recrudescimento dos conflitos políticos internos, nalguns casos – Angola e Moçambique – degenerando em sangrentas guerras civis.

V. Esta primeira vaga de textos constitucionais de inspiração soviética, com base na doutrina do marxismo-leninismo, não resistiria à queda dos regimes comunistas, um pouco por toda a parte, simbolizado e iniciado pelo derrube do Muro de Berlim, em Dezembro de 1989.

Naturalmente que esse fenómeno, de certa sorte há muito tempo larvar e apenas esperando um momento de rastilho político e social, se projectaria nos Estados africanos em questão, praticamente desde o seu início. É mesmo impressionante a facilidade com que os respectivos sistemas políticos se organizaram com vista à superação do paradigma soviético.

Também se pode dizer que a avaliação das economias e das sociedades desses Estados de Língua Portuguesa revelava já um elevado mal-estar com a aplicação do modelo soviético, que fracassaria, pelo menos, por duas razões fundamentais:

– *pelo carácter informal das sociedades africanas*, até certo ponto incompatível e avesso à rigidez e disciplina conaturais à antiga estruturação burocrática soviética;
– *pelo centralismo político-ideológico que decorria das doutrinas administrativas soviéticas*, abafando as comunidades locais e, na cúpula, combatendo as suas mais diversas expressões, como os Direitos consuetudinários locais.

VI. Do ponto de vista constitucional, a substituição dos antigos textos constitucionais fez-se através de *transições constitucionais*, que consistiram na criação de novos textos, mas aproveitando os procedimentos de revisão constitucional anteriormente estabelecidos. A passagem às novas ordens constitucionais em todos estes Estados fez-se sempre de uma forma pacífica, sem revoluções ou rupturas formais.

Por outra parte, igualmente sucedeu que na maioria dos Estados a aprovação de novos documentos constitucionais se ficou a dever aos parlamentos monopartidários que tinham sido escolhidos no tempo da I República totalitária, quase não tendo havido textos constitucionais fruto de uma discussão pluripartidária nos novos parlamentos eleitos.

A principal excepção que importa referir é a de Cabo Verde, que aprovaria uma nova Constituição, em 1992, já em sistema pluripartidário. Nos outros casos, as novas Constituições foram depois pontualmente revistas, para se adequarem aos processos de pacificação interna, em contexto pluripartidário.

VII. Em alguns dos Estados africanos de língua portuguesa registaram-se ainda conflitos armados internos, guerras civis já no período da independência, que opuseram os governos constituídos, bem como os respectivos partidos únicos, às oposições armadas, numa confrontação nítida do ponto de vista político-ideológico a respeito da opção constitucional adoptada.

A situação de Angola foi a que se prolongaria mais tempo, continuando mesmo depois de implantada uma nova ordem constitucional democrática, só tendo terminado em 2002.

Em Moçambique, a situação de guerra civil duraria menos tempo e terminaria em 4 de Outubro de 1992, data da assinatura, em Roma, do Acordo Geral de Paz entre o Governo/Frelimo e a Renamo.

54. A caracterização político-constitucional geral da II República

I. Feito este breve percurso acerca da evolução jurídico-constitucional dos Estados Africanos de Língua Portuguesa, importa agora deles extrair um conjunto de traços distintivos comuns, segundo algumas opiniões podendo contribuir mesmo para a formação de um sistema constitucional de matriz portuguesa[547], cumprindo referir estes tópicos fundamentais:

- *as fontes constitucionais*;
- *os princípios fundamentais*;
- *os direitos fundamentais*;
- *a organização económica*;
- *a organização política*; e
- *a revisão da Constituição*.

II. De um prisma geral, pode afirmar-se, sem qualquer rebuço, que os actuais textos constitucionais dos Estados Africanos de Língua Portuguesa espelham a influência da CRP, tanto no estilo adoptado quanto na sistematização seguida.

Essa influência é extensível a algumas das instituições jurídico-constitucionais que foram escolhidas, o que se compreende dada a presença de jurisconsultos portugueses na respectiva elaboração, bem como a proximidade cultural de muitos dos juristas destes novos Estados, que entretanto se foram formando nas Faculdades de Direito de Portugal.

Este facto desvenda outra nota bem mais impressiva: é que foi com a II República que se reatou uma ligação interrompida nos tempos das independências, afastamento relativamente ao Direito Português que determinou a adesão a um outro sistema de Direito, de inspiração soviética.

III. Ao nível das opções gerais de Direito Constitucional, verifica-se uma grande comunhão em torno dos *grandes princípios constitucionais*:

---

[547] Laços que igualmente se mantêm em muitos outros níveis, como o demonstram à saciedade os variadíssimos acordos de cooperação que foram estabelecidos.

V. a sua resenha quase completa porque entretanto desactualizada em JORGE BACELAR GOUVEIA, *Acordos de Cooperação entre Portugal e os Estados Africanos Lusófonos*, 2.ª ed., Lisboa, 1998.

– o *princípio republicano*, sendo a república a forma institucional de governo preferida, com a eleição directa do Chefe de Estado;
– o *princípio do Estado de Direito*, de acordo com todas as suas exigências de certeza e segurança, de igualdade e de separação de poderes;
– o *princípio democrático*, com a existência de eleições periódicas, nas quais participam os cidadãos, num sufrágio que é universal, directo e secreto;
– o *princípio do Estado unitário*, uma vez que os Estados são unitários, tendo sido rejeitados os esquemas propostos de federalismo, embora atenuado por alternativas de regionalismo político-legislativo, ainda que de índole parcial;
– o *princípio social*, reconhecendo ao Estado um papel de intervenção na prestação de direitos económicos e sociais;
– o *princípio internacional*, em que a soberania estadual não impede a inserção externa dos Estados, ao nível de diversas organizações internacionais.

IV. Em matéria de *direitos fundamentais*, é de frisar que todos os textos constitucionais contêm extensas listagens de direitos fundamentais, que ficam assim a integrar as primeiras partes das respectivas Constituições.

Só que essa concepção de direitos fundamentais é heterogénea porque não bebe apenas da teoria liberal, antes reflecte a presença de outras concepções de direitos fundamentais, como as teorias social e democrática.

O elenco dos direitos fundamentais consagrado é reforçado pela presença de importantes regras que orientam os termos da intervenção do legislador ordinário, subordinando efectivamente os outros poderes públicos – o legislativo, o executivo e o judicial – aos respectivos comandos.

O sistema constitucional de direitos fundamentais nem sequer se pode considerar um sistema fechado, mas antes aberto: quer pelo apelo a direitos fundamentais atípicos, quer pelo apelo à DUDH, esclarece-se que a respectiva tipologia é unicamente exemplificativa, e não taxativa.

V. Relativamente à organização económica, beneficiando de importantes normas constitucionais, acolhe-se um *sistema capitalista de mercado* e definitivamente se abandonaria a planificação imperativa da economia.

Simplesmente, a passagem à II República nos Estados Africanos de Língua Portuguesa não se faria sem que algumas das instituições da I República se conservassem, num debate que está longe de terminar:

- *conservou-se a propriedade pública da terra*, globalmente nacionalizada aquando da independência, embora o Estado possa conceder o direito de uso da mesma;
- *limitou-se o investimento estrangeiro*, numa tendência que tem vindo a atenuar-se, à medida que a capacidade de intervenção e os interesses de grupos económicos estrangeiros tem vindo a aumentar.

VI. Na sua leitura formal, todos os sistemas políticos africanos de língua portuguesa partem de uma visão dinâmica dos órgãos do poder público, com a intervenção efectiva do Chefe de Estado, do Parlamento e do Executivo.

No entanto, não só por ligeiras diferenças textuais quanto sobretudo por divergências interpretativas, a evolução desses sistemas tem apontado em direcções distintas:

- *numa direcção parlamentarizante*, sendo hoje já um parlamentarismo racionalizado, em Cabo Verde;
- *numa direcção presidencializante*, em Angola (agora formalmente), Guiné-Bissau e Moçambique, sendo o Presidente da República o chefe efectivo do Governo, apesar de existir, mas com escassa autonomia política, a figura do Primeiro-Ministro;

– *numa direcção semipresidencial*, São Tomé e Príncipe, ainda que ironicamente aqui o Chefe de Estado detenha competências executivas em matéria de defesa e de relações externas[548].

VII. A revisão dos textos constitucionais corresponde a uma característica comum, que é a da hiper-rigidez das Constituições dos Estados Africanos de Língua Portuguesa.

Na sua alteração, os textos constitucionais submetem-se a regras próprias, que afastam o respectivo procedimento dos esquemas gerais de aprovação da legislação ordinária:

– *os limites orgânicos*: concentrando a aprovação exclusivamente nos órgãos parlamentares, poder legislativo não partilhado com outros órgãos legislativos;
– *os limites procedimentais*: exigindo a aprovação das alterações constitucionais por maioria de 2/3 dos Deputados, assim obrigando a um maior empenhamento democrático;
– *os limites temporais*: impondo que a revisão constitucional só possa ser feita de cinco em cinco anos;
– *os limites materiais*: forçando a que a revisão constitucional não ponha em causa certas matérias, valores ou princípios, considerados como o "bilhete de identidade" dos textos constitucionais;
– *os limites circunstanciais*: proibindo a revisão constitucional durante a vigência do estado de excepção.

55. Descrição breve dos Direitos Constitucionais Africanos Lusófonos

I. Por detrás destas diversas características que é possível encontrar em cada um dos sistemas político-constitucionais dos Estados

---

548 Cfr. os diversos textos publicados em AAVV, *O Semi-Preisdencialismo e o Controlo da Constitucionalidade na África Lusófona* (ed. de ARMANDO MARQUES GUEDES), in NE, número especial 11.4, Outubro de 2007, pp. 6 e ss.

Africanos de Língua Portuguesa, afigura-se útil que possamos vislumbrar cada um deles, assinalando as suas particularidades.

São eles:

- Angola;
- Cabo Verde;
- Guiné-Bissau;
- Moçambique; e
- São Tomé e Príncipe.

II. De todos estes Estados, foi Angola o último a alcançar uma situação de paz, real desde há pouco tempo, aquando da cessação de hostilidades por parte do grupo rebelde UNITA, na sequência da morte do seu líder[549].

A verdade é que o presente sistema constitucional angolano foi edificado há mais de uma década, na altura em que se conseguiu um

---

[549] Sobre o Direito Constitucional de Angola em geral, v. RUI FERREIRA, *A democratização dos poderes públicos nos países da África Austral*, Coimbra, 1995, *passim*; RAUL ARAÚJO, *Os sistemas de governo de transição nos PALOP*, Coimbra, 1996, *passim*; ADÉRITO CORREIA e BORNITO DE SOUSA, *Angola – História Constitucional*, Coimbra, 1996, pp. 11 e ss.; CARLOS MARIA FEIJÓ, *Problemas actuais de Direito Público Angolano – contributo para a sua compreensão*, Lisboa, 2001, pp. 13 e ss., e *O Novo Direito da Economia de Angola – Legislação Básica*, Coimbra, 2005, pp. 7 e ss.; JORGE BACELAR GOUVEIA, *Introdução ao Direito Constitucional de Angola*, Luanda, 2002, pp. 48 e ss., e *Segredo de Estado e Lei Constitucional em Angola*, in *Estudos de Direito Público de Língua Portuguesa*, Coimbra, 2004, pp. 237 e ss.; AAVV, *A descentralização em Angola*, Luanda, 2002; WLADIMIR BRITO, *O presidencialismo como sistema de governo adequado para Angola*, in DeC, ano V, n.° 18, Setembro a Dezembro de 2003, pp. 153 e ss.; ADÉRITO CORREIA, *A fiscalização da constitucionalidade no Constitucionalismo vigente em Angola e no anteprojecto de Constituição*, in AAVV, *Estudos em Comemoração do Vigésimo Aniversário da Licenciatura em Direito da Universidade Agostinho Neto*, Luanda, 2004, pp. 7 e ss.; FILIPE FALCÃO OLIVEIRA, *Direito Público...*, pp. 99 e ss.; RAÚL ARAÚJO, *Semi-presidencialismo em Angola: uma tentativa falhada de modelo de governo*, in RFDUAN, n.° 7, Luanda, 2006, pp. 39 e ss.; ANTÓNIO PEDRO BARBAS HOMEM, *Sobre as fontes do Direito Angolano*, in AAVV, *Estudos em honra do Professor Doutor José de Oliveira Ascensão*, I, Lisboa, 2008, pp. 319 e ss.

outro cessar-fogo, depois dos Acordos de Bicesse, e foi possível realizar as primeiras eleições gerais no país, presidenciais e legislativas.

O advento desse período foi marcado pela aprovação de uma nova Lei Constitucional em 1992 (LCA)[550], precisamente destinada a acomodar o novo regime democrático emergente, bem como pela elaboração de numerosas leis ordinárias, destinadas a garantir um ambiente de pluripartidarismo.

Contudo, este clima político não vigoraria mais do que algumas semanas após a realização das eleições de Setembro de 1992, pois que se reiniciaria a guerra civil, nunca a UNITA tendo aceitado os resultados eleitorais.

Em 2010, foi finalmente aprovada a Constituição da República de Angola, que veio culminar uma longa transição político-constitucional que se tinha iniciado em 1992, com a LCA, desta feita aquele texto constitucional estabelecendo um quadro jurídico-constitucional global e definitivo.

III. Cabo Verde tem a singularidade de ter sido o Estado que mais rapidamente transitaria para a democracia e onde, no plano prático, mais se tem registado a alternância democrática, já tendo os seus dois grandes partidos formado maiorias parlamentares e governamentais.

A sua primeira Constituição, de cunho provisório, seria aprovada em 1975, com o nome de Lei da Organização Política do Estado e, em 1980, adoptar-se-ia um texto constitucional definitivo, numa inspiração no modelo soviético, que seria a Constituição de 5 de Setembro de 1980[551].

A actual Constituição, de 25 de Setembro de 1992 (CCV), só seria aprovada depois de um período de abertura política, no qual a

---

550 Cfr. o respectivo texto em JORGE BACELAR GOUVEIA, *As Constituições dos Estados de Língua...*, pp. 363 e ss.

551 Cfr. MÁRIO RAMOS PEREIRA DA SILVA, *O regime dos direitos sociais...*, pp. 71 e ss.; NUNO PIÇARRA, *A evolução do sistema...*, pp. 2 e ss.

respectiva redacção se realizou em clima de efectivo pluripartidarismo[552], amplamente efectivada pela LC n.° 2/III/90, de 28 de Setembro.

Este documento não se conserva mais na sua versão original e já foi objecto de profundas alterações, as quais se destinaram a aperfeiçoar o parlamentarismo e a intervenção dos cidadãos nos referendos e nas iniciativas legislativas populares[553], assim como a melhorar o sistema de fiscalização judicial da constitucionalidade então introduzido[554].

IV. A Guiné-Bissau tem vivido, nos últimos anos, sucessivos momentos de agitação e de instabilidade, motivados por alguns golpes de Estado, o último dos quais aconteceu há pouco tempo e teve como sequência directa o derrube do Presidente da República.

---

[552] Cfr. o respectivo texto em JORGE BACELAR GOUVEIA, *As Constituições dos Estados de Língua...*, pp. 283 e ss.

[553] Sobre o Direito Constitucional de Cabo Verde em geral, v. LUÍS MENDONÇA, *O regime político de Cabo Verde*, in RDP, II, n.° 3, Janeiro de 1988, pp. 7 e ss.; JORGE CARLOS DE ALMEIDA FONSECA, *O sistema de governo na Constituição Cabo-Verdiana*, Lisboa, 1990, pp. 41 e ss., e *Do regime de partido único à democracia em Cabo Verde: as sombras e a presença da Constituição Portuguesa de 1976*, in AAVV, *30 Anos da Constituição Portuguesa* (org. de JORGE BACELAR GOUVEIA et alli), Lisboa, 2006, pp. 81 e ss.; WLADIMIR BRITO, *A revisão da Constituição de 1992*, in DeC, n.° 9, pp. 165 e ss.; DAVID HOPFFER ALMADA, *A questão presidencial em Cabo Verde – uma questão de regime*, Cidade da Praia, 2002, pp. 17 e ss.; MÁRIO RAMOS PEREIRA DA SILVA, *O regime dos direitos sociais...*, pp. 83 e ss.; JOEL HASSE FERREIRA, *Funcionamento e evolução do sistema político-constitucional de Cabo Verde*, in DeC, ano V, n.° 18, Setembro a Dezembro de 2003, pp. 145 e ss.; ROSELMA ÉVORA, *Cabo Verde – a abertura política e a transição para a democracia*, Cidade da Praia, 2004, pp. 11 e ss.; ARISTIDES R. LIMA, *Estatuto Jurídico-Constitucional do Chefe de Estado – um estudo de Direito Comparado*, Cidade da Praia, 2004, pp. 17 e ss.; ONÉSIMO SILVEIRA, *A Democracia em Cabo Verde*, Lisboa, 2005, pp. 17 e ss.; CARLOS VEIGA, *Cabral e a construção...*, pp. 84 e ss.; FILIPE FALCÃO OLIVEIRA, *Direito Público...*, pp. 95 e ss.; NUNO PIÇARRA, *A evolução do sistema...*, pp. 212 e ss.

[554] Cfr. NUNO PIÇARRA, *A evolução do sistema...*, pp. 222 e ss.

A evolução político-institucional da Guiné-Bissau tem a particularidade de ter antecipado o resultado da Revolução Portuguesa de 25 de Abril de 1974, porquanto a sua independência chegou a ser proclamada em 24 de Setembro de 1973, em Madina do Boé, texto constitucional que depois seria retomado com a concessão da independência formal[555].

O actual texto constitucional (CGB), alcançado depois de uma revisão profunda ocorrida entre 1991 e 1993, é o terceiro da história deste Estado porque em 1980 haveria um golpe de Estado e, após um interregno revolucionário de 4 anos, se elaboraria uma nova Constituição, em 1984[556], sem que a nova Constituição de 1980 tivesse chegado a vigorar[557].

A Constituição de 1993[558], apenas pontualmente revista em aspectos secundários, já contou com inúmeras tentativas de revisão geral, mas todas naufragaram, quer pela ausência de acordo parlamentar, quer pela ausência de vontade do Presidente da República[559] de promulgá-las[560].

---

[555] Com importantes contributos sobre a evolução constitucional da Guiné-Bissau, desde esta fase dos primórdios da sua independência, v. ANTÓNIO E. DUARTE SILVA, *A independência da Guiné-Bissau e a descolonização portuguesa*, Porto, 1997, pp. 63 e ss; FILIPE FALCÃO OLIVEIRA, *Direito Público...*, pp. 109 e ss.

[556] Ainda que esta mesma Constituição Guineense se auto-declare como sendo de 1984.

[557] Cfr. FILIPE FALCÃO OLIVEIRA, *Direito Público...*, pp. 116 e ss.

[558] Cfr. o respectivo texto em JORGE BACELAR GOUVEIA, *As Constituições dos Estados de Língua...*, pp. 397 e ss.

[559] Cfr. FILIPE FALCÃO OLIVEIRA, *Direito Público...*, pp. 122 e ss.

[560] Sobre o Direito Constitucional da Guiné-Bissau em geral, v. PAULO DE SOUSA MENDES, *Princípios constitucionais de organização judiciária*, in BFDB, n.° 1, Novembro de 1992, pp. 23 e ss.; JORGE REIS NOVAIS, *Tópicos...*, pp. 89 e ss.; ANTÓNIO E. DUARTE SILVA, *Formação e estrutura da Constituição de 1984*, in BFDB, n.° 4, Março de 1997, pp. 153 e ss., *A independência da Guiné-Bissau...*, pp. 139 e ss., e *O Constitucionalismo da Guiné-Bissau (1973-2005)*, in DeC, Ano VIII, n.° 25/26, Praia, 2006-2007, pp. 63 e ss.; LUÍS BARBOSA RODRIGUES, *Constituição e legislação complementar*, Bissau, 1994, pp. 5 e ss., e *A transição constitucional guineense*, Lisboa, 1995, pp. 25 e ss., pp. 57 e ss., e pp. 103 e ss.; EMÍLIO KAFFT KOSTA,

V. Moçambique, sendo outro dos dois grandes Estados Africanos de Língua Portuguesa, tem sido referido como um caso de sucesso na efectivação de uma negociação internacional de paz.

A sua independência foi alcançada em 25 de Junho de 1975 e é dessa altura a entrada em vigor da sua primeira Constituição, que vigoraria até 1990, apenas com pontuais alterações.

Nessa altura, um segundo texto constitucional viria a ser aprovado, a então Constituição de 1990[561], a qual sofreu algumas revisões constitucionais limitadas:

- em 1993, foram alterados os artigos atinentes aos partidos e ao regime de candidatura a Presidente da República, na sequência do Acordo Geral de Paz, assinado no ano anterior;
- em 1996, foi reformulado o capítulo atinente ao poder local, no sentido de evitar dúvidas de constitucionalidade em relação à nova legislação autárquica entretanto produzida;
- em 1998, foi alterada uma das competências do Conselho Constitucional, órgão judicial com funções de controlo da constitucionalidade e que neste momento, finalmente, começou a funcionar[562].

O constitucionalismo guineense e os limites materiais de revisão, Lisboa, 1997, pp. 187 e ss.; FILIPE FALCÃO OLIVEIRA, *Direito Público...*, pp. 105 e ss., e pp. 125 e ss.

561 Cfr. o respectivo texto, bem como outra legislação constitucional complementar, em JORGE BACELAR GOUVEIA, *As Constituições dos Estados de Língua...*, pp. 465 e ss., e *Legislação de Direito Constitucional*, Maputo, 1994, pp. 54 e ss.

562 Sobre o Direito Constitucional de Moçambique em geral, v. JOSÉ ÓSCAR MONTEIRO, *Poder e Democracia*, in RDP, III, n.° 6, Julho-Dezembro de 1989, pp. 29 e ss.; MARCUS GUADAGNI, *Introdução ao Direito Moçambicano – 9 Direito Constitucional*, Maputo, 1990; JORGE MIRANDA, *Sobre o anteprojecto da Constituição de Moçambique*, in OD, ano 123.°, I, Janeiro-Março de 1991, pp. 197 e ss.; JOSÉ NORBERTO CARRILHO e EMÍDIO RICARDO NHAMISSITANE, *Alguns aspectos da Constituição*, Maputo, 1991, *passim*; FERNANDO JOSÉ FIDALGO DA CUNHA, *Democracia e divisão de poder – uma leitura da Constituição Moçambicana*, Maputo, s. d., pp. 58 e ss.; GILLES CISTAC, *O Direito Eleitoral Moçambicano*, Maputo, 1994, pp. 11 e ss., *Poder legislativo e poder regulamentar na Constituição da República de Moçambique de 30 de Novembro de 1990*, in RJFDUEM, 1996, I, pp. 8 e ss., e *O Tribunal Administrativo de Moçambique*, Maputo, 1997, pp. 80 e ss.; JOSÉ MANUEL SÉRVULO CORREIA,

Desde o início de 2005, coincidindo com a tomada de posse dos novos titulares dos órgãos eleitos – o Presidente da República e a Assembleia da República – está em vigor em Moçambique o seu terceiro texto constitucional, aprovado em 16 de Novembro de 2004 (CM)[563], não apresentando mudanças sensíveis em relação ao texto precedente, não sendo uma verdadeira e própria nova Constituição material, antes uma mera revisão da Constituição de 1990.

VI. São Tomé e Príncipe, o mais pequeno dos Estados de Língua Portuguesa, tem atravessado sucessivos períodos de crise económica e social, devido à sua pobreza, tais períodos tendo provocado situações de alguma agitação política.

A independência foi alcançada em 12 de Julho de 1975, mas o respectivo texto constitucional só entraria em vigor algum tempo depois, tendo sido aprovado em 5 de Novembro desse mesmo ano, na sua Assembleia Constituinte, texto que posteriormente seria objecto de pequenas revisões.

A actual Constituição foi aprovada em 1990 (CSTP)[564] e foi a única, de todos os Estados Africanos de Língua Portuguesa, que se sujeitou a um procedimento de referendo popular.

Contencioso administrativo e Estado de Direito, in RFDUL, XXXVI, n.º 2 de 1995, pp. 450 e ss.; JORGE BACELAR GOUVEIA, *A relevância civil...*, pp. 175 e ss., *O princípio democrático no novo Direito Constitucional Moçambicano*, in RFDUL, XXXVI, 1995, n.º 2, pp. 459 e ss., *As autarquias locais e a respectiva legislação – um enquadramento geral*, in AAVV, *Autarquias Locais em Moçambique – antecedentes e regime jurídico*, Lisboa/Maputo, 1998, pp. 81 e ss., e *Reflexões sobre a próxima revisão da Constituição Moçambicana de 1990*, Maputo, 1999, pp. 5 e ss.; VITALINO CANAS, *O sistema de governo moçambicano na Constituição de 1990*, in RLAD, I, Lisboa, 1997, pp. 167 e ss.; JOÃO ANDRÉ UBISSE GUENHA, *Os sistemas eleitorais em Moçambique*, in RLAD, I, 1997, pp. 223 e ss.; AMÉRICO SIMANGO, *Introdução à Constituição Moçambicana*, Lisboa, 1999, pp. 53 e ss.; FILIPE FALCÃO OLIVEIRA, *Direito Público...*, p. 100.

[563] Publicado no *Boletim da República* de Moçambique, I S., n.º 51, de 22 de Dezembro de 2004, pp. 543 e ss.

[564] Cfr. o respectivo texto em JORGE BACELAR GOUVEIA, *As Constituições dos Estados de Língua...*, pp. 249 e ss.

Depois de muitas propostas e de outras tantas disputas, aquele texto constitucional foi finalmente alvo de uma apreciável revisão constitucional – até agora a única feita em 19 anos – e que teve o mérito de corrigir muitas das soluções iniciais, melhorando-o substancialmente, como sucedeu nas matérias da fiscalização da constitucionalidade e do regime de revisão constitucional[565].

56. O Direito Constitucional de Timor-Leste em especial

I. O Estado de Timor-Leste nasceu no dia 20 de Maio de 2002, depois de muitas e complexas vicissitudes[566]. Mas com esse acontecimento se registou paralelamente um outro, da maior importância: o aparecimento de uma Constituição, a primeira da vida desse Estado (CTL)[567].

Eis uma das diversas possibilidades para a segregação do poder constituinte, que vem a ser um dos sinais específicos da realidade esta-

---

565 Sobre o Direito Constitucional de São Tomé e Príncipe em geral, v. ARMANDO M. MARQUES GUEDES, N'GUNU TINY, RAVI AFONSO PEREIRA, MARGARIDA DAMIÃO FERREIRA e DIOGO GIRÃO, *Litígios e legitimação – Estado, Sociedade Civil e Direito em S. Tomé e Príncipe*, Coimbra, 2002, pp. 50 e ss., e pp. 121 e ss.; GERHARD SEIBERT, *Camaradas, Clientes e Compadres – Colonialismo, Socialismo e Democratização em São Tomé e Príncipe*, Lisboa, 2002, pp. 132 e ss.; JORGE BACELAR GOUVEIA, *O referendo sobre os poderes presidenciais e a Constituição de São Tomé e Príncipe,* in DeC, ano VII, n.° 23, Praia, 2005, pp. 95 e ss., e *A fiscalização da constitucionalidade na Constituição da República Democrática de São Tomé e Príncipe de 1990,* in DeC, ano VIII, n.° 25/26, Praia, 2006/2007, pp. 101 e ss.

566 Segundo o art. 170.° da Constituição de Timor-Leste (CTL), "A Constituição da República Democrática de Timor-Leste entra em vigor no dia 20 de Maio de 2002", embora o texto tenha sido aprovado em 22 de Março desse mesmo ano pela Assembleia Constituinte.

567 Sobre a situação político-constitucional de Timor-Leste em geral, nas suas diversas implicações, AAVV, *The East Timor Problem and the Role of Europe*, (ed. PEDRO PINTO LEITE), Lisboa, 1998, *passim*; JORGE MIRANDA, *Manual...*, I, p. 244; JORGE BACELAR GOUVEIA, *A primeira Constituição de Timor-Leste*, in *Estudos de Direito Público de Língua Portuguesa*, Coimbra, 2004, pp. 305 e ss.; FILIPE FALCÃO OLIVEIRA, *Direito Público...*, p. 102.

dual: para que se possa falar de Constituição, é sempre forçoso estarmos perante a realidade estadual.

Daí que este não seja um momento qualquer, mas antes um momento duplamente constituinte:

- *constituinte de um Estado*, que agora vê a luz do dia e assim se apresenta na sociedade internacional; e
- *constituinte de uma Ordem Jurídica*, porque esse Estado se autoadorna de um texto constitucional, que passará a reger os seus destinos fundamentais.

II. Claro que isso nem sempre assim sucedeu, pelo menos considerando a história dos Estados até ao Constitucionalismo: até ao século XVIII – e, portanto, antes do surgimento das Constituições contemporâneas – já havia Estados, alguns multisseculares, como Portugal, que não ostentavam qualquer estrutura constitucional moderna.

Naturalmente que, coincidindo o nascimento de um Estado com a aprovação do seu primeiro texto constitucional, o Estado permanece o mesmo perante a necessidade de mudar esse texto constitucional.

Só que os textos constitucionais não são tão perenes como as realidades estaduais e, diferentemente destas, destinam-se a traduzir um projecto de Direito que se julga apropriado para a situação histórico-cultural em que surge.

III. Se é verdade que a realidade político-estadual de Timor-Leste se consumou com a declaração da independência política, bem como com a concomitante aprovação de um texto constitucional fundacional, não é menos verdade que a realidade cultural e social de Timor-Leste já muito anteriormente lhe subjazia[568].

---

568 Com um interessante percurso acerca desta vertente histórico-jurídica do território de Timor-Leste, v., por todos, MIGUEL GALVÃO TELES, *Timor-Leste*, pp. 569 e ss.

Para uma visão mais actual, partindo da práxis política, v. MARI ALKATIRI, *Timor-Leste – o caminho do desenvolvimento*, 2.ª ed., Lisboa/Porto/Coimbra, pp. 3 e ss.

Desde que há memória do território, ele emergiu no seio dos Descobrimentos Portugueses do Oriente, tendo permanecido durante muito tempo como possessão ultramarina, muito para além da perda progressiva de outros territórios, ora em favor de Estados vizinhos, ora dando origem a novos Estados.

A última descolonização portuguesa, ocorrida na sequência da Revolução de 25 de Abril de 1974 em Portugal, foi um momento crucial na evolução política e social de Timor-Leste, pois que logo depois o território seria anexado pela Indonésia, a grande potência vizinha, e deixando de fazer parte do território português[569].

IV. Somente na década de noventa – e depois de diversos massacres perpetrados contra o povo maubere – se desenhariam os passos que conduziriam, em definitivo, à erecção de Timor-Leste a Estado independente, não obstante todo o esforço desde aquela primeira hora protagonizado por Portugal no sentido de lhe propiciar a autodeterminação[570].

Mercê de uma favorável conjugação de circunstâncias de política internacional, mas também graças a um porfiado esforço de resistência interna contra a ocupação indonésia, bem como ao empenhamento do Estado Português, foi possível estabelecer um procedimento de referendo internacional, dirigido pela ONU, que teve como resultado a opção pela independência política do território e, consequentemente, a proclamação de um novo Estado.

---

[569] Como se dizia numa anterior versão da CRP, através do seu antigo art. 293.°, n.° 1, "Portugal continua vinculado às responsabilidades que lhe incumbem, de harmonia com o Direito Internacional, de promover e garantir o direito à autodeterminação e independência de Timor-Leste", preceito que, porém, continha uma norma que entretanto caducou.

[570] O que bem se atesta pelas sucessivas resoluções que foram aprovadas pela Assembleia Geral das Nações Unidas sob a iniciativa de Portugal.

Para a consulta desses textos, v. JORGE BACELAR GOUVEIA, *Timor-Leste – textos jurídicos fundamentais*, 2.ª ed., Lisboa, 1993, pp. 11 e ss.

V. O texto constitucional timorense não é dos mais extensos no conjunto das Constituições de Língua Portuguesa, contando com 170 artigos, que se distribuem pelas seguintes sete partes, antecedidas por um preâmbulo:

- Parte I – *Princípios fundamentais*
- Parte II – *Direitos, deveres, liberdades e garantias fundamentais*
- Parte III – *Organização do poder político*
- Parte IV – *Organização económica e financeira*
- Parte V – *Defesa e segurança nacionais*
- Parte VI – *Garantia e revisão da Constituição*
- Parte VII – *Disposições finais e transitórias*

As opções sistemáticas do texto constitucional timorense, não contendo qualquer peculiar originalidade digna de registo, não deixam de se inscrever nas tendências mais recentes de se dar primazia aos aspectos materiais sobre os aspectos organizatórios na ordenação das matérias, bem como à inserção de importantes incisos a respeito de questões económicas e sociais que hoje nenhum texto constitucional pode lucidamente ignorar.

Cumpre também assinalar o relevo dado, sendo assim erigida a parte própria, à matéria da defesa e segurança, no que não terá sido alheio o recente percurso histórico-político do povo e do território de Timor-Leste, o mesmo igualmente se dizendo dos princípios fundamentais, que se apresentam numa parte inicial, sistematicamente autonomizada.

Do ponto de vista da técnica legislativa, nota-se a conveniente opção pela colocação de epígrafes em todos os artigos, permitindo um compulsar mais fácil do articulado constitucional, para além da adopção da organização dos preceitos nos termos da tradição jurídica portuguesa e não seguindo outros esquemas estrangeiros, que foram assim – e, a nosso ver, bem – rejeitados.

VI. A elaboração do texto da CTL foi levada a cabo, após a decisão referendária no sentido da independência, no âmbito de uma assembleia constituinte, especificamente eleita para o efeito em 30 de Agosto de 2001, cujos trabalhos duraram vários meses.

Mas seria em 22 de Março de 2002 que ocorreria o acto final de aprovação do texto final dessa Constituição, que entrou em vigor em 20 de Maio de 2002.

O sistema que foi seleccionado assenta na legitimidade popular quanto à elaboração do texto da Constituição, embora de acordo com critérios que vieram depois a ser convalidados pelo novo Estado nascente.

O texto da CTL é ainda antecedido de um extenso preâmbulo, que pode decompor-se de vários conteúdos e que, por isso mesmo, se afigura de grande importância para uma primeira contextualização do novo Direito Constitucional Timorense.

Não fazendo formalmente parte do articulado do texto constitucional, sendo por isso desprovido de força dispositiva, o preâmbulo da CTL tem um inegável interesse histórico e hermenêutico:

- *histórico* porque apresenta uma visão oficial acerca dos acontecimentos que estiveram na génese do Estado, ainda que a verdade histórica não possa ser decretada, assim sendo um de entre outros possíveis contributos para a respectiva dilucidação;
- *hermenêutico* porque representa uma intervenção textual do legislador constituinte, com potencialidades explicativas que, em certos casos, vão sempre para além de um texto meramente articulado, como se tem reconhecido na técnica dos textos arrazoados.

VII. Mesmo tendo sido aprovada tão recentemente, o texto da CTL – até para ganhar uma maior longevidade – não poderia deixar de equacionar os termos da sua própria revisão.

A opção fundamental tomada foi a de se adoptar um texto constitucional *hiper-rígido*, com a consagração de diversos limites à segregação do poder de revisão constitucional[571]:

---

571 Cfr. JORGE BACELAR GOUVEIA, *A primeira Constituição...*, p. 310.

- *os limites orgânicos*: a revisão fica exclusivamente a cargo do Parlamento Nacional[572];
- *os limites procedimentais*: as alterações ao texto constitucional devem ser aprovadas por maioria de dois terços dos Deputados em efectividade de funções[573];
- *os limites temporais*: a revisão ordinária da Constituição só pode ser feita de seis em seis anos, embora se admita a revisão extraordinária, desde que o órgão competente assuma poderes constitucionais por votação de, pelo menos, quatro quintos dos Deputados em efectividade de funções[574];
- *os limites materiais*: há um conjunto bastante vasto de matérias que não podem ser objecto de revisão constitucional[575]; e
- *os limites circunstanciais*: a vigência do estado de excepção impede a prática de qualquer "...acto de revisão constitucional"[576].

É assim possível inserir este texto constitucional no elenco das Constituições hiper-rígidas: embora admitindo a sua revisão, apenas tal pode suceder em termos limitados, com respeito por um formalismo e por um conteúdo que se perpetua para além das revisões constitucionais.

VIII. Não é possível neste momento efectuar uma pormenorizada análise do texto constitucional timorense, mas tão só realizar a sua apresentação, assim se procurando estimular o estudo posterior das diversas instituições jurídico-constitucionais timorenses.

Para esse efeito, importa reflectir sobre três principais temas, a despeito de a CTL incidir sobre outros temas:

- *os princípios fundamentais*;

---

572 Cfr. o art. 154.° da CTL.

573 Cfr. o art. 155.°, n.° 1, da CTL.

574 Cfr. o art. 154.°, n.ºs 2 e 4, da CTL.

575 Cfr. o art. 156.° da CTL.

576 Art. 157.° da CTL.

– *os direitos fundamentais*; e
– *a organização do poder político*.

IX. A primeira parte do texto constitucional, como tem sido recentemente acentuado, destina-se a concentrar os aspectos que, na sua essencialidade, caracterizam a ideia de Direito de que aquele articulado é portador[577].

É por isso que podemos encontrar, nos primeiros preceitos do texto constitucional, um conjunto de opções a respeito das múltiplas dimensões que se colocam à vida colectiva dos timorenses, agora que se organizaram numa estrutura estadual.

Estas são algumas dessas principais orientações[578]:

– o princípio do Estado de Direito;
– o princípio unitário, da soberania popular e da descentralização administrativa;
– o princípio da independência política e da cooperação internacional;
– o princípio da constitucionalidade;
– o princípio da socialidade;
– o princípio da liberdade e do pluralismo político e partidário;
– o princípio da liberdade religiosa e da cooperação.

Na impossibilidade de apreciar todos estes princípios, que nem sequer se afastam muito da dogmática fundamental do moderno Direito Constitucional, observe-se de perto duas questões que, no texto constitucional, oferecem uma certa veemência:

– as relações entre a lei e o costume como fontes de Direito timorense; e
– as relações entre o Estado e as confissões religiosas.

---

[577] Cfr. Jorge Bacelar Gouveia, *A primeira Constituição*..., pp. 311 e ss.
[578] Cfr. os arts. 1.° e ss. da CTL.

X. Em matéria de fontes do Direito, como não podia deixar de ser, o Estado Timorense, ao fundar-se nesta Constituição, proclama o princípio da constitucionalidade, segundo o qual "As leis e os demais actos do Estado e do poder local só são válidos se forem conformes com a Constituição"[579].

Contudo, o texto constitucional não estabelece o monopólio da lei estadual como fonte do Direito timorense e aceita a relevância do Direito costumeiro nos seguintes termos: "O Estado reconhece e valoriza as normas e os usos costumeiros de Timor-Leste que não contrariem a Constituição e a legislação que trate especialmente do direito costumeiro"[580].

É extremamente significativo que se assuma uma posição frontal em matéria de Direito consuetudinário, sendo certo que o desenvolvimento do Estado Constitucional, desde o Liberalismo, se foi fazendo segundo paradigmas positivistas legalistas, de repressão de qualquer informalidade normativa, espontaneamente criada pelas comunidades.

Por outra parte, importa referir que essa recepção do Direito costumeiro não é ilimitada e, ao invés, se submete a condições que parecem razoáveis, num contexto em que ao Direito estadual deve competir uma força directiva essencial, sobretudo numa altura em que se trata de fundar uma organização colectiva, que dá os seus primeiros passos, depois de tantos anos de luta pela independência política.

Podem sempre restar dúvidas acerca da legitimidade da limitação do costume através da lei, tratando-se de fontes que exactamente se definem pelo seu antagonismo.

Daí automaticamente não se segue, porém, a impossibilidade de a lei – neste caso, a lei constitucional – se pronunciar sobre a validade do costume, até porque o faz muito restritamente, não só apelando a um esquema de resolução de conflitos, não de ingerência directa, como unicamente vedando os costumes que mais grosseiramente ponham em perigo os valores fundamentais da comunidade, protegidos ao nível constitucional.

---

579 Art. 2.°, n.° 3, da CTL.

580 Art. 2.°, n.° 4, da CTL.

XI. Domínio que igualmente suscita um enfoque peculiar no texto constitucional timorense é o da relação entre o Estado e o fenómeno religioso, não se esquecendo ainda o papel da Igreja Católica.

Esta Parte I da CTL afirma, sem qualquer dúvida, a não identificação do Estado com as religiões, mas aceita que as respectivas relações – que assim existem e que assim se confirmam sem quaisquer complexos – se estribem numa ideia de cooperação: "O Estado promove a cooperação com as diferentes confissões religiosas, que contribuem para o bem-estar do povo de Timor-Leste"[581].

Coloca-se de parte um modelo que, pura e simplesmente, pudesse proibir o estabelecimento de qualquer actividade conjunta do Estado com as confissões religiosas, como por vezes alguns autores dão a entender, ao defenderem uma concepção mais agressiva do princípio da laicidade do Estado, que não pode significar a impossibilidade do seu relacionamento com a realidade institucional do fenómeno religioso.

É de frisar que a concretização dessa cooperação, fazendo-se de acordo com a força sociológica das confissões religiosas que se encontram implantadas em Timor-Leste, deve levar em especial consideração a Igreja Católica, expressamente nomeada no texto constitucional, não só numa perspectiva política como numa dimensão social, o que pode ser interpretado como um mandato ao legislador ordinário no sentido do seu legítimo favorecimento em detrimento de outras confissões religiosas desprovidas desse papel, no passado e no presente:

- no preâmbulo, afirma-se que "Na sua vertente cultural e humana, a Igreja Católica em Timor-Leste sempre soube assumir com dignidade o sofrimento de todo o Povo, colocando-se ao seu lado na defesa dos seus mais elementares direitos"[582];
- no preceito destinado à defesa da resistência timorense, refere-se que "O Estado reconhece e valoriza a participação da

---

[581] Art. 12.°, n.° 2, da CTL.

[582] § 8.° do preâmbulo da CTL.

Igreja Católica no processo de libertação nacional de Timor--Leste"[583].

XII. Do ponto de vista dos direitos fundamentais, eles vêm a integrar-se na Parte II da CTL[584], englobando toda essa matéria, com a mais completa epígrafe de "Direitos, deveres, liberdades e garantias fundamentais"[585].

Trata-se de um importante sector do texto constitucional, que reflecte vários equilíbrios e que se mostra, de um modo geral, nitidamente filiado na herança cultural ocidental em matéria de direitos fundamentais, com o apelo conjunto tanto à teoria liberal como à teoria social na respectiva configuração material[586].

São escassas as inovações que o texto constitucional timorense introduziu neste domínio, avultando os principais temas que têm caracterizado, no século XX, os textos constitucionais que se alinham, numa acepção mista, nas correntes do Estado Social de Direito.

XIII. Macroscopicamente pensando, o sistema constitucional de direitos fundamentais realizou uma boa opção pela sua intensa constitucionalização ao nível do texto constitucional, este reservando-lhe uma parte específica, ainda que não se contestando a hipotética presença de mais direitos fundamentais noutras áreas do articulado constitucional.

Tal não significa que os direitos fundamentais admitidos se possam reconduzir àqueles que beneficiam de uma consagração no articulado constitucional documental porque outros direitos são admitidos, consagrados noutras fontes que, deste modo, se alcandoram num idêntico plano constitucional mais elevado, dada a presença de uma

---

[583] Art. 11.°, n.° 2, da CTL.

[584] Cfr. JORGE BACELAR GOUVEIA, *A primeira Constituição...*, pp. 313 e ss.

[585] Do art. 16.° ao art. 61.° da CTL.

[586] Sobre as várias teorias acerca da fundamentação dos direitos fundamentais, v., por todos, JORGE BACELAR GOUVEIA, *Ensinar Direito Constitucional*, pp. 417 e ss.

relevante cláusula de abertura a direitos fundamentais atípicos: "Os direitos fundamentais consagrados na Constituição não excluem quaisquer outros constantes da lei e devem ser interpretados em consonância com a Declaração Universal dos Direitos Humanos"[587].

Importa também sublinhar que se teve particularmente em atenção uma preocupação com o rigor da positivação dos direitos fundamentais, o que bem se atesta pela opção da respectiva consagração tipológica, que por aquela referida cláusula aberta vai para além dos direitos que se apresentam tipificados.

Em matéria de interpretação, regista-se finalmente que a DUDH serve de diapasão interpretativo comum[588], o que assume uma grande relevância na conformidade de tais direitos por alusão a um texto internacional – como é aquela Declaração Universal – simbolicamente muito representativo e que foi sobretudo precursor na consagração de novos direitos fundamentais, a partir de uma óptica internacionalista.

XIV. Dentro de uma perspectiva mais microscópica, ao nível da especialidade, opera-se a dissociação essencial entre os direitos, liberdades e garantias pessoais e os direitos e deveres económicos, sociais e culturais, numa clara menção da distinção clássica, nos direitos fundamentais, entre direitos de defesa e direitos a prestações.

Não tem sido tarefa fácil proceder à destrinça entre uns e os outros se tomarmos uma preocupação que se situe num horizonte que exceda a mera arrumação sistemática.

Em vão no texto constitucional se depara com esse critério. Estamos em crer que ele passará pelo tipo de eficácia – se imediata ou se mediata – do sentido dos direitos fundamentais que estejam em apreciação.

Quanto aos direitos fundamentais consagrados, para além dos direitos que são comuns – e ainda bem – a outros sistemas constitucionais, nota-se a presença de algumas particularidades:

587 Art. 23.° da CTL.

588 Cfr. a parte final do art. 23.° da CTL.

- *uma mais intensa protecção do direito à vida*: a defesa da vida humana não acontece apenas nos termos habituais, ao dizer-se que a vida humana é inviolável – igualmente se lembra que há uma dimensão prestadora, a cargo do Estado, no tocante a essa matéria, esclarecendo-se que "O Estado reconhece e garante o direito à vida"[589];
- *uma idade mais baixa para a titularidade de direitos políticos, que é admissível logo a partir dos 17 anos*: "Todo o cidadão maior de dezassete anos tem o direito de votar e de ser eleito"[590]; e
- *uma justa e moderna preocupação de promoção dos homens e das mulheres*, não apenas como tarefa geral do Estado, mas ainda no âmbito específico do quadro organizatório do poder público[591].

XV. No plano do *sistema político*, cuja matéria se unifica na Parte III do texto constitucional[592], há uma preocupação com uma pormenorizada definição do estatuto dos diversos órgãos de soberania, que são os seguintes: o Presidente da República, o Parlamento Nacional, o Governo e os Tribunais[593].

A organização do poder político, dentro do princípio da unidade do Estado, também conhece a descentralização administrativa, em dois distintos níveis[594]:

- ao *nível regional*, prevendo-se uma especial organização para o enclave Oe-cusse Ambeno e para a ilha de Ataúro;
- ao *nível local*, com a atribuição de poderes de natureza administrativa às instituições do poder local.

---

589 Art. 29.°, n.° 2, da CTL.

590 Art. 47.°, n.° 1, da CTL.

591 Cfr. os arts. 6.°, al. *j*), 17.° e 63.° da CTL.

592 Cfr. Jorge Bacelar Gouveia, *A primeira Constituição...*, pp. 315 e ss.

593 Cfr. a enumeração do art. 67.° da CTL.

594 Cfr. os arts. 71.° e 72.° da CTL.

XVI. No plano da democracia representativa, o sistema de governo que resulta da leitura do articulado constitucional – conquanto não seja necessariamente este o que venha a resultar da prática constitucional – funda-se numa concepção próxima do semi-presidencialismo, tal como ele vigora em Portugal.

Os órgãos políticos têm funções relevantes, não se vislumbrando que qualquer um deles esteja destinado a um papel apagado na dinâmica do exercício do poder, ainda que as relações entre o Presidente da República, o Parlamento Nacional e o Governo sejam de uma natureza distinta daquela que estes órgãos mantêm com os tribunais.

No entanto, cumpre mencionar que se vai um pouco mais longe na concepção, formalmente proclamada, do princípio da interdependência de poderes, fazendo com que o Parlamento Nacional, por exemplo, intervenha na escolha de alguns dos titulares do poder judicial, não limitando tal competência ao Governo ou ao Chefe de Estado[595].

XVII. É também de mencionar o reconhecimento da democracia semidirecta, que se torna clara na adopção do mecanismo do referendo nacional, até provavelmente com uma explicação histórica óbvia: o referendo internacional que permitiu a independência política de Timor-Leste.

Da leitura dos preceitos constitucionais que o consagram[596], sente-se um receio, talvez infundado, quanto ao uso desse mecanismo, que resulta de exercício árduo, pelo menos comparativamente a várias experiências estrangeiras, como parece ser óbvio se consultarmos o caso português:

– *quanto ao procedimento de decretação*, a necessidade de ser proposta por um terço dos Deputados e de a respectiva delibera-

[595] V., por exemplo, a competência que o art. 95.°, n.° 3, al. *a*), da CTL atribui ao Parlamento Nacional de "Ratificar a nomeação do Presidente do Supremo Tribunal de Justiça e a eleição do Presidente do Tribunal Superior Administrativo, Fiscal e de Contas".

[596] Cfr. principalmente o art. 66.° da CTL.

ção parlamentar ter de reunir a vontade de dois terços desses mesmos Deputados, o que é excessivo;

– *quanto às matérias susceptíveis de referendo*, o facto de os principais assuntos que se colocam à governação, porque incluídos nas competências parlamentares e governativas, a começar pela revisão constitucional, serem excluídos do alcance das perguntas referendárias, o que esvazia o alcance político do instituto.

XVIII. Com particular melindre, está sempre o sistema de fiscalização da constitucionalidade das leis, o qual, apesar de inserto na Parte VI, oferece uma óbvia conexão com a organização do poder público.

O texto constitucional timorense está longe de desconhecer o fenómeno e, pelo contrário, mostra-se muito atento à questão, dedicando-lhe relevantíssimas orientações, o que confirma, também neste tópico, o desejo da efectividade de um Estado de Direito.

Não se optou pela criação de uma jurisdição constitucional específica, o que não quer dizer que essa actividade não seja exercida – tal, de facto, sucede, sendo expressamente deferida ao Supremo Tribunal de Justiça.

Numa perspectiva processual, anota-se que a sua amplitude é extensa, mesmo incluindo a fiscalização da constitucionalidade por omissão, figura que suscita peculiares dificuldades.

§ 13.° Outros Direitos Constitucionais

57. O Direito Constitucional da Suíça

I. O estudo dos diversos Direitos Constitucionais não pode terminar sem requerer a atenção para outros Estados em que também se desenvolveram, com originalidade, múltiplas instituições.

Um desses casos, até porventura o mais original deles, é o da Suíça[597], Estado que, tendo nascido segundo uma estrutura confederal – daí a sua designação oficial, que ainda se mantém, de Confederação Helvética (CH) –, é hoje uma verdadeira federação, composta por Estados federados, que são os cantões suíços, num federalismo bastante inovador porque funcionando bem num Estado territorialmente pequeno[598].

O texto constitucional que vigora é muito recente (CS), tendo sido votado pelos suíços em referendo de 18 de Abril de 1999, embora amplamente influenciado pelo seu predecessor texto, remon-

---

[597] Sobre o Direito Constitucional suíço em geral, também com indicações bibliográficas anteriores ao novo texto constitucional, v. ANDREAS AUER, GIORGIO MALINVERNI e MICHEL HOTTELIER, *Droit Constitutionnel suisse*, vols. I e II, Berne, 2000, *passim*; ULRICH HÄFELIN e WALTER HALLER, *Schweizerisches Bundesstaatsrecht*, 5.ª ed., Zürich, 2001, *passim*; DANIEL THÜRER, JEAN-FRANÇOIS AUBERT e JÖRG PAUL MÜLLER, *Verfassungsrecht der Schweiz*, Zürich, 2001, *passim*; JORGE MIRANDA, *Manual...*, I, pp. 198 e ss.; RICARDO LEITE PINTO, JOSÉ DE MATOS CORREIA e FERNANDO ROBOREDO SEARA, *Ciência Política...*, pp. 268 e ss.

[598] De acordo com o art. 3.° da CS, "Os cantões são soberanos em tudo quanto não tenha sido limitado pela Constituição federal e exercem todos os seus direitos que não tenham sido delegados na Confederação".

tando ao século XIX, altura em que se transitou de uma confederação para uma federação.

A CS tem a seguinte estrutura, em novo articulado consolidado, num conjunto de 196 artigos:

- *Preâmbulo*;
- Título I – *Disposições gerais*
- Título II – *Direitos fundamentais, cidadania e objectivos sociais*
- Título III – *Confederação, cantões e comunas*
- Título IV – *Povo e cantões*
- Título V – *Autoridades federais*
- Título VI – *Revisão da Constituição e disposições transitórias*

II. No plano do desenvolvimento do princípio democrático, a Suíça é dos Estados que mais cultiva *a dimensão participativa*, lado a lado com a dimensão representativa[599].

São vários os mecanismos de intervenção dos cidadãos, assim sendo chamados a participar na actividade política realizada pelos órgãos legislativos, através destes mecanismos[600]:

- a iniciativa legislativa popular para a revisão da Constituição;
- o referendo obrigatório, do povo e dos cantões; e
- o referendo facultativo.

III. No tocante à organização do governo, a Suíça é também singular por ter adoptado *um sistema de governo directorial*, diferente de todos os outros sistemas de governo até então experimentados nos países de referência para a cultura jurídico-constitucional europeia.

Na caracterização institucional, a Suíça é uma república, com os seguintes órgãos:

---

599 Cfr. Luís Barbosa Rodrigues, *O referendo português a nível nacional*, Coimbra, 1994, pp. 53 e ss., e pp. 71 e ss.; Jorge Miranda, *Manual...*, I, pp. 198 e 199; Francisco Pereira Coutinho, *O referendo político nacional em Portugal*, in AAVV, *Estudos de Direito Público* (coord. de João Caupers e Jorge Bacelar Gouveia), Lisboa, 2005, pp. 43 e ss.

600 Cfr. os arts. 138.° e ss. da CS.

– *a Assembleia Federal*: com competências legislativas e financeiras, é um parlamento bicameral, composto pelo *Conselho Nacional*, com 200 Deputados proporcionalmente repartidos em função dos cidadãos de cada cantão, e pelo *Conselho dos Estados*, com 46 Deputados, dois por cada cantão, à excepção dos semi-cantões, que só elegem 1 deputado cada[601];
– *o Conselho Federal*: com competências administrativas, é um órgão directorial[602], composto por 7 membros, eleitos pela Assembleia Federal para um mandato de 4 anos;
– *o Tribunal Federal*: é a autoridade judicial suprema do Estado, possuindo competências de fiscalização da constitucionalidade, sem excluir competências em matéria de Direito Civil, Direito Penal e Direito Administrativo, sendo os respectivos juízes eleitos pela Assembleia Federal[603].

IV. O *sistema de governo directorial* tem uma elevada proximidade do sistema de governo presidencial por assentar no mesmo pressuposto de que os órgãos legislativos e executivos são independentes entre si, não dependendo um do outro para a respectiva subsistência, nenhum elemento assim existindo de mútua responsabilidade política.

O aspecto diferenciador passa, primeiro, pelo facto de o órgão executivo ser colegial – e não singular, como é habitual no presidencialismo – e, depois, pelo facto de esse órgão ser escolhido pelo órgão legislativo, não surgindo com uma legitimidade popular directa, desempenhando as funções de chefia do Estado um dos seus membros, por um ano, segundo eleição da Assembleia Federal[604].

---

601 Cfr. o art. 150.°, n.° 2, da CS.

602 Como o art. 174.° da CS directamente o qualifica.

603 Cfr. os arts. 188.°, 189.°, 190.° e 168.° da CS.

604 Cfr. os arts. 175.° e 176.° da CS.

58. O Direito Constitucional da Itália

I. A Itália, tal como a conhecemos hoje, é um Estado jovem, criado no século XIX, após um conturbado período de unificação, pondo termo a pequenos Estados multisseculares.

São de equacionar apenas duas eras na evolução histórico-constitucional da Itália moderna e unificada:

- *uma primeira era monárquica*, desde a sua criação, em 1870, até ao fim da II Guerra Mundial, altura em que cessou a vigência do seu primeiro texto constitucional, o Estatuto Albertino (do tempo de Carlos Alberto), de 1848, inicialmente apenas aplicável ao Reino da Sardenha, mas a seguir generalizado ao Estado então recém-fundado;
- *uma segunda e actual era republicana*, que se está vivendo, sob a vigência da Constituição de 22 de Dezembro de 1947, aprovado após referendo que, esmagadoramente, determinou a adopção da forma institucional republicana.

II. A Constituição Italiana (CI), inspirada na Constituição de Weimar, é um texto feito de raiz, logo a seguir à queda do regime monárquico-fascista, e apresenta-se com as seguintes partes, num total de 139 artigos[605]:

- *Princípios fundamentais*
- Parte I – *Direitos e deveres dos cidadãos*
- Parte II – *Organização da República*
- *Disposições transitórias e finais*

Vários têm sido os momentos de revisão constitucional, mais ou menos profundos, tendo permitido a consolidação e a estabilização do sistema constitucional, num primeiro período de cariz excessivamente parlamentar.

---

[605] Cfr. o respectivo texto em JORGE BACELAR GOUVEIA, *As Constituições dos Estados da União...*, pp. 437 e ss.

III. Numa apreciação geral, o articulado constitucional da Itália apresenta as seguintes linhas de força[606]:

- *na forma institucional de governo*: a novidade da forma republicana, por oposição à conivência do regime monárquico com o regime fascista de Benito Mussolini;
- *nos direitos fundamentais*: uma clara inspiração da Doutrina Social da Igreja, com a presença das dimensões individual e social[607];

---

606 Sobre o Direito Constitucional italiano em geral, v. EMILIO CROSA, *Diritto Costituzionale*, 3.ª ed., Torino, 1951, pp. 226 e ss.; COSTANTINO MORTATI, *Istituzioni di Diritto Pubblico*, II, 9.ª ed., Padova, 1976, pp. 5 e ss.; PIETRO VIRGA, *Diritto Costituzionale*, 9.ª ed., Milano, 1979, pp. 89 e ss.; PAOLO BISCARETTI DI RUFFÌA, *Diritto...*, pp. 1 e ss.; ARMANDO M. MARQUES GUEDES, *Ideologias...*, pp. 291 e ss.; MANLIO MAZZIOTTI DI CELSO, *Lezioni di Diritto Costituzionale*, II, Milano, 1985, pp. 3 e ss.; CARLO LAVAGNA, *Istituzioni di Diritto Pubblico*, 6.ª ed., Torino, 1986, pp. 55 e ss.; TEMISTOCLE MARTINES, *Diritto Costituzionale*, 6.ª ed., Milano, 1990, pp. 265 e ss; ACHILLE MELONCELLI, *Diritto Pubblico*, 2.ª ed., Rimini, 1992, pp. 157 e ss.; GIANDOMENICO FALCON, *Lineamenti di Diritto Pubblico*, 3.ª ed., Padova, 1991, pp. 177 e ss.; LIVIO PALADIN, *Diritto Costituzionale*, Padova, 1991, pp. 75 e ss.; IGNAZIO SCOTTO, *Diritto Costituzionale*, 2.ª ed., Milano, 1992, pp. 5 e ss.; PAOLO CARETTI e UGO DE SIERVO, *Istituzioni...*, pp. 85 e ss.; FAUSTO CUOCOLO, *Istituzioni di Diritto Pubblico*, 7.ª ed., Milano, 1992, pp. 187 e ss.; ENRICO SPAGNA MUSSO, *Diritto...*, pp. 223 e ss.; GIUSEPPE UGO RESCIGNO, *Corso...*, pp. 205 e ss.; GIUSEPPE DE VERGOTTINI, *Diritto Costituzionale*, Padova, 1998, pp. 23 e ss.; JORGE BACELAR GOUVEIA, *O estado de excepção...*, I, pp. 407 e ss.; JORGE MIRANDA, *Manual...*, I, pp. 182 e 183.

607 Para uma panorâmica acerca dos direitos fundamentais na CI, v. COSTANTINO MORTATI, *Istituzioni...*, II, pp. 1034 e ss.; PIETRO VIRGA, *Diritto...*, pp. 437 e ss.; GUSTAVO ZAGREBELSKY, *Objet et portée de la protection des droits fondamentaux*, in AAVV, CCEDF, Paris/Aix-en-Provence, 1982, pp. 312 e ss.; CARLO LAVAGNA, *Istituzioni...*, pp. 396 e ss.; MANLIO MAZZIOTTI DI CELSO, *Lezioni...*, II, pp. 185 e ss.; PAOLO BISCARETTI DI RUFFÌA, *Diritto...*, pp. 825 e ss.; GIANDOMENICO FALCON, *Lineamenti...*, pp. 445 e ss.; PAOLO GIOCOLI NACCI e ALDO LOIODICE, *Costituzione Italiana*, Bari, 1991, pp. 49 e ss.; F. FALZONE, F. PALERMO e F. COSENTINO, *La Costituzione della Repubblica Italiana*, Roma, 1991, pp. 65 e ss.; PAOLO BARILE, *Istituzioni di Diritto Pubblico*, 6.ª ed., Padova, 1991, pp. 579 e ss., e *Garanzie costituzionale e diritti fondamentali: un'introduzione*, in AAVV, PC, II,

– *na organização do Estado*: a coexistência do seu carácter unitário com a consagração de um total e amplo regionalismo político-administrativo.

IV. Ao nível do sistema de governo, a CI consagra os seguintes órgãos constitucionais de natureza política:

– *o Parlamento*: com poder legislativo, composto pela *Câmara dos Deputados*, com 630 Deputados, eleitos segundo um sistema misto, predominantemente maioritário e residualmente proporcional[608], e pelo *Senado da República*, com 315 Senadores, em ambos os casos eleitos por sufrágio directo e universal para um mandato de 5 anos[609];

Coimbra, 1997, pp. 131 e ss.; ALESSANDRO PACE, *Problematica delle libertà costituzionali – parte speciale*, 2.ª ed., Padova, 1992, pp. 169 e ss.; IGNAZIO SCOTTO, *Diritto...*, pp. 176 e ss.; LIVIO PALADIN, *Diritto...*, pp. 599 e ss.; ENRICO SPAGNA MUSSO, *Diritto...*, pp. 312 e ss.; GIUSEPPE UGO RESCIGNO, *Corso...*, pp. 600 e ss.; TEMISTOCLE MARTINES, *Diritto...*, pp. 622 e ss.; GABRIELE PESCATORE, FRANCESCO FELICETTI, GIUSEPPE MARZIALE e CARMELO SGROI, *Costituzione e leggi sul processo costituzionale e sui referendum*, Milano, 1992, pp. 315 e ss.; ACHILLE MELONCELLI, *Diritto...*, pp. 715 e ss.; ALBERT BLECKMANN, *Staatsrecht II...*, pp. 26 e 27; PAOLO CARETTI e UGO DE SIERVO, *Istituzioni...*, pp. 528 e ss.; FAUSTO CUOCOLO, *Istituzioni...*, pp. 713 e ss.; AUGUSTO BARBERA, FRANCESCO COCOZZA e GUIDO CORSO, *Le situazioni soggettive. Le libertà dei singoli e delle formazioni sociali. Il principio di eguaglianza*, in AAVV, *Manuale di Diritto Pubblico* (org. de GIULIANO AMATO e AUGUSTO BARBERA), 4.ª ed., Bologna, 1994, pp. 210 e ss.; JORGE BACELAR GOUVEIA, *Os direitos fundamentais atípicos*, pp. 191 e ss.; MÁRIO RAMOS PEREIRA DA SILVA, *O regime dos direitos sociais...*, pp. 39 e ss.

[608] De acordo com o art. 1.°, n°s. 3 e 4, do Texto Único das leis para a eleição da Câmara dos Deputados, respectivamente, "Em cada círculo, 75% do total dos mandatos é atribuído no âmbito de outros tantos colégios uninominais, nos quais será eleito o candidato que obteve o maior número de votos", e "Em cada círculo, 25% do total dos mandatos é atribuído proporcionalmente mediante repartição entre listas concorrentes".

[609] Podendo ainda o Presidente da República, nos termos do art. 59.° da CI, "...nomear como senadores vitalícios cinco cidadãos que tenham honrado a sua Pátria por feitos de alto mérito nos domínios social, científico, artístico e literário".

– *o Presidente da República*: com poderes representativos, é eleito para um mandato de sete anos, pelo conjunto das câmaras parlamentares, ainda participando três delegados de cada região;
– *o Governo*: com poderes administrativos e legislativos delegados, é composto pelo Primeiro-Ministro e pelos Ministros, nomeados pelo Presidente da República, mas carecendo da confiança das duas câmaras parlamentares[610].

A leitura do texto constitucional, bem como a sua prática, podem ser interpretados como tendo consagrado um parlamentarismo de gabinete, que já foi de assembleia[611], um pouco à semelhança do britânico, com o apagamento da componente presidencial, favorecido pela estabilidade das recentes maiorias governamentais e parlamentares.

59. O Direito Constitucional da Alemanha

I. O Direito Constitucional da Alemanha, para além da sua evidente proeminência do ponto de vista da profundidade da respectiva doutrina jurídica (no que não foge à regra a Ciência do Direito Constitucional), foi e é precursor de algumas instituições, que assim vieram a influenciar outros ordenamentos jurídico-constitucionais.

O actual texto constitucional alemão, tendo começado por ser provisório, já se considera definitivo, não tendo, por esse facto, a terminologia de Constituição, mas de Lei Fundamental (*Grundgesetz*) (LF), com a seguinte sistematização, num total de 180 artigos[612],

---

610 Conforme o art. 94.° da CI, "O Governo deve gozar da confiança das duas Câmaras".

611 Cfr. ARMANDO M. MARQUES GUEDES, *Ideologias...*, p. 300.

612 Cfr. o respectivo texto em JORGE BACELAR GOUVEIA, *As Constituições dos Estados da União...*, pp. 7 e ss. Cfr. também NUNO ROGEIRO, *A Lei Fundamental da República Federal da Alemanha*, Coimbra, 1996, pp. 105 e ss.

documento que se tornou possível graças ao acordo das potências ocidentais que venceram a II Guerra Mundial em acederem à recuperação da independência alemã ocidental:

- I – *Direitos fundamentais*
- II – *Federação e Estados*
- III – *Assembleia Federal*
- IV – *Conselho Federal*
- V – *Presidente da República*
- VI – *Governo Federal*
- VII – *Poder legislativo da Federação*
- VIII – *Execução das leis federais e administração federal*
- VIII-A – *Tarefas comuns*
- IX – *Justiça*
- X – *Regime de finanças*
- X-A – *Estado de defesa*
- XI – *Disposições transitórias e finais*

Já com várias revisões, entrou em vigor em Maio de 1949, depois de os Estados aliados e vencedores da II Guerra Mundial terem consentido na sua emancipação política[613].

[613] Sobre o actual Direito Constitucional alemão em geral, v. ARMANDO M. MARQUES GUEDES, *Ideologias...*, pp. 275 e ss.; ROLF-PETER MAGEN, *Staatsrecht – eine Einführung*, 7.ª ed., Berlin, 1985, pp. 135 e ss.; KONRAD HESSE, *Grundzüge des Verfassungsrechts der Bundesrepublik Deutschland*, 17.ª ed., Heidelberg, 1990, pp. 47 e ss.; CHRISTOPH DEGENHART, *Staatsrecht I*, 6.ª ed., Heidelberg, 1990, pp. 1 e ss.; EKKEHART STEIN, *Staatsrecht*, 12.ª ed., Tübingen, 1990, pp. 15 e ss.; ULRICH BATTIS e CHRISTOPH GUSY, *Einführung in das Staatsrecht*, 3.ª ed., Heidelberg, 1991, pp. 34 e ss.; ALBERT BLECKMANN, *Staatsrecht I – Staatsorganisationsrecht*, Köln/Berlin/Bonn/München, 1993, pp. 9 e ss., e *Staatsrecht II...*, pp. 61 e ss.; GERHARD ROBBERS, *Einführung in das deutsche Recht*, Baden-Baden, 1994, pp. 44 e ss.; THEODOR MAUNZ e REINHOLD ZIPPELIUS, *Deutsches Staatsrecht*, 29.ª ed., München, 1994, pp. 1 e ss.; HANS-WOLFGANG ARNDT e WALTER RUDOLF, *Öffentliches Recht*, 10.ª ed., München, 1994, pp. 21 e ss.; PETER BADURA, *Staatsrecht*, 2.ª ed., München, 1996, pp. 65 e ss.; NUNO ROGEIRO, *A Lei...*, pp. 58 e ss.; ALFRED KATZ, *Staatsrecht – Grundkurs im öffentlichen Recht*, 13.ª ed., Heidelberg, 1996, pp. 65 e ss.; JORGE MIRANDA, *Manual...*, I, pp. 200 e ss.

Recentemente, com a queda do "Muro de Berlim", à República Federal da Alemanha, então criada, juntou-se pelo Tratado de 3 de Outubro de 1990 – a chamada "reunificação alemã"[614] – o território da República Democrática Alemã, entidade gerada no rescaldo da II Guerra Mundial, na dependência da URSS, que nesse momento desapareceria[615].

II. A Alemanha tem uma interessante história jurídico-constitucional, para além de todo o seu passado associado a grandes momentos da História Europeia e Universal, quer na Idade Média, com o Sacro-Império Romano-Germânico, quer na Idade Contemporânea, com outros ilustres contributos científicos e artísticos.

Aquilo que hoje é a República Federal Alemã resulta da unificação alemã conseguida no século XIX, sob o impulso dominante da Prússia, o principal Estado de então, que pela força aglutinou num novo Estado os diversos territórios, monarquias e repúblicas, unificação propiciada pelas evidentes proximidades linguísticas, culturais e religiosas.

Foi esse o momento, sob a liderança do Chanceler Otto Bismark, da primeira Constituição Alemã, de 16 de Abril de 1871, que consagraria um sistema constitucional monárquico, declarando Guilherme I, Imperador Alemão (o II Reich, considerando-se o I Reich o Sacro-Império), mas exaltando os poderes do Chanceler, chefe do Governo, em detrimento do Parlamento, naquilo que seria a afirma-

---

[614] Unificação que se formalizaria no tratado internacional de 3 de Outubro de 1990. Cfr. RAINER ARNOLD, *La unificación alemana – estudios sobre Derecho alemán y europeo*, Madrid, 1993, pp. 47 e ss.

[615] Sobre as diversas revisões da LF, v. THEODOR MAUNZ e REINHOLD ZIPPELIUS, *Deutsches...*, pp. 41 e 42; MARIA LÚCIA AMARAL, *A Alemanha reunificada e a Lei Fundamental de Bona*, in OD, ano 123.°, 1991, IV, Outubro-Dezembro de 1991, pp. 640 e ss.; RAINER ARNOLD, *La unificación alemana...*, pp. 75 e ss.; KONRAD HESSE, *Die Verfassungsentwicklung seit 1945*, in AAVV, *Handbuch des Verfassungsrechts der Bundesrepublik Deutschland* (org. de ERNST BENDA, WERNER MAIHOFER e HANS-JOCHEN VOGEL), 2.ª ed., Berlin/New York, 1994, pp. 42 e ss.; PETER BADURA, *Staatsrecht*, pp. 35 e 36

ção tardia de uma monarquia dualista, em que pontificava o princípio monárquico e a ausência de responsabilidade parlamentar do Governo[616].

III. A derrota da Alemanha na I Guerra Mundial – em que foram desfeiteados os impérios austro-húngaro, otomano e, em certo sentido, o russo – determinou a adopção de um segundo texto constitucional, designado por Constituição de Weimar, por ter sido aprovado na cidade alemã de Weimar, em 19 de Agosto de 1919, surgido na sequência da Revolução de 1918, por reacção à humilhante derrota na I Grande Guerra.

Por esta nova ordem constitucional, a Alemanha inflectiria para uma república, deixando de ser monarquia, valorizando o papel do Parlamento, embora atribuindo importantes poderes ao Chanceler e remetendo o Presidente da República para uma função apagada, que se tem mantido, de resto, até hoje.

Com a ascensão de Adolf Hitler ao poder, a ordem constitucional de Weimar seria substituída pelo *Führerprinzip*, que representou uma pessoalização do poder (*Führergewalt*), sem esquecer a abolição dos direitos fundamentais anteriormente consagrados, bem como a ausência do poder legislativo (facticamente inoperativo dado o incêndio do edifício do Reichstag, a mando da ditadura então vigente).

IV. Os aspectos que marcariam a singularidade do actual Direito Constitucional Alemão são os seguintes:

– *a elevada efectividade da protecção dos direitos fundamentais*, além do mais fundada na suprapositividade da dignidade da pessoa humana[617];

---

[616] Para a sua caracterização, v. TIAGO DUARTE, *A Lei por detrás do Orçamento – a Questão Constitucional da Lei do Orçamento*, Lisboa, 2004, pp. 16 e ss.

[617] Bem expressa, para além do importante art. 1.° do respectivo articulado, no § 1.° do Preâmbulo da LF, nele se afirmando que "Consciente da sua responsabilidade perante Deus e perante os homens, animado pela vontade de servir a paz mundial na qualidade de membro de direitos iguais numa Europa unida, o povo

– *o sistema de governo parlamentar racionalizado*, assim como a estrutura federal do Estado;
– *a fiscalização da constitucionalidade das leis*, a cargo do Tribunal Constitucional Federal.

V. A protecção dos direitos fundamentais atingiu na LF altos padrões de qualidade e de efectividade, em grande medida com o auxílio da doutrina e da jurisprudência[618].

A relevância desta matéria no texto constitucional alemão ficou sobretudo a dever-se, não tanto à profusão ou à qualidade do catálogo dos direitos fundamentais positivados, quanto aos mecanismos garan-

---

alemão, em virtude do seu poder constituinte, estabelece a presente Lei Fundamental".

618 Para uma panorâmica geral acerca dos direitos fundamentais na LF, v. MARIA ISABEL JALLES, *Os direitos...*, pp. 41 e 42; HANS G. RUPP, *Objet et portée de la protection des droits fondamentaux – Tribunal Constitutionnel Fédéral Allemand*, in AAVV, CCEDF, Paris/Aix-en-Provence, 1982, pp. 246 e ss.; ADÉLIO PEREIRA ANDRÉ, *Defesa dos direitos...*, pp. 85 e ss.; ROLF-PETER MAGEN, *Staatsrecht...*, pp. 146 e ss.; OTTO BACHOF, *Jueces y Constitución*, Madrid, 1987, pp. 39 e ss., este privilegiando uma óptica contrastante com o regime da Constituição de Weimar; KLAUS STERN, *Das Staatsrecht...*, III/1, pp. 350 e ss. e pp. 620 e ss.; ULRICH BATTIS e CHRISTOPH GUSY, *Einführung...*, pp. 293 e ss.; ALBERT BLECKMANN, *Staatsrecht II...*, pp. 61 e ss.; BODO PIEROTH e BERNHARD SCHLINK, *Grundrechte...*, pp. 18 e ss.; EKKEHART STEIN, *Staatsrecht*, pp. 69 e ss.; KONRAD HESSE, *Grundzüge...*, pp. 111 e ss.; BRUNO SCHMIDT-BLEIBTREU e FRANZ KLEIN, *Kommentar zum Grundgesetz*, 7.ª ed., Bonn/München, 1990, pp. 105 e ss.; FRIEDRICH MÜLLER, *Die Positivität der Grundrechte – fragen einer praktischen Grundrechtsdogmatik*, 2.ª ed., Berlin, 1990, pp. 11 e ss.; GEORG SCHOLZ, *Grundgesetz I – Grundlagen, Die Grundrechte*, 6.ª ed., München, 1990, pp. 128 e ss.; PIER GIORGIO LUCIFREDI, *Appunti di Diritto Costituzionale Comparato – il sistema tedesco*, 5.ª ed., Milano, 1992, pp. 17 e ss.; GERHARD ROBBERS, *Einführung...*, pp. 47 e ss.; JORGE BACELAR GOUVEIA, *Os direitos fundamentais atípicos*, pp. 206 e 207; PETER BADURA, *Staatsrecht*, pp. 74 e ss.; NUNO ROGEIRO, *A Lei...*, pp. 78 e ss.; HANS-WOLFGANG ARNDT e WALTER RUDOLF, *Öffentliches...*, pp. 114 e ss.; AAVV, *Grundgesetz für die Bundesrepublik Deutschland* (org. de KARL-HEINZ SEIFERT e DIETER HÖMIG), 5.ª ed., Baden-Baden, 1995, pp. 37 e ss.; ALFRED KATZ, *Staatsrecht...*, pp. 258 e ss.; REINHOLD ZIPPELIUS, *Teoria...*, pp. 428 e ss.; JORGE MIRANDA, *Manual...*, I, pp. 206 e 207.

tísticos que o acompanham, permitindo uma mais perfeita aplicação, sendo de frisar os seguintes mecanismos, alguns se alinhando bem numa teoria democrática dos direitos fundamentais[619]:

- a vinculação directa e pública de todos os poderes do Estado;
- a consagração da dignidade e da inviolabilidade da pessoa humana;
- a sobrevivência de certos direitos mesmo em regime de estado de excepção;
- a perda de direitos fundamentais em resultado da violação da ordem constitucional livre e democrática;
- a limitação das normas restritivas do exercício dos direitos fundamentais.

VI. Em matéria de organização do poder federal[620], o texto constitucional prevê os seguintes órgãos constitucionais:

- *o Parlamento Federal* (*Bundestag*)[621]: composto por 598 Deputados, representa os cidadãos alemães nos vários Estados Federados e os seus membros são eleitos, seguindo os princípios do voto nominativo e do escrutínio proporcional, para um mandato de quatro anos[622], estabelecendo-se uma cláusula barreira de 5%[623];

---

[619] Cfr. os arts. 1.°, 17.°-A, 18.° e 19.° da LF.

[620] A respeito da distribuição do poder legislativo entre a Federação e os Estados Federados, nomeadamente em relação às categorias de legislação federal *exclusiva* e *concorrente*, v. KLAUS STERN, *Das Staatsrecht der Bundesrepublik Deutschland*, II, München, 1980, pp. 592 e ss.; CHRISTOPH DEGENHART, *Staatsrecht I*, pp. 41 e ss.; EKKEHART STEIN, *Staatsrecht*, pp. 306 e ss.; KONRAD HESSE, *Grundzüge...*, pp. 93 e 94; ALBERT BLECKMANN, *Staatsrecht I...*, pp. 422 e ss.; GERHARD ROBBERS, *Einführung...*, pp. 62 e 63; THEODOR MAUNZ e REINHOLD ZIPPELIUS, *Deutsches...*, pp. 309 e ss.; PIER GIORGIO LUCIFREDI, *Appunti..., il sistema tedesco*, pp. 28 e ss.; HANS-JOCHEN VOGEL, *Die bundesstaatliche Ordnung des Grundgesetzes*, in AAVV, *Handbuch des Verfassungsrechts der Bundesrepublik Deutschland* (org. de ERNST BENDA, WERNER MAIHOFER e HANS-JOCHEN VOGEL), 2.ª ed., Berlin/New York, 1994, pp. 1065 e ss.; PETER BADURA, *Staatsrecht*, pp. 228 e ss.

[621] Cfr. os arts. 38.° e ss. da LF.

[622] Cfr. o art. 1.°, n.° 1, da Lei Eleitoral Federal (*Bundeswahlgesetz*), e nos ter-

– *o Conselho Federal* (*Bundesrat*)[624]: representa os Estados Federados e é composto por membros designados pelos respectivos governos estaduais, havendo três votos por Estado federado, mas com a ponderação de os Estados com mais de 2 000 000 de cidadãos terem quatro votos e os Estados com mais de 6 000 000 de cidadãos terem cinco votos[625], num total de 69 membros;
– *o Presidente Federal (Bundespräsident)*[626]: eleito para um mandato de cinco anos pela Assembleia Federal (*Bundesversammlung*), que é o conjunto dos membros do Parlamento Federal e de um número igual de membros eleitos pelas Assembleias Legislativas dos Estados;
– *o Governo Federal* (*Bundesregierung*)[627]: composto pelo Chanceler Federal e pelos Ministros Federais, nomeados pelo Presidente Federal, devendo antes o Chanceler Federal ser eleito pelo Parlamento Federal.

O sistema de governo alemão tem recebido o peculiar qualificativo de *sistema de governo parlamentar racionalizado,* por força da adopção do mecanismo da moção de censura construtiva, que limita bastante a faculdade parlamentar de determinar a demissão do Governo, para além de outros elementos que implicam a desvitalização da com-

---

mos do n.° 2 deste preceito "Destes Deputados, 328 são eleitos segundo as listas de candidatura por círculo nos círculos eleitorais, sendo os restantes eleitos segundo as listas de candidatura do Estado federado (listas do Estado federado)"

623 Segundo o art. 6.°, n.° 6, da Lei Eleitoral Federal, "Aquando da distribuição dos lugares sobre as listas ao Estado federado, só entram em linha de conta os partidos que tenham obtido um mínimo de 5% dos segundos votos válidos expressos no território eleitoral, ou que em pelo menos três círculos eleitorais tenham obtido um lugar."

624 Cfr. os arts. 50.° e ss. da LF.

625 Cfr. o art. 51.°, n.° 2, da LF

626 Cfr. os arts. 54.° e ss. da LF.

627 Cfr. os arts. 62.° e ss. da LF.

ponente presidencial desse sistema[628]: não pode haver situações de impasse e a demissão de um Chanceler por parte do Parlamento Federal, com a aprovação de uma moção de censura, só produz efeitos "...desde que eleja um sucessor com maioria absoluta e peça ao Presidente Federal a exoneração do Chanceler Federal"[629].

VII. Apontamento ainda muito relevante no sistema constitucional alemão é atinente ao poder judiciário, que tem desempenhado um papel fundamental na consolidação e modernização do Direito Constitucional.

O poder judiciário é constitucionalmente deferido aos tribunais federais e aos tribunais dos Estados, deles avultando o Tribunal Constitucional Federal (*Bundesverfassungsgericht*)[630].

Sem dúvida que é o Tribunal Constitucional Federal a instituição judiciária proeminente, sendo composto por juízes eleitos pelo Parlamento Federal e pelo Conselho Federal, além de juízes federais[631].

A fiscalização da constitucionalidade desenvolve-se em várias frentes, quer na interpretação da LF, quer na verificação da compatibilidade das leis em relação à LF[632].

---

628 Sobre o sistema de governo alemão, v. ARMANDO M. MARQUES GUEDES, *Ideologias...*, pp. 287 e ss.; THEODOR MAUNZ e REINHOLD ZIPPELIUS, *Deutsches...*, pp. 68 e ss.; EKKEHART STEIN, *Staatsrecht*, pp. 27 e ss.; HANS-PETER SCHNEIDER, *Das parlamentarische System*, in AAVV, *Handbuch des Verfassungsrechts der Bundesrepublik Deutschland* (org. de ERNST BENDA, WERNER MAIHOFER e HANS-JOCHEN VOGEL), 2.ª ed., Berlin/New York, 1994, pp. 550 e ss.; PETER BADURA, *Staatsrecht*, pp. 376 e ss.

629 Art. 67.°, n.° 1, da LF.

630 Como se prescreve no art. 92.° da LF, "O Poder Judiciário, confiado aos juízes, é exercido pelo Tribunal Constitucional Federal, pelos tribunais federais previstos nesta Lei Fundamental e pelos tribunais dos Estados".

631 Cfr. o art. 94.° da LF.

632 Cfr. as diversas als. do art. 93.° da LF.

60. O Direito Constitucional da Espanha

I. Um pouco à semelhança de Portugal, a Espanha, sendo bem antiga na sua formação como Estado, desde cedo conheceu o Liberalismo, que foi introduzido com a Revolução de Cádiz, de 1812.

Desde então e até hoje, têm sido vários os textos constitucionais, adoptando as mais diferentes soluções do ponto de vista jurídico-constitucional[633]:

– a Constituição de Bayona[634];
– a Constituição de Cádiz de 19 de Março de 1812;
– o Estatuto Real de 10 de Abril de 1834;
– a Constituição de 18 de Junho de 1837;
– a Constituição de 23 de Maio de 1845;
– a Constituição de 1 de Junho de 1869;
– a Constituição de 30 de Junho de 1876;
– a Constituição de 9 de Dezembro de 1931;
– as Sete Leis Fundamentais do Franquismo;
– a Constituição de 29 de Dezembro de 1978.

II. A actual Constituição Espanhola, de 29 de Dezembro de 1978 (CE), não esconde as múltiplas influências recebidas[635], no que

[633] Com um percurso acerca da evolução do Constitucionalismo Espanhol, v. FRANCISCO FERNÁNDEZ SEGADO, *Las Constituciones Históricas Españolas – un análisis histórico-jurídico*, 4.ª ed., Madrid, 1986, pp. 27 e ss.; ENRIQUE ÁLVAREZ CONDE, *Curso...*, I, pp. 66 e ss.; JORGE DE ESTEBAN, *Las Constituciones...*, pp. 19 e ss.; JORGE MIRANDA, *Manual...*, I, pp. 180 e ss.

[634] Ainda que a Carta de Bayona, de 1808, tenha suscitado dúvidas acerca da sua efectiva vigência. Cfr. ENRIQUE ÁLVAREZ CONDE, *Curso...*, I, p. 75.

[635] Sobre o Direito Constitucional espanhol em geral, v. PABLO LUCAS VERDÚ, *Curso de Derecho Político*, IV, Madrid, 1984, pp. 25 e ss.; ENRIQUE ÁLVAREZ CONDE, *El régimen político español*, 2.ª ed., Madrid, 1985, *passim*, e *Curso de Derecho Constitucional*, II, 4.ª ed., Madrid, 2003, pp. 13 e ss.; FRANCISCO FERNÁNDEZ SEGADO, *El sistema constitucional español*, Madrid, 1992, pp. 54 e ss.; ANTONIO TORRES DEL MORAL, *Principios de Derecho Constitucional Español*, 3.ª ed., Madrid, 1992, pp. 3 e ss.; JORGE DE ESTEBAN e PEDRO J. GONZÁLEZ-TREVIJANO, *Curso de*

se realça o papel da CRP, de dois anos antes[636], e da CI, logo formada no segundo pós-guerra, apresentando a seguinte sistematização, num conjunto de 169 artigos[637]:

- *Título preliminar*
- Título I – *Dos direitos e deveres fundamentais*
- Título II – *Da Coroa*
- Título III – *Das Cortes Gerais*
- Título IV – *Do Governo e da Administração*
- Título V – *Das relações entre o Governo e as Cortes Gerais*
- Título VI – *Do Poder Judicial*
- Título VII – *Economia e finanças*
- Título VIII – *Da organização territorial do Estado*
- Título IX – *Do Tribunal Constitucional*
- Título X – *Da reforma constitucional*
- *Disposições adicionais e transitórias*

A CE, desde 1978 e até ao momento, foi apenas modificada uma única vez, com vista a permitir a ratificação do TUE[638].

Derecho Constitucional Español, I, Madrid, 1992, pp. 73 e ss., II, Madrid, 1993, pp. 20 e ss., e III, Madrid, 1994, pp. 34 e ss.; LUÍS CANGA RODRÍGUEZ-VALCÁRCE, *Derecho Constitucional Español,* Madrid, 1993, pp. 13 e ss.; LUÍS SÁNCHEZ AGESTA, *Sistema político de la Constitución Española de 1978*, 7.ª ed., Madrid, 1994, pp. 28 e ss.; ÁNGEL LUIS ALONSO DE ANTONIO e JOSÉ ANTONIO ALONSO DE ANTONIO, *Derecho Constitucional Español,* Madrid, 1996, pp. 35 e ss.; JAVIER PÉREZ ROYO, *Curso de Derecho Constitucional,* 9.ª ed., Madrid/Barcelona, 2003, pp. 126 e ss.; JORGE MIRANDA, *Manual...*, I, p. 181.

636 Cfr. JORGE MIRANDA, *As Constituições Portuguesa e Espanhola – breve nota comparativa,* in AAVV, *The Spanish Constitution in the European Constitutional Context* (ed. FRANCISCO FERNÁNDEZ SEGADO), Madrid, 2003, pp. 579 e ss.; AFONSO D'OLIVEIRA MARTINS, *As Constituições Espanhola de 1978 e Portuguesa de 1976: o actual denominador constitucional comum no espaço ibérico,* in AAVV, *The Spanish Constitution in the European Constitutional Context* (ed. FRANCISCO FERNÁNDEZ SEGADO), Madrid, 2003, pp. 607 e ss.

637 Cfr. o respectivo texto em JORGE BACELAR GOUVEIA, *As Constituições dos Estados da União...*, pp. 237 e ss.

638 Sobre a revisão constitucional, v. ANDREA MANZELLA, *Las Cortes en el sis-*

É no regime da reforma constitucional que a CE estabelece um dualismo curioso, dissociando a reforma constitucional da revisão constitucional total, uma vez que, neste caso, a própria CE admite a sua global reformatação, superando os limites de revisão que estabelece[639].

III. A CE consagra a forma institucional monárquica, regressando a uma solução que fora interrompida com o regime franquista, em cuja matéria nunca tomara, verdadeiramente, uma decisão definitiva.

Quanto à estrutura do Estado, afirma-se a sua unidade, a qual convive com a criação de comunidades autónomas[640] – equivalentes às regiões autónomas portuguesas – em todo o território nacional[641].

---

tema constitucional español, in AAVV, *La Constitución Española de 1978 – estudio sistematico* (org. de ALBERTO PREDIERI e EDUARDO GARCÍA DE ENTERRÍA), Madrid, 1984, pp. 502 e ss.; ENRIQUE ALVAREZ CONDE, *El régimen...*, pp. 464 e ss.; JAVIER PÉREZ ROYO, *La reforma de la Constitución*, Madrid, 1987, pp. 123 e ss., e *Curso...*, pp. 181 e ss.; JUAN ALFONSO SANTAMARÍA PASTOR, *Fundamentos...*, I, pp. 469 e ss.; MANUEL ARAGÓN, *Constitución y Democracia*, Madrid, 1990, pp. 35 e ss.; EDUARDO ESPÍN, *La Constitución como norma*, in LUIS LÓPEZ GUERRA, EDUARDO ESPÍN, JOAQUÍN GARCÍA MORILLO, PABLO PÉREZ TREMPS e MIGUEL SATRÚSTEGUI, *Derecho Constitucional*, I, Valencia, 1991, pp. 49 e ss; LAURA TAMAMES e RAMÓN TAMAMES, *Introducción a la Constitución Española*, 5.ª ed., Madrid, 1991, pp. 240 e ss.; ANTONIO TORRES DEL MORAL, *Principios...*, pp. 189 e ss.; FRANCISCO FERNÁNDEZ SEGADO, *El sistema...*, pp. 81 e ss.; LUIS CANGA RODRÍGUEZ-VALCÁRCE, *Derecho...*, pp. 28 e ss.; JORGE DE ESTEBAN e PEDRO J. GONZÁLEZ-TREVIJANO, *Curso...*, III, pp. 732 e ss.; IGNACIO DE OTTO, *Derecho Constitucional – sistema de fuentes*, 2.ª ed., Barcelona, 1995, pp. 56 e ss.; JAVIER FERNÁNDEZ LÓPEZ, *La Constitución Orgánica*, in RAFAEL RUIZ MANTECA, ANTONIO-RAFAEL HERNÁNDEZ OLIVENCIA e JAVIER FERNÁNDEZ LÓPEZ, *Introducción al Derecho y Derecho Constitucional*, Madrid, 1994, pp. 291 e ss.; PEDRO DE VEGA, *La reforma constitucional y la problematica del poder constituyente*, Madrid, 1995, pp. 128 e ss.; ÁNGEL LUIS ALONSO DE ANTONIO e JOSÉ ANTONIO ALONSO DE ANTONIO, *Derecho...*, pp. 561 e ss.

639 Cfr. os arts. 166.° e ss. da CE.

640 Cfr. os arts. 143.° e ss. da CE.

641 Sobre as comunidades autónomas de Espanha, v. ENRIQUE ÁLVAREZ CONDE, *Curso...*, II, pp. 373 e ss.

No plano dos direitos fundamentais[642], são vários os aspectos inovadores, a começar pela distinção entre o lado normativo-consti-

---

[642] Sobre os direitos fundamentais da CE, v. SILVIO BASILE, *Los «valores superiores», los princípios fundamentales y los derechos y libertades públicas*, in AAVV, *La Constitución Española de 1978 – estudio sistematico* (dir. de ALBERTO PREDIERI e EDUARDO GARCÍA DE ENTERRÍA), Madrid, 1984, pp. 294 e ss.; ENRIQUE ALVAREZ CONDE, *El régimen...*, pp. 100 e ss., e *Curso...*, II, pp. 324 e ss.; LUIS AGUIAR, *Las garantias constitucionales de los derechos fundamentales en la Constitución Española*, in RDP(e), n.° 10, Verão de 1981, pp. 107 e ss., e *Dogmatica y teoria jurídica de los derechos fundamentales en la interpretación de estos por el Tribunal Constitucional Español*, in RDP(e), n.os 18-19, Verão-Outono de 1983, pp. 17 e ss.; PABLO LUCAS VERDÚ, *Curso...*, IV, pp. 258 e ss.; JESÚS GONZÁLEZ PÉREZ, *La dignidad de la persona*, Madrid, 1986, pp. 94 e ss.; ANTONIO E. PÉREZ LUÑO, *Los derechos fundamentales*, 3.ª ed., Madrid, 1988, pp. 55 e ss., pp. 149 e ss., e pp. 171 e ss.; RAMÓN SORIANO, *Las libertades públicas*, Madrid, 1990, *passim*; REMEDIO SÁNCHEZ FERRIZ, *Estudio sobre las libertades*, Valência, 1989, pp. 125 e ss., e pp. 153 e ss.; PABLO PÉREZ TREMPS, *Los derechos fundamentales*, in LUIS LÓPEZ GUERRA, EDUARDO ESPÍN, JOAQUÍN GARCÍA MORILLO, PABLO PÉREZ TREMPS e MIGUEL SATRÚSTEGUI, *Derecho Constitucional*, I, Valencia, 1991, pp. 105 e ss.; LAURA TAMAMES e RAMÓN TAMAMES, *Introducción...*, pp. 28 e ss.; LUIS PRIETO SANCHIS, *Estúdios sobre derechos fundamentales*, Madrid, 1990, pp. 95 e ss.; EDUARD SAGARRA I TRIAS, *Los derechos fundamentales y las libertades públicas de los extranjeros en España – protección jurisdicional y garantias*, Barcelona, 1991, pp. 39 e ss.; JOSÉ CASTAN TOBEÑAS, *Los derechos del hombre*, 4.ª ed., Madrid, 1992, pp. 192 e ss.; ANTONIO TORRES DEL MORAL, *Principios...*, pp. 335 e ss.; JORGE DE ESTEBAN e PEDRO J. GONZÁLEZ-TREVIJANO, *Curso...*, I, pp. 268 e ss., e *Curso...*, II, pp. 20 e ss.; LUIS CANGA RODRÍGUEZ-VALCÁRCE, *Derecho...*, pp. 38 e ss.; FRANCISCO FERNÁNDEZ SEGADO, *El sistema...*, pp. 161 e ss.; JOSÉ FERNANDO MERINO MERCHÁN, MARÍA PÉREZ-UGENA Y COROMINA e JOSÉ MANUEL VERA SANTOS, *Lecciones de Derecho Constitucional*, Madrid, 1995, pp. 194 e ss.; LUIS SÁNCHEZ AGESTA, *Sistema político...*, pp. 121 e ss.; ANTONIO-RAFAEL HERNÁNDEZ OLIVENCIA, *La Constitución Dogmática*, in RAFAEL RUIZ MANTECA, ANTONIO-RAFAEL OLIVENCIA e JAVIER FERNÁNDEZ LÓPEZ, *Introducción al Derecho y Derecho Constitucional*, Madrid, 1994, pp. 195 e ss.; JORGE BACELAR GOUVEIA, *Os direitos fundamentais atípicos*, pp. 241 e ss.; GREGORIO PECES-BARBA, *Curso de Derechos Fundamentales – teoría general*, Madrid, 1995, pp. 444 e ss.; JORGE RODRÍGUEZ-ZAPATA, *Teoría y prática del Derecho Constitucional*, Madrid, 1996, pp. 321 e ss.; OSCAR ALZAGA VILLAAMIL, *Derecho Político Español – según la Constitución de 1978*, I, Madrid, 1996, pp. 185 e ss.; ÁNGEL LUIS ALONSO DE ANTONIO e JOSÉ ANTONIO ALONSO DE ANTONIO, *Derecho...*, pp. 227 e ss.; JAVIER

tucional – os direitos de defesa – e o lado legislativo-prestacional – os princípios rectores da política social.

IV. O sistema de governo tem-se encaminhado para um *parlamentarismo de gabinete*, mercê, por um lado, da desvitalização da componente monárquica e, por outro lado, da estabilidade governativa dada pelo sistema bipartidário que tem sempre gerado maiorias parlamentares e governativas sólidas[643], distribuindo-se pelos seguintes órgãos políticos:

– *a Coroa*;
– *as Cortes Gerais*; e
– *o Governo*.

A *Coroa* tem como titular o Rei, o chefe de Estado e símbolo da sua unidade e permanência, sendo hereditária para os sucessores de D. Juan Carlos de Borbón, dentro da "...ordem regular de primogenitura e representação, sendo sempre preferida a linha anterior às posteriores; na mesma linha, o grau mais próximo ao mais remoto; no mesmo grau, o varão à mulher e, no mesmo sexo, a pessoa mais velha à mais nova"[644].

As *Cortes Gerais*[645], que são o Parlamento espanhol, têm uma estrutura bicameral, sendo composto pelo Congresso dos Deputados e pelo Senado, através do sistema proporcional[646]:

– o *Congresso dos Deputados* é composto por 350 Deputados, dentro de um mínimo de 300 e um máximo de 400 membros, segundo um sistema de sufrágio universal, directo e secreto, para um mandato de 4 anos;

PÉREZ ROYO, *Curso...*, pp. 270 e ss.; MÁRIO RAMOS PEREIRA DA SILVA, *O regime dos direitos sociais...*, pp. 44 e ss.

643 Sobre o sistema de governo espanhol, v., por todos, ENRIQUE ÁLVAREZ CONDE, *Curso...*, II, pp. 18 e ss.

644 Art. 57.°, n.° 1, *in fine*, da CE.

645 Cfr. os arts. 66.° e ss. da CE.

646 Cfr. os arts. 161.° e ss. da LO n.° 5/1985, de 19 de Junho, fixando o regime eleitoral geral.

– o *Senado*, sendo uma câmara de representação territorial, tem um número variável de senadores, acordo com os respectivos círculos, num total actual de 208 directamente eleitos e 51 escolhidos por sufrágio indirecto.

O *Governo*, o órgão dirigente da política interna e externa, exerce a função executiva e o poder regulamentar, e integra o Presidente, os Vice-Presidentes, se os houver, e os Ministros, para além de outros membros que estejam previstos[647].

[647] Cfr. o art. 97.° da CE.

CAPÍTULO IV
EVOLUÇÃO DO DIREITO CONSTITUCIONAL PORTUGUÊS

§ 14.° Aspectos de ordem geral

§ 15.° A Constituição Liberal de 1822

§ 16.° A Carta Constitucional da Restauração de 1826

§ 17.° A Constituição Setembrista de 1838

§ 18.° A Constituição Republicana de 1911 e o interregno de Sidónio Pais

§ 19.° A Constituição Fascizante de 1933

§ 20.° A actual Constituição Democrática e Social de 1976

§ 14.° Aspectos de ordem geral

61. A periodificação da História do Direito Constitucional Português

I. A criação do Estado Português, segundo a concepção maioritária, remonta a 1179, altura em que o Sumo Pontífice da Igreja Católica, Alexandre III, reconheceu ao rei português – D. Afonso Henriques – o título de *rex*, através da bula *Manifestis probatum*, embora certos historiadores falem de outras datas anteriores. Portugal é, por isso e em qualquer caso, o Estado que tem as fronteiras geográficas mais antigas da Europa.

Todavia, a época do Constitucionalismo Português só viria a suceder na Idade Contemporânea[648], inspirada pelo movimento

---

[648] Sobre a História do Direito Constitucional Português em geral, v. José Joaquim Lopes Praça, *Colecção de leis e subsídios para o estudo do Direito Constitucional Português*, I, Coimbra, 1894, pp. V e ss.; G. Demombynes, *Les Constitutions Européennes*, I, 2.ª ed., Paris, 1883, pp. XIX e ss.; José Francisco Trindade Coelho, *Manual Político do Cidadão Português*, I, 2.ª ed., Porto, 1908, pp. 199 e ss.; José Ferreira Marnoco e Sousa, *Direito Político...*, pp. 355 e ss.; Domingos Fezas Vital, *Lições de Direito Político* (segundo Luciano Correia), 2.ª ed., Coimbra, 1928, pp. 96 e ss.; Alberto da Cunha Rocha Saraiva, *Apontamentos de Direito Constitucional* (coligidos por Arlindo de Castro), Lisboa, 1931, pp. 40 e ss.; F. P. de Almeida Langhans, *História das Instituições de Direito Público – fundamentos jurídicos da monarquia portuguesa*, in BMJ, n.° 21, Novembro de 1950, pp. 37 e ss.; J. Carlos Moreira, *Direito Constitucional* (elementos coligidos por A. J. Machado Gonçalves e Graciano Alves), Coimbra, 1951-1952, pp. 94 e ss.; António Manuel Pereira, *As Constituições Políticas Portuguesas*, Porto, 1961, pp. V e ss.; Armando

constitucionalista que, depois dos finais do século XVIII, percorreria, primeiro, a América do Norte e a Europa, passando, mais tarde, a outros continentes.

M. Marques Guedes, *Direito Constitucional*, Lisboa, 1961, pp. 403 e ss.; Marcello Caetano, *Manual de Ciência Política e Direito Constitucional*, II, 6.ª ed., Coimbra, 1972, pp. 411 e ss., e *Constituições Portuguesas*, 4.ª ed., Lisboa/São Paulo, 1978, pp. 11 e ss.; Miguel Galvão Teles, *Constituição*, pp. 1504 e ss.; Jorge Miranda, *As Constituições Portuguesas*, 1.ª ed., Lisboa, 1981, pp. IX e ss., *Constituições Portuguesas*, in Pol., I, Lisboa, 1983, pp. 1169 e ss., *L'expérience constitutionnelle portugaise*, in RCP, n.° 1, Lisboa, 1.° semestre de 1985, pp. 61 e ss., e *Manual...*, I, pp. 245 e ss.; Giuseppe De Vergottini, *Le origini della Seconda Repubblica Portoghese*, Milano, 1977, pp. 1 e ss.; Vítor Evangelista, *História das Constituições Políticas Internacionais*, Lisboa, 1978, pp. 107 e ss.; Marcelo Rebelo de Sousa, *Os partidos políticos...*, pp. 135 e ss., *O valor jurídico do acto inconstitucional*, I, Lisboa, 1988, pp. 39 e ss., e *Constituição...*, pp. 22 e ss.; J. M. Cardoso da Costa, *Constitucionalismo*, in Pol., I, Lisboa, 1983, pp. 1154 e ss.; Ruy de Albuquerque e Martim de Albuquerque, *História do Direito Português*, II, Lisboa, 1983, pp. 154 e ss.; Rogério Ehrhardt Soares, *Constituição*, in DJAP, II, 2.ª ed., Lisboa, 1990, pp. 674 e 675; Guilherme d'oliveira Martins, *Portugal – instituições e factos*, Lisboa, 1991, pp. 18 e ss.; Mário Melo Rocha, *A separação dos poderes nas Constituições Portuguesas do demo-liberalismo (de 1820 a 1926)*, in AAVV, *Estudos em Homenagem ao Prof. Doutor* Ferrer Correia, III, Coimbra, 1991, pp. 581 e ss.; César de Oliveira, *A evolução política*, in AAVV, *Nova História de Portugal – Portugal e o Estado Novo*, XII, Lisboa, 1992, pp. 21 e ss.; Fernando Rosas, *As grandes linhas...*, pp. 86 e ss.; Cristina Queiroz, *O sistema político e constitucional português*, Lisboa, 1992, pp. 7 e ss.; António L. Sousa Franco e Guilherme d'oliveira Martins, *A Constituição Económica...*, pp. 109 e ss.; J. J. Gomes Canotilho, *As Constituições*, in AAVV, *História de Portugal* (dir. de José Mattoso), V, s. l., 1994, pp. 149 e ss., e *Direito Constitucional*, 6.ª ed., pp. 245 e ss.; Marcelo Rebelo de Sousa e Sofia Galvão, *Introdução...*, pp. 235 e ss.; Maria da Glória Ferreira Pinto Dias Garcia, *Da justiça...*, pp. 341 e ss.; Luís Sá, *O lugar da Assembleia...*, pp. 133 e ss.; Afonso d'oliveira Martins, *La revisión constitucional y el ordenamiento portugués*, Lisboa/Madrid, 1995, pp. 174 e ss.; Paulo Ferreira da Cunha, *Para uma História Constitucional do Direito Português*, Coimbra, 1995, pp. 271 e ss.; Pedro Tavares de Almeida, *Legislação Eleitoral Portuguesa – 1820/1926*, Lisboa, 1998, pp. VII e ss.; Vital Moreira, *História do Constitucionalismo Português (até à Constituição de 1976)*, Coimbra, 2002-2003, pp. 1 e ss.; Filipe Falcão Oliveira, *Direito Público...*, pp. 69 e ss.; António Manuel Hespanha, *Guiando...*, pp. 23 e ss.

A Revolução Liberal Portuguesa, que abriu caminho à época das Constituições, eclodiria em 24 de Agosto de 1820, assim se iniciando a era constitucional que duraria até hoje, por oposição a uma era, bem mais extensa e pretérita, de regime não constitucional.

II. A determinação de períodos de evolução na História do Direito Constitucional Português já tem sido ensaiada[649], com muito

---

[649] Sobre a História Política correspondente, para momentos diversos, v., de entre outros, DAMIÃO PERES, JOAQUIM DE CARVALHO, CARLOS PASSOS, MARQUES GUEDES e ÂNGELO RIBEIRO, *História Política*, in AAVV, *História de Portugal* (org. de DAMIÃO PERES), VII, Barcelos, 1935, pp. 9 e ss.; DAMIÃO PERES, *História de Portugal*, Sup., Porto, 1954, pp. 15 e ss.; ANTÓNIO MANUEL PEREIRA, *As Constituições...*, pp. V e ss.; J. P. OLIVEIRA MARTINS, *Portugal Contemporâneo*, I, 8.ª ed., Lisboa, 1976, pp. 33 e ss., e II, 8.ª ed., Lisboa, 1979, pp. 7 e ss., e *História de Portugal*, pp. 833 e ss.; A. H. DE OLIVEIRA MARQUES, *História de Portugal*, III, 2.ª ed., Lisboa, 1981 pp. 3 e ss., pp. 225 e ss., e pp. 363 e ss., *O Estado e as leis*, in AAVV, *Nova História de Portugal – Portugal da monarquia para a república*, XI, Lisboa, 1991, pp. 281 e ss., e *A Conjuntura*, in AAVV, *Nova História de Portugal – Portugal da monarquia para a república*, XI, Lisboa, 1991, pp. 678 e ss.; FRANCO NOGUEIRA, *História de Portugal – 1933:1974*, II Sup., Porto, 1981, pp. 11 e ss.; ANTÓNIO SÉRGIO, *Breve Interpretação da História de Portugal*, 11.ª ed., Lisboa, 1983, pp. 127 e ss.; MANUEL VILLAVERDE CABRAL, *Portugal na alvorada do século XX – forças sociais, poder político e crescimento económico de 1890 a 1914*, 2.ª ed., Lisboa, 1988, pp. 59 e ss., pp. 107 e ss., pp. 149 e ss., e pp. 265 e ss.; JOAQUIM VERÍSSIMO SERRÃO, *História de Portugal*, VII, Lisboa, 1984, pp. 345 e ss., VIII, Lisboa, 1986, pp. 13 e ss., IX, Lisboa, 1989, pp. 13 e ss., X, Lisboa, 1988, pp. 13 e ss., XI, Lisboa, 1989, pp. 13 e ss.; DIOGO FREITAS DO AMARAL, *Uma solução para Portugal*, pp. 27 e ss.; MANUEL BRAGA DA CRUZ, *O partido e o Estado no salarazismo*, Lisboa, 1988, pp. 38 e ss.; JOEL SERRÃO, *Vintismo*, in DHP, VI, Porto, 1992, pp. 321 e ss., *Regeneração*, in DHP, V, Porto, 1992, pp. 251 e ss., e *Setembrismo*, in DHP, V, Porto, 1992, pp. 549 e ss.; ISABEL NOBRE VARGUES e LUÍS REIS TORGAL, *Da revolução à contra-revolução: vintismo, cartismo, absolutismo. O exílio político*, in AAVV, *História de Portugal* (dir. de JOSÉ MATTOSO), V, s. l., 1993, pp. 65 e ss.; ANTÓNIO MARTINS DA SILVA, *A vitória do liberalismo e a instabilidade constitucional: cartismo, setembrismo e cabralismo*, in AAVV, *História de Portugal* (dir. de JOSÉ MATTOSO), V, s. l., 1993, pp. 89 e ss.; MARIA MANUELA TAVARES RIBEIRO, *A restauração da Carta Constitucional: cabralismo e anticlericalismo e A Regeneração e o seu significado*, in AAVV, *História de Portugal* (dir. de JOSÉ MATTOSO), V, s. l., 1993, respectivamente, pp. 107 e ss., e pp. 121

êxito, relativamente à exposição do Direito Constitucional Geral[650], havendo um certo consenso na doutrina quanto à existência de dois períodos[651], pondo-se de lado a actual CRP, porquanto se afirmando uma visão estritamente histórica: o do Constitucionalismo Liberal e o do Constitucionalismo Autoritário[652].

No entanto, esta é uma periodificação que não se adequa inteiramente, segundo o nosso modo de ver o problema, às principais tendências que se manifestam na História do Constitucionalismo Português.

É claro que, do ponto de vista do pensamento político, a C1911 ainda se reivindica da filosofia liberal, quer em termos de direitos fundamentais, quer no plano da intervenção económica do Estado.

Simplesmente, outros fenómenos há que aconselham à sua autonomização como período intermédio entre o Constitucionalismo

---

e ss.; AMADEU CARVALHO HOMEM, *O avanço do republicanismo e a crise da monarquia constitucional*, in AAVV, *História de Portugal* (dir. de JOSÉ MATTOSO), V, s. l., 1993, pp. 131 e ss.; RUI RAMOS, *A segunda fundação*, in AAVV, *História de Portugal* (dir. de JOSÉ MATTOSO), VI, s. l., 1994, pp. 69 e ss., pp. 125 e ss., pp. 335 e ss., pp. 435 e ss., e pp. 597 e ss., e *Outra opinião – ensaios de História*, Lisboa, 2004, pp. 15 e ss.; JOÃO MEDINA, *História de Portugal Contemporâneo – político e institucional*, Lisboa, 1993, pp. 37 e ss., e pp. 169 e ss.; JOSÉ HERMANO SARAIVA, *História...*, pp. 345 e ss.; JAIME NOGUEIRA PINTO, *Portugal – os anos do fim – O fim do Estado Novo e as origens do 25 de Abril*, 2.ª ed., Lisboa, 1995, pp. 65 e ss.; JOSÉ ADELINO MALTEZ, *Tradição e Revolução – uma biografia do Portugal Político do século XIX ao XXI*, I, Lisboa, 2004, pp. 164 e ss., e II, Lisboa, 2005, pp. 11 e ss.

[650] Nós próprios ensaiámos uma periodificação específica do regime dos direitos fundamentais em Portugal (*Os direitos fundamentais atípicos*, p 27), tendo feito a distinção entre três períodos: o período monárquico; o período liberal republicano; e o período autoritário.

[651] Neste sentido, descontando a CRP, que se integra já no Direito Constitucional Português vigente, MARCELO REBELO DE SOUSA, *Os partidos políticos...*, pp. 136 e ss., *Direito Constitucional I – Relatório*, p. 29, e *Constituição...*, p. 22; JORGE MIRANDA, *Manual...*, I, p. 248.

[652] Diversamente, MARCELLO CAETANO (*Manual de Ciência Política...*, II, pp. 415 e ss., e *Constituições...*, pp. 11 e ss.) e J. J. GOMES CANOTILHO (*Direito Constitucional*, pp. 279 e ss.) não realizam qualquer agrupamento, tratando os textos constitucionais isoladamente.

Monárquico e Liberal e o Constitucionalismo Autoritário e Corporativo.

O mais importante é o da implantação da República como forma institucional de governo, regime por que, no último quartel do século XIX, boa parte da acção política se bateu.

Não devemos também esquecer as sérias mudanças que se viveram no relacionamento do Estado com o fenómeno religioso e as mutações ocorridas ao nível do sistema de governo, assim como na repartição vertical do poder administrativo entre o Estado e os municípios.

Resumindo: a evolução histórica do Direito Constitucional Português, de forma a poder melhor conhecer-se as características específicas de cada uma das seis Constituições que o compõem, deve ser dividida, para efeitos de análise global, em quatro diferentes períodos:

1) O período liberal-monárquico;
2) O período liberal-republicano;
3) O período nacionalista-autoritário;
4) O período democrático-social.

Vigência das Constituições

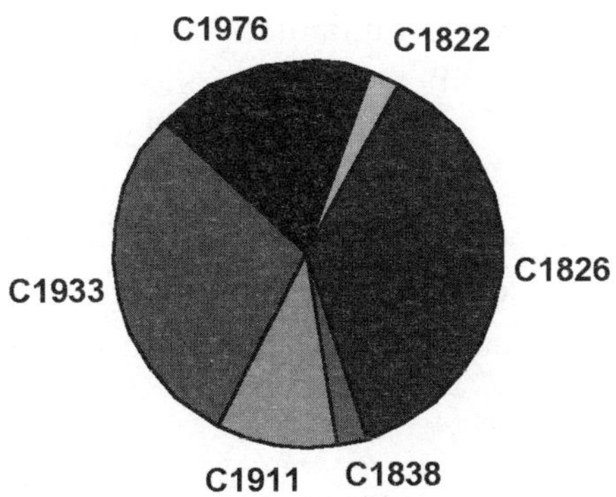

III. O *primeiro período*, integrando os textos constitucionais de 1822, 1826 e 1838, teve por traço fundamental a concepção, habitual do século XIX, do Estado de Direito, na sua modalidade liberal, com a proclamação das liberdades e dos direitos fundamentais de 1.ª geração.

Nem sempre em termos coincidentes, cada um destes textos constitucionais defendeu uma separação orgânico-funcional de poderes, à moda de CHARLES DE MONTESQUIEU: ao Rei e respectivos ministros, o poder executivo; ao Parlamento, o poder legislativo; aos tribunais, o poder jurisdicional.

Estes três textos constitucionais tiveram em comum a consagração da monarquia como forma institucional de governo do Estado, na linha da dinastia de Bragança, iniciada em 1640. Na prática, funcionou como uma monarquia constitucional, em que ao Rei competiam poucos poderes reais de governação.

IV. O *segundo período* correspondeu à vigência de um único texto constitucional: a Constituição de 1911, aprovada na sequência da Revolução Republicana de 5 de Outubro de 1910.

Esta revolução republicana, antecedida de muito trabalho político-doutrinário, desenrolou-se com base no programa republicano, e só terminaria com o derrube deste regime em 28 de Maio de 1926, com o advento do Estado Novo.

Em matéria de direitos fundamentais, são mínimas as diferenças que se registaram relativamente ao período antecedente, com a sua manutenção, embora se tivessem aditado alguns, ainda que tímidos, direitos de natureza social.

Na estrutura do poder político, conservou-se a separação entre os poderes do Estado, separação ainda orgânico-funcional, mas acentuando-se o papel dos partidos políticos, assim como da parlamentarização do sistema de governo.

V. O *terceiro período* compreendeu a vigência da Constituição de 1933, que foi antecedida, entre 1926 e 1933, de um período de ditadura militar sem texto constitucional.

Em contraste com os períodos antecedentes, mais ou menos democráticos, esta nova fase viria a ser marcada pela existência de um Estado com um regime ditatorial, em que pontificaram, como linhas fundamentais, o nacionalismo de Estado, o que se evidenciaria em diversos aspectos da organização política, social e económica.

VI. O *quarto período* integra a vigência da actual Constituição Portuguesa de 1976 (CRP), incluindo as sete revisões que já sofreu ao longo destes quase trinta anos de Constitucionalismo Democrático e Social da III República.

Diferentemente dos períodos anteriores, não apenas se afirmou uma verdadeira ordem constitucional dirigente da realidade constitucional, elaborada no âmbito de uma assembleia constituinte, eleita por sufrágio directo e universal, como igualmente tornaram-se seu timbre algumas ideias novas no Constitucionalismo Português:

- *a protecção efectiva dos direitos fundamentais*, num aumento significativo em número e em qualidade, bem como nos mecanismos destinados a garantir a respectiva efectividade contra a legislação e a administração;
- *a intervenção do Estado na economia*, com a consagração de um regime económico de mercado, mas socialmente temperado em nome de interesses comunitários;
- *a repartição de atribuições entre o Estado e as regiões autónomas*, segundo um critério de forte descentralização político-legislativa, além do reforço da descentralização administrativa;
- *o equilíbrio do sistema de governo entre a componente presidencial e a componente parlamentar*, com a adopção de um semi-presidencialismo;
- *a adopção de um mecanismo seguro de controlo da constitucionalidade das leis*, interpretado pelos tribunais em geral e pelo Tribunal Constitucional em especial.

62. As constâncias e as rupturas do Constitucionalismo Português

I. Numa análise mais substancial do Constitucionalismo Português, antes da análise específica de cada texto constitucional, mostra-se extremamente relevante perceber as suas idiossincrasias mais próprias, num esforço comparativo entre as linhas constantes e os traços de ruptura da sua evolução.

É tarefa complexa, dado o conjunto elevado de factores com que é necessário lidar, entre eles se estabelecendo os seguintes tópicos de discussão:

- *o papel da Constituição*;
- *a origem do poder constituinte*;
- *o sistema de direitos fundamentais*;
- *a forma institucional de governo*;
- *a estrutura do Estado*; e
- *o sistema de governo*.

Outros factores de comparação entre os nossos seis textos constitucionais são ainda referenciados no quadro anexo, que contém uma visão global e esquemática do que conjuntamente os caracteriza.

II. Do ponto de vista do papel atribuído à Constituição no comando da realidade constitucional, os diversos textos constitucionais portugueses mostram a destrinça entre o século XIX e o século XX, pelo confronto do texto da C1933 com todos os outros, ali com uma Constituição nominal, nos restantes casos com uma Constituição normativa.

Já numa perspectiva de estabilidade, verifica-se que nunca houve momentos de regresso à época pré-constitucional, a não ser algumas hesitações iniciais, assim como a concepção constitucional da Ordem Jurídica jamais seria posta em causa com o desfiar dos anos dos séculos XIX e XX, ainda que com alguns titubeios no caso do nominalismo da C1933.

Cumpre ainda dizer que os textos constitucionais que se foram sucedendo, atestando-se com isso a respectiva importância na construção do Estado Constitucional, independentemente da época em apreço, se apresentaram numa concepção rígida, na qual a revisão constitucional se submetia a regras específicas, assim se diferenciando o respectivo procedimento do da elaboração das leis ordinárias.

Diga-se finalmente que foram nos textos constitucionais que se sediaram as matérias constitucionais, evitando-se as clandestinidades constitucionais ou o abuso dos textos constitucionais avulsos.

III. Em matéria de direitos fundamentais, um dado constante das Constituições Portuguesas refere-se ao facto de aqueles terem sido parte integrante dos textos constitucionais.

Esta não foi uma pertença qualquer, uma vez que a mesma se concebeu a título directo, sendo os direitos positivados no próprio articulado constitucional, sem qualquer remissão para outros textos externos.

Noutra perspectiva, tal positivação constitucional, longe de ser genérica, fez-se segundo esquemas de tipificação aberta, com isso se permitindo uma mais específica consagração dos direitos, sem nunca se fechar a porta a outros novos ou esquecidos direitos fundamentais, nalguns casos com mecanismos específicos, como sucedeu com os textos do século XX[653].

IV. No tocante à forma institucional de governo, assinala-se a repartição entre o período monárquico e o período republicano:

– *o período monárquico* corresponde *grosso modo* ao século XIX, ainda que com interrupções, e que se plasmou nos seus três textos constitucionais;

[653] Como tivemos ocasião de afirmar, o "...sistema de direitos fundamentais de cada um destes textos constitucionais inculca que o respectivo legislador constituinte entendeu incorporá-los em tipologias, progressivamente mais extensas e pormenorizadas, adoptando o método da tipificação na concretização dos seus objecto e conteúdo". Cfr. JORGE BACELAR GOUVEIA, *Os direitos fundamentais atípicos*, pp. 259 e 260.

– *o período republicano* integra-se no século XX e XXI, igualmente numa linha contínua de maior estabilidade, pelo menos comparativamente ao que se passara no século XIX.

É ainda curioso apontar que o regime da monarquia constitucional foi mais traumaticamente adoptado do que o regime republicano, por causa dos refluxos existentes, embora este mais substancialmente adulterado na vigência da C1933.

V. Relativamente à estrutura do Estado, é porventura o elemento mais constante o da sua feição unitária, tanto no século XIX como no século XX.

Apenas a C1822, herdando uma experiência anterior, adoptou a estrutura de Estado composto, com a consagração de uma união real de Portugal com o Brasil.

Os dois últimos textos constitucionais, por razões diferentes, mas fermentando um problema geral ultramarino, acolheram estruturas unitárias mais ou menos regionalizadas no plano territorial.

VI. Da óptica do sistema de governo, as experiências foram variadas, em ligação a outros dois elementos determinantes:

– *a forma institucional de governo*, por causa da posição constitucional do Chefe de Estado; e
– *a forma política de governo*, de acordo com a concepção democrática ou ditatorial do sistema político adoptado.

Durante o século XIX, com a monarquia, prevaleceu uma orientação parlamentar ou, pelo menos, parlamentarizante, com o progressivo apagamento da componente monárquica.

Já no século XX, os textos constitucionais deram-nos experiências opostas, desde o parlamentarismo infrene da C1911 até ao antiparlamentarismo da C1933, passando pelo semi-presidencialismo de tendência parlamentar da actual CRP.

	C1822	C1826	C1838	C1911	C1933	C1976
Autoria do Texto	Parlamen tar e consti tuinte	Outorga régia	Parlamen tar e consti tuinte e real	Parlamen tar e consti tuinte	Plebiscitária	Parlamen lar e cons-tituinte
Extensão	240 artigos	145 artigos	139 artigos	87 artigos	142 artigos	296 artigos
Revisões	Nenhuma	Quatro	Nenhuma	Cinco	Dez	Sete
Força Jurídica	Rígida	Semi-rígida	Rígida	Hiper-rígida	Rígida	Hiper-rígida
Vigências	Duas	Três	Uma	Duas	Uma	Uma
Forma institucional de governo	Monarquia	Monarquia	Monarquia	República	República	República
Tipo Hist. de Estado	Estado Constitucion al	Estado Constitucion al	Estado Constitucion al	Estado Constitucion al	Estado Constitucion al	Estado Constitucion al
Forma pol. de governo	Democracia	Democracia	Democracia	Democracia	Ditadura fascizante	Democracia social
Forma de Estado	União real	Estado unitário	Estado unitário	Estado unitário	Estado unitário	Estado Unitário regional
Tipo Const. de Estado	Estado Liberal	Estado Liberal	Estado Liberal	Estado Liberal	Estado Fascizante Corporativo	Estado De-mocrático e Social
Sistema de governo	Presidenciali smo monárquico	Monarquia de tipo par lamentar	Monarquia orleanista	Parlamentari smo de assembleia	Autoritaris-mo de Chanceler	Semipresi-dencialismo parlamentar
Estado e Religião	Estado confessio nal	Estado confessio nal	Estado confessio nal	Estado laicista	Estado laico e con-cordatário	Estado laico
Direitos Fundamen-tais	Direitos individuais liberais	Direitos individuais liberais	Direitos individuais liberais	Direitos liberais e al-guns sociais	Direitos limitados e corporativos	Plenitude de direitos
Sistema económico	Liberalismo	Liberalismo	Liberalismo	Liberalismo	Dirigismo e Nacionalis-mo	Capitalismo social
Fiscaliza-ção da cons-titucionalidade	Política e parlamentar	Política e parlamentar	Política e parlamentar	Judicial e difusa	Político-par lamentar e judicial	Judicial, difusa e con centrada

§ 15.º A Constituição Liberal de 1822

63. A Revolução Liberal de 1820 e a "Súplica pela Constituição" de 1808

I. A primeira Constituição da História do Direito Constitucional Português insere-se no liberalismo político, económico e filosófico, tendo também Portugal sido beneficiado por uma Revolução Liberal, que ocorreu em 24 de Agosto de 1820[654], depois de tentativas frustradas[655].

Certamente que a mais relevante de todas foi a "Súplica da Constituição", de 1808, dirigida a Napoleão Bonaparte, no contexto das invasões francesas, supostamente concebida como estratagema contra as pretensões monárquicas de Junot.

II. O contexto que se vivia, sob o governo de Junot em nome dos Imperadores dos Franceses, era o do domínio francês, mas em que o mesmo Junot ambicionava ser proclamado rei de Portugal.

---

[654] Quanto ao contexto histórico da época, na passagem do Estado Senhorial ao Estado Liberal, v. A. H. DE OLIVEIRA MARQUES, *História...*, III, pp. 3 e ss.; J. P. OLIVEIRA MARTINS, *História de Portugal*, pp. 251 e ss.; JOSÉ HERMANO SARAIVA, *História...*, pp. 345 e ss.; FERNANDO ARAÚJO, *Almeida Garrett e o Constitucionalismo*, in AAVV, *Garrett às Portas do Milénio*, Lisboa, 2001, pp. 171 e ss.; PEDRO CARIDADE DE FREITAS, *Um testemunho na transição para o século XIX: Ricardo Raimundo Nogueira*, Coimbra, 2005, pp. 217 e ss.; ANTÓNIO MANUEL HESPANHA, *Guiando...*, pp. 61 e ss.; DIOGO FREITAS DO AMARAL, *Do Absolutismo ao Liberalismo: as reformas de Mouzinho da Silveira*, Coimbra, 2008, pp. 11 e ss.

[655] Cfr. o respectivo texto, bem como as respectivas Bases, em JORGE MIRANDA, *As Constituições Portuguesas – de 1822 ao texto actual da Constituição*, 5.ª ed., Lisboa, 2004, pp. 29 e ss.

Contrariando as suas intenções, um grupo de intelectuais, numa população em geral fiel à Casa de Bragança, ao Rei e ao Príncipe Regente, resolveu pedir a Napoleão Bonaparte a outorga de uma Constituição, tal como fizera para o Grão-Ducado de Varsóvia, assim impedindo a subida ao trono de Junot e preservando a independência em relação a Espanha, nela se salientando os seguintes pontos mais importantes, de entre outros[656]:

- a conservação do regime monárquico;
- o reconhecimento da religião católica como religião de Estado, embora com liberdade de culto;
- a igualdade dos cidadãos perante a lei;
- a liberdade de imprensa; e
- a independência do poder judicial[657].

Não obstante o insucesso desta tentativa constitucional, o certo é que com a Súplica da Constituição, como refere PEDRO CARIDADE

[656] Sobre a "Súplica da Constituição" e o respectivo contexto político, v. PAULO MERÊA, *O poder real...*, pp. 274 e 275; PEDRO CARIDADE DE FREITAS, *Um testemunho...*, pp. 183 e ss.; NUNO ESPINOSA GOMES DA SILVA, *Reflexões sobre a génese do chamado "Projecto" de Constituição de 1808*, in DJ, vol. 18, 2004, pp. 39 e ss.; J. J. GOMES CANOTILHO, *Direito Constitucional e Teoria...*, p. 127; ANTÓNIO MANUEL HESPANHA, *Guiando...*, pp. 55 e ss.; VASCO PULIDO VALENTE, *Ir pró maneta – a Revolta contra os Franceses (1808)*, Lisboa, 2007, pp. 9 e ss.

[657] Dizia-se em certo passo do texto da Súplica da Constituição, de 24 de Maio de 1808, dirigida a Napoleão Bonaparte pela Junta dos Três Estados: «Senhor! – Desejamos ser ainda mais do que éramos, quando abrimos o oceano a todo o universo. *Pedimos uma Constituição e um rei constitucional* que seja príncipe de sangue da vossa real família. Dar-nos-emos por felizes se tivermos uma Constituição em tudo semelhante à que vossa majestade imperial e real houve por bem outorgar ao Grão-Ducado de Varsóvia, com a mínima diferença de que os representantes da nação sejam eleitos pelas câmaras municipais, a fim de nos conformarmos com os nossos antigos usos. *Queremos uma Constituição* na qual, à semelhança da de Varsóvia, a religião católica apostólica romana seja a religião do Estado; em que sejam admitidos os princípios da última concordata entre o império francês e a Santa Sé pela qual sejam livres todos os cultos, e gozem da tolerância civil e de exercício público."

DE FREITAS, "Preconizava-se uma modernização do país, com uma mudança nas estruturas e instituições, mas sem quebrar radicalmente com a tradição portuguesa. O Rei continuaria a deter uma parcela do poder legislativo e executivo e a nobreza perderia uma parte dos seus privilégios. Ao assegurar-se algumas das liberdades, dava-se um passo no sentido das garantias individuais, tão caras aos Homens de vinte"[658].

III. A instauração do liberalismo trouxe a imediata abolição do regime monárquico de tipo senhorial, anteriormente vigente, e a sua substituição por uma ordem constitucional, fundada nalgumas orientações que seriam fundamentais:

– *a aprovação de um texto constitucional*, esclarecendo as normas que regulavam o poder político, impondo uma hierarquização formal da ordem jurídica estadual;
– *a consagração de direitos fundamentais dos cidadãos*, em reconhecimento do papel limitado do Rei e do poder político em geral;
– *o estabelecimento de uma separação de poderes*, aceitando-se a representação parlamentar através da eleição dos Deputados às Cortes;
– *a criação de uma união real entre Portugal e o Brasil*, assinalando a importância crescente deste nas relações que se foram fortalecendo com Portugal.

64. As "Bases da Constituição" de 1821

I. É assim que pouco tempo depois da Revolução Liberal conhecer a luz do dia se decretaram as "Cortes Gerais, Extraordinárias e Constituintes da Nação Portuguesa", com o propósito de alinhavar um esquisso de uma futura e primeira Constituição para Portugal.

---

[658] PEDRO CARIDADE DE FREITAS, *Um testemunho...*, pp. 189 e 190.

O propósito fundamental dessa pré-Constituição – designada por "Bases da Constituição", de 9 de Março de 1821 – era a proclamação de vários princípios "...por serem os mais adequados para assegurar os direitos individuais do Cidadão e estabelecer a organização e limites dos Poderes Políticos do Estado"[659].

Esta seria uma experiência duplamente pioneira: pioneira, primeiro, na preocupação de escrever uma Constituição, até então inexistente; pioneira, depois, ao se fazer anteceder o texto da Constituição definitiva por um conjunto de orientações que condicionariam as opções que aí seriam posteriormente tomadas[660].

II. O texto das Bases da Constituição compunha-se por duas secções, nelas se resumindo as matérias principais a verter no texto constitucional definitivo:

– a Secção I – *Dos Direitos Individuais do Cidadão*; e
– a Secção II – *Da Nação Portuguesa, sua Religião, Governo e Dinastia*.

III. Na Secção I, as Bases da Constituição fixaram *o primeiro elenco de direitos fundamentais* consagrados em Portugal, neles sobressaindo os seguintes tipos, percebendo-se a importância das garantias criminais, assim como da implantação dos fundamentos da ideologia liberal[661]:

– a trilogia da "liberdade, segurança e propriedade";

---

659 Preâmbulo das Bases da C1822.

660 A respeito da relevância jurídico-política das Bases da Constituição, v. THOMAZ RIBEIRO, *História da Legislação Liberal Portuguesa*, I, Lisboa, 1891, pp. 91 e ss.; MARCELLO CAETANO, *Manual de Ciência Política...*, II, pp. 412 e ss., *Constituições...*, pp. 15 e 16, e *Direito Constitucional...*, I, p. 481; JOAQUIM VERÍSSIMO SERRÃO, *História de Portugal*, VII, pp. 430 e 431; VÍTOR EVANGELISTA, *História das Constituições...*, p. 109; BENEDICTA MARIA DUQUE VIEIRA, *O problema político português no tempo das primeiras cortes liberais*, Lisboa, 1992, pp. 25 e ss.; PAULO FERREIRA DA CUNHA, *Para uma História...*, pp. 328 e ss.; J. J. GOMES CANOTILHO, *As Constituições...*, pp. 150 e 151; JORGE MIRANDA, *Manual...*, I, pp. 267 e 268.

661 Cfr. os arts. 1.° e ss. das Bases da C1822.

- a afirmação do princípio da liberdade;
- o princípio da culpa no Direito Penal;
- a proibição da prisão sem culpa formada;
- a garantia do direito de propriedade;
- as liberdades de opinião, de expressão e de imprensa;
- a humanização das penas, com a proibição das penas infamantes;
- o direito de petição e o sigilo da correspondência.

IV. Na Secção II, as Bases da Constituição afirmaram a *nova organização política constitucional*, de acordo com os seguintes tópicos[662]:

- o carácter constitucional do sistema político, adoptando-se um texto constitucional, com todas as consequências que lhe estavam associadas;
- a introdução da monarquia constitucional, assim como da religião católica como religião oficial do Estado Português;
- a consagração da separação dos poderes, na concepção tripartida dos poderes legislativo, executivo e judiciário;
- o princípio da soberania nacional, conjugando-se a sua expressão com aqueles diversos poderes.

V. O facto de serem apenas as Bases da C1822 naturalmente que não forçava à explanação de todas as matérias a ser consagradas no texto constitucional definitivo, aprovado um ano depois.

Colocou-se nessa possibilidade a matéria atinente às relações de Portugal com o Brasil, em que o texto final da C1822 consagrou uma união real.

O mesmo se pode dizer da cláusula de deveres fundamentais ou do regime da revisão constitucional, que não constavam da versão do texto das Bases da C1822.

---

[662] Cfr. os arts. 16.° e ss. das Bases da C1922.

65. A formação parlamentar do texto constitucional definitivo e as suas duas vigências

I. Após mais de um ano de discussão, as "Cortes Gerais, Extraordinárias e Constituintes da Nação Portuguesa" aprovariam a C1822, com a data de 23 de Setembro de 1822[663], oferecendo a seguinte sistematização, num total de 240 artigos:

- Título I – *Dos direitos e deveres individuais dos portugueses*
- Título II – *Da nação portuguesa e seu território, religião, governo e dinastia*
- Título III – *Do poder legislativo ou das Cortes*
- Título IV – *Do poder executivo ou do Rei*
- Título V – *Do poder judicial*
- Título VI – *Do governo administrativo e económico*

As influências que a C1822 recebeu vieram dos primeiros textos constitucionais conhecidos na Europa, como inequivocamente suce-

---

[663] Sobre a C1822 em geral, v. ALMEIDA GARRETT, *Portugal na Balança da Europa*, Lisboa, s. d., pp. 208 e 209; THOMAZ RIBEIRO, *História...*, I, pp. 203 e ss.; JOSÉ JOAQUIM LOPES PRAÇA, *Colecção de leis e subsídios para o estudo do Direito Constitucional Português*, II, Coimbra, 1894, pp. XIV e ss.; JOSÉ FERREIRA MARNOCO E SOUSA, *Direito Político...*, pp. 371 e ss.; DOMINGOS FEZAS VITAL, *Lições...*, pp. 96 e ss.; F. P. DE ALMEIDA LANGHANS, *História das Instituições...*, pp. 38 e ss.; J. CARLOS MOREIRA, *Direito Constitucional...*, pp. 97 e ss.; MARCELLO CAETANO, *Manual de Ciência Política...*, II, pp. 415 e ss., e *Constituições...*, pp. 16 e ss.; VÍTOR EVANGELISTA, *História das Constituições...*, pp. 109 e ss.; A. H. DE OLIVEIRA MARQUES, *História...*, III, pp. 54 e 55; RUY DE ALBUQUERQUE e MARTIM DE ALBUQUERQUE, *História...*II, pp. 182 e 183; JORGE MIRANDA, *As Constituições...*, 1.ª ed., p. XIV, e *Manual...*, I, pp. 264 e ss.; GUILHERME D'OLIVEIRA MARTINS, *Portugal...*, pp. 19 e ss.; MÁRIO SOARES, *Constituição de 1822*, in DHP, II, Porto, 1992, pp. 159 e ss.; J. J. GOMES CANOTILHO, *Direito Constitucional*, pp. 276 e ss., *As Constituições*, in AAVV, *História de Portugal* (dir. de JOSÉ MATTOSO), V, s. l., 1994, pp. 150 e ss., e *Direito Constitucional e Teoria...*, pp. 128 e ss.; LUÍS SÁ, *O lugar da Assembleia...*, pp. 137 e ss.; VITAL MOREIRA, *História...*, pp. 5 e ss.; FERNANDO ARAÚJO, *Almeida Garrett...*, pp. 184 e ss.; ANTÓNIO MANUEL HESPANHA, *Guiando...*, pp. 79 e ss.

deu com as Constituições Francesas de 1791 e 1795 e, fundamentalmente, a Constituição Espanhola de Cádiz de 1812[664].

II. Esta primeira vigência da C1822 foi muito efémera, já que logo em 1823, poucos meses depois, pela "Vilafrancada", seria revogada, repondo-se a ordem institucional pré-constitucional, só vigorando de 23 de Setembro de 1822 a 2 de Junho de 1823.

A C1822 teria posteriormente uma segunda vigência, depois da Revolução de 9 de Setembro de 1836, entre 10 de Setembro de 1836 e 4 de Abril de 1838, nesta altura entrando em vigor a C1838, concluídos os trabalhos da sua elaboração[665].

É ainda de referir que este texto, em qualquer dessas duas vigências, jamais sofreria qualquer alteração constitucional, ou mesmo qualquer aditamento.

III. A ausência de qualquer revisão constitucional apenas se justificou nas vicissitudes de uma vida efémera, porquanto a C1822 consagrava um regime adequado para se proceder à respectiva modificação.

Com o objectivo de assegurar um primeiro período de incólume vigência, que a História seguinte não permitiria, esse regime de revisão constitucional foi logo encimado por um limite temporal de revi-

---

[664] Quanto às influências que a C1822 recebeu, v. JOSÉ JOAQUIM LOPES PRAÇA, *Colecção...*, I, pp. XV e XVI; MARCELLO CAETANO, *Constituições...*, p. 17; RUY DE ALBUQUERQUE e MARTIM DE ALBUQUERQUE, *História...*, II, p. 166; JORGE MIRANDA, *As Constituições...*, 1.ª ed., pp. XVIII e XIX, e *Manual...*, I, pp. 265 e ss.; MÁRIO SOARES, *Constituição de 1822*, p. 161; J. J. GOMES CANOTILHO, *Direito Constitucional*, pp. 275 e 278; PAULO FERREIRA DA CUNHA, *Para uma História...*, pp. 291 e ss.

[665] Sobre estas vigências da C1822, bem como os respectivos condicionalismos histórico-políticos, v. JOSÉ JOAQUIM LOPES PRAÇA, *Colecção...*, II, pp. 198 e ss.; MARCELLO CAETANO, *Manual de Ciência Política...*, II, pp. 420 e 421, e pp. 437 e ss., e *Constituições...*, pp. 22 e 23, e pp. 43 e ss.; MÁRIO SOARES, *Constituição de 1822*, pp. 160 e 161; J. J. GOMES CANOTILHO, *Direito Constitucional*, p. 280.

são constitucional de quatro anos: "A Constituição (...) somente poderá ser reformada ou alterada, depois de haverem passado quatro anos, contados desde a sua publicação..."[666].

No plano do procedimento legislativo, estabeleceu-se uma revisão constitucional fundada na maioria qualificada de dois terços, mas numa vontade parlamentar produzida "em dois tempos", com a necessidade de essa votação acontecer, primeiro, na legislatura em curso, sendo depois repetida na legislatura seguinte, saída de eleições[667].

66. A concepção progressista dos direitos fundamentais

I. Um dos grandes marcos a assinalar nesta primeira Constituição Portuguesa foi o da proclamação de direitos fundamentais[668], na esteira da inspiração iluminista e liberal que estimulou a Revolução de 1820.

Isso foi feito não através de qualquer declaração de direitos autónoma face ao texto constitucional, antes com a respectiva incorpora-

---

[666] Art. 28.°, § 1.°, da C1822.

[667] Cfr. o art. 28.°, § 2.°, da C1822.

[668] Sobre o sistema de direitos fundamentais da C1822, v. SILVESTRE PINHEIRO FERREIRA, *Breves observações sobre a Constituição Política da Monarquia Portuguesa*, Paris, 1837, pp. 2 e ss.; JOSÉ JOAQUIM LOPES PRAÇA, *Colecção...*, II, pp. XVI e ss.; J. CARLOS MOREIRA, *Direito Constitucional...*, pp. 98 e 99; MARCELLO CAETANO, *Manual de Ciência Política...*, II, pp. 415 e 416, e *Constituições...*, pp. 17 e 18; VÍTOR EVANGELISTA, *História das Constituições...*, p. 110; MARCELO REBELO DE SOUSA, *Direito Constitucional...*, p. 177; ADÉLIO PEREIRA ANDRÉ, *Defesa dos direitos...*, pp. 109 e 110; JORGE MIRANDA, *As Constituições...*, 1.ª ed., p. XXVIII, e *Manual...*, I, pp. 268 e ss.; CARLOS A. NEVES DE ALMEIDA, *Os direitos fundamentais nas Constituintes de 1821/1822*, in RFDUL, XXX, 1989, pp. 411 e ss., e XXXI, 1990, pp. 313 e ss.; MÁRIO SOARES, *Constituição de 1822*, pp. 161 e 162; J. J. GOMES CANOTILHO, *Direito Constitucional*, pp. 276 e 277, e *As Constituições*, pp. 151 e 152; JORGE BACELAR GOUVEIA, *Os direitos fundamentais atípicos*, pp. 253 e ss.; PAULO FERREIRA DA CUNHA, *Para uma História...*, pp. 351 e ss.; JOSÉ CARLOS VIEIRA DE ANDRADE, *Os direitos fundamentais...*, p. 26; ANTÓNIO MANUEL HESPANHA, *Guiando...*, pp. 86 e ss.

ção naquele texto, dele fazendo parte integrante, logo no seu título I, não obstante as influências recebidas da Constituição Francesa de 1791, em que a DDHC era autonomamente referida, e da Constituição Espanhola de Cádiz, de 1812, em que os direitos fundamentais estavam dispersos.

O mais relevante a considerar era o facto de esta ter sido a primeira vez que no Direito Constitucional Português haveria lugar para a positivação de direitos fundamentais, sendo certo que, paralelamente, nunca em Portugal se enveredara pela redacção formal e autónoma de qualquer declaração de direitos.

II. O conjunto de direitos, para além da sua consagração ao nível constitucional e de um modo tipológico, tocava vários domínios, no âmbito do ideário liberal, a partir da trilogia "liberdade, segurança e propriedade"[669], sendo de elencar os seguintes direitos enumerados[670]: a liberdade em geral, a segurança, a propriedade e o direito a indemnização no caso de expropriação, a proibição da prisão sem culpa formada, a inviolabilidade do domicílio, a liberdade de expressão, a liberdade de imprensa, a igualdade jurídico-formal, a necessidade da pena, a proporcionalidade da pena e a proibição das penas desumanas ou infamantes, a liberdade de acesso a cargos públicos, a responsabilidade por erros de ofício e abusos de poder por parte dos empregados públicos, o direito a remuneração por serviços prestados à Pátria, o direito de petição e a inviolabilidade da correspondência.

Era também possível deparar com mais alguns outros direitos fundamentais não enumerados, ainda que do mesmo modo muito relevantes noutros lugares do texto constitucional: o direito à cidadania e a liberdade de culto privado para estrangeiros[671].

---

[669] Cfr. o art. 1.° da C1822, em que se afirmava que "A Constituição Política da Nação Portuguesa tem por objecto manter a liberdade, segurança e propriedade de todos os Portugueses".

[670] Cfr., respectivamente, os arts. 1.°, 2.°, 3.°, 6.°, 4.°, 5.°, 7.°, 8.°, 9.°, 10.°, 11.°, 12.°, 14.°, 15.°, 16.°, 17.° e 18.° da C1822.

[671] Cfr. os arts. 21.°, 22.° e 25.° da C1822. Sobre a relação do Estado com a religião, numa tendência que se manteria constante durante o Constitucionalismo

Numa possível síntese dos grandes domínios em que estes direitos fundamentais inovaram em Portugal, cumpre referir estes como mais significativos:

- a humanização do Direito Penal e do Direito Processual Penal;
- a consagração do direito de propriedade, bem como da liberdade económica, na esteira do liberalismo económico;
- a abolição dos privilégios e a proclamação do princípio da igualdade formal;
- o reconhecimento de liberdades públicas no domínio da opinião, reunião e associação;
- a participação democrática na escolha dos parlamentares, em nome de uma ideia de representação política.

III. Paralelamente a estes direitos fundamentais, o texto da C1822 ficou conhecido pela preocupação, certamente *avant la lettre*, com alguns objectivos sociais, inscritos na parte final do articulado constitucional:

- o ensino da "...mocidade portuguesa de ambos os sexos a ler, escrever e contar, e o catecismo das obrigações religiosas e civis"[672];
- a "...criação de novos estabelecimentos de instrução pública"[673]; e
- a "...fundação, conservação e aumento de casas de misericórdia e hospitais" e de "rodas de expostos, monte-pios, civilização dos índios, e de quaisquer outros estabelecimentos de caridade"[674].

Monárquico, v., por todos, JORGE BACELAR GOUVEIA, *A protecção de dados informatizados e o fenómeno religioso em Portugal*, in RFDUL, XXXIV, Lisboa, 1993, pp. 193 e ss.

[672] Art. 237.° da C1822.

[673] Art. 238.° da C1822.

[674] Art. 240.° da C1822.

A novidade é tanto mais significativa quanto é certo ter sido logo abandonada, até se reencontrar no lastro social que só se afirmaria a partir do Constitucionalismo Republicano.

IV. Não deixava ainda de ser relevante a curiosidade de a C1822 apresentar alguns deveres fundamentais, numa visão liberal comprometida com a defesa da nova conquista constitucional[675]:

- venerar a Religião;
- amar a Pátria e defendê-la com as armas;
- obedecer à Constituição e às leis[676];
- respeitar as autoridades públicas; e
- contribuir para as despesas do Estado[677].

Esta formulação de deveres fundamentais, enquanto tal, seria posteriormente abandonada e só reapareceria no século XX, mas em contextos bem diversos, tanto de um regime autoritário, como do actual regime democrático-social.

---

[675] Sobre os deveres fundamentais neste texto constitucional, v. INOCÊNCIO ANTÓNIO DE MIRANDA, *O Cidadão Lusitano*, Lisboa, 1822, pp. 49 e ss.; MARCELLO CAETANO, *Manual de Ciência Política...*, II, p. 416, e *Constituições...*, p. 18; VÍTOR EVANGELISTA, *História das Constituições...*, p. 110; JORGE MIRANDA, *Manual...*, IV, p. 130, e *Manual...*, I, p. 269; CARLOS A. NEVES DE ALMEIDA, *Os direitos...*, in RFDUL, XXXI, pp. 348 e 349; MÁRIO SOARES, *Constituição de 1822*, p. 162; JORGE BACELAR GOUVEIA, *Os direitos fundamentais atípicos*, p. 255; J. J. GOMES CANOTILHO, *Direito Constitucional*, p. 277.

[676] Disposição que tinha outro preceito conexo curioso, o qual apelava à protecção da Constituição por parte de todos os cidadãos, como se podia ler no art. 17.° da C1822: "Todo o Português tem igualmente o direito de expor qualquer infracção da Constituição, e de requerer perante a competente autoridade a efectiva responsabilidade do infractor".

[677] Cfr. o art. 19.° da C1822.

67. O "presidencialismo" monárquico inoperante

I. Relativamente à organização política, verificou-se a escolha de uma distribuição clássica dos poderes, de timbre orgânico-funcional, em legislativo, executivo e judicial[678], através da apresentação dos respectivos órgãos:

- *as Cortes*;
- *o Rei*;
- *os tribunais*.

II. As *Cortes*, não obstante o nome plural, eram um órgão parlamentar unicameral, exercendo os poderes legislativo e de fiscalização política, numa base representativa[679] e com uma legislatura de dois anos[680].

A sua designação era feita por sufrágio directo e universal dos cidadãos, de acordo, porém, com um sufrágio restrito, censitário e capacitário, e sem qualquer tributo ao princípio monárquico[681].

No período de recesso, funcionava a Deputação Permanente das Cortes, composta por sete membros[682], com competências de urgência e de preparação da reunião seguinte das Cortes, para além da activação de procedimentos eleitorais[683].

III. O *Rei* protagonizava o poder executivo e era na sua figura de órgão singular que se desenvolviam aquelas competências, sendo "...a dinastia reinante a da sereníssima casa de Bragança"[684].

[678] Cfr. o art. 30.° da C1822.

[679] Cfr. o art. 32.° da C1822.

[680] Cfr. o art. 41.° da C1822.

[681] A título de exemplo, os criados de servir ou os vadios não dispunham de capacidade eleitoral activa. Cfr. o art. 33.° da C1822.

[682] Cfr. o art. 117.° da C1822.

[683] Cfr. o art. 118.° da C1822.

[684] Art. 31.° da C1822.

Contudo, o Rei não agia sozinho: o texto constitucional referia a existência de Secretários de Estado, em relação aos quais atribuía poderes às Cortes para realizarem a respectiva regulação[685].

O rei era ainda auxiliado pelo Conselho de Estado[686], órgão de natureza consultiva[687], e composto por treze cidadãos, eleitos para um mandato de 4 anos.

IV. Os *tribunais*, de diversas instâncias, reservavam o poder judicial, numa concepção estrita da sua independência, pois que "O poder judicial pertence exclusivamente aos juízes. Nem as Cortes nem o Rei o poderão exercitar em caso algum. Não podem portanto avocar causas pendentes; mandar abrir as findas; nem dispensar nas formas de processo prescritas pela lei"[688].

Se bem que num tom bastante superficial, já havia a preocupação de neles se estabelecer uma especialização funcional e hierárquica[689], avançando-se com algumas categorias de juízes – juízes de facto e juízes letrados – e de tribunais – tribunais de primeira instância, tribunais da relação e o Supremo Tribunal de Justiça, sem contar com a jurisdição para a imprensa.

No plano da fiscalização da constitucionalidade, tendo sido ela admitida como tal, vigorava um sistema de fiscalização parlamentar, na prática totalmente ineficiente.

V. A C1822 consagrou, do ponto de vista puramente formal (uma vez que as suas duas e atribuladas curtas vigências não permitiram tirar ilações do foro da aplicação prática das normas constitucionais), um sistema de governo "presidencial"[690], com a excepção de o

---

[685] Cfr. o art. 157.° da C1822.

[686] Cfr. os arts. 162.° e ss. da C1822.

[687] Cfr. o Art. 167.° da C1822: "O Rei ouvirá o Conselho de Estado nos negócios graves, e particularmente sobre dar ou negar a sanção das leis; declarar a guerra ou a paz; e fazer tratados".

[688] Art. 176.° da C1822.

[689] Cfr. os arts. 176.° e ss. da C1822.

[690] Cfr. JORGE BACELAR GOUVEIA, *O estado de excepção...*, I, p. 400.

Chefe de Estado ser, não um Presidente da República, mas um Rei[691], nos seguintes termos[692]:

- *fixou-se a independência recíproca dos órgãos do Estado*[693], não sendo permitido ao poder executivo dissolver o Parlamento[694] e não se autorizando o Parlamento a demitir, por razões políticas, os secretários nomeados pelo Rei[695];

---

[691] MARCELO REBELO DE SOUSA (*O valor...*, I, pp. 44 e 45) frisa a existência de fortes limitações parlamentares ao princípio monárquico, testemunhada pelo regime da sanção real de natureza meramente suspensiva.

JORGE MIRANDA (*Manual...*, I, pp. 273 e 274) recusa, para a C1822, a qualificação de uma qualquer modalidade de sistema de governo, pondo de parte expressamente a sua qualificação como parlamentar (cfr. ainda *Deputado*, p. 14, nt. n.° 67), pelo facto de os secretários de Estado, nomeados pelo Rei, não serem politicamente responsáveis perante as Cortes (cfr. também do mesmo autor *As Constituições...*, 1.ª ed., p. XXXVI).

ISALTINO A. MORAIS, JOSÉ MÁRIO FERREIRA DE ALMEIDA e RICARDO LEITE PINTO (*O sistema de governo semipresidencial – o caso português*, Lisboa, 1984, p. 74) enquadram este sistema de governo numa senda contínua, durante a monarquia constitucional portuguesa, de parlamentarismo.

[692] Para uma descrição geral dos órgãos de poder da C1822, v. JOSÉ JOAQUIM LOPES PRAÇA, *Colecção...*, I, pp. XVI e ss.; J. CARLOS MOREIRA, *Direito...*, pp. 99 e ss.; MARCELLO CAETANO, *Manual de Ciência Política...*, II, pp. 416 e 417, e *Constituições...*, pp. 19 e ss.; GUILHERME D'OLIVEIRA MARTINS, *Portugal...*, pp. 20 e 21; MÁRIO SOARES, *Constituição de 1822*, pp. 162 e 163; J.J. GOMES CANOTILHO, *Direito Constitucional*, pp. 277 e ss., e *As Constituições*, pp. 152 e 153; ANTÓNIO MANUEL HESPANHA, *Guiando...*, pp. 98 e ss.

[693] Simbolicamente patente no art. 30.° da C1822, que resume a concepção orgânico-funcional da separação de poderes: "Cada um destes poderes é de tal maneira independente que um não poderá arrogar a si as atribuições do outro".

[694] Cfr. os arts. 30.°, primeira parte, e 124.°, I, da C1822.

[695] Apenas se estabelecendo, o que é coisa bem diversa, a responsabilidade por crimes praticados, nos casos em que ocorressem algumas destas hipóteses, enunciadas no art. 159.° da C1822: "I – Pela falta de observância das leis; II – Pelo abuso do poder que lhes foi confiado; III – Pelo que obrarem contra a liberdade, segurança ou propriedade dos cidadãos; IV – Por qualquer dissipação ou mau uso dos bens públicos".

– *confirmou-se essa independência por o poder de veto real ser meramente suspensivo*, ultrapassável pela mesma maioria que aprovasse o decreto legislativo[696], para além de um largo leque de competências em que se dispensava essa sanção real[697];
– *optou-se pelo carácter unicameral das Cortes*, sem reflexo do princípio monárquico[698], não havendo assento para os representantes da aristocracia, o que, por definição, caracterizava uma forma institucional de governo monárquica[699];
– *escolheu-se a eleição directa como modo de designação dos membros das Cortes*[700], prevalecendo uma presença mais forte do princípio democrático.

68. A união real entre Portugal e o Brasil

I. Quanto à estrutura do Estado, o texto constitucional de 1822 ainda seria sensível à ligação com o Brasil, estabelecendo uma união real entre Portugal – com todos os seus territórios ultramarinos – e o Brasil[701], assim constitucionalmente o reconhecendo como

---

[696] Cfr. o art. 110.° da C1822. Cfr. MARCELLO CAETANO, *Constituições...*, p. 19; MARGARIDA SALEMA, *O direito de veto na Constituição de 1976*, Braga, 1980, pp. 8 e 9; ZÍLIA OSÓRIO DE CASTRO, *Constitucionalismo vintista – antecedentes e pressupostos*, Lisboa, 1986, p. 209; JORGE MIRANDA, *Manual...*, I, p. 273; J. J. GOMES CANOTILHO, *Direito Constitucional*, p. 279.

[697] Cfr. o art. 103.° da C1822.

[698] Cfr. o art. 32.° da C1822.

[699] Cfr. JORGE MIRANDA, *Manual...*, I, p. 273.

[700] Cfr. os arts. 33.° e ss. da C1822.

[701] Oficialmente designada por "Reino Unido de Portugal, Brasil e Algarves", conforme se estabelecia no art. 20.° da C1822.

[702] Quanto ao estatuto constitucional desta união real, v. MARCELLO CAETANO, *Manual de Ciência Política...*, II, pp. 418 e 419, *Constituições...*, pp. 21 e 22, e *Direito Constitucional...*, I, pp. 477 e ss.; JORGE MIRANDA, *Decreto*, III, 2.ª ed, Lisboa, 1990, pp. 42 e ss., *Manual...*, III, pp. 284 e 285, e *Manual...*, I, pp. 270 e ss.; PAULINO JACQUES, *Curso...*, pp. 48 e ss.; VÍTOR EVANGELISTA, *História das Cons-*

Estado[702], bem evidente no facto de o respectivo território formar "...o Reino Unido de Portugal, Brasil e Algarves..."[703].

Esta, porém, não foi a primeira vez que Portugal se estabelecera em união real com o Brasil, porquanto desde que D. João VI fixou a corte portuguesa no Rio de Janeiro, para a proteger das invasões napoleónicas, se preparou a criação dessa união real, nessa altura ainda em regime pré-constitucional[704].

II. As entidades de governo no âmbito desta união real não eram totalmente simétricas, tendo de comum aos dois reinos o Rei, as Cortes e o Conselho de Estado.

A particularidade afirmava-se no plano executivo, consagrando-se a autonomia institucional no Brasil, para o mesmo se criando uma Delegação do Poder Executivo, com as funções de regência[705].

A Delegação do Poder Executivo era composta por cinco membros, com cargos diferenciados: "Um dos Secretários tratará dos negócios do reino e fazenda; outro dos de justiça e eclesiásticos; outro dos de guerra e marinha. Cada um terá voto nos da sua repartição: o Presidente o terá somente em caso de empate..."[706].

Não obstante a sua importância, as competências da Delegação do Poder Executivo estavam fortemente limitadas, na medida em que, a título ilustrativo, não podiam apresentar nomes para os bispados, prover lugares do Supremo Tribunal de Justiça, nomear embaixadores, fazer tratados políticos ou declarar a guerra[707].

---

tituições..., p. 111; PAULO OTERO, *O Brasil nas Cortes Constituintes Portuguesas de 1821-1822*, in OD, ano 120.°, III-IV, Julho-Dezembro de 1988, pp. 399 e ss.; GUILHERME D'OLIVEIRA MARTINS, *Portugal...*, p. 21; MÁRIO SOARES, *Constituição de 1822*, p. 163; J. J. GOMES CANOTILHO, *Direito Constitucional*, p. 280.

[703] Como se lia no proémio do § 2.° do art. 20.° da C1822.

[704] Cfr. JORGE MIRANDA, *Manual...*, I, p. 270.

[705] Como se estipulava no art. 128.° da C1822, "Haverá no reino do Brasil uma delegação do poder executivo, encarregada de uma Regência, que residirá no lugar mais conveniente que a lei designar".

[706] Art. 130.° da C1822.

[707] Cfr. o art. 132.° da C1822.

Essa singularidade, embora menos expressiva, igualmente se verificava no poder judicial porque se estabelecia que "No Brasil haverá também um Supremo Tribunal de Justiça no lugar onde residir a Regência daquele Reino, e terá as mesmas atribuições que o de Portugal..."[708].

III. A união real entre Portugal e o Brasil apenas se assumia relevante no plano do poder executivo, sendo assim uma união real imperfeita, restrita que estava a esse tipo de poder público[709].

Mas esta união real comungaria do destino da própria C1822 e não duraria muito tempo para este efeito, pois que logo em 7 de Setembro de 1822 o Brasil proclamaria a sua independência política, fazendo caducar estas normas daquele articulado constitucional.

---

[708] Art. 193.°, § 1.°, da C1822.

[709] Como escreve JORGE MIRANDA (*Manual...*, I, p. 271), "Mas esta união real – talvez a primeira formalizada numa Constituição de tipo francês – deveria ter-se por imperfeita, por faltar, pelo menos, uma assembleia electiva que funcionasse junto dos órgãos do poder executivo brasileiro".

§ 16.° A Carta Constitucional da Restauração de 1826

69. Da ordem pré-constitucional à Restauração Constitucional

I. O ambiente político-institucional em Portugal, claramente reforçado pela recente proclamação da independência brasileira, não permitiu que a C1822 vigorasse muito tempo, depressa se regressando à ordem pré-constitucional.

Se é verdade, como se disse, que este texto constitucional era demasiado liberal para o seu tempo, não é menos verdade que o tempo também já não era de Estado pré-constitucional, tendo as raízes do Liberalismo, depois de feita a Revolução Liberal, apreciavelmente frutificado[710].

II. Daí que tudo se conjugasse para uma solução de equilíbrio, mantendo-se uma ordem constitucional, mas temperada de alguns excessos cometidos, na tentativa de se fazer a "ponte" entre os *legitimistas*, encabeçados por D. Miguel, e os *liberais*, chefiados por D. Pedro IV, entretanto imperador do Brasil.

---

[710] Sobre as influências recebidas pela C1826, v. JOSÉ JOAQUIM LOPES PRAÇA, *Colecção...*, I, pp. XXIII e XXIV; RUY DE ALBUQUERQUE e MARTIM DE ALBUQUERQUE, *História...*, II, p. 166; MARCELLO CAETANO, *Manual de Ciência Política...*, II, p. 426, e *Constituições...*, pp. 29 e 30; JORGE MIRANDA, *As Constituições...*, 1.ª ed., p. XIX, e *Manual...*, I, pp. 274 e ss.; MÁRIO SOARES, *Carta Constitucional*, in DHP, I, Porto, 1992, p. 495; PAULO FERREIRA DA CUNHA, *Para uma História...*, pp. 397 e ss.

Foi assim que a C1826 nasceria num especial contexto de Restauração, numa linha compromissória, reconhecendo-se que a C1822 tinha ido longe demais, aquele texto constitucional bebendo a influência do pensamento político-constitucional de BENJAMIN CONSTANT[711], bem presente na concepção do poder moderador.

70. A outorga régia do texto constitucional e as suas três vigências

I. O resultado foi o da outorga de um texto constitucional, com o nome de "Carta Constitucional para o Reino de Portugal, Algarves e seus Domínios"[712], em 29 de Abril de 1826, no Rio de Janeiro, com a seguinte sistematização[713], num total de 145 artigos:

---

711 Assim, ANTÓNIO MANUEL HESPANHA, *Guiando...*, pp. 161 e ss.

712 Sobre a C1826 em geral, v. FRANCESCO P. CONTUZZI, *Diritto...*, pp. 36 e 37; SILVESTRE PINHEIRO FERREIRA, *Observações sobre a Constituição do Império do Brasil e sobre a Carta Constitucional do Reino de Portugal*, 2.ª ed., Paris, 1835, pp. 108 e ss.; JOSÉ JOAQUIM LOPES PRAÇA, *Colecção...*, I, pp. XXII e ss., *Estudos...*, I, *passim*, e *Estudos sobre a Carta Constitucional e o Acto Adicional de 1852*, II-I e II-II, Coimbra, 1880, *passim*; JOSÉ FRANCISCO TRINDADE COELHO, *Manual...*, pp. 214 e ss.; ALMEIDA GARRETT, *Portugal...*, pp. 209 e ss.; F. P. DE ALMEIDA LANGHANS, *História das Instituições...*, pp. 44 e ss.; JOSÉ ALBERTO DOS REIS, *Ciência Política e Direito Constitucional*, Coimbra, 1907, pp. 29 e ss., e *Organização Judicial*, Coimbra, 1909, pp. 41 e ss.; JOSÉ FERREIRA MARNOCO E SOUSA, *Direito Político...*, pp. 373 e ss.; DOMINGOS FEZAS VITAL, *Lições...*, pp. 100 e ss.; J. CARLOS MOREIRA, *Direito Constitucional...*, pp. 117 e ss.; MARCELLO CAETANO, *Manual de Ciência Política...*, II, pp. 426 e ss., e *Constituições...*, pp. 30 e ss.; JORGE CAMPINOS, *A Carta Constitucional de 1826 – comentário e texto*, Lisboa, 1975, pp. 17 e ss.; A. H. DE OLIVEIRA MARQUES, *História...*, III, pp. 55 e ss.; RUY DE ALBUQUERQUE e MARTIM DE ALBUQUERQUE, *História...*, II, pp. 194 e 195; MANUEL PINTO DOS SANTOS, *Monarquia constitucional – organização e relações do Poder Governamental com a Câmara dos Deputados 1834-1910*, Lisboa, 1986, pp. 17 e ss., e pp. 157 e ss.; JOAQUIM VERÍSSIMO SERRÃO, *História de Portugal*, VII, pp. 432 e 433; JORGE MIRANDA, *As Constituições...*, 1.ª ed., p. XIV, e *Manual...*, I, pp. 275 e ss.; VÍTOR EVANGELISTA, *História das Constituições...*, pp. 115 e ss.; GUILHERME D'OLIVEIRA MARTINS, *Portugal...*,

– Título I – *Do reino de Portugal, seu território, governo, dinastia e religião*
– Título II – *Dos cidadãos portugueses*
– Título III – *Dos poderes e representação nacional*
– Título IV – *Do poder legislativo*
– Título V – *Do Rei*
– Título VI – *Do poder judicial*
– Título VII – *Da administração e economia das províncias*
– Título VIII – *Das disposições gerais e garantias dos direitos civis e políticos dos cidadãos portugueses*

II. Diferentemente do que se passaria com a C1822, este segundo texto constitucional seria, até ao presente, e por incrível que pareça, aquele que mais tempo vigoraria no Portugal da Idade Contemporânea.

Contudo, essa não foi uma vigência contínua, antes uma vigência encaixada em três distintos períodos, em articulação com outros tantos acontecimentos político-constitucionais[714]:

– *1.ª vigência*: de 31 de Julho de 1826 a 3 de Maio de 1828;
– *2.ª vigência*: de 26 de Maio de 1834 a 10 de Setembro de 1836; e
– *3.ª vigência*: de 28 de Janeiro de 1842 a 5 de Outubro de 1910.

---

pp. 21 e ss.; MÁRIO SOARES, *Carta...*, pp. 494 e ss.; J. J. GOMES CANOTILHO, *Direito Constitucional*, pp. 289 e ss., *As Constituições*, pp. 154 e ss., e *Direito Constitucional e Teoria...*, pp. 134 e ss.; LUÍS SÁ, *O lugar da Assembleia...*, pp. 140 e ss.; VITAL MOREIRA, *História...*, pp. 10 e ss.; FERNANDO ARAÚJO, *Almeida Garrett...*, pp. 187 e ss.; ANTÓNIO MANUEL HESPANHA, *Guiando...*, pp. 198 e ss.

[713] Cfr. o respectivo texto, assim como os seus actos adicionais, em JORGE MIRANDA, *As Constituições Portuguesas...*, pp. 79 e ss.

[714] Quanto aos períodos de vigência da C1826, com a devida inserção na História Política da época, v. JOSÉ JOAQUIM LOPES PRAÇA, *Colecção...*, II, pp. 211 e ss.; MARCELLO CAETANO, *Manual de Ciência Política...*, II, pp. 432 e ss. e p. 443, e *Constituições...*, pp. 36 e ss. e p. 51; MÁRIO SOARES, *Carta...*, pp. 494 e 495; J. J. GOMES CANOTILHO, *Direito Constitucional*, pp. 294 e 295; ANTÓNIO MANUEL HESPANHA, *Guiando...*, pp. 198 e 199.

A primeira vigência correspondeu a um período de estabilidade inicial, na sequência do acordo celebrado entre liberais e legitimistas, mas que não duraria muito tempo e que, a partir de 1828, seria quebrado, tendo Portugal entrado num período de governo pré-constitucional, ao que se seguiu a guerra civil.

A segunda vigência enquadrou-se no rescaldo da derrota dos legitimistas e da vitória dos liberais, pondo termo àquela guerra civil, celebrada na Convenção de Évora-Monte, altura em que a Carta Constitucional seria reposta em vigor.

A terceira vigência aconteceria depois do golpe de Costa Cabral, em 1842, que poria fim à vigência da C1838 e, no momento, restauraria a vigência da C1826, desta feita continuamente até à implantação da República em 1910[715].

III. A C1826 teve ainda a curiosidade de ter sido decalcada da Carta Constitucional que o mesmo D. Pedro – IV em Portugal e I no Brasil – outorgara em 1822 ao Império do Brasil[716].

Em qualquer dos casos, são notórias as influências da restauração constitucional europeia, que se seguiu à derrota de Napoleão Bonaparte em Waterloo, e que se enfileirou por um constitucionalismo

---

[715] No tempo de maior estabilidade constitucional que se conhece, embora com diversas fases profundamente críticas.

Como não recordar as interrogações de J. P. OLIVEIRA MARTINS (*História de Portugal*, pp. 295 e 296) acerca deste período, ao concluir a sua História de Portugal: "A consequência mais profunda da revolução liberal foi a ruptura da tradição, o acabamento definitivo do *sebastianismo*: exprimindo por esta palavra simbólica todo o corpo de ideias, ambições e costumes históricos. Substituiu-se-lhe, porém, a consciência de uma nova pátria moral? Acordou-se o sentimento de um verdadeiro individualismo, fundado na *religião* democrática? A personalidade tornou-se forte e cônscia dos seus direitos? A inteligência apurou-se? Cresceu o saber? Pôde, com estes elementos, constituir-se o corpo homogéneo de uma nova nação real e viva? Afigura-se-nos que não; e oxalá isto seja apenas a ilusão de um espírito triste".

[716] Com um interessantíssimo bosquejo comparativo entre estes dois textos constitucionais, v., por todos, MARCELLO CAETANO, *Duas Constituições Irmãs: a Brasileira de 1824 e a Portuguesa de 1826*, in *Marcello Caetano no exílio*, Lisboa, 2006, pp. 67 e ss.

conservador, a partir da Carta Constitucional de 1814-1815, de valorização da componente monárquica e aristocrática, uma vez que estava fora de questão o puro regresso ao legitimismo pré-constitucional.

71. A desvalorização sistemática e o avanço regulativo dos direitos fundamentais

I. No domínio dos direitos fundamentais, a C1826, comparativamente ao texto constitucional precedente, mostrou-se compromissória, com avanços e recuos do ponto de vista da protecção das pessoas.

Na arrumação sistemática, este texto constitucional remeteu para o seu último e, por sinal, mais extenso artigo 145.° a consagração dos direitos fundamentais, assim se evidenciando uma certa desvalorização sistemática dos mesmos[717].

Se é certo que sistematicamente se operou uma desvalorização simbólica[718] – conquanto não regulativa[719] – dos direitos fundamen-

---

[717] Sobre o sistema de direitos fundamentais da C1826, v. SILVESTRE PINHEIRO FERREIRA, *Observações...*, 2.ª ed., pp. 198 e ss., e *Manual do cidadão em um governo representativo*, I, Paris, 1834, pp. 32 e ss.; JOSÉ JOAQUIM LOPES PRAÇA, *Estudos...*, I, pp. 25 e ss.; JOSÉ FRANCISCO TRINDADE COELHO, *Manual...*, pp. 23 e ss.; MARCELLO CAETANO, *Manual de Ciência Política...*, II, pp. 23 e 24, e *Constituições...*, pp. 31 e 32; JORGE CAMPINOS, *A Carta...*, pp. 39 e 40; VÍTOR EVANGELISTA, *História das Constituições...*, pp. 116 e 117; MARCELO REBELO DE SOUSA, *Direito Constitucional...*, p. 177; ADÉLIO PEREIRA ANDRÉ, *Defesa dos direitos...*, p. 110; JORGE MIRANDA, *As Constituições...*, 1.ª ed., p. XXIX, e *Manual...*, I, p. 278; MÁRIO SOARES, *Carta...*, pp. 496 e 497; J. J. GOMES CANOTILHO, *Direito Constitucional*, p. 290, e *As Constituições*, p. 157; JORGE BACELAR GOUVEIA, *Os direitos fundamentais atípicos*, pp. 255 e ss.; JOSÉ CARLOS VIEIRA DE ANDRADE, *Os direitos fundamentais...*, p. 26; ANTÓNIO MANUEL HESPANHA, *Guiando...*, pp. 213 e ss.

[718] Neste sentido, LOPES PRAÇA, *Estudos...*, I, p. 23; MÁRIO SOARES, *Carta...*, p. 496.

[719] Assim, JORGE BACELAR GOUVEIA, *Os direitos fundamentais atípicos*, p. 256; JORGE MIRANDA, *Manual...*, I, p. 278.

tais, não é menos certo que o saldo final bem pode ser o do acréscimo da protecção da pessoa ao abrigo do texto da C1826.

II. A leitura do texto da C1826 possibilita como primeira conclusão a manutenção de todos os direitos fundamentais anteriormente previstos, tanto os enumerados como os não enumerados.

Essa mesma conclusão é extensível aos direitos sociais, cuja formulação, ainda que alterada, igualmente registou uma contínua reiteração de vários dos seus tipos[720]: a garantia de "socorros públicos", de "instrução primária e gratuita a todos os cidadãos" e de "Colégios Universitários"[721].

III. Houve paralelamente a preocupação com a adição de novos direitos, assim se subindo um patamar mais no aperfeiçoamento do sistema de direitos fundamentais, com os seguintes novos direitos, princípios e liberdades:

- o princípio da não retroactividade das leis em geral[722];
- a abertura a uma limitada liberdade religiosa[723];
- a liberdade de deslocação e emigração[724];
- a necessidade da decretação da prisão por uma autoridade legítima[725];

---

[720] Cfr. MARCELLO CAETANO, *Manual de Ciência Política...*, II, pp. 24 e 25, e *Constituições...*, p. 31; MÁRIO SOARES, *Carta...*, p. 497; JORGE BACELAR GOUVEIA, *Os direitos fundamentias atípicos*, pp. 257 e 258.

[721] Ainda que com diferentes formulações, como se pode ler no art. 145.°, §§ 29.°, 30.° e 32.°, da C1826: § 29.° "A Constituição também garante os socorros públicos"; § 30.° "A instrução primária é gratuita a todos os cidadãos"; § 32.° "Colégios e universidades, onde serão ensinados os Elementos das Ciências, Belas Letras e Artes".

[722] Cfr. o art. 145.°, § 2.°, da C1826.

[723] Cfr. o art. 145.°, § 4.°, da C1826, em que se dizia que "Ninguém pode ser perseguido por motivos de religião, uma vez que respeite a do Estado, e não ofenda a moral pública".

[724] Cfr. o art. 145.°, § 5.°, da C1826.

[725] Cfr. o art. 145.°, §§ 7.° e ss., da C1826.

– a independência do poder judicial e o princípio do caso julgado[726];
– a liberdade de trabalho e de empresa[727]; e
– a defesa da propriedade intelectual[728].

A observação da C1826, através do Acto Adicional de 1885, permitiu verificar o acréscimo de mais um importante direito: o direito de reunião[729], que até então faltava na estrutura fundamental das liberdades públicas que constituíam o núcleo do liberalismo político.

72. A novidade do poder moderador e a paulatina parlamentarização do sistema político

I. No plano da organização política, a C1826 manteve a orientação geral da separação de poderes, dentro de uma concepção orgânico-funcional, mas com a novidade, na esteira do pensamento político de BENJAMIM CONSTANT[730], da introdução do poder moderador[731] a cargo do rei, divisando-se os seguintes poderes:

---

[726] Cfr. o art. 145.°, § 11.°, da C1826.

[727] Dizendo o art. 145.°, § 23.°, da C1826, que "Nenhum género de trabalho, cultura, indústria ou comércio pode ser proibido, uma vez que não se oponha aos costumes públicos, à segurança e saúde dos cidadãos".

[728] Cfr. o art. 145.°, § 24.°, da C1826.

[729] Cfr. o art. 10.°, *in fine*, do Acto Adicional de 24 de Julho de 1885.

[730] Teoria que BENJAMIN CONSTANT desenvolveu no *Esquisse d'une Constitution*, Paris, 1814, com a designação de "poder real", fundada na ideia de que esse poder deveria ser o mecanismo calibrador do sistema político, separando-se dos restantes quatro poderes: o poder representativo, o poder executivo, o poder municipal e o poder judicial.

[731] Sobre o poder moderador, numa perspectiva teorética e também crítica, EUGENIO M. DE HOSTOS, *Lecciones de Derecho Constitucional*, Paris, 1908, pp. 45 e 46, este frisando o pioneirismo de outro autor, CLERMONT TONNÈRRE, na matéria, pela concepção do "poder real"; GEORG JELLINEK, *L'État...*, I, p. 311;

– o poder legislativo, para as Cortes;
– o poder moderador e o poder executivo, para o Rei e os seus ministros;
– o poder judicial, para os tribunais[732].

II. As Cortes, desenvolvendo o poder legislativo, tinham uma estrutura bicameral, com a Câmara dos Pares e a Câmara dos Deputados:

SILVESTRE PINHEIRO FERREIRA, *Cours de Droit Public interne et externe*, I, Paris, 1830, pp. 413 e ss., *Cours de Droit Public interne et externe – Précis de l'ouvrage*, II, Paris, 1830, pp. 376 e ss., *Principes du Droit Public, Constitutionnel, Administratif et des Gens ou Manuel du Citoyen*, III, Paris, 1834, pp. 800 e ss., *Manual do cidadão em um governo...*, I, pp. 322 e ss., e *Observações...*, 2.ª ed., pp. 115 e ss., chamando-lhe "poder conservador" e subdividindo-o perante os restantes quatro poderes que concebia – o eleitoral, o legislativo, o administrativo e o judicial; JOSÉ JOAQUIM LOPES PRAÇA, *Estudos...*, II-I, pp. 19 e 20, e II-II, pp. 181 e ss.; JOSÉ TAVARES, *O poder governamental no Direito Constitucional Português*, Coimbra, 1909, pp. 6 e ss., propondo o "poder governamental" como coligando, no mesmo órgão, o rei, o poder executivo e o poder moderador; JOSÉ FERREIRA MARNOCO E SOUSA, *Direito Político...*, pp. 74 e 75; ARMANDO M. MARQUES GUEDES, *Teoria Geral do Estado*, II, ap., Lisboa, 1963, pp. 133 e 134; CARL SCHMITT, *La defensa de la Constitución*, Madrid, 1983, pp. 213 e ss.; PAULO BONAVIDES, *Ciência...*, pp. 158 e ss.; ADRIANO MOREIRA, *Moderador (poder)*, in Pol, IV, Lisboa, 1986, pp. 374; ANTONIO CARLOS PEREIRA MENAUT, *Lecciones de Teoría Constitucional*, 2.ª ed., Madrid, 1987, pp. 124 e ss.; MARCELLO CAETANO, *Manual de Ciência Política...*, I, pp. 197 e 198; JORGE MIRANDA, *Ciência Política...*, pp. 104 e 105; DIOGO FREITAS DO AMARAL, *Ciência...*, II, pp. 234 e 235; ANTÓNIO MANUEL HESPANHA, *Guiando...*, pp. 250 e ss.

[732] Relativamente aos contornos da recepção do conceito de "poder real", trabalhado por BENJAMIN CONSTANT, v. JOSÉ JOAQUIM LOPES PRAÇA, *Estudos...*, II-I, p. 20, e II-II, pp. 231 e ss.; JOSÉ FRANCISCO TRINDADE COELHO, *Manual...*, pp. 495 e ss.; JOSÉ FERREIRA MARNOCO E SOUSA, *Direito Político...*, pp. 801 e ss.; MARCELLO CAETANO, *Manual de Ciência Política...*, II, pp. 428 e 429, e *Constituições...*, pp. 32 e 34; JORGE MIRANDA, *Chefe de Estado*, in DJAP, II, 2.ª ed., Lisboa, 1990, p. 383, e *Ciência Política...*, p. 104; JORGE CAMPINOS, *A Carta...*, pp. 19 e ss.; ADRIANO MOREIRA, *Moderador...*, pp. 377 e 378; MÁRIO SOARES, *Carta...*, p. 496; J. J. GOMES CANOTILHO, *Direito Constitucional*, pp. 290 e 291; PAULO FERREIRA DA CUNHA, *Para uma História...*, pp. 402 e ss.

– a Câmara dos Pares era constituída por aristocratas designados pelo Rei, a título vitalício ou hereditário[733];
– a Câmara dos Deputados era composta por parlamentares eleitos, num primeiro momento indirectamente, mas depois através de sufrágio directo, para um mandato de 4 anos[734].

O funcionamento das Cortes adequava-se a um sistema bicameral perfeito, em que ambas as câmaras podiam intervir na aprovação dos diplomas, apesar de algumas competências específicas serem atribuídas a cada uma delas[735].

III. O Rei era titular de dois distintos poderes, o poder moderador e o poder executivo, cabendo à dinastia da casa de Bragança:
– o poder moderador, de exercício individual, incluía a prática de actos necessários ao equilíbrio do sistema político, como a dissolução das Cortes, a demissão dos ministros ou o poder de veto[736];
– o poder executivo compreendia a prática de actos de administração, exercido pelos seus ministros e secretários[737].

Na economia dos poderes públicos, a proeminência cabia ao poder moderador, facto que seria mesmo proclamado pelo texto constitucional: "O Poder Moderador é a chave de toda a organização política, e compete privativamente ao Rei como Chefe Supremo da Nação, para que incessantemente vele sobre a manutenção da independência, equilíbrio e harmonia dos mais Poderes Políticos"[738].

A actividade do rei era auxiliada pelo Conselho de Estado, órgão de consulta composto por membros vitalícios por ele nomeados[739],

---

[733] Cfr. o art. 39.° da C1826.
[734] Cfr. os arts. 17.° e 34.° da C1826.
[735] Cfr. os arts. 45.° e ss. da C1826.
[736] Cfr. os arts. 71.° e ss. da C1826.
[737] Cfr. os arts. 75.° e ss. da C1826.
[738] Art. 71.° da C1826.
[739] Cfr. o art. 107.° da C1826.

com competência para serem "...ouvidos em todos os negócios graves e medidas de pública administração, principalmente sobre a declaração de guerra, ajustes de paz, negociações com as nações estrangeiras; assim como em todas as ocasiões, em que o rei se proponha exercer qualquer das atribuições próprias do poder moderador..."[740].

IV. Os tribunais exerciam o poder judicial, que "...é independente, e será composto de Juízes, e Jurados, os quais terão lugar, assim no Cível como no Crime, nos casos e pelo modo que os Códigos determinarem"[741].

A carreira da magistratura começava a ser constitucionalmente esboçada, ainda que com numa linha de ambiguidade, com a outorga de várias garantias de imparcialidade, mas ao mesmo tempo se aceitando o afastamento dos juízes por prevaricação[742].

Por outra parte, eram já visíveis algumas preocupações, que já vinham da C1822, com a especialização funcional e hierárquica na categorização de certos tribunais[743].

V. A caracterização do sistema de governo não se inseria facilmente nos modelos criados por experiências constitucionais emblemáticas, não se olvidando ainda o facto de se estar perante uma monarquia constitucional[744].

A despeito dessa dificuldade, é possível descortinar dois momentos fundamentais na respectiva evolução, sobretudo considerando a segunda metade do século XIX, com a estabilização do sistema político ditado pela regeneração e no contexto do rotativismo.

Num primeiro momento, a atribuição específica do poder moderador ao Rei fez deste órgão unipessoal a figura central do sistema

---

[740] Art. 11.° da C1826.

[741] Art. 118.° da C1826.

[742] Cfr. os arts. 120.° e ss. da C1826.

[743] Cfr. os arts. 125.° e ss. da C1826.

[744] Reino de Portugal algo pomposamente definido, nos termos do art. 4.° da 1826, como um Governo "...Monárquico, Hereditário e Representativo".

político, até porque se tratava de satisfazer os desejos da ala legitimista ou anti-liberal da classe política de então.

O fluir dos anos, porém, tornou o sistema progressivamente mais parlamentar, reduzindo-se bastante a intervenção régia, cada vez mais difícil à medida que também se chegava ao fim da monarquia e emergiam todas as causas que estiveram subjacentes a esse mesmo fim, tanto económicas como políticas.

VI. A C1826 estabeleceu um sistema que, apesar de na letra do texto constitucional o Rei ocupar um papel preponderante, evoluiu no sentido de semiparlamentar, com equilíbrio entre a componente monárquica e a componente parlamentar[745], ainda que com flutuações importantes[746].

---

[745] Assim, ANTÓNIO MANUEL HESPANHA, *A História do Direito na História Social*, Lisboa, 1978, pp. 45 e 46; JORGE MIRANDA, *As Constituições...*, 1.ª ed., p. XXXVI, *Governo (formas e sistemas de)*, in Pol., Lisboa, 1985, p. 88, e *Manual...*, I, p. 281; J. J. GOMES CANOTILHO, *Direito Constitucional*, pp. 292 e 293.

Diferentemente, salientando a secundarização das Cortes em face do poder governamental, suportado pela componente real do sistema político, MANUEL PINTO DOS SANTOS, *Monarquia constitucional...*, pp. 202 e ss.; LUÍS SÁ, *O lugar da Assembleia...*, p. 146.

Noutra perspectiva, valorizando a evolução no sentido parlamentarizante do sistema, MARCELO REBELO DE SOUSA, *O valor...*, I, p. 51; ou reconhecendo-o *ab initio*, ISALTINO A. MORAIS, JOSÉ MÁRIO FERREIRA DE ALMEIDA e RICARDO LEITE PINTO, *O sistema...*, Lisboa, 1984, p. 74.

[746] Sobre o sistema de órgãos na C1826, v. SILVESTRE PINHEIRO FERREIRA, *Observações...*, 2.ª ed., pp. 115 e ss.; JOSÉ JOAQUIM LOPES PRAÇA, *Colecção...*, I, p. XXIV, e *Estudos...*, II-I, pp. 80 e ss., e *ibidem*, II-II, pp. 5 e ss.; A. L. GUIMARÃES PEDROSA, *Curso...*, II, pp. 10 e ss.; JOSÉ FRANCISCO TRINDADE COELHO, *Manual...*, pp. 434 e ss.; JOSÉ TAVARES, *O poder governamental...*, pp. 2 e ss.; JOSÉ FERREIRA MARNOCO E SOUSA, *Direito Político...*, pp. 431 e ss., pp. 451 e ss., pp. 685 e ss., e pp. 793 e ss.; J. CARLOS MOREIRA, *Direito Constitucional...*, pp. 117 e ss.; MARCELLO CAETANO, *Manual de Ciência Política...*, II, pp. 428 e ss., e *Constituições...*, pp. 32 e ss.; JORGE CAMPINOS, *A Carta...*, pp. 20 e ss.; GUILHERME D'OLIVEIRA MARTINS, *Portugal...*, pp. 22 e 23; MÁRIO SOARES, *Carta...*, pp. 495 e 496; J. J. GOMES CANOTILHO, *As Constituições*, pp. 155 e 156; ANTÓNIO MANUEL HESPANHA, *Guiando...*, pp. 259 e ss.

Várias foram as razões que levaram à atenuação do princípio democrático relativamente à experiência do texto da C1822, tornando este texto constitucional mais conservador:

- a estrutura bicameral das Cortes, permitindo o assento da aristocracia, e o conjunto dos critérios de designação da Câmara dos Pares e da Câmara dos Deputados, os membros daquela nomeados pelo rei, sendo a eleição confinada para os membros desta[747];
- em matéria de sufrágio, o seu carácter indirecto[748] constituiu um factor nada irrelevante na análise dessa desvalorização, uma vez que produziu a inevitável filtragem da vontade eleitoral, que, por si mesma, já se apresentava reduzida pelo sufrágio restrito praticado;
- não se pode ainda esquecer a fragilização da subsistência das Cortes, através da introdução do poder moderador, o qual comportava como seu instrumento decisivo a dissolução parlamentar[749];
- o veto absoluto do Rei[750], por fim, era uma arma que o poder executivo tinha, se bem que de carácter menor, de condicionamento pontual da actividade legislativa do Parlamento.

73. Os sucessivos Actos Adicionais

I. Ao contrário do que sucederia com a C1822, em grande parte devido à sua longevidade, a C1826, no terceiro período refe-

---

[747] Cfr., respectivamente, os arts. 39.° e 34.° da C1826, esquema que se modificaria com o art. 6.° da Acta Adicional de 1885, que introduziu o critério da eleição para 50 membros da Câmara dos Pares.

[748] Cfr. o art. 63.° da C1826, mais tarde tornado directo pelo art. 4.° da Acta Adicional de 1852, texto em que se reduziria o carácter restrito do sufrágio.

[749] Cfr. o § 4.° do art. 74.° da C1826, posteriormente de exercício conjunto com os ministros, nos termos do § 2.° do art. 7.° da Acta Adicional de 1885.

[750] Cfr. o art. 58.° da C1826. Cfr. JOSÉ JOAQUIM LOPES PRAÇA, *Estudos…*, II-I, pp. 296 e ss.; MARGARIDA SALEMA, *O direito…*, pp. 10 e ss.

rido, seria objecto de diversas revisões constitucionais, que tomaram o nome de actos adicionais[751].

Foram quatro os Actos Adicionais[752], que se apresentaram de acordo com diversos momentos históricos da sua terceira vigência, respeitando a outras tantas matérias:

- *o Acto Adicional de 5 de Julho de 1852*: a instituição das eleições directas para a Câmara dos Deputados, assim como o reforço do poder das Cortes em matéria financeira, para além da concessão de poderes normativos ao Governo em matéria de Ultramar[753], sem ainda esquecer a abolição da pena de morte para crimes políticos;
- *o Acto Adicional de 24 de Julho de 1885*: a modificação do estatuto da Câmara dos Pares, reduzindo o poder aristocrático e aproximando-a do princípio democrático, ao estabelecer um número de 100 pares vitalícios nomeados pelo rei e 50 pares indirectamente eleitos, para além da positivação do direito de reunião[754];

---

[751] Sobre o sentido dos actos adicionais à C1826, v. JOSÉ JOAQUIM LOPES PRAÇA, *Colecção...*, I, pp. XL e ss.; JOSÉ FERREIRA MARNOCO E SOUSA, *Direito Político...*, pp. 379 e ss.; DOMINGOS FEZAS VITAL, *Lições...*, pp. 104 e ss.; F. P. DE ALMEIDA LANGHANS, *História das Instituições...*, p. 56; ANTÓNIO MANUEL PEREIRA, *As Constituições...*, pp. XIX e ss.; MARCELLO CAETANO, *Manual de Ciência Política...*, II, pp. 451 e ss., e *Constituições...*, pp. 59 e ss.; A. H. DE OLIVEIRA MARQUES, *História...*, III, pp. 57 e 58; RUY DE ALBUQUERQUE e MARTIM DE ALBUQUERQUE, *História...*, II, pp. 213 e ss.; VÍTOR EVANGELISTA, *História das Constituições...*, pp. 123 e ss.; GUILHERME D'OLIVEIRA MARTINS, *Portugal...*, pp. 26 e ss.; MÁRIO SOARES, *Acto adicional*, in DHP, I, Porto, 1992, pp. 23 e 24; J. J. GOMES CANOTILHO, *Direito Constitucional*, p. 292, e *As Constituições*, pp. 162 e ss.; LUÍS SÁ, *O lugar da Assembleia...*, pp. 150 e ss.; JORGE MIRANDA, *Manual...*, I, pp. 283 e ss.; ANTÓNIO MANUEL HESPANHA, *Guiando...*, pp. 403 e ss.

[752] Ainda que tivesse expressado em cinco actos diversos, uma vez que o Decreto de 25 de Setembro de 1895 foi confirmado pela Carta de Lei de 3 de Abril de 1896.

[753] Cfr. os arts. 4.°, 12.° e 15.° do Acto Adicional de 1852.

[754] Cfr. o art. 6.° do Acto Adicional de 1885: "A Câmara dos Pares é composta de cem membros vitalícios, nomeados pelo rei, de cinquenta membros elec-

– *o Acto Adicional de 25 de Setembro de 1895 – 3 de Abril de 1896*: o reforço da posição política do Governo em relação ao poder moderador e ao poder legislativo, ali através da referenda ministerial de um maior número dos seus actos próprios, aqui pelas menores restrições do poder de dissolução, sem esquecer a possibilidade de esta a todo o tempo se exercer[755];
– *o Acto Adicional de 23 de Dezembro de 1907*: a ilimitação do número dos pares vitalícios e a consagração de foro judicial especial no Supremo Tribunal de Justiça para o julgamento dos delitos cometidos pelos ministros de Estado[756].

II. Estes actos adicionais, naquilo em que modificaram a C1826, puderam inserir-se, no plano da actividade política, em dois grandes períodos considerados de estabilização constitucional depois de 1842:
– *o período da Regeneração*, desde 1842 até 1890, em que ocorre o rotativismo partidário entre o Partido Regenerador e o Partido Histórico/Progressista, com uma política de fomento e de industrialização do país; e
– *o período da crise monárquica*, de 1890 até à implantação da República, num tempo em que o regime definhava, aceleradamente depois do *ultimatum* britânico.

III. Aqueles actos adicionais inseriam-se num regime bastante original de revisão constitucional que a C1826 estipulava em vários dos seus preceitos finais, com obediência à seguinte tramitação, algo complexa e, sobretudo, ineficiente[757]:
– a iniciativa de revisão feita por escrito, com origem na Câmara dos Deputados, e apoiada pela sua terça parte;
– a leitura por três vezes, com intervalos de seis dias, da proposta;

---

tivos, e dos pares por direito próprio a que se refere o § 2.° deste artigo e o artigo 40.° da Carta Constitucional".

[755] Cfr. o art. 6.° do Decreto de 25 de Setembro de 1895.

[756] Cfr. os arts. 1.° e 2.° do Acto Adicional de 1907.

[757] Cfr. os arts. 140.° e ss. da C1826.

– a deliberação da Câmara dos Deputados, segundo a regra geral da aprovação por maioria, seguindo-se a sanção e a promulgação régia;
– a nova deliberação da Câmara dos Deputados, no âmbito de uma nova legislatura, após eleição seguinte dos Deputados.

IV. Ainda mais original neste regime da revisão constitucional – embora na prática correspondesse mais a uma situação de *auto-desconstitucionalização* – era o seu último preceito, que vale a pena transcrever:

> "É só Constitucional o que diz respeito aos limites e atribuições respectivas dos Poderes Políticos, e aos Direitos Políticos e Individuais dos Cidadãos. Tudo o que não é constitucional pode ser alterado sem as formalidades referidas pelas legislaturas ordinárias"[758].

Trata-se de um raro caso de desconstitucionalização, em que é o próprio legislador constitucional a desgraduar as disposições que, segundos antes, considerara com importância no plano da rigidez constitucional que estabeleceu com o regime de revisão fixado.

O mais relevante que importa referir, até com algum contributo dogmático autónomo, é o facto de ser uma auto-qualificação a respeito do alcance da Constituição material, por oposição ao sentido da Constituição formal, com todas as consequências práticas de regime que lhe estão associadas[759].

---

[758] Art. 144.° da C1826.

[759] É bem interessante a opinião que ANTÓNIO MANUEL HESPANHA (*Guiando...*, p. 228) expende a propósito deste mecanismo, denunciando a sua perversidade intrínseca, uma vez que conduzia, na prática, à ainda maior desprotecção das matérias constitucionais nucleares, que supostamente tinham recebido o reforço dado pela rigidez constitucional: "As razões para isto podem ter sido diversas. Por um lado, nos termos de um conceito contratualista de Constituição, que a entendia como o produto de um pacto fundacional da sociedade política, não era fácil distinguir a intenção constituinte da intenção meramente legislativa, pois uma e outra eram produto do encontro das vontades dos mesmos representantes da Nação, não se entendendo que a vontade (constituinte) expressa num momento pudesse vincular duradouramente a vontade (legislativa) do mesmíssimo conjunto de pessoas. Por outro lado, uma vez que, nos Estados constitucionais, o legislativo nunca deixava de estar nas mãos dos representantes da nação, era mais importante assegurar a legalidade da administração (...) do que a constitucionalidade das leis".

§ 17.º A Constituição Setembrista de 1838

74. A Revolução de 9 de Setembro de 1836

I. A C1838 – ou, na sua expressão formal, a "Constituição Política da Monarquia Portuguesa"[760] – surgiu na sequência de uma revolução, que foi a Revolução de Setembro, ocorrida em 9 de Setembro de 1836, a qual poria termo à segunda vigência da C1826.

---

[760] Sobre a C1838 em geral, v. BASÍLIO ALBERTO DE SOUSA PINTO, *Análise da Constituição Política da Monarquia Portuguesa*, Coimbra, 1838-1839, pp. 1 e ss.; JOÃO MEXIA SALEMA, *Princípios de Direito Político*, Coimbra, 1841, pp. 1 e ss.; JOSÉ JOAQUIM LOPES PRAÇA, *Colecção...*, I, pp. XXXI e ss.; JOSÉ FERREIRA MARNOCO E SOUSA, *Direito Político...*, pp. 377 e ss.; DOMINGOS FEZAS VITAL, *Lições...*, pp. 102 e ss.; F. P. DE ALMEIDA LANGHANS, *História das Instituições...*, pp. 48 e 49, e *Constituição de 1838*, in DHP, II, Porto, 1992, pp. 163 e ss.; MARCELLO CAETANO, *Manual de Ciência Política...*, II, pp. 439 e 440, e *Constituições...*, pp. 45 e 46; VITOR EVANGELISTA, *História das Constituições...*, pp. 119 e ss.; A. H. DE OLIVEIRA MARQUES, *História...*, III, p. 57; RUY DE ALBUQUERQUE e MARTIM DE ALBUQUERQUE, *História...*, II, p. 206; JOAQUIM VERÍSSIMO SERRÃO, *História de Portugal*, VIII, pp. 89 e ss.; BENEDICTA MARIA DUQUE VIEIRA, *A revolução de Setembro e a discussão constitucional de 1837*, Lisboa, 1987, pp. 10 e ss.; JORGE MIRANDA, *As Constituições...*, 1.ª ed., p. XV, e *Manual...*, I, pp. 286 e ss.; GUILHERME D'OLIVEIRA MARTINS, *Portugal...*, pp. 24 e ss.; J. J. GOMES CANOTILHO, *Direito Constitucional*, pp. 295 e ss., *As Constituições*, pp. 158 e ss., e *Direito Constitucional e Teoria...*, pp. 147 e ss.; LUÍS SÁ, *O lugar da Assembleia...*, pp. 147 e ss.; VITAL MOREIRA, *História...*, pp. 16 e ss.; FERNANDO ARAÚJO, *Almeida Garrett...*, pp. 199 e ss.; ANTÓNIO MANUEL HESPANHA, *Guiando...*, pp. 351 e ss.

Os ideais subjacentes a este projecto revolucionário, de que fez parte Almeida Garrett como Deputado constituinte e articulista[761], assentavam na revivescência dos princípios do liberalismo mais progressista, em certo sentido postergados depois da vitória liberal sobre os partidários da ordem pré-constitucional, ainda que o respectivo contorsionismo político não pudesse dar um sinal seguro quanto à coerência de uma ideia condutora[762].

II. As opções que a C1838 fez traduziram um compromisso entre os textos constitucionais anteriores do vintismo e do cartismo e as influências estrangeiras recebidas, evidenciando-se nestas os seguintes textos:

- a Carta Constitucional Francesa de 1830, na sua feição mista entre as dimensões monárquica e parlamentar;
- a Constituição Belga de 1831, no tocante à estruturação do Senado, assim como a algumas novas liberdades;
- a Constituição Espanhola de 1837[763], na preocupação, que este texto constitucional levou a cabo, de conciliar as duas correntes do Constitucionalismo.

---

[761] Cfr. a respectiva análise em FERNANDO ARAÚJO, *Almeida Garrett...*, pp. 198 e ss.

[762] Como escreve FERNANDO ARAÚJO (*Almeida Garrett...*, pp. 214 e 215), "Absolvendo-o desta última imputação, reconheçamos que as oscilações políticas de Almeida Garrett são demasiado pronunciadas, e demasiado motivadas por circunstâncias pessoais, para que possa discernir-se uma coerência minimamente aceitável".

[763] Sobre as influências recebidas pela C1838, v. JOSÉ JOAQUIM LOPES PRAÇA, *Colecção...*, I, p. XXXI; MARCELLO CAETANO, *Manual de Ciência Política...*, II, pp. 440 e ss., e *Constituições...*, pp. 46 e 47; RUY DE ALBUQUERQUE e MARTIM DE ALBUQUERQUE, *História...*, II, p. 166; JORGE MIRANDA, *As Constituições...*, 1.ª ed., p. XIX, e *Manual...*, I, pp. 286 e 287; F. P. DE ALMEIDA LANGHANS, *Constituição de 1838*, p. 164; J. J. GOMES CANOTILHO, *Direito Constitucional*, p. 299, e *As Constituições*, pp. 160 e 161.

75. A formação pactícia e a vigência única do texto constitucional

I. A C1838 não seria uma criação imediata deste momento revolucionário, pois que transitoriamente se recolocou em vigor a C1822, oferecendo a seguinte sistematização[764], num total de 139 artigos:

- Título I – *Da nação portuguesa, seu território, religião, governo e dinastia*
- Título II – *Dos cidadãos portugueses*
- Título III – *Dos direitos e garantias dos portugueses*
- Título IV – *Dos poderes políticos*
- Título V – *Do poder legislativo*
- Título VI – *Do poder executivo*
- Título VII – *Do poder judiciário*
- Título VIII – *Do governo administrativo e municipal*
- Título IX – *Da fazenda nacional*
- Título X – *Das províncias ultramarinas*
- Título XI – *Da reforma da Constituição*

II. A sua escassa vigência de 4 anos, entre 4 de Abril de 1838 e 10 de Fevereiro de 1842, com o golpe de Costa Cabral, não propiciaria qualquer revisão constitucional.

Não obstante tal facto, foi devidamente consagrado um regime formal de aprovação de alterações constitucionais, de acordo com vários passos que tinham de ser dados, numa lógica singular de duplo processo de aprovação da revisão constitucional[765]:

- a iniciativa cabia, em exclusivo, à Câmara dos Deputados;
- a primeira aprovação ocorria em ambas as câmaras parlamentares, a Câmara dos Deputados e a Câmara dos Senadores, com o assentimento do Rei, dando-lhe a sua livre sanção;

---

[764] Cfr. o respectivo texto em JORGE MIRANDA, *As Constituições Portuguesas...*, pp. 119 e ss.

[765] Cfr. os arts. 138.° e 139.° da C1838.

– a segunda aprovação acontecia nas Cortes, na legislatura seguinte, não sendo aqui já exigida a sanção régia.

III. O texto constitucional, elaborado no âmbito de Cortes constituintes, seria concluído em 1838, alcançando uma dupla legitimidade constitucional:

– *parlamentar*, por ter sido aprovado pelas Cortes Gerais, Extraordinárias e Constituintes, em 20 de Março de 1838; e
– *régia*, por ter sido expressamente sancionado pela Rainha de então, D. Maria II, em 4 de Abril de 1838, data do próprio texto constitucional, ao ter aceitado e jurado o mesmo.

Foi assim a C1838 um texto *pactuado*, conciliando duas antagónicas legitimidades, a legitimidade democrática, titulada pelas Cortes, e a legitimidade monárquica, simbolizada na monarca.

A leitura da fórmula final desse articulado não podia ser mais impressiva a este propósito, com a elucidativa epígrafe "Aceitação e Juramento da Rainha": "Aceito e juro guardar e fazer guardar a Constituição Política da Monarquia Portuguesa, que acabam de decretar as Cortes Gerais, Extraordinárias e Constituintes da mesma Nação"[766].

76. O reforço da concepção liberal dos direitos fundamentais

I. Em matéria de direitos fundamentais[767], a C1838 retomou a tradicional localização sistemática dos mesmos, já que a positivação

[766] Isto ficaria bem claro na fórmula final do texto da C1838.

[767] Sobre o sistema de direitos fundamentais da C1838, v. JORGE MIRANDA, *As Constituições...*, 1.ª ed., p. XXIX, e *Manual...*, I, pp. 287 e 288; MARCELO REBELO DE SOUSA, *Direito Constitucional...*, p. 177; ADÉLIO PEREIRA ANDRÉ, *Defesa dos direitos...*, p. 111; F. P. LANGHANS DE ALMEIDA, *Constituição de 1838*, pp. 163 e ss.; J. J. GOMES CANOTILHO, *Direito Constitucional*, pp. 300 e 301, e *As*

destes direitos passou a constar de novo da parte inicial do articulado constitucional, dedicando-se-lhe um título específico, para além das vantagens que estavam associadas a uma positivação mais densa dos respectivos objectos e conteúdos.

Por outro lado, registou-se a preocupação de manter os mesmos direitos sociais anteriormente garantidos, tanto na C1822 como na C1826, sendo de referir os seguintes: a instrução primária e gratuita, a existência de estabelecimentos de ensino das ciências, letras e artes e os socorros públicos[768].

II. A importância da C1838 para a positivação dos direitos fundamentais não se limitou apenas a um mero regresso a uma localização sistemática já conhecida porque do mesmo passo se considerou o aditamento de novos tipos de direitos fundamentais, acompanhando os novos tempos.

De entre as novidades, cumpre referir estes direitos[769], vindo a reforçar o estatuto liberal do indivíduo[770]:

– o direito de associação[771];
– o direito de reunião[772];

Constituições, p. 161; JORGE BACELAR GOUVEIA, *Os direitos fundamentais atípicos*, pp. 258 e 259; ANTÓNIO MANUEL HESPANHA, *Guiando...*, pp. 353 e ss.

[768] Cfr. o art. 28.° da C1838.

[769] Em relação às novas liberdades de reunião e de associação, v. o interessantíssimo estudo de IVO MIGUEL BARROSO, *A consagração das liberdades de reunião e de associação na Constituição Portuguesa de 1838*, in AAVV, *Estudos em Homenagem ao Prof. Doutor Joaquim Moreira da Silva Cunha*, Coimbra, 2005, pp. 367 e ss., concluindo que "A *occasio legis* do nascimento das liberdades de reunião e de associação, no Direito Constitucional Português, é complexa e multipolar, sendo constituída por vários factores" (p. 415).

[770] Cfr. JORGE BACELAR GOUVEIA, *Os direitos fundamentais atípicos*, p. 259; JORGE MIRANDA, *Manual...*, I, pp. 287 e 288; CRISTINA NOGUEIRA DA SILVA, *A Cidadania nos Trópicos – O Ultramar no Constitucionalismo Monárquico Português (1820-1880)*, Lisboa, 2004, pp. 167 e ss.

[771] Cfr. o art. 14.° da C1838.

[772] Que só viria a ser consagrado na C1826 através do Acto Adicional de 1885.

– o direito de resistência[773]; e
– a liberdade de ensino público[774].

77. A pretendida monarquia parlamentar "orleanista"

I. Na organização do poder político, manteve-se a separação orgânico-funcional de poderes como orientação de fundo[775], abolindo-se também o poder moderador, transitando as respectivas competências para o poder executivo, dando nota disso mesmo o texto da C1838:

– o "Poder Legislativo compete às Cortes com a sanção do Rei";
– o "Executivo ao Rei, que o exerce pelos Ministros e Secretários de Estado";
– o "Judiciário aos Juízes e Jurados na conformidade da lei"[776].

II. O poder legislativo repousava nas Cortes, que conservaram a sua precedente estrutura bicameral, com uma Câmara de Senadores e uma Câmara de Deputados, mas com a particularidade de a escolha dos seus membros, expurgado o princípio aristocrático, se fazer nos dois casos por sufrágio directo, ainda que limitado[777].

No plano do procedimento legislativo, os diplomas careciam da igual aprovação em ambas as câmaras[778], embora a Câmara dos

---

[773] Cfr. o art. 25.° da C1838, nele se dizendo que "É livre a todo o cidadão resistir a qualquer ordem que manifestamente violar as garantias individuais, se não estiverem legalmente suspensas".

[774] Cfr. o art. 29.° da C1838.

[775] Prescrevendo-se, no art. 35.° da C1838, que "Os poderes políticos são essencialmente independentes: nenhum pode arrogar as atribuições do outro".

[776] Art. 34.°, §§ 1.°, 2.° e 3.°, da C1838.

[777] De acordo com o art. 71.° da C1838, "A nomeação dos Senadores e Deputados é feita por eleição directa".

[778] Cfr. os arts. 64.° e ss. da C1838.

Deputados tivesse maior peso político por lhe caber a iniciativa legislativa em matéria de impostos, assim como a decisão sobre a acusação dos ministros e dos secretários de Estado[779].

III. O poder executivo competia ao Rei, o respectivo Chefe, e que o exercia "...pelos Ministros de Secretários de Estado"[780], nele se incluindo diversas competências de administração e de intervenção noutros órgãos do Estado.

Porém, dentro do título VI, reservado ao poder executivo, o texto da C1838 inovava na autonomização, formal e substancial, do Ministério, neles se incluindo os ministros e os secretários de Estado.

A importância do Ministério não se apresentava unicamente operativa na sua feição governativo-burocrática como igualmente num plano mais sistémico de limitação política do Rei através da referenda, sendo, de resto, por causa dela, que surgiu expressamente referido: "Todos os actos do Poder Executivo com a assinatura do Rei serão sempre referendados pelo Ministro e Secretário de Estado competente, sem o que não terão efeito"[781].

IV. O poder judiciário era "...exercido pelos Juízes e Jurados"[782], estabelecendo diversas instâncias de tribunais, em razão da matéria e da hierarquia.

Em termos da produção do poder judiciário, avançou-se com a inovação que se traduziu no duplo papel atribuído ao juiz – com uma tarefa relacionada com a aplicação do Direito – e aos jurados – no plano da comprovação dos factos, não restrita às causas penais e admitindo-se a sua presença nas causas cíveis[783].

No plano da hierarquia judiciária, surgia já com alguma nitidez a ideia das três instâncias judiciárias, assim como se estabele-

---

[779] Cfr., respectivamente, os arts. 54.° e 55.° da C1838.

[780] Art. 80.° da C1838.

[781] Art. 115.° da C1838.

[782] Proémio do art. 123.° da C1838.

[783] Cfr. o art. 123.°, § 1.°, da C1838.

cendo o importante princípio geral da publicidade das audiências nos tribunais[784].

V. A C1838, tal como a de C1822, não sendo possível olhar à prática pelos poucos anos em que vigorou, desenhou um *sistema de governo misto, de carácter orleanista*, com equilíbrio entre a componente monárquica e a componente parlamentar[785], precisamente aquele para que evoluiria a experiência política da C1826, ainda que esta o não afirmasse em termos literais e com importantes oscilações[786].

Pelo menos dois compromissos, na área do sistema de governo, facilmente o podiam certificar:

– o poder de dissolução das Cortes estava previsto[787], mas desvalorizava-se o veto real omitindo-se a natureza do mesmo, ainda que esse facto sugerisse mais o seu carácter absoluto do que suspensivo[788];

---

784 Cfr., respectivamente, os arts. 125.° e 128.° da C1838.

785 Neste sentido, JORGE MIRANDA, *As Constituições...*, 1.ª ed., p. XXXVI, *Governo (formas e sistemas de)*, p. 88, e *Manual...*, I, p. 288; LUÍS SÁ, *O lugar da Assembleia...*, p. 150.

MARCELO REBELO DE SOUSA (*O valor...*, I, p. 51) equipara o sistema da C1838 ao da C1826.

Analisando a questão, mas sem tomar posição, J. J. GOMES CANOTILHO, *Direito Constitucional*, pp. 301 e 302.

Realçando a prevalência do factor parlamentar, ISALTINO A. MORAIS, JOSÉ MÁRIO FERREIRA DE ALMEIDA e RICARDO LEITE PINTO, *O sistema...*, p. 74.

786 Para uma análise dos poderes do Estado na C1838, v. JOSÉ JOAQUIM LOPES PRAÇA, *Colecção...*, I, pp. XXXII e XXXIII; ANTÓNIO MANUEL PEREIRA, *As Constituições...*, p. XIV; MARCELLO CAETANO, *Manual de Ciência Política...*, II, pp. 439 e 440, e *Constituições...*, pp. 45 e 46; GUILHERME D'OLIVEIRA MARTINS, *Portugal...*, p. 25; F. P. DE ALMEIDA LANGHANS, *Constituição de 1838*, p. 164; J. J. GOMES CANOTILHO, *As Constituições*, pp. 161 e 162.

787 Cfr. o art. 81.°, III, da C1838.

788 Cfr. o art. 81.°, I, da C1838. Neste sentido, JORGE MIRANDA, *Manual...*, I, pp. 288 e 289.

Referindo a questão, mas sem tomar posição, MARGARIDA SALEMA, *O direito...*, p. 12.

– a estrutura do Parlamento era bicameral, mas o modo de designação dos seus membros assentava no princípio democrático, com sufrágio directo.

Todavia, os escassos quatro anos de vigência deste texto constitucional não permitiram tirar conclusões definitivas sobre o seu funcionamento, apenas possibilitando uma leitura mais literal do que prática acerca do sistema político.

§ 18.° A Constituição Republicana de 1911 e o interregno de Sidónio Pais

78. A Revolução de 5 de Outubro de 1910 e o programa republicano

I. O início do século XX em Portugal seria assinalado pela Revolução Republicana, há já algum tempo anunciada, e até tentada, como no golpe frustrado de 31 de Janeiro de 1891.

Contudo, a mesma só finalmente se concretizaria em 5 de Outubro de 1910, quando da janela dos Paços do Concelho de Lisboa foi proclamado o regime republicano.

II. Esta terá sido certamente a mais programática de todas as revoluções até então ocorridas, dado que se estribou no programa republicano, datado de 11 de Janeiro de 1891, o qual se fundava em três vectores fundamentais[789], sem excluir outras influências que receberia, como da Constituição brasileira de 1891[790]:

---

[789] Indicando estes traços fundamentais do republicanismo português, v. MARCELLO CAETANO, *Manual de Ciência Política...*, II, pp. 471 e 472, e *Constituições...*, pp. 82 e 83; RUI RAMOS, *A segunda fundação*, pp. 333 e ss.; FERNANDO CATROGA, *O republicanismo em Portugal*, 2.ª ed., Lisboa, 2000, pp. 11 e ss.; PEDRO SOARES MARTÍNEZ, *A República Portuguesa e as relações internacionais (1910-1926)*, Lisboa/São Paulo, 2001, pp. 24 e ss.

[790] Sobre as influências que a C1911 recebeu, v. JOSÉ FERREIRA MARNOCO E SOUSA, *Constituição Política da República Portuguesa – comentário*, Coimbra, 1913, pp. 6 e 7; DOMINGOS FEZAS VITAL, *Lições...*, p. 110; MARCELLO CAETANO, *Manual*

– *a forma republicana de governo*, com a abolição do rei e da monarquia e a sua substituição, e em tudo o que daí fosse decorrente, pelo Presidente da República, bem como a concomitante propagação do princípio democrático;
– *a laicização social do Estado*, com a absoluta separação de actividades entre o poder temporal e o poder espiritual, além de se reduzir a influência social da Igreja Católica;
– *o municipalismo*, com a conveniência de avivar o poder dos concelhos, expressão lídima e mais próxima da vontade das populações.

III. Muitos foram os intelectuais que fizeram fermentar o ideal republicano, mas sem dúvida que de entre eles se evidenciaria Antero de Quental, que na sua célebre conferência do Casino – "As Causas da Decadência dos Povos Peninsulares" – chegou a afirmar que as principais causas da decadência de Portugal eram a monarquia, o catolicismo e o capitalismo[791]:

> "Oponhamos ao *catolicismo*, não a indiferença ou uma fria negação, mas a ardente afirmação da alma nova, a consciência livre, a contemplação directa do divino pelo humano (...), a filosofia, a ciência e a crença no progresso, na renovação incessante da humanidade pelos recursos inesgotáveis do seu pensamento, sempre inspirado."
>
> "Oponhamos à *monarquia centralizada*, uniforme e impotente, a federação republicana de todos os grupos autonómicos, de todas as vontades soberanas, alargando e renovando a vida municipal, dando-lhe um carácter radicalmente democrático, porque só ela é a base e o instrumento natural de todas as reformas práticas, populares, niveladoras."

---

de Ciência Política..., II, p. 474, e *Constituições...*, p. 86; JORGE MIRANDA, *As Constituições...*, 1.ª ed., pp. XIX e XX, e *Manual...*, I, pp. 290 e ss.; MÁRIO SOARES, *Constituição de 1911*, in DHP, II, Porto, 1992, p. 166.

791 Bem conhecidas ficariam, no tocante a estes aspectos do programa republicano, estas contundentes palavras do malogrado ANTERO DE QUENTAL (*Causas da decadência dos povos peninsulares*, 7.ª ed., Lisboa, s. d., pp. 67 e 68), numa das célebres "Conferências do Casino".

"Finalmente, à *inércia industrial,* oponhamos a iniciativa do trabalho livre, a indústria do povo, pelo povo e para o povo, não dirigida e protegida pelo Estado, mas espontânea, não entregue à anarquia cega da concorrência, mas organizada duma maneira solidária equitativa, operando assim gradualmente a transição para o novo mundo industrial do socialismo, a quem pertence o futuro."

79. A formação parlamentar e as duas vigências do texto constitucional

I. Logo que o regime republicano foi proclamado, iniciaram-se os trabalhos conducentes à redacção do novo texto constitucional, que só seria aprovado em 21 de Agosto de 1911 (C1911)[792], com a seguinte sistematização[793], num total de 87 artigos:

[792] Sobre a C1911 em geral, v. José Ferreira Marnoco e Sousa, *Constituição...*, pp. 2 e ss.; Domingos Fezas Vital, *Lições...*, pp. 108 e ss.; Alberto da Cunha Rocha Saraiva, *Apontamentos...*, pp. 40 e ss.; J. Carlos moreira, *Direito Constitucional...*, pp. 129 e ss.; Marcello Caetano, *Manual de Ciência Política...*, II, pp. 474 e ss., e *Constituições...*, pp. 86 e ss.; Giuseppe de Vergottini, *Le origini...*, pp. 1 e ss.; Vasco da Gama Fernandes, *Trabalhos parlamentares*, Lisboa, 1978, pp. 98 e 99; Vítor Evangelista, *História das Constituições...*, pp. 127 e ss.; Joaquim Veríssimo Serrão, *História de Portugal*, XI, pp. 93 e ss.; Jorge Miranda, *As Constituições...*, 1.ª ed., p. XV, e *Manual...*, I, pp. 289 e ss.; Guilherme d'oliveira Martins, *Portugal...*, pp. 29 e ss.; A. H. de Oliveira Marques, *A primeira república portuguesa*, 3.ª ed., Lisboa, 1980, pp. 75 e ss., *História...*, III, p. 280, e *O Estado e as leis*, in AAVV, *Nova História de Portugal – Portugal da monarquia para a república*, Lisboa, 1991, pp. 322 e ss.; Mário Soares, *Constituição de 1911*, pp. 165 e ss.; Rui Ramos, *Os Presidentes da República Portuguesa*, Lisboa, 1999, pp. 7 e ss.; J. J. Gomes Canotilho, *Direito Constitucional*, pp. 319 e ss., e *Direito Constitucional e Teoria...*, pp. 162 e ss.; Luís Sá, *O lugar da Assembleia...*, pp. 152 e ss.; Vital Moreira, *História...*, pp. 20 e ss.; Fernando Catroga, *O republicanismo...*, pp. 161 e ss.

[793] Cfr. o respectivo texto em Jorge Miranda, *As Constituições Portuguesas...*, pp. 147 e ss.

– Título I – *Da forma do governo e do território da nação portuguesa*
– Título II – *Dos direitos e garantias individuais*
– Título III – *Da soberania e dos poderes do Estado*
– Título IV – *Das instituições locais administrativas*
– Título V – *Da administração das províncias ultramarinas*
– Título VI – *Disposições gerais*
– Título VII – *Da revisão constitucional*
– *Disposições transitórias*

Até ao momento da entrada em funcionamento dos órgãos constitucionais, estabeleceu-se uma ordem constitucional provisória.

II. A C1911, depois de entrar em vigor, duraria até 1926, momento em que uma outra revolução poria termo à sua vigência, que assim se desdobra em duas fases.

É que ela ficaria assinalada pelo interregno sidonista, pois que o mesmo implicou a quebra da ordem constitucional formal, com a sua substituição por uma outra ordem constitucional.

As grandes influências foram os textos constitucionais suíço e brasileiro de 1891[794]: do texto suíço, acolheu-se a impossibilidade da dissolução e o referendo local; do texto brasileiro, adoptou-se a *judicial review* e o *habeas corpus*.

Também as leis constitucionais francesas de 1875 exerceram uma séria influência na estruturação dos órgãos do sistema político.

80. A concepção liberal e republicana dos direitos fundamentais

I. Uma das maiores mudanças trazidas pela corrente republicana sentir-se-ia no plano da garantia dos direitos fundamentais, tanto ao nível sistemático – reposicionando-os mesmo na parte inicial do arti-

[794] Cfr. JORGE MIRANDA, *Manual...*, I, pp. 290 e 291.

culado constitucional – quanto nalguns novos tipos de direitos que viriam a ser consagrados[795].

Só que de alguma sorte se adoptaria uma solução mista, na medida em que, não estando os direitos fundamentais num único preceito, como na C1826, os mesmos não se apresentaram dispersamente enumerados, mas antes se concentrando em dois únicos artigos[796].

Naturalmente que se sentiria a força da concepção republicana ao nível dos direitos fundamentais em resultado de algumas mudanças ocorridas, numa linha, apesar de tudo, mais liberal e não tanto social.

Cumpre ainda referir a existência de novas preocupações no domínio das regras atinentes ao regime dos direitos fundamentais, indo-se assim além da secura da mera indicação tipológica dos mesmos.

Diga-se finalmente que, em coerência com o programa municipalista e localista, a C1911 consagraria o referendo local[797], inscrito como uma das bases da futura regulamentação das atribuições e organização das circunscrições locais.

II. Boa parte dos direitos fundamentais anteriormente "acumulados" nos três textos constitucionais precedentes seria garantida, tanto ao nível dos direitos individuais como no plano dos direitos sociais.

---

[795] Sobre o sistema de direitos fundamentais da C1911, v. José Ferreira Marnoco e Sousa, *Constituição...*, pp. 33 e ss.; Marcello Caetano, *Manual de Ciência Política...*, II, pp. 475 e 476, e *Constituições...*, pp. 87 e 88; Vítor Evangelista, *História das Constituições...*, pp. 128 e 129; Marcelo Rebelo de Sousa, *Direito Constitucional...*, p. 177; Jorge Miranda, *As Constituições...*, 1.ª ed., p. XXIX, e *Manual...*, I, pp. 292 e ss.; A. H. de Oliveira Marques, *O Estado...*, p. 322; Adélio Pereira André, *Defesa dos direitos...*, p. 111; J. J. Gomes Canotilho, *O círculo e a linha – Da «liberdade dos antigos» à «liberdade dos modernos» na teoria republicana dos direitos fundamentais*, in RHI, 1987, pp. 733 e ss., e *Direito Constitucional*, pp. 319 e ss.; Mário Soares, *Constituição de 1911*, pp. 166 e 167; Jorge Bacelar Gouveia, *Os direitos fundamentais atípicos*, pp. 267 e ss.; José Carlos Vieira de Andrade, *Os direitos fundamentais...*, p. 26.

[796] Cfr. os arts. 3.° e 4.° da C1911.

[797] Cfr. o art. 66.°, n.° 4, da C1911.

O texto da C1911 também consagraria novos tipos de direitos individuais, comprovando a novidade da concepção republicana:

- a plena liberdade religiosa[798];
- a abolição da pena de morte e das penas corporais perpétuas ou ilimitadas[799];
- o direito de revisão das sentenças condenatórias[800];
- o princípio da legalidade dos impostos, assim como o direito de resistência contra o seu pagamento ilícito[801];
- a garantia do *habeas corpus*[802];
- a garantia do emprego durante o cumprimento do serviço militar obrigatório[803];
- o direito de indemnização no caso de condenação injusta[804];
- a garantia da não privação de liberdade sem prévia autorização judicial no caso de doentes mentais[805].

III. Indubitavelmente que a abolição geral da pena de morte[806] passaria a assumir, neste período, uma importância

---

[798] Cfr. o art. 3.°, §§ 4.°, 5.°, 7.° e 8.°, da C1911.

[799] Cfr. o art. 3.°, § 22.°, da C1911.

[800] Cfr. o art. 3.°, § 24.°, da C1911.

[801] Cfr. o art. 3.°, § 27.°, da C1911.

[802] Cfr. o art. 3.°, § 31.°, da C1911.

[803] Cfr. o art. 3.°, § 32.°, da C1911.

[804] Cfr. o art. 3.°, § 34.°, da C1911, nessa disposição se dizendo que "Se alguma sentença criminal for executada, e vier a provar-se, depois, pelos meios legais, que foi injusta a condenação, terá o condenado, ou os seus herdeiros, o direito de haver reparação de perdas e danos, que será feita pela Fazenda Nacional, precedendo sentença nos termos da lei".

[805] Cfr. os §§ 35.° e 36.° do art. 3.° da C1911.

[806] O primeiro passo em direcção à abolição da pena de morte viria a ser dado pelo art. 16.° da Acta Adicional de 1852, quanto aos crimes políticos.

Mais tarde, com a aprovação da Lei de 1 de Julho de 1867, seria a vez da abolição legal da pena capital nos crimes civis. Com o decreto de 16 de Março de 1911, a proibição legal da pena de morte atingiria, finalmente, os crimes militares.

Só, porém, com a C1911 é que se daria a completa constitucionalização da proibição geral da pena de morte, indistintamente aplicável a qualquer espécie de crime.

crucial[807], assim se confirmando, agora ao nível constitucional, um percurso iniciado com a carta de lei de 1 de Julho de 1867[808].

A grande decepção deste texto constitucional, em matéria de novidades no plano dos direitos fundamentais consagrados, viria a ser a escassa mudança introduzida nos direitos sociais, apenas se notando o entendimento de o ensino primário ser não só gratuito, mas também obrigatório[809], o que era obviamente pouco para a tão propalada concepção social.

---

[807] Com o traçado da positivação legal e constitucional da proibição da pena de morte, v. M. CH. LUCAS, *De l'abolition de la peine de mort en Portugal*, Paris, 1869, pp. 8 e ss.; JOSÉ FRANCISCO TRINDADE COELHO, *Manual...*, pp. 424 e ss.; JOSÉ FERREIRA MARNOCO E SOUSA, *Constituição...*, pp. 147 e ss.; BOAVENTURA DE SOUSA SANTOS, *Os crimes políticos e a pena de morte*, in AAVV, PENA DE MORTE – *colóquio internacional comemorativo do centenário da abolição da pena de morte em Portugal*, II, Coimbra, s.d., pp. 123 e ss.; ELIANA GERSÃO, *Acerca da abolição da pena de morte nos crimes militares*, in AAVV, PENA DE MORTE – *colóquio internacional comemorativo do centenário da abolição da pena de morte em Portugal*, I, Coimbra, s.d., pp. 205 e ss.; GUILHERME BRAGA DA CRUZ, *O movimento abolicionista e a abolição da pena de morte em Portugal (resenha histórica)*, in AAVV, PENA DE MORTE – *colóquio internacional comemorativo do centenário da abolição da pena de morte em Portugal*, I, Coimbra, s.d., pp. 423 e ss.; RUY D'ABREU TORRES, *Pena de morte*, in DHP, V, Porto, 1992, p. 44; J. J. GOMES CANOTILHO, *Direito Constitucional*, pp. 319 e 320; JORGE MIRANDA, *Manual...*, I, p. 292.

[808] Sobre o fecundo debate ideológico travado em torno da defesa da abolição da pena de morte, com consideração de diversos momentos histórico-políticos, v. ANTÓNIO ENES, *Deve restabelecer-se a pena de morte?*, Lisboa, 1874, *passim*; ANTÓNIO G. F. DE CASTRO, *Algumas reflexões acerca da pena de morte e da indisciplina militar*, Lisboa, 1874, *passim*; CUNHA DE BARBOSA, *Os fuzilamentos; militarmente – o Direito e a necessidade; em geral – a legitimidade da pena de morte*, Coimbra, 1875, *passim*; MANUEL CAVALEIRO DE FERREIRA, *A abolição...*, pp. 277 e ss.; MIGUEL TORGA, *Pena de morte*, in AAVV, PENA DE MORTE – *colóquio internacional comemorativo do centenário da abolição da pena de morte em Portugal*, I, Coimbra, s.d., pp. 1 e ss.; EDUARDO CORREIA, *La peine de mort – réflexions sur la problématique et sur le sens de son abolition au Portugal*, AAVV, PENA DE MORTE – *colóquio internacional comemorativo do centenário da abolição da pena de morte em Portugal*, I, Coimbra, s.d., pp. 23 e ss.; ALEXANDRE HERCULANO, *Da pena de morte*, in *Opúsculos*, III, Porto, 1984, pp. 29 e ss.

[809] Cfr. o art. 3.°, n.° 11, 2.ª parte, da C1911.

Isto para já não falar da ausente igualdade política entre homens e mulheres, que, podendo estar formalmente consagrada no texto da C1911, seria drasticamente distorcida ao nível da legislação ordinária eleitoral, não obstante os novos ventos e as novas mentalidades de que se reivindicava o ideário republicano-liberal[810].

IV. A mais significativa mudança de todas seria a da afirmação da separação absoluta entre o Estado e as confissões religiosas, com um especial enfoque dado à Igreja Católica, lado a lado com a positivação de uma genérica liberdade de consciência e de religião[811].

Formalmente concebido de separação absoluta, a prática do sistema constitucional redundaria num sistema de perseguição religiosa[812], de que seria naturalmente a Igreja Católica a principal ví-

---

[810] Basta pensar no art. 1.° da Lei n.° 3, de 3 de Julho de 1913, que aprovou o Código Eleitoral, no qual se prescrevia que "São eleitores de cargos legislativos e administrativos todos os cidadãos portugueses do sexo masculino, maiores de 21 anos ou que completem essa idade até o termo das operações de recenseamento, que estejam no gozo dos seus direitos civis e políticos, saibam ler e escrever português e residam no território da República Portuguesa".

Foi curioso o comentário que José Mourisca (*Código Eleitoral anotado*, Lisboa, 1914, p. 13) lhe reservaria, ao dizer que "Infileiro ao lado dos que combatem a concessão do sufrágio às mulheres. Não porque reconheça nelas debilidade mental, mas porque o exercício de tal direito me parece incompatível com a suavidade da sua missão. Elas, que devem ser a mais alta personificação do amor e da bondade, não devem descer à arena política, onde tantas paixões se desencadeiam e tumultuam. Nem tudo é para todos, nem todos são para tudo".

[811] Cfr. Jorge Bacelar Gouveia, *A protecção de dados...*, pp. 196 e 197.

[812] Tão bem explicitada por Rui Ramos (*Outra opinião...*, p. 27): "Uma vez vitoriosos, graças à falta de comparência dos adversários, os mais hábeis entre os líderes do PRP aperceberam-se de que a festa podia ser efémera. Precisavam de eleger uma assembleia constituinte, e corriam o risco de ver os antigos políticos ganhar as eleições, e eles, os revolucionários, serem arrumados na prateleira. Como é que podiam impedir isso? Inventando uma guerra contra a Igreja para prolongar a situação revolucionária. O objectivo da célebre Lei da Separação entre a Igreja e o Estado, de Abril de 1911, foi destruir a organização eclesiástica em Portugal, como primeiro passo de uma campanha do Estado para extinguir o catolicismo. Ao fazer isso, os republicanos deram ao novo regime uma natureza programática.

tima, a despeito de todas as afirmações de igualdade de tratamento, o que podia ser bem comprovado por vários factos[813]:

- a extinção das ordens religiosas;
- a imposição do casamento civil, negando-se relevância civil ao casamento religioso; ou
- a nacionalização dos bens das ordens religiosas.

A este propósito, o que foi bem revelador dos propósitos dos republicanos radicais, é de notar a rapidez com que se implantou a separação entre o Estado e as confissões religiosas, levada a cabo pela *Lei da Separação do Estado da Igreja*, promanada ainda antes da aprovação da C1911 e sem esperar por ela, da qual se evidenciava a nacionalização dos bens de natureza religiosa, de acordo com este emblemático preceito, bem ao espírito da época: "Todas as catedrais, igrejas e capelas, bens imobiliários e mobiliários que têm sido ou se destinavam a ser aplicados no culto público da religião católica e à sustentação dos ministros dessa religião e de outros funcionários, empregados e serventuários dela, incluindo as respectivas benfeitorias e até os edifícios novos que substituam os antigos, são declarados, salvo o caso de propriedade bem determinada de uma pessoa particular ou de uma corporação com individualidade jurídica, pertença e propriedade do Estado e dos corpos administrativos, e devem ser, como tais, arrolados e inventariados..."[814].

V. Em termos de regime de direitos fundamentais, preceito que finalmente merece lembrança foi o que consagrou a expressa possibilidade de o texto constitucional conter outros direitos fundamentais

---

A partir daí, a República tinha um objectivo, e esse objectivo só poderia ser alcançado se no poder estivessem os republicanos – não todos aqueles que depois da vitória se diziam republicanos, mas só aqueles que pertenciam ao PRP".

[813] Cfr. FERNANDO CATROGA, *O republicanismo...*, pp. 201 e ss.; ROSA DIONÍZIO NUNES, *Das Relações...*, pp. 260 e ss.

[814] Art. 62.° da Lei da Separação do Estado da Igreja, aprovada em 20 de Abril de 1911.

de valor constitucional – direitos fundamentais atípicos, na esteira da CNA – para além dos já positivados.

Era precisamente com esse fito que se estabelecia, inovatoriamente no Direito Constitucional Português, a seguinte disposição: "A especificação das garantias e direitos expressos na Constituição não exclui outras garantias e direitos não enumerados, mas resultantes da forma de governo que ela estabelece e dos princípios que consigna ou constam doutras leis"[815].

Eis a introdução de uma cláusula de abertura ou de não tipicidade do catálogo de direitos fundamentais[816], através da qual se fazia o reconhecimento explícito – e não já implícito, como no tempo monárquico, por intermédio do princípio da liberdade – dos direitos fundamentais atípicos, com uma norma que abria o sistema constitucional de direitos fundamentais[817].

A operacionalização desta abertura aos direitos fundamentais atípicos, não sendo propriamente indiscriminada, sujeitava-se às seguintes balizas:

– a eficácia normativa dos direitos a colher pela sua consagração prévia ao nível de uma fonte legal;
– a selecção material dos direitos com base numa concepção republicana, que se identificava com os princípios constitucionais republicanos, subjacentes à lógica do sistema político republicano;

---

815 Art. 4.° da C1911. Sobre este preceito em geral, v. JORGE MIRANDA, *A Constituição de 1976 – formação, estrutura, princípios fundamentais*, Lisboa, 1978, p. 325, nt n.° 79, e *Manual...*, I, p. 292; JORGE BACELAR GOUVEIA, *Os direitos fundamentais atípicos...*, pp. 269 e ss.; JOSÉ CARLOS VIEIRA DE ANDRADE, *Os direitos fundamentais...*, pp. 74 e 75.

816 Preceito que teve por fonte, segundo JOSÉ FERREIRA MARNOCO E SOUSA (*Constituição...*, p. 204), o art. 78.° da Constituição Brasileira de 1891.

817 Cfr. JORGE BACELAR GOUVEIA, *Os direitos fundamentais atípicos*, p. 270. Cfr. também, unanimemente, JOSÉ FERREIRA MARNOCO E SOUSA, *Constituição...*, p. 204; JORGE MIRANDA, *Manual...*, I, p. 292; HENRIQUE MOTA, *Biomedicina e novos direitos do homem*, Lisboa, 1986, p. 156, nt. 242; MARCELO REBELO DE SOUSA, *Constituição...*, p. 21; JOSÉ CARLOS VIEIRA DE ANDRADE, *Os direitos fundamentais...*, p. 74.

– a aplicação parcial do regime dos direitos fundamentais enumerados aos direitos fundamentais atípicos[818], sublinhando-se a particularidade da sua constitucionalização[819].

VI. Tendo tido a C1911 alguns actos de revisão constitucional, os mesmos não se mostraram alheios a preocupações em torno do reforço da protecção de direitos fundamentais.

Tal foi o caso da primeira Lei de Revisão Constitucional da C1911, a Lei n.° 635, de 28 de Setembro de 1916, que abriria excepções à proibição da aplicação da pena de morte e de penas corporais perpétuas e indeterminadas no caso de guerra[820].

81. O parlamentarismo pulverizado de assembleia

I. Relativamente à organização do poder político, a alteração fundamental residiu na consagração do princípio republicano na sua

---

[818] Este foi o salto lógico que JOSÉ FERREIRA MARNOCO E SOUSA não foi capaz de dar, mostrando uma perplexidade bloqueante em face de uma aparente contradição entre a referência, por um lado, às leis ordinárias, e por outro lado, à ideia do seu aditamento no catálogo dos direitos constitucionais.

É que, do seu ponto de vista, se essas garantias constam da lei ordinária não poderiam ser qualificadas de constitucionais: "ou as garantias que constam de outras leis constituem matéria constitucional, mas nesse caso cai-se no absurdo de considerar como constitucionais garantias estabelecidas pelas leis ordinárias, tornando-se difícil a reforma destas leis, ou tais garantias não constituem matéria constitucional e neste caso não se pode explicar a referência que este artigo lhes faz, pois a Constituição deve ocupar-se unicamente de garantias constitucionais" (*Constituição...*, p. 205).

[819] É evidente que para nós não há qualquer contradição a assinalar. Ela só se verifica quando se não admite a existência de uma eficácia normativa, apoiada na prévia previsão dos direitos infraconstitucionais, depois aproveitados e constitucionalizados. Ora, o art. 4.° da C1911 é, segundo pensamos, um exemplo claro de como isso é viável. Cfr. JORGE BACELAR GOVEIA, *Os direitos fundamentais atípicos*, p. 277 e 278.

[820] Cfr. os arts. 2.° e 3.° da Leid e revisão Constitucional de 1916, tendo o primeiro revogado o n.° 22 do art. 3.° da C1911 e o outro aditado o art. 59.°-A à C1911.

vertente institucional, com a substituição do Rei pelo cargo de Presidente da República, além da reafirmação do carácter unitário do Estado[821].

Se a proclamação do regime republicano foi um momento de viragem, pode dizer-se que esta fase do Constitucionalismo Português não o fez de um modo pleno, mas sensivelmente limitado.

A legitimidade democrática do Chefe de Estado, se considerada indispensável, apenas se apresentava indirectamente relevante, pois que a sua designação organizava-se no seio de um colégio especial, não directamente pelo voto dos cidadãos eleitores.

Por outro lado, não se pode esquecer o carácter ainda limitado desse mesmo sufrágio, com fortes entorses a uma ideia, muito longínqua, de sufrágio pleno, mantendo-se diversas discriminações, em razão da idade e em razão do sexo.

O texto constitucional, quanto à disposição dos poderes, reafirmava a clássica tripartição de poderes, dizendo que "São órgãos de soberania o Poder Legislativo, o Poder Executivo e o Poder Judicial independentes e harmónicos entre si"[822].

II. O Poder Legislativo competia ao Congresso da República, de estrutura bicameral, sendo composto pela Câmara dos Deputados e pelo Senado, em ambos os casos os seus membros eleitos por sufrágio directo dos cidadãos[823].

A legislatura tinha a duração de três anos[824], funcionando em separado e em conjunto, tendo os Deputados um mandato de três anos e os Senadores um mandato de seis anos[825].

As competências do Congresso da República eram vastíssimas, fazendo deste órgão o fulcro político do sistema de governo

---

[821] Como se pode ler no art. 1.° da C1911, em que se diz que "A Nação Portuguesa, organizada em Estado Unitário, adopta como forma de governo a República, nos termos desta Constituição".

[822] Art. 5.° da C1911.

[823] Cfr. o art. 8.° da C1911.

[824] Cfr. o art. 11.° da C1911.

[825] Cfr., respectivamente, os arts. 22.° e 24.° da C1911.

na C1911, não só pela quantidade, mas sobretudo pela qualidade daquelas[826].

III. O Poder Executivo competia ao Presidente da República e aos Ministros[827], com funções de representação "...da Nação nas relações gerais do Estado, tanto internas como externas"[828].

O Chefe de Estado era eleito pelo Congresso em sessão conjunta, por maioria de dois terços dos votos[829], para um mandato de 4 anos[830], sem possibilidade de reeleição para o quadriénio imediato, havendo a particularidade de poder ser destituído[831].

A C1991, em matéria de poder executivo, continha ainda, pela primeira vez na História Constitucional Portuguesa, a autonomização do Primeiro-Ministro, então designado Presidente do Ministério: "De entre os Ministros, um deles, nomeado também pelo Presidente, será Presidente do Ministério e responderá não só pelos negócios de sua pasta, mas também pelos de política geral"[832].

IV. O Poder Judicial estava distribuído por um Supremo Tribunal de Justiça e por tribunais de primeira e de segunda instância[833], assumindo-se já a plenitude de um escalonamento hierárquico do poder judicial.

Os juízes, num reforço do seu estatuto, dispunham de todas as garantias inerentes ao exercício do poder judicial, expressamente se referindo a sua vitaliciedade, inamovibilidade e irresponsabilidade[834].

---

826 Cfr. o art. 26.° da C1911.

827 Cfr. o art. 36.° da C1911.

828 Art. 37.° da C1911.

829 Cfr. o art. 38.° da C1911.

830 Cfr. o art. 42.°, n.° 1, da C1911.

831 Como se estipulava no art. 46.° da C1911, "O Presidente pode ser destituído pelas duas Câmaras reunidas em Congresso, mediante resolução fundamentada e aprovada por dois terços dos seus membros e que claramente consigne a destituição, ou em virtude de condenação por crime de responsabilidade".

832 Art. 53.° da C1911.

833 Cfr. o art. 56.° da C1911.

834 Cfr. os arts. 57.° e 60.° da C1911.

O júri era constitucionalmente previsto nos seguintes termos: "A intervenção do júri será facultativa às partes em matéria civil e comercial, e obrigatória em matéria criminal quando ao crime caiba pena mais grave do que prisão correcional e quando os delitos forem de origem ou de carácter político"[835].

V. A C1911 optou, marcadamente, por um sistema de governo republicano de índole parlamentar, na sua vertente de assembleia[836].

Para isso contribuiu a distribuição constitucional dos poderes, com a total precarização do Poder Executivo em relação à posição do Poder Legislativo[837], de acordo com estes claros indícios:

- a legitimidade do Presidente da República, por causa da sua eleição pelo Congresso da República, surgiu logo muitíssimo diminuída, o que se agravou ainda mais se nos lembrarmos do facto de o Parlamento ter o poder de o destituir, numa deliberação aprovada por maioria de dois terços dos seus membros[838];
- o Congresso da República não podia ser, em caso algum, dissolvido pelo Presidente da República, sendo essa a solução logicamente aplicável na falta de explicitação, na C1911, a esse propósito[839];

---

[835] Art. 59.° da C1911.

[836] Neste sentido, José Ferreira Marnoco e Sousa, *Constituição...*, pp. 14 e 15; Jorge Miranda, *Contributo para uma teoria da inconstitucionalidade*, Lisboa, 1968, p. 108, *As Constituições...*, 1.ª ed., p. XXXVII, *Governo (formas e sistemas de)*, p. 88, e *Manual...*, I, p. 295; Marcello Caetano, *Manual de Ciência Política...*, II, p. 484, e *Constituições...*, p. 99; Giuseppe de Vergottini, *Le origini...*, p. 2; Isaltino A. Morais, José Mário Ferreira de Almeida e Ricardo Leite Pinto, *O sistema...*, p. 75; Carlos Blanco de Morais, *O estado...*, p. 57; J. J. Gomes Canotilho, *Direito Constitucional*, pp. 314 e 325; Luís Sá, *O lugar da Assembleia...*, p. 155.

[837] Com uma resenha acerca dos poderes do Estado na C1911, v., de entre outros, Marcello Caetano, *Constituições...*, pp. 89 e 90; J. J. Gomes Canotilho, *Direito Constitucional*, pp. 321 e ss.; Jorge Miranda, *Manual...*, I, pp. 294 e 295.

[838] Cfr. os arts. 26.°, §§ 19.° e 20.°, e 46.° da C1911.

[839] Neste sentido, Marcelo Rebelo de Sousa, *Direito Constitucional...*, p. 330; Jorge Miranda, *Manual...*, I, pp. 295 e 296, embora este autor, em escrito

– o Chefe de Estado não tinha qualquer poder de veto, nem mesmo suspensivo, sobre os decretos enviados pelo Congresso da República para serem promulgados, adoptando-se a solução da promulgação tácita caso não houvesse decisão no termo do período de quinze dias[840].

VI. No plano político, essa parlamentarização excessiva agravar-se-ia pela pulverização partidária a que se assistiu na fase final da 1.ª República[841] e que muito contribuiu, primeiro, para o seu desprestígio e, depois, para a sua extinção.

Não obstante a grande novidade em que consistiu a instauração da República, o Presidente da República não era mais do que um órgão "decorativo" ou, para usar uma expressão em voga na época, "um inaugurador de exposições de crisântemos".

82. O pioneirismo da fiscalização jurisdicional da constitucionalidade

I. Em matéria de poder judicial, novidade extremamente relevante da C1911 seria ainda a da introdução, pela primeira vez na Europa, do mecanismo da *judicial review*, oriundo do Direito Constitucional Norte-Americano, recebido por intermédio da segunda Constituição brasileira de 1891.

Consistia ele na faculdade atribuída aos tribunais em geral de suscitarem, e depois resolverem, dúvidas de inconstitucionalidade nas leis que viessem a aplicar nos litígios que tinham entre mãos.

---

anterior (*Chefe de Estado*, p. 396, nt. n.º 72), falasse em "sistema parlamentar atípico ou incompleto", por faltar o poder presidencial de dissolução.

[840] Cfr. o art. 31.º da C1911. Cfr. MARGARIDA SALEMA, *O direito...*, pp. 12 e 13.

Contra esta conclusão, falando em "veto de facto", JOSÉ FERREIRA MARNOCO E SOUSA, *Constituição...*, p. 462.

[841] Cfr. J. J. GOMES CANOTILHO, *Direito Constitucional*, pp. 326 e 327.

De acordo com o pertinente preceito constitucional, "O Poder Judicial, desde que, nos feitos submetidos a julgamento, qualquer das partes impugnar a validade da lei ou dos diplomas emanados do Poder Executivo ou das corporações com autoridade pública, que tiverem sido invocados, apreciará a sua legitimidade constitucional ou conformidade com a Constituição e princípios nela consagrados"[842].

II. Esta disposição significou que, pela primeira vez, aos tribunais foi deferida uma competência expressa de defesa da ordem constitucional, erigindo-se os mesmos, nos feitos em julgamento, a protectores da Constituição, poder difusamente distribuído por todos os tribunais, assim se permitindo uma sindicabilidade concreta no respectivo controlo[843], com uma amplitude verdadeiramente apreciável para a época:

- *uma fiscalização a cargo de todos os tribunais*, e não uma fiscalização especializada, possibilitando o acesso directo de todos à Constituição;
- *uma fiscalização protectora da globalidade do texto constitucional*, não só numa óptica mais formal, mas também numa perspectiva sistemática interna, por apelo às suas disposições e aos princípios nela consagrados;
- *uma fiscalização abrangente de qualquer acto do poder político*, independentemente da sua autoridade legislativa, administrativa ou outra, e independentemente da sua natureza normativa.

Mesmo que a prática deste esquema de fiscalização não tivesse sido grande, estavam aqui lançados os importantes caboucos de um futuro e promissor sistema português de fiscalização da constitucio-

---

842 Art. 63.° da C1911.

843 Sobre a importância deste mecanismo de fiscalização da constitucionalidade, v. JOÃO MARIA TELLO DE MAGALHÃES COLLAÇO, *Ensaio sobre a inconstitucionalidade das leis no Direito Português,* Coimbra, 1915, pp. 105 e ss.; MARCELO REBELO DE SOUSA, *O valor...*, I, pp. 56 e ss.; JORGE MIRANDA, *Manual...*, I, pp. 295 e 296.

nalidade, de que só a CRP viria a ser protagonista, após a interrupção imposta pela C1933.

83. As revisões constitucionais e o interregno de Sidónio Pais

I. Durante esta fase da nossa História Constitucional, foram cinco os momentos de revisão constitucional, cumprindo referir as emendas efectuadas, em conformidade com momentos político-sociais[844]:

- *a Lei n.° 635, de 28 de Setembro de 1916*: a manutenção da extinção dos direitos nobiliárquicos, mas admitindo galardoar feitos cívicos e actos militares com ordens honoríficas, assim como a proibição geral da pena de morte, à excepção da situação necessária em teatro de guerra[845];
- *a Lei n.° 854, de 20 de Agosto de 1919*: a fixação de um subsídio conferido aos parlamentares[846];
- *a Lei n.° 891, de 22 de Setembro de 1919*: a atribuição ao Presidente da República da faculdade de dissolução das Câmaras Legislativas[847], juntamente com outras medidas, numa lógica de reforço do seu fraco estatuto, pretendendo-se, *in extremis*, salvar o regime republicano;
- *a Lei n.° 1005, de 7 de Agosto de 1920*: o reforço dos poderes legislativo e executivo nas matérias atinentes ao governo das colónias[848];

[844] Sobre as revisões constitucionais da C1911, v. JORGE MIRANDA, *Manual*...I, pp. 296 e 297.

[845] Cfr. os arts. 1.° e 3.° da Lei n.° 635, de 28 de Setembro de 1916.

[846] Cfr. o art. 1.° da Lei n.° 854, de 20 de Agosto de 1919.

[847] Cfr. o art. 1.°, § 10.°, da Lei n.° 891, de 22 de Setembro de 1919.

[848] Cfr. os arts. 2.° e 3.° da Lei n.° 1005, de 7 de Agosto de 1920.

– *a Lei n.° 1154, de 27 de Abril de 1921*: a adopção de esquemas de maior funcionalidade para os trabalhos parlamentares[849].

II. O regime da revisão constitucional, directamente previsto no texto da C1911, incluía dois diversos procedimentos possíveis[850]:

– *um procedimento normal*, sujeito ao limite temporal de dez anos, tempo necessário para que uma nova lei de revisão pudesse ser aprovada;
– *um procedimento antecipado*, podendo a revisão ser encurtada em cinco anos, no caso de tal decisão ser tomada por uma maioria de dois terços dos membros do Congresso.

Em qualquer dos casos, não se admitia a abolição da forma republicana de governo, assim erigida a limite material de revisão constitucional.

III. Este período republicano – manda a verdade histórica dizê-lo – não foi totalmente linear e sofreu um interregno, entre 1917 e 1918, com a assunção do poder por Sidónio Pais.

Este interregno constitucional consubstanciar-se-ia no Decreto n.° 3 997, de 30 de Março de 1918, o qual seria revogado pela Lei n.° 833, de 16 de Dezembro de 1918[851].

---

849 Cfr. o art. 1.° da Lei n.° 1154, de 27 de Abril de 1921.

850 Cfr. o art. 82.° da C1911.

851 Para a análise do alcance deste interregno constitucional sidonista, v. MARCELLO CAETANO, *Manual de Ciência Política...*, II, p. 478, e *Constituições...*, p. 91; GIUSEPPE DE VERGOTTINI, *Le origini...*, p. 3; VÍTOR EVANGELISTA, *História das Constituições...*, p. 129; MARCELO REBELO DE SOUSA, *Os partidos políticos...*, p. 178; PAULO OTERO, *A concepção unitarista do Estado na Constituição de 1933*, in RFDUL, XXXI, 1990, pp. 448 e 449; GUILHERME D'OLIVEIRA MARTINS, *Portugal...*, p. 31; A. H. DE OLIVEIRA MARQUES, *O Estado...*, pp. 324 e 325; MÁRIO SOARES, *Constituição de 1911*, p. 165; DAVID FERREIRA, *Sidónio Pais*, in DHP, IV, Porto, 1992, pp. 520 e ss.; LUÍS SÁ, *O lugar da Assembleia...*, pp. 157 e 158; RUI RAMOS, *Os Presidentes...*, pp. 35 e ss.; JORGE MIRANDA, *Manual...*, I, pp. 297 e 298.

Este golpe de Estado de 5 de Dezembro de 1917 foi protagonizado por Sidónio Pais, de simpatias germanófilas, que concebeu um Estado corporativo, tendo rapidamente elaborado um texto constitucional, que duraria apenas um ano, num tempo conhecido por "República Nova"[852].

IV. Ao nível da organização dos poderes, o Presidente da República, com poderes assimiláveis ao Presidente norte-americano[853], seria eleito por sufrágio directo para maiores de 21 anos, num mandato de 4 anos[854], mas organicamente concebido através da estratificação social por organizações.

O poder legislativo estava atribuído a uma estrutura bicameral[855], consagrando uma sistema corporativo:

– a Câmara dos Deputados, com 155 membros, directamente eleitos pelos cidadãos eleitores;
– o Senado, composto por 77 membros, escolhidos em razão de critérios geográficos e sectoriais, em homenagem a uma representação orgânica de interesses.

---

852 Como escreve Rui Ramos (*Os Presidentes*..., pp. 36 e 37), "A revolução de Sidónio foi profunda. Até 1917, os militantes do antigo PRP constituíram uma espécie de ordem nobiliárquica, a quem todos os poderes e privilégios estavam reservados. Sidónio ignorou o exclusivismo desta aristocracia republicana e abriu as portas do regime a toda a gente... (...). Mas a República de Sidónio era uma república sem republicanos, feita contra a esquerda radical que até aí dominara o Estado. Sidónio recorreu a católicos, monárquicos e indiferentes políticos para os cargos directivos e de confiança política na administração e no exército...".

853 Cfr. Rui Ramos, *Os Presidentes*...., pp. 37 e 38.

854 Cfr. os arts. 116.° e 121.° do Decreto n.° 3 999, de 30 de Março de 1918.

855 Cfr. os arts. 1.° e 2.° do Decreto n.° 3 997, de 30 de Março de 1918.

§ 19.° A Constituição Fascizante de 1933

84. O Golpe Militar de 28 de Maio de 1926 e o "Estado Novo"

I. Este primeiro período de Constitucionalismo Republicano apenas duraria 16 anos, tendo soçobrado por razões internas, devido à grande instabilidade governativa que propiciou, como também devido a causas externas, ligadas à inserção de Portugal no Mundo e às questões africanas.

Foi o golpe militar de 28 de Maio de 1926 que colocaria termo à I República, inaugurando um outro período constitucional, o da II República ou (usando a expressão da época) de "Estado Novo", com uma directa inspiração autoritária e fascizante[856].

II. O projecto político-institucional subjacente a esta revolta definia-se melhor por contraste com o período republicano pretérito[857], podendo dizer-se que se enquadrava em quatro negações que o novo regime constitucional pretendia impor[858]:

---

[856] A respeito deste golpe militar, v. ARNALDO MADUREIRA, *"O 28 de Maio" – elementos para a sua compreensão*, Lisboa, 1978, pp. 35 e ss.; RUI RAMOS, *Os Presidentes...*, pp. 68 e 69.

[857] Quanto às influências que a C1933 recebeu, MARCELLO CAETANO, *A Constituição de 1933 – estudo de Direito Político*, 2.ª ed., Coimbra, 1957, p. 8, *Manual de Ciência Política...*, II, p. 494, e *Constituições...*, pp. 107 e 108; JORGE MIRANDA, *Contributo...*, pp. 95 e 96, *As Constituições...*, 1.ª ed., pp. XX e XXI, e *Manual...*, I, pp. 302 e 303; ANTÓNIO DE ARAÚJO, *A Lei de Salazar*, Coimbra, 2007, pp. 17 e ss.

[858] Expressão que se atribui, segundo conta PAULO OTERO (*O desenvolvimento de leis de bases pelo Governo*, Lisboa, 1997, p. 82, nt. n.° 157), ao ditador

– *anti-liberal*: anti-liberal porque fundava a ordem social, não no liberalismo e rejeitando a expressão da vontade individual das pessoas, mas no corporativismo, na prática distorcido por um corporativismo de Estado;
– *anti-parlamentar*: anti-parlamentar porque fazia sobressair o poder executivo, menorizando na prática, não tanto *de iure*, a força política do Parlamento[859];
– *anti-partidário*: anti-partidário porque afastava a existência de formações partidárias, ainda que, na realidade das coisas, o sistema funcionasse em termos de partido único;
– *anti-democrático*: anti-democrático porque repelia o princípio democrático, impondo uma ideia de Estado autoritário, com a admissão da duras limitações às liberdades fundamentais.

85. A tardia e plebiscitária formação do texto constitucional

I. A afirmação da nova ordem constitucional desenrolar-se-ia em duas fases distintas:

– *uma primeira fase*, de Ditadura Militar, entre 1926 até 1933, com base em textos constitucionais avulsos e provisórios;
– *uma outra fase*, com a Constituição de 1933 (C1933), desde este ano até 1974.

ANTÓNIO DE OLIVEIRA SALAZAR, em grande medida reflectindo a influência recebida da doutrina do integralismo lusitano, na sua vertente antidemocrática e antiliberal, como no-lo mostra MANUEL BRAGA DA CRUZ (*Monárquicos e republicanos no Estado Novo*, Lisboa, 1986, pp. 31 e ss.), assim se erigindo no quadro fundamental das opções a tomar.

[859] Como frisa TIAGO DUARTE (*A Lei por detrás do Orçamento,* pp. 125 e ss.), a feição antiparlamentarista do novo regime instituído igualmente se manifestou na adopção do paradigma dualista do Orçamento do Estado: "...previa-se, desde logo ao nível constitucional, uma modificação total relativamente à repartição de competências orçamentais entre o Parlamento e o Governo que, sendo reflexo da nova correlação de forças institucionais que o Estado Novo propunha, retirava do domínio parlamentar a tradicional competência de aprovação do Orçamento do Estado".

II. A elaboração do texto constitucional foi obra restrita[860], muito devendo a Oliveira Salazar, ainda que com a formal autoria de um Conselho Político Nacional, com a particularidade de ter sido popularmente votada em 19 de Março de 1933[861].

Mas este viria a ser um plebiscito, no sentido autoritário do termo, e não propriamente um referendo, até porque nas respectivas regras se evidenciava não apenas o voto obrigatório como a curiosidade de as abstenções serem consideradas como votos a favor: o resultado foi, obviamente, um sim à nova Constituição[862], que receberia a data da publicação dos resultados do plebiscito, em 11 de Abril de 1933.

III. As influências recebidas tiveram duas distintas proveniências:

– *no plano doutrinário*, sem dúvida que o Integralismo Lusitano e a Doutrina Social da Igreja estiveram presentes;
– *no plano da praxis política*, as experiências fascistas, essencialmente a italiana, marcaram presença nalgumas das soluções encontradas.

---

[860] Quanto aos momentos da elaboração da C1933, v. MARCELLO CAETANO, *A Constituição...*, pp. 6 e 7, *Manual de Ciência Política...*, II, pp. 492 e ss., e *Constituições...*, p. 107; FRANCISCO SÁ CARNEIRO, *As revisões da Constituição Política de 1933*, Porto, 1971, pp. 17 e 18; VÍTOR EVANGELISTA, *História das Constituições...*, pp. 132 e 133; FERNANDO ROSAS, *As grandes linhas da evolução institucional,* in AAVV, *Nova História de Portugal – Portugal e o Estado Novo*, XII, Lisboa, 1992, pp. 105 e ss.; LUÍS BARBOSA RODRIGUES, *O referendo...*, pp. 122 e ss.; JORGE MIRANDA, *Manual...*, I, pp. 298 e ss.; J. J. GOMES CANOTILHO, *Direito Constitucional*, p. 333; JORGE MIRANDA, *Manual...*, I, pp. 298 e ss.

[861] Convocado pelo Decreto n.º 22 229, de 21 de Fevereiro de 1933, oriundo do Ministério do Interior.

[862] Dos 1 330 258 recenseados, já de si um número muito restrito em relação ao conjunto dos cidadãos, votaram a favor 1 292 864, contra 6 190, havendo ainda 666 votos nulos.

Ao nível dos textos constitucionais, assinalava-se a influência tanto da Constituição alemã de Weimar como, sobretudo, da legislação do Estado Fascista Italiano.

IV. O texto da C1933, com a data de 11 de Abril desse ano[863], distribuía-se pelas seguintes partes[864], num total de 142 artigos:

- Parte I – *Das garantias fundamentais*
- Parte II – *Da organização política do Estado*
- *Disposições complementares*

O texto inicial da C1933[865] viria ainda a ser completado pela republicação do Acto Colonial, um texto com um valor formalmente

---

[863] Data em que foi publicada a acta geral de apuramento do resultado do plebiscito.

[864] Cfr. o respectivo texto em JORGE MIRANDA, *As Constituições Portuguesas...*, pp. 187 e ss.

[865] Sobre a C1933 em geral, v. F. I. PEREIRA DOS SANTOS, *Un État Corporatif – La Constitution Sociale et Politique Portugaise*, Paris, 1935, pp. 3 e ss.; J. CARLOS MOREIRA, *Organização Política do Estado Português* (elementos coligidos por A. J. Machado Gonçalves e A. Pinto da Cruz), Coimbra, 1952, pp. 8 e ss.; AFONSO RODRIGUES QUEIRÓ, *O Novo Direito Constitucional Português*, in BFDUC, vol. 22, 1946, pp. 44 e ss.; MARCELLO CAETANO, *A Constituição...*, pp. 13 e ss., *Manual de Ciência Política...*, II, pp. 503 e ss., e *Constituições...*, pp. 113 e ss.; ARMANDO M. MARQUES GUEDES, *Direito Constitucional*, pp. 409 e ss.; MIGUEL GALVÃO TELES, *Direito Constitucional – Sumários Desenvolvidos*, 1.ª ed., Lisboa, 1970, e 2.ª ed., Lisboa, 1971, pp. 5 e ss.; FRANCISCO SÁ CARNEIRO, *As revisões...*, pp. 18 e ss.; VASCO DA GAMA FERNANDES, *Trabalhos...*, pp. 99 e 100; GIUSEPPE DE VERGOTTINI, *Le origini...*, pp. 8 e ss.; JORGE CAMPINOS, *O Presidencialismo do Estado Novo*, Lisboa, 1978, pp. 27 e ss.; VÍTOR EVANGELISTA, *História das Constituições...*, pp. 134 e ss.; A. H. DE OLIVEIRA MARQUES, *História...*, III, pp. 442 e 443; MANUEL BRAGA DA CRUZ, *O partido...*, pp. 53 e ss.; JORGE MIRANDA, *As Constituições...*, 1.ª ed., pp. XV e XVI, e *Manual...*, I, pp. 302 e ss.; GUILHERME D'OLIVEIRA MARTINS, *Portugal...*, pp. 33 e ss.; J. J. GOMES CANOTILHO, *Direito Constitucional*, pp. 333 e ss., e *Direito Constitucional e Teoria...*, pp. 178 e ss.; JOSÉ HERMANO SARAIVA, *História...*, pp. 519 e ss.; LUÍS SÁ, *O lugar da Assembleia...*, pp. 159 e ss.; MARIA DA GLÓRIA FERREIRA PINTO DIAS GARCIA, *Da justiça...*, pp. 588 e ss.; RUI RAMOS, *Os Presidentes...*, pp. 67 e ss.; VITAL MOREIRA, *História...*, pp. 26 e ss.

constitucional, destinado a esclarecer a nova organização política dos territórios ultramarinos.

86. A concepção nominal dos direitos fundamentais

I. A caracterização geral da nova ordem constitucional naturalmente que se reflectiria no conjunto das opções tomadas no respectivo articulado, a começar logo pela matéria dos direitos fundamentais.

A este propósito, nem sequer a C1933 deixava qualquer dúvida, ao caracterizar o Estado Português nos seguintes termos: "O Estado português é uma República unitária e corporativa, baseada na igualdade dos cidadãos perante a lei, no livre acesso de todas as classes aos benefícios da civilização e na interferência de todos os elementos estruturais da Nação na vida administrativa e na feitura das leis"[866].

Os direitos fundamentais ordenavam-se por vários títulos das partes do texto constitucional, numa aparente generosidade tipológica em relação aos mesmos[867].

Os verdadeiros esteios da concepção limitadora dos mesmos advinham sobretudo de algumas das regras que marcariam restrições fortes ao seu exercício, nominalizando em grande parte o seu sentido protector da pessoa.

II. No tocante à qualidade e ao número de tipos de direitos fundamentais consagrados[868], o catálogo oferecido era bastante diver-

---

[866] Art. 5.° da C1933.

[867] Mas em que igualmente se verifica, na matéria da relação do Estado com a religião, a proclamação de um sistema de separação, com tratamento preferencial à Igreja Católica. Cfr. JORGE BACELAR GOUVEIA, *A protecção de dados...*, pp. 197 e 198.

[868] Sobre o sistema de direitos fundamentais da C1933, v. F. I. PEREIRA DOS SANTOS, *Un État...*, pp. 44 e ss.; MARCELLO CAETANO, *A Constituição...*, pp. 23 e ss., e *Manual de Ciência Política...*, II, pp. 514 e ss.; JORGE MIRANDA, *Contributo...*, pp. 96 e ss., e pp. 103 e ss., *Inviolabilidade do domicílio*, in RDES, ano XIX, Janeiro-

sificado e claramente aceitável do ponto de vista da evolução da Teoria do Direito Constitucional, conservando-se os tipos de direitos fundamentais já anteriormente consagrados.

No plano dos direitos individuais, até se iria mais longe com a consagração de novos tipos:

- o direito à vida e à integridade pessoal[869];
- o direito ao bom nome e à reputação[870];
- o direito a instrução contraditória no processo criminal[871];
- o direito à reparação de toda a lesão efectiva, sendo pecuniária relativamente às lesões morais[872].

Ao nível do regime, manteve-se também, até com uma maior amplitude pela omissão de um critério material, a cláusula de abertura dos direitos fundamentais[873], iniciada pela C1911.

III. Nos aspectos de ordem social, a C1933 significou uma viragem para uma concepção corporativa do Estado e da socie-

---

-Dezembro de 1974, n.ºs 1, 2, 3 e 4, pp. 399 e ss., *As Constituições...*, 1.ª ed., p. XXIX, *Manual...*, I, pp. 306 e ss., e *La Constitution Portugaise et la Protection Internationale des Droits de l'Homme*, in AVR, 34-1, Março de 1996, pp. 72 e ss.; MIGUEL GALVÃO TELES, *Direito Constitucional...*, 1.ª ed., pp. 108 e ss.; PEDRO SOARES MARTÍNEZ, *As liberdades fundamentais e a revisão constitucional*, Lisboa, 1971, *passim*; MARCELO REBELO DE SOUSA, *Direito Constitucional...*, p. 178; ADÉLIO PEREIRA ANDRÉ, *Defesa dos direitos...*, pp. 111 e ss.; J. J. GOMES CANOTILHO e VITAL MOREIRA, *Fundamentos da Constituição*, Coimbra, 1991, p. 95, e *Constituição...*, p. 103; J. J. GOMES CANOTILHO, *Direito Constitucional*, p. 334; JORGE BACELAR GOUVEIA, *Os direitos fundamentais atípicos*, pp. 279 e ss.; JOSÉ CARLOS VIEIRA DE ANDRADE, *Os direitos fundamentais...*, p. 74.

869 Cfr. o art. 8.°, § 1.°, da C1933.

870 Cfr. o art. 8.°, § 2.°, da C1933.

871 Cfr. o art. 8.°, § 10.°, da C1933.

872 Cfr. o art. 8.°, § 17.°, da C1933.

873 Cfr. o art. 8.°, § 1.°, 1.ª parte, da C1933. Cfr. JORGE MIRANDA, *A Constituição de 1976...*, p. 325, nt. n.° 79; HENRIQUE MOTA, *Biomedicina...*, p. 156, nt 242; JORGE BACELAR GOUVEIA, *Os direitos fundamentais atípicos...*, pp. 281 e ss.; JOSÉ CARLOS VIEIRA DE ANDRADE, *Os direitos fundamentais...*, p. 26.

dade[874], com alguns direitos fundamentais sociais enquadrados nesta nova concepção, de que são exemplos[875]:

- a protecção da família;
- a associação do trabalho à empresa;
- o direito à educação e à cultura;
- a liberdade de criação de escolas particulares.

No plano das relações entre o Estado e a religião, restabeleceu-se a normalidade, segundo um regime de separação cooperativa, e não já laicista: "Sem prejuízo do preceituado pelas concordatas na esfera do Padroado, o Estado mantém o regime de separação em relação à Igreja Católica e a qualquer outra religião ou culto praticado dentro do território português, e as relações diplomáticas entre a Santa Sé e Portugal com recíproca representação"[876].

Não se rejeitava em particular a possibilidade de um tratamento preferencial ser dado à Igreja Católica, embora sem qualquer religião oficial, dizendo-se posteriormente no texto da C1933, após a sua última revisão de 1971, que a religião católica seria considerada a "religião tradicional da Nação Portuguesa"[877].

IV. Porém, certos mecanismos constitucionais foram a "porta aberta" para o esvaziamento da função defensiva que deveriam propiciar às pessoas frente ao poder público, como aconteceu com a cláusula constitucional de limitação legal das liberdades públicas.

Esta célebre disposição estabelecia que "Leis especiais regularão o exercício da liberdade de expressão do pensamento, de ensino, de reunião e de associação, devendo, quanto à primeira, impedir preventiva ou repressivamente a perversão da opinião pública na sua função de força social, e salvaguardar a integridade moral dos cidadãos,

[874] Cfr. Jorge Miranda, *Manual...*, I, pp. 309 e ss.

[875] Cfr., respectivamente, os arts. 13.°, 36.°, 42.°, 43.° e 44.° da C1933.

[876] Art. 46.° da C1933.

[877] Quanto a esta questão, v., por todos, Manuel Braga da Cruz, *O Estado Novo e a Igreja Católica*, Lisboa, 1999, pp. 17 e ss.

a quem ficará assegurado o direito de fazer inserir gratuitamente a rectificação ou defesa na publicação periódica em que forem injuriados ou infamados, sem prejuízo de qualquer outra responsabilidade ou procedimento determinado na lei"[878].

Outros preceitos havia que militavam no mesmo sentido, para além das limitações políticas associadas ao sistema de partido único ou, em geral, ao monismo político que se vivia na época:

- era o caso da possibilidade de prisão sem culpa formada nalguns dos crimes mais graves[879];
- era o caso da limitação geral adveniente da necessidade de, quanto aos direitos, os cidadãos fazerem "...uso deles sem ofensa dos direitos de terceiros, nem lesão dos interesses da sociedade ou dos princípios da moral"[880].

V. As diversas revisões de que a C1933 também seria objecto atingiriam o catálogo de direitos fundamentais, mostrando na sua fase final de vigência a tentativa de suavização do regime, aliviando as limitações introduzidas na liberdade individual.

A revisão constitucional de 1951 consagrou novos direitos sociais, como o direito ao trabalho, ao que se juntou a incumbência geral de o Estado defender a saúde pública[881].

A revisão constitucional de 1971 reforçou os direitos individuais, aperfeiçoando as garantias no processo criminal e estabelecendo a garantia do recurso contencioso[882].

---

[878] Art. 8.°, § 2.°, da C1933.

[879] Cfr. o art. 8.°, § 3.°, da C1933.

[880] Art. 8.°, § 1.°, *in fine*, da C1933.

[881] Cfr., respectivamente, o novo n.° 1-A do art. 8.° e o art. 6.°, n.° 4, da L n.° 2 048, de 11 de Junho de 1951.

[882] Cfr., respectivamente, a nova redacção do art. 8.°, n.os 8 e ss., e n.° 21, da L n.° 3/71, de 16 de Agosto.

87. A ordem social e económica corporativa

I. Diferentemente daquilo que sucedeu com os textos constitucionais antecedentes, de alguma sorte assim se frisando a respectiva matriz liberal, a C1933 inovou com a introdução de uma visão acerca da sociedade e da economia, e não se quedando por uma concepção apenas do Estado.

Daí que este seja o primeiro texto constitucional português a conferir uma directa relevância à estruturação da sociedade, embora da óptica de um Estado autoritário, de cunho fascizante.

A opção fundamental foi a do corporativismo, a qual representou uma visão ordenada da sociedade, não numa óptica individualista, mas numa óptica grupal, em que os interesses da mesma se projectariam a partir das diversas instituições sociais, desde a família às corporações profissionais e sindicais, passando pelos corpos administrativos[883].

A C1933 era clara a este respeito: "Incumbe ao Estado reconhecer as corporações morais ou económicas e as associações ou organizações sindicais, e promover e auxiliar a sua formação"; "Nas corporações morais e económicas, estarão organicamente representados todos os elementos da Nação..."[884].

II. Só que o corporativismo da C1933 não era um qualquer corporativismo, era antes um corporativismo de Estado, ao qual se associou um timbre autoritário, acompanhado de um monismo social e político.

É que a expressão do bem comum através das diversas corporações não surgia livremente, mas de "cima para baixo", sendo imposta pelo Estado, que o disciplinava e, sobretudo, dirigia.

Por outra parte, importava não esquecer que o dinamismo social estava vinculado a regras de controlo da opinião pública, sendo em-

---

[883] Cfr. Jorge Miranda, *Manual...*, I, pp. 309 e ss.

[884] Respectivamente, os arts. 14.° e 18.° da C1933.

blemática a disposição constitucional a esse respeito: "A opinião pública é elemento fundamental da política e administração do País, incumbindo ao Estado defendê-la de todos os factores que a desorientem contra a verdade, a justiça, a boa administração e o bem comum"[885].

III. Do ponto de vista económico, a visão corporativa igualmente se fazia sentir, assumindo o Estado a direcção da economia, tanto num plano interno como externo:

- internamente, com mecanismos de condicionamento do mercado, estabelecendo-se que "O Estado promoverá a formação e desenvolvimento da economia nacional corporativa, visando a que os seus elementos não tendam a estabelecer entre si concorrência desregrada e contrária aos justos objectivos da sociedade e deles próprios, mas a colaborar mutuamente como membros da mesma colectividade"[886];
- externamente, com políticas proteccionistas, de defesa dos interesses nacionais, prescrevendo-se que "O Estado regulará as relações da economia nacional com a dos outros países em obediência ao princípio de uma adequada cooperação, sem prejuízo das vantagens comerciais a obter especialmente de alguns ou da defesa indispensável contra ameaças ou ataques externos"[887].

88. O autoritarismo governativo de chanceler

I. Do ponto de vista da organização política, na outra grande parte do texto constitucional de 1933, estabeleceu-se o regime dos órgãos de soberania, no lugar da tradicional referência aos poderes

---

[885] Art. 20.° da C1933.
[886] Art. 34.° da C1933.
[887] Art. 30.° da C1933.

estaduais: "A soberania reside na Nação e tem por órgãos o Chefe de Estado, a Assembleia Nacional, o Governo e os Tribunais"[888].

A despeito da invocação de um princípio de soberania nacional, e a despeito de uma referência plúrima aos diversos poderes, protagonizados pelos órgãos de soberania, não se podia propriamente visualizar uma opção de separação de poderes, antes de concentração de poderes: formalmente, no Chefe de Estado, e materialmente, no Presidente do Conselho.

II. O Chefe de Estado, durante uma boa parte da vigência da C1933, foi eleito por sufrágio directo, ainda que bastante restrito, para um mandato, ilimitado quanto à sua renovação, de 7 anos, ilimitação que ainda se desenvolvia mais pela expressa consagração de um princípio de irresponsabilidade política em relação a outros órgãos: "O Presidente da República responde directa e exclusivamente perante a Nação pelos actos praticados no exercício das suas funções, sendo o exercício destas e a sua magistratura independentes de quaisquer votações da Assembleia Nacional"[889].

As suas competências, frente à autonomização do Governo como órgão de soberania *a se*, incluíam aspectos de natureza administrativa e política, neles se realçando o poder para nomear os membros do Governo e o poder de dissolução da Assembleia Nacional[890].

A actividade do Chefe de Estado era auxiliada pelo Conselho de Estado, órgão composto por dez membros e presidido por aquele, de consulta obrigatória no caso da tomada das mais relevantes decisões de natureza política[891].

III. A Assembleia Nacional era composta por 90 Deputados, eleitos por sufrágio directo dos cidadãos eleitores, para um mandato de 4 anos[892].

---

[888] Art. 71.° da C1933.

[889] Art. 78.° da C1933.

[890] Cfr. o art. 81.° da C1933.

[891] Cfr. os arts. 83.° e 84.° da C1933.

[892] Cfr. o art. 85.°, proémio, da C1933.

As competências da Assembleia Nacional assumiam-se bastante vastas, mais do foro legislativo do que da fiscalização política, embora com um funcionamento limitado a sessões com "...a duração anual de três meses improrrogáveis"[893].

Na actividade desenvolvida, a Assembleia Nacional era coadjuvada pela Câmara Corporativa, "...composta de representantes de autarquias locais e dos interesses locais, considerados estes nos seus ramos fundamentais de ordem administrativa, moral, cultural e económica, designando a lei aqueles a quem incumbe tal representação ou o modo como serão escolhidos e a duração do seu mandato"[894].

À Câmara Corporativa competia "...relatar e dar parecer por escrito sobre todas as propostas ou projectos de lei que forem presentes à Assembleia Nacional, antes de ser nesta iniciada a discussão"[895].

IV. O Governo era constituído pelo Presidente do Conselho e pelos Ministros, além de Subsecretários de Estado, apresentando-se aquele como politicamente responsável em face do Chefe do Estado: "O Presidente do Conselho responde perante o Presidente da República pela política geral do Governo e coordena e dirige a actividade de todos os Ministros, que perante ele respondem politicamente pelos seus actos"[896].

As competências do Governo integravam a prática de actos de natureza legislativa, administrativa e política, sendo, de longe, a figura do seu Chefe o fulcro do sistema político, dadas as amplas competências de que dispunha, sem olvidar o controlo exercido sobre o Chefe de Estado por intermédio da referenda ministerial[897].

V. Os tribunais desempenhavam a função judicial, organizados por tribunais ordinários e por tribunais especiais, para aqueles se estabelecendo uma hierarquia constitucionalmente relevante.

---

[893] Art. 94.° da C1933.

[894] Art. 102.°, proémio, da C1933.

[895] Art. 103.°, proémio, da C1933.

[896] Art. 107.° da C1933.

[897] Cfr. o art. 108.° da C1933.

Aos juízes eram oferecidas várias garantias, como a vitaliciedade, a inamovibilidade e a irresponsabilidade, dando corpo assim à necessidade da sua independência perante os outros poderes públicos.

Sem pretender internamente quebrar o legado da *judicial review* que a C1911 consagrou, a C1933 viria a consagrar um mecanismo de fiscalização da constitucionalidade, mas que na prática pouco interesse mostrou, mais por razões substantivas do que por razões directamente ligadas ao respectivo funcionamento, segundo uma artificial destrinça entre a inconstitucionalidade material e a inconstitucionalidade organizatória:

– *a fiscalização judicial da constitucionalidade material*, na esteira da C1911, aplicando-se como regra geral: "Nos feitos submetidos a julgamento não podem os tribunais aplicar leis, decretos ou quaisquer outros diplomas que infrinjam o disposto nesta Constituição ou ofendam os princípios nela consignados"[898];
– *a fiscalização político-parlamentar da constitucionalidade organizatória*: "A constitucionalidade da regra de direito, no que respeita à competência da entidade de que dimana ou à forma de elaboração, só poderá ser apreciada pela Assembleia Nacional e por sua iniciativa ou do Governo, determinando a mesma Assembleia os efeitos da inconstitucionalidade, sem ofensa, porém, das situações criadas pelos casos julgados"[899].

VI. A C1933, na sua ambiência, própria do momento que se vivia, caracterizou-se por adoptar, no plano do sistema de governo, e como explica JORGE MIRANDA, *um sistema representativo simples e de chanceler*[900], com total predomínio do Governo[901] – *rectius*, do Presi-

---

[898] Proémio do art. 122.° da C1933.

[899] Art. 122.°, § 1.°, da C1933.

[900] Sobre estas duas qualificações, v., por todos, JORGE MIRANDA, *Contributo...*, p. 108, e pp. 155 e ss., *Conselho de Estado*, II, 2.ª ed., Lisboa, 1990, p. 589, *Chefe de Estado*, p. 394, *As Constituições...*, 1.ª ed., pp. XXXVII e XXXVIII, *Governo (formas e sistemas de)*, p. 88, *A posição constitucional do Primeiro-Ministro*, Lisboa, 1984, p. 16, e *Manual...*, I, pp. 315.

dente do Conselho – sobre o Presidente da República e sobre o Parlamento[902].

Por um lado, *era um governo representativo simples* porque os poderes, do ponto de vista constitucional-formal, se concentravam no

---

[901] Outras opiniões acerca do sistema de governo da C1933:
- Marcello Caetano (*A Constituição...*, p. 67, *Manual de Ciência Política...*, II, p. 573, e *Constituições...*, p. 116) e Isaltino A. Morais, José Mário Ferreira de Almeida e Ricardo Leite Pinto (*O sistema...*, p. 75) – "presidencialismo bicéfalo", na teoria, e "presidencialismo do primeiro-ministro", na prática;
- Miguel Galvão Teles (*Direito Constitucional...*, 1.ª ed., p. 16, e 2.ª ed., p. 15) – "sistema presidencialista de chanceler";
- Jorge Campinos (*O presidencialismo...*, p. 137) – "presidencialismo funcional do Presidente do Conselho";
- Francisco Lucas Pires (*Conselho de Ministros*, in DJAP, II, 2.ª ed., Lisboa, 1990, p. 617) – "regime de tipo presidencialista";
- Marcelo Rebelo de Sousa (*Os partidos políticos...*, pp. 143 e 180) – concentração de poderes, primeiro, de forma monocéfala na pessoa do Presidente do Conselho de Ministros e, depois, num modo bicéfalo, nos titulares dos cargos de Presidente da República e de Presidente do Conselho de Ministros;
- Manuel Braga da Cruz (*O partido...*, p. 96) – "presidencialismo bicéfalo ou diárquico";
- J. J. Gomes Canotilho (*Direito Constitucional*, p. 335) – "presidencialismo atípico";
- Luís Sá (*O lugar da Assembleia...*, p. 163) – "presidencialismo do Primeiro-Ministro".

[902] Com uma descrição das competências dos diversos órgãos de soberania na C1933, v. F. I. Pereira dos Santos, *Un État...*, pp. 134 e ss.; J. Carlos Moreira, *Organização Política...*, pp. 14 e ss.; Marcello Caetano, *A Constituição...*, pp. 39 e ss., *Manual de Ciência Política...*, II, pp. 544 e ss., e *Constituições...*, pp. 115 e ss.; Vítor Vera Lopes, *A Constituição Portuguesa de 1933*, in Br, Maio de 1966, pp. 615 e ss.; Miguel Galvão Teles, *Direito Constitucional...*, 1.ª ed., pp. 17 e ss., *ibidem*, 2.ª ed., pp. 16 e ss., e *Chefe de Estado*, in VELBC, 5.° vol., Lisboa, s. d., pp. 209 e 210; Jorge Miranda, *Chefe de Estado*, pp. 394 e ss.; Jorge Campinos, *A Ditadura Militar 1926/1933*, Lisboa, 1975, pp. 90 e ss., e *O Presidencialismo...*, pp. 39 e ss.; Manuel Braga da Cruz, *O partido...*, pp. 96 e ss.; Guilherme d'Oliveira Martins, *Portugal...*, pp. 34 e 35; Fernando Rosas, *As grandes linhas...*, pp. 118 e ss.; Paulo Otero, *O desenvolvimento de leis de bases...*, p. 16.

Chefe de Estado, que nomeava livremente os membros do Governo e dispunha de meios de controlo do Parlamento, que o debilitavam acentuadamente:

- o poder de dissolução livre, apesar da fórmula, vazia, dos "interesses superiores da Nação"[903];
- a curta duração das sessões legislativas, pelo período de três meses "improrrogáveis"[904];
- a ausência de responsabilidade política do Governo perante a Assembleia Nacional[905].

Por outro lado, *era um sistema de chanceler* porque a concentração de poderes se dava, na verdade, não no Chefe de Estado, mas no Primeiro-Ministro:

- *no plano jurídico*, pela referenda ministerial, que se afigurava como o precioso instrumento dessa limitação, e pelos amplos poderes legislativos do Governo[906];
- *no plano político*, pela força político-ideológica da pessoa que ocupava o cargo de Presidente do Conselho, para todos os efeitos o grande condutor do regime e da acção política, primeiro, Oliveira Salazar (até 1968) e, depois, Marcello Caetano (de 1968 a 1974).

89. As muitas revisões constitucionais

I. Ao longo do tempo por que vigorou, numa única e longa vigência, a C1933 seria objecto de muitas revisões constitucionais,

---

903 Cfr. o art. 81.°, n.° 6.°, da C1933.

904 Cfr. o art. 94.° da C1933.

905 Cfr. os arts. 107.° e 111.°, este último bem concludente, da C1933, ao dizer neste que "O Governo é da exclusiva confiança do Presidente da República e a sua conservação no Poder não depende do destino que tiverem as suas propostas de lei ou quaisquer votações da Assembleia Nacional".

906 Cfr. o art. 108.°, n.° 2.°, da C1933.

com alcances distintos e para fazer face a muitas e diversas circunstâncias político-sociais, cumprindo apontar alguns dos temas versados, sem qualquer preocupação de exaustividade[907]:

- *a Lei n.° 1885, de 23 de Março de 1935*: o aperfeiçoamento de alguns institutos do corporativismo económico e social, bem como a introdução de novas regras no funcionamento parlamentar;
- *a Lei n.° 1 900, de 21 de Maio de 1935*: a incorporação na C1933 do Acto Colonial, destinado a disciplinar a organização política das colónias[908], num sentido muito próprio para o regime então vigente[909];
- *a Lei n.° 1 910, de 23 de Maio de 1935*: a indexação de ensino do Estado aos "...princípios da doutrina e moral cristãs, tradicionais do País";

---

[907] Sobre o sentido das revisões da C1933 em geral, v. MARCELLO CAETANO, *A Constituição...*, pp. 10 e ss., *Manual de Ciência Política...*, II, pp. 497 e ss., e *Constituições...*, pp. 109 e ss.; JOSÉ HERMANO SARAIVA, *A revisão constitucional e a eleição do Chefe de Estado*, Fundão, 1959, *passim*; FRANCISCO SÁ CARNEIRO, *As revisões...*, pp. 31 e ss.; VÍTOR EVANGELISTA, *História das Constituições...*, p. 134; GUILHERME D'OLIVEIRA MARTINS, *Portugal...*, pp. 35 e 36; FERNANDO ROSAS, *As grandes linhas...*, pp. 114 e ss.; JORGE MIRANDA, *Manual...*, I, pp. 316 e ss.

[908] Sobre a importância do Acto Colonial no desenvolvimento das independências das colónias, bem como as questões suscitadas, v. JOAQUIM DA SILVA CUNHA, *O sistema português de política indígena no Direito Positivo – desde 1820 à última revisão da Constituição*, Lisboa, 1953, pp. 35 e ss.; MÁRIO SOARES, *Portugal Amordaçado*, Lisboa, 1974, pp. 427 e ss.; DALILA CABRITA MATEUS, *A luta pela independência...*, pp. 19 e ss.; ARISTIDES PEREIRA, *Uma luta...*, pp. 23 e ss.

[909] Sobre a política ultramarina do Estado Novo e a sua evolução, v. JOAQUIM DA SILVA CUNHA, *O Ultramar, a Nação e o 25 de Abril*, Coimbra, 1977, pp. 5 e ss., e *Ainda o "25 de Abril"*, Lisboa, 1984, pp. 9 e ss.; JAIME NOGUEIRA PINTO, *O fim do Estado Novo e as origens do 25 de Abril*, 2.ª ed., Linda-a-Velha, 1995, pp. 417 e ss.; ÁLVARO CUNHAL, *A verdade e a mentira na Revolução de Abril (A contra-revolução confessa-se)*, Lisboa, 1999, pp. 86 e ss.; GEORGE WRIGHT, *A destruição de um país...*, pp. 23 e ss.; VASCO PULIDO VALENTE, *Marcello Caetano – as desventuras da razão*, Lisboa, 2002, pp. 75 e ss.

- *a Lei n.° 1945, de 21 de Dezembro de 1936*: a abertura à participação política dos organismos corporativos, assim como a possibilidade de uma mais efectiva intervenção do Estado na administração local;
- *a Lei n.° 1 963, de 18 de Dezembro de 1937*: a adopção de novas regras com o objectivo de agilizar o funcionamento da Câmara Corporativa, para além de outras alterações pontuais;
- *a Lei n.° 1 966, de 23 de Abril de 1938*: a introdução de novas regras procedimentais no funcionamento da Assembleia Nacional;
- *a Lei n.° 2 009, de 17 de Setembro de 1945*: a revisão geral dos órgãos de soberania, com realce para o aumento do número de Deputados para 120, assim como o aumento da competência legislativa do Governo no uso de decretos-leis fora do âmbito de autorização parlamentar, não carecendo de confirmação expressa;
- *a Lei n.° 2 048, de 11 de Junho de 1951*: a adição da liberdade de trabalho, bem como o reforço da posição institucional da Câmara Corporativa, além da incorporação do estatuto político das províncias ultramarinas no texto constitucional documental;
- *a Lei n.° 2 100, de 29 de Agosto de 1959*: a alteração do sistema de designação do Chefe de Estado, passando a ser por sufrágio indirecto em colégio eleitoral restrito, em que participavam os membros da Assembleia Nacional e da Câmara Corporativa, para além de outros membros, sendo ainda de registar o aumento do número dos Deputados para 130;
- *a Lei n.° 3/71, de 16 de Agosto*: o reconhecimento da religião católica como a "...religião tradicional da Nação Portuguesa", a adopção de uma estrutura unitária estadual com regiões autónomas e o reforço de algumas garantias dos administrados, ao lado da suavização das medidas de repressão política, no contexto da chamada "Primavera Marcelista".

II. O regime de revisão constitucional que foi constitucionalmente estabelecido, em grande parte influenciado pelo regime predecessor, teve a curiosidade de se desfibrar em três distintas modalidades procedimentais, assim se eliminando qualquer limite material de revisão constitucional[910]:

- *o procedimento geral*: a revisão constitucional acontecer ao fim de dez anos;
- *o procedimento antecipado*: a revisão constitucional ser feita logo ao fim de cinco anos, mas com a necessidade de ser aprovada por dois terços;
- *o procedimento de urgência*: a revisão constitucional realizar-se em qualquer altura, por decisão do Chefe de Estado, "...quando o bem público imperiosamente o exigir, depois de ouvido o Conselho de Estado e em decreto assinado por todos os Ministros..."[911].

---

[910] Cfr. o art. 133.° da C1933.

[911] Art. 134.° da C1933.

§ 20.º A actual Constituição Democrática e Social de 1976

90. A Revolução de 25 de Abril de 1974 e o Programa do Movimento das Forças Armadas

I. O quarto período – o que se vive actualmente – coincide com a vigência da Constituição da República Portuguesa de 1976 (CRP), aprovada em 2 de Abril desse ano, ininterruptamente vigorando até ao momento[912].

Este texto constitucional foi o resultado do labor de uma Assembleia Constituinte, para o efeito eleita, e que formalizou a ideia de Direito posta em prática pela Revolução Democrática de 25 de Abril de 1974, que derrubou o regime ditatorial do Estado Novo, instaurado em 28 de Maio de 1926.

II. A Revolução de 25 de Abril de 1974[913], iniciada pelos militares e à qual depois a generalidade do povo português daria o seu

---

[912] Sobre o actual sistema político-constitucional português, v, de entre tantos outros, AAVV, *Portugal – O sistema político-constitucional 1974-1987* (=*El sistema político y constitucional portugués, 1974-1987*, in REP, n.os 60-61, Abril--Setembro de 1988); MARCELO REBELO DE SOUSA, *Constituição...*, pp. 31 e ss.; JORGE MIRANDA, *Manual...*, I, pp. 329 e ss.; AAVV, *La Constitución Portuguesa de 1976 – un estúdio académico treinta años después* (coord. de JAVIER TAJADURA TEJADA), Madrid, 2006, pp. 5 e ss.; MANUEL PROENÇA DE CARVALHO, *Manual de Ciência Política...*, pp. 315 e ss.

[913] Sobre a Revolução de 25 de Abril de 1974, sua caracterização e protagonistas, bem como os traços gerais da III República, v., de entre muitos outros,

assentimento e participação, pôs cobro ao regime da C1933, tendo assim começado por ser um golpe de Estado, para depois se converter numa verdadeira revolução social:

- primeiro, *um golpe de Estado*, porque a deposição dos titulares do sistema político anterior partiu da iniciativa de um sector das Forças Armadas, conhecido como o "movimento dos capitães de Abril", apoiado por algumas patentes superiores, tendo na sua base preocupações salariais e de carreira, mas também de regime;
- depois, *uma revolução social*, porque recebeu a adesão da esmagadora maioria do povo português, cansado e injustiçado por um regime autoritário e retrógrado, que assim assumiu esse desejo de mudança profunda[914].

III. A principal mola impulsionadora da Revolução dos Cravos foi o Movimento das Forças Armadas (MFA)[915], que na mesma noite

---

JOAQUIM DA SILVA CUNHA, *Ainda o «25 de Abril»*, pp. 9 e ss.; JOSÉ HERMANO SARAIVA, *História...*, pp. 546 e ss; DIOGO FREITAS DO AMARAL, *Uma solução...*, pp. 44 e ss., e *O Antigo Regime e a Revolução – memórias políticas (1941-1975)*, 3.ª ed., Lisboa, 1995, pp. 149 e ss.; MARIA JOÃO AVILLEZ, *Do Fundo da Revolução*, Lisboa, 1994, *passim*; JAIME NOGUEIRA PINTO, *O fim do Estado Novo...*, pp. 475 e ss.; ÁLVARO CUNHAL, *A Revolução Portuguesa – o passado e o futuro*, 2.ª ed., Lisboa, 1994, pp. 99 e ss., e *A verdade e a mentira...*, pp. 101 e ss.; OTELO SARAIVA DE CARVALHO, *Alvorada em Abril*, 4.ª ed., Lisboa, 1998, pp. 117 e ss.; KENNETH MAXWELL, *A construção...*, pp. 62 e ss.; RUI RAMOS, *Os Presidentes...*, pp. 91 e ss., e *Outra opinião...*, pp. 59 e ss.; MARCELO REBELO DE SOUSA, *A Revolução e o Nascimento do PPD*, I e II, Lisboa, 2000, *passim*; J. J. GOMES CANOTILHO, *Direito Constitucional e Teoria...*, pp. 195 e ss.; ANTÓNIO JOSÉ TELO, *História Contemporânea de Portugal – do 25 de Abril à actualidade*, I, Lisboa, 2007, pp. 15 e ss.

914 Assim, PEDRO PEZARAT CORREIA, *Questionar Abril*, Lisboa, 1994, pp. 31 e ss.; ÁLVARO CUNHAL, *A verdade e a mentira...*, p. 102, este autor afirmando que "...a acção militar do dia 25 de Abril começou por ser um golpe militar, mas, no desenrolar dos acontecimentos, o golpe foi ultrapassado no próprio dia".

915 Quanto à importância do MFA na Revolução Portuguesa de 1974, sob ópticas distintas, v. ADRIANO MOREIRA, *O Novíssimo Príncipe – análise da Revolução*, Braga/Lisboa, 1977, pp. 61 e ss., e pp. 113 e ss.; ANTÓNIO MARQUES JÚNIOR,

do golpe de Estado inicial divulgou as orientações substanciais da ruptura que foi então protagonizada, de acordo com o preenchimento de três grandes objectivos, simbolizados por três D's:

- *democratizar o país*, através da realização de eleições livres, com a participação de partidos políticos e com o exercício de todos os direitos políticos, num clima de pluralismo político e social;
- *descolonizar os territórios ultramarinos*, pondo termo à soberania portuguesa que neles se exercia (Angola, Cabo-Verde, Guiné-Bissau, Moçambique e São Tomé e Príncipe) e permitindo que os respectivos povos escolhessem livremente o seu destino através da sua autodeterminação;
- *desenvolver a economia*, possibilitando a sua recuperação do atraso que a caracterizava e aproximando-a do contexto europeu de sofisticado Estado Social.

IV. Para tanto, o mesmo Programa do MFA simultaneamente estabelecia três classes de medidas que deveriam ser tomadas:

- *as medidas imediatas*: a abolição da censura e do exame prévio, a amnistia a todos os presos políticos, a extinção da DGS, da Legião Portuguesa e das organizações políticas de juventude;
- *as medidas de curto prazo*: a instauração de um governo provisório, a adopção de medidas que garantissem a liberdade política, a liberdade de reunião e de associação e a liberdade de opinião;
- *as medidas de médio prazo*: a tomada de medidas mais vastas de política económica, social, externa e ultramarina.

V. O percurso histórico-constitucional não ficaria por aqui e incluiu supervenientes acontecimentos políticos que marcariam o

---

Legitimidade revolucionária e legitimidade constituinte, in AAVV, *30 Anos da Constituição Portuguesa* (org. de JORGE BACELAR GOUVEIA *et alli*), Lisboa, 2006, pp. 49 e ss.; AAVV, *Os Militares e a Democracia* (coord. de NUNO SEVERIANO TEIXEIRA), Lisboa, 2007, pp. 9 e ss.

rumo dos acontecimentos, desde 25 de Abril de 1974 até à entrada em vigor da CRP:

- *o 28 de Setembro de 1974*: a renúncia do General António de Spínola, primeiro Presidente da República e Presidente da Junta de Salvação Nacional, na sequência de uma deriva por ele considerada excessivamente revolucionária;
- *o 11 de Março de 1975*: um contra-golpe de Estado falhado, destinado a evitar uma viragem da política portuguesa no sentido do socialismo comunista, mas que teria por reacção o recrudescimento dessas medidas, como foram as nacionalizações logo a seguir decretadas[916];
- *o 25 de Novembro de 1975*: uma tentativa falhada de transformação do Estado Português numa democracia popular, à maneira da antiga URSS, em que se notabilizou no respectivo combate o General António Ramalho Eanes, que liderou os militares fiéis ao espírito da Revolução de 1974.

91. O período constitucional provisório

I. No intervalo entre a revolução e a redacção da CRP prevaleceria um ordenamento constitucional provisório, definindo a organização do Estado enquanto se esperava pela elaboração da Constituição definitiva.

É que a transição do regime da C1933 para a CRP não se faria instantaneamente e, pelo contrário, estabelecer-se-ia um *ordenamento constitucional provisório*, ligando essas duas ordens constitucionais.

Essa "ponte constitucional" seria protagonizada, com conteúdos diferentes, por muita legislação avulsa[917], que entretanto tinha vindo

---

[916] Quanto a este acontecimento político-militar, v. a interessante interpretação de EDUARDO DÂMASO, *A invasão spinolista*, Lisboa, 1999, pp. 9 e ss.

[917] Como acontece com os períodos de passagem de uma Constituição a outra, importa muitas vezes que se não faça *tabula rasa* da legislação passada, sendo

a ser criada, à medida do aparecimento das inúmeras necessidades de organização social que era imperioso satisfazer[918].

II. O alinhamento da sucessão das várias leis constitucionais provisórias, lado a lado com as outras leis que se afiguravam, mesmo numa situação provisória, de aplicação necessária, pode ser enquadrado por diversas fases, tantas quantos os tempos de mudança que o curso dos acontecimentos revolucionários foi clamando.

O primeiro grupo de leis constitucionais foi logo produzido no calor da deflagração da revolução:

– *a Lei n.° 1/74, de 25 de Abril*, determinando a destituição das suas funções do Presidente da República e do Governo, bem

---

de manter a legislação pretérita que não contrarie a nova ideia de Direito entretanto surgida. Foi precisamente isso que permitiu a vigência – e até muito para além do período do ordenamento constitucional provisório, só sendo revogada em 1986 – da L n.° 2 084, que durante o Estado Novo regulara, no plano infraconstitucional, o estado de excepção.

918 Reflectindo sobre este e outros problemas específicos do ordenamento constitucional provisório que vigorou entre 1974 e 1976, JORGE MIRANDA, *A Revolução de 25 de Abril e o Direito Constitucional*, in BMJ, n.° 242, 1975, pp. 5 e ss., *A Constituição de 1976...*, pp. 41 e ss., *A Constituição de 1976 no âmbito do constitucionalismo português*, in AAVV, PSPC, Lisboa, 1989, pp. 616 e ss., e *Manual...*, I, pp. 335 e ss.; MARCELLO CAETANO, *Constituições...*, pp. 125 e ss.; GIUSEPPE DE VERGOTTINI, *Le origini...*, pp. 204 e ss.; EMÍDIO DA VEIGA DOMINGOS, *Portugal Político – análise das instituições*, Lisboa, 1980, pp. 75 e ss.; MIGUEL GALVÃO TELES, *O problema da continuidade da ordem jurídica e a revolução portuguesa*, in BMJ, n.° 345, Abril de 1985, pp. 11 e ss., e *A revolução portuguesa e a teoria das fontes de direito*, in AAVV, PSPC, Lisboa, 1989, pp. 561 e ss.; FRANCISCO LUCAS PIRES, *Teoria da Constituição de 1976 – a transição dualista*, Coimbra, 1988, pp. 136 e ss.; RUI CHANCERELLE DE MACHETE, *Os princípios estruturais da Constituição de 1976 e a próxima revisão constitucional*, in AAVV, PSPC, Lisboa, 1989, pp. 996 e ss.; J. J. GOMES CANOTILHO e VITAL MOREIRA, *Fundamentos...*, pp. 9 e ss., e *Constituição...*, pp. 11 e ss.; MARCELO REBELO DE SOUSA, *Constituição...*, pp. 32 e ss.; AFONSO D'OLIVEIRA MARTINS, *La revisión constitucional...*, pp. 295 e ss.; JUAN CARLOS GONZÁLEZ HERNÁNDEZ, *El régimen político português*, in AAVV, *Régimenes políticos actuales* (coord. de JUAN FERRANDO BADÍA), 3.ª ed., Madrid, 1995, pp. 457 e ss.; JORGE BACELAR GOUVEIA, *O estado de excepção...*, I, pp. 559 e ss.

como a dissolução da Assembleia Nacional e do Conselho de Estado, ao mesmo tempo as respectivas competências passando a ser desempenhadas pela Junta de Salvação Nacional[919];

- *a Lei n.° 2/74, de 14 de Maio*, extinguindo – não apenas dissolvendo – a Assembleia Nacional e a Câmara Corporativa[920];
- *a Lei n.° 3/74, de 14 de Maio*, com o encargo de ser a Constituição provisória, definindo a estrutura constitucional transitória da organização do Estado até à entrada em vigor da Constituição definitiva.

III. Cabe a este último diploma a importância de ter provisoriamente definido, abaladas as estruturas da C1933, a nova organização do Estado, com os seguintes pilares:

- a revogação da C1933 na parte dissonante do ideário revolucionário e das novas leis constitucionais;
- a manutenção em vigor das restantes disposições da C1933 como legislação ordinária, desgraduando a sua posição hierárquico-normativa;
- a criação de uma Assembleia Constituinte, com a tarefa de redigir um novo texto constitucional.

IV. Em matéria de órgãos de soberania, do prisma da sua composição e competências, registaram-se várias opções[921]:

- *um Presidente da República*, escolhido de entre os membros da Junta de Salvação Nacional;
- *uma Junta de Salvação Nacional*, composta por sete militares, com poderes de designação das hierarquias militares;
- *um Conselho de Estado*, composto pelos membros da Junta de Salvação Nacional, por sete representantes das Forças Arma-

---

919 Cfr. os arts. 1.° e 2.° da L n.° 1/74, de 25 de Abril.

920 Cfr. o art. 1.° da L n.° 2/74, de 14 de Maio.

921 Cfr. o art. 2.° da L n.° 3/74, de 14 de Maio.

das e por sete cidadãos de reconhecido mérito, designados pelo Presidente da República, com poderes constituintes, de fiscalização política e de consulta ao Chefe de Estado;
- *um Governo Provisório*, constituído pelo Primeiro-Ministro, Ministros, Secretários e Subsecretários de Estado, com competências gerais legislativas e administrativas, sendo politicamente responsável perante o Chefe de Estado;
- *os Tribunais*, com a incumbência de exercerem o poder judicial, não se admitindo tribunais de competência especializada para julgamento de crimes contra a segurança do Estado, à excepção dos militares.

V. Só que esta ordem constitucional não duraria muito tempo, pois que, na sequência do 11 de Março de 1975, ela seria mudada, aparecendo uma outra fase dentro do período constitucional provisório.

A data de 25 de Novembro de 1975 também seria extremamente relevante, mas da óptica específica de ter possibilitado limitar o estatuto constitucional das Forças Armadas, obrigando a uma segunda e mais moderada plataforma de acordo constitucional.

É assim que, depois do 11 de Março de 1975, ocorreu uma intensa institucionalização do MFA, que se traduziu na extinção daqueles órgãos e, em sua substituição, na criação do Conselho da Revolução, tendo sido preponderante a Lei n.° 5/75, de 14 de Março, com a seguinte reorganização dos órgãos de soberania[922]:

- a manutenção do Presidente da República e do Governo Provisório;
- a extinção da Junta de Salvação Nacional e do Conselho de Estado;
- a criação do Conselho da Revolução, recebendo poderes constituintes e legislativos daqueles órgãos extintos; e
- a criação da Assembleia do Movimento das Forças Armadas.

---

922 Cfr. os arts. 1.° e ss. da L n.° 5/75, de 14 de Março.

92. A Assembleia Constituinte e os Pactos MFA-Partidos

I. No contexto da sucessão de acontecimentos jurídico-políticos depois da eclosão da Revolução de 25 de Abril de 1974, cedo se lançou mãos à obra da redacção de um texto constitucional, por oposição ao texto da C1933, largamente revogado e, nalguns casos, desgraduado a legislação ordinária.

A opção foi a da eleição de uma Assembleia Constituinte, a quem se cometeria essa tarefa, pelo tempo de um ano, mantendo-se a provisoriedade das instituições jurídico-públicas entretanto criadas.

A Assembleia Constituinte foi eleita em 25 de Abril de 1975 e terminaria os seus trabalhos, com a votação final global da nova Constituição, em 2 de Abril de 1976.

II. O percurso da elaboração da Constituição não foi unívoco do ponto de vista das intervenções que foram produzidas, já que, em dois momentos, a Assembleia Constituinte celebrou duas Plataformas de Acordo Constitucional com o MFA[923], em nome do seu insubstituível papel na Revolução de 25 de Abril de 1974[924], que começou

---

[923] Como se escrevia no ponto n.° 4 da 1.ª Plataforma, "O MFA, representado pelo Conselho da Revolução, estabelece uma plataforma política com os partidos que estejam empenhados no cumprimento dos princípios do Programa do MFA e na consolidação e alargamento das conquistas democráticas já alcançadas".

[924] A propósito das relações entre cada uma dessas plataformas e a CRP em elaboração, v. JORGE MIRANDA, *Constituição e Democracia*, Lisboa, 1976, pp. 139 e ss., e pp. 331 e ss., *A Constituição de 1976...*, pp. 97 e ss., *A Constituição de 1976 no âmbito...*, pp. 627 e ss., *Manual de Direito Constitucional*, II, 5.ª ed., Coimbra, 2003, pp. 107 e ss., *Manual...*, I, pp. 346 e ss., e *A afirmação do princípio democrático no processo constituinte*, in AAVV, *30 Anos da Constituição Portuguesa* (org. de JORGE BACELAR GOUVEIA *et alli*), Lisboa, 2006, pp. 17 e ss.; GIUSEPPE DE VERGOTTINI, *Le origini...*, pp. 99 e ss., pp. 119 e ss., e pp. 225 e ss.; ANDRÉ THOMASHAUSEN, *Constituição e realidade constitucional*, in ROA, 1977, pp. 488 e 489; MARCELLO CAETANO, *Constituições...*, pp. 141 e 142; EMÍDIO DA VEIGA DOMINGOS, *Portugal...*, pp. 93 e ss.; J. J. GOMES CANOTILHO e VITAL MOREIRA, *Fundamentos...*, p. 12, e *Constituição...*, p. 14; MIGUEL GALVÃO TELES, *A segunda plataforma de acordo constitucional entre o movimento das forças armadas e os partidos políticos*, in AAVV, PC,

por ser, recorde-se, um golpe de Estado perpetrado pelos "capitães de Abril":

- a 1.ª Plataforma de Acordo Constitucional, de 13 de Abril de 1975;
- a 2.ª Plataforma de Acordo Constitucional, de 26 de Fevereiro de 1976.

A importância de qualquer uma destas plataformas de acordo constitucional sublinhava-se na garantia, dada pelos partidos políticos parlamentares ao MFA, de que no período constitucional transitório, depois da entrada em vigor da nova Constituição, se assumiria a continuidade da Revolução de Abril de 1974.

Isso mesmo era patente num dos preceitos introdutórios da 1.ª Plataforma: "Pretende-se estabelecer uma plataforma política comum que possibilite a continuação da revolução política, económica e social iniciada em 25 de Abril de 1974, dentro do pluralismo político e da via socializante que permita levar a cabo, em liberdade, mas sem lutas partidárias estéreis e desagregadoras, um projecto comum de reconstrução nacional"[925].

III. A 1.ª Plataforma de Acordo Constitucional, elaborado num momento histórico-revolucionário mais intenso, continha um estatuto muito mais favorável à posição das Forças Armadas no futuro texto constitucional, sendo de salientar os seguintes aspectos:

- o acompanhamento dos trabalhos constituintes por parte de uma comissão do MFA;
- a promulgação da nova Constituição com a prévia audição do Conselho da Revolução;
- a manutenção do Conselho da Revolução no período de transição, nos mesmos moldes em que funcionava na fase

III, Coimbra, 1998, pp. 683 e ss.; DIOGO FREITAS DO AMARAL, *A transição para a Democracia – memórias políticas II (1976-1982)*, Lisboa, 2008, pp. 17 e ss.

925 Ponto n.º 1 da al. B da 1.ª Plataforma de Acordo Constitucional.

constitucional provisória, com amplos poderes legislativos e de fiscalização política, para além de competências de urgência e de iniciativa de revisão constitucional;
- a criação de uma Assembleia do MFA, com 240 representantes militares, além dos outros órgãos de soberania que conhecemos hoje;
- a adopção do sufrágio indirecto para a eleição do Chefe de Estado, constituída pela Assembleia Legislativa e pela Assembleia do MFA.

De um modo geral, indexava-se ainda o trabalho constituinte às constantes e novas orientações do espírito revolucionário: "Além das disposições que constituem a base deste acordo, a Constituição deverá consagrar os princípios do Programa das Forças Armadas, as conquistas legitimamente obtidas ao longo do processo, bem como os desenvolvimentos ao Programa impostos pela dinâmica revolucionária que, aberta e irreversivelmente, empenhou o País na via original para um socialismo português"[926].

IV. A 2.ª Plataforma de Acordo Constitucional, muito mais sóbria na sistemática e nos preceitos, celebrada já na recta final da conclusão dos trabalhos da Assembleia Constituinte e em pleno arrefecimento do processo revolucionário em curso, e sobretudo depois do 25 de Novembro de 1975, consideravelmente diminuiu o papel a reservar pela futura Constituição às Forças Armadas, sendo de sublinhar os seguintes pontos:

- a eliminação das indicações referentes ao procedimento constituinte, uma vez que o mesmo estava no fim;
- a eliminação da proposta da criação, no período de transição, da Assembleia do MFA, apenas se conservando o Conselho da Revolução;

---

926 Ponto n.º 2 da Al. E da 1.ª Plataforma de Acordo Constitucional.

- a transformação do sufrágio do Presidente da República de indirecto em directo e universal;
- a redução das competências do Conselho da Revolução, adoptando-se aquelas que viriam a passar para o texto da CRP76, na sua versão inicial.

V. Tem sido discutido o valor da celebração destes acordos sob o ponto de vista da sua repercussão sobre as opções fundamentais incorporadas no texto constitucional que semanas depois seria aprovado na sua versão final.

Uma parte da doutrina, que é minoritária, defende a invalidade do texto constitucional por ter havido um ilegítimo condicionamento da vontade dos constituintes, ao se sujeitarem a trazer para a CRP as soluções que foram pactuadas com o MFA.

Mas em geral tem-se considerado que aqueles acordos, além de habituais em momentos de transição política, apenas se colocaram na órbita dos convénios políticos, não possuindo juridicidade constitucional.

É óbvio que sempre impressiona o facto de estes acordos jamais terem pretendido limitar-se àquilo que seria o seu foro próprio, que era o de cuidarem das relações entre os órgãos democráticos e os órgãos militares revolucionários, até nesse limitado contexto se podendo compreender a sua celebração.

Porém, também não deixa de ser verdade que as circunstâncias da aprovação do segundo – já com o procedimento constituinte praticamente findo – pouco puderam influenciar, se tivesse sido esse o caso, as decisões político-constituintes que estavam a ser tomadas.

93. A Constituição de 2 de Abril de 1976, a sua organização sistemática e as influências recebidas

I. O texto da CRP, inicialmente aprovado em 2 de Abril de 1976 e depois publicado no *Diário da República* em 10 de Abril de

1976, já foi objecto, até ao momento, de sete revisões constitucionais, que o alteraram em vários dos seus domínios[927].

O texto constitucional conta actualmente com 296 artigos, sendo antecedido por um preâmbulo que se mantém inalterado desde a versão inicial da CRP, para essa explicação avultando sobretudo razões de carácter histórico, não tendo hoje qualquer justificação enquanto elemento de interpretação.

A sua sistematização fundamental está distribuída por quatro partes, elenco que é antecedido e seguido por dois conjuntos de artigos, sem integração em qualquer parte numerada, nos seguintes termos:

- *Princípios fundamentais* (arts. 1.° a 11.°)
- Parte I – *Direitos e deveres fundamentais* (arts. 12.° a 79.°)
- Parte II – *Organização económica* (arts. 80.° a 107.°)
- Parte III – *Organização do poder político* (arts. 108.° a 276.°)
- Parte IV – *Garantia e revisão da Constituição* (arts. 277.° a 289.°)
- *Disposições finais e transitórias* (arts. 290.° a 296.°)

II. O conjunto dos artigos que antecedem a Parte I, com a epígrafe "Princípios fundamentais", traçam os princípios fundamentais da Ordem Constitucional Portuguesa, ao nível da caracterização das grandes variáveis constitucionais:

- *na forma institucional de governo*;
- *no tipo histórico de Estado*;
- *na forma política de governo*;
- *na forma de Estado*; e
- *nos fins do Estado*.

Essas disposições iniciais igualmente se assinalam por conterem indicações precisas a respeito da identificação dos elementos do Estado: no seu povo, na sua soberania e no seu território.

[927] Cfr. os respectivos textos em JORGE MIRANDA, *As Constituições Portuguesas...*, pp. 283 e ss.; JOSÉ FONTES, *Legislação de Direito Constitucional*, 2.ª ed., Coimbra, 2004, pp. 11 e ss.

III. A Parte I, sobre direitos fundamentais, organiza-se em três títulos, nalguns casos subdivididos em capítulos, respeitantes ao regime geral dos direitos fundamentais, e depois ao enunciado e ao regime específico dos direitos, liberdades e garantias, primeiro, e dos direitos económicos, sociais e culturais, depois:

- Título I – *Princípios gerais*
- Título II – *Direitos, liberdades e garantias*
- Título III – *Direitos e deveres económicos, sociais e culturais*

IV. A Parte II, dedicada à organização da economia, insere quatro títulos, sem qualquer capítulo, neles se evidenciando aspectos fundamentais da ordenação económica pública e não pública, assim como da actividade financeira pública, de acordo com a seguinte disposição de matérias:

- Título I – *Princípios gerais*
- Título II – *Planos*
- Título III – *Políticas agrícola, comercial e industrial*
- Título IV – *Sistema financeiro e fiscal*

V. A Parte III, reservada à organização do poder político, integra dez títulos, alguns deles bem extensos e até com capítulos[928], dispõe da regulação fundamental do Estado-Poder, com a inclusão ainda dos fundamentos organizacionais de pessoas colectivas públicas que não o Estado, como as regiões autónomas e as autarquias locais, para além de não esquecer sectores transversais da actividade jurídico-pública em geral, como a Administração Pública no seu conjunto, ou a Defesa Nacional, com os seguintes títulos:

- Título I – *Princípios gerais*
- Título II – *Presidente da República*
- Título III – *Assembleia da República*
- Título IV – *Governo*
- Título V – *Tribunais*

[928] Sendo esta, de resto, a maior parcela do texto constitucional português.

- Título VI – *Tribunal Constitucional*
- Título VII – *Regiões Autónomas*
- Título VIII – *Poder local*
- Título IX – *Administração Pública*
- Título X – *Defesa Nacional*

VI. A Parte IV, sobre a garantia e revisão da Constituição, apresenta dois títulos, sem capítulos dentro de si, em que se estabelecem as orientações fundamentais no tocante aos dois temas cruciais dentro da lógica de qualquer texto constitucional global:

- Título I – *Fiscalização da constitucionalidade*
- Título II – *Revisão constitucional*

VII. O texto da CRP termina com um outro conjunto de artigos não integrados em qualquer parte, com a epígrafe "Disposições finais e transitórias", nele se observando, efectivamente, disposições com uma dupla natureza:

- *disposições finais*, como os preceitos sobre a relação do novo Direito Constitucional com a ordem jurídica pré-existente no momento do seu início de vigência, assim como o termo inicial da sua vigência;
- *disposições transitórias*, como os preceitos sobre a permanência dos distritos, a incriminação dos antigos agentes da PIDE/ /DGS, além do enquadramento das reprivatizações e do regime aplicável ao sistema de governo autárquico enquanto não se estabelecendo o regime definitivo por lei reforçada.

VIII. Simplesmente, a organização sistemática da CRP está longe de ter sido bem sucedida porque são várias as anomalias de que enferma, algumas podendo mesmo obliterar o sentido constitucional ordenador.

Em primeiro lugar, é de todo incompreensível que o texto constitucional, tão cuidadosamente arquitectado nas suas partes, títulos e capítulos, tenha deixado de fora, no princípio e no fim, relevantíssimas disposições que bem mereceriam ter um tratamento integrado, respectivamente, como parte primeira e como parte última, não se descortinando a razão por que foram excluídas dessa divisão por partes, conclusão que se assume sobretudo incisiva nos princípios fundamentais, que dão logo o tom das principais opções de fundo realizadas pela CRP.

Em segundo lugar, a distribuição das matérias pelas diversas partes entre si deixa muito a desejar, com a verificação de várias repetições que assumem importantes consequências normativas, como aquelas relacionadas com o assento dos direitos fundamentais ao longo das diversas partes do texto constitucional, o mesmo se podendo dizer relativamente às disposições sobre o pluralismo político e democrático.

Em terceiro lugar, a Parte III da CRP é ainda particularmente deficiente nas suas escolhas, bastando observar a localização do Conselho de Estado dentro do título alusivo ao Presidente da República, obviamente nele não se devendo integrar, por ser um órgão de consulta geral, e a inserção sistemática do Tribunal Constitucional num título próprio, logo a seguir aos tribunais em geral, como se não fosse ele um tribunal entre os outros...

IX. Este momento constituinte não deixou de ser sensível à importância de diversos contributos, políticos e doutrinários, que por diversos meios se fizeram sentir nos trabalhos da Assembleia Constituinte.

No plano político, os diversos partidos ali representados apresentaram os respectivos projectos de Constituição, num total de seis, bastante variados entre si e, como seria de esperar, com plúrimas propostas para a organização do novo sistema constitucional português[929], por parte dos seguintes partidos representados na Assembleia Constituinte: o CDS, o MDP/CDE, o PCP, o PS, o PPD e a UDP.

[929] Cfr. JORGE MIRANDA, *Fontes e Trabalhos Preparatórios da Constituição*, I, Lisboa, 1978, pp. 231 e ss.

No plano dos trabalhos doutrinários, cumprir referir os contributos, muito diversos entre si nas ideias políticas e nas qualidades técnicas, de PEDRO SOARES MARTÍNEZ[930], JORGE MIRANDA[931] e FRANCISCO LUCAS PIRES[932].

X. Tão relevantes quanto as influências internas, legitimamente canalizadas pelos projectos partidários ou pelos projectos cívicos de Constituição, para além de toda a opinião pública que profusamente sobre o assunto se pronunciou, foram as influências externas decorrentes dos mais relevantes textos constitucionais[933].

Uma delas foi o da CI, que a seguir à II Guerra Mundial consagraria na Europa a novidade geral da regionalização administrativa do respectivo território, com a consagração de um Tribunal Constitucional, influência que se estabeleceu essencialmente na organização do poder político.

Outra delas foi a LF, que também depois da II Guerra Mundial em muito aperfeiçoaria o sistema alemão de direitos fundamentais, com relevantes disposições na preocupação de fortalecer os mecanismos democráticos e de protecção da dignidade da pessoa humana, influência que se sentiria mais no plano dos direitos fundamentais.

É ainda de referir provavelmente a influência mais forte de todas, recebida da CF, designadamente no tocante ao sistema de governo adoptado, facto que não terá sido alheio à cultura francófona dominante em alguns dos mais activos intelectuais-Deputados da Assembleia Constituinte.

---

930 Cfr. PEDRO SOARES MARTÍNEZ, *Um projecto constitucional de 1975*, Coimbra, 1988.

931 Cfr. JORGE MIRANDA, *Um Projecto de Constituição*, Braga, 1975.

932 Cfr. FRANCISCO LUCAS PIRES, *Uma Constituição para Portugal*, Coimbra, 1975.

933 Quanto às influências recebidas pela CRP, v. JORGE MIRANDA, *Manual...*, I, pp. 356 e ss.

94. A versão primitiva da Constituição de 1976

I. O sentido inicial da CRP ficou profundamente marcado pela proximidade da Revolução de 25 de Abril de 1974, com todas as consequências que daí puderam derivar[934], segundo o espírito revolucionário que assim perduraria.

Isso estava bem visível nalgumas das disposições originárias do texto da CRP, de entre elas se salientando estas, mais significativas, insertas nos princípios fundamentais:

- o objectivo ideológico da transição para o socialismo: "A República Portuguesa é um Estado (...) que tem por objectivo assegurar a transição para o socialismo mediante a criação de condições para o exercício democrático do poder pelas classes trabalhadoras"[935];
- o papel de vanguarda atribuído ao MFA: "O Movimento das Forças Armadas, como garante das conquistas democráticas

[934] Sobre o sentido da versão primitiva da CRP, v. PEDRO SOARES MARTÍNEZ, *Comentários à Constituição Portuguesa de 1976*, Lisboa, 1978, pp. 9 e ss.; J. J. GOMES CANOTILHO e VITAL MOREIRA, *Constituição da República Portuguesa anotada*, 1.ª ed., Coimbra, 1978, pp. 27 e ss.; ÁLVARO CUNHAL, *A verdade e a mentira...*, pp. 117 e ss.; GIUSEPPE DE VERGOTTINI, *Le origini...*, pp. 68 e ss.; JORGE MIRANDA, *A Constituição de 1976...*, pp. 155 e ss., e *Manual...*, I, pp. 353 e ss.; EMÍDIO DA VEIGA DOMINGOS, *Portugal...*, pp. 113 e ss.; MARCELLO CAETANO, *Constituições...*, pp. 142 e ss.; VÍTOR EVANGELISTA, *História das Constituições...*, pp. 143 e ss.; ADRIANO MOREIRA, *O regime: Presidencialismo do Primeiro-Ministro*, in AAVV, PSPC, Lisboa, 1989, pp. 34 e 35; GUILHERME D'OLIVEIRA MARTINS, *A Constituição económica portuguesa – do programa à mediação*, in AAVV, PSPC, Lisboa, 1989, pp. 782 e ss.; RUI CHANCERELLE DE MACHETE, *Os princípios...*, pp. 999 e ss.; JOSÉ MANUEL MOREIRA CARDOSO DA COSTA, *A evolução constitucional no quadro da Constituição da República de 1976*, Lisboa, 1994, pp. 5 e ss.; JUAN CARLOS GONZÁLEZ HERNÁNDEZ, *El régimen...*, pp. 473 e ss.; JORGE BACELAR GOUVEIA, *La citoyenneté...*, pp. 207 e ss.; FILIPE FALCÃO OLIVEIRA, *Direito Público...*, pp. 85 e ss.; JORGE MIRANDA e RUI MEDEIROS, *Constituição Portuguesa anotada*, I, Coimbra, 2005, pp. 11 e ss.; DIOGO FREITAS DO AMARAL, *A transição...*, pp. 28 e ss.

[935] Art. 2.º da CRP76.

e do processo revolucionário, participa, em aliança com o povo, no exercício da soberania, nos termos da Constituição"[936];

– a tarefa da socialização dos meios de produção: "Socializar os meios de produção e a riqueza..."[937], assim como a orientação de que "O desenvolvimento do processo revolucionário impõe, no plano económico, a apropriação colectiva dos principais meios de produção"[938].

II. Ao nível da organização económica, assinalava-se a adopção de um sistema económico misto, mas com uma forte tendência colectivizante, que facilmente se exprimia não apenas no recorte dos diversos sectores de produção, como também na intervenção planificadora do Estado na economia, à boa maneira de uma economia de direcção central, sem esquecer ainda a reforma agrária.

Em relação ao primeiro aspecto, paralelamente à definição dos sectores de produção em sector público, sector cooperativo e sector privado, dentro da comum caminhada para o socialismo[939], estabelecia-se uma norma de garantia do não retrocesso das nacionalizações, norma que marcaria a etapa da vida da primeira versão da CRP até à 2.ª revisão constitucional: "Todas as nacionalizações efectuadas depois de 25 de Abril de 1974 são conquistas irreversíveis das classes trabalhadoras"[940].

No tocante ao outro vector, cumpre referir a importância dada à planificação da economia[941], assumindo o plano um carácter obri-

---

[936] Art. 3.°, n.° 2, da CRP76.

[937] Art. 9.°, al. c), primeira parte, da CRP76.

[938] Art. 10.°, n.° 2, da CRP76.

[939] Dizendo-se no então art. 89.°, n.° 1, da CRP76, que "Na fase de transição para o socialismo, haverá três sectores de propriedade dos meios de produção, dos solos e dos recursos naturais, definidos em função da sua titularidade e do modo social de gestão".

[940] Art. 83.°, n.° 1, da CRP76.

[941] Considerando a CRP, no seu art. 91.°, n.° 1, o seguinte: "Para a construção de uma economia socialista, através da transformação das relações de pro-

gatório: "O Plano tem carácter imperativo para o sector público estadual e é obrigatório, por força de contratos-programa, para outras actividades de interesse público"[942].

III. No que tange à organização política, a característica fundamental da CRP76 era a forte presença do Conselho da Revolução, um órgão de soberania, lado a lado com o Presidente da República, a Assembleia da República, o Governo e os Tribunais[943].

O Conselho da Revolução era um órgão colegial, composto pelo Presidente da República, que presidia, pelo Chefe do Estado-Maior-General das Forças Armadas, o respectivo Vice-Chefe, no caso de existir, os Chefes de Estado-Maior dos três ramos das Forças Armadas, o Primeiro-Ministro, quando militar, e catorze oficiais, sendo oito do Exército, três da Força Aérea e três da Armada[944].

As suas competências, de acordo com um funcionamento em regime de permanência, eram vastas, incluindo estas quatro principais valências[945]:

- *como órgão consultivo do Chefe de Estado e garante do regular funcionamento das instituições democráticas*, cabendo-lhe competências consultivas sobre as situações mais graves da vida colectiva, como a declaração de guerra ou a declaração do estado de excepção;
- *como garante do cumprimento da Constituição*, desempenhando competências de fiscalização, preventiva, sucessiva e por omissão da constitucionalidade;
- *como garante da fidelidade ao espírito da Revolução Portuguesa*, tendo o poder para se pronunciar quer sobre a nomeação e exoneração do Primeiro-Ministro, quer sobre o exercício do direito de veto suspensivo; e

---

dução e de acumulação capitalistas, a organização económica e social do país deve ser orientada, coordenada e disciplinada pelo Plano".

[942] Art. 92.°, n.° 1, da CRP76.

[943] Cfr. o art. 113.°, n.° 1, da CRP76.

[944] Cfr. o art. 143.°, n.° 2, da CRP76.

[945] Cfr. os arts. 145.° e ss. da CRP76.

– *como órgão decisor e executor em todos os assuntos militares*, com subtracção das competências que pudessem ser atribuídas a outros órgãos, dispondo para o efeito de competências políticas, legislativas e administrativas exclusivas.

IV. Do ponto de vista da revisão constitucional, a CRP76 estabelecia um regime transitório em favor da II Legislatura, e diverso do regime para legislaturas subsequentes.

As diferenças fundamentais no regime específico da primeira revisão constitucional consistiam no seguinte[946]:

– na obrigatória assunção de poderes de revisão constitucional, directamente atribuídos pelo texto da CRP76;
– no esgotamento de tais poderes durante a II Legislatura, e a *contrario sensu*, na impossibilidade de a I Legislatura o fazer;
– na suavização da regra de aprovação, apenas a maioria de dois terços dos Deputados presentes, desde que superior à maioria absoluta dos Deputados em efectividade de funções.

95. A primeira revisão constitucional de 1982

I. A primeira revisão constitucional – aprovada pela LC n.º 1/82, de 30 de Setembro – incidiu principalmente na organização do poder político e na fiscalização da constitucionalidade dos actos jurídico-públicos.

Pode até dizer-se que esta revisão constitucional foi de *cariz essencialmente político-organizatório* e tornou-se, sob a óptica da *completa* – e, porque não dizer, *verdadeira* – *democratização do sistema político português*[947], realmente decisiva, porquanto extinguiu o Conselho da

[946] Cfr. o art. 286.º da CRP76.

[947] Realçando a importância da extinção do Conselho da Revolução, na passagem da democracia portuguesa de "tutelada" a "civilmente controlada", MARIA CARRILHO, *Democracia e Defesa...*, p. 101, que afirma ocorrer "...nesta altura, mais

Revolução, órgão de origem revolucionário-militar que era espúrio ao sistema político democrático vigente[948].

---

um importante momento de convergência histórica entre os principais partidos, para estabelecer o completo predomínio civil sobre a instituição militar".

Ou também DIOGO FREITAS DO AMARAL (*A Constituição e as Forças Armadas*, p. 651), que frisa a extinção do Conselho da Revolução enquanto elemento essencial da "...lei de revisão constitucional, de 1982, (que) modificou por completo o regime excepcional de autogoverno das Forças Armadas, que vigorava desde 1974-76, e consagrou inequivocamente o princípio da subordinação das Forças Armadas ao poder político civil". Cfr. também DIOGO FREITAS DO AMARAL, *A transição...*, pp. 337 e ss.

Esta posição constitucional do Conselho da Revolução era até então duramente criticada por MARCELLO CAETANO (*Constituições...*, p. 150), apelidando-a de "...um enxerto claramente ditatorial numa Constituição que se pretende democrática".

[948] Quanto ao significado jurídico-político da revisão de 1982, sem esquecer este aspecto da "civilização" do sistema político, para além das opções fundamentais desta versão, v. JORGE MIRANDA e M. VILHENA DE CARVALHO, *Constituição da República Portuguesa – depois da primeira revisão constitucional*, Lisboa, 1982, pp. 7 e ss.; AAVV, *Painel sobre a Revisão Constitucional*, in DemL, n.° 16, Novembro de 1980, pp. 9 e ss.; JORGE MIRANDA, *L'expérience constitutionnelle...*, pp. 66 e ss., *Manual...*, IV, pp. 132 e 133, e *Manual...*, I, pp. 380 e ss.; JOSÉ MAGALHÃES GODINHO, *Revisão constitucional*, Porto, 1982, pp. 9 e ss.; ISALTINO MORAIS, JOSÉ MÁRIO F. DE ALMEIDA e RICARDO L. LEITE PINTO, *Constituição...*, pp. 7 e ss.; ANTÓNIO NADAIS, ANTÓNIO VITORINO e VITALINO CANAS, *Constituição da República Portuguesa – texto e comentários à Lei Constitucional 1/82*, Lisboa, 1983, pp. 7 e ss.; PAULO PULIDO ADRAGÃO, *Três teorias da Constituição de 1976*, in RJ, n.os 2/3, Abril-Junho e Julho-Setembro de 1985, pp. 205 e ss.; FRANCISCO LUCAS PIRES, *Teoria da Constituição...*, pp. 230 e ss.; MARCELO REBELO DE SOUSA, *A revisão constitucional e a partidarização do sistema de governo*, in AAVV, NDAC, Lisboa, 1986, p. 210, *O sistema de governo português*, 4.ª ed., Lisboa, 1992, pp. 42 e ss., e *Constituição...*, pp. 45 e 46; RUI CHANCERELLE DE MACHETE, *Os princípios...*, pp. 1004 e ss.; J. J. GOMES CANOTILHO E VITAL MOREIRA, *Constituição da República Portuguesa anotada*, 2.ª ed., Coimbra, 1984, 1.° vol., pp. 61 e ss., e 2.° vol., Coimbra, 1985, pp. 43 e ss., *Fundamentos...*, pp. 17 e ss., pp. 95 e ss., pp. 154 e ss., e pp. 180, 181 e 204, e *Constituição...*, pp. 19 e ss., pp. 103 e 104, pp. 386 e ss., e pp. 480 e ss.; MANUEL DE LUCENA, *Rever e romper*, in RDES, XXXIII, n.os 1 e 2, Janeiro-Junho de 1991, pp. 3 e ss.; JOSÉ MANUEL MOREIRA CARDOSO DA COSTA, *A evolução...*, pp. 13 e ss.; LUÍS SÁ, *O lugar da Assembleia...*, pp. 220 e ss.; AFONSO D'OLIVEIRA MARTINS,

II. A revisão de 1982 ocupou-se fundamentalmente da reorganização do sistema político herdado da primitiva versão da CRP[949].

O que então mais concitava atritos e polémicas era a extinção do Conselho da Revolução, órgão de legitimidade militar que contrastava com os órgãos de acção política, todos fundados numa legitimidade democrática, directa ou indirecta.

Para além das vozes daqueles que nem sequer pretendiam a sua extinção, havia ainda que agir com prudência na redistribuição equilibrada dos diversos poderes – legislativo, administrativo e jurisdicional – que possuía.

O resultado que se alcançou foi o da "civilização" do sistema de governo, com o que se obteve a plena democratização das instituições políticas, num evidente "atestado de maioridade" à nossa democracia, em período de consolidação.

A extinção do Conselho da Revolução implicou, logicamente, no tocante ao sistema de governo, a reafectação das competências que lhe estavam atribuídas:

– o Presidente da República passou a ser auxiliado por um Conselho de Estado, órgão de natureza consultiva;
– a Assembleia da República recuperou toda a competência legislativa atinente às questões militares, antes exclusivamente cometidas ao Conselho da Revolução.

La revisión constitucional..., pp. 529 e ss.; JUAN CARLOS GONZÁLEZ HERNÁNDEZ, *El régimen...*, pp. 484 e ss.; JORGE MIRANDA e RUI MEDEIROS, *Constituição...*, I, pp. 22 e ss.; DIOGO FREITAS DO AMARAL, *A transição...*, pp. 335 e ss.

[949] DIOGO FREITAS DO AMARAL (*A transição...*, p. 348) assim bem sintetiza a importância da revisão constitucional de 1982 perante o conteúdo inserto na versão primitiva da CRP: "Se a Revolução de tipo comunista, tentada em Portugal, terminou nas ruas e nos quartéis em 25 de Novembro de 1975, ela manteve-se, porém, durante mais cerca de sete anos na Constituição, nas leis, no Conselho da Revolução, no autogoverno das Forças Armadas, na obrigação constitucional de caminhar para o socialismo, etc. E só terminou, no ordenamento constitucional, em 30 de Setembro de 1982: precisamente, oito anos, cinco meses e cinco dias após o 25 de Abril de 1974. Não foi fácil este longo processo. Nem teve nada de parecido com as transições pacíficas ocorridas na Grécia e na Espanha, primeiro, e na Europa de Leste, depois. Mas *tous est bien qui finit bien*".

III. No plano da garantia da Constituição, a extinção do Conselho da Revolução igualmente se projectaria nos órgãos constitucionais, com a concomitante consequência de ter sido extinta a Comissão Constitucional, órgão de fiscalização da constitucionalidade com um cariz complementar ao Conselho da Revolução.

No lugar destes dois órgãos, a CRP consagrou a existência de um Tribunal Constitucional, à maneira europeia, com os mesmos poderes anteriormente exercidos pela Comissão Constitucional e pelo Conselho da Revolução.

Tornaram-se nítidas as vantagens de aquele ser um verdadeiro órgão judicial, no plano da sua actividade, para além de necessariamente composto por juristas, e não por pessoas com formações incompatíveis com um juízo, que é sempre jurídico, de constitucionalidade[950].

IV. Esta primeira revisão constitucional ainda seria importante para a estabilização do regime constitucional, já que com a sua aprovação terminaria a fase experimental do sistema constitucional português.

O regime de revisão constitucional então estabelecido passou a ser definido por regras únicas, terminando a chamada "transição constitucional", tal como fora apresentada na 2.ª plataforma de acordo constitucional.

Para além dos limites materiais e circunstanciais, a revisão constitucional passou a enquadrar-se em várias regras de revisão:

– a aprovação por maioria de dois terços dos Deputados em efectividade de funções; e
– a obrigatoriedade de a lei constitucional ser promulgada pelo Chefe de Estado, que não dispõe assim de poder de veto.

---

[950] Cfr., por todos, Luís Ferreira Leite, *O Tribunal Constitucional...*, pp. 149 e ss.

96. A segunda revisão constitucional de 1989

I. A segunda revisão constitucional – levada a efeito pela LC n.° 1/89, de 8 de Julho – dedicou a sua grande atenção, diversamente da primeira, à organização económica.

Esta revisão reformulou também alguns instrumentos referentes à organização do poder político[951], aperfeiçoando o seu funcionamento.

O pano de fundo desta revisão foi o da adesão de Portugal à Comunidade Económica Europeia, que ocorreria em 1 de Janeiro de 1986, a qual forçou reformas estruturais profundas, incluindo as de teor constitucional, sobretudo ao nível da organização económica e da relação com organizações internacionais.

II. Em matéria de organização económica, impunha-se eliminar o discutidíssimo princípio da irreversibilidade das nacionalizações, abrindo o caminho às (re)privatizações, fora dos casos em que estas já eram constitucionalmente possíveis.

---

[951] Acerca do sentido da revisão constitucional de 1989, bem como das opções consagradas no respectivo texto, v. J. L. PEREIRA COUTINHO, JOSÉ MANUEL MEIRIM, MÁRIO TORRES e MIGUEL LOBO ANTUNES, *Constituição da República Portuguesa*, Lisboa, 1989, pp. 11 e ss.; VITAL MOREIRA, *A segunda revisão constitucional*, in RDP, IV, n.° 7, 1990, pp. 9 e ss.; ANTÓNIO VITORINO, *Constituição da República Portuguesa – prefácio*, Lisboa, 1989, pp. XII e ss.; FERNANDO ROBOREDO SEARA, FERNANDO LOUREIRO BASTOS, JOSÉ DE MATOS CORREIA, NUNO ROGEIRO e RICARDO LEITE PINTO, *Legislação de Direito Constitucional*, Lisboa, 1990, pp. 13 e ss.; JORGE MIRANDA, *Manual...*, IV, pp. 142 e 143, e *Manual...*, I, pp. 387 e ss.; J. J. GOMES CANOTILHO e VITAL MOREIRA, *Fundamentos...*, pp. 21 e ss., pp. 97 e 98, pp. 156, e ss. e pp. 181 e 182, e *Constituição...*, pp. 22 e ss., pp. 104 e ss., pp. 388 e ss., e pp. 482 e 483; JOSÉ MANUEL MOREIRA CARDOSO DA COSTA, *A evolução...*, pp. 15 e 16; MARCELO REBELO DE SOUSA, *Constituição...*, pp. 46 e 47; LUÍS SÁ, *O lugar da Assembleia...*, pp. 225 e ss.; AFONSO D'OLIVEIRA MARTINS, *La revisión constitucional...*, pp. 534 e ss.; JORGE MIRANDA e RUI MEDEIROS, *Constituição...*, I, pp. 24 e ss.

O texto da CRP82 ainda consagrava esse princípio como uma conquista revolucionária do pós-11 de Março de 1975, não se autorizando que a reprivatização das empresas do sector público pudesse ir além dos 49% (para uma dada interpretação).

Os tempos eram outros e, para acompanhar o ritmo da integração europeia, o texto constitucional não podia entravar a execução da correspondente política económica.

Foi assim que, no lugar da irreversibilidade das nacionalizações, nasceu o princípio da possibilidade das reprivatizações, mas segundo um complexo esquema, inserto nas disposições finais e transitórias, parametrizando-se numa lei-quadro as fundamentais orientações a sugerir[952].

III. Quanto à organização política, era necessário reforçar os esquemas de participação dos cidadãos, dando ao sistema político um novo fôlego de democraticidade.

A presença dos partidos políticos não deveria ser absoluta e a democracia representativa, a partir da instituição parlamentar, complementar-se-ia com o instituto do referendo nacional.

Foi assim que esta figura – há muito reclamada, mas nunca consagrada com plenitude nacional e democrática – passou a ser constitucionalmente prevista para as grandes questões de carácter político e com uma força vinculativa.

Ao referendo local, consagrado em 1982, juntava-se o referendo nacional para as grandes decisões políticas da comunidade nacional.

97. A terceira revisão constitucional de 1992

I. A terceira revisão constitucional – aprovada pela LC n.° 1/92, de 25 de Novembro – foi mínima e apenas modificou os preceitos do texto constitucional que pudessem ser contrariados pelo TUE, entre-

---

[952] Nos termos do actual art. 293.° da CRP, que ainda se mantém.

tanto aprovado e, posteriormente, incorporado no Ordenamento Jurídico Português[953].

A revisão constitucional de 1992, pela específica ambiência em que surgiu, desempenhou, deste ponto de vista, um papel de relevo muito reduzido: limitou-se ao ajustamento do texto constitucional em face da incorporação daquele tratado europeu, modificações que se mostrariam, afinal, bem necessárias para definitivamente "comprometer" a Constituição de Portugal no ideal da construção europeia.

II. Ao nível dos princípios fundamentais, os preceitos atinentes às relações externas e ao Direito Internacional passaram a ser mais sensíveis ao estugar do passo da integração europeia, agora num contexto, por um lado, de criação de uma união económica e monetária e, por outro lado, de alargamento dos objectivos da cooperação comunitária à justiça e assuntos internos, bem como à política externa e de segurança comum.

No plano das relações externas, a integração europeia passou a incorporar o programa constitucional de internacionalização do Estado Português, constando do articulado constitucional uma directa cláusula europeia: "Portugal pode, em condições de recipro-

---

[953] Quanto ao significado jurídico-constitucional da revisão constitucional de 1992, v. J. J. GOMES CANOTILHO e VITAL MOREIRA, *Constituição...*, pp. 25 e ss., e pp. 106 e 107; GUILHERME D'OLIVEIRA MARTINS, *A revisão constitucional de 1992 – algumas notas*, in EsD, 1993, pp. 59 e ss.; JORGE MIRANDA, *O Tratado de Maastricht e a Constituição Portuguesa*, in AAVV, *A União Europeia na encruzilhada*, Coimbra, 1996, pp. 54 e ss., *O Direito Constitucional Português da Integração Europeia – alguns aspectos*, in AAVV, *Nos 25 Anos da Constituição da República Portuguesa de 1976 – Evolução Constitucional e Perspectivas Futuras*, Lisboa, 2001, pp. 34 e ss., *Manual...*, III, pp. 196 e ss., *Manual...*, IV, p. 143, e *Manual...*, I, pp. 395 e ss.; FAUSTO DE QUADROS e FERNANDO LOUREIRO BASTOS, *União Europeia*, in DJAP, VII, Lisboa, 1996, pp. 550 e 551; MARIA LUÍSA DUARTE, *O Tratado da União Europeia e a garantia da Constituição*, in AAVV, *Estudos em Memória do Professor Doutor João de Castro Mendes*, Lisboa, s. d., pp. 705 e ss.; JOSÉ MANUEL MOREIRA CARDOSO DA COSTA, *A evolução...*, pp. 17 e ss.; AFONSO D'OLIVEIRA MARTINS, *La revisión constitucional...*, pp. 537 e ss.; JORGE MIRANDA e RUI MEDEIROS, *Constituição...*, I, pp. 26 e 27.

cidade, com respeito pelo princípio da subsidiariedade e tendo em vista a realização da coesão económica e social, convencionar o exercício em comum dos poderes necessários à construção da União Europeia"[954].

III. Ao nível da organização económica, o papel do Banco de Portugal como emissor da moeda portuguesa de então – o escudo português – foi substancialmente reformulado.

O respectivo preceito viria a ser alterado no sentido de permitir a criação de uma moeda única europeia, o euro, que seria uma realidade a partir de 1 de Janeiro de 2000.

O Banco de Portugal manter-se-ia desvitalizado num contexto federalizante da união monetária e em ligação ao Banco Central Europeu: "O Banco de Portugal, como banco central nacional, colabora na definição e execução das políticas monetária e financeira e emite moeda, nos termos da lei"[955].

IV. No regime da revisão constitucional, operou-se uma distinção porventura desnecessária – mas em todo o caso clarificadora – entre a revisão constitucional ordinária e extraordinária[956]:

- a *revisão ordinária* sempre que os respectivos poderes, brotando automaticamente da passagem do limite temporal de cinco anos, permitissem a abertura do correspondente procedimento legislativo;
- a *revisão extraordinária* quando, sendo necessário efectuar a revisão constitucional, os seus poderes fossem assumidos, em qualquer altura, por deliberação parlamentar tomada por 4/5 dos Deputados em efectividade de funções.

[954] Cfr. o novo n.° 6 do art. 7.° da CRP92.

[955] Cfr. o novo art. 105.° da CRP92.

[956] Cfr. o alterado art. 284.° da CRP92.

98. A quarta revisão constitucional de 1997

I. A quarta revisão constitucional – aprovada pela LC n.° 1/ /1997, de 20 de Setembro, e que iniciou a sua vigência em 5 de Outubro de 1997 – não permite facilmente encontrar um núcleo temático principal, ao redor do qual seja possível agrupar as mais relevantes modificações introduzidas[957].

Daí não se segue a sua despiciência numa senda de aperfeiçoamento do sistema constitucional português, até porque foram abundantes e relevantes as alterações levadas a cabo.

É até curioso verificar que praticamente todos os domínios do texto constitucional não escaparam às alterações introduzidas por esta lei de revisão constitucional.

---

[957] Sobre a amplitude da revisão constitucional de 1997, v. AAVV, *A revisão constitucional de 1997 – Opinião sobre o Sistema de Actos Legislativos*, in L-CCL, n.os 19/20, Abril-Dezembro de 1997, pp. 9 e ss.; JORGE BACELAR GOUVEIA, *A República acima do combate político*, in *Diário de Notícias*, de 23 de Junho de 1997, p. 16, *Pelo voto dos emigrantes*, in *Povo Livre*, de 4 de Junho de 1997, p. 3, *A quarta revisão da Constituição Portuguesa*, in *Vida Judiciária*, n.° 7, Outubro de 1997, pp. 17 e ss., *Constituição da República Portuguesa, Legislação Complementar, Coimbra, 1997*, pp. 5 e ss., *A irretroactividade da norma fiscal na Constituição Portuguesa*, in CTF, n.° 387, Julho-Setembro de 1997, pp. 51 e ss., *Sistema de actos legislativos – opinião acerca da revisão constitucional de 1997*, in L-CCL, n.os 19/20, Abril-Dezembro de 1997, pp. 47 e ss., *The 4th Revision of the Portuguese Constitution*, in REDP, vol. 11, n.° 1, n.° 31, Primavera de 1999, pp. 203 e ss., e *O sistema de actos legislativos na 4.ª revisão da Constituição Portuguesa: um "aprofundamento multidimensional" do princípio democrático*, in RIL, ano 38, n.° 149, Janeiro/Março de 2001, pp. 71 e ss.; LUÍS MARQUES GUEDES, *Uma Constituição Moderna para Portugal anotada*, Lisboa, 1997, pp. 73 e ss.; MARCELO REBELO DE SOUSA, *Prefácio*, in *LUÍS MARQUES GUEDES, Uma Constituição Moderna para Portugal anotada*, Lisboa, 1997, pp. 9 e ss.; JORGE LACÃO, *Constituição da República Portuguesa – prefácio e anotações*, Lisboa, 1997, pp. I e ss., e pp. 97 e ss.; JORGE MIRANDA e JORGE PEREIRA DA SILVA, *Constituição da República Portuguesa – introdução*, Lisboa, 1997, pp. 23 e ss.; JORGE MIRANDA, *Manual...*, I, pp. 397 e ss.

II. Diferentemente do que sucedeu em 1982 e em 1989, a revisão da CRP, em 1997, não assentou em qualquer dilema ou questão constitucional que dividisse, de um modo abissal, a doutrina ou a opinião pública.

Mais de 21 anos após a entrada em vigor da CRP, era possível afirmar que se vivia em clima de "paz constitucional", tendo as grandes divergências pertencido às revisões constitucionais de 1982 e de 1989, que aliás as puderam cabalmente exorcizar.

Daí que o contexto político-jurídico subjacente à revisão de 1997 fosse, deste modo, o da ausência de clivagens essenciais na sociedade portuguesa, assim se avançando na correcção do texto constitucional nos pontos que, não suscitando tanta polémica, ficaram sendo sistematicamente adiados em face da gravidade de outras opções de fundo e que interessaram às revisões constitucionais precedentes.

Isso precisamente se observou no elevado número de artigos que foram alterados (cerca de metade) – mas mantendo-se a essência dos mesmos, havendo tempo, processual e político, para a realização de melhorias textuais. Cada uma dessas alterações, excluída a pressão político-ideológica que acompanha as questões constitucionais, pôde descer às matérias que tinham ficado sucessivamente secundarizadas.

Tal de modo algum menorizou a revisão constitucional de 1997. Só assim pensa quem vê nestes processos meros jogos de poder, em que uma das partes pretende afirmar um projecto unilateral acerca do modo de conceber o poder político. Essa poderia ser uma explicação razoável para esta revisão se, na verdade, os textos constitucionais fossem uma arma política qualquer, que os partidos pudessem livremente brandir no quotidiano da sua luta política.

Ora, os textos constitucionais, situando-se no plano da República, não servem para isso – servem para comunitarizar uma plataforma de regime aplicável a todos os cidadãos, facilitando a sua integração harmónica numa sociedade igual e aberta.

III. É assim que importa explicitar algumas das alterações trazidas pela quarta revisão da CRP, contidas na LC n.° 1/97:

- a inclusão de novos direitos fundamentais, bem como de regras para o exercício dos mesmos;
- o alargamento do voto, na eleição presidencial, aos portugueses emigrantes;
- o aumento da participação dos cidadãos nos referendos e por intermédio das iniciativas legislativas populares;
- o reforço dos poderes da Assembleia da República, no seio da integração europeia e no âmbito da competência parlamentar e dos respectivos procedimentos legislativos; e
- o recentramento da posição constitucional da justiça.

Muitas outras alterações constitucionais, que não são necessariamente de pormenor, mereceriam também uma referência:

- a libertação do sistema económico dos resquícios de matriz colectivista, como sucedeu através da supressão de parte da disciplina dos planos e do desaparecimento da obrigatoriedade da existência de um sector público;
- a flexibilização do sistema de governo autárquico, não tomando a CRP partido quanto à respectiva estruturação orgânica e sendo essa uma opção deixada à lei ordinária, assim se pretendendo conferir uma maior funcionalidade a esse tipo de governação;
- a desconstitucionalização do regime do serviço militar, competindo à lei ordinária definir as modalidades de prestação do mesmo.

IV. Esta quarta revisão constitucional ficou algo ensombrada pelas dúvidas que se instalaram a respeito do cumprimento dos respectivos limites.

A CRP, em matéria de regime de revisão constitucional, é um texto constitucional hiper-rígido, tal é elevado o número e variada a gama de limites que obstaculizam o exercício do correspondente poder – limites temporais, limites orgânicos, limites circunstanciais e limites materiais.

Relativamente aos limites temporais, estabeleceu-se a regra de que o poder de revisão constitucional só se pode manifestar de cinco em cinco anos. No entanto, prevendo a necessidade de em qualquer momento se efectuar uma revisão constitucional para atalhar a situações de emergência, admite-se que esse limite de ordem temporal possa ser removido, exigindo para o efeito uma votação mais agravada do que para aprovar alterações por revisão ordinária da Constituição – a maioria de quatro quintos dos Deputados em efectividade de funções.

V. É que a revisão constitucional de 1997, desde que feita a apresentação do primeiro projecto parlamentar, logo suscitaria a dúvida acerca do cumprimento dos limites temporais aplicáveis.

Na ausência de qualquer assunção de poderes de revisão constitucional por maioria de quatro quintos dos Deputados em efectividade de funções, os poderes de revisão só se tornariam exercitáveis cinco anos após a entrada em vigor da última lei de revisão constitucional – como esta iniciou a sua vigência em 1992, só em 1997, e não antes como viria a acontecer, seria legítimo à Assembleia da República desencadear o procedimento de revisão constitucional e, consequentemente, aprovar alterações ao texto fundamental.

No entanto, esta questão assumia contornos específicos por ter sido a revisão constitucional de 1992 que precisamente procederia à introdução da distinção conceptual – ainda que já correspondesse a uma distinção regimental – entre a *revisão ordinária* e a *revisão extraordinária* da Constituição.

Rapidamente na doutrina constitucional portuguesa se abriria um combativo debate em torno de saber se esta revisão constitucional teria ou não posto em causa os referidos limites temporais de revisão.

Era de presumir que o problema se considerava, no plano prático, ultrapassado, não se tendo requerido a fiscalização preventiva da constitucionalidade (possível havendo suspeitas, como seria o caso para os defensores dessa violação, de preterição de requisitos temporais de qualificação da lei de revisão), nem sequer se antolhando verosímeis quaisquer pedidos de fiscalização sucessiva da constitucionalidade.

Mas a questão, no plano normativo e de princípio, manteve-se e julga-se que esta revisão não chegaria a tolher qualquer limite temporal: é que a adopção, a partir de 1992, do *distinguo* entre revisão ordinária e revisão extraordinária apenas veio corresponder a uma aclaração do sentido constitucional já subjacente, que era o de unicamente aplicar o limite de cinco anos de intervalo para as revisões ordinárias.

Assim foi porque as revisões extraordinárias, dadas as suas características de decretação mais empenhativa e as respectivas motivações de excepção, manifestamente fogem à lógica de "contenção" do poder de revisão que explica este limite temporal, que só faz sentido, por conseguinte, nas revisões constitucionais ordinárias.

E, tratando-se de uma lei constitucional neste ponto interpretativa, ela incorporou-se na lei interpretada, possuindo eficácia retroactiva, pelo que não pôde perturbar o exercício do poder que segregou a LC n.° 1/97.

VI. Sendo já a CRP uma das mais aperfeiçoadas Constituições do Mundo em matéria de direitos fundamentais, em boa parte fruto de ter sido recentemente elaborada, à primeira vista não se vislumbraria o interesse das alterações na matéria de direitos fundamentais.

O resultado veio a ser, porém, exactamente o inverso, perante a evidente importância das modificações que se fizeram, tanto na especialidade – ampliando-se direitos – quanto na generalidade – reforçando-se o regime protector dos mesmos.

Em termos de novos direitos, há que realçar a preocupação com os aspectos da personalidade, pela criação constitucional de um *novo direito geral de personalidade*. Assim se estabeleceu uma louvável válvula de escape para a protecção da esfera da personalidade, nos seus lados psicológico e físico, no que excedesse as formulações literais dos textos legais.

Esta novidade veio decerto constituir-se como uma segunda cláusula de abertura de direitos fundamentais atípicos na esfera da personalidade, com a vantagem de ser mais específica e, por isso, facilitar, pela existência de um critério material identificador mais restrito (como é o desenvolvimento da personalidade), o criativo trabalho doutrinário e jurisprudencial de descoberta desses novos e específicos direitos fundamentais da personalidade.

Ainda em conexão com a temática da personalidade, registou-se a introdução – ao que cremos singular no panorama constitucional europeu – de *limites à manipulação genética*, dizendo-se no texto constitucional revisto que "A lei garantirá a dignidade pessoal e a identidade genética do ser humano, nomeadamente na criação, desenvolvimento e utilização das tecnologias e na experimentação científica"[958].

VII. Em termos processuais, aditaram-se novos direitos relativos à actuação dos tribunais, combatendo o crónico problema da justiça portuguesa, que tem sido o da sua morosidade. Tal foi o caso do direito de acesso a uma justiça não só efectiva, não só para quem não tenha recursos económicos, mas igualmente *rápida na resolução dos problemas que se lhe apresentem*.

Em reconhecimento da importância dos direitos, liberdades e garantias de cariz pessoal, igualmente se estipularam especiais esquemas processuais de protecção destes direitos. A hipótese mais ampla teria sido a da consagração do recurso de amparo, pelo qual o Tribunal Constitucional ficaria investido no poder de fiscalização das violações de direitos, liberdades e garantias, segundo um meio processual de acesso directo. Mas esta fórmula menos extensa é do mesmo modo frutificante na incumbência que se dirige ao legislador ordinário de instituir mecanismos de intervenção.

É ainda de referir a ampliação das garantias processuais criminais em defesa da posição do arguido, bem como a generalização, em seu favor, dos direitos de defesa e audiência em processos sancionatórios e de contra-ordenação.

VIII. O alargamento do voto nas eleições presidenciais aos cidadãos portugueses residentes no estrangeiro foi porventura a ques-

---

[958] Art. 26.°, n.° 3, da CRP.

tão que sofreu uma maior politicização no processo de revisão constitucional[959].

Até 1997, a situação existente nesta matéria era a seguinte: não obstante a afirmação da universalidade do direito de sufrágio para os órgãos de soberania electivos, a realidade era apenas a da participação dos portugueses residentes no estrangeiro na eleição da Assembleia da República, através dos dois únicos círculos eleitorais existentes – um para a Europa e o outro para o resto do Mundo.

Inversamente, para a eleição do Presidente da República, não se facultava o direito de voto aos portugueses residentes no estrangeiro. Em teoria, poderiam fazê-lo, mas excessivamente onerando esse acto eleitoral, forçando-os não só ao recenseamento no território nacional como ainda à sua deslocação – evidentemente absurda – ao território português para aí votarem.

Com as alterações que se introduziram na CRP[960], formulou-se o *princípio geral de que a votação pode ser realizada por cidadãos portugueses residentes no estrangeiro,* reconhecendo-se a legitimidade de tal condição, quer em termos de recenseamento, quer em termos de votação. Isto significa que, a partir de então, esses cidadãos, para efeitos da eleição presidencial, podem recensear-se no estrangeiro e podem votar no estrangeiro[961].

---

959 Cfr. Jorge Bacelar Gouveia, *Sistema...*, pp. 50 e 51.

960 No art. 121.° da CRP.

961 Esta não foi, porém, uma decisão pacífica, ouvindo-se em sectores doutrinários severas críticas a esta nova possibilidade de votação na eleição presidencial.

Mas elas eram críticas manifestamente improcedentes porque desfasadas das características do Mundo contemporâneo da globalização e da tecnologia:

- em termos de liberdade política, é inegável o avanço exponencial da Democracia no mundo, sobretudo nos países de tradicional acolhimento dos portugueses emigrantes, como é o caso dos Estados africanos de língua portuguesa e da América Latina; não se justificam mais, por isso, os receios de manipulação da vontade eleitoral num certo sentido, ao sabor dos interesses de uma concreta ditadura porventura instalada nesses países;
- em termos de difusão da mensagem eleitoral, com a modernização das comunicações (de massas e pessoais), não mais podem vingar os receios, decerto outrora legítimos, de *deficit* propagandístico nas campanhas elei-

O alargamento do voto aos emigrantes portugueses consumou-se, no entanto, numa cumulação de requisitos: o da cidadania e o da "ligação efectiva à comunidade nacional", o que bem se compreende por ser exigível um conhecimento e interesse mínimos da realidade portuguesa aos que vão "contactá-la" através do direito de sufrágio.

IX. Mecanismo imprescindível de participação dos cidadãos na vida política (cuja importância, aliás, tem vindo a aumentar numa relação directamente proporcional ao amadurecimento das democracias), o referendo político nacional beneficiaria de modificações de regime de elevada monta.

Consagrado em 1989, assim se inaugurando um mecanismo referendário geral num regime apenas representativo, o quadro disciplinador do referendo estava, a despeito disso, longe de ser satisfatório.

Isso não tanto pela ausência de vinculatividade ou sequer pela limitação da participação dos cidadãos. Tal foi sobretudo visível à medida que a experiência política o ia demonstrando, quando o referendo, consagrado em 1989, não conseguiu ser utilizado no momento para o qual mais estava funcionalmente fadado: a ratificação do TUE.

O regime inicial excluía do referendo imensas matérias, a começar precisamente pelas da vinculação internacional do Estado a tratados internacionais.

Houve assim *a necessidade de alargar as matérias sujeitas a referendo*. Dentro da cláusula geral de que devem ser questões de relevante interesse nacional, agora já não se aplicando a delimitação negativa total sobre as matérias que faziam parte da reserva relativa de competência legislativa da Assembleia da República.

Unicamente se mantiveram as questões mais permeáveis a presumíveis actuações político-demagógicas, como as alterações à Constituição, as questões orçamentais ou de estrutura político-institucional do Estado.

---

torais, com hipótese de fazer a respectiva divulgação de um modo acessível e pouco dispendioso.

Para além disso, os cidadãos residentes no estrangeiro passaram a poder do mesmo modo participar nesses referendos, com o que se alargou a sua titularidade sem entraves de carácter territorial. Para garantia da verdade referendária, passou a exigir-se, ao nível constitucional, que o referendo só fosse vinculativo votando mais de metade dos cidadãos inscritos no recenseamento.

Cumpre ainda referir mais um aspecto: a diferenciação entre o poder de iniciativa da Assembleia da República e do Governo, conforme estivessem subjacentes matérias em que, do prisma legislativo, aqueles órgãos fossem respectivamente competentes.

Do ponto de vista procedimental, *aceitou-se finalmente que o referendo pudesse ter lugar sob iniciativa dos cidadãos,* não se encontrando assim prisioneiro, quanto ao impulso do respectivo procedimento, das decisões dos directórios partidários, abrindo-se a possibilidade de *a sua pré-iniciativa poder pertencer a um conjunto de cidadãos*, nos termos a definir por lei[962].

X. Sensivelmente reforçada em 1989, a democracia de tipo participativo veria o seu horizonte muito substancializado com a revisão constitucional de 1997.

A reclamação em torno do maior empenhamento dos cidadãos, enquanto atomisticamente considerados na sociedade civil e principalmente enquanto desligados das formações partidárias, acabaria por ter as suas inevitáveis respostas em algumas das alterações feitas nesta ocasião.

A via que se seguiu foi sempre a da interligação da participação popular dos cidadãos com as instâncias organizatórias do Estado-aparelho, *privilegiando-se um aprofundamento da democracia numa linha claramente institucional*, em detrimento de uma orientação mais de tipo sociológico.

Em termos de procedimento legislativo, admitiu-se, pela primeira vez em Portugal, a *iniciativa legislativa popular.* Quer isto dizer que também grupos de cidadãos, em número a definir por lei, podem

[962] Cfr. JORGE BACELAR GOUVEIA, *Sistema...*, pp. 47 e ss.

exercer o direito político de apresentar no Parlamento propostas de actos legislativos, sendo ela efectiva para toda e qualquer iniciativa legislativa não internamente reservada. O texto constitucional da revisão de 1997 passou a *admitir que grupos de cidadãos eleitores tivessem, por si próprios, acesso ao sistema legislativo*, apresentando propostas de lei com vista à regulação jurídica de certas matérias[963].

XI. Em contraste com o sucedido noutras anteriores revisões constitucionais (mais em 1982 do que em 1989), as alterações aprovadas à CRP ditadas pela LC n.° 1/97 não incidiram, de um modo especial, na correlação de forças e poderes que configuram o sistema de governo português, segundo a maioria da doutrina, um semi-presidencialismo.

Tal não impediu, no entanto, que o aumento dos poderes parlamentares no sistema de governo pudesse ser equacionado de um modo peculiar[964].

Duas foram as principais motivações:

– por um lado, a necessidade de evitar fraudes constitucionais através da integração europeia e da contratação internacional, fazendo com que a natural proeminência dos poderes do Parlamento, por esse modo ínvio, não pudesse ser posta em causa;
– por outro lado, a acumulação de dados trazidos pela experiência, que fizeram distanciar bastante a prática política recente do sentido do texto constitucional, o que se manifestou, por vezes, na escassez de poderes reais de intervenção do Parlamento.

XII. Esta orientação de "parlamentarização" do sistema de fontes foi testemunhada, em primeiro lugar, no plano das relações das fontes normativas internas com as fontes normativas da União Europeia. A modificação que neste sector se levou a cabo *possibilitou cobrir vastas lacunas de regulamentação*.

[963] Cfr. Jorge Bacelar Gouveia, *Sistema...*, pp. 52 e 53.

[964] Cfr. Jorge Bacelar Gouveia, *Sistema...*, pp. 53 e ss.

A questão da eficácia directa e imediata dos regulamentos não suscitava já dúvidas de maior, mas estabeleceu-se uma norma especificamente concebida para as directivas comunitárias. A transposição das directivas obedeceria à forma de lei ou de decreto-lei, conforme os casos.

Por outro lado, o Parlamento ganhou instrumentos mais intensos de controlo do processo decisório europeu:

- não só em termos informativos, dado que lhe foi facultado acompanhar as decisões comunitárias pertinentes às matérias incluídas na sua esfera de competência legislativa reservada;
- mas também no regime que a estabelecer de designação dos titulares de órgãos comunitários, podendo decretá-lo em termos gerais.

XIII. No estrito âmbito da produção legislativa, a democratização que se empreendeu destinou-se a *vitalizar a componente da normação legislativa parlamentar do sistema de governo.*

O cenário de fundo do legislador de revisão constitucional foi o de uma avaliação muito realista da prática legislativa dos últimos anos, em que se agravou a respectiva "governamentalização", com o evidente predomínio dos actos legislativos emanados do Governo.

Em parte, tal explicou-se pela existência de uma maioria parlamentar de um só partido político, cuja originalidade na III República Portuguesa evidentemente que imporia, mais tarde ou mais cedo, algumas rectificações no texto constitucional.

O "aligeiramento", em termos temáticos, da CRP tinha de possuir a contrapartida do aumento dos actos legislativos de cariz intermédio, sem um valor constitucional, mas também sem a sujeição à maioria relativa da deliberação parlamentar. Natural seria, por conseguinte, que um cuidado tivesse sido posto em duas categorias dessas leis intermédias do sistema de actos normativos – as *leis orgânicas* e as *leis aprovadas por dois terços.*

Inevitavelmente que esse facto depois se projectaria no redimensionamento do novíssimo conceito constitucional de *lei reforçada*, que também receberia contributos legislativos assinaláveis[965].

XIV. Relativamente à constelação das matérias que ficaram sob a alçada da intervenção legislativa parlamentar, o movimento que genericamente se deu foi no sentido do aumento do respectivo número e qualidade, segundo dois critérios possíveis:

- *sujeitar determinadas matérias*, até tal momento pertencentes à esfera de competência legislativa partilhada entre a Assembleia da República e o Governo, *à reserva de competência legislativa daquela*, passando o Parlamento a dispor das mesmas em termos de legiferação;
- *transitar certas matérias*, que já pertenciam ao domínio da reserva relativa, *para o regime mais exigente* – em que não se aceita a autorização legislativa – *da reserva absoluta de competência legislativa parlamentar.*

Combinando estes dois critérios, é possível fazer três agrupamentos de matérias, numa *ordem crescente* de reforço da posição legislativa do Parlamento português por referência à situação que se vivia até à entrada em vigor desta revisão constitucional de 1997:

- *Reforço mínimo* – reserva absoluta de competência legislativa da Assembleia da República, antes reserva relativa de competência legislativa daquele órgão: (i) o regime geral de elaboração dos orçamentos do Estado, regionais e locais; (ii) o regime do segredo de Estado;
- *Reforço intermédio* – reserva relativa de competência legislativa da Assembleia da República, antes esfera de competência legislativa concorrencial com o Governo: (i) o regime geral das taxas e de outras contribuições fiscais; (ii) as bases do ordenamento do território e do urbanismo; (iii) o regime e a forma de criação das polícias municipais;

[965] Cfr. JORGE BACELAR GOUVEIA, *Sistema...*, pp. 59 e ss.

– *Reforço máximo* – reserva absoluta de competência legislativa da Assembleia da República, antes esfera de competência legislativa concorrencial com o Governo: (i) o regime de designação dos membros de órgãos da União Europeia, com excepção da Comissão; (ii) o regime dos símbolos nacionais; (iii) o regime das forças de segurança; (iv) o regime da autonomia dos serviços da Presidência da República.

A única excepção que importava assinalar no alargamento da posição de domínio da instituição parlamentar na organização da competência legislativa respeitava ao regime dos "serviços secretos" da República. A situação que se viveu até 1997 era a de tal âmbito de legiferação – juntamente com o regime do segredo de Estado – pertencer à reserva relativa de competência legislativa da Assembleia da República.

A partir de então, passou a viver-se num estranho dualismo de "esquizofrenia legislativa", em que, de um lado, se estabeleceu a reserva absoluta para o "regime do sistema de informações da República" e, do outro lado, se perdeu a alusão, feita em sede de reserva relativa, por certo mais densa, ao "regime dos serviços de informações", que naquilo que vai para além da matéria delimitada na reserva absoluta ficou a integrar a esfera de competência legislativa concorrencial.

Eis uma opção dificilmente qualificável de racional, do ponto de vista legislativo, porque numa matéria tão sensível como esta para os direitos fundamentais – para além de toda a carga odiosa que lhe está associada – a intervenção do Parlamento, por muito que isso custe em termos práticos, deveria pertencer-lhe na totalidade, pelo menos, no âmbito da sua reserva relativa.

XV. No tocante às leis orgânicas, *a revisão constitucional de 1997 alargou a respectiva incidência material*, com a inclusão no respectivo regime de mais algumas matérias.

Foram elas:

– aquisição, perda e reaquisição da cidadania portuguesa;

– associações e partidos políticos;
– eleições dos deputados às assembleias legislativas regionais dos Açores e da Madeira;
– eleições dos titulares dos órgãos do poder local;
– lei da criação das regiões administrativas;
– regime do sistema de informações da República e do segredo de Estado;
– regime de finanças das regiões autónomas.

Este crescimento das matérias integráveis nas leis orgânicas foi feito por duas vias:

– nos cinco primeiros casos, à custa de matérias já anteriormente pertencentes à reserva absoluta de competência legislativa da Assembleia da República, mas que o eram unicamente em termos de reserva de lei nominal;
– nos outros casos, ora extraindo-se parcialmente do regime de reserva relativa – o caso do regime do sistema de informações – ora procedendo-se à inclusão na reserva de lei orgânica de matéria não referenciada em qualquer área anteriormente reservada à Assembleia da República – o caso das finanças regionais.

XVI. Importa também não esquecer que a 4.ª revisão constitucional fez transparecer a respectiva parlamentarização no plano da maioria deliberativa para aprovar determinadas leis.

Até 1997, o panorama era o da existência de algumas excepções ao princípio geral da maioria relativa: para além do caso óbvio da aprovação das leis de revisão constitucional, havia ainda que registar a exigência de maioria de dois terços dos Deputados presentes, desde que superior à maioria absoluta dos Deputados em efectividade de funções, na definição dos círculos eleitorais e na restrição dos direitos das forças militares e paramilitares.

A partir de 1997, essa maioria qualificada alargou-se a outras matérias, como:

– a lei de extensão do direito de voto aos portugueses recenseados no estrangeiro na eleição presidencial;
– a lei que determina o número de Deputados da Assembleia da República;
– a lei relativa ao sistema e método de eleição dos órgãos autárquicos.

A adopção de maiorias qualificadas para a aprovação de certas leis, se tem o inegável mérito de colocar a respectiva aprovação no plano do regime e não no da governação, tratando-se de leis estruturantes do sistema político, não deixa, ao mesmo tempo, de suscitar algumas reticências cuja pertinência aumenta, em razão directamente proporcional, do engrandecimento temático da respectiva extensão.

XVII. De algum modo fazendo a síntese entre todas estas pequenas alterações que se foram fazendo no sistema nacional de actos legislativos, verificou-se ainda que o legislador de revisão constitucional procedeu a uma expressiva *expansão do conceito de lei reforçada*, adoptado na CRP em 1989.

Alargando o seu âmbito, incorporou-lhe três distintas realidades, para além das *leis orgânicas* que já incluía, pelo menos, de um modo literal:

– as leis aprovadas por dois terços;
– as leis que sejam pressuposto de outras leis;
– as leis cujo respeito se imponha a outras leis.

Não se trata de uma qualquer qualificação meramente decorativa. Um importante efeito de regime é determinado pela CRP em matéria de fiscalização a cargo do Tribunal Constitucional: este, em sede de fiscalização sucessiva, pode sindicar a legalidade dos actos legislativos que violem outros actos legislativos considerados leis reforçadas.

Já antes da revisão de 1997, este não era um conceito pacífico por se prestar a imensas divergências, pois que a competência fiscalizatória da legalidade não colava bem com a função conceptualmente atribuída pelo então art. 115.° da CRP.

A dilatação de que foi objecto parece-nos bastante criticável, porque a sua tradução prática – que é a subordinação de outros diplomas do mesmo nível hierárquico – não se opera em todas as categorias de actos que são elencados no referido preceito.

Sem dúvida que a ligação que é mister estabelecer entre a definição constitucional de lei com valor reforçado e este peculiar regime de fiscalização da legalidade, no âmbito de uma saudável operação de interpretação sistemática, só possibilita chegar ao seu sentido real se em acordância com duas tarefas interpretativas de sinal contrário:

- *restritiva*, no aspecto de não ser de considerar como lei reforçada o conjunto dos actos legislativos que sejam leis orgânicas ou que sejam aprovados por maioria de dois terços só por causa dessa qualidade, havendo alguns casos em que daí não deriva qualquer força subordinante funcional de outros actos legislativos;
- *extensiva*, no ponto em que a definição constitucional não admita, como parece ser esse o sentido literal, actos legislativos não parlamentares, sendo certo que o fortalecimento que se quer pode igualmente surgir em actos legislativos governativos, como o testemunha a prática política, recordando-se o caso da força subordinante do decreto-lei que traça a organização e o funcionamento do Governo relativamente a outros decretos-leis.

XVIII. Sector em que finalmente não deixaria de assinalar-se modificações relevantes trazidas pela LC n.° 1/97 é o da organização constitucional da justiça.

A situação que se encontrava gizada no texto constitucional – em plena correspondência, aliás, à prática jurisdicional do quotidiano português – mostrava-se globalmente satisfatória. Aqui, como noutros países de efectivo Estado de Direito, a justiça cumpria bem a sua função, tomando os juízes as vestes que lhes são próprias, ou seja, as da imparcialidade e do distanciamento das questões políticas.

A experiência alcançada com duas décadas de democracia real – e também de mecanismos de controlo do poder que progressivamente têm vindo a aumentar – fizeram notar, não obstante, algumas situações-limite que, do ponto de vista do texto constitucional, poderiam ficar resolvidas com intervenções pontuais, mas não menos benéficas.

Essas alterações, no plano ideológico, tiveram todas o *leitmotiv* do aperfeiçoamento do regime aplicável, saindo sempre prestigiada a instituição judicial, ora nos casos em que se assistia ao perigo de uma politicização excessiva, ora nos casos, precisamente inversos, em que se poderia espreitar pela porta de um futuro – naturalmente perigoso – "governo dos juízes".

XIX. O caso que despertou mais justificado interesse foi o do Tribunal Constitucional, órgão que, tendo sido criado com a revisão constitucional de 1982, passaria desde 1983 a protagonizar a fiscalização da constitucionalidade e da legalidade em Portugal.

O problema que sempre terá impedido, na opinião de alguns, a colocação do Tribunal Constitucional acima da suspeita política – qual espada de Dâmocles – residia no critério de selecção dos respectivos juízes. O esquema adoptado em Portugal – segundo o qual é a Assembleia da República, por maioria de dois terços dos Deputados, que elege dez, sendo depois mais três cooptados por aqueles – feriria a jurisprudência constitucional de um vício de não distanciamento suficiente perante o órgão político e pluralista, por excelência, de um regime democrático, que é o Parlamento.

Várias têm sido as soluções propugnadas, com maior ou menor influência de outros sistemas estrangeiros, no sentido da reforma do modo de designação dos juízes constitucionais: desde a sua partilha com o Presidente da República até à sua escolha exclusiva, e na totalidade, pelo Parlamento, passando pela designação de alguns deles pelos outros tribunais superiores.

O certo é que esta IV revisão constitucional não foi sensível a qualquer uma destas propostas, ainda que uma delas estivesse próxima de lograr vencimento – a da designação pelo Parlamento da totalidade dos treze juízes do Tribunal Constitucional.

Foi necessário reflectir na despoliticização da jurisdição constitucional, gorada a via da designação dos juízes, pela via do respectivo estatuto, em termos de duração do mesmo e da sua recondução futura.

Decidiu-se *aumentar o período de duração dos mandatos dos juízes constitucionais, passando de seis para nove anos, ao mesmo tempo que se consagrou a impossibilidade da respectiva redesignação.* O propósito era evidente: havendo impossibilidade de redesignação, a tarefa do juiz constitucional, caso isso eventualmente acontecesse, despia-se definitivamente de qualquer pressão política, sabendo que não precisava de favorecer qualquer posição pela troca de uma redesignação futura.

XX. A matéria dos tribunais militares era outro ponto que tinha de ser equacionado. Não que estivesse em causa qualquer afronta à instituição militar em geral ou que se duvidasse da fiabilidade da justiça militar. Simplesmente, era necessário repensar uma estrutura que, tendo noutros tempos uma importância acrescida, tinha vindo a perder sucessivamente utilidade prática, de par com a redução progressiva do número de militares potencialmente sujeitos a uma justiça parcialmente privativa.

É assim que, para o tempo de normalidade institucional, se extinguiram os tribunais militares, embora se mantendo juízes militares nos tribunais comuns onde são julgados os militares por crimes estritamente militares. Este foi o novo equilíbrio que se alcançou, radicando no postulado básico de que no julgamento de militares interessa ter alguém com sensibilidade para estas questões, o que acontecerá com maior probabilidade a quem conheça, por dentro, a realidade militar.

Só em tempo de guerra se passaria a admitir que os tribunais militares pudessem funcionar com autonomia. O fundamento para que os tribunais militares se mantivessem ligava-se à necessidade de haver, em situações de crise político-social, instâncias que, mais eficaz e rapidamente, garantissem a aplicação do Direito Sancionatório.

XXI. Lacuna de que também se ressentia o texto constitucional português era a referente ao estatuto do advogado no desempenho da justiça, corpo indispensável, em qualquer Estado de Direito, para a informação e consulta jurídicas e para a defesa da legalidade e dos direitos fundamentais.

Com a revisão de 1997, o *legislador constitucional passou a reconhecer a posição dos advogados como colaboradores da Justiça,* nela desempenhando um papel fundamental, tal já sucedendo com os magistrados.

Mas não o fez de um modo meramente simbólico ou retórico: a essa consagração constitucional foram associadas importantes consequências de regime, em termos da atribuição aos advogados de direitos e imunidades que sempre facilitarão o proficiente exercício da profissão de causídico.

99. A quinta revisão constitucional de 2001

I. A quinta revisão constitucional – aprovada pela LC n.° 1/ /2001, de 12 de Dezembro – apresentou como particularidade ser a primeira revisão extraordinária da CRP, depois de tal conceito ter sido criado na terceira revisão, tendo a Assembleia da República assumido poderes extraordinários de revisão[966], conforme ficou estabelecido na Res. da Assembleia da República n.° 27/2001, de 4 de Abril.

O fundamento para a sua realização radicou na ratificação do ERTPI, requerendo que o texto da CRP se afeiçoasse a algumas das exigências ali inscritas[967].

---

[966] Quanto ao sentido da revisão constitucional de 2001, v. Jorge Bacelar Gouveia, *Constituição da República Portuguesa e Legislação Complementar,* 2.ª ed., Lisboa, 2001, pp. 5 e ss., e *Reflexões sobre a 5.ª Revisão da Constituição Portuguesa,* in AAVV, *Nos 25 Anos da Constituição da República Portuguesa – Evolução Constitucional e Perspectivas Futuras,* Lisboa, 2001, pp. 631 e ss.; Jorge Miranda, *Manual...,* I, pp. 409 e ss.; Jorge Miranda e Rui Medeiros, *Constituição...,* I, pp. 27 e ss.

[967] Sobre esta complexa questão da relação entre o ERTPI e a CRP, v. Maria Fernanda Palma, *Tribunal Penal Internacional e Constituição Penal,* in RPDC, vol. 11, 2001, pp. 7 e ss.; Jorge Bacelar Gouveia, *Reflexões sobre a*

O resultado final desta revisão constitucional acabou por ficar muito para lá dessa motivação inicial, visto que os parlamentares aproveitaram a ocasião para resolver algumas outras questões constitucionais pendentes.

Uma delas relacionou-se com a atribuição aos cidadãos de língua portuguesa de um leque de direitos políticos que, sendo atribuídos por algumas outras Constituições Lusófonas, não estavam previstos no texto da CRP. É que o nosso texto constitucional, apesar de bastante avançado na consagração do princípio da equiparação de direitos entre portugueses e estrangeiros nos termos do seu muito inovador artigo 15.°, não fora tão longe neste ponto, adoptando-se uma alteração ampliativa daquela possibilidade e reduzindo-se, simetricamente, o âmbito dos direitos insusceptíveis de serem titulados por tal categoria de estrangeiros.

Outro tema mostrava-se atinente à definição do estatuto dos sindicatos de polícia, dado que aí o texto constitucional só admitia a radical impossibilidade da sua sindicalização. Para não criar mais equívocos, optou-se por esclarecer o assunto, de acordo com uma solução intermédia: aceitar-se a sindicalização dessa profissão, mas num plano enfraquecido, não se conferindo a tais sindicatos todos os direitos normalmente concedidos às associações sindicais.

Tendo a revisão constitucional sido aprovada já depois dos acontecimentos de 11 de Setembro de 2001, houve ainda o seu inevitável reflexo na diminuição de algumas garantias dos cidadãos consideradas excessivas, como foi o caso da «suavização» da garantia da inviolabili-

---

5.ª revisão..., pp. 634 e ss., *Manual...*, pp. 738 e ss., e *Direito Internacional Penal*, Coimbra, 2008, pp. 431 e ss.; PAULA ESCARAMEIA, *Quando o mundo das soberanias se transforma no mundo das pessoas: o Estado do Tribunal Penal Internacional e as Constituições nacionais*, in RFDUNL, Lisboa, ano II, n.° 3 de 2001, pp. 149 e ss.; JORGE MIRANDA, *Curso...*, pp. 328 e 329; FERNANDO ARAÚJO, *O Tribunal Penal Internacional e o problema da jurisdição universal*, in RFDUL, vol. XLIII, n.° 1 de 2002, pp. 84 e ss.; VITAL MOREIRA, *O Tribunal Penal Internacional e a Constituição*, in AAVV, *O Tribunal Penal Internacional e a Ordem Jurídica Portuguesa*, Coimbra, 2004, pp. 19 e ss.

dade do domicílio, a qual, embora já anteriormente proposta, viria a obter consenso constitucional após aqueles trágicos eventos[968].

Por último, cumpre referir a inclusão no texto constitucional do Português como língua oficial de Portugal, alteração impregnada de simbolismo, mas claramente redundante por antes já haver norma constitucional costumeira nesse sentido[969].

Pela sua maior complexidade, importa fixar o nosso olhar em três aspectos que consideramos fundamentais desta revisão constitucional de 2001:

– a permissão para a ratificação do ERTPI;
– o alargamento dos direitos políticos dos cidadãos de língua portuguesa; e
– a possibilidade do sindicalismo policial.

II. A principal alteração introduzida no texto constitucional – não só nas disposições emendadas como essencialmente no sentido normativo transposto para o articulado constitucional – foi a que respeitou à sua adequação ao estatuto do TPI.

Foi essa, aliás, a única motivação literalmente apresentada no projecto de resolução que viria a transformar-se na Res. da Assembleia da República n.° 27/2001, a qual dotaria o Parlamento Português de poderes extraordinários de revisão constitucional.

E é de assinalar a circunstância de, uma vez aberto o procedimento de revisão constitucional, todos os Deputados que apresentaram projectos – do PS, do PSD e do CDS-PP – se terem expressamente ocupado dessa matéria.

---

[968] De acordo com a qual o art. 34.°, n.° 3, da CRP passou a ter a seguinte redacção: "Ninguém pode entrar durante a noite no domicílio de qualquer pessoa sem o seu consentimento, salvo em situação de flagrante delito ou mediante autorização judicial em casos de criminalidade especialmente violenta ou altamente organizada, incluindo o terrorismo e o tráfico de pessoas, de armas e de estupefacientes, nos termos previstos na lei".

[969] Passando a dizer-se no art. 11.°, n.° 3, da CRP que "A língua oficial é o Português".

A primeira dúvida a colocar incidia no modo como se fez reflectir a aproximação do Estado Português ao ERTPI, não se lhe tendo conferido a força constitucional, nem ao mesmo tempo sendo legítimo antecipar decisões que só podiam ser tomadas no âmbito do procedimento interno de inserção de um tratado internacional, em relação ao qual o Estado Português, apesar de o ter assinado, ainda não manifestara a sua obrigação de o cumprir, o que só aconteceria com o acto de ratificação.

A solução adoptada foi de natureza genérica, formulando-se, no artigo 7.° da CRP, com a epígrafe "Relações internacionais", uma disposição que pudesse dar uma cobertura constitucional a todos os problemas relativos a essa vinculação.

Lateralmente, também haveria a oportunidade de efectuar uma modificação do preceito constitucional que respeitava à extradição de cidadãos portugueses, acrescentando-se um regime para a entrega judicial, com isso se frisando o facto de quer aquela quer esta não serem permitidas para a aplicação da pena de morte ou para a aplicação de penas que provoquem lesões corporais irreversíveis.

Acresce a necessidade que se sentiu de estabelecer uma norma genérica sobre a cooperação judiciária penal ao nível da UE, em derrogação de algumas garantias formuladas nos números anteriores da nova versão do art. 33.° da CRP, num sentido claramente menos garantístico e em grande parte decepando o alcance daquela.

III. Mais complexas se revelaram as soluções que foram introduzidas para afeiçoar o texto constitucional aos ditames materiais que constam do ERTPI. Estamos fundamentalmente a pensar na imposição que este admite da prisão perpétua, bem como na consequência processual de poder ser exigível a extradição ou a entrega judicial conducente à aplicação dessa pena.

O que fez o legislador de revisão constitucional para contornar a proibição constitucional expressa de não termos, no nosso Direito Interno, a pena da prisão perpétua?

Fez duas coisas:

- formulou a orientação geral de o TPI ser uma jurisdição compatível com a nossa Ordem Jurídica, a começar pelo Direito Constitucional;
- admitiu, *a contrario sensu*, a possibilidade da entrega judicial fora dos casos em que se dá a proibição da extradição havendo prisão perpétua ou pena corporal que provoque lesões irreversíveis à integridade física.

Estranhamente, as disposições que constitucionalmente proíbem a prisão perpétua permaneceram intactas: o art. 30.°, n.° 1, da CRP, que não foi alterado, continuando a dizer que não é admissível esse tipo de pena de prisão perpétua; o art. 33.°, no seu novo n.° 4, directamente referindo que a extradição com a possibilidade da aplicação da prisão perpétua só se torna operativa com a garantia de que tal pena não venha a ser aplicada ou executada.

Estamos em crer que se apresenta dificilmente aceitável um texto constitucional que tenha dois pesos e duas medidas nesta tão sensível matéria — como se a jurisdição do TPI não fizesse parte integrante do Direito Português, como é usual dizer-se para contornar esta objecção.

Se assim é, por que razão os revisores constitucionais se afadigaram tanto com a admissão geral do TPI? Se assim é, como conceber que as forças policiais portuguesas tenham de cooperar com o TPI, como o dá a entender a alteração do preceito constitucional que se refere à possibilidade de certas modalidades de extradição e de entrega judicial?

IV. Outro eixo extremamente relevante da 5.ª revisão constitucional consistiu na alteração do estatuto dos direitos dos cidadãos dos Estados de Língua Portuguesa, numa perspectiva compreensiva na partilha de alguns dos direitos políticos mais relevantes.

Deve dizer-se, em abono da bondade da solução constitucional pré-existente, que o ponto de partida era bastante generoso, na medida em que, na versão anterior do art. 15.° da CRP, os cidadãos estrangeiros gozavam, em princípio, dos mesmos direitos dos cidadãos portugueses, sendo certo que algumas restrições impostas a estrangeiros não se aplicavam aos cidadãos de língua portuguesa.

Esse regime foi modificado no sentido de se favorecer a titularidade de tais direitos por parte de cidadãos estrangeiros de língua portuguesa em mais dois sentidos possíveis:

- o acesso aos direitos políticos deixou de estar estritamente dependente de convenção internacional, podendo bastar a lei interna portuguesa, embora se mantivesse o requisito substantivo da reciprocidade na atribuição dos mesmos;
- a amplitude desses direitos era agora maior na medida em que apenas se daria a exclusão de certos cargos políticos de máximo simbolismo, admitindo-se o amplo acesso à titularidade dos cargos políticos, o que antes estava vedado.

V. É de salientar a importância da atribuição dos direitos políticos com esta abrangência, até para substanciar, no plano pessoal, a edificação consistente da CPLP.

É assim que se constroem as comunidades e, nesta matéria, Portugal não tem que ter medos. Aliás, recorde-se o passo que já tivera sido dado algum tempo atrás com a 4.ª revisão constitucional, na qual se passou a admitir o voto dos portugueses emigrantes para o Presidente da República.

Esse foi um relevante avanço na afirmação de uma lusofonia pessoal, e não já meramente territorial, em que o elemento humano deve prevalecer sobre o elemento espacial.

Daí que nos pareça que esta foi uma alteração natural nessa senda e que viria, efectivamente, a abrir muitos e promissores caminhos.

VI. No entanto, esta opção constitucional no aprofundamento de uma CPLP com direitos próprios não deixaria de merecer o eventual reparo de não ter sido inteiramente concebida pela perspectiva institucional da criação da CPLP.

Se é verdade que essa comunidade começa nas pessoas, não é menos verdade que, no plano organizatório, já existe desde 1996 uma organização internacional com aquele nome — mas esta ainda não obteve os favores da constitucionalização, que evidentemente merece, lado a lado com a UE ou com qualquer outra de igual magnitude.

VII. O terceiro núcleo da V revisão constitucional foi o esclarecimento do regime do sindicalismo policial, assim se pondo termo a anos de luta política e de incerteza jurídico-constitucional, pelo menos no que toca a alguns dos contornos dessa problemática.

A dificuldade radicava na posição constitucional que deve ser atribuída às forças armadas e às forças de segurança, na medida em que não se lhes aplica o mesmo estatuto de plenitude no exercício de direitos fundamentais de que os restantes cidadãos e pessoas em geral podem gozar num Estado de Direito.

Eis uma posição em que existem relações especiais de poder e em que, por causa das funções que essas forças desempenham, não se mostra ajustado que usufruam da totalidade dos direitos que são aplicáveis aos outros cidadãos, sob pena de se colocar em causa a coerência das respectivas funções.

A chave estava, portanto, num equilíbrio, nem sempre fácil, entre duas posições radicais que não têm justificação: a da degradação da posição dos membros dessas forças a mero "objecto", sem possibilidade de beneficiar de quaisquer direitos; e a posição de poderem ser globalmente equiparadas aos cidadãos de outras profissões, para quem aquelas limitações não fazem sentido.

VIII. O texto constitucional português, logo desde o seu início, sempre encarou com particular cuidado o estatuto constitucional dos membros das forças armadas e de segurança, no que tenham de aproximável ao regime próprio das forças militares.

O art. 270.° da CRP concede-lhes um estatuto especial porque aceita, para essas categorias de cidadãos, restrições mais gravosas do que genericamente sucede em relação a outras profissões, precisamente levando em linha de conta as preocupações com a defesa e a estabilidade do aparelho do poder, perante o qual essas forças se mantêm num laço de maior vinculação.

Reversamente, e tendo bem em conta a delicadeza dessa matéria, o texto constitucional determina que essas restrições só possam ser impostas por uma maioria agravada, que a partir da revisão constitucional de 1997 passou a obter o expresso epíteto constitucional de "lei reforçada". A aprovação de um diploma legislativo com essas limitações depende do acordo da maioria de dois terços dos Deputados presentes, desde que superior à maioria absoluta dos Deputados em efectividade de funções.

IX. Até então, essas restrições tinham pacificamente vigorado quanto às forças militares e de segurança, embora no tocante às primeiras tivessem nos últimos tempos aumentado de volume latentes e longínquos desejos de uma maior liberdade no exercício de alguns direitos políticos e laborais, assim estritamente reservados aos não militares.

Essa questão, porém, suscitaria uma maior discussão no que tange ao estatuto constitucional das forças policiais. Foram diversos os movimentos e opiniões, sobretudo dentro de certos grupos de profissionais, que reclamavam a criação de sindicatos, com isso frisando o carácter retrógrado do entendimento, até há bem pouco tempo quase unânime, dos que defendiam tal impossibilidade só por se tratar do exercício de funções de índole policial.

Salomonicamente, o legislador de revisão constitucional tomou uma atitude intermédia, evitando dois extremos:

- o de uma total sindicalização, sem regras e de conteúdo amplo;
- o da posição de, pura e simplesmente, proibir a constituição de sindicatos.

O exercício da liberdade sindical ficou do mesmo modo sujeito ao regime do exercício dos direitos abrangidos pelo art. 270.° da CRP, em que se pretende regular alguns direitos fundamentais dos membros das forças armadas e das forças de segurança, sujeitando os mesmos a uma autorização expressa e por uma lei da Assembleia da República aprovada por maioria qualificada.

Simplesmente, essa possibilidade só passou a ser aceite na condição de dela se excluir o aspecto central do sindicalismo, do policial ou de qualquer outra profissão: o direito fundamental à greve. Tal como ficou na nova redacção do art. 270.° da CRP, a faculdade de se estipular um regime especial no exercício do direito ao sindicalismo jamais pode incluir a peculiar faculdade de se usufruir do direito à greve.

Numa palavra: o sindicalismo policial, que passou a existir, havendo a maioria qualificada para tanto, ficou impossibilitado de acolher no seu seio o direito fundamental à greve, que naturalmente se afigura ponto nevrálgico de qualquer movimento sindical, sobretudo se olharmos à sua história. Este é, pois, um sindicalismo "enfraquecido", que claramente destoa de todos os outros tipos de sindicalização, em que se prevê a possibilidade do benefício inerente ao direito à greve.

100. A sexta revisão constitucional de 2004

I. A sexta revisão constitucional – aprovada pela LC n.° 1/2004, de 24 de Julho[970] – apresentou-se num peculiar contexto em que se impunha dar uma resposta satisfatória a quatro tópicos que o tempo fez tornar crescentemente relevantes:

– o aumento dos poderes das regiões autónomas;
– a posição do Direito Português com o Direito da União Europeia;

[970] Quanto ao alcance da revisão constitucional de 2004, v. VITALINO CANAS, *Constituição da República Portuguesa – comentários e notas*, Lisboa, 2004, pp. 13 e ss.; JOSÉ DE MATOS CORREIA, *Constituição da República Portuguesa anotada*, Lisboa, 2004, pp. 5 e ss.; JORGE MIRANDA e RUI MEDEIROS, *Constituição...*, I, pp. 30 e ss.

– a regulação efectiva da comunicação social; e
– a limitação republicana do exercício dos cargos públicos.

De menor importância era a introdução da "orientação sexual" como critério de não discriminação, menor importância que se atestava, não tanto pela inoportunidade do mesmo, quanto por tal critério se poder já considerar incluído na ideia geral de igualdade, ainda que tenha sido útil a sua especificação constitucional[971].

II. Em relação ao primeiro tema, a opção constitucional foi no sentido da clarificação do feixe de relações entre o Estado e as Regiões Autónomas no plano do exercício das competências legislativas, com o resultado do aumento do poder legislativo regional.

A principal modificação introduzida foi a extinção do conceito de interesse específico regional, tanto qualitativo como quantitativo, que se assumia como *a pedra de toque* da definição positiva da competência legislativa regional.

Para o futuro, a legislação regional, a aprovar pelas Assembleias Legislativas das Regiões Autónomas, só tem de obedecer a um critério de reserva orgânica de competência, a definir pela CRP e por cada estatuto político-administrativo, não sendo necessário provar, casuisticamente em relação a cada acto legislativo, como antes, a verificação de um interesse específico regional.

Simetricamente a esta alteração, simplificou-se o esquema de actos legislativos estaduais com a eliminação da figura das leis gerais da República, uma vez que a definição da intervenção do Estado nas Regiões Autónomas assume-se abstractamente no plano das matérias que são da sua competência legislativa.

O antigo Ministro da República mudou de nome, passando a designar-se Representante da República, e perdeu algumas das competências políticas daquele.

---

[971] Cfr. o art. 13.°, n.° 2, *in fine*, da CRP2004.

Ainda no plano das nomenclaturas, as "Assembleias Legislativas Regionais" passaram a designar-se por "Assembleias Legislativas das Regiões Autónomas".

III. Foi no plano das relações entre o Direito Português e o Direito da União Europeia que o legislador da VI revisão constitucional introduziu a alteração mais abstrusa, para não dizer disparatada, nela se dizendo que "As disposições dos tratados que regem a União Europeia e as normas emanadas das suas instituições, no exercício das respectivas competências, são aplicáveis na ordem interna, nos termos definidos pelo Direito da União, com respeito pelos princípios fundamentais do Estado de Direito Democrático"[972].

Provoca espanto, desde logo, o facto de essa alteração ter sido feita sem que simultaneamente se tivesse sentido a necessidade de resolver o mesmo problema, obviamente com uma muito maior acuidade, no plano do Direito Internacional Público, sendo certo que no Direito da União Europeia até então nenhuma dificuldade tinha sido levantada.

Mas o pior reside nas consequências que derivam dessa alteração, que são, segundo a interpretação pretendida pelos parlamentares, a da subjugação da CRP ao Direito da União Europeia, quando nem sequer este mesmo sector do Direito exige tanto, defendendo o primado relativo e não o primado absoluto dessa Ordem Jurídica.

Tudo isto com o elevado risco de este preceito ser alvo de uma interpretação abrogante por desdizer no fim aquilo que quis afirmar no princípio: exactamente um dos princípios essenciais ao Estado de Direito, que ficam salvaguardados, é o princípio da constitucionalidade, segundo o qual se entende que a CRP deve prevalecer sobre outras ordens normativas, internas e externas, na certeza que de aquela primeira interpretação levaria à menorização federada e anti-soberana do Direito Português por referência ao novo Direito Europeu Federal, consequência sempre rejeitada pela lógica constitucional portuguesa.

---

[972] Art. 8.°, n.° 4, da CRP.

IV. No tocante às alterações constitucionais que incidiram na Alta Autoridade para a Comunicação Social, este órgão foi extinto, para no seu lugar ser criada uma entidade reguladora, absorvendo algumas das atribuições e competências daquela, mas também à mesma se acrescentando outras atribuições e competências.

Do mesmo modo se operou uma acentuada desconstitucionalização da matéria, pois que esta nova entidade será estruturada por lei da Assembleia da República, a aprovar por maioria agravada de 2/3 dos Deputados.

A razão de ser desta alteração radicou na perda de autoridade política da Alta Autoridade para a Comunicação Social na efectiva regulação do sector, tendo parecido melhor que no seu lugar nascesse, noutros moldes, uma entidade reguladora, à semelhança de outras que têm surgido, acompanhando a importância económica – e não só política – do sector da comunicação social como sector industrial crescente.

V. A limitação da renovação dos cargos públicos conseguiu finalmente uma maior explicitação ao nível do texto constitucional, embora nele bem presente através do princípio republicano, na sua vertente de temporariedade do exercício dos cargos públicos, já desde a versão primitiva da CRP.

Sempre suscitou grande dificuldade saber até que ponto o legislador ordinário podia estabelecer limitações à renovação dos cargos públicos, dado o melindre da matéria, ao tratar-se da capacidade eleitoral passiva, com as fortes cautelas com que a CRP rodeia a respectiva limitação.

Daí que se tivesse entendido melhor – e parece-nos que bem – a consagração constitucional expressa da faculdade de tal limitação, nos termos de uma lei ordinária que fixa o tipo de cargos e o número possível de renovações.

O preceito constitucional que se acrescentou foi o seguinte, mantendo-se a epígrafe "Princípio da renovação": "A lei pode determinar limites à renovação sucessiva de mandatos dos titulares de cargos políticos executivos"[973].

---

[973] Art. 118.°, n.° 2, da CRP.

Com esta disposição, a incumbência constitucional de densificar o princípio republicano ficou mais clara em três direcções, ainda que aquele princípio se vivifique em todos os planos:

– *na impossibilidade de haver sucessivas redesignações*, mostrando-se a indesejabilidade de certa pessoa se perpetuar no mesmo cargo político;
– *na importância que se quis conferir aos cargos políticos que derivam da eleição, que são os mandatos*, por contraposição a outros cargos que não são tecnicamente mandatos, os quais nem sequer têm uma pré-duração definida por fugirem às especiais exigências do Direito Eleitoral;
– *na escolha dos cargos políticos executivos, precisamente aqueles em que se faz sentir a maior ameaça ao princípio republicano*, que é representada pela concentração do poder político, por natureza mais distribuído, difuso e limitado nos órgãos representativos por comparação com o que sucede nos órgãos executivos.

101. A sétima revisão constitucional de 2005

I. A mais recente revisão constitucional foi aprovada em 22 de Junho de 2005, formalizando-se na LC n.° 1/2005, de 12 de Agosto, no contexto da assunção de poderes extraordinários de revisão por parte da Assembleia da República.

O único motivo para a abertura deste procedimento de revisão constitucional foi o de permitir, sem qualquer dificuldade, a ratificação do TCE precedida da realização de um referendo popular.

A circunstância geral que determinou o início desta revisão extraordinária prendia-se com o apertado calendário de ratificação do TCE, não se podendo esperar pela próxima revisão ordinária, tal como decorre de uma das disposições finais daquele documento, ao dispor-se de um prazo de dois anos, a esgotar-se em fins de Outubro de 2006[974].

[974] Nos termos do art. IV-447.°, n.° 2, do TCE, "O presente Tratado entra em vigor no dia 1 de Novembro de 2006, se tiverem sido depositados todos os ins-

II. A consumação desta alteração constitucional pontual não foi uniforme, ao ser possível nela surpreender duas fases distintas.

Num primeiro momento, a única alteração que se acordou no contexto dos partidos políticos com intervenção na aprovação das alterações constitucionais dizia respeito à possibilidade de se fazer coincidir o referendo ao TCE, que se admitia ser directo, com as eleições autárquicas seguintes.

Posteriormente, tendo o procedimento de ratificação do TCE sido suspenso pelos Estados, por deliberação dos respectivos representantes reunidos no Conselho Europeu de Junho de 2005, o Parlamento português aprovaria a alteração constitucional definitiva no sentido de, para o futuro, novos tratados comunitários ou as suas revisões poderem sujeitar-se a um referendo popular directo.

III. O legislador constitucional de revisão viu-se assim obrigado a intervir directamente no articulado da CRP para superar as diversas objecções formuladas pelo Tribunal Constitucional na interpretação que fez do regime então vigente no tocante ao modo como as convenções internacionais podiam submeter-se a referendo popular.

Essa foi uma resposta recentemente dada pelo Tribunal Constitucional, ao escrever o seguinte: "Para além de a *pergunta* globalmente considerada não ter sido formulada de modo *unívoco e explícito, sem ambiguidades*, também *cada uma* das questões contidas no quesito não respeita a exigência de *clareza*, já que podemos atribuir mais do que um sentido a cada uma delas"[975].

A melhor maneira de ultrapassar estas reticências do Tribunal Constitucional, podendo levar-se por diante a vontade de referendar a ratificação do TCE, dificuldades muito férteis dada a complexidade deste mesmo tratado europeu, com múltiplas questões, foi a de se sujeitar a sua ratificação a referendo directo por parte dos cidadãos.

---

trumentos de ratificação ou, não sendo o caso, no primeiro dia do segundo mês seguinte ao do depósito do instrumento de ratificação do Estado signatário que proceder a esta formalidade em último lugar".

[975] Cfr. o Ac. n.° 704/2004, de 17 de Dezembro de 2004, do Tribunal Constitucional, n.° 7. 2. Cfr. www.tribunalconstitucional.pt.

Deste modo, passou a admitir-se uma excepção ao princípio geral do Direito Referendário Português de apenas aceitar a submissão a referendo de perguntas e não de articulados jurídicos, com isso se pretendendo que a opinião dos cidadãos em geral se faça de um modo mais fácil.

O texto que viria a ser aprovado tem o seguinte teor, localizdo numa das disposições finais da CRP, sendo o art. 295.°: "O disposto no n.° 3 do artigo 115.° não prejudica a possibilidade de convocação e de efectivação de referendo sobre a aprovação de tratado que vise a construção e aprofundamento da União Europeia".

102. A próxima revisão constitucional

I. Tudo quanto acaba de se dizer a respeito da actual configuração do sistema constitucional português, depois das sete revisões enxertadas num texto que data de 2 de Abril de 1976, não pode supor – bem pelo contrário – que não existam motivos de aperfeiçoamento.

Eis um debate que tem sofrido oscilações, no tempo e na intensidade, mas que se deixa marcar por uma tónica comum: a de que podem ser feitos novos avanços no sentido da melhoria da CRP, sem que persista, como antes, qualquer questão constitucional, que abissalmente divida os portugueses.

Não se desconhece que muito pode e deve ser feito através da mudança dos comportamentos e das mentalidades, assim como por intermédio do ordenamento jurídico infra-constitucional.

Só que é também inquestionável que várias mudanças ao nível da CRP são necessárias e, essas, só por revisão constitucional podem ser concretizadas[976].

---

[976] Discutindo a identidade da CRP após as suas revisões, por todos, RUI CHANCERELLE DE MACHETE, *A identidade da Constituição de 1976 e as suas diversas revisões*, in AAVV, *30 Anos da Constituição Portuguesa* (org. de JORGE BACELAR GOUVEIA *et alli*), Lisboa, 2006, pp. 63 e ss.

II. Esta não é, contudo, uma discussão fácil e muito menos acabada no contexto de um livro didáctico como este, mas importa enquadrar tal problemática sob duas perspectivas distintas:

– *o equilíbrio entre questões de Política Constitucional e de Direito Constitucional*, aquelas mais políticas e estas mais técnicas;
– *o equilíbrio entre as questões mais gerais*, nos limites da identidade constitucional, *e as questões mais específicas*, que assumam uma natureza pontual, porventura nalguns casos já resolvidas por outras vias, como a jurisprudencial ou a doutrinária.

Parece-nos relevante frisar, por isso, os seguintes blocos de matérias que mais precisam de mudança em próxima revisão constitucional, sem que tal implique uma opção política que conduza a qualquer ruptura na identidade constitucional:

– corrigir o texto do preâmbulo constitucional no sentido de lhe retirar expressões obsoletas e de valor unicamente histórico e ultrapassado;
– calibrar as relações entre o Direito Português e o Direito Internacional Público, não só nas respectivas fontes como na adequação da contratação internacional do Estado às características do sistema de governo semipresidencialista;
– actualizar o catálogo de direitos fundamentais, assim como a sua expressão na representação política;
– revitalizar o instituto do referendo político a nível nacional através da sua utilização para aprovar alterações constitucionais;
– simplificar o procedimento legislativo e reforçar a dimensão parlamentar da função legislativa;
– dotar a fiscalização da constitucionalidade das leis de uma maior efectividade não apenas nos actos jurídico-públicos inconstitucionais abrangidos como no maior acesso à mesma por parte dos cidadãos.

III. O preâmbulo da CRP é um daqueles assuntos que sempre terá uma discussão, política e doutrinária, assinalavelmente superior à da sua relevância normativa ou até mesmo hermenêutica.

Ninguém se pode espantar com esse facto, pois que o preâmbulo da CRP – de qualquer texto constitucional, de resto – se apresenta como o pórtico de entrada da lei fundamental portuguesa.

Ora, o mínimo que se afigura exigível a um texto arrazoado que tenha essa função é dar uma ideia exacta daquilo que o leitor experimentará quando transpuser essa porta e penetrar na Ordem Constitucional corporizada pelo articulado constitucional.

O certo é que há uma discrepância de fundo que tem resistido a todas as mudanças: ainda persiste a frase do preâmbulo em que se refere, como propósito do Estado Português, "...abrir caminho para uma sociedade socialista...", quando é seguro que semelhante locução desapareceu há muito tempo do art. 2.° da CRP, nem sequer sendo esse o espírito geral da CRP, mercê de diversas transformações ocorridas na sua parte económica.

Argumenta-se por vezes com o facto de o preâmbulo ter um significado histórico, o que determinaria a sua permanência, mas é argumento que não resiste aos raciocínios mais simples: não só a história não se faz de preâmbulos que permaneçam intactos como assim se atingiria o absurdo de conferir ao preâmbulo uma hiper-rigidez constitucional muito superior ao núcleo mais identitário e couraçado do articulado constitucional!

IV. No plano das normas que no nosso texto constitucional operam a inserção do Direito Internacional Público no Direito Interno, são diversos os pontos que estão por resolver.

O mais importante de todos consiste na ausência de qualquer disposição constitucional que permita saber ao certo qual a posição hierárquica do Direito Internacional Público no Direito Português. Nenhuma norma existe sobre esse assunto que o possa globalmente dilucidar, o que não deixa de ser profundamente lamentável, embora a doutrina e a jurisprudência constitucionais já se tivessem pronunciado sobre o problema.

Igualmente se registam anomalias ao nível do peso dos órgãos constitucionais no procedimento de conclusão das convenções internacionais, sendo certo que, nos dias de hoje, essa é uma das mais importantes fontes de produção normativa do ordenamento jurídico português. Temos muitas dúvidas de que a posição dos órgãos constitucionais no procedimento legislativo interno – em que se anota o primado da função legislativa da Assembleia da República – possa ser equivalente às respectivas posições no procedimento de conclusão das convenções internacionais, podendo mesmo colocar-se a hipótese de uma situação de distorção, atribuindo-se pela via internacional mais importância a certos órgãos que manifestamente não a têm no plano doméstico.

De assinalar ainda que o texto constitucional português é totalmente silencioso no tocante à participação de Portugal nos tratados não fechados, porquanto não prevê os mecanismos da adesão ou da participação nos diversos actos interlocutórios de gestão da vinculação internacional de um Estado soberano.

V. A matéria dos direitos fundamentais é das que mais avanços tem observado numa perspectiva de Direito Constitucional Comparado. E não se tem mantido fechada desde a versão originária da CRP porque inúmeras alterações tem sofrido que lhe melhoraram os preceitos.

Só que este é um sector em que se avança muito depressa, em boa parte devido ao indiscutível êxito da internacionalização dos direitos humanos, simultaneamente que se vive actualmente em contra-ciclo, por força das diversas ameaças que se espalham no Globo contra a segurança dos Estados e das sociedades.

É crucial recentrar um novo equilíbrio entre as exigências da liberdade e da segurança, mantendo a essência do Estado de Direito, numa tarefa que, não sendo fácil, só pode ter sucesso no plano da cooperação internacional.

O fenómeno da globalização, de que os direitos humanos são um forte sinal, também se vai impondo aos direitos fundamentais, pressionando-os no sentido do multiculturalismo e no sentido da maior diferenciação das sociedades, que com a imigração inevitável e a fácil liberdade de circulação das pessoas há muito que perdeu a sua homogeneidade cultural e até civilizacional.

Domínio que ainda se vai revelando fundamental é o da protecção da Natureza na perspectiva dos direitos dos animais, para os quais se vai transportando muito da consciência social contra o sofrimento, e que se tem revelado, afinal, um denominador comum entre a humanidade e a animalidade.

VI. No plano mais político da expressão democrática por parte dos cidadãos, a segunda revisão constitucional consagrou, pela primeira vez ao nível geral para os actos políticos e legislativos, o instituto do referendo, com carácter vinculativo e sobre as questões de grande interesse nacional.

Só que nessa altura não se avançou, ao contrário do que chegaria a ser aventado por alguns, para um referendo de natureza constitucional.

Passados vários momentos de experiência com o referendo político-legislativo, é de acreditar que estão lançados os alicerces para a implantação dessa outra modalidade de referendo, ao ter-se desenvolvido o necessário ambiente de cultura política, o que se apresentará, demais a mais, como o atestado de maturidade de uma democracia que se reivindique desse nome.

Os mecanismos democráticos tardam em ser actualizados em face dos desafios da teledemocracia ou da cyberdemocracia, que assim ainda não se reflectiram na configuração do poder político.

A não ser assim, a legitimidade constitucional do sistema político vai-se escapulindo por variadíssimas razões, tão fortes são os sinais de descrença dos eleitores em relação ao sistema político e aos políticos que os governam.

VII. O procedimento legislativo, assim como a repartição das competências legislativas entre os diversos órgãos competentes, são dois outros domínios ao nível da organização do poder político que carecem de reformas profundas.

Todos têm a ideia de que o procedimento legislativo se tornou demasiado complexo, sem que daí muitas vezes se possam retirar frutos de uma mais forte legitimação democrática ou de um maior aperfeiçoamento técnico-jurídico.

As possibilidades de melhoria do procedimento legislativo e das competências dos órgãos no sentido da sua simplificação são várias:

– *a abolição da referenda ministerial*, que no nosso sistema constitucional não cumpre qualquer função autónoma, sendo além do mais considerada obrigatória;
– *a dotação do procedimento legislativo governamental de mais regras constitucionais*, assim permitindo a sua maior abertura e transparência;
– *o reforço das competências legislativas da Assembleia da República*, com a concomitante redução das competências legislativas do Governo, nomeadamente as suas competências legislativas concorrenciais, havendo uma manifesta desarmonia – que a prática bem tem revelado – de excesso de protagonismo legislativo do Governo comparativamente ao papel atribuído à Assembleia da República.

VIII. A problemática da fiscalização da constitucionalidade, num momento em que já lá vão mais de vinte anos de funcionamento do Tribunal Constitucional, semelhantemente carece de uma reelaboração global, surgindo assim a ocasião apropriada para enfrentar, de uma vez por todas e sem tibiezas, várias questões que se têm mantido em aberto, mas relativamente às quais até ao momento não houve a vontade de as resolver:

– *o alargamento do objecto da fiscalização da constitucionalidade aos actos políticos stricto sensu e aos actos jurisdicionais de teor não normativo*, pois que tais actos, não tendo este conteúdo, não são susceptíveis de fiscalização;

– *a possibilidade de a jurisdição constitucional poder estar ao alcance dos cidadãos em geral*, não só de um ponto de vista individual – permitindo-lhes o recurso directo para defesa dos seus direitos fundamentais – como também de um prisma geral – na medida em que se possa aceitar a acção popular de defesa da constitucionalidade em matéria de direitos fundamentais, ou mesmo abrindo essa hipótese a outros tipos de inconstitucionalidade.

II

PARTE GERAL
DO
DIREITO CONSTITUCIONAL

CAPÍTULO V
AS FONTES DO DIREITO CONSTITUCIONAL

§ 21.° As fontes do Direito em geral e o Direito Constitucional

§ 22.° A Constituição como fonte principal do Direito Constitucional

§ 23.° As fontes secundárias do Direito Constitucional

§ 21.° As fontes do Direito em geral e o Direito Constitucional

103. As fontes do Direito e o Código Civil

I. O primeiro tema que nos deve ocupar na passagem à parte geral do Direito Constitucional é o dos mecanismos que originam as respectivas normas e princípios, habitualmente sob a universal designação de *fontes do Direito*[977], numa aplicação metafórica que tem perdurado ao longo dos séculos e na esteira da proposta de MARCO TÚLIO CÍCERO.

Parece ser assim conveniente apresentar um esboço geral da localização das fontes do Direito no campo abrangente da Teoria Geral do Direito, onde têm um lugar central, nela se esclarecendo os termos por que hoje cada uma das suas modalidades assume a devida relevância na construção da Ordem Jurídica.

---

[977] Quanto às fontes do Direito em geral, nas respectivas concepções e categorias, v. ANGEL LATORRE, *Introdução...*, pp. 67 e ss.; J. BAPTISTA MACHADO, *Introdução ao Direito...*, pp. 153 e ss.; JOSÉ DIAS MARQUES, *Introdução...*, 5.ª ed., pp. 81 e ss.; INOCÊNCIO GALVÃO TELLES, *Introdução...*, I, pp. 61 e ss.; DIOGO FREITAS DO AMARAL, *Sumários...*, pp. 31 e ss., e *Manual de Introdução...*, I, pp. 343 e ss.; NUNO J. ESPINOSA GOMES DA SILVA, *História...*, pp. 445 e ss.; A. SANTOS JUSTO, *Introdução...*, pp. 181 e ss.; MARIA LUÍSA DUARTE, *Introdução...*, pp. 161 e ss.; MIGUEL REALE, *Teoria Tridimensional...*, pp. 223 e ss.; pp. 183 e ss.; JORGE BACELAR GOUVEIA, *Manual...*, pp. 121 e ss.; JOSÉ DE OLIVEIRA ASCENSÃO, *O Direito...*, pp. 255 e ss.; ARTHUR KAUFMANN, *Filosofia...*, pp. 150 e ss.; JOAQUIM FREITAS DA ROCHA, *Constituição, Ordenamento e Conflitos Normativos*, Coimbra, 2008, pp. 90 e ss,

Depois de feito esse enquadramento geral, chegará o momento de apreciarmos a respectiva pertinência no Direito Constitucional, não se esquecendo, neste caso, as particularidades que se impõem a partir do fenómeno específico que é a Constituição.

II. Simplesmente, antes de nos abalançarmos a esta tarefa, importa saber em que sentido estamos falando de fontes do Direito, para depois chegarmos às fontes do Direito Constitucional.

São múltiplos os sentidos possíveis de fontes do Direito, havendo duas já clássicas contraposições a este propósito:

- *entre fontes materiais e fontes formais*: as fontes materiais manifestando a razão de ser das normas e as fontes formais dando conta do modo de revelação das normas; e
- *entre fontes imediatas e fontes mediatas*: as fontes imediatas sendo os esquemas de revelação do Direito, sem qualquer outra consideração, e as fontes mediatas contendo os esquemas de revelação do Direito apenas como capacidade de influenciar as opções que aquelas primeiras fontes determinaram.

Num certo sentido, em que a inter-influência dos comportamentos e dos pensamentos é grande, encontramos em quase toda a parte uma fonte do Direito.

Não se julga, porém, que essa acepção, pelo seu carácter difuso e excessivamente amplo, possa ser alguma vez útil na delimitação do nosso campo de análise e traçar a destrinça – esse é o ponto central – entre as opções normativas a que devemos obediência e todas as outras que apenas relevam no domínio do político, do social, do cultural ou do psicológico, mas que não têm a virtualidade de fazer nascer um dever-ser jurídico.

Com base nestes pressupostos, a nossa apreciação só seria aceitável se se circunscrevesse às *fontes formais de Direito*[978], depois aplicadas às *fontes formais do Direito Constitucional*, que são para nós as verdadei-

---

[978] Cfr. Diogo Freitas do Amaral, *Manual de Introdução...*, I, p. 35.

ras fontes jurídicas operativas e relevantes, *no respectivo sentido jurídico como modos de produção e de revelação de normas e princípios jurídicos*[979].

Tudo isto não quer dizer que as fontes materiais ou as fontes mediatas não tenham interesse, até para o Direito Constitucional: mas relevam da Política Constitucional ou de marginais aspectos relacionados com as diversas tarefas de hermenêutica jurídica, como os factores sociais e históricos, não ao nível mais profundo da criação do Direito Constitucional[980].

III. O sentido das fontes formais de Direito que se considera relevante não leva especificamente em consideração a ambivalência que nelas se regista entre a "formação" e a "revelação" das regras jurídicas e dos princípios, ambas as definições sendo válidas, se bem que com a ideia de que a "formação" se mostra mais afeiçoada ao Direito Público e a "revelação" está mais atenta ao Direito Privado.

Escusado será dizer que as fontes formais de Direito com que se trabalha dizem só respeito ao Direito Objectivo, a esfera do Direito que é geral e abstracto: elas não se relacionam com o outro hemisfério, o hemisfério do Direito Subjectivo, composto por todas as situações jurídicas, que ligam as pessoas ao aproveitamento dos bens.

Cumpre ainda não esquecer que o conceito de fonte formal do Direito, diferentemente do que tem sido tradicional, é mais amplo por neles se incluírem os esquemas de produção e de revelação dos princípios jurídicos, e não unicamente das normas jurídicas, estas se entendidas em sentido restrito, por contraposição àqueles.

---

979 Como tão bem explicita MIGUEL REALE (*Teoria Tridimensional...*, pp. 226 e 227), "Prefiro afirmar que uma norma, para que possa ser considerada *norma jurídica* e, como tal, dotada de *vis compulsiva*, precisa satisfazer um conjunto de requisitos concernentes à sua elaboração, o que quer dizer que ela deve ser emanada pela *fonte do Direito* correspondente à sua natureza e finalidade".

980 Como elucidativamente escreve ARTHUR KAUFMANN (*Filosofia...*, p. 150): "As fontes de Direito em sentido próprio são apenas as normas que sejam determinantes para a decisão jurídica em face de uma situação da vida, não o que (como, por exemplo, um livro de doutrina) serve para a descoberta e compreensão nas fontes de Direito."

É verdade que os princípios gerais do Direito são muitas vezes referenciados como fonte autónoma do Direito, permitindo ir mesmo mais longe do que através das mais habituais fontes do Direito.

O certo é que os princípios gerais de Direito – ou os princípios de Direito Constitucional, quando se refere este sector jurídico – são eles próprios partes integrantes da Ordem Jurídica, não se julgando obviamente viável que algo seja o resultado e a origem do resultado de si mesmo.

É assim que os princípios gerais se colocam na sua devida importância sistemática, ao invés da doutrina antiga que lhes tem reservado um apagado papel de actor secundário na Teoria das Fontes do Direito.

IV. A tipologia tradicional das fontes de Direito faz incluir no respectivo elenco, embora dando-lhes diferentes relevâncias, *a lei, o costume e a jurisprudência*. A *doutrina*, outrora importante fonte de Direito, deixou de o ser, para alguns podendo ser repescada – a nosso ver, mal – na fórmula equívoca de fonte material do Direito[981].

A *lei* ocupa, de há bastante tempo a esta parte, sobretudo com a Idade Contemporânea, um lugar privilegiado, ao traduzir uma vontade ordenadora central de disciplina social, democraticamente legitimada e oficialmente proclamada. A lei é entendida, deste modo, como a formulação voluntária de um dever-ser jurídico, decretada por uma autoridade política.

O *costume*, pelo contrário, reflecte um comportamento espontâneo, aceleradamente em perda de terreno por referência à capacidade de especialização material oferecida pela lei, e nele se dá um íntimo entrelaçamento entre a dimensão ordenadora e o respectivo acatamento social. O costume é avaliado como um comportamento que, sendo praticado, adquire a essência de dever-ser jurídico.

A *jurisprudência*, nalguns casos, posiciona-se como fonte normativa porque, a partir da aplicação do Direito, podem emergir orientações normativas de carácter permanente, no futuro genericamente

---

[981] Cfr. Diogo Freitas do Amaral, *Manual de Introdução...*, I, pp. 355 e ss.

aplicáveis pelos diversos operadores jurídicos. A jurisprudência é diversa da lei, embora igualmente afirmada por uma autoridade pública, como são os tribunais, porque as respectivas formulações de um dever-ser jurídico estão condicionadas à aplicação do Direito pré-existente, só que ganhando a sua relevância no seu aperfeiçoamento, correcção e preenchimento.

V. Sendo este o entendimento geral acerca da relevância actual da tipologia das fontes do Direito, pergunta-se até que ponto ela leva em linha de conta as opções do Direito Português, posto que não seja de excluir que cada Ordenamento Jurídico tenha, nesta matéria, um entendimento específico.

De resto, é mesmo este o ponto central que permite destrinçar entre um sistema jurídico romano-germânico, de cunho europeu continental, e um sistema jurídico anglo-saxónico, que, sendo originário do Reino Unido, depois se propagaria para outras paragens[982].

A resposta tem sido habitualmente dada com recurso ao Código Civil (CC), que contém um conjunto de disposições iniciais sobre a temática das fontes do Direito, afirmando-se o seguinte, em preceito com a precisa epígrafe "Fontes imediatas": "São fontes imediatas do Direito as leis e as normas corporativas"[983].

Dantes, o CC ia mais longe, tendo uma disposição alusiva aos assentos, mas que seria revogada[984], além de ainda agora se referir ao valor jurídico dos usos, bem como à utilização da equidade, em qualquer caso limitando a sua aplicação jurídico-normativa àquelas primeiras fontes[985].

A análise deste enunciado permite observar que se adopta a categoria das *fontes imediatas do Direito*, nessa qualidade o CC aludindo às

---

[982] Em relação à importância das fontes do Direito para destrinçar entre os sistemas romano-germânicos e os sistemas anglo-saxónicos, v. CARLOS FERREIRA DE ALMEIDA, *Introdução...*, p. 22; MIGUEL REALE, *Teoria Tridimensional...*, p. 225; JOSÉ DE OLIVEIRA ASCENSÃO, *O Direito...*, pp. 153 e ss.

[983] Art. 1.°, n.° 1, do CC.

[984] O antigo art. 2.° da CC.

[985] Cfr. os arts. 3.° e 4.° do CC.

"leis" e às "normas corporativas", não se referindo a quaisquer outras fontes, nem mesmo às fontes mediatas.

VI. Esta é uma maneira totalmente errada de ver o problema, sem falar do profundo desconhecimento que pressupõe acerca daquilo que entretanto sucederia após a aprovação do CC em 1966 e cujo início de vigência ocorreu em 1967: a Revolução de 25 de Abril de 1974 e a nova CRP aprovada, que entrou em vigor em 25 de Abril de 1976 e até hoje vigente.

São vários os problemas que se detectam no ponto de partida que o CC pretende fornecer neste domínio, os quais se sintetizam nesta lista, mas que importa observar para permitir uma metodologia segura na passagem do estudo das fontes do Direito em geral para as fontes do Direito Constitucional[986]:

- a desfocada concepção definitória das fontes do Direito em geral;
- a omissão de outras fontes normativas igualmente relevantes;
- a insuficiente identificação das fontes normativas pertinentes[987];
- a errónea hierarquização que se pretende das referidas fontes de Direito.

VII. É na matéria da definição das fontes normativas pertinentes que se assinala o mais grave erro que se pode assacar ao CC nestes preceitos iniciais, já que assume a pretensão de levar a cabo a

---

[986] Cfr. as críticas de DIOGO FREITAS DO AMARAL, *Da necessidade de revisão dos artigos 1.° a 13.° do Código Civil*, in RFDUNL, ano 1.°, n.° 1 de 2000, Lisboa, pp. 9 e ss., e *Manual de Introdução...*, I, pp. 367 e ss., e de JORGE MIRANDA, *Em vez do Código Civil, uma lei sobre leis*, in AAVV, *Estudos Comemorativos dos 10 Anos da Faculdade de Direito da Universidade Nova de Lisboa*, I, Coimbra, 2008, pp. 91 e ss.

[987] Problemas idênticos suscita a questão das fontes do Direito Internacional Público quando equacionada a partir do art. 38.° do ETIJ. Cfr., por todos, JORGE BACELAR GOUVEIA, *Manual...*, pp. 125 e ss.

esquematização das fontes do Direito consideradas atendíveis no seio da globalidade do Ordenamento Jurídico, numa crítica que é válida tanto no momento em que entrou em vigor quanto nos tempos actuais.

Tudo estaria bem para esta perspectiva do CC se ao mesmo fosse reconhecida qualquer primazia definitória na estruturação do Ordenamento Jurídico. Só que não se pode esquecer que esta função, tanto em 1966 como a partir de 1976, esteve e está cometida à Constituição do Estado: é a ela que cumpre, de entre múltiplas outras tarefas, a definição das fontes normativas relevantes para a construção da Ordem Jurídica.

Decerto que esse empenho não cabe a nenhum Código Civil, que além de não possuir a força jurídico-hierárquica que só um texto constitucional pode ter, oferece uma visão muito estreita, por se limitar ao Direito Civil como ramo jurídico, por mais geral e comum que seja entendido.

Qualquer Código Civil, por muito que isso custe aos civilistas, é sempre e tão-só um Código Civil, não se podendo dele esperar aquilo que ele nunca poderá dar, sob pena da subversão da estruturação do Direito no Estado Contemporâneo e em cujo nome se fez a revolução constitucional.

VIII. Mas o CC tem também a falha de fornecer um sentido deficiente acerca das fontes do Direito quando se "esquece" de mencionar algumas das que são absolutamente relevantes, deitando por terra o bom intuito de fazer, com o mínimo de felicidade, a certeira indicação dessas fontes.

A deficiência mais significativa de todas é a da omissão do costume, na medida em que se encontra do outro lado da lei, na sua veste de fonte espontânea, ou não criada, mas que brota da convivência social, dotando-se normalmente de um alto grau de efectividade normativa.

É verdade que se pode dizer – e consideramos essa asserção rigorosamente verdadeira – que o costume não precisa de pedir licença à lei para se afirmar como tal ou, numa versão mais radical, que no momento em que fosse reconhecido pela lei, ele perderia a sua autonomia conceptual e deixaria de ser um genuíno costume.

Contudo, não se crê que este fosse um obstáculo insuperável, bastando elencar o costume no conjunto das fontes normativas admissíveis, o que não seria necessariamente reconhecido como a fonte da respectiva admissibilidade jurídico-positiva. E esta falta é tanto mais grave quanto é certo tratar-se de um conjunto de disposições que abrem uma lei codificada do Direito Civil, em que pomposamente se assume o desejo de estabelecer as fontes do Direito aplicáveis na Ordem Jurídica Portuguesa.

Outra anomalia de que padece o CC na enunciação das fontes de Direito atinge a jurisprudência, pois que são algumas as situações em que as decisões dos tribunais podem assumir essa natureza, ainda que perante delimitadas circunstâncias: os acórdãos com força obrigatória geral que a CRP admite que os tribunais produzam.

Mesmo em matéria de assentos, a revogação da respectiva norma, com base na sua declaração da inconstitucionalidade, acabou por ser excessiva, a partir do momento em que o regime material da jurisprudência dos vários tribunais ainda contém alguns traços de fonte de Direito, que concretizam aquela orientação constitucional.

IX. Em relação à caracterização da fonte legal, o CC é muitíssimo pobre, não obstante o esforço de proceder à sua formulação, ao dizer que "Consideram-se leis todas as disposições genéricas provindas dos órgãos estaduais competentes"[988].

O conceito de lei é polissémico, sendo múltiplas as acepções por que pode ser desdobrado, da mais ampla de todas – equivalendo ao próprio Direito – à mais restrita – a lei da Assembleia da República.

Todavia, dela certamente fugirão algumas das mais amplas acepções, que assim não se mostram relevantes, para além da total desconsideração das fontes externas do Direito Português, que dele fazem parte integrante, como é o Direito Internacional Público e o Direito da União Europeia.

---

[988] Art. 1.°, n.° 2, primeira parte, do CC.

O mesmo defeito se regista no tocante à fonte das normas corporativas, que se definem como "...as regras ditadas pelos organismos representativos das diferentes categorias morais, culturais, económicas ou profissionais, no domínio das suas atribuições, bem como os respectivos estatutos e regulamentos internos"[989].

Esta é uma fonte normativa que deixou de ter sentido, dentro da dimensão de um Estado que era corporativo, com a entrada em vigor da CRP, ainda que possa beneficiar hoje, em parte, de uma interpretação actualista, à mesma se reconduzindo alguns dos instrumentos de regulamentação colectiva do trabalho, previstos no CT.

X. Falha que não pode ser esquecida e que de padecem os preceitos iniciais do CC é ainda o facto de através da respectiva explanação se poder extrair o entendimento de que se quer gizar uma hierarquia das fontes de Direito estabelecidas.

Evidentemente que este resultado nunca poderia ser aceite porque absurdo: não só a escassez das fontes impede essa hierarquia como ela está distorcida, ao não ponderar o entendimento constitucional sobre a matéria.

104. O Direito Constitucional como norma *normarum* da Ordem Jurídica

I. Quer isto tudo dizer que não é ao CC que se pode deferir o importante papel da esquematização das fontes de Direito na Ordem Jurídica Portuguesa: é que não pode sobreviver, nos preceitos iniciais que ficaram assinalados, às críticas que lhe devem ser dirigidas.

É aqui que vale a primeira dimensão do Direito Constitucional – ou olhando mais especificamente para a Constituição – como coluna vertebral da Ordem Jurídica a quem compete definir as relevantes fontes do Direito Português.

[989] Art. 1.°, n.° 2, *in fine*, do CC.

Se o Direito Constitucional assume as características de supremacia hierárquico-normativa e de centro material do sistema jurídico, é também nele que devemos procurar a resposta ao problema de saber quais são os tipos de fontes normativas efectivamente aplicáveis[990], reconhecendo-se à Constituição, na esteira da importância do pensamento de HANS KELSEN[991], a capacidade de determinar o esquema das fontes do Direito na comunidade política que funda e ordena[992].

II. Uma resposta adequada a esta matéria depende, pois, da análise do texto constitucional, no qual se deve perceber a relevância das fontes do Direito em geral[993], que lhe cabe definir, tarefa que não é certamente do Direito Civil.

Só observando a CRP, ela própria uma lei muito especial, é que ficamos a saber quais as várias fontes do Direito, para o que importa transcrever, pela sua importância, parte de um dos seus fundamentais preceitos, com a exacta epígrafe de "Actos normativos"[994]:

> "São actos legislativos as leis, os decretos-leis e os decretos legislativos regionais";
>
> "Os regulamentos devem indicar expressamente as leis que visam regulamentar ou que definem a competência subjectiva e objectiva para a sua emissão".

---

[990] Cfr. ENRIQUE ÁLVAREZ CONDE, *Curso...*, I, pp. 153 e ss.

[991] Cfr. HANS KELSEN, *Teoria Pura...*, pp. 309 e ss.

[992] Ou como afirma MIGUEL REALE (*Teoria Tridimensional...*, p. 225), indirectamente ao realçar a lógica do sistema jurídico da *Civil Law*, "São a Constituição e as leis de cada país que predeterminam os requisitos caracterizadores das diversas fontes do Direito, que não podem ser configuradas em abstracto, mas sim em razão de específicas conjunturas históricas, como o demonstra a distinção fundamental entre a nomogénese jurídica que caracteriza e distingue o *Common Law* e a que é própria do *Civil Law*, isto é, do Direito de tradição romanística".

[993] Cfr. JORGE BACELAR GOUVEIA, *Arrendamento Urbano, Constituição e Justiça – Perspectivas de Direito Constitucional e de Direito Processual*, Lisboa, 2004, pp. 29 e ss.

[994] Art. 112.°, nos seus n.os 1 e 7, da CRP.

Mas este preceito ainda não se afigura suficiente e carece de ser complementado com, pelo menos, outra disposição, atinente à publicação dos actos jurídico-políticos no *Diário da República*, em que se adita a alusão às "...decisões do Tribunal Constitucional, bem como as dos outros tribunais, a que a lei confira força obrigatória geral"[995].

III. Resumindo as diversas opções constitucionais no tocante às fontes do Direito em geral, cumpre apresentar as seguintes categorias, para depois as melhor explicitarmos, deixando para mais tarde a fonte legal:

- a *lei*, expressando-se em conceitos polissémicos, desde o mais amplo até se reduzir a diversos tipos específicos de actos jurídico-normativos, aqui se incluindo as diversas funções jurídico-públicas, com exclusão da jurisdicional[996], como é o caso dos actos constitucionais, legislativos, políticos e administrativos de teor normativo;
- o *costume*, uma vez que, sendo uma fonte do Direito Internacional Público, é como tal implicitamente recebida no âmbito da incorporação deste ramo do Direito, embora deva ser considerada no plano das fontes internas do Direito Português, mesmo na ausência de indicação constitucional directa;
- a *jurisprudência*, na medida em que o texto constitucional admite que os tribunais possam produzir actos judiciais dotados de força obrigatória geral, transcendendo os circunstancialismos histórico-individuais dos casos que resolvem.

---

[995] Art. 119.°, al. g), da CRP.

[996] Sobre a relevância do Direito Internacional no Direito Português em geral, v. JORGE BACELAR GOUVEIA, *Manual...*, pp. 365 e ss.; DIOGO FREITAS DO AMARAL, *Manual de Introdução...*, I, pp. 486 e ss.; JOSÉ DE OLIVEIRA ASCENSÃO, *O Direito...*, pp. 257 e ss.

Em contrapartida, nenhuma alusão se opera em relação à doutrina como fonte do Direito[997], pelo que fica esclarecida a sua irrelevância na respectiva produção[998], a despeito do seu papel auxiliar – ou mediato, como alguns autores preferem dizer – na dilucidação do Direito aplicável[999].

O mesmo se diga, nesta sede, dos *princípios jurídicos*, que são muito mais do que fontes do Direito ou do Direito Constitucional: são eles próprios partes integrantes dessas ordens normativas e, como tal, assumem uma directa vinculatividade, não obstante poderem gerar, por seu turno, novas regras jurídicas[1000].

---

[997] Doutrina que se deve entender como o ensinamento dos jurisconsultos e professores universitários de Direito, não tanto no seu sentido religioso ou no seu sentido político. Quanto a estas distinções, v. JORGE BACELAR GOUVEIA, *Manual...*, p. 164.

[998] Lembremos estas significativas palavras de HANS KELSEN (*Teoria Pura...*, p. 112): "A ciência jurídica tem por missão conhecer – por fora, por assim dizer – o Direito e descrevê-lo com base no seu conhecimento. Os órgãos jurídicos têm – como autoridade jurídica – antes de tudo por missão produzir o Direito para que ele possa então ser conhecido e descrito pela ciência jurídica. É certo que também os órgãos aplicadores do Direito têm de conhecer – de dentro, por assim dizer – primeiramente o Direito a aplicar. O legislador, que, na sua actividade própria, aplica a Constituição, deve conhecê-la; e igualmente o juiz, que aplica as leis, deve conhecê-las. O conhecimento, porém, não é o essencial: é apenas o estádio preparatório da sua função que, como adiante melhor se mostrará, é simultaneamente – não só no caso do legislador como também no do juiz – produção jurídica: o estabelecimento de uma norma jurídica geral – por parte do legislador – ou a fixação de uma norma jurídica individual – por parte do juiz".

[999] Diferente é a posição de DIOGO FREITAS DO AMARAL (*Manual de Introdução...*, I, pp. 431 e ss.), para quem a doutrina é fonte do Direito, quer como *juris essendi*, quer como *juris cognoscendi*.

[1000] Como tivemos ocasião de escrever noutro lugar (JORGE BACELAR GOUVEIA, *Manual...*, p. 152), "Em rigor, deve-se frontalmente questionar a inserção dos princípios gerais de Direito no conceito de fonte formal do Direito Internacional: é que eles correspondem a Direito aplicável, não sendo propriamente um esquema por que se possa exprimir um dever-ser a aplicar depois, na convicção de que o aplicador resolve os casos que lhe sejam submetidos tanto por normas como por princípios jurídicos".

Esse é ainda o resultado quando nos referimos à *equidade*[1001] como hipotética fonte do Direito Constitucional, já que nem sequer atinge o patamar mínimo de fonte do Direito[1002] em geral[1003], apenas surgindo como um critério casuístico de resolução de casos – a "justiça do caso concreto", como é habitualmente designada – e não indo além de um mero critério formal de decisão.

IV. Esta apresentação do quadro geral de fontes do Direito Português, com base nas referências constitucionais, determina que se verifiquem várias contraposições:

- *entre fontes voluntárias e fontes espontâneas*: as fontes voluntárias são as fontes que derivam de um acto de vontade, produzido

---

[1001] Sobre a equidade na Teoria Geral do Direito, v. ANGEL LATORRE, *Introdução...*, pp. 118 e ss.; MÁRIO BIGOTTE CHORÃO, *Introdução ao Direito*, I, Coimbra, 1989, pp. 95 e ss.; INOCÊNCIO GALVÃO TELLES, *Introdução...*, I, pp. 149 e ss.; DIOGO FREITAS DO AMARAL, *Sumários...*, p. 25, e *Manual de Introdução...*, I, pp. 125 e ss.; FERNANDO ARAÚJO, *Os sentidos de aequitas em Marco Túlio Cícero*, in AAVV, *Estudos em Homenagem ao Professor Doutor Inocêncio Galvão Telles*, I, Coimbra, 2002, pp. 875 e ss.; JORGE BACELAR GOUVEIA, *Manual...*, pp. 167 e ss.; JOSÉ DE OLIVEIRA ASCENSÃO, *O Direito...*, pp. 245 e ss., e pp. 261 e 262.

[1002] Numa perspectiva geral, como escreve DIOGO FREITAS DO AMARAL (*Manual de Introdução...*, I, p. 127), "Em nossa opinião, a equidade não é hoje uma forma de integração das lacunas da lei, nem uma suavização bondosa ou caritativa da dureza excessiva da lei, nem sinónimo de Direito Natural ou de Moral. A equidade é um modo jurídico de resolver litígios suscitados na vida real – mas um modo alternativo ao da aplicação do Direito estrito...", concluindo depois que "A equidade deve, pois, ser entendida como *a forma de solução de conflitos jurídicos que assenta na aplicação da Justiça conforme as circunstâncias específicas de cada caso concreto*".

[1003] Igualmente JOSÉ DE OLIVEIRA ASCENSÃO (*O Direito...*, p. 246) opina no sentido de a equidade não ser fonte do Direito, mas antes representar um meio que proporciona um critério formal de decisão: "A resolução dos casos segundo a equidade contrapõe-se à resolução dos casos segundo as regras vigentes. Mas pode haver regras e haver equidade, quando o juiz estiver autorizado a afastar-se da solução legal e a decidir segundo as circunstâncias do caso singular", ainda acrescentando que (p. 261) "A equidade dita soluções para casos, atendendo às peculiares características destes. Não implica elaboração de regras, pois não tem intuito generalizador; portanto, não se projecta noutros casos, semelhantes embora".

com uma intenção normativizadora, e as fontes espontâneas são as fontes que, regulando a vida social, surgem involuntariamente no âmbito dessa mesma convivência comunitária;
- *entre fontes superiores e fontes inferiores*: as fontes hierarquicamente superiores, que subordinam as outras, e as demais fontes que lhes devem obediência, dentro de uma lógica hierárquica imposta pelo Direito Constitucional e que é conatural à Ordem Jurídica;
- *entre fontes internas e fontes externas*: as fontes internas são produzidas dentro do âmbito da actividade estadual e as fontes externas são dimanadas de outras entidades ou alcançadas noutros contextos, exteriores ao Estado Português e que este aceita como suas;
- *entre fontes estaduais e fontes não estaduais*: as fontes estaduais radicam no poder estadual, que se assume como autor das mesmas, e as fontes não estaduais têm outras autorias, assim não se conferindo ao Estado o monopólio das fontes do Direito.

A caracterização geral que a tipologia de fontes propicia através deste quadro classificatório que o melhor percepciona só permite chegar à óbvia conclusão – que o Estado Social e o Estado Pós-Social têm confirmado – de que as fontes do Direito apenas se atingem na sua plenitude numa lógica de *pluralismo jurídico e social*, muito longe nós estando do quadro centralizador e unitário do século XIX, com toda a exacerbação do papel da lei, bem acolitado pelo positivismo legalista então reinante.

105. A amplitude da lei como fonte geral de Direito

I. Não obstante a verdade deste pluralismo, de longe que a fonte mais relevante do Direito é a lei, amplitude tanto maior quanto é certo ela acolher numerosos sentidos, dada a polissemia do respectivo conceito[1004].

A descrição da importância da lei pode ser vista sob a perspectiva de diversas características, que simultaneamente redundam em várias categorias de actos, na condição de os mesmos serem normativos:

- *os actos constitucionais*;
- *os actos legislativos*;
- *os actos políticos*;
- *os actos administrativos*.
- *O sentido de lei, nesta hipótese, não é amplíssimo, é apenas amplo, compreendendo as funções constitucional, legislativa, política e administrativa.*

II. Os *actos constitucionais* incluem as manifestações voluntárias, de teor normativo, que integram a Ordem Constitucional.

A principal fonte constitucional, como não podia deixar de ser, é a própria *Constituição*, que ao mesmo tempo funciona como fonte geral de Direito, ao não cingir-se ao âmbito específico do Direito Constitucional e irradiando para todos os outros lugares da Ordem Jurídica.

Também não é de descurar a relevância das *leis de revisão constitucional*, que modificam o texto constitucional, normalmente de cariz normativo, e que assim supervenientemente ficam a ser parte integrante, embora num plano secundário, da Ordem Constitucional.

III. Os *actos legislativos*, formalmente considerados como leis, incluem quatro categorias de actos, na pressuposição, que nem sempre é verdadeira, de que contêm uma disciplina social normativa:

[1004] Acerca da lei como fonte do Direito em geral, v. J. BAPTISTA MACHADO, *Introdução ao Direito...*, pp. 159 e 160; MARCELLO CAETANO, *História...*, pp. 16 e ss.; DIOGO FREITAS DO AMARAL, *Manual de Introdução...*, I, pp. 393 e ss., e pp. 486 e ss.; JOSÉ DE OLIVEIRA ASCENSÃO, *O Direito...*, pp. 283 e ss.

- as leis da Assembleia da República;
- as leis orgânicas da Assembleia da República;
- os decretos-leis do Governo;
- os decretos legislativos regionais das Regiões Autónomas.

IV. Os *actos políticos*, a despeito de normalmente não serem normativos e não ostentando a forma de lei, podem ainda assim ser uma fonte de Direito, sendo de considerar os seguintes no plano interno:

- as resoluções parlamentares de cessação de vigência dos decretos-leis ou de autorização da declaração do estado de excepção;
- os decretos presidenciais de dissolução parlamentar ou de declaração do estado de excepção;
- as eleições políticas;
- as decisões dos referendos ao nível nacional, regional e local.

Os actos políticos também podem ser vistos como fontes externas, oriundos do Direito Internacional Público e do Direito da União Europeia:

- os tratados e os acordos internacionais;
- os actos internacionais unilaterais;
- os regulamentos e as directivas comunitários.

V. Os *actos administrativos* (*lato sensu*) podem apresentar-se como fontes do Direito no caso de revestirem teor normativo.

Daí que seja forçoso apenas considerar *os regulamentos administrativos*, com toda a amplitude que oferecem, nas suas mais variadas modalidades.

Diferentemente, os outros actos de natureza administrativa – os actos administrativos e os contratos administrativos – não são deste prisma relevantes por não possuírem normatividade.

106. A relevância independente do costume como fonte geral de Direito

I. O *costume* como fonte do Direito representa a prevalência da espontaneidade social que assume uma dimensão de normatividade jurídica[1005], pela conjunção de dois elementos indispensáveis:

- o *elemento material* (o *corpus*) – que integra uma prática reiterada, o que significa a repetição de condutas havendo ocasião de elas acontecerem;
- o *elemento psicológico* (o *animus*) – que implica a consciência de que aquela prática, não sendo rotineira ou burocrática, tem carácter obrigatório (*opinio iuris vel necessitatis*).

A produção destas orientações jurídicas surge de uma convivência social, a que depois fica associado um sentido de dever-ser, sentido de juridicidade que não tem de necessariamente espelhar o cumprimento de um dever, podendo ter outras normatividades, como as que decorrem das normas permissivas.

II. O costume como fonte geral do Direito possui a particularidade de se situar no conjunto das fontes espontâneas, que levam a

---

[1005] Acerca da relevância do costume, de uma perspectiva mais geral do Direito, v. JOSÉ HERMANO SARAIVA, *Lições...*, pp. 377 e ss.; ANGEL LATORRE, *Introdução...*, pp. 80 e ss.; RUBEN RODRIGUES NOGUEIRA, *Curso...*, pp. 135 e ss.; MIGUEL REALE, *Lições Preliminares de Direito*, 10.ª ed., Coimbra, 1982, pp. 148 e ss.; J. BAPTISTA MACHADO, *Introdução ao Direito...*, pp. 161 e 162; ANTÓNIO MENEZES CORDEIRO, *Costume*, in Pol., I, Lisboa, 1983, pp. 1348 e ss.; JOÃO DE CASTRO MENDES, *Introdução ao Estudo do Direito*, Lisboa, 1984, pp. 127 e ss.; J. DIAS MARQUES, *Introdução...*, pp. 88 e ss.; PAULO DOURADO DE GUSMÃO, *Introdução...*, pp. 149 e ss.; FRANÇOIS TERRÉ, *Introduction Générale au Droit*, Paris, 1991, pp. 180 e ss.; INOCÊNCIO GALVÃO TELLES, *Introdução...*, I, pp. 115 e ss.; MARCELLO CAETANO, *História...*, pp. 14 e ss.; DIOGO FREITAS DO AMARAL, *Manual de Introdução...*, I, pp. 373 e ss.; JOSÉ DE OLIVEIRA ASCENSÃO, *O Direito...*, pp. 264 e ss.

cabo a regulação social a partir dos próprios destinatários, num certo sentido de auto-regulação jurídica.

Os costumes não são todos iguais e podem, por sua vez, classificar-se sob diferentes perspectivas, de acordo com outros tantos critérios aplicáveis[1006]:

- *o critério do âmbito de aplicação: costumes internacionais, costumes nacionais, costumes regionais e costumes locais;*
- *o critério do ramo de Direito a que respeitam: costumes civis, costumes comerciais, costumes administrativos, etc.*

III. Por outra parte, importa não esquecer que a singularidade dos costumes implica o seu cuidadoso afastamento de realidades que lhe são afins[1007]:

- os *usos*: são práticas continuadas, mas que não dispõem de qualquer valor jurídico-normativo;
- as *tradições*: são comportamentos habituais, em correspondência às feições histórico-culturais das comunidades;
- as *praxes*: são comportamentos rotineiros, desprovidos de juridicidade, ainda que possam beneficiar a eficiência dos serviços da Administração Pública;
- as *cortesias*: são hábitos de boa e simpática convivência humana, com vinculatividade normativa, mas no âmbito da Ordem de Civilidade, não no foro da Ordem Jurídica.

IV. A grande questão que o costume coloca – ganhe ou não a alusão da lei – é a respeito da sua aceitação como fonte autónoma do Direito.

Claro está que não se coloca a hipótese de o costume ter de ser aceite pela lei porque nesse caso ele perderia a sua especial força e valeria antes como fonte legal porque por aquela autorizado.

[1006] Cfr. Diogo Freitas do Amaral, *Manual de Introdução...*, I, pp. 375 e 376.

[1007] Cfr. Diogo Freitas do Amaral, *Manual de Introdução...*, I, pp. 137 e ss.

Classicamente, as relações entre o costume e a lei podem ser de três tipos:

- o costume *secundum legem* – neste caso, *o costume coincide com a lei*, nada lhe acrescentando, mas antes a confirmando na convivência social em que se consubstancia;
- o costume *praeter legem* – neste caso, *o costume vai além da lei*, apresentando normas em aspectos que não foram tocados pelas normas legais, num claro alargamento do campo da juridicidade; e
- o costume *contra legem* – neste caso, *o costume está contra a lei*, ao produzir normas que são antinómicas relativamente ao que se dispõe na lei.

Eis um debate que está longe de estar terminado, com tomadas de posição especificamente importantes no tocante a esta terceira categoria, já que as primeira e segunda não são muito significativas.

V. Os defensores da irrelevância do costume *contra-legem* invocam o monopólio da lei como expressão da vontade geral e democrática da sociedade, ao que se adiciona a necessidade de segurança e certeza que é conatural à lei e que o costume não pode garantir, nem sequer estando escrito e, por isso, muito mais dificilmente conhecido[1008].

[1008] Contra o qual já em Portugal a Lei da Boa Razão empreendera um vigoroso combate, exigindo que o costume vigorasse por mais de 100 anos, fosse conforme às leis e correspondesse à "boa razão", sem ainda esquecer todo o novo ambiente racionalista e iluminista que protagonizou.

Cfr. GUILHERME BRAGA DA CRUZ, *O Direito subsidiário na História do Direito Português*, Coimbra, 1975, pp. 279 e ss.; RUI MARCOS, *A legislação pombalina – alguns aspectos fundamentais*, Coimbra, 1990, pp. 163 e ss.; MÁRIO JÚLIO DE ALMEIDA COSTA, *História...*, pp. 356 e ss.; NUNO J. ESPINOSA GOMES DA SILVA, *História...*, pp. 392 e ss.; JOSÉ DE OLIVEIRA ASCENSÃO, *O Direito...*, pp. 267 e 268; PEDRO CARIDADE DE FREITAS, *Um testemunho...*, pp. 58 e ss.; ANTÓNIO MANUEL HESPANHA, *Guiando...*, pp. 32 e ss.

Os defensores da autónoma relevância do costume *contra-legem* referem que o Direito, traduzindo a Ordem Social, não pode abafar os espaços de autonomia comunitária que o costume reflecte, não se levantando obstáculos de monta em relação ao propósito de certeza e segurança porque não só há costumes bem conhecidos – e até escritos – como a sua importância se situa mais ao nível dos comportamentos sociais, que desse ponto de vista oferecem bem menos acuidade, pois que são socialmente muito mais sentidos.

É nesta segunda linha argumentativa que nos situamos, porquanto o costume não só se impõe por si – mesmo contra a maior das leis[1009] – como pensar o contrário seria abrir as portas à "ditadura da lei", comprimindo a autonomia social das comunidades e das pessoas[1010].

Com esta alusão, não escondemos a escassa relevância prática deste problema pela dificuldade de o costume se afirmar na sociedade técnica e de conhecimento em que estamos vivendo, estruturalmente avessa às regulações jurídicas ditadas através de fontes costumeiras.

107. A limitação da jurisprudência como fonte geral de Direito

I. A *jurisprudência* traduz a actividade realizada pelos tribunais na aplicação do Direito, submetendo-se aos parâmetros pré-existentes e sendo seguro que não podem produzir decisões de *non liquet*, como

---

[1009] O que nem sequer acontece com a CRP, para o Direito Internacional Público, uma vez que ela incorpora automaticamente o Direito Internacional geral ou comum, em grande medida de raiz costumeira, nos termos do respectivo art. 8.°, n.° 1. Cfr. Jorge Bacelar Gouveia, *Manual...*, pp. 369 e ss.

[1010] Cfr. Diogo Freitas do Amaral, *Manual de Introdução...*, I, pp. 388 e ss., aditando José de Oliveira Ascensão (*O Direito...*, p. 273) que "As bases em que assentamos a nossa visão da ordem jurídica levam-nos noutro sentido. A solução do problema do valor do costume depende, não do Direito legislado, mas das concepções que em definitivo aceitarmos sobre o fundamento da juridicidade".

bem recorda o CC: "O tribunal não pode abster-se de julgar, invocando a falta ou obscuridade da lei ou alegando dúvida insanável acerca dos factos em litígio"[1011].

Na esmagadora maioria dos casos, da actividade diuturna dos tribunais – a jurisprudência – não se infere qualquer normatividade: os litígios, cuja composição lhes está constitucionalmente atribuída, ostentam as evidências dos limites subjectivos e objectivos do caso julgado a uma dada situação concreta e histórica, em que são partes pessoas individualmente consideradas, nesse contexto se esgotando os efeitos das decisões jurisprudenciais.

Contudo, pode haver outros casos em que a jurisprudência surge equacionada no contexto de uma específica fonte de Direito, ao transcender os limites de cada caso concreto e individual e, assim, erigindo-se a orientação geral.

Só a este propósito faz sentido a alusão à jurisprudência como fonte do Direito. Nos demais casos, a jurisprudência é um modo público de aplicação do Direito, tal como isso sucede com a aplicação do Direito em geral pelos sujeitos jurídicos, que no seu dia-a-dia massivamente aplicam o Direito, nos mais variados campos da actividade humana.

II. Até à revisão do CC operada em 1995, estabelecia-se a jurisprudência como fonte de Direito, nos seguintes termos: "Nos casos declarados na lei, podem os tribunais fixar, por meio de assentos, doutrina com força obrigatória geral"[1012].

Os casos assim considerados respeitavam aos supremos tribunais, cujo poder para "assentar" lhes estava cometido pelas respectivas legislações processuais[1013].

Desde que a CRP entrou em vigor, um intenso e continuado debate se instalou na doutrina, com duas grandes orientações:

[1011] Art. 8.°, n.° 1, do CC.

[1012] Art. 2.° do CC.

[1013] Cfr. Diogo Freitas do Amaral, *Manual de Introdução...*, I, pp. 466 e ss.

– ora *verberando-se a constitucionalidade destas disposições*, na medida em que o texto constitucional não permitiria que os tribunais exercessem poder legislativo, usurpando o poder atribuído aos legítimos órgãos legislativos, e considerando-se os assentos actos legislativos da autoria de tribunais, ainda que dos superiores e em peculiares circunstâncias;
– ora *aceitando-se a continuidade destas disposições*, defendendo-se que os assentos seriam actos judiciais, e não legislativos, em relação aos quais o texto constitucional permitia indirectamente a respectiva produção, ao impor que tais decisões se sujeitassem a uma publicação obrigatória no *Diário da República.*

III. Os elementos normativo-constitucionais disponíveis mostravam-se aparentemente contraditórios, com a invocação simultânea destes dois preceitos:

– por um lado, o preceito sobre a definição dos actos normativos expressamente proíbe a atribuição de força normativa a outros actos, dizendo-se que "Nenhuma lei pode criar outras categorias de actos legislativos ou conferir a actos de outra natureza o poder de, com eficácia externa, interpretar, integrar, modificar, suspender ou revogar qualquer dos seus preceitos"[1014];
– por outro lado, o preceito sobre a publicação de actos jurídico-públicos refere, de entre outras, certas decisões jurisprudenciais: "As decisões do Tribunal Constitucional, bem como as dos outros tribunais a que a lei confira força obrigatória geral"[1015].

IV. A polémica chegaria ao Tribunal Constitucional e este decidiria pela inconstitucionalidade do poder conferido aos tribunais para

[1014] Art. 112.°, n.° 5, da CRP.
[1015] Art. 119.°, n.° 1, al. g), da CRP.

produzir assentos com a pretensão de uma eficácia vinculativa geral: de acordo com a sua orientação, diversas vezes reiterada, essa inconstitucionalidade cifrava-se na norma contida no art. 2.° do CC na parte em que atribuía aos tribunais competência para fixar doutrina com força obrigatória geral, por violação do disposto no art. 115.°, n.° 5, da CRP[1016].

Em consequência disso, rapidamente o correspondente preceito do CC seria revogado[1017], mas deste entendimento do Tribunal Constitucional não se extraiu qualquer proibição de o legislador esta-

---

[1016] Cfr. o Ac. n.° 810/93, de 7 de Dezembro, do Tribunal Constitucional, entendimento por diversas vezes reiterado: Ac. n.° 407/94, de 17 de Maio; Ac. n.° 410/94, de 18 de Maio; Ac. n.° 299/95, de 7 de Junho; Ac. n.° 743/96, de 28 de Maio; Ac. n.° 1197/96, de 21 de Novembro.

[1017] Sobre a problemática dos assentos em geral, com manifestações favoráveis e desfavoráveis à sua inconstitucionalidade, v. AFONSO RODRIGUES QUEIRÓ, *Lições...*, I, pp. 386 e ss.; J. BAPTISTA MACHADO, *Introdução ao Direito...*, pp. 160 e 161; A. CASTANHEIRA NEVES, *Assento*, in Pol., I, Lisboa, 1983, pp. 417 e ss., *O instituto dos «assentos» e a função jurídica dos supremos tribunais*, Coimbra, 1983, pp. 397 e ss., e *O problema da constitucionalidade dos assentos*, Coimbra, 1994, pp. 67 e ss.; NORBERTO COSTA, *Acórdão*, in DJAP, I, 2.ª ed., Lisboa, 1990, p. 99; HELENA CRISTINA COSTA TOMÁS, *Em torno do regime dos assentos em processo civil*, Lisboa, 1990, pp. 13 e ss.; ERIDANO DE ABREU, *Assento*, in DJAP, I, 2.ª ed., Lisboa, 1990, pp. 500 e 501; ANTÓNIO CORDEIRO, *Hierarquia das fontes de Direito*, in DJAP, V, Lisboa, 1993, p. 88; ANTÓNIO MARTÍNEZ VALADAS PRETO, *Jurisdição*, in DJAP, V, Lisboa, 1993, p. 326; J. J. GOMES CANOTILHO, *Direito Constitucional*, pp. 996 e 997; MARCELO REBELO DE SOUSA e SOFIA GALVÃO, *Introdução...*, pp. 113 e ss.; JORGE BACELAR GOUVEIA, *Os direitos fundamentais atípicos*, p. 366, nt. n.° 140; VITALINO CANAS, *Tribunal Constitucional: órgão de estratégia legislativa?*, in RFDUL, XXXVII, n.° 2 de 1996, pp. 400 e ss.; ANTÓNIO MENEZES CORDEIRO, *Da inconstitucionalidade dos assentos*, in AAVV, PC, I, Coimbra, 1996, pp. 799 e ss.; MIGUEL TEIXEIRA DE SOUSA, *Sobre a constitucionalidade da conversão do valor dos assentos*, in ROA, ano 56, II, Agosto de 1996, pp. 707 e ss.; ISABEL ALEXANDRE, *Problemas recentes da uniformização da jurisprudência em processo civil*, in ROA, ano 60, Janeiro de 2000, pp. 103 e ss.; JORGE MIRANDA, *Manual de Direito Constitucional*, V, 3.ª ed., Coimbra, 2004, pp. 49 e ss., e pp. 217 e ss.; DIOGO FREITAS DO AMARAL, *Manual de Introdução...*, I, pp. 462 e ss.; JOSÉ DE OLIVEIRA ASCENSÃO, *O Direito...*, pp. 326 e ss.

belecer, em favor dos tribunais, mecanismos de uniformização da jurisprudência, apenas a impossibilidade de terem eficácia externa[1018], pelo que logo se avançou com reformas processuais dando ao poder judicial a faculdade de emitir acórdãos de uniformização de jurisprudência, com outra amplitude: de natureza interna, e sem vincular a respectiva ordem judiciária[1019].

Foi assim que diversas alterações legislativas se fizeram, assim reconfigurando o poder judicial para estabelecer decisões de uniformização de jurisprudência no tocante aos supremos tribunais:

- *o Supremo Tribunal de Justiça pelo CPC* – com o *julgamento ampliado de revista*, quando verifique, designadamente, "...a possibilidade de vencimento de solução jurídica que esteja em oposição com jurisprudência anteriormente firmada, no domínio da mesma legislação e sobre a mesma questão fundamental de Direito"[1020] – *e pelo CPP* – com *o recurso extraordinário de fixação de jurisprudência*, "Quando, no domínio da mesma legislação, o Supremo Tribunal de Justiça proferir dois acórdãos que, relativamente à mesma questão de Direito, assentem em soluções opostas, o Ministério Público, o arguido, o assistente ou as partes civis podem recorrer, para o pleno das secções criminais, do acórdão proferido em último

---

[1018] Isso ficou muito claro no Ac. n.° 743/96, de 28 de Maio, do Tribunal Constitucional, emitido no âmbito da fiscalização sucessiva abstracta da constitucionalidade: "...a Constituição não proíbe o legislador de estabelecer institutos adequados à uniformização da jurisprudência – era essa a primeira e essencial vocação dos assentos – mas veda-lhe seguramente a criação de instrumentos ali não previstos que, com eficácia externa (e, por maioria de razão, com forma obrigatória geral) interpretem, integrem, modifiquem, suspendam ou revoguem normas legais. A colisão daquela norma com o texto constitucional radica assim no facto de os assentos se arrogarem o direito de interpretação ou integração autêntica da lei, com força obrigatória geral, assumindo a natureza de actos não legislativos de interpretação ou integração das leis".

[1019] Quanto a este novo regime processual dos acórdãos de uniformização de jurisprudência, v. ISABEL ALEXANDRE, *Problemas...*, pp. 121 e ss.

[1020] Art. 732.°-A, n.° 2, *in fine*, do CPC.

lugar"[1021], sendo que "A decisão que resolver o conflito não constitui jurisprudência obrigatória para os tribunais judiciais, mas estes devem fundamentar as divergências relativas à jurisprudência fixada naquela decisão"[1022];

- *o Supremo Tribunal Administrativo pelo CPTA, no qual se prevê o recurso para uniformização de jurisprudência*, em que "As partes ou o Ministério Público podem dirigir ao Supremo Tribunal Administrativo, no prazo de 30 dias contado do trânsito em julgado do acórdão impugnado, pedido de admissão de recurso para uniformização de jurisprudência..."[1023], sendo que "O recurso é julgado pelo pleno da secção e o acórdão é publicado na 1.ª série do *Diário da República*"[1024];
- *o Tribunal de Contas pela LOPTC*, pois que, havendo disparidade de julgados, organiza-se um "...recurso extraordinário da decisão proferida em último lugar para fixação de jurisprudência"[1025], o qual pode concluir positivamente por esse conflito, caso em que "A doutrina do acórdão que fixa jurisprudência será obrigatória para o Tribunal de Contas enquanto a lei não for modificada"[1026].

V. A este propósito, bem se justifica falar da jurisprudência como fonte do Direito, embora os resultados de uma conclusão afirmativa devam ser ponderados com a destrinça entre três categorias[1027]:

- *a jurisprudência constante*: forma-se uma corrente jurisprudencial, mas que não tem qualquer virtualidade cogente, sendo, quando muito, uma constância rotineira;

[1021] Art. 437.°, n.° 1, do CPP.

[1022] Art. 445.°, n.° 3, do CPP, ainda se estipulando, no respectivo art. 444.°, n.° 1, que "O acórdão é imediatamente publicado na I Série do *Diário da República* e enviado, por certidão, aos tribunais de Relação para registo em livro próprio".

[1023] Art. 152.°, n.° 1, do CPTA.

[1024] Art. 152.°, n.° 4, do CPTA.

[1025] Art. 101.°, n.° 1, *in fine*, da LOPTC.

[1026] Art. 103.°, n.° 3, da LOPTC.

[1027] Cfr. Diogo Freitas Do Amaral, *Manual de Introdução...*, I, pp. 459 e ss.

– *o costume jurisprudencial*: quando os tribunais ganham a convicção de uma orientação que devem atribuir às fontes que aplicam, mas neste caso a fonte é o costume, não a jurisprudência, ainda que criado nos estreitos limites da comunidade judiciária;

a jurisprudência uniformizada: o esclarecimento acerca do sentido da aplicação de certas fontes que geraram divergências interpretativas, sem que tal signifique a sua vinculatividade com eficácia geral.

É nesta terceira possibilidade que, actualmente, se pode vislumbrar a jurisprudência como fonte de Direito em geral: a primeira hipótese apenas mostra uma tendência fáctica, enquanto que a segunda hipótese vale a título costumeiro, e não jurisprudencial.

Ainda assim, tem sido criticada esta conclusão por das diversas normas processuais que procedem à tramitação e aos efeitos da jurisprudência uniforme não se deduzir qualquer indicação segura quanto a uma vinculatividade geral, dado que essa eficácia não é em lado algum afirmada.

Simplesmente, não nos parece que esse argumento seja procedente: o facto de este tipo de decisão judicial, no caso do CPC, *v. g.*, repousar no pressuposto de se revelar "...necessário ou conveniente para assegurar a uniformidade da jurisprudência[1028]", bem como a existência de tantas cautelas a respeito de uma ampla participação dos juízes, sem esquecer ainda que o "...acórdão proferido pelas secções reunidas sobre o objecto da revista é publicado na 1.ª série-A do jornal oficial"[1029], são fortes argumentos para pensar o contrário.

1028 Art. 732.º-A, n.º 1, *in fine*, do CPC.

1029 Art. 732.º-B do CPC.

108. As fontes do Direito e as fontes do Direito Constitucional

I. Até agora houve a preocupação de apenas situar a relevância das "clássicas" categorias das fontes do Direito segundo um novo texto e paradigma, dada a óbvia obsolescência técnico-jurídica e político-democrática do CC para esse efeito: o texto da CRP, permitindo um olhar diferente sobre este tema.

Essa é uma resposta que foi fornecida a todo o Ordenamento Jurídico, sendo certo que o texto constitucional, de um ponto muito mais elevado da Ordem Jurídica, se auto-habilita a iluminar a questão muito mais acima do escasso alcance que pode ser extraído do CC.

Feito esse enquadramento válido para a globalidade da Ordem Jurídica, interessa perceber até que ponto para o Direito Constitucional, como ramo jurídico, é inteiramente justo concluir da mesma maneira em relação às fontes gerais do Direito, afirmando a sua inteira aplicabilidade.

Por outras palavras: as fontes gerais de Direito, vistas à luz da Teoria Geral do Direito, são também as fontes específicas do Direito Constitucional, tomando nota das suas particularidades, agora impostas no plano das fontes normativas que o criam?

II. A nossa resposta é negativa porque as idiossincrasias do Direito Constitucional impõem desvios, mais ou menos importantes, em relação à conclusão geral obtida em sede de Teoria Geral do Direito, ainda que numa leitura feita a partir do texto constitucional.

Poderia dizer-se que esta conclusão seria contraditória com o papel que se reconheceu à Constituição como *norma normarum*, uma vez que imporia para a restante Ordem Jurídica um sentido ordenador que depois não aplicaria no seu próprio seio.

Não julgamos que haja qualquer contradição: o que há é a consideração de uma singularidade sistemática imposta pelo Direito Constitucional por aquilo que ele sempre é – em Portugal como em qualquer outro Estado – e cuja natureza não pode ser obliterada ou esquecida.

A dificuldade vai é residir noutro plano: no aquilatar das suas características que podem redundar numa resposta diversa, sobretudo quando se sabe que nem sempre o texto constitucional é inteiramente claro a respeito da relevância das suas próprias fontes normativas.

III. Concretizando essa resposta, pode dizer-se que o Direito Constitucional encara a Constituição, agora na sua veste de fonte directa do mesmo, como a sua fonte privilegiada[1030], pertencendo-lhe o mais amplo arco regulador das suas normas e dos seus princípios, numa função de teor legislativo.

Isso não quer dizer, porém, que não haja a relevância de outras fontes, que assim se colocam na posição de fontes secundárias do Direito Constitucional:

- *o costume constitucional*, ainda que nem sempre a CRP ao mesmo se refira, apenas se mostrando expressamente pertinente o costume internacional; e
- *a jurisprudência constitucional*, mediante o preenchimento de certas e difíceis condições, previstas na própria CRP.

IV. Em contrapartida, não são fontes do Direito Constitucional – assim como normalmente também não são fontes do Direito em geral – a *doutrina constitucional*, os *princípios gerais constitucionais* e a *equidade constitucional*.

No caso da equidade, ela até vem a ser especificamente mencionada no texto constitucional, mas numa óptica de fundamento da decisão, não como a própria decisão[1031].

[1030] Assim, Marcelo Rebelo de Sousa, *Direito Constitucional...*, p. 59.
[1031] Cfr. o art. 282.°, n.° 4, da CRP.

§ 22.° A Constituição como fonte principal do Direito Constitucional

109. O sentido geral de Constituição

I. De acordo com este outro prisma, *a Constituição, por ser a* lex suprema *do Estado, é a fonte legislativa que contém o sistema de normas e princípios jurídicos que, ao nível supremo do Ordenamento Jurídico-Positivo, estabelece a estrutura básica do Estado*[1032]:

- *quer do Estado-Poder,* na organização dos seus órgãos e respectivos poderes, bem como o estatuto dos titulares dos mesmos;
- *quer do Estado-Comunidade,* nas relações do poder público instituído com os cidadãos, que são o seu substrato humano.

Mas não se pense que o sentido contemporâneo da Constituição é totalmente inovador, já tendo sido objecto de múltiplas

---

[1032] Sobre o conceito de Constituição, v. FRANCISCO LUCAS PIRES, *O problema da Constituição*, Coimbra, 1970, pp. 27 e ss.; MARCELO REBELO DE SOUSA, *Direito Constitucional...*, pp. 41 e ss., e *Constituição...*, pp. 10 e ss.; ROGÉRIO EHRHARDT SOARES, *Conceito ocidental de Constituição*, in RLJ, ano 119.°, 1986, n.° 3743, pp. 36 e ss., e n.° 3744, pp. 69 e ss.; MARCELLO CAETANO, *Manual de Ciência Política...*, I, pp. 338 e ss.; HANS KELSEN, *Teoria Geral do Direito e do Estado*, pp. 369 e ss.; ENRIQUE ÁLVAREZ CONDE, *Curso...*, I, pp. 145 e ss.; J. J. GOMES CANOTILHO, *Direito Constitucional e Teoria...*, pp. 51 e ss.; JORGE MIRANDA, *Manual...*, II, pp. 7 e ss.; ALEXANDRE DE MORAES, *Direito Constitucional*, pp. 38 e ss.; LUÍS ROBERTO BARROSO, *Curso de Direito Constitucional...*, pp. 73 e ss.

utilizações antecedentes, ainda que numa perspectiva meramente institucional[1033].

II. Foi esse o caso pioneiro de ARISTÓTELES, que no seu livro *Política* definiu o conceito de Constituição como "Politeia", ou seja, como ordenação das magistraturas e, em especial, da magistratura suprema do Estado, nela ainda incluindo o fim da comunidade política[1034]: "Um regime pode ser definido como a organização da cidade no que se refere a diversas magistraturas e, sobretudo, às magistraturas supremas. O governo é o elemento supremo em toda a cidade e o regime é, de facto, esse governo"[1035].

Este conceito de Constituição, tal como sucedeu com o *rem publicam constituere* do Estado Romano, em nada tinha que ver com aquele que viria a ser o conceito actual de Constituição, integrando-se na lógica da acepção institucional de Constituição, que qualquer Estado tem[1036], ao mesmo se juntando os conceitos de *nomos*, como lei, e *psefisma*, como decreto[1037].

Com a Idade Média é que verdadeiramente se geraria o embrião de uma ideia mais aproximada do conceito actual de Constituição no sentido de ordenamento unificador e superior ao Estado. Tal foi claro

---

1033 Sobre a evolução histórica do conceito de Constituição, v., por todos, MAURIZIO FIORAVANTI, *Constitución – de la Antigüedad a nuestros días*, Madrid, 2007, pp. 15 e ss.

1034 ARISTÓTELES, *Política*, pp. 207 e ss., e *Constituição...*, pp. 21 e ss. Cfr. também REINHOLD ZIPPELIUS, *Teoria...*, p. 65; DELFIM FERREIRA LEÃO, *Introdução*, in ARISTÓTELES, *Constituição dos Atenienses*, Lisboa, 2003, pp. 12 e 13.

1035 ARISTÓTELES, *Política*, p. 207.

1036 Contudo, no pensamento político de ARISTÓTELES, o vocábulo Constituição surge, assim, ambivalente: ora como a acepção institucional de Constituição, usado mais na *Constituição dos Atenienses*, ora como a preferência por um regime, o da politeia ou "regime constitucional", usado na *Política*.

Como recorda DELFIM FERREIRA LEÃO (*Introdução...*, p. 12), "Acabámos de ver que, na classificação das constituições proposta pelo Estagirita, o termo *politeia* é usado para referir um regime específico. Contudo, o mesmo vocábulo serve para denotar o sentido genérico de «constituição» ou de «república»".

1037 Cfr. ENRIQUE ÁLVAREZ CONDE, *Curso...*, I, pp. 145 e 146.

com as *leis fundamentais medievais*[1038], ainda que estas não pudessem configurar uma acepção formal e material de Constituição que só a Idade Contemporânea pôde trazer.

III. A *Constituição* – a partir desta ou de outra terminologia[1039] – *é o acto de poder público dotado de supremacia máxima na Ordem Jurídica Estadual, regulando a organização dos respectivos sistemas social, económico e político.*

Daí que seja legítimo dissociar, no conceito de Constituição, alguns elementos que lhe são necessariamente congénitos, os quais facilitam a sua distinção de outras realidades:

- *o elemento subjectivo* – é um acto intencional do Estado, não tendo a natureza costumeira, integrando a categoria das fontes voluntárias;
- *o elemento formal* – que se localiza num lugar cimeiro do Ordenamento Jurídico Estadual;
- *o elemento material* – regulando as opções principais do Estado ao nível dos sistemas social, económico e político.

IV. Mesmo se vista nestes seus elementos definitórios, a Constituição pode também ser observada facetadamente, em razão de quatro perspectivas que nela podem estar presentes, que cumpre referir como suas dimensões ou acepções[1040]:

- *uma dimensão material*: a *Constituição Material* expressa um determinado conteúdo nas opções que transporta e que deter-

---

[1038] Cfr. GEORG JELLINEK, *Teoría*..., pp. 497 e ss.; ENRIQUE ÁLVAREZ CONDE, *Curso*..., I, pp. 146 e 147.

[1039] Por vezes adopta-se terminologia diversa, como de "Lei Constitucional", em Angola, ou de "Lei Fundamental" (*Grundgesetz*), na Alemanha.

[1040] Cfr. MARCELO REBELO DE SOUSA, *Direito Constitucional...*, pp. 41 e 42; MARCELLO CAETANO, *Manual de Ciência Política*..., I, pp. 342 e 343; REINHOLD ZIPPELIUS, *Teoria*..., pp. 65 e 66; JORGE MIRANDA, *Manual*..., II, pp. 10 e ss.

mina, ideologicamente nascida no Liberalismo[1041], mas que a evolução do Estado Constitucional veio a alargar e, sobretudo, relativizar;

- *uma dimensão formal*: a *Constituição Formal* expressa a ideia de que, sendo um acto legislativo, o mesmo ocupa uma posição suprema no Direito Positivo;
- *uma dimensão documental* (ou instrumental): a *Constituição Documental* é encarada como um acto legislativo que realiza a codificação de um dado ramo do Direito, nela se arrumando, sistemática e cientificamente, a disciplina fundamental do mesmo;
- *uma dimensão institucional*: a *Constituição Institucional* reflecte um desejo mínimo de organização da entidade estadual, independentemente da caracterização que possa obter ao nível de certas opções de conteúdo, de forma ou de localização hierárquica[1042].

V. A realidade da Constituição, conforme foi dado a entrever, mostra-se ainda passível de várias *classificações*, em aplicação de outros tantos critérios de arrumação lógica, de que se evidenciam os seguintes:

- Constituições *estatutárias* e Constituições *programáticas*, segundo uma contraposição crucial na passagem do Estado Liberal ao Estado Social: através desta classificação se pode diferenciar uma perspectiva meramente estática, de garantia de um certo *status quo*, no contexto do Liberalismo político e económico do século XIX, (i) que são as *Constituições esta-*

[1041] Bem sintetizado, recorde-se, no art. 16.° da DDHC, ao dizer que "Qualquer sociedade em que não esteja assegurada a garantia dos direitos, nem estabelecida a separação dos poderes, não tem Constituição".

[1042] V. a importante exemplificação das leis fundamentais do Reino de Portugal, no período pré-constitucional, de JOÃO MARIA TELLO DE MAGALHÃES COLLAÇO, *Ensaio...*, pp. 3 e ss., e de F. P. SE ALMEIDA LANGHANS, *Estudos de Direito*, pp. 242 e ss.

tutárias, e uma perspectiva dinâmica, com um desejo de intervenção económica e de transformação social, em que se regista a aquisição de novos conteúdos, essencialmente nos direitos fundamentais económico-sociais e nas normas sobre aspectos da organização económica da sociedade, (ii) que são as *Constituições programáticas*;

- Constituições *normativas*, *nominais* e *semânticas*, usando a célebre classificação do alemão KARL LOEWENSTEIN, que mede a efectividade do texto constitucional na sua capacidade para limitar a realidade constitucional, assumindo uma natureza ontológica: (i) as *Constituições normativas* são textos que verdadeiramente conseguem domar a realidade constitucional, desenvolvendo o objectivo que lhes foi assinalado com o Constitucionalismo na sua perene luta pela limitação do poder público; (ii) as *Constituições nominais* têm o desiderato de limitar o poder público, mas não o conseguem levar a cabo, por via de mecanismos, jurídicos ou fácticos, que o impedem; (iii) as *Constituições semânticas*, sucumbindo à realidade constitucional, perdem a finalidade de limitar o poder público e, inversamente, encontram-se ao serviço de um poder político ditatorial, ao mesmo se subordinando[1043];
- *Constituições liberais, sociais, fascistas e socialistas*: são espécies de Constituição que, atendendo à forma política de governo e ao tipo constitucional de Estado, reflectem cada uma dessas possíveis combinações, sob uma dada perspectiva de organização do poder político[1044];
- *Constituições sociais, económicas, políticas e garantísticas*, termos de uma classificação que atende ao sector da Constituição que é objecto de consideração, na medida em que, nas múltiplas

---

[1043] Cfr. KARL LOEWENSTEIN, *Teoría de la Constitución*, 4.ª ed., Barcelona, 1986, pp. 216 e ss. Cfr. também MARCELO REBELO DE SOUSA, *Direito Constitucional...*, pp. 53 e ss.

[1044] Sobre esta classificação, v. MARCELO REBELO DE SOUSA, *Direito Constitucional...*, pp. 55 e ss.

matérias que versa, ela pode ser dividida: (i) na *Constituição dos Direitos Fundamentais* – a parte atinente à positivação dos direitos fundamentais; (ii) na *Constituição Económica* e esta, por seu turno, subdividindo-se em *Constituição Financeira* e *Constituição Fiscal* – a parte referente às regras sobre o sistema económico, o sistema financeiro e o sistema fiscal; (iii) na *Constituição Política* – a parte atinente à distribuição dos poderes pelos diversos órgãos, bem com o respectivo modo de designação; e (iv) na *Constituição Garantística* – a parte respeitante aos mecanismos de defesa da Ordem Constitucional[1045];

– *Constituições flexíveis, semi-rígidas, rígidas e hiper-rígidas,* na esteira da classificação idealizada pelo jurista britânico JAMES BRYCE[1046]: (i) *Constituições flexíveis* quando a revisão ocorre sem sujeição a qualquer limite, não sendo o seu regime diverso do que se aplica ao procedimento legislativo ordinário; (ii) *Constituições semi-rígidas* quando isso apenas sucede relativamente a uma parte da Constituição, submetendo-se a outra parte ao regime da rigidez constitucional; (iii) *Constituições rígidas*[1047] quando a revisão se submete a regras mais limitati-

[1045] Cfr. ANTÓNIO L. SOUSA FRANCO e GUILHERME D'OLIVEIRA MARTINS, *A Constituição Económica...*, pp. 11 e ss.

[1046] A noção de rigidez constitucional, por oposição à noção de flexibilidade constitucional, foi doutrinariamente introduzida por JAMES BRYCE, que trabalhou por referência ao modo do exercício do poder legislativo normal.

Este autor começou por contestar a ultrapassada classificação de Constituições entre *escritas* e *não escritas* (*ius non scriptum*): "A divisória que se pretende estabelecer entre estas duas classes de Constituições não constitui uma linha bem definida porque em toda a Constituição escrita deve haver e há, como veremos de seguida, algum elemento de uso não escrito; enquanto que nas chamadas Constituições não escritas existe uma forte tendência para considerar as compilações de costumes ou de precedentes como obrigatórias" (JAMES BRYCE, *Constituciones flexibles y Constituciones rígidas*, Madrid, 1988, p. 7).

[1047] Os termos por que este constitucionalista afamado gizou, depois, a dicotomia entre Constituições flexíveis e Constituições rígidas ficaram plasmados no facto de as leis constitucionais possuírem ou não uma autoridade superior às demais leis do ordenamento, com a consequente prevalência ou não das mesmas sobre

vas do respectivo poder em comparação com as que são aplicáveis ao procedimento legislativo geral[1048], como a aposição de limites orgânicos, formais, procedimentais e temporais[1049];

---

outras normas que as contrariassem, não se referindo o autor, na altura, especificamente ao fenómeno da revisão constitucional (JAMES BRYCE, *Constituciones...*, pp. 9 e ss.), sendo essa circunstância avaliável pelo modo como se exerceria a respectiva autoridade, uma vez que nas Constituições rígidas, ao contrário do que sucede nas Constituições flexíveis, "O instrumento – ou instrumentos – em que estão contidas estas Constituições não procede da mesma fonte que as outras leis, é promulgado por procedimento distinto e possui maior força" (JAMES BRYCE, *Constituciones...*, p. 10).

1048 O facto de a dicotomia de JAMES BRYCE, na altura em que foi formulada, não se referir especificamente à revisão constitucional levou ALESSANDRO PACE (*La «natural» rigidez de las Constituciones escritas*, in ALESSANDRO PACE e JOAQUÍN VARELA, *La rigidez de las Constituciones escritas*, Madrid, 1995, p. 28) a afirmar que, "...para Bryce, os elementos diferenciadores das Constituições rígidas são: a unidade legislativo-documental, a incidência sobre a forma de Estado e de governo e a consequente superioridade hierárquica sobre as leis ordinárias", concluindo (p. 29) que "...me parece indiscutível que, segundo Bryce, de um ponto de vista conceptual a presença de um procedimento especial de revisão constitucional não resulta essencial para a existência de uma Constituição rígida".

1049 Não tardaria muito tempo para que a doutrina fosse moldando o tema com outras considerações, conceptologia que ganhou enorme repercussão na Teoria do Direito Constitucional, com inegáveis foros de cidade em várias latitudes:

ALBERT VENN DICEY, *Introduction a l'étude du Droit Constitutionnel*, Paris, 1902, pp. 112 e ss., chegando a conclusões curiosas em matéria de imutabilidade dos textos constitucionais – a rigidez dificulta apenas a inovação gradual, mas, em circunstâncias excepcionais, até facilita a revolução;

LÉON DUGUIT, *Traité de Droit Constitutionnel*, I, 3.ª ed., Paris, 1927, pp. 687 e 688, frisando que essa diferenciação se aplica quer à formação inicial das leis, quer depois a intervenções supervenientes, de alteração, revogação ou suspensão, acentuando, não obstante, o seu carácter essencialmente formal e, por isso, se diferenciando de outra distinção em razão do conteúdo (*Manuel...*, pp. 452 e 453);

GEORG JELLINEK, *L'État Moderne et son Droit*, II, Paris, 1913, pp. 212 e ss., assentando a distinção no grau de dificuldade de mudar o texto constitucional, e discutindo depois as vantagens da rigidez – durabilidade e protecção das minorias – e da flexibilidade – adaptabilidade ao devir social.

e (iv) *Constituições hiper-rígidas* quando, em acréscimo a estes limites, se juntam limites materiais e circunstanciais[1050].

VI. É ainda de observar entendimentos possíveis de Constituição usados noutros ramos jurídicos, mas que não autorizam qualquer assimilação com o sentido que obtém no Direito Constitucional.

O mais comum deles é o sentido de Constituição empregue pelo Direito Internacional Público, que é muito distante do sentido dado pelo Direito Constitucional, sendo de referir a propósito de várias ideias[1051]:

- *Constituição como tratado constitucional ou institutivo de uma organização internacional*, sendo até essa a expressão que por vezes se utiliza na respectiva nomenclatura[1052];
- *Constituição como feixe de princípios fundamentais*, que sintetizam o ordenamento jurídico criado no seio de uma organização internacional;

1050 Sobre esta classificação entre Constituições flexíveis e rígidas em geral, v. AMÉDÉE BONDE, *Droit Constitutionnel*, Paris, 1914, pp. 73 e 74; MARCELO REBELO DE SOUSA, *Direito Constitucional...*, pp. 50 e ss.; OSWALDO ARANHA BANDEIRA DE MELLO, *A Teoria das Constituições Rígidas*, 2.ª ed., São Paulo, 1980, pp. 35 e ss.; MAURICE DUVERGER, *Os grandes...*, pp. 175 e 176; JUAN A. GONZÁLEZ CALDERÓN, *Curso de Derecho Constitucional*, 6.ª ed., Buenos Aires, 1988, pp. 19 e ss.; ALESSANDRO PACE e JOAQUÍN VARELA, *La rigidez de las Constituciones escritas*, Madrid, 1995, pp. 11 e ss.; PABLO LUCAS VERDÚ, *Curso de Derecho Político*, II, 3.ª ed., Madrid, 1986, pp. 592 e ss.; ANTONIO CARLOS PEREIRA MENAUT, *Lecciones...*, pp. 57 e ss.; JUAN FERRANDO BADÍA, *Teoíia de la Constitución*, Valência, 1992, pp. 170 e ss.; ALESSANDRO PACE, *La causa della rigidità costituzionale*, Padova, 1995, pp. 44 e ss.; RÚBEN HERNÁNDEZ VALLE, *El Derecho...*, I, pp. 150 e ss.; PEDRO DE VEGA, *La reforma...*, pp. 50 e ss.; EMÍLIO KAFFT KOSTA, *O constitucionalismo...*, pp. 112 e ss.; CELSO RIBEIRO BASTOS, *Curso...*, p. 51; HANS KELSEN, *Teoria Geral do Direito e do Estado*, pp. 370 e ss.

1051 Cfr. a sugestão de MIGUEL GORJÃO-HENRIQUES, *Direito Comunitário*, pp. 19 e 20.

1052 É o caso do TCE, que excessivamente ostenta a designação de "Constituição para a Europa", apesar de não passar de um tratado comunitário institutivo de uma entidade jurídico-política do foro do Direito Internacional Público.

– *Constituição como patamar superior de escalonamento da Ordem Jurídica Internacional ou de certa organização internacional*[1053], assim se evidenciando uma parcela da Ordem Jurídica aplicável.

Noutros ramos do Direito, é também possível falar de Constituição, num sentido impróprio e que não se confunde com o seu sentido constitucional:

– *no Direito Administrativo*: num sentido orgânico como composição de um órgão, ou como a sua própria criação;
– *no Direito Civil*: como acto ou efeito de criar uma pessoa colectiva;
– *no Direito Canónico*: como acto normativo promulgado pelo Papa, no uso dos seus poderes[1054].

1053 Tendo sentido a este propósito referir-se o cada vez mais desenvolvido "Direito Internacional Constitucional", o qual repousa, como tivemos ocasião de referir (JORGE BACELAR GOUVEIA, *Manual...*, p. 45), "...na implantação de um escalonamento hierárquico-formal da sociedade internacional, sendo esta a classificação que mais recentemente tem vindo a dar os seus primeiros passos", e não nos devemos surpreender "...com o facto de certas normas e princípios internacionais poderem formar, à semelhança do que se passa no Direito Estadual com o Direito Constitucional, um Direito Internacional Constitucional, que se considere superior ao restante Direito Internacional" (p. 46).

1054 Não sendo ainda de menosprezar o singular sentido de "sub-Constituição" ou de "Constituição limitada" que se atribui, por exemplo, à Lei Básica da Região Administrativa de Macau, como tivemos ocasião de defender, mostrando que as relações de uma Constituição com o ordenamento jurídico global, assim como com as entidades infra-estaduais que cria, podem não ser unívocas: "...podemos considerar que o valor constitucional da Lei Básica de Macau, relativamente à Constituição da República Popular da China, sendo esta que a admite na magnitude derrogatória com que a concebe, acaba por transmutá-la numa verdadeira "sub-Constituição", que privativamente modela o sistema jurídico de Macau, em divergência manifesta, mas consentida, com os princípios que avultam no restante ordenamento jurídico chinês, ainda que afirmando um princípio maior, que é o princípio "um país, dois sistemas" (JORGE BACELAR GOUVEIA, *A Lei Básica...*, p. 181).

Quanto à caracterização da Lei Básica de Macau no contexto do Direito Constitucional desta Região Administrativa Especial, v. ainda AAVV, *As Leis Bási-*

110. A Constituição como lei estadual

I. Com o enquadramento do sentido geral de Constituição, nos seus diversos elementos, assim como das acepções e modalidades por que a mesma se desdobra, *um primeiro traço orientador é o da sua natureza legal e estadual.*

É este, de resto, o primeiro aspecto que mais contribui para a respectiva individualização no contexto do Liberalismo e da afirmação histórica do próprio Estado de Direito.

É também este traço que permite melhor posicionar a Constituição na Teoria Geral do Direito, ao nível das suas fontes, bem como no plano da respectiva hermenêutica e aplicação.

II. A Constituição ostenta, desde logo, a sua faceta *legal*, colocando-se no quadro mais vasto da lei como fonte do Direito, neste caso do Direito Constitucional.

Quer isso dizer que a Constituição representa uma regulação intencionalmente orientada, e que não brota da espontaneidade social, antes correspondendo a uma vontade específica.

Contudo, não se pode pensar que o costume é incompatível com a regulação constitucional ou que nem sequer é viável a configuração mista de um sistema constitucional com normas legais e com normas costumeiras.

Uma coisa é a incompatibilidade e outra coisa é a radicalidade de o texto constitucional ser formado no contexto de um acto legislativo, com todas as características que lhe estão associadas.

III. Sendo uma lei estadual, a Constituição não é uma lei qualquer e, inversamente, resulta do poder estadual como expressão

---

cas: problemas e perspectivas, in RJM, número especial, Macau, 1999, pp. 13 e ss.; WANG ZHEN-MIN, *"Um país, dois sistemas"...*, pp. 45 e ss.; IEONG WAN CHONG, *Anotações à Lei Básica da RAEM*, Macau, 2005, pp. 31 e ss.; ANTÓNIO KATCHI, *As Fontes do Direito em Macau*, Macau, 2006, pp. 273 e ss.; JORGE BACELAR GOUVEIA, *Os direitos fundamentais em Macau*, pp. 313 e ss.

máxima do poder público, que se representa no Estado através da sua soberania interna.

Isto permite discernir com clareza os verdadeiros textos constitucionais de outros textos, os quais são por vezes até chamados de "Constituição", mas que em rigor não oferecem os seus mínimos traços definitórios.

Estamos a pensar na dita "Constituição Europeia", que mais não é do que um tratado internacional, de cunho institucional, mas que insistentemente se tem chamado "constitucional". Só que a UE, que pretenderá regular, não é um Estado, nem dispõe de um poder constituinte próprio – é uma mera criação dos Estados que a formaram, numa estrutura aproximadamente confederativa.

111. A Constituição como acto jurídico-positivo supremo

I. *A Constituição é também uma lei singular por se apresentar no topo da Ordem Jurídica, ao ser o cume da respectiva pirâmide, utilizando-se a metáfora kelseniana.*

Esta superioridade hierárquico-formal na Ordem Jurídica que integra o Estado a que pertence tem depois três importantes concretizações:

– o princípio da constitucionalidade;
– a desvalorização dos actos jurídico-públicos desconformes; e
– a responsabilidade pelos ilícitos constitucionais.

II. O *princípio da constitucionalidade*, colocando a Constituição acima de qualquer outra fonte, norma ou princípio jurídico, é a vertente substantiva da supremacia constitucional, destinando-se a esclarecer que há uma hierarquia na Ordem Jurídica e que todas as outras fontes e actos que não tenham valor constitucional lhe devem obediência.

A desconformidade desses actos, fontes, normas ou princípios implica que os mesmos sejam *inconstitucionais*, por infracção daquele padrão com que devem conformar-se.

E esta superioridade, inserta no princípio da constitucionalidade, é maximamente abrangente, por ser:

- tanto uma prevalência em relação aos actos jurídico-públicos;
- como uma prevalência em relação aos comportamentos jurídico-públicos.

III. Daí que as consequências não possam deixar de ser impressivas na cominação de efeitos para reprimir aquela infracção.

Se assim não fosse, e este lado adjectivo não funcionasse, enfrentar-se-ia uma norma sem sanção e, sendo a Constituição uma lei imperfeita, dificilmente poderia conservar-se no seu estatuto de supremacia normativo-positiva.

Do ponto de vista prático, a sanção do princípio da constitucionalidade tem duas diferentes vertentes, que podem até sobrepor-se, visando reprimir actos e comportamentos inconstitucionais:

- *a desvalorização dos actos jurídico-públicos inconstitucionais*, através do seu apagamento da Ordem Jurídica;
- *a responsabilização dos autores de comportamentos inconstitucionais*, através da aplicação dos diversos mecanismos de responsabilidade jurídica.

112. A Constituição como núcleo do Ordenamento Jurídico Positivo

I. A Constituição como *lei nuclear* significa ainda que o seu conteúdo – não já a sua estrutura legal ou a sua força suprema – assume o mais alto relevo que é possível conceber na tarefa que um acto legislativo vai desempenhar: *ser o núcleo do Ordenamento Jurídico.*

Esta feição nuclear da Constituição implica que pelos seus preceitos devam ser estabelecidas as opções centrais à vida que se organiza no Estado e que, pela sua importância, constam do texto constitucional.

Deste modo, a centralidade da Constituição pode ser duplamente perspectivada:

- ora como uma *centralidade qualitativa*, uma vez que o texto constitucional insere as grandes linhas de orientação da vida em comunidade e dentro do aparelho de Estado;
- ora como uma *centralidade quantitativa*, uma vez que, não sendo tudo constitucionalmente relevante, o texto constitucional acolhe as opções mais importantes, ainda que outros aspectos possam ser deixados aos patamares inferiores do Ordenamento Jurídico.

II. Todavia, não se pode esconder a extrema complexidade da definição das "matérias constitucionais", isto é, das normas e dos princípios que devem pertencer ao nível constitucional.

Partindo das acepções de Constituição Formal e de Constituição Material, é a este propósito que se diferencia entre dois tipos de normas ou de princípios constitucionais:

- *as normas e os princípios materialmente constitucionais*: as normas e os princípios que correspondem às matérias que têm dignidade constitucional; e
- *as normas e os princípios formalmente constitucionais*: as normas e os princípios que têm força constitucional, de cariz supremo.

Para um certo conjunto de assuntos, não há dúvida de que pertencem ao que qualquer texto constitucional contém, segundo uma pertença constitucional óbvia, inerente ao próprio conceito e função de um texto constitucional como articulado fundador do Estado e da sua Ordem Jurídica.

Nesses casos, é da inteira normalidade que as normas e os princípios constitucionais, em sentido material pelos temas de que se ocupam, sejam normas e princípios formalmente constitucionais, estando a forma ao serviço do conteúdo: a especial protecção constitucional é justificada pelas matérias que versam.

Do ponto de vista esquemático, a solução é a da representação, em termos gráficos, por dois círculos iguais e concêntricos, sobrepondo-se os mesmos completamente.

III. A verdade é que nem sempre isso sucede e pode haver situações dubitativas, em que não se percebe se estamos em face de normas e de princípios materialmente constitucionais.

Assim, do prisma do conteúdo e da posição constitucionais, entre as normas e os princípios constitucionais, podem ocorrer não já relações de coincidência, como convém, *mas relações de apenas parcial sobreposição*, em que estes conceitos, quais verdadeiros círculos secantes, só se interseccionam em parte:

- *normas e princípios materialmente constitucionais, mas que o não são em sentido formal*; e
- *normas e princípios formalmente constitucionais, mas que o não são em sentido material.*

São situações indesejáveis e que introduzem uma quebra na simbiose perfeita que deve existir na Constituição, que é uma moeda com o anverso e o reverso, não devendo um viver sem o outro.

IV. De uma perspectiva puramente *material-regulativa*, *relacionando o desiderato da limitação jurídica do poder público com a necessidade de certas matérias serem subtraídas à função infra-constitucional e, consequentemente, assim incluídas na rigidez constitucional*[1055], a evolução que se

[1055] Congraçando, segundo entendimentos nem sempre coincidentes, as duas facetas material e formal da Constituição, GEORG JELLINEK, *L'État...*, II, pp. 173 e ss., e pp. 207 e ss.; COSTANTINO MORTATI, *Costituzione (dottrine generali)*, in ED, XI, Milano, 1962, pp. 169 e ss.; MIGUEL GALVÃO TELES, *Constituição*, pp. 1499 e ss.; ROGÉRIO EHRHARDT SOARES, *Constituição*, pp. 675 e ss.; ANTÓNIO MENEZES CORDEIRO, *A Constituição patrimonial privada*, in AAVV, ESC, III, Lisboa, 1979, pp. 366 e ss.; GEORGES BURDEAU, *Manuel...*, pp. 61 e ss.; CARLO LAVAGNA, *Istituzioni...*, pp. 165 e ss.; KLAUS STERN, *Derecho del Estado...*, pp. 214 e ss.; KONRAD HESSE, *Grundzüge...*, pp. 3 e ss.; GUSTAVO ZAGREBELSKY, *Manuale di Diritto Cos-*

registou, depois de mais de dois séculos de Constitucionalismo, apresenta oscilações directamente derivadas do caminho do próprio Estado e do seu papel na sociedade.

O conteúdo constitucional *mínimo* foi alcançado no período do Estado Liberal do século XIX, marcado por uma preocupação dominante de organização do poder público. Eram Constituições essencialmente orgânicas ou organizatórias, cuidavam da estruturação do exercício desse poder, do estatuto do poder político em sentido estrito, dos mecanismos do seu controlo e das competências dos respectivos órgãos. A tal facto não podiam ser estranhos os fins limitados do Estado em termos de segurança, interna e externa, e de justiça meramente comutativa.

Com o Estado Social do século XX, *o alargamento das matérias constitucionais esteve em directa consonância com o aumento das tarefas do Estado ao nível económico-social, quer através do aditamento dos direitos sociais, quer através da criação das Constituições económicas.* Quanto aos direitos fundamentais, deram-se novas aquisições nos direitos fundamentais económicos e sociais, impondo mais incumbências ao Estado. No respeitante à organização económica, consagrou-se o princípio da justiça social e da igualdade material de oportunidades, através da intervenção do Estado na economia. Os fins do Estado, em decorrência disso, alargaram-se pela junção do bem-estar económico, social e cultural, e da vertente distributiva da justiça, não já apenas comutativa.

---

tituzionale – il sistema delle fonti del Diritto, I, Torino, 1987, pp. 22 e ss.; SERGIO BARTOLE, *Costituzione (Dottrine generali e Diritto Costituzionale)*, in DDP, IV, Torino, 1989, pp. 289 e ss.; MARCELO REBELO DE SOUSA, *Constituição...*, pp. 10 e ss.; J. J. GOMES CANOTILHO, *Direito Constitucional*, pp. 66 e ss., e *Direito Constitucional e Teoria...*, pp. 1117 e ss.; FRIEDRICH KOJA, *Allgemeine Staatslehre*, Wien, 1993, pp. 105 e ss.; THEO ÖHLINGER, *Verfassungsrecht*, 2.ª ed., Wien, 1995, pp. 21 e ss.; EMÍLIO KAFFT KOSTA, *O constitucionalismo...*, pp. 27 e ss.; MARIA LÚCIA AMARAL PINTO CORREIA, *Responsabilidade do Estado e dever de indemnizar do legislador*, Coimbra, 1998, pp. 314 e ss.; CELSO RIBEIRO BASTOS, *Curso...*, pp. 41 e ss.

V. Indubitavelmente que uma das questões que maior dificuldade tem suscitado à Teoria do Direito Constitucional é *a da determinação das matérias que, perante a decisão constituinte, devem ser incluídas na respectiva formalização, numa perspectiva que não é tanto a da solução específica que deve ser dada a certo problema político-social quanto a de saber se tem essa questão a dignidade suficiente para constar de um texto constitucional.*

Sem embargo, estamos em crer que a delimitação, positiva e negativa, das matérias constitucionais não deixa de ser objecto de orientações teoréticas minimamente firmes, as quais podem guiar o decisor constituinte com um apreciável grau de objectividade, pelo que esta é uma questão que se coloca com uma candência bastante limitada.

Relativamente à *delimitação positiva*, as matérias que inequivocamente devem possuir dignidade constitucional respeitam àqueles domínios que refrangem, no plano do texto constitucional, os problemas directamente impostos em sede de limitação extrínseca do poder público ou que se assumam como questões de valor jurídico-político, ao espelharem escolhas a respeito da organização do Estado – como o estatuto dos órgãos de soberania, sua composição e relações – ou da sociedade – os direitos dos cidadãos frente ao Estado – ou ainda do próprio texto constitucional – os mecanismos da respectiva protecção, como a revisão[1056] ou a fiscalização da constitucionalidade[1057].

No que tange à *delimitação negativa*, a necessária divisão do Ordenamento Jurídico em diversos ramos, a partir da *summa divisio* Direito

---

[1056] Ou, como afirma GEORG JELLINEK (*L'État...*, II, p. 208), o conteúdo das Constituições, em geral, "...compreende os traços principais da organização política, a competência dos diversos poderes e os princípios destinados a garantir os direitos das pessoas".

[1057] MARCELO REBELO DE SOUSA (*Direito Constitucional...*, p. 41), por seu turno, apresenta os seguintes elementos: (i) a estrutura, os fins e as funções do Estado; (ii) a organização, a titularidade, o exercício e o controlo do poder político a todos os níveis; (iii) a fiscalização do acatamento das normas referentes às matérias mencionadas, em particular a fiscalização do seu acatamento pelo próprio poder político".

Público/Direito Privado, determina a exclusão da constitucionalidade da regulação jurídica que se afigure prototípica destes sectores, como seja a descrição e punição criminais, própria do Direito Penal, ou a disciplina das relações jurídico-familiares e sucessórias, apanágio do Direito Civil.

VI. Contudo, por aqui param as certezas quanto às matérias que se apresentam materialmente constitucionais ou insusceptíveis dessa constitucionalização.

E assim é porque o Direito Constitucional não se apresenta definido apenas com base num critério puramente *material* – que atenda ao domínio da regulação jurídica que produza – mas também segundo um critério *gradativo* – pelo qual podem adquirir relevância constitucional os assuntos que, pese embora pertençam a outros sectores jurídicos, naquele se coloquem com a suficiente importância – as *têtes de chapitre* que, nas celebérrimas palavras de PELLEGRINO ROSSI, o Direito Constitucional[1058] deveria ser relativamente a outros[1059] ramos[1060] jurídicos[1061].

1058 Cfr. a demonstração, na CRP, de JORGE MIRANDA (*Direito Constitucional*, p. 436, *Direito Constitucional*, p. 33, e *Manual...*, I, pp. 17 e 18), quanto a vários ramos de Direito: Direito Penal, Direito Processual, Direito da Família, Direito do Trabalho, Direito Fiscal, Direito Financeiro, Direito Judiciário e Direito Administrativo.

1059 É precisamente esta duplicidade de constitucionalização que leva alguns autores a rejeitar o conceito de codificação para o Direito Constitucional, pelo menos nos termos em que foi desenvolvido no século XIX no Direito Privado.

RUI CHANCERELLE DE MACHETE é, a este propósito, bem concludente (*Os princípios...*, p. 1000): "Seria erro grave considerá-la com um código, simultaneamente fruto e objecto do esforço de uma hermenêutica e dogmática pandectísticas".

Em sentido contrário, falando de codificação no Direito Constitucional, AFONSO RODRIGUES QUEIRÓ, *Codificação*, in DJAP, II, 2.ª ed., Lisboa, 1990, p. 454. Também JORGE BACELAR GOUVEIA, *Textos fundamentais...*, p. 11.

1060 Mais importante do que saber se a Constituição corresponde ao conceito clássico de código – no que não parece haver dúvidas, se ao mesmo tempo se reconhecer a sua missão ordenadora específica ao definir-se, paralelamente, pela hierarquia, pela forma e pelo conteúdo – é contextualizar o aparecimento da Constitui-

É por isso que, mesmo nas matérias materialmente excluídas deste sector de regulação, podem elas interessar *se e na medida em que reflictam as opções gerais da comunidade política que, em certo momento, elabora a sua Constituição.*

A partir deste equilíbrio, entramos numa larga zona de *delimitação imprecisa*, a qual é apenas livremente determinada pelo poder constitucional, em sede constituinte.

O mais que se pode fazer é tentar identificar as motivações ou os factores que levam à consideração de certa questão no plano da dignidade constitucional, mas tornando-se na prática impossível dizer, abstractamente, qual deve ser esse critério[1062].

ção no movimento codificador privado, aí se encontrando duas coincidências impressionantes: por um lado, a inspiração jusracionalista da Constituição, patente no plano dos direitos fundamentais, muitas vezes autonomizados nas declarações de direitos; por outro lado, a função de segurança jurídica que sempre lhe esteve associada, não só pelo facto de ser escrita, mas também por se afigurar um instrumento condensado de ordenação do Estado.

Acerca destas duas condicionantes do movimento codificador, que servem plenamente à codificação constitucional, MÁRIO BIGOTTE CHORÃO, *Código*, in Pol., I, Lisboa, 1983, pp. 920 e ss.; ANTÓNIO MENEZES CORDEIRO, *Teoria Geral do Direito Civil – Relatório*, in RFDUL, XXIX, 1988, pp. 225 e ss.; JOSÉ DE OLIVEIRA ASCENSÃO, *O Direito...*, pp. 349 e ss.

[1061] Para uma perspectiva do Constitucionalismo à luz da Codificação, v., por todos, PAULO FERREIRA DA CUNHA, *Constituição, Direito e Utopia – do jurídico-constitucional nas utopias políticas*, Coimbra, 1996, pp. 311 e ss.

[1062] Como afirma HERMANN HELLER, para além de um conteúdo típico, é a tradição, a conveniência política, a situação de poder e a consciência jurídica que determinam o que deve fazer parte da Constituição.

Ou, como refere ROGÉRIO EHRHARDT SOARES (*Constituição*, p. 676), "...por constituição material cabe entender-se o conjunto de normas fundamentais da constituição escrita, aquelas que, se forem alteradas, modificam o sentido do Estado; como também os princípios orientadores imanentes no texto constitucional, e ainda os valores espirituais transcendentes de que a constituição escrita procura aproximar-se; e finalmente, o composto de tensões e forças políticas que aponta numa certa direcção".

VII. Do ponto de vista metodológico, a busca da densificação da fundamentalidade material das normas jurídicas, com o objectivo de a posição constitucional se justificar pela respectiva matéria, pode obedecer a diversos esquemas:

- uma razão *axiológica* – é materialmente constitucional aquilo que na Constituição deva apresentar-se como a precipitação positiva do Direito Metapositivo;
- uma razão *histórica* – é materialmente constitucional aquilo que, na História do Constitucionalismo em geral e na História do Estado em causa, foi atribuído às Constituições escritas – os direitos fundamentais liberais e as competências dos principais órgãos estaduais – e que tão bem ficou escrito no famoso art. 16.° da DDHC[1063];
- uma razão *sociológica* – é materialmente constitucional aquilo que como tal se impuser em cada comunidade política, aí mostrando as suas idiossincrasias, as quais devem perdurar para além da mera conjunturalidade.

VIII. A compaginação destas duas perspectivas de observação do fenómeno constitucional – a perspectiva *formal* e a perspectiva *material* – inevitavelmente que nos conduz ao problema de saber como se dá a sua interpenetração[1064].

Se os critérios subjacentes à definição das normas e dos princípios material e formalmente constitucionais são teoreticamente dis-

---

[1063] Discutindo o conceito de "reserva de Constituição" (*Verfassungsvorbehalt*), GUSTAVO ZAGREBELSKY, *Manuale...*, I, p. 117; ALBERT BLECKMANN, *Staatsrecht I...*, pp. 24 e ss.; MANUEL AFONSO VAZ, *Lei e reserva de lei – a causa da lei na Constituição Portuguesa de 1976*, Porto, 1992, pp. 285 e ss.; JORGE MIRANDA, *Manual...*, V, pp. 196 e ss.; J. J. GOMES CANOTILHO, *Direito Constitucional*, pp. 106 e 107, e *Direito Constitucional e Teoria...*, pp. 1140 e ss.

[1064] Recusando a não coincidência, considerando que as normas constitucionais formais o são sempre em sentido material, não sendo a inversa já verdadeira, JORGE MIRANDA, *Manual...*, II, pp. 50 e ss.

Contra, aceitando a sua independência recíproca, MARCELO REBELO DE SOUSA, *Direito Constitucional...*, p. 31.

tintos, então não há que presumir que se dê, automaticamente, a sua coincidência.

Esta é uma conclusão incontornável, ainda que seja árduo encontrar a respectiva exemplificação prática. Basta pensar na eventual preponderância de argumentos "políticos" do legislador constituinte, tão lapidarmente recordada por OTTO BACHOF: "Também pode haver direito constitucional material fora do documento constitucional; inversamente, nem todas as normas constitucionais formais são direito constitucional material com função integradora: antes numerosas normas constitucionais formais devem a sua recepção na «Constituição» a simples considerações tácticas, nomeadamente à intenção dos grupos políticos que foram determinantes do documento constitucional de subtraírem essas normas à possibilidade de alteração por uma futura maioria parlamentar"[1065].

Este é um problema cujo enquadramento se encontra amplamente condicionado pelo argumento *ad terrorem*, que é por vezes esgrimido, de que tal operação de comparação só funcionaria verdadeiramente em relação às normas materialmente constitucionais que se pudessem encontrar para além do círculo das que fossem apenas em sentido formal, não devendo acontecer o contrário – achar-se nas normas formalmente constitucionais normas que o não fossem de acordo com um sentido material – na medida em que, como propõe JORGE MIRANDA, a "...Constituição formal é, desde logo, Constituição material – porque, insista-se (lógica e historicamente) de manifestação da Constituição material que, em concreto, lhe subjaz; porque a forma não pode valer por si, vale enquanto se reporta a certa substância"[1066].

IX. Esta é bem a concepção do legislador constitucional – que vivamente repudiamos – como um verdadeiro Rei Midas, que constitucionalizaria qualquer assunto que passasse a regular (!).

[1065] OTTO BACHOF, *Normas constitucionais inconstitucionais?*, Coimbra, 1977, p. 40. E este autor cita os exemplos, dados por KRÜGER, quanto à não fundamentalidade material de normas constitucionais, dos arts. 48.°, n.° 3, e 28.° da LF.

[1066] JORGE MIRANDA, *Manual...*, II, p. 51.

Contudo, ela não resiste a um cuidado exame teorético, que rapidamente lhe desvenda profundas contradições, obrigando ao seu abandono.

Neste contexto, o ideal ponto de chegada seria o da coincidência, como se de dois círculos iguais e sobrepostos se tratasse, dos conjuntos de normas e princípios constitucionais em sentido material e em sentido formal.

Isso demonstraria que o legislador constitucional teria conferido o estatuto jurídico-positivo às normas e aos princípios exactamente em função do respectivo merecimento material.

X. Sendo essa a situação óptima, não é ela necessariamente a situação real e é, deste modo, de admitir a não coincidência entre as normas e os princípios formalmente constitucionais e as normas e os princípios materialmente constitucionais:

- pode haver normas e princípios inseridos na Constituição formal que não possuam, do prisma material, a dignidade suficiente para dela constarem;
- pode haver normas e princípios que, não tendo a força jurídico-formal prototípica da Constituição formal, pelas matérias que versam deveriam possuir essa mesma força, sendo apenas materialmente constitucionais.

O essencial reside em como aplicar os critérios, formal e material, que iluminam estas distinções e fazer a respectiva concatenação. Não nos parece que pelo facto de determinada norma ou princípio ser formalmente constitucional automaticamente se siga que o seja sempre em sentido material, até porque o legislador constituinte pode ter falhado na plasmação do critério adoptado.

É evidente que é o legislador constitucional que define, na "zona cinzenta" que mencionámos, o que deve possuir dignidade constitucional, mas não devemos partir da aporia de que essa seja uma operação necessariamente realizada com êxito.

XI. Concebemos, por isso, não obstante reconhecer-se que a fundamentalidade material é largamente delimitada pela vontade do legislador constitucional, que possa haver normas e princípios formalmente constitucionais que o não sejam em sentido material.

É assim que entendemos esta matéria através de *dois círculos secantes*, e não já sobrepostos, nos quais se encontra, contudo, uma larga zona de sobreposição preenchida por normas e princípios constitucionais resultantes dos dois critérios da substância e da hierarquia.

A aplicação prática deste resultado, reconheça-se, não se afigura fácil, sobretudo porque os critérios de materialização constitucional nem sempre se mostram afinados. Pode ser extremamente difícil apontar casos de normas constitucionais que não coincidam sob essas duas perspectivas.

Seja como for, parece importante associar a essa distinção meramente teorética – porque de duas classificações de normas constitucionais se trata – consequências no plano do regime que lhes é aplicável em decorrência desses resultados.

Para cada uma dessas classificações, essas consequências não suscitam problemas de maior. É possível encontrar essa necessária relevância jurídico-prática:

- *no caso das normas e princípios material mas não formalmente constitucionais*, isso facilmente se traduz na sua flexibilidade e valor infraconstitucional;
- *no caso das normas e princípios que sejam constitucionais só em sentido formal, e não em sentido material*, eles podem não prevalecer nas situações de contradição interna, para efeitos de aplicação da teoria das normas constitucionais inconstitucionais, ou com resultados diversos em termos de hermenêutica constitucional[1067], nomeadamente a interpretação extensiva e a integração de lacunas[1068].

[1067] Em França, AMÉDÉE BONDE (*Droit...*, pp. 74 e 75), após estabelecer os dois extremos da fixação das normas materialmente constitucionais, de um lado ampliativo, a consagração de aspectos relativos à organização administrativa, judiciária e penal, e do outro lado restritivo, as leis constitucionais da III República, de

XII. A tendência prática poderia ser a da consideração, perante uma dúvida instalada, de certa matéria como sendo formalmente constitucional.

Só que a expansão exagerada do leque de assuntos constitucionais, com muitas normas formalmente constitucionais sem o serem a título material, pode provocar o bloqueio do funcionamento do sistema constitucional no seu todo, tomando em linha de conta que o Direito Constitucional se impõe aos outros patamares da Ordem Jurídica e que só por uma alargada maioria política e social pode ser modificado.

Daí que esta seja uma preocupação constante aquando das manifestações do poder constituinte, ou de qualquer poder de revisão, perguntando-se acerca da necessidade ou da conveniência de certa matéria constar da Constituição Formal.

Pode dizer-se que há um arco de matérias que necessariamente fogem da constitucionalidade, ficando a melhor pertencer a outros ramos jurídicos, como o catálogo dos crimes do CP, ou a lista de contratos civis que consta do CC.

Tal não evita, porém, que haja uma larga zona cinzenta, em que a opção da sua inclusão na constitucionalidade formal – e até mesmo na constitucionalidade material – depende das várias influências recebidas no plano ideológico, político, social, económico ou cultural.

1875, admite que se possa extrair um corolário da diferente perspectiva material e formal da Constituição – havendo normas formalmente constitucionais que o não são em sentido material, caso em que, como o autor afirma, "O objectivo prosseguido pelo poder constituinte é o de conferir maior autoridade e vitalidade a essas regras pela sua introdução na Constituição"; é que, havendo entretanto uma mudança de Ordem Constitucional, as normas formalmente constitucionais e não em sentido material deveriam permanecer vigentes no ordenamento jurídico.

[1068] Os exemplos que Amédée Bonde dá da História Constitucional Francesa não deixam de ser bem impressivos: o art. 75.° da Constituição do ano VIII, exigindo uma decisão do Conselho de Estado para a perseguição judicial de um membro do Governo, disposição só revogada em 19 de Setembro de 1870, por um decreto-lei da defesa nacional; o art. 5.° da Constituição de 1848, abolindo a pena de morte em matéria política, que se considera vigente, não obstante ter sido a Constituição revogada.

113. A Constituição como código jurídico

I. A Constituição, na sua categoria de acto legislativo, tem ainda o objectivo de ser um código do ramo jurídico a que respeita[1069]: *um código de Direito Constitucional.*

É verdade que não aparece – nem nunca apareceu – com essa designação, mas não é menos verdade que terá sido ela uma das pioneiras manifestações do movimento codificador do Direito.

A questão é meramente terminológica, e não é substantiva: não é por não ter esse nome que as Constituições deixarão de ser verdadeiros códigos no sentido técnico-científico de tal conceito, sendo a vice-versa também verdadeira.

II. A justificação para a adequação do conceito de código aos textos constitucionais relaciona-se com a observação, quase sempre evidente, de que os Estados concentram nos respectivos articulados constitucionais a globalidade das normas e dos princípios que dizem respeito ao seu Direito Constitucional Positivo, tendo o cuidado de o fazer de um modo sistemático, sintético e científico:

- *sistematicamente*: porque as normas e os princípios se organizam segundo padrões de uniformidade organizatória, sem duplicações e sem lacunas flagrantes;
- *sinteticamente*: porque os preceitos constitucionais são sempre impressivos nas respectivas determinações, podendo remeter para outros níveis de legiferação certos pormenores que não fazem sentido no estalão constitucional;

[1069] Sobre o conceito de código jurídico em geral e as questões que lhe estão associadas, v. J. Baptista Machado, *Introdução ao Direito...*, pp. 99 e ss.; Natalino Irti, *L'età della decodificazione*, 3.ª ed., Milano, 1989, pp. 3 e ss.; Mário Bigotte Chorão, *Temas fundamentais de Direito*, Coimbra, 1991, pp. 191 e 192; Jorge Bacelar Gouveia, *Os direitos fundamentais atípicos*, pp. 141 e ss., *Da codificação jurídica em geral à codificação do Direito Internacional*, in *Estudos de Direito Público*, vol. I, Cascais, 2000, pp. 125 e ss., *O Código do Trabalho...*, pp. 35 e ss., e *Manual...*, pp. 188 e ss.; Diogo Freitas do Amaral, *Manual de Introdução...*, I, pp. 404 e ss.; José de Oliveira Ascensão, *O Direito...*, pp. 363 e ss.

– *cientificamente*: porque a arrumação das matérias constitucionais obedece a razões lógico-científicas, tornando o todo um sistema coerente de soluções, o que é facilitado por ser, em larga medida, oriundo de uma mesma vontade de legislar.

Mesmo que a verificação dos requisitos do código jurídico não fossem bastantes, haveria ainda que apontar óbvias justificações de natureza histórica: o Constitucionalismo, com a sua proverbial contribuição para a feitura de textos constitucionais, também lutou contra o regime monárquico-absolutista na sua incerteza regulativa, patente através de actos legislativos caprichosamente elaborados e revogados, nas normas costumeiras de difícil localização e nos imensos espaços vazios deixados à arbitrariedade do poder público da época.

III. Só que a existência de um código – aqui, de um código constitucional com o nome de "Constituição" – nem sempre significa que nele se possa reunir a totalidade das normas e dos princípios constitucionais pertencentes a certo Direito Constitucional Positivo.

É por isso que se deve colocar a hipótese de haver normas e princípios constitucionais *extravagantes*: as normas e os princípios que, tendo valor constitucional ou versando matérias constitucionais, não lograram ganhar inclusão no texto constitucional, que aparece aqui na sua acepção documental.

A Constituição Documental é, assim, a lei constitucional que codifica o Direito Constitucional, ainda que não utilize essa denominação, não tendo de incluir a totalidade das normas e dos princípios considerados constitucionais.

São várias as razões que podem estar na génese do aparecimento de normas e princípios constitucionais extravagantes à Constituição:

– *as normas e os princípios constitucionais extravagantes originários*: as normas e os princípios que, logo desde o início da vigência da Ordem Constitucional, não foram intencionalmente incluídos no texto constitucional, por se referirem a temas que mereciam um tratamento autonomizado e específico;

– *as normas e os princípios constitucionais extravagantes supervenientes*: as normas e os princípios constitucionais que, no contexto de vicissitudes constitucionais posteriores, foram produzidos mais tarde, não tendo vivido o momento propício para serem incluídos no texto constitucional.

IV. Quer isto dizer que há um *Direito Constitucional Extravagante que se consubstancia no conjunto de actos legislativos, normas e princípios jurídicos que não integram a Constituição Documental, esta entendida como lei codificadora deste ramo jurídico.*

A apresentação do Direito Constitucional Extravagante, num certo sentido inevitável dada a centralidade da Constituição, pode obedecer a dois esquemas distintos:

– o *Direito Constitucional Extravagante Material*: composto pelos actos legislativos, normas e princípios que se situam na Constituição Material, mas que não pertencem à Constituição Documental, normalmente não incorporando também a Constituição Formal[1070], e tendo apenas um valor infra-constitucional, sendo avulsamente consagrados;
– o *Direito Constitucional Extravagante Formal*: composto pelos actos legislativos, normas e princípios que se situam na Constituição Formal, possuindo um valor constitucional supremo, mas que não pertencem à Constituição Documental.

V. A CRP é um exemplo bem vivo da aplicação destas duas modalidades de Direito Constitucional Extravagante, dados os inúmeros elementos que é possível coligir.

[1070] Embora seja muito raro que a Constituição como código constitucional contenha normas e princípios que não sejam constitucionais em sentido formal porque isso sempre revelaria uma contradição profunda nas opções que o legislador constituinte levou a cabo.

Mas não deixa de ser curioso verificar que a História do Direito Constitucional Português consagra um claro exemplo disso mesmo: a autodesconstitucionalização, formal mas não documental, protagonizada pelo art. 144.° da C1826. Cfr. *supra* n.° 73/IV.

É no *Direito Constitucional Extravagante Material* que se encontram os casos mais abundantes, bastando pensar na legislação vária, de valor infra-constitucional, que se mostra pertinente às matérias constitucionais, assim completando ou desenvolvendo as opções que foram traçadas ao nível da Constituição Documental e Formal[1071]:

- *Regimento da Assembleia da República* (RAR): é um acto político, aprovado sob a forma de resolução, que explicita os termos da organização e do funcionamento da Assembleia da República, executando e concretizando muitas das normas e princípios da CRP;
- *Lei do Tribunal Constitucional* (LTC): é um acto legislativo que disciplina a organização, o funcionamento e o processo do Tribunal Constitucional, órgão essencial no sistema de fiscalização da constitucionalidade;
- *Leis eleitorais*: são actos legislativos que versam sobre as eleições, estabelecendo as suas fases e os critérios que determinam a escolha dos candidatos, em razão dos diversos órgãos para que são aprovadas;
- *Lei do referendo nacional* (LORR): é um acto legislativo que prevê as condições em que o referendo político nacional é realizado, disciplinando o respectivo procedimento, além dos efeitos que do mesmo podem resultar para a actuação dos órgãos do poder público;
- *Lei dos partidos políticos* (LPP): é um acto legislativo que fixa o regime da criação e extinção dos partidos políticos, dispondo ainda sobre a respectiva estrutura e as relações entre os seus membros.

[1071] V., a título de exemplo, as nossas compilações de Direito Constitucional, com estes e outros diplomas desta índole: JORGE BACELAR GOUVEIA, *Constituição da República Portuguesa e legislação complementar*, 2.ª ed., Lisboa, 2001, *Legislação de Direitos Fundamentais*, 2.ª ed., Coimbra, 2004, e *Legislação de Direito Constitucional*, 2.ª ed., Coimbra, 2007.

VI. Também se verifica, com a mesma CRP, o *Direito Constitucional Extravagante Formal*, caso em que há actos legislativos, pertinentes às matérias constitucionais, que alcançam o mesmo valor da Constituição formal, apesar de se encontrarem situados fora do texto chamado "Constituição", neste seu sentido documental.

Estes são os casos em que a Teoria do Direito Constitucional tem detectado "comunicações" entre as fontes constitucionais e as fontes infraconstitucionais, permitindo que estas alcancem o estatuto daquelas, operando-se a sua "constitucionalização", que pode ser recepção formal ou recepção material[1072].

São vários os exemplos que podemos ilustrar[1073]:

- *os símbolos nacionais, a Bandeira Nacional e o Hino Nacional*, aprovados por decreto da Assembleia Constituinte da I República, mas considerados com valor constitucional supremo[1074];

[1072] Quanto ao sentido desta distinção na Teoria do Direito Constitucional, que se opera consoante as orientações ordenadoras recebidas valham por si mesmas ou se cristalizem no ordenamento receptor, v. JORGE MIRANDA, *O Direito Constitucional...*, p. 361, e *Manual...*, II, p. 35.

Sobre o conceito em geral, v. JOÃO JOSÉ GONÇALVES DE PROENÇA, *Relevância do Direito Matrimonial Canónico no Ordenamento Estadual*, Coimbra, 1955, pp. 205 e ss.; ISABEL DE MAGALHÃES COLLAÇO, *Direito Internacional Privado*, II, Lisboa, 1958-1959, pp. 51 e ss., e pp. 68 e ss.; JOSÉ DIAS MARQUES, *Introdução ao Estudo do Direito*, 4.ª ed., Lisboa, 1972, pp. 163 e ss., e pp. 386 e ss.; J. BAPTISTA MACHADO, *Introdução ao Direito...*, pp. 107 e 108.

[1073] Cfr. JORGE MIRANDA, *O Direito Constitucional...*, pp. 360 e 361, *Iniciativa económica*, in AAVV, NDAC, Lisboa, 1986, p. 77, *A forma legislativa*, in AAVV, *A Feitura das Leis – como fazer leis*, II, Oeiras, 1986, p. 100, *Manual...*, II, pp. 42 e ss.; JORGE DE JESUS FERREIRA ALVES, *O cooperativismo e os princípios cooperativos na Constituição Portuguesa*, Coimbra, 1980, pp. 70 e ss.; RUI NAMORADO, *Os princípios cooperativos*, Coimbra, 1995, pp. 54 e 55, estes dois especificamente quanto aos princípios cooperativos; J. J. GOMES CANOTILHO, *Direito Constitucional e Teoria...*, pp. 1133 e ss.

Isto para já não falar da constitucionalização das normas infraconstitucionais atributivas de direitos fundamentais atípicos, como já defendemos. Cfr. JORGE BACELAR GOUVEIA, *Os direitos fundamentais atípicos*, pp. 313 e ss.

[1074] Aprovado pela Assembleia Constituinte em 19 de Junho de 1911, para o qual remete o art. 11.°, n.os 1 e 2, da CRP, que se referem, respectivamente,

– *a Declaração Universal dos Direitos do Homem* (DUDH), para a qual se remete a interpretação e a integração do sistema constitucional de direitos fundamentais;
– *a cláusula de abertura aos direitos fundamentais atípicos*, que permite que o catálogo constitucional se enriqueça com mais direitos oriundos de outras fontes normativas não constitucionais;
– *os princípios cooperativos*, que são externamente estabelecidos nos textos doutrinários do cooperativismo[1075].

VII. Pela sua importância, os exemplos dados em matéria de direitos fundamentais merecem uma alusão especial.

O mais significativo é o da DUDH, para o qual o texto constitucional opera *uma remissão formal, como critério interpretativo e integrativo dos direitos fundamentais*[1076]: é, de todos, certamente o mais

à Bandeira Nacional e ao Hino Nacional, os quais foram regulamentados, no contexto da I República, pelo Decreto de 30 de Junho de 1911.

Actualmente, o DL n.° 150/87, de 30 de Março, disciplina unitariamente o uso da Bandeira Nacional.

Cfr. o respectivo texto em FERNANDO ROBOREDO SEARA, FERNANDO LOUREIRO BASTOS, JOSÉ DE MATOS CORREIA, NUNO ROGEIRO e RICARDO LEITE PINTO, *Legislação...*, p. 177.

[1075] Agora só com um valor histórico-constitucional, é ainda de mencionar a legislação derrogatória do princípio da não aplicação retroactiva das normas penais incriminadoras, permitida pela CRP até à versão da VI revisão constitucional, e posta em prática pelas Ls n.° 8/75, de 25 de Julho, n.° 16/75, de 23 de Dezembro, e n.° 18/75, de 26 de Dezembro.

[1076] Quanto ao alcance da recepção da DUDH pelo art. 16.°, n.° 2, da CRP em geral, v. AFONSO RODRIGUES QUEIRÓ, *Lições...*, I, pp. 325 e 326; JORGE MIRANDA, *A Declaração Universal e os Pactos Internacionais de Direitos do Homem – introdução*, Lisboa, 1977, pp. XXIII e ss., *A Declaração Universal dos Direitos do Homem e a Constituição*, in AAVV, ESC, I, Lisboa, 1977, pp. 49 e ss., *A Constituição de 1976...*, pp. 186 e ss., *Manual...*, II, pp. 38 e ss., *Direitos fundamentais*, in DJAP, IV, Lisboa, 1991, pp. 83 e ss., *Manual...*, IV, pp. 156 e ss., e *La Constitution Portugaise...*, pp. 76 e ss.; JOÃO DE CASTRO MENDES, *Direitos, liberdades e garantias – alguns aspectos*, in AAVV, ESC, I, Lisboa, 1977, p. 115; ANTÓNIO DA SILVA LEAL, *O direito à segurança social*, in ESC, II, Lisboa, 1978, pp. 345 e 346; ANTÓNIO DE OLIVEIRA BRAGA, *Os direitos do homem e a Constituição*, in ROA, ano 37, II, Maio-

importante[1077], por ser peremptório[1078] acerca da recepção constitucional[1079] que se faz dos respectivos[1080] preceitos[1081].

-Agosto de 1977, pp. 443 e ss.; PEDRO SOARES MARTÍNEZ, *Comentários...*, p. 31; J. J. GOMES CANOTILHO e VITAL MOREIRA, *Constituição...*, 1.ª ed., pp. 73 e 74, *Constituição...*, I, pp. 159 e 160, *Fundamentos...*, p. 143, e *Constituição...*, pp. 138 e 139; MARIA ISABEL JALLES, *Implicações...*, pp. 295 e ss.; JOSÉ CARLOS VIEIRA DE ANDRADE, *Declaração Universal dos Direitos do Homem*, in Pol., II, Lisboa, 1984, pp. 12 e 13, *Declaração Universal dos Direitos do Homem*, in DJAP, 1.° sup., Lisboa, 1998, pp. 87 e ss., e *Os direitos fundamentais...*, pp. 40 e ss.; ISALTINO MORAIS, JOSÉ MÁRIO F. DE ALMEIDA e RICARDO L. LEITE PINTO, *Constituição...*, pp. 42 e 43; PAULO OTERO, *Declaração Universal dos Direitos do Homem e Constituição: a inconstitucionalidade de normas inconstitucionais?*, in OD, 122.°, III-IV, Julho-Dezembro de 1990, pp. 603 e ss., e *Direitos históricos e não tipicidade pretérita dos direitos fundamentais*, in AAVV, *75 anos da Coimbra Editora*, Coimbra, 1998, pp. 1080 e ss.; ANTÓNIO VITORINO, *Protecção constitucional e protecção internacional dos direitos do homem: concorrência ou complementaridade?*, in RFDUL, XXXIV, 1993, pp. 147 e ss.; MANUEL AFONSO VAZ, *Lei...*, p. 326, nt. n.° 116; NUNO SÁ GOMES, *As garantias dos contribuintes numa perspectiva constitucional*, in AAVV, *A internacionalização da economia e a fiscalidade*, Lisboa, 1993, pp. 496 e 497; JOSÉ DE OLIVEIRA ASCENSÃO, *Teoria Geral do Direito Civil*, I, Lisboa, 1993, p. 104, e *Direito de autor e direitos fundamentais*, in AAVV, PC, II, Coimbra, 1997, pp. 188 e ss.; PAULO PULIDO ADRAGÃO, *A liberdade de aprender e a liberdade das escolas particulares*, Lisboa, 1995, pp. 31, 201 e 202; JORGE BACELAR GOUVEIA, *Os direitos fundamentais atípicos*, pp. 145 e ss., e *A Declaração Universal...*, pp. 927 e ss.; ALEXANDRE SOUSA PINHEIRO e JORGE MENEZES DE OLIVEIRA, *O bilhete de identidade e os controlos de identidade*, Lisboa, 1995, pp. 93 e ss.; JÓNATAS EDUARDO MENDES MACHADO, *Liberdade religiosa numa comunidade inclusiva – dos direitos da verdade aos direitos dos cidadãos*, Coimbra, 1996, pp. 207 e 208; JOSÉ ALBERTO DE MELO ALEXANDRINO, *Estatuto constitucional da actividade de televisão*, Coimbra, 1998, pp. 99 e 100; FAUSTO DE QUADROS, *A protecção da propriedade privada pelo Direito Internacional Público*, Coimbra, 1998, pp. 544 e ss.

[1077] No sentido de uma recepção constitucional, JORGE MIRANDA, *Manual...*, II, p. 39, *Direitos fundamentais*, p. 85, *Manual...*, IV, p. 158, e *La Constitution Portugaise...*, p. 77 [embora em sentido diverso em *A Declaração Universal...*, p. XXX, na qual diz que "O art. 16.°, n.° 2, não recebe as prescrições da Declaração Universal na Constituição em sentido formal, não lhes atribui carácter de normas constitucionais", ou, noutro escrito da mesma altura (*A Declaração Universal dos Direito do Homem e a Constituição*, p. 60), "O art. 16.°, n.° 2, não atribui às prescrições da Declaração Universal carácter de normas constitucionais"].

[1078] Contra, referindo apenas a importância auxiliar e limitada da DUDH,

Nos termos em que tal recepção está formulada, interessa a possibilidade que se abre de engrossar, não tanto os direitos fundamentais como posições jurídicas constitucionais, mas os preceitos constitucionais e legais que com eles se relacionem[1082].

Outro caso de comunicação da Constituição Documental Portuguesa com outras fontes infraconstitucionais, que assim passam a integrar o Direito Constitucional Formal Extravagante, é o da abertura do catálogo constitucional de direitos fundamentais a outros tipos que, por razões várias, não lograram obter consagração no catá-

nunca com uma função autónoma, MARIA LEONOR BELEZA e MIGUEL TEIXEIRA DE SOUSA, *Direito de associação e associações*, in ESC, III, Lisboa, 1979, p. 175; J. J. GOMES CANOTILHO e VITAL MOREIRA, *Constituição...*, p. 138; RUI MEDEIROS, *Ensaio sobre a responsabilidade civil do Estado por actos legislativos*, Coimbra, 1992, p. 342, rejeitando a sua função de limitação dos direitos fundamentais; ALEXANDRE SOUSA PINHEIRO e JORGE MENEZES DE OLIVEIRA, *O bilhete de identidade...*, p. 96; JOSÉ DE OLIVEIRA ASCENSÃO, *Teoria Geral...*, I, p. 104, e *Direito de autor e direitos...*, p. 189; JÓNATAS EDUARDO MENDES MACHADO, *Liberdade religiosa...*, p. 207.

1079 Mencionando a sua relevância constitucional, mas sem uma qualificação do fenómeno, JOSÉ CARLOS VIEIRA DE ANDRADE, *Declaração Universal...*, p. 12, e *Os direitos fundamentais...*, pp. 45 e 46; JORGE CAMPINOS, *Direito Internacional...*, pp. 10 e ss.

1080 Indo mais longe e considerando a DUDH como supra-constitucional, AFONSO RODRIGUES QUEIRÓ, *Lições...*, I, pp. 325 e 326; PAULO OTERO, *Declaração...*, pp. 607 e ss., e *O poder de substituição em Direito Administrativo – enquadramento dogmático-constitucional*, II, Lisboa, 1995, p. 555; ANDRÉ GONÇALVES PEREIRA e FAUSTO DE QUADROS, *Manual...*, pp. 117 e 118; JORGE MIRANDA, *Curso...*, pp. 290 e ss., para os preceitos que exprimam o *ius cogens*; FAUSTO DE QUADROS, *A protecção...*, pp. 544 e ss.

1081 Acerca da relevância da DUDH no âmbito internacional, v., de entre outros, MASSIMO CURCIO, *La Dichiarazione dei Diritti delle Nazioni Unite*, Milano, 1950, pp. 27 e ss.; MARCELO REBELO DE SOUSA, *Direito Constitucional...*, pp. 162 e 163; JOSÉ CARLOS VIEIRA DE ANDRADE, *Declaração Universal...*, pp. 11 e ss.; ANDRÉ GONÇALVES PEREIRA e FAUSTO DE QUADROS, *Manual...*, pp. 392 e 393; JORGE MIRANDA, *La Constitution Portugaise...*, pp. 75 e 76; JORGE BACELAR GOUVEIA, *A Declaração Universal...*, pp. 949 e 950, nt. n.° 53, e *Manual...*, pp. 523 e ss.

1082 Função subsidiária de integração de lacunas que JORGE MIRANDA (*Manual...*, II, p. 299) também reconhece particularmente à DUDH, ao lado de uma função mais lata de ampliação das fontes constitucionais formais.

logo constitucional, instituindo-se *uma cláusula aberta geral de direitos fundamentais atípicos*, assim com pertinência simultânea às respectivas fontes internacionais e legais[1083].

[1083] Cfr. o art. 16.°, n.° 1, da CRP. Sobre esta cláusula de abertura dos direitos fundamentais para lá dos tipificados na CRP em geral, v. JOÃO DE CASTRO MENDES, *Direitos...*, pp. 103 e ss.; JORGE MIRANDA, *A Constituição de 1976...*, pp. 324 e ss., *O quadro dos direitos políticos na Constituição*, in AAVV, ESC, I, Lisboa, 1977, pp. 93 e ss., *O regime dos direitos, liberdades e garantias*, in AAVV, ESC, II, Lisboa, 1978, p. 71, *Manual...*, II, p. 52, *Direitos fundamentais*, pp. 73, 74 e 86 e ss., *Manual...*, IV, pp. 11, 12 e pp. 162 e ss., *La Constitution Portugaise...*, pp. 87 e ss., e *Manual...*, I, p. 360; J. J. GOMES CANOTILHO e VITAL MOREIRA, *Constituição...*, 1.ª ed., pp. 59, 60 e 73, *Constituição...*, I, pp. 123, 124, 129, 158 e 159, *Fundamentos...*, pp. 115 e ss., e *Constituição...*, pp. 137 e ss.; RABINDRANATH CAPELO DE SOUSA, *A Constituição e os direitos de personalidade*, in AAVV, II, Lisboa, 1978, pp. 193 e 194, e *O Direito Geral de Personalidade*, Lisboa, 1995, pp. 620 e ss., e nt. n.° 43; PEDRO SOARES MARTÍNEZ, *Comentários...*, p. 31; MARIA ISABEL JALLES, *Implicações...*, pp. 85, 90, 294 e 295; JORGE MIRANDA e M. VILHENA DE CARVALHO, *Constituição...*, p. 19; ANTÓNIO NADAIS, ANTÓNIO VITORINO e VITALINO CANAS, *Constituição...*, pp. 22 e 23; ISALTINO MORAIS, JOSÉ MÁRIO F. DE ALMEIDA e RICARDO L. LEITE PINTO, *Constituição...*, p. 42; FRANCISCO LUCAS PIRES, *Teoria da Constituição...*, p. 349; JOÃO CAUPERS, *Os direitos fundamentais dos trabalhadores e a Constituição*, Coimbra, 1985, pp. 135 e ss.; HENRIQUE MOTA, *Biomedicina...*, pp. 150 e ss., e *Le principe de la «liste ouverte» en matière de droits fondamentaux*, in AAVV, JCP, Paris, 1989, pp. 177 e ss.; ALBINO DE AZEVEDO SOARES, *Lições...*, p. 101; JOSÉ MAGALHÃES, *Dicionário da revisão constitucional*, Lisboa, 1989, p. 46; J. L. PEREIRA COUTINHO, JOSÉ MANUEL MEIRIM, MÁRIO TORRES e MIGUEL LOBO ANTUNES, *Constituição...*, pp. 34 e 35; JOSÉ CASALTA NABAIS, *Os direitos na Constituição Portuguesa*, in BMJ, n.° 400, Novembro de 1990, pp. 25 e 26, *Os direitos fundamentais na jurisprudência do Tribunal Constitucional*, Coimbra, 1990, pp. 10 e ss. e nt. n.° 22, e *Droits fondamentaux – rapport portugais*, in AAVV, *Études de Droit Constitutionnel Franco-Portugais*, Paris, 1992, p. 21; PIERRE BON, *La protection...*, pp. 22 e 23; JORGE BACELAR GOUVEIA, *Os direitos fundamentais à protecção dos dados pessoais informatizados*, in ROA, 1991, III, pp. 728 e 729, e *Os direitos fundamentais atípicos*, pp. 293 e ss.; ANTÓNIO VITORINO, *Protecção constitucional...*, pp. 130 e 131; MARIA LUÍSA DUARTE, *A liberdade de circulação de pessoas e a ordem pública no Direito Comunitário*, Coimbra, 1992, pp. 177 e ss.; JOSÉ MANUEL SÉRVULO CORREIA, *O direito à informação e os direitos de participação dos particulares no procedimento*, in L-CCL, nos. 9/10, Janeiro-Junho de 1994, pp. 156 e 157; BERNARDO DINIZ DE AYALA,

Os tipos de direitos fundamentais não insertos nas normas constitucionais formais podem, com esta norma de abertura, alcandorar-se ao estalão constitucional, desde que preencham os respectivos parâmetros de reconhecimento, eficácia e âmbito[1084].

O direito de antena eleitoral, in AAVV, PC, I, Coimbra, 1997, pp. 580 e 581; J. J. GOMES CANOTILHO, *Direito Constitucional*, pp. 499, 500, 528 e 529; PABLO LUCAS VERDÚ, *Dimensión axiológica de la Constitución Portuguesa,* in AAVV, PC, I, Coimbra, 1996, pp. 100 e ss.; JOSÉ MANUEL SÉRVULO CORREIA e JORGE BACELAR GOUVEIA, *Princípios constitucionais do acesso à justiça, da legalidade processual e do contraditório; junção de pareceres em processo civil; interpretação conforme à Constituição do artigo 525.° do Código de Processo Civil – anotação ao Acórdão n.° 934/96 do Tribunal Constitucional*, in ROA, ano 57, Lisboa, I, 1997, pp. 327 e 328; PAULO OTERO, *Direitos históricos...*, 1998, pp. 1061 e ss.; JOSÉ CARLOS VIEIRA DE ANDRADE, *Os direitos fundamentais...*, pp. 75 e ss.

[1084] Cfr., por todas, as nossas propostas, JORGE BACELAR GOUVEIA, *Os direitos fundamentais atípicos*, pp. 313 e ss.

§ 23.º As fontes secundárias do Direito Constitucional

114. A mitigada relevância do costume constitucional

I. A ideia de Constituição, não só no seu nascimento como através do percurso que já trilhou, está inelutavelmente associada à fonte legal, ao traduzir opções jurídico-normativas criadas para fixar o estatuto do poder político e a sua relação com os cidadãos.

O certo é que a fonte legal não é a única fonte do Direito possível, pelo que igualmente se justifica equacionar a relevância que possa ser atribuída a outras fontes normativas, tal como o problema genericamente se coloca na Teoria Geral do Direito.

Trata-se, neste momento, de considerar a pertinência jurídica do *costume constitucional*, ou seja, das normas costumeiras produzidas com alcance sobre a Ordem Constitucional[1085].

[1085] Quanto à relevância do costume constitucional em geral, v., de entre outros, BENJAMIN AKZIN, *La désuétude en Droit Constitutionnel*, in RDPSP, 1928, pp. 695 e ss.; JULLIEN LAFFERIÈRIE, *La coutume constitutionnelle – son role et sa valeur en France*, in RDPSP, 1944, pp. 20 e ss.; HANS KELSEN, *Teoria Pura...*, pp. 313 e ss.; FRANCO PIERANDREI, *La Corte Costituzionale e le «modificazioni tacite» della Costituzione*, in *Scritti di Diritto Costituzionale*, I, Torino, 1965, pp. 81 e ss.; JACQUES CHEVALLIER, *La coutume et le Droit Constitutionnel Français*, in RDPSP, 1970, pp. 1375 e ss.; JEAN-CLAUDE MAISTRE, *A propos des coutumes et des pratiques constitutionnelles: l'utilité des Constitutions*, in RDPSP, 1973, pp. 1275 e ss.; DENIS LEVY, *De l'idée de coutume constitutionnelle a l'esquisse d'une théorie des sources du Droit Constitutionnel et de leur sanction*, in AAVV, *Recueil d'Études en hommage a Charles Eisemann*, Paris, 1977, pp. 81 e ss.; MARIO G. LOSANO, *Os grandes sistemas jurídicos*, Lisboa,

II. Do ponto de vista das relações entre a lei e o costume como fontes normativas próprias na formação dos sistemas constitucionais, de acordo com a proposta de MARCELO REBELO DE SOUSA, seria de pensar em três modalidades distintas[1086]:

– *os sistemas constitucionais essencialmente consuetudinários*: conferem um relevo principal ao costume constitucional, relegando a lei e a jurisprudência constitucionais para uma posição secundária, como sucede com o sistema britânico;
– *os sistemas constitucionais semi-consuetudinários*: dão igual relevo à lei e ao costume constitucional, como a experiência da III República Francesa o mostra; e
– *os sistemas constitucionais subsidiariamente consuetudinários*: só aceitam o relevo do costume constitucional a título secundário, como acontece com o sistema constitucional norte-americano.

III. Contudo, esta é uma classificação que está longe de enquadrar a realidade:

– a primeira modalidade não pode existir tal como é apresentada, pois qualquer sistema constitucional sempre se apresenta carecendo de um largo apoio em regras de origem legal, as quais, existindo, impedem aquela qualificação de sistema essencialmente consuetudinário;
– já a segunda e a terceira modalidades surgem como hipóteses mais prováveis, tendo a característica geral de somente reflectirem uma relevância restrita do costume constitucional no confronto com a lei constitucional.

1978, pp. 113 e ss. RENÉ CAPITANT, *La coutume constitutionnel*, in RDPSP, 1979, pp. 959 e ss.; MARCELO REBELO DE SOUSA, *Direito Constitucional...*, pp. 45 e ss.; MAURIZIO PEDRAZZA GORLERO, *Le fonti di Diritto – Lezioni*, Padova, 1985, pp. 44 e ss. ; J. J. GOMES CANOTILHO, *Direito Constitucional e Teoria...*, pp. 861 e ss.; JORGE MIRANDA, *Manual...*, II, pp. 132 e ss.

[1086] MARCELO REBELO DE SOUSA, *Direito Constitucional...*, pp. 46 e ss.

É preciso então sublinhar que o costume constitucional jamais pode estar sozinho porque, nos Estados Contemporâneos, este ramo do Direito é obrigatoriamente composto por normas e princípios que têm outra origem – a origem legal, o mesmo é dizer, uma origem num acto voluntário, que é a Constituição.

Daí que o problema da relevância do Direito Constitucional de raiz consuetudinária não possa ser visto isoladamente, pois que estamos observando esta matéria no seio de outras normas e princípios, todos assim construindo um ramo do Direito.

Não duvidamos que seja teoricamente conjecturável perspectivar um sistema constitucional puramente consuetudinário. Mas hoje, perante a sociedade tecnológica que atravessamos, ao mesmo tempo que se tornam mais complexas as relações sociais e políticas, não seria viável tal suceder.

É por isso que se deve sempre concluir pela relevância mitigada do costume constitucional, nunca pela sua relevância absoluta ou mesmo essencial.

IV. Mais importante do que as hipóteses de relação entre o costume e a lei como fontes sistemáticas de Direito Constitucional, na partilha dos respectivos espaços de regulação, é saber da legitimidade do costume na formação do Ordenamento Constitucional, no binómio *Constituição vs costume constitucional.*

Classicamente, as relações entre o costume e a lei podem ser de três tipos, o mesmo esquema se aplicando nas relações entre a Constituição e o costume constitucional:

– o costume *secundum legem, que segue as normas e os princípios constitucionais voluntariamente decretados*[1087];

[1087] São os vários costumes que confirmam o sentido das normas constitucionais legais. A título de exemplo, refira-se que, até à V revisão constitucional, o costume – até então *praeter legem* – consagrava a língua portuguesa como língua oficial de Portugal. Depois desta revisão constitucional, a língua oficial passou a constar da CRP como norma constitucional: o art. 11.°, n.° 3, da CRP.

– o costume *praeter legem, que vai para além das normas e dos princípios constitucionais voluntariamente decretados*[1088]; e
– o costume *contra legem, que se mostra contrário às normas e aos princípios constitucionais voluntariamente decretados*[1089].

É de crer que qualquer uma dessas modalidades de costume possa ser relevante no âmbito do Direito Constitucional[1090].

Em relação às duas primeiras categorias, surgem com naturalidade, sendo certo que a realidade constitucional é do mesmo modo sensível à convivência que as normas costumeiras são capazes de produzir no seio da comunidade dos cidadãos ou das instituições constitucionais.

Mais problemática é a aceitabilidade do costume *contra-Constitutionem*. Não se trata, como se percebe, de colocar em questão todo um sistema constitucional que tenha sido construído na base de uma vontade legal de o erigir, por força de actos constituintes intencionais.

Do que verdadeiramente se trata é de, pela via costumeira, se aceitar a produção de normas e de princípios que, pontualmente, possam revogar as normas e os princípios constitucionais com natureza legal[1091].

[1088] Pode dar-se o exemplo, de entre outros, da norma costumeira que estabelece, com valor constitucional, a cidade de Lisboa como capital de Portugal.

[1089] Refira-se o exemplo da desvalorização dos planos ou o da desconsideração da força programática do princípio da gratuitidade do ensino superior público. Cfr. JORGE MIRANDA, *Manual*..., II, p. 146, para outros exemplos.

[1090] Neste sentido, MARCELO REBELO DE SOUSA, *Direito Constitucional*..., pp. 48 e 49.

[1091] Assim também HANS KELSEN (*Teoria Pura*..., p. 315), ao aceitar a relevância infraconstitucional do costume, necessariamente pressuposta por uma mesma relevância do Direito costumeiro ao nível da Constituição lógica, em termos da sua admissibilidade como fonte de Direito, depois ainda acrescentando essa possibilidade dentro do próprio Direito Constitucional: "Tal é também o caso quando a Constituição da comunidade jurídica surgiu, não por via legislativa, mas por via consuetudinária, e se consideram os órgãos aplicadores do Direito competentes para aplicar Direito consuetudinário.

V. Os argumentos clássicos que têm sido aduzidos vão no sentido da não aceitação do costume *contra-Constitutionem*, tendo em conta três aspectos, para além da hostilidade estrutural da Constituição à informalidade das manifestações consuetudinárias:

- por um lado, as normas costumeiras nunca poderiam dispor contra as regras da Constituição, que só as validaria desde que as aceitasse, eliminando-se assim logo o problema, até mais geral, do costume *contra legem*;
- por outro lado, as normas costumeiras seriam formadas fora dos trâmites próprios da revisão constitucional, aparecendo como um poder marginal, que "selvaticamente" se manifestaria fora do quadro constitucional;
- por fim, as normas costumeiras seriam construídas à revelia da vontade constituinte, tanto mais grave quanto é certo ser ela progressivamente mais democrática, num confronto entre a legitimidade democrática geral do texto constitucional e a legitimidade popular muito limitada de uma norma constitucional eventualmente produzida por costume e que revogaria aquela.

Só que estes argumentos não parecem ser consistentemente procedentes, devendo admitir-se a legitimidade do costume como fonte autónoma do Direito Constitucional, ainda que se sublinhando, na prática, o seu papel restrito, por força da sociedade tecnológica em que nos encontramos.

VI. É liminarmente de afastar o primeiro argumento, segundo o qual o costume *contra-Constitutionem* não pode valer porque carece de ser autorizado pela Constituição como fonte intencional e legal: como é óbvio, esta modalidade, por natureza, deve colocar-se no âmago de um conflito entre a orientação costumeira e a orientação legal. A legitimidade do costume, para que ele o seja no seu sentido mais genuíno e profundo, reside nele próprio e, como tal, para existir, não precisa de pedir licença à lei.

Os dois outros argumentos também não podem ser procedentes porque assentam num pressuposto errado: o de que o poder constituinte é apenas de natureza legal e que, uma vez exteriorizado, só se realiza nos exactos termos da sua manifestação inicial, que passou a ser a Constituição aprovada.

O poder constituinte não é um poder estático ou que apenas possa irromper de quando em vez: ele existe sempre e pode igualmente assumir a veste de normas consuetudinárias, desde que tal seja o desejo de auto-regulação da comunidade política a que respeita, naturalmente a tramitação da revisão constitucional só fazendo sentido para enquadrar um poder legal, e não já uma manifestação de juridicidade com as características das do costume.

Noutra perspectiva, quanto ao princípio democrático, não sendo este o único princípio constitucional, a manifestação das normas costumeiras do mesmo modo reflecte tal princípio, ainda que numa mais pequena escala, até se podendo dizer, algo ironicamente, que vem a ser o mais democrático e aceite de todos os poderes, em função da necessária coincidência entre o ser e o dever-ser que o costume, por natureza, postula.

115. A limitação prática da jurisprudência constitucional

I. Outra fonte normativa a ter em consideração no Direito Constitucional é a da *jurisprudência constitucional*, que implica a produção de normas e princípios jurídicos através da actividade desenvolvida pelos tribunais no concernente à aplicação da Constituição.

Esta não vem a ser uma dimensão frequente no tocante à jurisprudência em geral, já que materialmente consiste na aplicação do Direito aos casos concretos, de acordo com a perspectiva organizatória que é timbre da judicatura, com as inerentes características de independência, de imparcialidade e de irresponsabilidade[1092].

[1092] Sobre a função jurisdicional, cfr. *infra* n.° 218.

Só que por vezes pode suceder que a jurisprudência decrete a validade geral de certas orientações, com base nas vicissitudes do quotidiano da aplicação dos preceitos jurídicos, fixando entendimentos que passam a assumir um carácter normativo.

Ora, quando tal se passa no Direito Constitucional, deparamos com a jurisprudência como fonte do Direito Constitucional. Porém, esses casos são escassos, fazendo desta fonte sempre uma fonte secundária, devendo ser especificamente enquadrados em cada Direito Constitucional Positivo[1093].

II. A procura do valor da jurisprudência como fonte do Direito Constitucional deve corresponder a uma preocupação pela fixação das soluções normativas deste ramo do Direito, de acordo com os órgãos jurisdicionais que o podem aplicar.

Não parece que haja muitas dúvidas quanto à pertinência dos diversos órgãos jurisdicionais relativamente à aplicação do Direito Constitucional, cuja concepção há muito abandonou a ideia de ser um ramo interno e organizatório, para se apresentar como material e totalmente irradiante para os mais recônditos lugares da Ordem Jurídica.

Nos dias de hoje, todos os poderes estão vinculados à Constituição – e, por isso, também o poder judicial lhe está vinculado – e não há assim espaços de imunidade ou de não aplicação da Constituição.

O sentido normativo da jurisprudência, em relação ao Direito Constitucional, resultará dos termos em que estão genericamente previstas as intervenções dos tribunais como aplicadores de fontes do Direito, não sendo o Direito Constitucional excluído do parâmetro de juridicidade a que devem obediência, pois que os tribunais também têm acesso à Constituição como parâmetro de aplicação jurídica nos casos que são chamado a julgar.

[1093] Sobre a jurisprudência como fonte do Direito Constitucional, v. JORGE MIRANDA, *Manual...*, II, pp. 149 e 150; MARIA FERNANDA PALMA, *O legislador negativo e o intérprete da Constituição*, in OD, Ano 140.°, 2008, III, pp. 523 e ss.

III. No entanto, esta conclusão aparentemente ampla deve ser corrigida por a certos órgãos jurisdicionais – como é o caso do Tribunal Constitucional, em Portugal – caber um específico papel no tratamento das questões jurídico-constitucionais.

Não sendo a sua intervenção exclusiva na aplicação do Direito Constitucional, ela acabará por ser exclusivista do ponto de vista da especial configuração do poder do Tribunal Constitucional na produção dos acórdãos que sejam considerados fonte do Direito Constitucional[1094].

Em que termos é que isso vem a suceder? Tal pode surgir nos exactos termos em que a jurisprudência assume este papel normativo, que lhe vai ser especificamente atribuído: quando decreta a inconstitucionalidade com força obrigatória geral.

Todavia, ainda aqui essa possibilidade pode não vislumbrar-se inteiramente clara porque a intervenção do Tribunal Constitucional é primariamente negativa, uma vez que o efeito vinculativo *erga omnes* só aparece nas respectivas decisões de provimento da inconstitucionalidade.

Ora, é certo que só a muito custo delas se pode deduzir uma orientação normativa constitucional afirmativa de um dever-ser que quer impor o respeito de uma norma ou de um princípio da Constituição, não de uma fonte infra-constitucional.

IV. Afora estes casos, o sentido da jurisprudência constitucional – de todos os tribunais, mas em particular do Tribunal Constitucional – só pode ser encarado como facticamente normativo, não representando, verdadeira e formalmente, uma fonte do Direito Constitucional[1095].

Por outro lado, a aplicação do Direito Constitucional vale apenas no domínio do caso concreto, como tarefa hermenêutica, ou

---

[1094] Cfr. *infra* n.º 249.

[1095] Em sentido divergente, do qual obviamente discordamos, MARIA FERNANDA PALMA, *O legislador negativo...*, pp. 531 e ss.

elevando-se a orientação geral, mas com pertinência a legislação que não é constitucional, no caso em que seja aceite.

Isto não quer dizer que hoje, mais do que nunca, não seja relevante estudar e analisar as decisões do Tribunal Constitucional, bem como das dos outros tribunais (embora estas menos relevantes), até porque lhes tem sido incumbida a concretização de muitos espaços constitucionalmente livres, intervindo na margem de conformação do poder infra-constitucional.

Contudo, é óbvio distinguir os planos: uma coisa é os tribunais aplicarem o Direito Constitucional, sendo útil conhecer as respectivas decisões no sentido de cada cidadão poder antecipar o sentido de decisões futuras; coisa radicalmente diversa é considerar as decisões dos tribunais na aplicação do Direito Constitucional como obrigatórias, sentindo-se cada um obrigado – e, em particular, os juízes – a seguir no futuro uma dada interpretação ou aplicação normativo-constitucional anteriormente feita, o que não faz sentido, nem sequer vigorando qualquer regra de precedente.

116. A exclusão de outras fontes do Direito Constitucional

I. O tradicional elenco das fontes do Direito, agora sob a óptica específica do Direito Constitucional, não está ainda completo, mas o essencial já está dito.

Resta explicar a exclusão de outras pretensas fontes do Direito em geral na sua específica posição de putativas fontes do Direito Constitucional, sendo ainda de acrescentar as convenções constitucionais, não integrantes daquele elenco geral.

São elas:

- a *doutrina constitucional*;
- os *princípios gerais constitucionais*;
- a *equidade constitucional*; e
- as *convenções constitucionais*.

II. A doutrina em Direito – neste sentido possível, que não se confunde com as doutrinas políticas, ideológicas ou religiosas – representa a opinião dos jurisconsultos e dos professores universitários sobre as fontes aplicáveis, na convicção de que daí derivam muitas vezes resultados nada despiciendos para a respectiva determinação, sobretudo quando lhes competiu a autoria material de diplomas normativos.

Mas daqui não se segue, nos dias de hoje, qualquer relevância da *doutrina constitucional* como fonte do Direito Constitucional, uma vez que a opinião dos académicos não se afigura vinculativa na dilucidação das regras e princípios constitucionais, embora seja através do seu concurso e da discussão substante que habitualmente proporcionam que se pode chegar a muitas soluções satisfatórias.

Este nem sempre foi o entendimento prevalecente, não se podendo esquecer, em tempos idos, da importância da opinião de certos jurisconsultos, considerados como verdadeiros "legisladores", em paralelismo com as fontes legais tradicionalmente aceites.

Só que este resultado nunca poderia impor-se no Direito Constitucional, até levando em consideração um argumento adicional, que se conexiona com a politicidade que lhe está ínsita: a sua proximidade do contraditório político, impedindo as mais das vezes posições doutrinárias de neutralidade, acentua a dificuldade de a doutrina constitucional poder contribuir como fonte normativa deste ramo jurídico.

III. Outra situação que também é por vezes referida como fonte do Direito em geral, podendo assim igualmente interessar ao Direito Constitucional, é a dos princípios gerais do Direito.

A sua aplicação no Direito Constitucional não suscita qualquer observação particular, mantendo-se a validade de tudo quanto se afirmou em sede geral: mais do que fontes do Direito Constitucional, *os princípios gerais de Direito Constitucional* são, eles próprios, importantíssima parte integrante do Direito Constitucional[1096].

[1096] Cfr. *infra* § 30.°.

Não faz sentido – porque seria um imenso contra-senso lógico-jurídico – que algo seja, ao mesmo tempo, "a coisa em si e a fonte de onde a coisa brotou": os princípios gerais constitucionais são, juntamente com as normas jurídico-constitucionais, partes componentes desta parcela da Ordem Jurídica.

IV. A *equidade* é a última fonte secundária do Direito em geral a mencionar sob o ponto de vista da exclusão das fontes do Direito Constitucional, não obstante ela ser referenciada como uma hipotética fonte do Direito em geral, lembrando o que sobre ela preceitua o CC.

O Direito Constitucional do mesmo modo lhe faz alusão, como sucede com a CRP, ao dizer que o Tribunal Constitucional, em certas circunstâncias, pode decidir segundo um juízo de equidade: "Quando a segurança jurídica, razões de equidade ou interesse público de excepcional relevo, que deverá ser fundamentado, o exigirem, poderá o Tribunal Constitucional fixar os efeitos da inconstitucionalidade ou da ilegalidade com alcance mais restrito do que o previsto nos n.os 1 e 2"[1097].

Este é um mecanismo, de cariz excepcional, que permite a irrupção de outras razões que derrubam as razões impostas pelo princípio da constitucionalidade, dela resultando a não invalidação total dos actos jurídico-públicos inconstitucionais, como seria a consequência normal aplicando aquele princípio, nesta sua vertente adjectiva de lei perfeita.

Contudo, perante a presente possibilidade, que se abre em conjunto com os outros motivos que são invocados, não se regista propriamente uma situação de fonte do Direito Constitucional: o que há é a prevalência de uma razão de equidade, que circunstancialmente permite a ponderação da justiça de um caso concreto, e não a prevalência da Constituição.

[1097] Art. 282.°, n.° 4, da CRP.

V. As *convenções constitucionais* como aparente fonte constitucional específica implicam o estabelecimento de acordos políticos sobre aspectos próprios do funcionamento do sistema político, assim como noutros domínios – abundantemente o ilustra a actividade política internacional ou a actividade empresarial – se praticam os denominados "acordos de cavalheiros" (ou *gentlemen's agreements*).

Mas estas convenções constitucionais não se revestem de qualquer cunho normativo-constitucional, destinando-se a ficar extramuros da juridicidade constitucional, nem sequer se concebendo qualquer sanção para o respectivo incumprimento[1098].

Nem sequer os respectivos autores, não obstante entenderem atribuir-lhes normatividade, colocam a hipótese de recorrer ao sistema judicial para obter o respectivo acatamento coercivo.

[1098] Cfr. PIERRE AVRIL, *Les conventions de la Constitution*, Paris, 1997, pp. 15 e ss.; JORGE MIRANDA, *Manual...*, II, pp. 147 e 148.

CAPÍTULO VI
A DINÂMICA DO DIREITO CONSTITUCIONAL

§ 24.° O poder constituinte

§ 25.° As vicissitudes constitucionais

§ 26.° A revisão constitucional

§ 24.º O poder constituinte

117. Poder constituinte e nascimento da Constituição

I. A Constituição, como fenómeno humano e sobretudo como acto de natureza legislativa, pode ser vista numa *feição dinâmica*, por aí se dando conta das possibilidades concretas quanto aos seus momentos vitais de nascimento.

Tudo isto parte da ideia fundamental de que a Constituição, enquanto acto legislativo, deve ser encarada com algumas peculiaridades, pois que espelha não apenas um conteúdo normativo e principial, mas um conjunto de opções que a marcam indelevelmente como produto de uma determinada vontade de estruturação do Estado e da sociedade.

Cura-se agora de compreender os aspectos fundamentais que delimitam os termos por que a Constituição nasce como acto legislativo, ou seja, a Teoria do Poder Constituinte, fruto da descoberta de EMMANUEL SIEYÈS[1099].

[1099] Dizendo EMMANUEL SIEYÈS que "Uma ideia sã e útil foi estabelecida em 1789: é a divisão entre o poder constituinte e os poderes constituídos" (cfr. EMMANUEL SIEYÈS, *Qué es el Tercer Estado? – ensaio sobre los privilégios,* Barcelona, 1989, pp. 106 e ss.).

Cfr. também FRANCESCO P. CONTUZZI, *Diritto...*, pp. 117 e ss.; GEORG JELLINEK, *L'État...*, II, pp. 147 e ss.; AMÉDÉE BONDE, *Droit...*, pp. 72 e 73; JEAN-JACQUES CHEVALLIER, *As grandes obras políticas...*, pp. 192 e ss.; MARCELLO CAETANO, *Manual de Ciência Política...*, I, p. 197; FRANCISCO LUCAS PIRES, *O problema da Constituição,* pp. 392 e ss.; MARCELO REBELO DE SOUSA, *Direito Constitucional...*,

II. O aparecimento de uma nova Constituição é consumado pela irrupção do poder constituinte, que é o poder que explica, em qualquer momento, uma perene possibilidade de auto-organização do Estado, poder que nunca desaparece, mas que fica latente – qual "vulcão adormecido" – em momentos não constituintes (de "não actividade vulcânica"), sendo a partir dele que todos os outros poderes derivam[1100].

O poder constituinte – que singelamente consiste na elaboração de uma nova Constituição – tem fases e âmbitos diversos, em razão das circunstâncias concretas que rodeiam o seu nascimento, podendo ser um *poder constituinte inicial*, quando se exerceu pela primeira vez, ou um *poder constituinte posterior*, neste caso porque já teve ocasião de se exercer anteriormente:

– ali, porque o Estado aparece nesse momento, assim se dotando de uma Constituição pela primeira vez, como sucede nos casos de independência política[1101];

p. 61, *Direito Constitucional I*..., p. 34, e *O valor*..., I, p. 286, e nt. n.° 434; MARIA LÚCIA ABRANTES AMARAL, *Poder constituinte e revisão constitucional*, in RFDUL, XXV, 1984, pp. 330 e ss.; PABLO LUCAS VERDÚ, *Curso*..., II, pp. 582 e ss.; ANTONIO CARLOS PEREIRA MENAUT, *Lecciones*..., pp. 47 e ss.; JUAN FERRANDO BADÍA, *Teoría*..., pp. 78 e ss.; PAUL BASTID, *L'idée de Constitution*, Paris, 1985, pp. 135 e ss.; JORGE BACELAR GOUVEIA, *Os limites circunstanciais*..., pp. 103 e 104; MARCEL PRÉLOT e GEORGES LESCUYER, *Histoire*..., pp. 522 e ss.; J. J. GOMES CANOTILHO, *Direito Constitucional*, pp. 93 e ss., e pp. 1123 e 1124; DIOGO FREITAS DO AMARAL, *Ciência*..., II, p. 223; VLADIMIRO NARANJO MESA, *Teoría*..., pp. 322 e ss.; REINHOLD ZIPPELIUS, *Teoria*..., pp. 79 e ss.; EMÍLIO KAFFT KOSTA, *O constitucionalismo*..., pp. 56 e ss.; CELSO RIBEIRO BASTOS, *Curso*..., pp. 21 e ss.; LUÍS ROBERTO BARROSO, *Curso de Direito Constitucional*..., pp. 94 e ss.

[1100] Porque perpétuo é o poder constituinte e não tanto a Constituição: como dizia THOMAS JEFFERSON, "Nenhuma sociedade pode fazer uma Constituição perpétua, ou sequer uma lei perpétua". Cfr. HELENA RESENDE DA SILVA, *Direito – as melhores citações*, Braga, 2004, p. 54.

[1101] Foi o caso do Estado mais jovem do Mundo: Timor Leste, que iniciou a vigência da sua Constituição no dia em que se tornou efectivamente independente.

– aqui, quando a nova Constituição revoga a Constituição antiga e, pura e simplesmente, a substitui para o futuro[1102].

Há ainda que pensar numa terceira alternativa, hoje apenas histórica, em que o nascimento de uma Constituição não coincide com qualquer momento de criação do Estado, mas em que também não se está em face da revogação de uma Ordem Constitucional anterior: quando, com o Liberalismo, surgiram os primeiros textos constitucionais, pondo termo à Ordem Jurídica do *Ancien Régime* e, no seu lugar, se foi instaurando a Ordem Constitucional do Estado Contemporâneo.

III. O poder constituinte, naquela faceta auto-organizatória, assume uma relação umbilical com a entidade que o protagoniza, que é a estrutura estadual.

Não há poder constituinte fora do Estado, assim como não há Constituição fora da realidade estadual, por mais diferentes que sejam os nomes ou os conceitos utilizados[1103].

Pelo contrário: é elemento essencial do Estado a manifestação de um poder constituinte, que em qualquer momento lhe permite exercer a sua auto-organização suprema como competência das competências (*Kompetenz-Kompetenz*).

[1102] Sobre o poder constituinte em geral, v. MANOEL GONÇALVES FERREIRA FILHO, *O poder constituinte*, 3.ª ed., São Paulo, 1999, pp. 3 e ss.; ENRIQUE ÁLVAREZ CONDE, *Curso...*, I, pp. 163 e ss.; J. J. GOMES CANOTILHO, *Direito Constitucional e Teoria...*, pp. 63 e ss.; JORGE MIRANDA, *Manual...*, II, pp. 87 e ss.; ALEXANDRE DE MORAES, *Direito Constitucional*, pp. 56 e ss.; AFONSO D'OLIVEIRA MARTINS, *Para uma teoria do poder constituinte com Direito Natural*, in AAVV, *Estudos em Homenagem ao Professor Doutor Marcello Caetano no centenário do seu nascimento*, Lisboa, 2006, pp. 55 e ss.

[1103] Como escreve GEORGES BURDEAU (*O Estado*, p. 72), "Logo, é porque o soberano está situado acima de qualquer estatuto constitucional que ele não se lhe vincula. Cria-o, mas nada lhe deve. A marca essencial da soberania é a posse do poder constituinte. Nele, com efeito, o soberano detém ao mesmo tempo o império da ideia de Direito que serve de princípio director à vida estatal e à escolha dos governantes".

118. As características do poder constituinte

I. O poder constituinte assumiu uma idêntica relevância à que recaiu sobre o conceito de Constituição, muito ficando a dever ao labor doutrinário de EMMANUEL SIEYÈS, o seu primeiro teorizador[1104].

Contudo, praticamente desde o início se colocou o problema de saber com que feições o poder constituinte se deveria apresentar, pensando-se em três aspectos considerados fundamentais:

- *a originariedade*: ser um poder primeiro, não existindo outro antes dele;
- *a independência*: ser um poder hierarquicamente máximo, não se subordinando a qualquer outro;
- *a absolutidade*: ser um poder materialmente ilimitado, não se sujeitando a nenhuma outra regra ou parâmetro.

Estas seriam as marcas distintivas do poder constituinte por referência a outros poderes do Estado, com outras notas distintivas, elas próprias ilustrativas da sua menoridade em relação ao poder constituinte, o poder dos poderes.

II. Só que essa é uma concepção ultrapassada porque o poder constituinte foi necessariamente absorvendo as exigências impostas pelo Estado de Direito em que foi congeminado, concebendo-se, pelo contrário, um poder constituinte:

- *democraticamente legitimado*;
- *materialmente limitado*; e
- *culturalmente situado*.

III. O poder constituinte, na sua qualidade de poder supremo do Estado, jamais pode desvincular-se das exigências da soberania

---

1104 Cfr. MARCELO REBELO DE SOUSA, *Direito Constitucional...*, p. 61.

popular e da legitimidade democrática: se há poder que deve ser democrático, essa conclusão aplica-se, antes de tudo, à manifestação do poder constituinte.

A titularidade do poder constituinte naturalmente que não pode desprender-se da concepção geral do poder político, que inere ao Estado e às outras estruturas que exercem aquele tipo de poder.

Igualmente não deixa de ser verdade que a afirmação do dualismo *poder constituinte vs poder constituído* que o Constitucionalismo trouxe logo se ancorou numa concepção democrática, de tipo contratualista, com raízes tanto em JOHN LOCKE como em JEAN-JACQUES ROUSSEAU[1105]: para JOHN LOCKE, o povo seria o titular do poder supremo; para JEAN-JACQUES ROUSSEAU, mais radicalmente, a vontade geral da maioria seria o titular exclusivo do poder constituinte.

IV. Entendimento que também rapidamente seria suavizado é o da pretensa absolutidade do poder constituinte.

Como poder estadual que é, não pode pensar-se na sua ilimitada capacidade de regulação jurídica, concomitantemente se sujeitando, como os outros poderes, ainda que numa menos intensa medida, a limitações que lhe estabeleçam barreiras em nome de valores e princípios de índole transpositiva, aos quais o poder constituinte deve obediência.

Quer isto dizer que o poder constituinte sofre diversos limites na expansão do poder público amplo que lhe subjaz como poder positivo que nunca deixará de ser, limites que podem equacionar-se sob diversos prismas[1106]:

- *os limites transpositivos*: que interferem com a legitimidade do Direito em geral e com a procura da Justiça;
- *os limites positivos externos*: que se relacionam com as imposições derivadas de ordenamentos jurídico-positivos supra-estaduais – como é o caso do Direito Internacional Público – e

---

[1105] Cfr. REINHOLD ZIPPELIUS, *Teoria...*, pp. 79 e 80.

[1106] Numa visão aproximada daquela que propõe JORGE MIRANDA, *Manual...*, II, pp. 124 e ss.

que automaticamente vinculam os Estados, mesmo nas suas opções jurídico-constitucionais;
- *os limites positivos estruturais*: que se prendem com a estrutura do Estado composto, situação em que os Estados federados devem submeter-se, na elaboração das respectivas Constituições, aos limites impostos pelas Constituições Federais, ainda que, por seu turno, possam acrescentar outros limites próprios;
- *os limites positivos procedimentais*: que se relacionam com a expressão concreta de cada momento constituinte, que se vai desenvolvendo rumo à redacção definitiva de um texto constitucional.

V. Como ainda não se pode desconsiderar que o poder constituinte, sendo um poder de um Estado concreto, deva transparecer as idiossincrasias próprias da comunidade de pessoas a que pertence, não podendo este poder – como o Direito em geral – deixar de refranger as opções fundamentais do Estado e do povo a que respeita. Deve, por isso, mostrar-se adaptável, com novas manifestações, às mudanças que em cada momento venham a ser democraticamente decretadas e assim sejam colocadas no plano da culturalidade do próprio Direito, que não pode deixar de ser inerente ao Direito Constitucional.

119. Manifestações típicas do poder constituinte

I. Vistos os aspectos gerais que delimitam o poder constituinte como o poder mais importante do Estado, é agora o momento de se concretizar as modalidades possíveis por que se manifesta.

Em termos conceptuais, o poder constituinte traduz-se no aparecimento de uma nova Constituição, na sua qualidade de acto legislativo estadual e supremo, dotado de uma identidade própria na arrumação do Estado.

É assim de não confundir o poder constituinte com outras realidades, globalmente também constitucionais, mas em que não se opera qualquer fenómeno de mudança de Constituição, nos seus traços identitários.

II. Do ponto de vista teórico, são três os esquemas de expressão do poder constituinte – *como vicissitudes constitucionais totais* – que exprimem o nascimento de uma nova Ordem Constitucional:

- a *independência constitucional*: a criação política de um Estado, ao que se associa a proclamação da sua primeira Constituição;
- a *revolução constitucional*: a mudança da ideia de Direito, pelo aparecimento de novas opções constitucionais, sendo tal assumido contra a Ordem Constitucional anteriormente existente, tanto material como formalmente;
- a *transição constitucional*: a mudança no projecto de Direito, ao nível das suas opções constitucionais essenciais, mas com total respeito pela constitucionalidade formal anteriormente vigente, utilizando-se os esquemas de produção dessa vontade normativa como se de uma revisão constitucional se tratasse.

III. Do ponto de vista procedimental, importa dissociar duas acepções presentes na expressão do poder constituinte[1107]:

- o *poder constituinte material*; e
- o *poder constituinte formal*.

O *poder constituinte material* espelha as opções de conteúdo que explicitam a nova Ordem Constitucional que se quer implantar, de acordo com o projecto de Direito que se produziu, por oposição ao pré-existente, ideia de Direito que assim se espraia no conjunto da Ordem Jurídica[1108].

[1107] Cfr. MARCELO REBELO DE SOUSA, *Direito Constitucional...*, pp. 61 e ss.; JORGE MIRANDA, *Manual...*, II, pp. 107 e ss.

[1108] Expressão que se deve a GEORGES BURDEAU (*O Estado*, p. 65): "É a razão pela qual eu qualifico de *ideia de direito* a representação da ordem desejável que, numa dada sociedade, constitui uma linha de força da mentalidade colectiva onde ela cristaliza o consenso dominante".

O *poder constituinte formal* representa a formalização desse conteúdo através da redacção da Constituição e dos actos constituintes em que a respectiva aprovação se vai consumando.

Logicamente que há uma relação de subordinação do poder constituinte formal ao poder constituinte material: não seria admissível que o resultado da ideia de Direito que aparece pudesse ser contrariado pelo resultado formal do texto constitucional que fosse depois aprovado.

IV. A produção de um novo poder constituinte – a *expressão do poder constituinte formal* – submete-se a diversos esquemas possíveis, paredes-meias com diferentes aspectos da estrutura do Estado e do sistema político em questão, numa dimensão procedimental igualmente presente[1109].

O poder constituinte formal finaliza-se nos *actos constituintes*, através dos quais ocorre a edição de uma nova Constituição, sendo de distinguir três possíveis categorias:

- os *actos constituintes unilaterais simples*: são actos jurídico-públicos únicos de formalização da Constituição e que provêm de uma só legitimidade, seja monárquica na outorga de uma Carta Constitucional, seja democrática na aprovação parlamentar de um texto constitucional, outros esquemas mistos ainda se concebendo;
- os *actos constituintes unilaterais complexos*: são actos jurídico-públicos plurais de formalização da Constituição e que agregam diversas vontades, se bem que todas elas unificadas só numa única legitimidade, como sucede com os procedimentos constituintes em que a Constituição requer o concurso de uma prévia vontade parlamentar de aprovação e de um posterior referendo popular;

[1109] Cfr. MARCELO REBELO DE SOUSA, *Direito Constitucional...*, pp. 65 e ss.; JORGE MIRANDA, *Manual...*, II, pp. 109 e ss.

– os *actos constituintes bilaterais*: são actos jurídico-públicos necessariamente plurais, em que para a formalização da Constituição concorrem as vontades de órgãos dotados de diversas legitimidades, como sucede com as Constituições pactícias, aprovadas por parlamentos democráticos e ulteriormente sancionadas por monarcas ou por chefes de Estados eleitos.

§ 25.º As vicissitudes constitucionais

120. Os factos normativo-constitucionais supervenientes

I. Após uma inicial manifestação do poder constituinte, as Constituições não são imutáveis e sofrem vicissitudes, de vária índole, que se projectam sobre a Ordem Constitucional que elas consubstanciam.

Isto significa que as vicissitudes constitucionais produzem efeitos sobre essa Ordem Constitucional, enquadrando-se de duas maneiras possíveis:

– como *a modificação da Constituição e das suas normas e princípios*;
– como *a cessação da Constituição e das suas normas e princípios*.

As vicissitudes constitucionais definem-se, assim, em razão da projecção dos seus efeitos, tanto sobre a estabilidade ou a mutabilidade da Ordem Constitucional, como sobre a permanência ou a alteração das normas e princípios que a integram[1110].

II. No plano prático, as consequências que se produzem sobre a Ordem Constitucional existente – total ou parcialmente atingida – são susceptíveis de agrupamento nestes efeitos jurídico-normativos:

– a *alteração de preceitos constitucionais*;
– a *supressão de preceitos constitucionais*; e
– o *aditamento de preceitos constitucionais*.

[1110] Cfr. JORGE MIRANDA, *Manual...*, II, pp. 151 e ss.

Não é ainda de excluir a possibilidade de os efeitos sobre a Ordem Constitucional poderem ser de outra índole, ainda que tal mais raramente acontecendo, como o *efeito suspensivo* ou o *efeito repristinatório*, ali se paralisando a sua eficácia, sem se suprimir a fonte, aqui operando-se a revigência de preceito já eliminado.

III. Apesar da sua diferença, as vicissitudes constitucionais podem sobrepor-se aos momentos de manifestação de poder constituinte, podendo haver casos em que coincidam.

É que a manifestação do poder constituinte, que desemboca no nascimento de uma nova Constituição, não surge apenas num momento inicial da vida do Estado ou quando anteriormente se vivia em período pré-constitucional.

O poder constituinte pode também ser uma verdadeira vicissitude constitucional – neste caso, surgindo como superveniente ao nascimento da vida constitucional do Estado – quando se exprime numa actuação que dota o Estado de uma nova Constituição, ao derrubar a Ordem Constitucional pré-existente.

121. Modalidades e tipos de vicissitudes constitucionais

I. A melhor compreensão das vicissitudes constitucionais, nos seus mais recônditos meandros, só se completa com a apresentação das diversas categorias que explicitam a concretização dos efeitos inerentes a cada uma delas.

Para isso, é de esquematizar tais categorias em razão da aplicação de cinco grandes critérios que permitem recortá-las entre si[1111]:

– *o critério da direccionalidade dos efeitos*: efeitos intencionalmente criados ou efeitos espontaneamente produzidos;

[1111] Para mais desenvolvimentos, v., por todos, JORGE BACELAR GOUVEIA, *O estado de excepção...*, II, pp. 1423 e ss., e JORGE MIRANDA, *Manual...*, II, pp. 154 e ss.

– *o critério da duração dos efeitos*: efeitos permanentes ou efeitos temporários;
– *o critério do alcance dos efeitos*: efeitos normativos ou efeitos concretos e, ou, individuais;
– *o critério da projecção sobre a identidade constitucional material*: efeitos que conservam a identidade constitucional material ou efeitos que aniquilam essa identidade constitucional material;
– *o critério da conformidade constitucional formal dos efeitos*: efeitos formalmente constitucionais e efeitos formalmente desconformes à Ordem Constitucional.

II. A aplicação destes critérios exprime-se depois na formação destes tipos de vicissitudes constitucionais:

– *a revolução constitucional*: a adopção de uma nova Ordem Constitucional global, contra a Ordem Constitucional anterior[1112], violando-a e substituindo-a[1113], tal vontade se manifestando por diversos modos, imediatamente e logo depois, através de actos constituintes[1114];

[1112] Exemplo: a Revolução de 25 de Abril de 1974, que revogou a ordem constitucional estabelecida pela C1933 e abriu caminho, primeiro, a uma nova ordem constitucional provisória, e depois, a uma nova ordem constitucional definitiva.

[1113] Sobre a revolução, v., de entre outros, MIGUEL GALVÃO TELES, *A revolução...*, pp. 601; AFONSO D'OLIVEIRA MARTINS, *La revisión constitucional...*, pp. 48 e ss.; HANS KELSEN, *Teoria Geral do Direito e do Estado*, pp. 171 e ss.; JORGE MIRANDA, *Manual...*, II, pp. 97 e ss., e pp. 160 e 161; DIOGO FREITAS DO AMARAL, *Manual de Introdução...*, I, pp. 484 e ss.

[1114] Como impressivamente escreve HANS KELSEN (*Teoria Geral do Direito e do Estado*, p. 171), "Uma revolução, nesse sentido lato, ocorre sempre que a ordem jurídica de uma comunidade é anulada e substituída, de maneira ilegítima, ou seja, de uma maneira não prescrita pela primeira ordem por uma nova ordem. Nesse contexto, é irrelevante saber se a substituição foi ou não efectuada através de uma insurreição violenta contra os indivíduos que até então eram os órgãos "legítimos" com competência para criar e emendar a ordem jurídica. É igualmente irrelevante saber se a substituição foi efectuada através de um movimento emanado da massa

– *a transição constitucional*: a criação de uma nova Ordem Constitucional, materialmente diversa da anterior, mas utilizando os formalismos que esta previa para a revisão constitucional, embora o resultado seja muito mais do que isso, ao implicar a instauração de uma nova Ordem Constitucional[1115];
– *a ruptura constitucional não revolucionária*: o aparecimento de normas e de princípios constitucionais, com violação da Ordem Constitucional, mas que ganha efectividade, nela se incorporando, em qualquer caso sem nunca se ferir o seu núcleo identitário material;
– *a excepção constitucional*: a alteração temporária da Ordem Constitucional, nos seus aspectos fundamentais, com vista à preservação, *in extremis*, dessa mesma Ordem Constitucional[1116], em atenção a um padrão de normalidade constitucional que se pretende rapidamente recuperar[1117];
– *a derrogação constitucional*, *auto-ruptura* ou *ruptura material constitucional*: a contradição ou o enviesamento de princípios fundamentais da Ordem Constitucional, numa aplicação concreta e, por vezes, individual, de natureza definitiva[1118], aprovada por acto jurídico-público[1119];

popular ou através da acção de pessoas em postos governamentais. De um ponto de visto jurídico, o critério decisivo de revolução é o de que a ordem em vigor foi derrubada e substituída por uma nova ordem de um modo que a primeira não havia previsto".

1115 Sobre a transição constitucional, v. JORGE MIRANDA, *Manual...*, II, pp. 102 e ss.

1116 Sobre a excepção constitucional, v., por todos, JORGE BACELAR GOUVEIA, *O estado de excepção...*, II, pp. 17 e ss.

1117 Exemplo: a declaração do estado de sítio ou do estado de emergência, prevista no art. 19.° da CRP, na medida em que determina a modificação temporária de parte do texto constitucional.

1118 Exemplo: o art. 279.° da CRP, ao admitir que o Presidente da República possa promulgar um diploma depois de o mesmo ter sido considerado inconstitucional por acórdão do Tribunal Constitucional e sem que sobre o mesmo recaia a obrigatoriedade de expurgo das normas consideradas inconstitucionais, bastando a sua confirmação por maioria agravada pela Assembleia da República.

– *o costume constitucional*: a produção espontânea de efeitos constitucionais normativos[1120], que afectam a Ordem Constitucional nalgumas das suas normas[1121];
– *a caducidade constitucional*: a extinção das normas constitucionais pré-existentes, por acção de circunstâncias ou nos termos anteriormente previstos[1122];
– *a revisão constitucional*: a alteração da Ordem Constitucional, em aspectos não atinentes ao seu núcleo essencial, segundo um procedimento estabelecido para o efeito, através da edição de um acto jurídico-público formalmente regular[1123].

[1119] Sobre a derrogação ou auto-ruptura constitucional, v. CARL SCHMITT, *Théorie...*, pp. 238 e 239; MARCELO REBELO DE SOUSA, *Direito Constitucional...*, pp. 85 e 86; AFONSO D'OLIVEIRA MARTINS, *La revisión constitucional...*, pp. 61 e ss.; PEDRO DE VEGA, *La reforma...*, pp. 166 e ss.; JORGE MIRANDA, *Manual...*, II, pp. 157 e ss.

[1120] Exemplo: a desvinculação de um Presidente da República da sua filiação partidária anterior.

[1121] Cfr. *supra* n.° 114.

[1122] É o caso da exigência, para os antigos Presidentes da República poderem integrar o Conselho de Estado, de terem sido eleitos para esse cargo na vigência da CRP, segmento de norma caducado por já os anteriores Chefes de Estados designados antes da vigência da CRP não serem vivos. Cfr. o art. 142.°, al. f), da CRP.

[1123] Quanto à revisão constitucional, v. COSTANTINO MORTATI, *Concetto, limiti, procedimento della revisione costituzionale*, in RTDP, 1952, pp. 29 e ss.; CARLO ESPOSITO, *Costituzione, leggi di revisione della Costituzione e «altri» leggi costituzionale*, in AAVV, *Raccolta di Scritti in onore di Arturo Carlo Jemolo*, III, Milano, 1962, pp. 191 e ss.; GIUSEPPE CONTINI, *La revisione della Costituzione*, Milano, 1962, *passim*, e *Le revisione costituzionale*, in ED, XL, Milano, 1989, pp. 134 e ss.; STEFANO MARIA CICCONETTI, *La revisione della Costituzione*, Padova, 1972, pp. 134 e ss.; PAOLO BARILE e UGO DE SIERVO, *Revisione della Costituzione*, in NDI, XV, Torino, 1968, pp. 788 e ss.; MARCELO REBELO DE SOUSA, *Direito Constitucional...*, pp. 69 e ss.; NICOLÁS PÉREZ SERRANO, *Tratado...*, pp. 469 e ss.; KARL LOEWENSTEIN, *Teroía...*, pp. 175 e ss.; ANTONIO CARLOS PEREIRA MENAUT, *Lecciones...*, pp. 72 e ss.; JUAN FERRANDO BADÍA, *Teoría...*, pp. 200 e ss.; MARCEL PRÉLOT e JEAN BOULOUIS, *Institutions...*, pp. 242 e ss.; CARL SCHMITT, *Théorie...*, pp. 239 e ss.; AFONSO D'OLIVEIRA MARTINS, *La revisión constitucional...*, pp. 17 e ss.; REMEDIO SÁNCHEZ FERRIZ, *Introducción...*, pp. 265 e ss.; JOSÉ ALFREDO DE OLIVEIRA BARA-

Pela sua relevância, teórica e prática, é justo que à revisão constitucional seja dada uma atenção especial, para além da sua concretização no Direito Constitucional Positivo Português.

CHO, *Teoria geral da revisão constitucional e teoria da Constituição originária*, in RFDUFMG (número especial comemorativo do centenário), Belo Horizonte, 1994, pp. 52 e ss.; ADERSON DE MENEZES, *Teoria Geral...*, pp. 233 e ss.; PEDRO DE VEGA, *La reforma...*, pp. 60 e ss.; JORGE MIRANDA, *Manual...*, II, pp. 156 e 157; ENRIQUE ÁLVAREZ CONDE, *Curso...*, I, pp. 176 e ss.; EMÍLIO KAFFT KOSTA, *O constitucionalismo...*, pp. 77 e ss.; J. J. GOMES CANOTILHO, *Direito Constitucional e Teoria...*, pp. 1059 e ss.

§ 26.º A revisão constitucional

122. A revisão constitucional em geral

I. De todas estas vicissitudes constitucionais, umas bem mais amplas do que outras, um cuidado especial – por razões teoréticas e por razões fenomenológicas – deve ser atribuído à *revisão constitucional,* que formalmente se exprime na elaboração de uma lei de revisão, promanada no contexto de um procedimento que lhe é próprio.

A *revisão constitucional, através do correspondente poder de revisão, traduz-se na possibilidade da alteração da Ordem Constitucional originariamente estabelecida, mas apenas com um cunho secundário, porque limitado, quer em função das opções fundamentais que caracterizam o projecto de Direito que se tem em mãos, quer em função do estrito procedimento legislativo que para a respectiva produção se encontra estabelecido.*

Isto é: a revisão constitucional não se pode confundir com as vicissitudes constitucionais totais que refrangem o aparecimento de uma nova Constituição, como são a revolução e a transição constitucionais, na medida em que aqui se afirma um poder constituinte, dito originário. A revisão constitucional resulta sempre de um poder que é constituído, ainda que em muitos casos erroneamente designado por poder constituinte derivado.

Pode por vezes acontecer que o poder constituinte surja sob a veste de uma revisão constitucional – como sucede quase sempre em transição constitucional – e implique uma vicissitude constitucional total: mas evidentemente que nesse caso não é o nome que conta, mas a realidade conceptual subjacente, que advém de um verdadeiro, embora escondido, poder constituinte, que é sempre originário.

II. A revisão constitucional formaliza-se na edição de uma lei constitucional, que contém preceitos que estabelecem uma conexão com o articulado constitucional existente, de acordo com o seguinte conjunto de efeitos:

- *o efeito revogatório*: o preceito constitucional cessa a sua vigência;
- *o efeito inovatório*: há um novo preceito constitucional que é acrescentado;
- *o efeito modificatório*: o preceito constitucional existente fica a apresentar uma nova formulação normativa;
- *o efeito suspensivo*: o preceito constitucional existente deixa de vigorar por algum tempo.

III. As funções que costumam ser dadas à revisão constitucional radicam no realismo que ela expressa na sempre difícil e, sobretudo, instável ligação do Direito Constitucional à realidade constitucional, pois que aquele corpo de normas e princípios deve constantemente reflectir a evolução da situação político-social, ao mesmo tempo que a deve também comandar.

O resultado é uma solução de compromisso em que se admite, até certo ponto, a adaptação da Ordem Constitucional às modificações ocorridas na realidade constitucional, tornando a Constituição melhor afeiçoada a essa mesma realidade, sem nunca, porém, se perverter a sua singularidade fundamental e que é constitutiva da sua ideia de Direito.

Se a revisão constitucional não estivesse estabelecida, seria provável que conseguisse manter por mais algum tempo a configuração original da Constituição – mas também seria altamente verosímil que essa versão da Constituição, dada a sua rígida imutabilidade, não se podendo actualizar, induzisse mecanismos violentos de alteração da Ordem Constitucional, abrindo a porta a uma nova Ordem Constitucional, assim lhe falecendo a necessária válvula de segurança para a permanência do sistema constitucional adoptado.

Sintetizando, pode dizer-se que a revisão constitucional desempenha algumas destas relevantes tarefas:

- *actualizar a Ordem Constitucional*, adequando-a à realidade constitucional, em vista das novas necessidades e preocupações que se sentem, mudando algumas das suas opções;
- *interpretar a Ordem Constitucional*, estabelecendo novos critérios hermenêuticos em aspectos que tenham ficado por esclarecer e que, em muitos casos, só a prática constitucional permite detectar;
- *completar a Ordem Constitucional*, suprindo falhas e lacunas nas respectivas disposições, para além de introduzir novos instrumentos.

IV. A apreciação do regime que é aplicado à revisão constitucional, sob a óptica das regras que orientam o correspondente procedimento legislativo, permite equacionar a existência de *regras especiais e excepcionais*, mais ou menos divergentes daquelas que conduzem o procedimento legislativo ordinário.

A Teoria do Direito Constitucional tem encontrado cinco grandes categorias de regras, que se apresentam sob a designação de "limites à revisão constitucional", já que a sua razão de ser se prende com a conveniência de melhor moderar a amplitude que normalmente está associada ao poder legislativo ordinário, mas que não é desejável, em tão larga escala, no procedimento legislativo de revisão constitucional[1124].

[1124] Quanto aos diversos limites à revisão constitucional, v. MARCELO REBELO DE SOUSA, *Direito Constitucional...*, pp. 70 e ss., e *O valor...*, I, pp. 287 e ss.; KARL LOEWENSTEIN, *Teoría...*, pp. 188 e ss.; ANTONIO CARLOS PEREIRA MENAUT, *Lecciones...*, pp. 76 e ss.; KLAUS STERN, *Derecho del Estado...*, pp. 326 e ss.; REMEDIO SÁNCHEZ FERRIZ, *Introducción...*, pp. 270 e ss.; J. J. GOMES CANOTILHO, *Direito Constitucional*, pp. 1124 e ss., e *Direito Constitucional e Teoria...*, pp. 1060 e ss.; MARCELO REBELO DE SOUSA e SOFIA GALVÃO, *Introdução...*, p. 36; AFONSO D'OLIVEIRA MARTINS, *La revisión constitucional...*, pp. 105 e ss.; EMÍLIO KAFFT KOSTA, *O constitucionalismo...*, pp. 125 e ss.; JOSÉ AFONSO DA SILVA, *Curso...*, pp. 65 e ss.; JORGE MIRANDA, *Manual...*, II, pp. 194 e ss.

Eis o sentido e o alcance desses limites da revisão constitucional:

- *os limites orgânicos*: regras que particularizam a atribuição do poder de revisão constitucional a certo órgão, concebendo-o com exclusividade dentro da partilha geral de poder legislativo pelos órgãos de soberania;
- *os limites temporais*: regras que impedem o exercício do poder de revisão constitucional em qualquer momento, apenas o aceitando de vez em quando;
- *os limites procedimentais*: regras que introduzem particularidades no *iter* procedimental que subjaz à elaboração do acto de revisão constitucional, tornando-o de mais difícil consecução, como as maiorias agravadas que são normalmente exigidas;
- *os limites circunstanciais*: regras que vedam a expressão do poder de revisão constitucional na vigência de situações de excepção constitucional, assim defendendo a verdade e o livre consentimento da vontade de mudar a Constituição;
- *os limites materiais*: regras que afastam do alcance do poder de revisão constitucional um conjunto de matérias, valores, princípios ou institutos que integram o núcleo essencial do projecto de Direito de que o texto constitucional é portador e cuja obliteração poria em causa a identidade constitucional.

123. Os limites materiais da revisão constitucional

I. Pela sua relevância prática e pela sua complexidade teórica, os limites materiais de revisão constitucional merecem um tratamento mais desenvolvido, inquirindo-se até que ponto tais limites se afiguram operativos.

Os limites materiais de revisão constitucional, por mais espantoso que isso possa ser, acabam por ser os limites mais óbvios que se colocam na expressão do poder de rever a Constituição, uma vez que são eles o "certificado comprovativo" das limitações que necessariamente inerem ao conceito de revisão constitucional.

Se eles não se concebessem, haveria um qualquer fenómeno jurídico-constitucional, mas certamente nunca aconteceria uma revisão constitucional.

A questão reside, pois, na clarificação desses limites, sendo certo que, para esse efeito, os mesmos aparecem nos textos constitucionais protegidos por *cláusulas – ditas expressas – de limites materiais de revisão constitucional*, as quais suscitam dois tipos de problemas[1125]:

– *o problema de força vinculativa das cláusulas*, por comparação com os outros preceitos constitucionais;
– *o problema de definição dos limites materiais insertos nas cláusulas*, na medida em que estas se oferecem com diversas intensidades em ordem a saber o que se considera ser verdadeiramente um limite material, na perspectiva da violação daquela cláusula.

II. No tocante ao primeiro problema, tem sido muito discutida a força jurídica dos preceitos constitucionais que estabelecem cláusulas de limites materiais à revisão constitucional, discussão que, em rigor, pode estender-se a todas as disposições, oriundas do poder constituinte (originário), que semelhantemente configuram o exercício do poder de revisão: a questão não se reconduz, portanto, aos seus limites materiais, mas joga-se em relação a todos os restantes limites.

São fundamentalmente três as posições propostas, levando em consideração a modificabilidade destas cláusulas, no óbvio objectivo de, em sede de revisão constitucional, concomitante ou posterior, se pretender a libertação daqueles limites, alterando-se as matérias que até então se encontravam por eles protegidas[1126]:

1125 Sobre a *vexata quaestio* dos limites materiais de revisão constitucional, v. MARCELO REBELO DE SOUSA, *Direito Constitucional...*, pp. 78 e ss.; JORGE MIRANDA, *Manual...*, II, pp. 198 e ss.

1126 Acrescentando ainda MARCELO REBELO DE SOUSA (*Direito Constitucional...*, p. 79) a tese segundo a qual o poder de revisão constitucional ainda se acharia limitado "...por *limites materiais imanentes* ou *meta-positivos*, e nunca por quaisquer limites, expressos ou implícitos, de base textual".

- *a teoria da irrevisibilidade*: de acordo com esta teoria, sendo as cláusulas sobre a revisão constitucional criadas pelo poder constituinte originário, só uma nova manifestação do mesmo poder constituinte originário as poderia modificar ou eliminar, nunca uma lei de revisão constitucional, que é sempre, em relação àquele, um poder constituído e não constituinte[1127];
- *a teoria da revisibilidade*: segundo este entendimento, as cláusulas sobre a revisão constitucional não ostentam nenhuma força especial em relação aos restantes preceitos constitucionais e se a Constituição, na sua versão original, admitiu o poder de revisão constitucional, então deve daí concluir-se que o mesmo também se exerce sobre o próprio regime de revisão constitucional, ao mesmo tempo que se pode rever o conteúdo que por elas se encontrava abrangido;
- *a teoria da dupla revisibilidade (ou revisibilidade faseada)*: observando esta concepção, a modificação das matérias protegidas pelas cláusulas de revisão constitucional – principalmente sobre os limites materiais, mas não só – deve acontecer a dois tempos, primeiro eliminando-se a cláusula que protege a matéria que se quer atingir e só depois, numa outra revisão constitucional, eliminando-se directamente o instituto ou o princípio que deixou de estar constitucionalmente protegido pela cláusula de protecção entretanto revogada.

Defendemos a primeira teoria da irrevisibilidade das cláusulas que consagram os limites materiais à revisão constitucional, na lógica do escrupuloso respeito pela vontade originária do poder consti-

---

[1127] Assim, Marcelo Rebelo de Sousa (*Direito Constitucional...*, p. 83), para quem "...o poder de revisão constitucional é um poder subordinado de conservação e não de destruição da Constituição, subjacente à Constituição em sentido formal e mais significativa do que ela de uma óptica substancial existe uma Constituição em sentido material, e relevam limites materiais implícitos ao exercício do poder de revisão constitucional".

tuinte: não se concebe que, tendo o poder constituinte construído um conjunto de disposições que se destinam a perdurar mais do que os outros preceitos, venha o poder de revisão constitucional, por ele criado e admitido, a adulterar essa vontade inicial. A criatura jamais pode impor-se ao criador!

III. Esta conclusão não acarretará as drásticas consequências práticas de uma excessiva rigidez do sistema constitucional, numa apreciação funcional, ou mesmo de deslegitimação, pois que às gerações vindouras se coarcta a possibilidade de alterarem a sua Ordem Constitucional?

Não. A própria consagração de um mecanismo de revisão constitucional é um sinal evidente, pelas funções que lhe estão cometidas, de que se pretende abrir a porta ao aperfeiçoamento do sistema constitucional e de que se pretende que o mesmo permita acompanhar a evolução da realidade constitucional.

Claro que o problema assume outra magnitude a partir do momento em que se quer não apenas uma revisão constitucional, mas algo mais, como mudar radicalmente a Ordem Constitucional. Nessa hipótese, não havendo tecnicamente uma revisão constitucional, surgirá uma revolução constitucional.

Como quer que seja, o poder constituinte originário existe sempre e se for essa a vontade expressa pelo Estado, segundo os esquemas possíveis da efectividade constitucional, tal poder constituinte nunca está impedido de produzir uma nova Constituição. Importa é não confundir os nomes e assumir a ruptura da Ordem Constitucional, que vai ser substituída por outra. O poder constituinte, esse, mantém-se incólume, esperando uma nova oportunidade de se exprimir.

IV. Esclarecida a força normativo-constitucional das cláusulas que definem os limites à revisão constitucional, interessa observar diversas situações em que ocorre a violação dessas mesmas cláusulas, para daí se perceber as respectivas consequências, em resposta ao outro problema que ficou enunciado.

No entanto, nesta consideração, cumpre evidenciar que nem sempre os textos constitucionais fazem uma aplicação correcta do conceito de limites materiais de revisão constitucional, dando esse nome a matérias que podem não ter a possibilidade de coincidirem com a sua elevada importância na economia do texto constitucional.

Tem aqui lugar uma tarefa hermenêutica da mais alta dificuldade, mas que permite referenciar o caminho dos princípios fundamentais e das opções que estruturaram o nascimento de um novo poder constituinte.

Os limites materiais, embora possam contar com o auxílio das cláusulas expressas que os formulam, derivam da essência da ideia de Direito que se plasmou na Ordem Constitucional em apreço.

V. E o que sucede quando certas matérias foram consideradas como limites materiais de revisão constitucional e, em rigor, não se ajustam a esse conceito, tendo o poder constituinte feito, nesse aspecto, uma qualificação errada? Por outras palavras: o que sucede quando as cláusulas de limites materiais de revisão constitucional não são respeitadas porque excessivas?

A resposta deve ser dada conforme essas matérias se encontram ou não protegidas por cláusulas pétreas, podendo afirmar-se quatro casos distintos, em que igualmente se equaciona a inexistência, total ou parcial, dessas cláusulas:

– *não havendo cláusulas de limites materiais*: se a matéria não for de importância nuclear, ocorre uma normal revisão constitucional; se a matéria for considerada como integrando o núcleo fundamental da Constituição (*Verfassungskern*), ainda que ocorrendo uma revisão constitucional em sentido formal, na realidade sucede uma *transição constitucional*, com o aparecimento de uma nova Ordem Constitucional, por adulteração daquele núcleo identitário;
– *havendo cláusulas de limites materiais*: se a matéria não for de importância nuclear, tendo a cláusula sido erroneamente referenciada a um assunto que não assume aquela dimensão,

ocorre uma *ruptura não revolucionária*, por preterição formal daquela regra, embora não se afectando a identidade constitucional, acto que só permanece se lograr alcançar efectividade constitucional; se a matéria for de importância nuclear, ocorre uma *revolução constitucional*, por se afectar a identidade da Constituição, ao mesmo tempo que se quebra a constitucionalidade formal das alterações admissíveis ao texto constitucional.

VI. Há finalmente uma situação particular que deve ser separada de todos estes casos: *a da alteração linguística – mas não normativa – dos preceitos que estabelecem as cláusulas de revisão constitucional.*

A imodificabilidade que propugnamos não é de estilo, mas de sentido ordenador, pelo que as alterações meramente linguísticas, se desprovidas de sentido ordenador, não se repercutem sobre a validade da revisão constitucional.

124. A hiper-rigidez da Constituição Portuguesa

I. A experiência constitucional portuguesa em matéria da revisão constitucional é extremamente rica porque não só estabelece um denso regime de revisão constitucional como já ocorreram algumas vicissitudes interessantes na fronteira entre o cumprimento e a violação do correspondente regime, dedicando-lhe a CRP o Capítulo II da Parte II do seu articulado[1128].

Esta importância sistemática está, de resto, bem em consonância com o valor que lhe tem sido atribuído ao nível da doutrina constitucional, ainda que com uma importância prática limitada, tendo sido os limites materiais uma das questões mais em voga nos primeiros anos de vigência da CRP.

[1128] Sobre o regime da revisão constitucional na CRP, v. JORGE MIRANDA, *Manual...*, II, pp. 185 e ss.

II. O *procedimento de revisão constitucional* assenta nas fases fundamentais que são traçadas para o procedimento legislativo parlamentar, embora se introduzam alguns desvios que precisamente assinalam a singularidade da revisão constitucional.

A iniciativa da lei de revisão constitucional apenas cabe aos Deputados, individualmente considerados, podendo, no entanto, a subscrição de projectos de revisão constitucional ser feita por mais do que um[1129]. Apresentado um projecto de revisão, os restantes devem ser entregues no prazo de trinta dias[1130], evitando-se delongas escusadas numa matéria que deve ser celeremente resolvida, nisto consistindo o princípio da condensação.

A discussão e a deliberação das alterações constitucionais são sempre feitas, na especialidade, no plenário da Assembleia da República, ainda que se possa apreciar a matéria em comissão especializada. A maioria necessária para que essas alterações sejam aprovadas é de dois terços dos Deputados em efectividade de funções[1131].

A promulgação presidencial do decreto de revisão constitucional não pode ser recusada, não havendo lugar, ao contrário do que normalmente sucede[1132], a veto político, embora possa haver fiscalização preventiva da constitucionalidade[1133].

A publicação das alterações à Constituição tem a particularidade de ser acompanhada da republicação de todo o texto constitucional já revisto[1134], o que se explica por uma necessidade de segurança e dignidade no conhecimento da nova versão da lei fundamental[1135].

[1129] Cfr. o art. 285.°, n.° 1, da CRP.

[1130] Cfr. o art. 285.°, n.° 2, da CRP.

[1131] Cfr. o art. 286.°, n.° 1, da CRP.

[1132] Cfr. o art. 286.°, n.° 3, da CRP.

[1133] Sendo esta questão, no entanto, discutível: contra, em geral, JORGE MIRANDA, *Manual...*, II, p. 197, apenas o admitindo em caso grave.

[1134] Cfr. o art. 287.° da CRP.

[1135] Experiência que tem sido progressivamente alargada a outras leis, já não constitucionais, mas igualmente consideradas de relevância para o sistema jurídico.

Isso mesmo prevê a LPIFD, no seu art. 6.°, n.° 2, ao estipular que "Quando a natureza ou a extensão da alteração o justificar, deve proceder-se à republicação integral do diploma, em anexo".

III. Com a finalidade de impor a rigidez constitucional ao seu texto, a CRP consagra limites orgânicos, temporais e procedimentais à respectiva revisão, alguns deles se deduzindo do regime que deixámos brevemente descrito acerca do procedimento legislativo que a acompanha.

No plano dos *limites orgânicos*, o poder para rever a Constituição só é atribuído à Assembleia da República, poder que não é partilhado com o Governo, nem com as Regiões Autónomas, não obstante estes possam partilhar outros aspectos do poder legislativo.

De acordo com os *limites temporais*[1136], a revisão constitucional ordinária só pode efectuar-se cinco anos depois de publicada a última lei de revisão, guardando-se assim um período "defeso constitucional". Há, no entanto, a possibilidade de se fazer, por razão considerada urgente, a revisão constitucional extraordinária em qualquer momento, mesmo sem ter transcorrido aquele período de cinco anos, mas para isso é necessária uma assunção de poderes de revisão, votada por uma maioria de quatro quintos dos Deputados da Assembleia da República em efectividade de funções.

No que concerne aos *limites procedimentais*, eles respeitam ao facto de algumas das fases – como a iniciativa ou a promulgação – terem um regime excepcional, contrário ao regime geral, para além de a maioria de aprovação ser uma maioria agravada de dois terços dos Deputados em efectividade de funções.

IV. A CRP vai ainda mais longe, ostentando duas outras categorias de limites[1137] – *os limites materiais e os limites circunstanciais* – que fazem dela uma *Constituição hiper-rígida*[1138].

[1136] Cfr. o art. 284.° da CRP.

[1137] Categoria que, juntamente com a das Constituições flexíveis (sem limites à revisão) e com a das Constituições rígidas (apenas com limites orgânicos, formais e temporais), pode, segundo MARCELO REBELO DE SOUSA (*Direito Constitucional...*, p. 82, e *Constituição...*, pp. 57 e 58), apresentar-se como uma nova classificação de Constituição, em razão do critério dos termos da respectiva revisibilidade.

[1138] A respeito da classificação, que remonta a JAMES BRYCE, entre Constituições rígidas e Constituições flexíveis, v. J. J. GOMES CANOTILHO e VITAL

Os *limites materiais* significam que a CRP não admite uma revisão ilimitada ou para todas as matérias, o que na prática poderia trazer o fácil resultado de uma nova Constituição, em vez da simples revisão da Constituição existente, apresentando-se assim como irrevisível *um largo conjunto de catorze matérias*[1139], consideradas como participando da essência do Direito Constitucional Português vigente, matérias que estarão sempre excluídas do respectivo âmbito regulativo[1140]:

– a independência nacional e a unidade do Estado;
– a forma republicana de governo;

MOREIRA, *Fundamentos...*, p. 289, e *Constituição...*, p. 977; AFONSO D'OLIVEIRA MARTINS, *La revisión constitucional...*, pp. 93 e ss.; JORGE MIRANDA, *Manual...*, II, pp. 165 e ss.

1139 Cfr. o art. 288.° da CRP.

1140 Quanto aos limites materiais de revisão na CRP em geral, v. JORGE MIRANDA, *Os «princípios fundamentais»*, in AAVV, ESC, I, Lisboa, 1977, pp. 30, 31 e 36, *A Constituição de 1976...*, pp. 241 e ss., *O regime dos direitos...*, pp. 95 e ss., *Sobre os limites materiais da revisão constitucional*, in RJ, n.os 13 e 14, Janeiro-Junho de 1990, Lisboa, pp. 7 e ss., e *Manual....*, II, pp. 206 e ss.; MARCELO REBELO DE SOUSA, *Direito Constitucional...*, pp. 77 e ss.; VITAL MOREIRA, *Constituição e revisão constitucional*, Lisboa, 1980, pp. 101 e ss.; HENRIQUE BARRILARO RUAS, *O artigo 290.° à luz da realidade portuguesa*, in DemL, n.° 16-2 (A revisão constitucional), Novembro de 1980, pp. 34 e ss.; ANA PRATA, *A tutela constitucional da autonomia privada*, Coimbra, 1982, pp. 66 e ss.; J. BAPTISTA MACHADO, *Participação e descentralização – democratização e neutralidade na Constituição de 76*, 2.ª ed., Coimbra, 1982, pp. 123 e ss.; RUI CHANCERELLE DE MACHETE, *Os princípios...*, pp. 1006 e ss.; ANTÓNIO DE ALMEIDA SANTOS, *Os limites materiais de revisão constitucional à luz da doutrina e do bom senso*, in AAVV, PSPC, Lisboa, 1989, pp. 1037 e ss.; FRANCISCO LUCAS PIRES, *Teoria da Constituição...*, pp. 161 e ss.; JOSÉ MAGALHÃES, *Dicionário...*, p. 99; ANTÓNIO VITORINO, *Constituição...*, pp. XVI e ss., ainda que sob a perspectiva específica dos resultados da 2.ª revisão constitucional; FERNANDO REBOREDO SEARA, FERNANDO LOUREIRO BASTOS, JOSÉ DE MATOS CORREIA, NUNO ROGEIRO e RICARDO LEITE PINTO, *Legislação...*, pp. 14 e 15; J. J. GOMES CANOTILHO e VITAL MOREIRA, *Fundamentos...*, pp. 293 e ss., e pp. 300 e ss., e *Constituição...*, pp. 979, 980 e pp. 1060 e ss.; J. J. GOMES CANOTILHO, *Direito Constitucional*, pp. 1128 e ss.; AFONSO D'OLIVEIRA MARTINS, *La revisión constitucional...*, pp. 399 e ss.; JORGE BACELAR GOUVEIA, *Os direitos fundamentais atípicos*, pp. 461 e ss.

- a separação das Igrejas do Estado;
- os direitos, liberdades e garantias dos cidadãos;
- os direitos dos trabalhadores, das comissões de trabalhadores e das associações sindicais;
- a coexistência do sector público, do sector privado e do sector cooperativo e social de propriedade dos meios de produção;
- a existência de planos económicos no âmbito de uma economia mista;
- o sufrágio universal, directo, secreto e periódico na designação dos titulares electivos dos órgãos de soberania, das regiões autónomas e do poder local, bem como o sistema de representação proporcional;
- o pluralismo de expressão e organização política, incluindo partidos políticos, e o direito de oposição democrática;
- a separação e a interdependência dos órgãos de soberania;
- a fiscalização da constitucionalidade por acção ou por omissão de normas jurídicas;
- a independência dos tribunais;
- a autonomia das autarquias locais; e
- a autonomia político-administrativa dos arquipélagos dos Açores e da Madeira.

A doutrina também discute, a este propósito, a existência de *limites de revisão constitucional de natureza implícita*, os quais não constam desta lista, bem como a eficácia meramente declarativa ou constitutiva destes limites[1141].

[1141] A favor da relevância dos limites materiais implícitos, MARCELO REBELO DE SOUSA, *Direito Constitucional...*, pp. 84 e 85; VITAL MOREIRA, *Constituição...*, p. 103; ANTÓNIO DE ALMEIDA SANTOS, *Os limites...*, pp. 1041 e 1042; MARCELO REBELO DE SOUSA, *Direito Constitucional I – Relatório*, p. 35; J. J. GOMES CANOTILHO e VITAL MOREIRA, *Fundamentos...*, pp. 300 e 301, e *Constituição...*, pp. 1061 e 1062; NUNO SÁ GOMES, *Manual de Direito Fiscal*, II, 2.ª ed., Lisboa, 1998, p. 246.

V. E qual é a intensidade que estas cláusulas de limites materiais oferecem no seu intuito protector? Estas disposições são imodificáveis ou apenas se pretende a protecção da essência dos regimes?

Evidentemente que não é legítimo pensar que, ao fim e ao cabo, a intensidade da qualificação de certa matéria como limite material de revisão constitucional se possa resumir a uma qualquer eficácia meramente política ou, sendo jurídica, de carácter geral, apenas no intuito, vago e dispersivo, de manter uma qualquer coerência global do subsistema constitucional considerado[1142].

A reiteração, pela CRP, de que a existência de limites materiais expressos implica o "respeito" de certas matérias, bem como o facto de essas cláusulas operarem por referência a opções jurídico-positivas vertidas no texto constitucional, postulam um sentido *medianamente vinculante*[1143], *refreando as opções do legislador de revisão constitucional*[1144].

[1142] Diferente é admitir que a CRP, através destes limites materiais expressos, só consagra os princípios e não já soluções, posição contra a qual se rebela VITAL MOREIRA (*Constituição...*, p. 105), dizendo que "...o artigo 290.° não se limita a garantir apenas *princípios* – como por vezes se ouve dizer – de tal modo que a revisão constitucional ficaria com a liberdade de alterar ou restringir os regimes e as soluções constitucionais, se entendesse que o «princípio» ainda ficaria com sentido útil".

Tudo depende do concreto modo de formulação da cláusula que consagra o limite material expresso, não sendo possível responder uniformemente, pois que há formulações mais densas e formulações mais difusas. Além disso, os princípios são também peças do sistema jurídico e nem sempre possuem uma eficácia meramente política, ao contrário do que VITAL MOREIRA, neste passo, deixa transparecer.

[1143] Limitação jurídica do poder de revisão constitucional que espelha, da nossa perspectiva, a necessidade de as cláusulas sobre limites materiais de revisão constitucional não poderem ser contrariadas, aceitando-se assim a tese da eficácia vinculante dos limites materiais, ao mesmo tempo que se considera serem essas cláusulas irrevisíveis, mesmo com uma dupla revisão.

[1144] No mesmo sentido, defendendo a irrevisibilidade da cláusula de limites materiais, MARCELO REBELO DE SOUSA, *Direito Constitucional...*, pp. 81 e ss.; VITAL MOREIRA, *Constituição...*, pp. 105 e ss.; ANA PRATA, *A tutela constitucional...*, p. 67.

Contra, RUI CHANCERELLE DE MACHETE, *Os princípios...*, p. 1007, mas limitadamente às matérias não essenciais; ANTÓNIO DE ALMEIDA SANTOS, *Os limites...*, pp. 1040 e 1041; JORGE MIRANDA, *Manual...*, II, pp. 221 e ss.

Por outra parte, a medida do grau de vinculação do legislador de revisão constitucional ao sentido normativo contido nas matérias que se encontram abrangidas por limites materiais, apesar de os mesmos serem formulados para todos os domínios por uma única verbalização ("não podem afectar"), não se afere abstractamente[1145], nem genericamente[1146]:

- não pode ser *abstractamente* porque tudo depende dos termos por que a CRP, no sector específico em causa, formalizou a vontade material constituinte;
- não pode ser *genericamente* porque, mercê da diversidade regulativa das matérias, é bem possível encontrar diferentes graus – uns mais intensos, outros menos intensos – de vinculação.

O resultado prático que assim se alcança é o de haver diversas intensidades, certamente máxima, *v. g.*, no tocante aos direitos, liberdades e garantias[1147], assim se defendendo todos e cada[1148] um destes direitos fundamentais[1149].

[1145] Cfr. J. J. GOMES CANOTILHO e VITAL MOREIRA, *Constituição...*, pp. 1063 e 1064.

[1146] Cfr. JORGE BACELAR GOUVEIA, *O estado de excepção...*, I, pp. 604 e ss.

[1147] Com esta posição, VITAL MOREIRA, *Constituição...*, p. 105.

Mais mitigadamente, JORGE MIRANDA, *O regime dos direitos...*, p. 98, e *Manual...*, IV, p. 382; JOSÉ CASALTA NABAIS, *Droit fondamentaux...*, p. 21, falando em conteúdo essencial dos direitos, liberdades e garantias; JORGE BACELAR GOUVEIA, *O estado de excepção...*, I, p. 600.

[1148] Contra, JOSÉ CARLOS VIEIRA DE ANDRADE, *Os direitos fundamentais...*, p. 318, *Direitos fundamentais*, in Pol., II, Lisboa, 1984, p. 607, e *Direitos e garantias fundamentais*, in AAVV, PSPC, Lisboa, 1989, p. 694, apenas vendo neste limite material a protecção, contra a lei de revisão, do "conteúdo essencial" dos "princípios fundamentais respeitantes à matéria de direitos, liberdades e garantias", também seguido por BERNARDO DINIZ DE AYALA, *O direito de antena...*, p. 584, referindo-se ao facto de o art. 288.°, al. d), da CRP pretender salvaguardar "...o *sistema* de direitos, liberdades e garantias, e não cada *direito individualmente considerado*".

[1149] Unicamente a princípios – em vez de disposições – numa perspectiva igual para todas as modalidades de limites materiais, MARCELO REBELO DE SOUSA, *Direito Constitucional...*, p. 77.

VI. Os *limites circunstanciais*[1150] proíbem a revisão constitucional na vigência de estado de sítio e de estado de emergência.

Não é difícil compreender o porquê desta limitação: estando o Estado numa situação de anormalidade, com ameaças externas ou internas às instituições, não seria prudente desenvolver um procedimento de revisão constitucional, potencialmente muito permeável a essas pressões, assim se inquinando a expressão fiel e democrática da vontade dos representantes do povo.

É uma medida cautelar, visando resguardar o poder de revisão constitucional de manipulações que são sempre mais frequentes – embora não sejam inevitáveis – nestes períodos de conturbação institucional.

[1150] Cfr. o art. 289.° da CRP. Cfr. JORGE MIRANDA, *O território*, p. 89, *A Constituição de 1976...*, p. 230, *O regime dos direitos...*, p. 91, *A competência do Governo na Constituição de 1976*, in AAVV, ESC, III, Lisboa, 1979, p. 652, *Território*, in Pol., V, Lisboa, 1987, p. 1191, *Estado de sítio e estado de emergência*, in DJAP, IV, Lisboa, 1991, p. 264, *Manual...*, IV, p. 353, e *Manual...*, II, pp. 170 e 172; VÍTOR EVANGELISTA, *História das Constituições...*, pp. 159 e 160; MARCELO REBELO DE SOUSA, *Direito Constitucional...*, p. 75, e *O valor...*, I, pp. 288 e 289; MARCELO REBELO DE SOUSA e MARGARIDA SALEMA, *A revisão constitucional e os partidos políticos*, in DemL, n.° 15 (A revisão constitucional), Junho de 1980, p. 50; ISALTINO MORAIS, JOSÉ MÁRIO F. DE ALMEIDA e RICARDO L. LEITE PINTO, *Constituição...*, p. 558; CARLOS BLANCO DE MORAIS, *O estado...*, p. 68; JORGE BACELAR GOUVEIA, *Os limites circunstanciais...*, pp. 105 e ss., e *O estado de excepção...*, II, pp. 962 e ss.; JAVIER PÉREZ ROYO, *La reforma...*, p. 151; ANTÓNIO DAMASCENO CORREIA, *Estado de sítio...*, pp. 161 e ss.; J. J. GOMES CANOTILHO e VITAL MOREIRA, *Fundamentos...*, p. 298, e *Constituição...*, pp. 1067 e 1068; J. J. GOMES CANOTILHO, *Direito Constitucional*, p. 1128; AFONSO D'OLIVEIRA MARTINS, *La revisión constitucional...*, pp. 375 e ss.

CAPÍTULO VII
A INTERPRETAÇÃO, A INTEGRAÇÃO E A APLICAÇÃO DO DIREITO CONSTITUCIONAL

§ 27.° A interpretação das disposições constitucionais

§ 28.° A integração das lacunas constitucionais

§ 29.° A aplicação das fontes constitucionais

§ 27.° A interpretação das disposições constitucionais

125. A aceitação dos cânones gerais da interpretação jurídica

I. A interpretação constitucional não se afasta, na sua essência, dos esquemas que a Teoria Geral do Direito e a Metodologia do Direito propõem relativamente ao melhor modo de efectuar a tarefa sempre espinhosa, mas sempre necessária, de extrair um sentido das fontes constitucionais[1151].

[1151] Sobre a interpretação das fontes normativas na Teoria Geral do Direito, v. PHILIPP HECK, *Interpretação da lei e jurisprudência dos interesses*, Coimbra, 1947, pp. 65 e ss.; ALESSANDRO GROPPALI, *Introdução ao Estudo do Direito*, Coimbra, 1968, pp. 229 e ss.; RADOMIR LUKIC, *Théorie de l'État et du Droit*, Paris, 1974, pp. 485 e ss.; HANS KELSEN, *Teoria Pura...*, pp. 463 e ss.; ANGEL LATORRE, *Introdução...*, pp. 104 e ss.; RUBEN RODRIGUES NOGUEIRA, *Curso...*, pp. 233 e ss.; J. BAPTISTA MACHADO, *Introdução ao Direito...*, pp. 175 e ss.; GERALDES DE CARVALHO, *Introdução ao método de aplicação científica do Direito*, Coimbra, 1983, pp. 45 e ss.; JOÃO DE CASTRO MENDES, *Introdução...*, pp. 237 e ss.; A. CASTANHEIRA NEVES, *Interpretação jurídica*, in Pol., III, Lisboa, 1985, pp. 651 e ss., e *Metodologia jurídica – problemas fundamentais*, Coimbra, 1993, pp. 85 e ss.; J. DIAS MARQUES, *Introdução...*, 5.ª ed., pp. 131 e ss.; MANUEL A. DOMINGUES DE ANDRADE, *Ensaio sobre a teoria da interpretação das leis*, 4.ª ed., Coimbra, 1987, pp. 14 e ss.; JOSÉ DE SOUSA E BRITO, *Hermenêutica e Direito*, in *Filosofia do Direito e do Estado*, Lisboa, 1987, pp. 451 e ss.; FRANCESCO FERRARA, *Interpretação e aplicação das leis*, 4.ª ed., Coimbra, 1987, pp. 127 e ss.; FRANÇOIS TERRÉ, *Introduction...*, pp. 379 e ss.; REINHOLD ZIPPELIUS, *Juristische Methodenlehre*, 5.ª ed., München, 1990, pp. 39 e ss.; PAULO DOURADO DE GUS-

Tal afirmação implica que a correcta compreensão da hermenêutica constitucional só possa ser inteiramente sucedida se ela tomar por ponto de partida todos esses conhecimentos, que se esteiam em quatro problemas fundamentais, aos quais aquelas ciências gerais do Direito dão uma resposta:

– *os sujeitos da interpretação;*
– *o objecto da interpretação;*
– *os elementos da interpretação;*
– *os resultados da interpretação.*

II. A interpretação das fontes constitucionais[1152], no plano dos *sujeitos* que a podem levar a cabo, está na disponibilidade de todos os

MÃO, *Introdução...*, pp. 273 e ss.; MANUEL SEGURA ORTEGA, *Teoría del Derecho*, Madrid, 1990, pp. 207 e ss.; RAÚL CANOSA USERA, *Interpretación constitucional e formula política*, Madrid, 1988, pp. 1 e ss.; HANS-MARTIN PAWLOWSKI, *Methodenlehre für Juristen*, 2.ª ed., Heidelberg, 1991, pp. 216 e ss.; PEDRO NUNES DE CARVALHO, *Introdução ao Estudo do Direito*, I, Lisboa, 1993, pp. 39 e ss.; MARCELO REBELO DE SOUSA e SOFIA GALVÃO, *Introdução...*, pp. 46 e ss.; INOCÊNCIO GALVÃO TELLES, *Introdução...*, I, pp. 235 e ss.; TÉRCIO SAMPAIO FERRAZ JÚNIOR, *Introdução...*, pp. 286 e ss.; JOSÉ DE OLIVEIRA ASCENSÃO, *O Direito...*, pp. 391 e ss., e pp. 469 e ss.

1152 Sobre a interpretação das fontes constitucionais, v. ARMANDO M. MARQUES GUEDES, *Direito Constitucional*, pp. 87 e ss.; COSTANTINO MORTATI, *Costituzione...*, pp. 178 e ss.; MARCELO REBELO DE SOUSA, *Direito Constitucional...*, pp. 357 e ss.; CÉSAR ENRIQUE ROMERO, *Introducción...*, pp. 72 e ss.; ENRIQUE ALONSO GARCÍA, *La interpretación de la Constitución*, Madrid, 1984, pp. 89 e ss.; MARCELLO CAETANO, *Direito Constitucional...*, II, pp. 11 e ss.; ANTONIO E. PÉREZ LUÑO, *Derechos humanos, Estado de Derecho y Constitución*, 2.ª ed., Madrid, 1986, pp. 249 e ss.; RAÚL CANOSA USERA, *Interpretación...*, pp. 55 e ss.; SERGIO BARTOLE, *Costituzione...*, pp. 315 e ss.; KONRAD HESSE, *Grundzüge...*, pp. 19 e ss.; KLAUS STERN, *Derecho del Estado...*, pp. 280 e ss.; PABLO LUCAS VERDÚ, *Curso...*, II, pp. 495 e ss.; HUMBERTO QUIROGA LAVIÉ, *Curso de Derecho Constitucional*, Buenos Aires, 1987, pp. 83 e ss.; JUAN ALFONSO SANTAMARÍA PASTOR, *Fundamentos...*, I, pp. 485 e ss.; EKKEHART STEIN, *Staatsrecht*, pp. 20 e ss.; J. J. GOMES CANOTILHO e VITAL MOREIRA, *Fundamentos...*, pp. 51 e ss.; TEMISTOCLE MARTINES, *Diritto...*, pp. 122 e ss.; J. J. GOMES CANOTILHO, *Direito Constitucional*, pp. 226 e ss., e *Direito Constitucional e Teoria...*, pp. 1195 e ss.; CELSO RIBEIRO BASTOS, *Curso...*, pp. 96 e ss.; RÚBEN HERNÁNDEZ VALLE, *El Derecho...*, I, pp. 195 e ss.; JAVIER PÉREZ ROYO,

membros e operadores da comunidade jurídica, devendo lembrar-se que há muito se ultrapassou o preconceito de que as fontes constitucionais representaria um domínio privativo dos políticos ou que, por força do seu carácter organizatório, não teriam a virtualidade de dizer respeito a todos os cidadãos.

A interpretação privada do Direito Constitucional é do mesmo modo legítima, como o é, em geral, no Direito. O mesmo se pode dizer da interpretação oficial ou pública, a cargo das diversas entidades e organismos que são dotados de poder público, como as interpretações administrativa, legislativa ou jurisdicional, sendo certo que todos os poderes estão vinculados à Constituição.

Claro que a *interpretação autêntica* do texto constitucional, uma vez o mesmo aprovado, só cabe ao órgão que dispõe de competência para aprovar a revisão constitucional, desses efeitos ainda se excluindo intervenções que só possam ser efectuadas pela entidade que, anteriormente, dispôs de poder constituinte originário, o que obriga, nestes casos, a uma nova manifestação de idêntico poder constituinte originário.

III. A hermenêutica constitucional deve levar em consideração o *objecto* que efectivamente se pretende captar, de acordo com dois dualismos já clássicos ao longo da evolução da Teoria Geral de Direito em matéria de interpretação jurídica:

Curso..., pp. 131 e ss.; Gaspar Caballero Sierra e MARCELA ANZOLA GIL, *Teoría...*, pp. 51 e ss.; THEO ÖHLINGER, *Verfassungsrecht*, pp. 27 e ss.; THEODOR MAUNZ e REINHOLD ZIPPELIUS, *Deutsches...*, pp. 43 e ss.; ROBERT WALTER e HEINZ MAYER, *Grundriß...*, pp. 52 e ss.; JOSÉ JOÃO GONÇALVES DE PROENÇA, *Introdução ao Estudo do Direito*, Lisboa, 1995, pp. 130 e ss.; OSCAR ALZAGA VILLAAMIL, *Derecho...*, I, pp. 58 e ss.; ALFRED KATZ, *Staatsrecht...*, pp. 48 e ss.; CRISTINA M. M. QUEIROZ, *Interpretação constitucional e poder judicial*, Lisboa, 1997, pp. 107 e ss.; JORGE MIRANDA, *Manual...*, II, pp. 281 e ss.; JOSÉ CARLOS VIEIRA DE ANDRADE, *Os direitos fundamentais...*, pp. 93 e ss.; GILMAR FERREIRA MENDES, INOCÊNCIO MÁRTIRES COELHO e PAULO GUSTAVO GONET BRANCO, *Curso...*, pp. 99 e ss.; LUÍS ROBERTO BARROSO, *Curso de Direito Constitucional...*, pp. 268 e ss.

- entre *subjectivismo e objectivismo*, por um lado, preferindo-se a interpretação que quer obter o sentido *objectivista*, o qual se expressa na exterioridade da fonte constitucional, não tanto a vontade real do autor ou autores das fontes em causa; e
- entre *historicismo e actualismo*, por outro lado, preferindo-se o sentido *actualista*, contra o sentido que eventualmente se pudesse alcançar no momento da edição do preceito interpretando.

IV. Os *elementos* que podem ser postos em acção na tarefa interpretativa são, num primeiro momento, *literais*, aí se contando com os preceitos constitucionais, tal como eles resultam da aprovação dos articulados constitucionais.

Só que em muitos casos esses elementos literais não chegam e torna-se imperioso recorrer aos elementos *extra-literais*, nos quais se incluem, na esteira da proposta de FRIEDRICH VON SAVIGNY[1153], os seguintes:

- o *elemento sistemático*, pela relação que cada preceito mantém com outros preceitos, mais ou menos próximos;
- o *elemento histórico*, na sua conexão com o percurso e as razões circunstanciais de edição dos preceitos; e
- o *elemento teleológico*, de acordo com a finalidade que presidiu à criação do preceito interpretando.

V. A tarefa interpretativa vale sobretudo pelas conclusões a que pode chegar no plano dos seus *resultados*, pois que, embora geralmente seja *declarativa*, porque o sentido literal corresponde ao sentido lógico da fonte constitucional, às vezes é preciso admitir outras conclusões:

- *a interpretação restritiva*, quando o sentido deve ficar aquém daquilo que se diz na letra constitucional;

1153 JOSÉ DE SOUSA E BRITO, *Hermenêutica...*, pp. 452 e ss.

– *a interpretação extensiva*, quando o sentido normativo deve ir além do sentido literal expresso na fonte constitucional[1154];
– a *interpretação enunciativa*, quando do sentido literal se inferem outros sentidos, a partir de meros argumentos lógicos, que assim fazem revelar novas determinações de dever-ser[1155];
– *a interpretação abrogante*, sempre que a fonte constitucional esteja desprovida de um sentido ordenador, seja por razões lógicas, seja por razões valorativas.

126. Interpretação constitucional e interpretação conforme à Constituição

I. A análise da temática da interpretação constitucional – no que esta signifique de busca de um sentido normativo que esteja ínsito ou fique subjacente às fontes normativas por que tenha de partir-se para o encontro de uma solução para um problema a ser resolvido pelo Direito Constitucional – deve todavia diferenciar-se de outra realidade hermenêutica, que só na aparência se pode aproximar da verdadeira interpretação constitucional.

É ela a da *interpretação conforme à Constituição*, que se insere nas relações entre o Direito Constitucional e o Direito Infraconstitucional, nada tendo que ver com qualquer particularidade da interpretação constitucional, sendo até uma importante consequência da característica da supremacia hierárquico-normativa deste ramo do Direito.

[1154] Exemplo: determinar a demissão do Governo não só a impossibilidade física permanente, mas também a impossibilidade psicológica permanente, do Primeiro-Ministro.

[1155] Quanto à interpretação enunciativa, bem como os respectivos critérios de extracção de regras, com particular realce para o argumento *a contrario*, v. MARIA JOSÉ FALCON Y TELLA, *El argumento analogico en el Derecho*, Madrid, 1991, pp. 163 e ss.; MARCELO REBELO DE SOUSA e SOFIA GALVÃO, *Introdução...*, pp. 62 e 63; TÉRCIO SAMPAIO FERRAZ JÚNIOR, *Introdução...*, pp. 335 e ss.; JOSÉ DE OLIVEIRA ASCENSÃO, O *Direito...*, pp. 463 e ss.

II. Uma coisa é a *interpretação das fontes constitucionais* e coisa bem diversa é a *interpretação conforme à Constituição*[1156], pois que esta, apesar de igualmente representar um idêntico esforço hermenêutico de uma fonte normativa, acarreta diferenças de tomo em relação àquela:

- *no objecto da actividade interpretativa*: na interpretação conforme à Constituição, pretende-se atingir o sentido de uma fonte infra-constitucional, não de uma fonte constitucional, embora o sentido desta deva ter-se por pressuposto para se fazer a análise daquela;
- *no esquema lógico que se adopta*: na interpretação conforme à Constituição, o sentido normativo-constitucional é um elemento auxiliar, a ser levado em consideração na captação do sentido da fonte infra-constitucional, não propriamente uma actividade em si mesmo considerada com autonomia;
- *no êxito da interpretação conforme à Constituição*: na interpretação conforme à Constituição nem sempre se alcança um resultado positivo porque pode a mesma não ser possível se não conseguir acomodar-se, na hermenêutica da fonte infra-constitucional sobre que se projecta, a um sentido que possa considerar-se adequado ao texto constitucional.

III. A razão de ser da interpretação conforme à Constituição prende-se com o reconhecimento do carácter supremo do texto constitucional, que como tal não só se impõe como ditame cujo respeito é forçoso como igualmente se mostra passível de ser um elemento auxiliar na tarefa interpretativa das fontes infra-constitucionais, numa posição especial que deve assumir no contexto do elemento sistemático, através do qual se deve vislumbrar a fonte infra-constitu-

---

[1156] Sobre a interpretação conforme à Constituição, v. KARL LARENZ, *Metodologia da Ciência do Direito*, 3.ª ed., Lisboa, 1997, pp. 479 e ss.; JORGE MIRANDA, *Manual...*, II, pp. 294 e ss.; J. J. GOMES CANOTILHO, *Direito Constitucional e Teoria...*, pp. 1226 e ss.; INOCÊNCIO MÁRTIRES COELHO, *Fiscalização da Constituição: métodos e princípios da interpretação constitucional*, in DeC, ano V, n.º 18, Setembro a Dezembro de 2003, pp. 202 e ss.

cional integrada no sistema jurídico global, que tem no seu cume precisamente o texto constitucional.

Só que isso implica que a actividade da interpretação conforme à Constituição nem sempre seja bem sucedida porque em muitos casos ela não vem a ser possível e a consequência, bem mais dramática, é a da fulminação da fonte infra-constitucional pela sanção decorrente da inconstitucionalidade, não se podendo afeiçoar às orientações que se obtêm a partir da fonte constitucional.

Isso sucede quando a orientação de escolher um sentido que seja constitucionalmente conforme não tenha a guarida possível nas condições literais ou extra-literais por que se apresenta a fonte infra-constitucional interpretanda, não se podendo obviamente conceber que a interpretação conforme à Constituição de algum modo "violente" esse sentido oferecido.

Nessa hipótese, o resultado deve ser o da inconstitucionalidade da fonte, não o de se forçar o seu sentido hermenêutico, só porque não é conforme ao sentido da fonte infra-constitucional que se está a interpretar[1157].

127. As singularidades da interpretação constitucional

I. Não obstante a posição de princípio que assenta na aceitação de que a hermenêutica constitucional não se afasta dos cânones gerais

---

[1157] Não podiam ser mais eloquentes estas palavras de KARL LARENZ a respeito do funcionamento da interpretação conforme à Constituição (*Metodologia...*, p. 480): "Se uma interpretação, que não contradiz os princípios da Constituição, é possível segundo os demais critérios de interpretação, há-de preferir-se a qualquer outra em que a disposição viesse a ser inconstitucional. A disposição é então, nesta interpretação, válida. Disto decorre, então, que de entre várias interpretações possíveis segundo os demais critérios sempre obtém preferência aquela que melhor concorde com os princípios da Constituição (...). A interpretação conforme à Constituição, se quer continuar a ser interpretação, não pode ultrapassar os limites que resultem do sentido literal possível e do contexto significativo da lei".

da Ciência do Direito, o certo é que é possível vislumbrar a existência de alguns factores de singularização da interpretação constitucional, que podem tornar essa actividade um pouco mais complexa e difícil em relação àquilo que ela já é, se observada em termos gerais.

O cenário de fundo que deve fundar essa singularização é composto pela proximidade do Direito Constitucional relativamente ao mundo da actividade política pura, a qual se estriba em regras de liberdade de acção e em que muitas vezes se torna espinhoso – e, às vezes, mesmo indesejável – penetrar com qualquer intuito juridificador.

Em cada momento da interpretação jurídico-constitucional, é preciso levar em consideração a magnitude do poder público que se pretende regular e daí extrair consequências para o sentido a captar nessa sede.

II. A Teoria do Direito Constitucional tem apresentado vários esquemas de específica interpretação constitucional, nalguns casos representando a remodelação de certas pautas interpretativas gerais[1158]:

– *o princípio da unidade da Constituição*: a interpretação de cada preceito constitucional, numa lógica sistemática, que neste ordenamento é mais relevante do que nunca, deve atender à sua sistematicidade global, dela se podendo colher importantes contributos;
– *o princípio da concordância prática*: situando-se o texto constitucional num máximo nível ordenador, e por isso mesmo acentuadamente generalizante, é atravessado por princípios contrários e divergentes, que portanto importa harmonizar, de acordo com uma solução que os maximize, com o simultâneo menor sacrifício de cada um deles;

[1158] Cfr. Marcelo Rebelo de Sousa, *Direito Constitucional...*, pp. 359 e ss.; Inocêncio Mártires Coelho, *Fiscalização da Constituição: métodos e princípios...*, pp. 197 e ss.

- *o princípio da correcção funcional*: não sendo o texto constitucional apenas material, dele só devem derivar resultados interpretativos que respeitem o equilíbrio de poderes e de competências que estão ao serviço da realização dos respectivos objectivos materiais, como se assinala no princípio da separação de poderes;
- *o princípio da eficácia integradora*: na tarefa interpretativa, a solução a encontrar pelo intérprete deve ainda considerar, numa perspectiva pré-jurídica, os objectivos de integração social e de unidade política, que subjazem à Ordem Constitucional, a qual não se pode desligar dessa realidade constitucional;
- *o princípio da máxima efectividade*: na procura de um sentido nas fontes constitucionais, deve finalmente buscar-se o resultado que mais eficácia possa dar, rejeitando-se os entendimentos empobrecedores da normatividade constitucional.

III. Para além desta orientação que deve estar presente na interpretação das fontes constitucionais, interessa registar a ocorrência de esquemas interpretativos próprios que eventualmente os textos constitucionais possam impor no mais particular âmbito de certas e concretas tarefas interpretativas.

É o que sucede no contexto da Constituição Social, em cujo meio as normas de direitos fundamentais, no seu plano atributivo ou favorecedor da pessoa, se interpretam, sempre que possível, de um modo mais favorável à pessoa humana – é a regra do *in dubio pro libertate*[1159].

É igualmente o que acontece nas fontes constitucionais que disciplinam a organização do poder público no seio da Constituição Política, zona em que, por força do princípio da competência, os poderes dos órgãos devem ser objecto de um sentido limitativo, não só entre si como ainda entre o domínio do poder e o âmbito da

---

1159 Que se deduz de inúmeros preceitos constitucionais, nos quais se incluindo o art. 27.°, n.° 1, da CRP: "Todos têm o direito à liberdade e à segurança".

actuação das pessoas, tendencialmente vigorando a orientação da interpretação literal[1160].

IV. Eis dois exemplos que podem condicionar a actividade interpretativa das fontes constitucionais quando reportada a certos âmbitos regulativos.

Mas não custa ainda referir outros critérios interpretativos, agora já insuflados de fora do texto constitucional, aos mesmos este reconhecendo uma especial força interpretativa.

É o caso do recurso à DUDH, para a qual o articulado da CRP remete nos seguintes termos: "Os preceitos constitucionais e legais relativos aos direitos fundamentais devem ser interpretados e integrados de harmonia com a Declaração Universal dos Direitos do Homem"[1161].

Para efeitos de interpretação, em tudo quanto diga respeito aos direitos fundamentais relevantes ao nível de preceitos constitucionais (sendo o mesmo verdadeiro em relação aos preceitos legais), as fontes constitucionais devem ver na DUDH, como documento próprio que é, um referencial essencial, que tem de ser levado em conta, assim contribuindo como elemento adjuvante nessa tarefa.

Contudo, esse não é um percurso linear, sendo necessário levar em consideração três distintos momentos:

– haver, primeiro, uma margem de incerteza interpretativa que dê azo à aplicação da DUDH, porque se essa incerteza não existir, não se vê a utilidade de a ela recorrer;
– encontrar-se, de seguida, apoio interpretativo sobre a questão, em abstracto, em norma pertinente da DUDH, podendo

[1160] É o que parece decorrer do art. 111.°, n.° 2, da CRP: "Nenhum órgão de soberania, de região autónoma ou de poder local pode delegar os seus poderes noutros órgãos, a não ser nos casos e nos termos expressamente previstos na Constituição e na lei".

[1161] Art. 16.°, n.° 2, da DUDH. Cfr. Jorge Bacelar Gouveia, *A Declaração Universal dos Direitos do Homem e a Constituição Portuguesa*, in *Ab Uno Ad Omnes – 75 Anos da Coimbra Editora*, Coimbra, 1998, pp. 937 e ss.

dar-se o caso de o problema interpretativo ser totalmente desconhecido daquele texto internacional;

- caber, por fim, o sentido interpretativo da DUDH na margem de incerteza interpretativa da fonte constitucional, pois que o seu contributo não pode forçar os termos literais daquela fonte[1162].

[1162] Para mais desenvolvimentos, v., por todos, JORGE BACELAR GOUVEIA, *A Declaração Universal...*, p. 940.

§ 28.º A integração das lacunas constitucionais

128. A admissão das orientações gerais sobre a integração das lacunas jurídicas

I. Actividade ainda mais difícil do que a da interpretação – tanto a geral como a constitucional – vem a ser a da integração das lacunas jurídicas[1163].

[1163] Sobre a integração das lacunas jurídicas sob o enquadramento da Teoria Geral do Direito, v. PHILIPP HECK, *Interpretação da lei...*, pp. 165 e ss.; NORBERTO BOBBIO, *Teoria dell'Ordinamento Giuridico*, Torino, 1960, pp. 165 e ss., e *Teoria Generale del Diritto*, Torino, 1993, pp. 237 e ss.; HANS KELSEN, *Teoria Pura...*, pp. 338 e ss.; ALESSANDRO GROPPALI, *Introdução...*, pp. 235 e ss.; ANGEL LATORRE, *Introdução...*, pp. 111 e ss.; RUBEN RODRIGUES NOGUEIRA, *Curso...*, pp. 244 e ss.; J. BAPTISTA MACHADO, *Introdução ao Direito...*, pp. 192 e ss.; GERALDES DE CARVALHO, *Introdução...*, pp. 121 e ss.; JOÃO DE CASTRO MENDES, *Introdução...*, pp. 259 e ss.; HANS KELSEN, *Teoria Generale delle Norme*, Torino, 1985, pp. 204 e ss.; MÁRIO BIGOTTE CHORÃO, *Integração de lacunas*, in Pol., III, Lisboa, 1985, pp. 591 e ss.; MANUEL A. DOMINGUES DE ANDRADE, *Ensaio...*, pp. 78 e ss.; FRANCESCO FERRARA, *Interpretação...*, pp. 154 e ss.; REINHOLD ZIPPELIUS, *Juristische...*, pp. 58 e ss.; MANUEL SEGURA ORTEGA, *Teoría...*, pp. 245 e ss.; PAULO DOURADO DE GUSMÃO, *Introdução...*, pp. 285 e ss.; MARIA JOSÉ FALCÓN Y TELLA, *El argumento...*, pp. 66 e ss.; HANS-MARTIN PAWLOWSKI, *Methodenlehre...*, pp. 208 e ss.; A. CASTANHEIRA NEVES, *Metodologia...*, pp. 207 e ss.; KARL ENGISCH, *Introdução ao Pensamento Jurídico*, 7.ª ed., Lisboa, 1996, pp. 275 e ss.; MARCELO REBELO DE SOUSA e SOFIA GALVÃO, *Introdução...*, pp. 65 e ss.; INOCÊNCIO GALVÃO TELLES, *Introdução...*, I, pp. 260 e ss.; TÉRCIO SAMPAIO FERRAZ JÚNIOR, *Introdução...*, pp. 217 e ss.; JOSÉ DE OLIVEIRA ASCENSÃO, *O Direito...*, pp. 433 e ss.

A atestar quanto se afirma está não apenas a escassez doutrinária que lhe costuma ser reservada como o facto de serem praticamente inexistentes os critérios constitucionais que permitem ditar soluções para os casos em que as lacunas introduzem uma fissura no Ordenamento Jurídico-Constitucional.

No entanto, ela é tão real quanto a própria interpretação e só há que lhe fazer frente, com o objectivo de não permitir a paralisação da aplicação do Direito Constitucional só porque não se encontra a solução que deve regular um caso em questão.

II. As dificuldades começam logo na identificação rigorosa das situações lacunares, ou seja, saber que situações não estão previstas, assim não se oferecendo soluções para casos individuais e concretos, que deviam ter resposta, dessa forma se contrariando o plano do Direito Constitucional de pretender regular esses mesmos casos, que se apresentam, portanto, fora da sua alçada regulativa, no plano normativo.

A lacuna jurídica é, deste modo, uma noção compósita, que se distribui por *dois elementos*:

- *um elemento objectivo*: *uma incompleição ou ausência de norma aplicável a uma dada situação concreta e individual*, que não tem uma solução normativa directa; e
- *um elemento finalístico: uma incompleição que contraria o plano do ramo do Direito em causa*, pois que, se tivesse previsto essa situação, não teria nela consentido, estipulando a orientação em falta, evitando assim que isso pudesse suceder.

A sua aplicação ao Direito Constitucional determina que o Direito em questão vem a ser este ramo jurídico, com tudo quanto isso significa de particularidades no seu conteúdo e na sua posição hierárquica.

III. A lacuna jurídica deve dissociar-se da *situação extra-jurídica*, hipótese em que não se estabelece qualquer norma ou princípio aplicável, nem tal se afigurando necessário, pois que se enfrenta um caso que não pertence ao âmbito regulativo do Direito[1164].

Pensando no Direito Constitucional, as *lacunas jurídico-constitucionais*, diferentemente das *situações extra-jurídico-constitucionais*, consistem na ausência de uma solução que o Direito Constitucional requeira, dentro do seu específico âmbito regulativo.

Daí que não se verifique qualquer lacuna jurídico-constitucional se certa hipótese não encontrar norma por não a merecer do ponto de vista da regulação que este ramo leva a cabo, seja porque não é, de todo, juridicamente relevante, seja porque só deve ter uma solução ao nível de outro ramo do Direito.

IV. A detecção de uma lacuna é, no entanto, uma primeira parte do problema: é que, a seguir, cumpre gizar os melhores esquemas que conduzam à supressão ou preenchimento dessas lacunas.

A Teoria Geral do Direito dá-nos como critério[1165] – que também se aplica genericamente ao Direito Constitucional[1166] – a orientação que se obtém, primeiro, da *analogia legis*, e depois, da *analogia iuris*.

A diferença está no grau de proximidade da situação onde se pode obter a solução normativa aplicável:

[1164] Daí que não pareça correcta a referência muitas vezes feita ao costume como modo de integração de lacunas porque o costume é, ele próprio e em geral, parte componente do sistema jurídico, não havendo por isso lacuna. Assim, JOSÉ DE OLIVEIRA ASCENSÃO, *O Direito*..., pp. 445 e 446.

Desta crítica se ressente o art. 4.° da Lei de Introdução ao Código Civil Brasileiro, nele se estabelecendo que "Quando a lei for omissa, o juiz decidirá o caso de acordo com a analogia, os costumes e os princípios gerais de Direito".

[1165] Que bem se exemplifica no art. 11.° do CC, ao dizer-se que "As normas excepcionais não comportam aplicação analógica, mas admitem interpretação extensiva".

[1166] O Direito Penal também se mostra sensível a este problema, prescrevendo o CP, no seu art. 1.°, n.° 3, que "Não é permitido o recurso à analogia para qualificar um facto como crime, definir um estado de perigosidade ou determinar a pena ou medida de segurança que lhes corresponde".

– na *analogia legis,* a proximidade é de natureza tipológica; enquanto que
– na *analogia iuris,* a proximidade é imposta pelos princípios gerais.

Eis a razão por que, não obstante a sua complexidade, o preenchimento das lacunas, jurídicas e jurídico-constitucionais, deve ser relativizada, porquanto apenas implica, bem vista as coisas, um processo lógico-hermenêutico mais elaborado, mas em que a descoberta de uma solução jurídica é ainda e sempre possível: mesmo que numa segunda linha de acção, através da procura de uma solução para o caso a partir de outras normas ou princípios, ambos integrados no sistema jurídico em apreço, é permanentemente possível resolver o problema suscitado.

Por isso, só se pode expressar perplexidade em relação às chamadas lacunas rebeldes à analogia: se há uma lacuna, ela tem de ser integrada; se não pode ser integrada, então nem sequer é lacuna, porque se localiza extra-muros da Ordem Jurídica[1167].

129. Lacunas constitucionais e omissões legislativas

I. As *lacunas constitucionais*, ao expressarem a inexistência de normas constitucionais aplicáveis, situam-se na órbita do texto constitucional, aí representando uma lamentável deficiência na edificação da Ordem Constitucional.

Mas há que não confundir as lacunas constitucionais com as *omissões legislativas*, que designam a ausência de normas, ou até de globais regimes aplicáveis, tendo por causa a inércia do poder normativo infra-constitucional que tem a seu cargo a realização da respectiva ordenação.

[1167] Contra, dizendo que há lacunas rebeldes à analogia, José de Oliveira Ascensão, *O Direito...*, pp. 464 e ss.

As omissões legislativas, situando-se no plano das fontes infra--constitucionais, ao passo que as lacunas jurídico-constitucionais se fazendo sentir no Ordenamento Jurídico-Constitucional, acabam por ter a sua razão de ser no próprio fragmentarismo do Direito Constitucional, por nem tudo lhe poder ser regulativamente atribuído.

II. Só que não é automático considerar que a ausência de normas e regimes infra-constitucionais possa implicar a existência de omissões legislativas relevantes sob um prisma jurídico-constitucional.

É ainda preciso que essa ausência não seja pretendida pelo Direito Constitucional, que assim não pôde confiar na função normativa infra-constitucional para desenvolver e, sobretudo, pôr em acção as orientações normativo-constitucionais que carecem daquele prolongamento.

Porém, não estamos perante verdadeiras situações de lacuna constitucional porque o texto constitucional, nestas omissões legislativas infra-constitucionais, não está truncado, nem sofre de qualquer incompleição.

Do que se trata é da ausência de normas ou de orientações que não têm natureza constitucional, apenas ostentando uma feição infra-constitucional, pelo que nem tem sentido a aplicação dos mecanismos e das preocupações próprias que são inerentes às lacunas constitucionais.

Nem sequer é difícil exemplificar casos de omissões legislativas, muitas delas advenientes da recente aprovação de preceitos constitucionais: como caso mais flagrante, indique-se a reforma do sistema de governo autárquico, tendo a matéria sido desconstitucionalizada, mas havendo um dever de legislar no sentido da reforma do sistema actual, que ainda é o antigo e que, pelos vistos, ainda perdura.

III. O carácter indesejável ou mesmo condenável das omissões legislativas – podendo igualmente pensar-se nessas omissões em patamares regulativos internacionais ou regulamentares – fundamenta-se na verificação de um dever de legislar que seja constitucionalmente estabelecido: é que, em muitos casos, não podendo ou não querendo a Constituição dizer tudo, incumbe às fontes infra-constitucionais proceder a essas disciplinas complementares.

Na maior parte dos casos, as omissões legislativas até correspondem a situações de inconstitucionalidade – neste caso, de inconstitucionalidade por omissão – porque a Constituição é violada pela verificação da ausência de medidas que permitem que os seus preceitos se apliquem.

Mas nem sempre essas situações omissivas, sendo inconstitucionais, têm qualquer resposta no plano do adequado sistema adjectivo de controlo da inconstitucionalidade por omissão: em Portugal, isso apenas sucede para certas categorias de omissões legislativas, nos termos em que está prevista a fiscalização da inconstitucionalidade por omissão[1168].

130. As singularidades da integração das lacunas constitucionais

I. As singularidades que é possível encontrar nas lacunas constitucionais, do mesmo modo dando-se por adquirido tudo quanto se aceita no plano da Teoria Geral do Direito, são evidentes na respectiva detecção[1169].

A identificação das lacunas constitucionais tem de ser vista com particular cuidado em nome dos factores caracterizadores do Direito Constitucional:

[1168] Cfr. o art. 283.° da CRP. Cfr. *infra* n.° 250.

[1169] Sobre as lacunas normativo-constitucionais, bem como a respectiva integração, v. ARMANDO M. MARQUES GUEDES, *Direito Constitucional*, pp. 92 e 93; MARCELO REBELO DE SOUSA, *Direito Constitucional...*, p. 361; PABLO LUCAS VERDÚ, *Curso...*, II, pp. 559 e ss.; J. J. GOMES CANOTILHO e VITAL MOREIRA, *Fundamentos...*, pp. 58 e 59; J. J. GOMES CANOTILHO, *Direito Constitucional*, pp. 237 e ss.; JOSÉ JOÃO GONÇALVES DE PROENÇA, *Introdução...*, pp. 135 e ss.; CELSO RIBEIRO BASTOS, *Curso...*, pp. 106 e ss.; JORGE MIRANDA, *Manual...*, II, pp. 299 e ss.

– por um lado, *a sua superioridade hierárquica no mundo da Ordem Jurídica Estadual*, tal implicando um acrescido esforço com o que deve considerar-se pertencente à órbita regulativa do Direito Constitucional;
– por outro lado, *a sua conexão íntima com actividades que não devem ser juridicamente reguladas*, não se podendo esquecer a forte proximidade do Direito Constitucional do poder público, nem sempre se desenhando com nitidez a concessão de uma liberdade decisória que lhe é própria, por contraposição a uma falha regulativa que devia limitar uma tão excessiva liberdade.

II. A primeira circunstância determina que a lacuna constitucional não se resuma apenas à ausência de uma solução normativa, mas que ela seja imposta ao nível mais elevado das normas formalmente constitucionais: pode não ser suficiente que a solução seja encontrada ao nível infra-constitucional, pois que se exige precisamente, nas normas constitucionais, que estas sejam dotadas da peculiar força hierárquica que inere às normas do Direito Constitucional. A lacuna constitucional corresponde, deste modo, à ausência de uma solução aplicável, mas com posição formalmente constitucional.

Evidentemente que nem sempre a ausência de uma norma aplicável no plano das normas constitucionais pode ser qualificada como uma lacuna constitucional, a partir do momento em que seja logicamente aceitável que uma solução normativa, que eventualmente exista, seja oriunda de outras fontes infra-constitucionais, que assim assumem uma natureza geral.

Neste caso, estamos perante, não uma lacuna constitucional, mas a aplicação de uma norma subsidiária, que decorre de outros sectores da Ordem Jurídica, assim aplicáveis. Se a solução, que não se encontra nas normas constitucionais, puder ser encontrada ao nível de normas infra-constitucionais, não há lacuna; há, sim, a complementaridade que é própria entre sectores da Ordem Jurídica global, nem sequer se percebendo neste ponto que especificidade poderia tal solução concitar, não sendo, por isso, uma solução constitucional.

III. A outra circunstância mencionada prende-se com o sensível assunto da destrinça, nem sempre fácil, entre a verdadeira lacuna constitucional e a situação extra-jurídico-constitucional.

Enquanto que a lacuna constitucional implica a ausência de uma norma constitucional aplicável a um caso concreto e individual, a situação extra-jurídica do foro constitucional significa que a ausência de uma norma aplicável é desejável porque se está diante de uma hipótese que não tem de ser juridicamente regulada, sendo antes deixada ao domínio da Política.

Mas, neste caso, é necessário abrir duas alternativas:

– ser uma situação extra-jurídica geral, de todo em todo relevante para o Direito, e portanto, por maioria de razão, para o Direito Constitucional;
– ser uma situação extra-jurídica especificamente para o Direito Constitucional, na medida em que, dentro da sua lógica, não se pretende que o problema em aberto seja tratado ao nível daquele ramo do Direito, com as suas características, embora se admita que possa ser resolvido por outros ramos do Direito.

Como muito bem sublinha, a este propósito, JOÃO BAPTISTA MACHADO, "...o desenvolvimento do Direito *ultra legem* não pode aventurar-se além da linha de confins entre o jurídico e o político (...): se uma Constituição deixa claramente em aberto várias soluções possíveis (p. ex., a opção entre vários regimes possíveis de Direito do Trabalho, com implicações diferentes sobre o regime do contrato de trabalho), e se não pode optar-se por nenhuma delas com base em razões jurídicas (que, na hipótese, teriam de buscar-se fora da Constituição), o tribunal deve exercer a *political restraint* e não substituir-se ao legislador fazendo, em vez dele, uma opção política por uma daquelas soluções"[1170].

[1170] J. BAPTISTA MACHADO, *Introdução ao Direito...*, p. 199, ainda acrescentando que "Se, para concluir pela existência de uma lacuna, o jurista tem de assentar numa opção política pessoal de prática convivência e oportunidade, então essa lacuna não é uma lacuna jurídica (que o tribunal esteja autorizado a preencher), mas, quando muito, uma «lacuna política»."

IV. As referidas singularidades na identificação das lacunas constitucionais igualmente podem sentir-se na adopção dos critérios que legitimam a tarefa do seu preenchimento.

Só que o preenchimento das lacunas constitucionais é muitas vezes árduo porque são sempre escassas as indicações que resultam dos textos constitucionais, não sendo neste ponto a CRP qualquer excepção.

Na ausência de qualquer índice jurídico-constitucional, ou de pelo menos qualquer índice jurídico-constitucional geral, não se vê alternativa senão atingir a solução do caso através da aplicação dos critérios gerais da *analogia legis* e da *analogia iuris*.

De todo o modo, o Direito Constitucional Português oferece ainda elementos específicos, que permitem resolver a integração de lacunas, havendo a salientar dois possíveis métodos:

– o método da *integração normativa* de lacunas constitucionais;
– o método da *integração casuística* de lacunas constitucionais.

V. O primeiro método fica bem patente na possibilidade, constitucionalmente bem explícita, do recurso à DUDH como bloco normativo para integrar as lacunas em matéria de direitos fundamentais[1171], documento a que já aludimos em matéria de interpretação jurídico-constitucional.

Trata-se de uma via de integração de lacunas especificamente pensada para os direitos fundamentais, não parecendo que se possa propagar à globalidade do Direito Constitucional, ainda que também não seja fácil efectuar uma eventual restrição da sua amplitude material[1172].

1171 Art. 16.°, n.° 2, *in fine*, da CRP. Cfr. JORGE BACELAR GOUVEIA, *A Declaração Universal...*, pp. 945 e ss.

1172 Como se escreveu noutro lugar (JORGE BACELAR GOUVEIA, *A Declaração Universal...*, p. 947), "A adopção deste «Direito subsidiário especial» determina que a Declaração Universal se torne no primeiro dos critérios constitucionalmente usados para preencher as lacunas do sistema de direitos fundamentais. Uma vez esta dando-se por verificada, a prioridade absoluta vai para a Declaração Universal. Só se neste texto se não encontrar resposta, é que entram em acção os outros possíveis critérios de natureza sistemático-valorativa, de tipo subsidiário ou não".

Também é uma via normativa de integração de lacunas constitucionais porque a CRP opera, por esta cláusula, uma incorporação constitucional da DUDH, com o precípuo objectivo de não permitir a ausência de qualquer regulação normativo-constitucional em matéria de direitos fundamentais. O preenchimento da lacuna não é casuístico, antes é normativo, porque acontece permanentemente e não se apaga sempre que, tendo surgido um caso, o mesmo venha a ser resolvido, mostrando a virtualidade de se prolongar para o futuro.

Esta não é uma mera possibilidade teórica porque é viável deparar com casos em que o recurso à DUDH permite preencher lacunas do sistema de direitos fundamentais: está nessa posição o preceito da DUDH que contém uma orientação geral, manifestamente em falta na CRP, a respeito dos limites impostos ao exercício dos direitos fundamentais, que não pode ser considerado livre e muito menos abusivo[1173].

VI. O outro método explica-se sempre que a solução de uma lacuna jurídico-constitucional possa operar sem ser por via da permanência de uma fonte, mas antes apelando a um parâmetro material de decisão que não tem a capacidade de permanecer.

Estas representam a esmagadora maioria dos casos em que, no contexto do articulado constitucional, se apela à *analogia legis* e à *analogia iuris*, buscando ali uma norma equivalente e aqui um princípio geral constitucional.

A título ilustrativo, é de referir três casos de situações lacunares, sob a perspectiva do Direito Constitucional, que são integráveis segundo um critério de analogia:

– *o prazo para a promulgação obrigatória da lei de revisão constitucional*: o preceito constitucional que prevê a obrigatoriedade da promulgação não estabelece qualquer prazo em que tal ocorre, devendo fazer-se a aplicação analógica do prazo de oito dias inserto no regime da promulgação obrigatória depois

1173 Cfr. o art. 29.°, n.° 2, da DUDH. Cfr. *infra* n.° 188.

da confirmação de acto legislativo parlamentar na sequência de veto político, sendo esta uma lacuna de regulamentação;

- *a dissolução parlamentar como motivo para determinar a demissão do Governo*: não obstante aquela razão não estar inscrita no elenco constitucional das causas de demissão do Governo, existindo um erro técnico na sua não previsão, ela deve ser tido por relevante, aplicando-se de idêntico modo por ser considerado equivalente às outras causas enunciadas, tratando-se aqui de uma lacuna de excepção[1174];
- *o prazo para a pronúncia da Assembleia Legislativa das Regiões Autónomas no caso de a respectiva iniciativa legislativa estatutária e eleitoral ter sido alvo de objecções por parte da Assembleia da República*: a CRP refere que aqueles órgãos devem de novo pronunciar-se, mas não diz em que tempo, parecendo necessário fixar tal prazo, sob pena de os parlamentos regionais disporem de um imorredoiro poder de bloqueio do procedimento, numa fase instrutória, que se considera absurdo uma vez já iniciado o procedimento, prazo de que deve ser razoável, a determinar caso a caso em função do número de alterações sugeridas, bem como da sua complexidade técnica[1175].

[1174] Cfr. o art. 195.° da CRP.

[1175] Dizendo apenas o art. 226.°, n.° 2, da CRP o seguinte: "Se a Assembleia da República rejeitar o projecto ou lhe introduzir alterações, remetê-lo-á à respectiva Assembleia Legislativa para apreciação e emissão de parecer", mas não refere as consequências de isso não suceder ou de isso não suceder num prazo que se considere razoável.

§ 29.º A aplicação das fontes constitucionais

131. A aplicação das fontes constitucionais no tempo em geral

I. A aplicação das fontes constitucionais no tempo é um dos problemas que se suscitam na busca do tipo de eficácia que lhe está atribuída[1176].

Não basta saber por que caminhos as fontes constitucionais são produzidas, ou quais os parâmetros que devem orientar a extracção do seu sentido, ou mesmo a integração das eventuais lacunas que contenham[1177].

É forçoso perspectivar o modo como elas se aplicam, a começar logo na sua aplicação temporal, pelo que devemos atender a três problemas centrais, os dois primeiros sendo também gerais e o terceiro com peculiares configurações no Direito Constitucional:

– *o início da vigência*;
– *a cessação de vigência*; e
– *a sucessão de fontes*.

[1176] Sobre a aplicação no tempo das fontes normativas em geral, v. J. BAPTISTA MACHADO, *Introdução ao Direito*..., pp. 220 e ss.; JOSÉ DE OLIVEIRA ASCENSÃO, *O Direito*..., pp. 545 e ss.

[1177] Sobre a aplicação no tempo das fontes constitucionais em especial, v. MARCELO REBELO DE SOUSA, *Direito Constitucional*..., pp. 361 e ss.; JORGE MIRANDA, *Manual*..., II, pp. 303 e ss.

Em jeito de explicitação, cumpre ainda dizer que este problema – o da aplicação no tempo das fontes constitucionais – não se deve confundir com o problema mais vasto da aplicação no tempo das fontes gerais de Direito, em que prevalecem outras regras, a começar por algumas das orientações que a CRP tem nessa matéria.

II. O *início da vigência* das fontes constitucionais significa a projecção da respectiva eficácia, sendo possível equacionar três dimensões nos termos da respectiva projecção temporal, ainda que a última seja muito rara[1178]:

(i) apenas para o futuro;
(ii) para o futuro e para o passado;
(iii) somente para o passado.

A determinação concreta do início da vigência das fontes constitucionais pode seguir dois esquemas distintos:

– *uma vigência determinada pela própria fonte constitucional*: no caso em que a fonte é a própria Constituição, a entrada em vigor coincide com o início da vigência da globalidade do texto constitucional;
– *uma vigência supletivamente imposta por outra fonte normativa*, de vocação geral: sempre que na fonte constitucional específica nada se diga, as fontes constitucionais submetem-se, como qualquer outro acto normativo, a um prazo supletivo geral de *vacatio legis*.

É exemplo da primeira hipótese a CRP, que no momento da sua aprovação logo expressamente indicou a data da sua entrada em vigor,

[1178] Quer isto dizer que o CC, uma vez mais, cai no erro metodológico de pretender substituir a CRP na definição da vigência e da aplicação no tempo das leis em geral, e não apenas das leis civis, para tal contribuindo o art. 12.° do CC, no mesmo vício tropeçando também o CP, sendo certo que o princípio da não retroactividade da lei penal deriva antes da CRP, e não tanto do art. 2.°, n.° 1, do CP, que se limita a fazer a sua repetição.

não tendo feito depender tal fenómeno de qualquer outra realidade: 25 de Abril de 1976[1179].

São exemplos da outra hipótese algumas leis de revisão constitucional, desde que não contenham disposição específica acerca da sua vigência, aplicando-se o prazo geral de *vacatio legis* que consta da LPIFD, que é de cinco dias após a publicação[1180], como sucedeu com a LC n.° 1/2001, de 12 de Dezembro, que aprovou a V revisão constitucional, na ausência de qualquer preceito sobre a sua vigência e assim aplicando-se aquela regra geral supletiva.

III. A *cessação de vigência* das fontes constitucionais corresponde a uma vontade de extinguir os efeitos de certa fonte constitucional, podendo ocorrer duas distintas situações, tal como elas se modelam na Teoria Geral do Direito[1181]:

– a *revogação constitucional*; e
– a *caducidade constitucional*.

Ao lado destes fenómenos, há autores que ainda recortam o *costume revogatório*, não tanto o desuso, que não tem a mesma virtuali-

---

[1179] Cfr. o art. 296.°, n.° 2, da CRP, no qual se afirma que "A Constituição da República Portuguesa entra em vigor no dia 25 de Abril de 1976".

[1180] Cfr. o art. 2.°, n.° 2, da LPIFD, em que se afirma que "Na falta de fixação do dia, os diplomas referidos no número anterior entram em vigor, em todo o território nacional e no estrangeiro, no 5.° dia após a publicação".

[1181] Que são a revogação, a caducidade e o costume *contra legem* (alguns considerando o desuso): ANTÓNIO MENEZES CORDEIRO, *Costume*, pp. 1350 e 1351, *Lei (aplicação da)*, in Pol., III, Lisboa, 1985, p. 1062, e *Problemas de aplicação da lei no tempo – disposições transitórias*, in AAVV, *A Feitura das Leis – como fazer leis*, II, Oeiras, 1986, pp. 367 e ss.; J. BAPTISTA MACHADO, *Introdução ao Estudo...*, pp. 165 e 166; JOÃO DE CASTRO MENDES, *Introdução...*, pp. 114 e ss.; JOSÉ HERMANO SARAIVA, *Lei (vigência da)*, in Pol., III, Lisboa, 1985, p. 1066; J. DIAS MARQUES, *Introdução...*, 5.ª ed., pp. 128 e ss.; MARCELO REBELO DE SOUSA e SOFIA GALVÃO, *Introdução...*, pp. 106 e ss.; INOCÊNCIO GALVÃO TELLES, *Introdução...*, I, pp. 102 e ss.; JOSÉ DE OLIVEIRA ASCENSÃO, *O Direito...*, pp. 287 e ss.; PEDRO ROMANO MARTINEZ, *Da cessação do contrato*, Coimbra, 2005, pp. 39 e ss.

dade extintiva de norma pré-existente: mas é uma redundância porque o efeito extintivo de norma anterior que o costume contrário produz é rigorosamente igual ao efeito eliminatório que deriva de uma nova norma legal de teor contrário à norma antiga existente.

Com a *revogação constitucional*, manifesta-se uma nova vontade do poder constitucional, que, sendo contrária à existente, sobre ela prevalecerá, podendo ainda dissociar-se entre a *revogação expressa* – quando essa vontade é explícita na cessação de vigência de certa fonte – e a *revogação tácita* – quando essa vontade revogatória se infere apenas da existência de um novo regime incompatível com o pré-existente.

Com a *caducidade constitucional*, o fim da vigência fica a dever-se, não a uma intenção de tal suceder, mas à verificação de acontecimentos que têm essa automática virtualidade, como é o caso do decurso de um prazo, havendo fontes temporárias, ou quando deixam de reunir-se os pressupostos de aplicação de certa norma, por falta superveniente de objecto da mesma[1182].

132. A sucessão das fontes constitucionais e infraconstitucionais no tempo em especial

I. Além do início e da cessação da vigência das fontes constitucionais, que são matérias gerais, importa ainda observar, sendo aí que mais se sentem as singularidades do Direito Constitucional, *as relações que se estabelecem, de um prisma temporal, entre as fontes constitucionais antigas e novas, ao mesmo tempo considerando outras fontes infra-constitucionais antigas e novas*.

Eis uma perspectiva muito importante na medida em que a sucessão de textos constitucionais, quando ocorrem as situações de

[1182] Como bem refere no art. 2.°, § 1.°, da Lei de Introdução ao Código Civil Brasileiro, "A lei posterior revoga a anterior quando expressamente o declare, quando seja com ela incompatível ou quando regule inteiramente a matéria de que tratava a lei anterior".

mutação, total e parcial, da Ordem Constitucional, não pode ser feita abruptamente, como se do passado para o futuro se pudesse passar sem esquemas de comunicação.

Por outro lado, sobretudo nas situações de mutação global da Constituição, é de não esquecer que a passagem da antiga à nova Ordem Constitucional não se realiza instantaneamente, sendo até frequente, por via da sua dificuldade, que os procedimentos constituintes se prolonguem no tempo, mais se carecendo daquelas pontes de comunicação entre as diversas fontes em presença.

II. A situação mais frequente é a da eliminação da fonte antiga com o aparecimento de uma nova fonte constitucional, ocorrendo um efeito de substituição daquela por esta, isto tanto no plano geral – no plano do sistema constitucional global – como no plano particular – de cada preceito constitucional.

Assim é porque se pretende que a última vontade constituinte possa prevalecer, exprimindo um desejo actualizado de regulação político-social, de acordo com os fundamentos de legitimidade desse poder público.

A eliminação da Ordem Constitucional anterior surge como inevitável, numa situação de *revogação constitucional*, dada a respectiva incompatibilidade, em face do desejo de fundar uma nova Ordem Constitucional.

Mas não se pode ficar com a ideia de que a sucessão das fontes constitucionais, antigas e novas, acontece sempre desta maneira, sendo de equacionar duas outras hipóteses distintas:

- a sucessão entre preceitos da Ordem Constitucional antiga e a Ordem Constitucional global nova;
- a sucessão entre preceitos da Ordem Infra-constitucional antiga e a Ordem Constitucional global nova.

III. De acordo com o primeiro cenário, são duas as possibilidades de relacionamento entre a Ordem Constitucional nova e os preceitos da Ordem Constitucional anterior individualmente considerados:

- a manutenção de preceitos da Ordem Constitucional anterior a título de preceitos infra-constitucionais – *desconstitucionalização*;
- a manutenção de preceitos da Ordem Constitucional anterior como integrando a nova Ordem Constitucional – *passagem constitucional*.

O primeiro caso surge da necessidade de preservar o sentido regulativo de um acervo de normas ou princípios, antes considerados de valor constitucional, mas depois ainda úteis, num período normalmente transitório, até que a nova Ordem Constitucional se estabeleça completamente, e findo aquele período. É essa a primeira das disposições transitórias da CRP, ao dizer que "As leis constitucionais posteriores a 25 de Abril de 1974 não ressalvadas neste capítulo são consideradas leis ordinárias, sem prejuízo do disposto do número seguinte"[1183].

O outro caso advém da vantagem de manter certo tipo de regulações e procedimentos, na convicção de que por mais antagónicas que sejam as Ordens Constitucionais que se sucedem, há sempre disposições que são iguais, ocorrendo uma equivalência nas respectivas orientações, ou nos casos em que importa manter os efeitos específicos de regulações de tipo excepcional. Foi este o caso da manutenção, no plano da constitucionalidade, das leis que retroactivamente incriminaram os antigos agentes da PIDE-DGS: "Mantém-se em vigor a Lei n.° 8/75, de 25 de Julho, com as alterações introduzidas pela Lei n.° 16/75, de 23 de Dezembro, e pela Lei n.° 18/75, de 26 de Dezembro"[1184].

IV. Já são em número de três os esquemas de relacionamento possível entre as fontes infra-constitucionais antigas e a Ordem Constitucional global nova, nos seguintes termos:

1183 Art. 290.°, n.° 1, da CRP.

1184 Art. 292.°, n.° 1, da CRP.

- a eliminação, por ausência de fundamento constitucional, das fontes infra-constitucionais no caso de se mostrarem contrárias à nova Ordem Constitucional – *caducidade constitucional*;
- a manutenção das fontes infra-constitucionais antigas, mas sendo promovidas a fontes constitucionais – *constitucionalização*;
- a manutenção das fontes infra-constitucionais antigas no mesmo nível hierárquico-formal, mas sendo novadas no contexto de uma nova Ordem Constitucional – *novação constitucional*.

Estas três categorias representam as relações entre o Direito anterior e o novo Direito Constitucional, vivificando a CRP, num mesmo preceito, o primeiro e o terceiro fenómenos: "O Direito ordinário anterior à entrada em vigor da Constituição mantém-se, desde que não seja contrário à Constituição ou aos princípios nela consignados"[1185].

133. A aplicação das fontes constitucionais no espaço

I. Ao nível da aplicação das fontes constitucionais, outra temática relevante é da eficácia no espaço, interessando determinar onde é que as fontes constitucionais podem lograr obter aplicação territorial[1186].

Está implícita na lógica estadual que a localização privilegiada para a aplicação das fontes constitucionais seja o território do Estado, vigorando em primeiro lugar a Constituição, mas igualmente as restantes fontes da Ordem Jurídica.

[1185] Art. 290.°, n.° 2, da CRP.

[1186] Sobre a aplicação das fontes normativas no espaço em geral, v. J. BAPTISTA MACHADO, *Introdução ao Direito...*, p. 252, e *Lições de Direito Internacional Privado*, 3.ª ed., Coimbra, 1988, pp. 9 e ss.; JOSÉ DE OLIVEIRA ASCENSÃO, *O Direito...*, pp. 571 e ss.

É o território do Estado[1187] como lugar da projecção especial da sua soberania interna que delimita o raio de acção do seu Ordenamento Jurídico, por maioria de razão da própria Ordem Constitucional.

II. A aplicação espacial do Direito Constitucional[1188] é assim normalmente condicionada pelo princípio geral que rege esta matéria, como sucede com toda a aplicação espacial da Ordem Jurídica Estadual – o *princípio da territorialidade*[1189].

Esta dimensão territorial do Ordenamento Jurídico corresponde bem à ideia de que é no território que se encontra a sede do poder, ao mesmo tempo que nele se encontra um "refúgio seguro" para a comunidade política[1190].

III. Simplesmente, esse não é um princípio que possa valer sempre, pois são duas as excepções que se podem recortar:

[1187] Cfr. *supra* n.º 15.

[1188] Sobre a aplicação espacial do Direito Constitucional, v. JORGE MIRANDA, *O território*, pp. 75 e ss., *Território*, pp. 1178 e ss., *Manual...*, II, pp. 334 e ss., e *Manual...*, III, pp. 238 e ss.; HANS KELSEN, *Teoría...*, pp. 181 e ss.; JOÃO CAUPERS, *A Administração Periférica do Estado – estudo de Ciência da Administração*, Lisboa, 1994, p. 169; REINHOLD ZIPPELIUS, *Teoria...*, pp. 108 e ss.; AFONSO D'OLIVEIRA MARTINS, *As Constituições e os seus espaços de relevância jurídica,* in AAVV, *Homenagem ao Prof. Doutor André Gonçalves Pereira*, Lisboa, 2006, pp. 201 e ss.

[1189] A respeito do princípio da territorialidade, bem como das respectivas excepções, quer de aplicação estrangeira de normas nacionais, quer de aplicação nacional de normas estrangeiras, *maxime* de Direito Canónico, v. ARMANDO M. MARQUES GUEDES, *Teoria Geral...*, pp. 154 e ss.; MARCELLO CAETANO, *Manual de Ciência Política...*, I, pp. 127 e 128; JORGE MIRANDA, *Território*, p. 1180, *Manual...*, II, p. 338 e ss., e *Manual...*, III, p. 240.

[1190] Recordando estas e outras funções do território estadual, JOÃO CAUPERS, *A Administração Periférica...*, pp. 165 e ss.; FERNANDO PAULO DA SILVA SUORDEM, *O princípio da separação de poderes e os novos movimentos sociais – a Administração Pública no Estado Moderno: entre as exigências de liberdade e organização*, Coimbra, 1995, pp. 104 e ss.

– uma *aplicação extra-territorial das fontes constitucionais*, por referência a espaços que não fazem parte do território nacional, ainda que se admitam diferentes intensidades nesse relacionamento; e
– uma *aplicação extra-territorial das fontes constitucionais estrangeiras no território nacional*, em recepção de outros Direitos Constitucionais[1191].

IV. Quanto às primeiras excepções, tem-se chamado a atenção para a existência de situações de aplicação de fontes constitucionais, no plano espacial, em territórios que não integram o território sob soberania estadual, mas pertencentes a outras soberanias ou até sendo espaços internacionalizados.

A situação paradigmática a esse respeito é a que se refere às instalações diplomáticas e consulares, sediadas no estrangeiro, com imunidade de jurisdição, aí se ficcionando a sua pertença ao território do respectivo Estado, sem esquecer ainda o estatuto dos navios e das aeronaves militares, bem como os agentes diplomáticos e consulares[1192].

[1191] Marcelo Rebelo de Sousa (*Direito Constitucional...*, pp. 124 e 125) chama ainda a atenção para outras modalidades de excepção ao princípio da territorialidade das ordens jurídicas, incluindo os poderes das companhias majestáticas ou as servidões de passagem que limitam internamente a soberania estadual, a integração dos Estados em organizações supranacionais ou a criação de zonas francas. Cfr. também Marcelo Rebelo de Sousa e Sofia Galvão, *Introdução...*, pp. 84 e 85.

[1192] "Extraterritorialidade" que não deixa de ser um conceito discutidíssimo no Direito Internacional Público, não só quanto à sua natureza como também amplitude, sendo de referir, quanto aos seus aspectos essenciais, os contributos de: Simón Planas Suárez, *Tratado...*, I, pp. 391 e ss.; Armando M. Marques Guedes, *Teoria Geral...*, pp. 156 e 157; Marcelo Rebelo de Sousa, *Direito Constitucional...*, p. 125; Maria Isabel Jalles, *Extraterritorialidade e comércio internacional – um exercício de Direito Americano*, Venda Nova, 1988, pp. 43 e ss.; Nguyen Quoc Dinh, Patrick Daillier e Alain Pellet, *Droit...*, pp. 478 e ss.; Joaquim da Silva Cunha, *Direito Internacional...*, II, pp. 261 e ss.; José Calvet de Magalhães, *Missão diplomática*, in DJAP, V, Lisboa, 1993, pp. 617 e ss.

Situação algo próxima desta é a relativa aos portugueses que se encontrem no estrangeiro, aos quais se aplicam os direitos e os deveres previstos no Ordenamento Jurídico Português, incluindo alguns direitos fundamentais, numa outra aplicação extra-territorial do Direito Constitucional: "Os cidadãos portugueses que se encontrem ou residam no estrangeiro gozam da protecção do Estado para o exercício dos direitos e estão sujeitos aos deveres que não sejam incompatíveis com a ausência do país[1193].

V. No outro grupo de excepções, inserem-se as questões, decerto mais complexas, que se prendem com a aplicação do Direito Internacional Privado, das quais resulta o emprego – a título paramétrico[1194] e a título de disciplina específica de determinado caso[1195] – de normas ou princípios constitucionais estrangeiros[1196].

São situações em que os tribunais portugueses resolvem questões jurídicas segundo um Direito aplicável que não é o Direito Portu-

---

[1193] Art. 14.° da CRP. Cfr. JORGE MIRANDA, *O regime dos direitos...*, pp. 56 e ss., *Manual...*, II, p. 335 e 306, *Manual...*, III, pp. 132 e ss., e *Manual...*, IV, pp. 216 e 217; JOÃO CAUPERS, *Breves reflexões sobre o estatuto eleitoral dos emigrantes*, Lisboa, 1988, pp. 6 e ss.

[1194] Em latitude diferente e mais complexa, o Direito Internacional Privado conhece este problema e opera a distinção entre a relação da Constituição com a norma de conflitos interna e com a norma estrangeira, mandada aplicar por aquela norma, concluindo-se sempre pela não aplicação da norma inconstitucional, seja por inconstitucionalidade – no caso da norma interna por violação da sua Constituição – seja por violação da ordem pública internacional, que consiste na necessidade de preservar o império da Constituição no confronto com ordenamentos materiais estrangeiros.

[1195] Discutindo estas questões, v. RUI MOURA RAMOS, *Direito Internacional Privado e Constituição – introdução a uma análise das suas relações*, Coimbra, 1980, pp. 37 e ss.; MARIA HELENA BRITO, *Direito do Comércio Internacional*, Coimbra, 2004, pp. 65 e ss.; JOSÉ JOÃO GONÇALVES PROENÇA, *Tratado Elementar...*, I, pp. 102 e ss.

[1196] Sobre o problema em geral, v. RUI MOURA RAMOS, *Direito Internacional Privado...*, pp. 171 e ss.; SUSANA CHABERT, *Ordem pública internacional e Direito Comunitário*, Coimbra, 2004, pp. 211 e ss.; JOSÉ JOÃO GONÇALVES PROENÇA, *Tratado Elementar...*, I, pp. 239 e ss.

guês, nelas podendo emergir normas e princípios constitucionais estrangeiros ou fontes que possam questionar o Direito Constitucional Português.

Os casos de aplicação interna de fontes estrangeiras, desta perspectiva comprimindo o princípio da territorialidade, que também tem valor constitucional, não se limitam ao Direito Internacional Privado e abrangem ordens jurídicas exteriores ao Direito Português, com os seguintes exemplos[1197]:

- *o Direito Internacional Público*: é o Direito da Sociedade Internacional, que regula as relações internacionais em que os respectivos sujeitos actuam ao abrigo de poderes de autoridade, produzindo fontes que, depois, se incorporam nas respectivas ordens jurídicas internas, a fim de aí poderem aplicar-se;
- *o Direito da União Europeia*: é o Direito da União Europeia, resultante do Tratado da Comunidade Europeia e de outros tratados, bem como emitido pelos respectivos órgãos, e que se destinam a ser directamente aplicado por cada um dos seus Estados-membros; e
- *o Direito Canónico*[1198]: é o Direito da Igreja Católica – essencialmente composto pelo Código de Direito Canónico, de 1983, e pelo Código de Cânones das Igrejas Orientais, de 1990, para além de legislação extravagante – e que se aplica privativamente em alguns domínios, como no caso das pessoas colectivas religiosas dessa confissão e como no regime do casamento católico, que tem efeitos civis.

Qualquer uma destas soluções encontra necessariamente um limite na conformidade das soluções adoptadas com a Ordem Cons-

[1197] Cfr. Armando M. Marques Guedes, *Teoria Geral...*, pp. 155 e 156; Jorge Miranda, *O território*, p. 75, *Território*, pp. 1179 e 1180, *Manual...*, II, p. 338, e *Manual...*, III, pp. 239 e 240; Marcelo Rebelo de Sousa, *Direito Constitucional...*, p. 124.

[1198] Sobre o Direito Canónico como ordem jurídica religiosa particular, v. Dominique le Tourneau, *O Direito da Igreja...*, pp. 9 e ss.

titucional Portuguesa, que jamais deve ser posta em causa[1199]: não cremos que possa haver a aplicação de fontes constitucionais estrangeiras – e, por maioria de razão, de outras fontes externas – ao arrepio dos ditames expressos da CRP, matéria que não pode escapar ao respectivo domínio, a não ser estando prevista uma excepção[1200].

VI. A aplicação territorial das fontes constitucionais pode ainda em certos casos suscitar a compaginação, num único espaço, de diversos sistemas constitucionais – o caso dos Estados compostos – ou de um único sistema constitucional, mas com tonalidades distintas – o caso dos Estados unitários descentralizados.

O que é importante nestas situações é a adopção de critérios que possam dirimir eventuais conflitos positivos de fontes constitucionais, quando sobre um mesmo espaço apareçam fontes incompatíveis potencialmente aplicáveis, preocupação de que se fez eco, *v. g.*, o Direito Constitucional Alemão, no qual a cláusula federal esclarece logo o problema, pois segundo a LF "O Direito Federal prevalece sobre o Direito Estadual"[1201].

Não vem a ser este o caso de Portugal, que por ser um Estado unitário parcialmente regionalizado[1202] não levanta qualquer dúvida acerca da unidade territorial da sua CRP, sendo esta única em todo

---

[1199] Como refere Rui Moura Ramos (*Direito Internacional Privado...*, p. 172), "Esses princípios continham-se na Constituição, que nos aparece assim a desempenhar um papel fundamental na ordem jurídica, agora já enquanto decisão de conjunto sobre o modo e a forma da unidade política, decisão constituinte soberana que determina as opções do legislador ordinário e dos demais órgãos constituídos".

[1200] É bastante curiosa a disposição do art. 17.° da Lei de Introdução ao Código Civil Brasileiro, que enfrenta este problema, ainda que numa perspectiva mais limitada: "As leis, atos e sentenças de outro país, bem como quaisquer declarações de vontade, não terão eficácia no Brasil, quando ofenderem a soberania nacional, a ordem pública e os bons costumes".

[1201] Art. 31.° da LF.

[1202] Cfr. Jorge Miranda, *Manual...*, III, pp. 296 e ss.

o território no plano das fontes constitucionais pertinentes, ainda que o mesmo se não possa dizer do ponto de vista do patamar da legislação aplicável, no confronto entre a legislação estadual e a legislação regional[1203].

1203 Cfr. *infra* n.° 177.

CAPÍTULO VIII
A SISTEMATICIDADE DO DIREITO CONSTITUCIONAL

§ 30.° Os princípios constitucionais

§ 31.° As normas constitucionais

§ 32.° O Direito Constitucional e a Ordem Jurídica

§ 30.º Os princípios constitucionais

134. O sentido dos princípios constitucionais em geral

I. Entrando no estudo directo da Ordem Constitucional, deparamos com o seu sentido mais profundo, observando as duas categorias de dever-ser que a compõem[1204]:

– *os princípios jurídico-constitucionais*; e
– *as normas jurídico-constitucionais*.

Cabe agora brevemente reflectir sobre os *princípios constitucionais*, na sua consistência e operacionalidade, para depois nos determos um pouco mais nas *normas constitucionais*[1205].

Mas isso não se fará sem que antes se apresente, na sua generalidade, a teoria dos princípios e das normas jurídicas, que do mesmo modo se consideram pertinentes.

1204 Com isso se comprovando o sentido sistemático do Direito Constitucional, como de qualquer outro ramo jurídico.

Sobre a sistematicidade do Direito em geral, segundo vários sentidos possíveis, v. TÉRCIO SAMPAIO FERRAZ JÚNIOR, *Teoria da norma jurídica*, 3.ª ed., Rio de Janeiro, 1997, pp. 140 e ss.; JORGE BACELAR GOUVEIA, *Manual...*, pp. 173 e ss.; DIOGO FREITAS DO AMARAL, *Manual de Introdução...*, I, pp. 50 e ss.; JOSÉ DE OLIVEIRA ASCENSÃO, *O Direito...*, pp. 48 e ss.

1205 Sobre os princípios constitucionais em especial, v. MARCELO REBELO DE SOUSA, *Direito Constitucional...*, pp. 91 e ss.; JORGE MIRANDA, *Manual...*, II, pp. 249 e ss.; J. J. GOMES CANOTILHO, *Direito Constitucional e Teoria...*, pp. 1164 e ss.

II. Diferentemente do que sucede com as normas constitucionais – o mesmo se podendo dizer da contraposição que vigora na Teoria Geral do Direito entre normas e princípios jurídicos – *os princípios constitucionais traduzem indicações de dever-ser, que se impõem aos destinatários do Direito Constitucional, mas que não assentam numa qualquer estrutura dualista.*

Pelo contrário: os princípios constitucionais são muito mais gerais do que as normas constitucionais e apenas indicam caminhos ou objectivos, admitindo, porém, diferentes intensidades na respectiva operacionalidade, com os seguintes contornos[1206]:

- *coexistem com princípios contrários*, nisso se singularizando o próprio Direito Constitucional, dado o seu carácter compromissório, ao passo que as normas são antinómicas, por isso se excluindo reciprocamente;
- *aplicam-se sob diferentes velocidades*, mais e menos, não sendo possível calibrar uma mesma força aplicativa, ao passo que as normas assentam na "lógica do tudo ou nada"[1207];
- *relacionam-se intimamente com as normas constitucionais*, delas retirando a sua maior ou menor efectividade.

III. Contudo, não se pode cair na ilusão de pensar que os princípios constitucionais oferecem a mesma consistência, pois que são

---

[1206] Sobre o conceito e operacionalidade dos princípios jurídicos no plano da Teoria Geral do Direito, v. CLAUS-WILHELM CANARIS, *Pensamento sistemático e conceito de sistema na Ciência do Direito*, Lisboa, 1989, pp. 76 e ss.; KARL LARENZ, *Metodologia...*, pp. 599 e ss., e pp. 674 e ss.; ANTÓNIO PEDRO BARBAS HOMEM, *A utilização de princípios na metódica legislativa*, in L-CCL, n.° 21, 1998, pp. 93 e ss.; WILSON JOSÉ GONÇALVES, *Diretrizes jurídicas e Princípio da Justiça Suprema*, in AAVV, *Direito em Questão* (coord. de LÍDIA RODRIGUES RIBAS), Campo Grande, 2001, pp. 42 e ss.; PAULO FERREIRA DA CUNHA, *Da Justiça na Constituição da República Portuguesa – subsídios para a determinação do seu estatuto epistemológico-jurídico*, in AAVV, *Nos 25 Anos da Constituição da República Portuguesa – Evolução Constitucional e Perspectivas Futuras*, Lisboa, 2001, pp. 74 e ss.

[1207] Cfr. J. J. GOMES CANOTILHO, *Direito Constitucional e Teoria...*, p. 1161.

várias as classificações que os podem enquadrar, em nome de outros tantos critérios possíveis de arrumação lógica:

- *os princípios constitucionais jurídicos e os princípios constitucionais políticos*, conforme sejam os princípios inerentes ao sistema jurídico ou os princípios apenas pertinentes à conformação do poder público do Estado[1208];
- *os princípios constitucionais materiais e os princípios constitucionais organizatórios*: os princípios constitucionais materiais dizem respeito a opções de fundo, em relação aos sistemas social e económico, enquanto que os princípios organizatórios são atinentes a opções de distribuição de competências dentro do sistema político[1209];
- *os princípios constitucionais sociais, económicos, políticos e garantísticos*: os princípios constitucionais sociais, económicos, políticos e garantísticos, respectivamente, expressam orientações em cada um desses campos que se mostram relevantes para a Ordem Constitucional, como o princípio da universalidade, o princípio do planeamento da economia, o princípio da separação e interdependência de poderes ou o princípio da constitucionalidade;
- *os princípios constitucionais supra-positivos e os princípios constitucionais positivos*: os princípios constitucionais supra-positivos decorrem directamente de bitolas de Direito Natural, enquanto que os princípios constitucionais positivos não têm essa transcendência e representam opções livres da cada comunidade estadual, como o princípio da representação proporcional[1210];
- *os princípios constitucionais lógicos e os princípios constitucionais valorativos*: os princípios constitucionais lógicos integram uma ideia de racionalidade, como o princípio da confiança, enquanto que os princípios constitucionais valorativos incarnam a defesa de valores fundamentais dos cidadãos, como a dignidade da pessoa humana.

[1208] Cfr. Marcelo Rebelo de Sousa, *Direito Constitucional...*, p. 93.

[1209] Cfr. Jorge Miranda, *Manual...*, II, p. 257.

[1210] Cfr. Jorge Miranda, *Manual...*, II, pp. 257 e 258.

IV. Por aqui se percebe que os princípios constitucionais vêm a ser chamados a desempenhar tarefas específicas, numa revalorização que a moderna Ciência do Direito Constitucional tem vindo a sublinhar, no contexto de um pensamento científico sistemático.

As principais funções que os princípios constitucionais podem desenvolver são as seguintes[1211]:

- *uma função legitimadora*: os princípios definem a aceitação do Ordenamento Constitucional, permitindo-se fazer um juízo de validade material a seu respeito;
- *uma função normogenética*: os princípios constitucionais são aptos à produção directa de uma orientação de dever-ser que é acatada pelos órgãos aplicadores do Direito;
- *uma função interpretativa*: os princípios constitucionais possibilitam a calibração de entendimentos hermenêuticos relativamente aos preceitos constitucionais;
- *uma função integradora*: os princípios constitucionais orientam o preenchimento de espaços vazios, onde a ausência de uma norma implica o aparecimento de uma lacuna jurídico-constitucional.

V. Falar de princípios constitucionais na Teoria do Direito Constitucional pode não ser um exercício particularmente difícil.

Essa conclusão, porém, já não poderá ser a mesma quando chegamos à Dogmática do Direito Constitucional, em face da necessidade de os identificar e de lhes atribuir um sentido prático.

Daí que a sua identificação numa concreta Ordem Constitucional se imponha com toda a premência, nem sempre sendo unívocas as linhas que contribuem para a respectiva identificação.

[1211] Cfr. Benedita Mac Crorie, *O recurso ao princípio da dignidade da pessoa humana na jurisprudência do Tribunal Constitucional*, in AAVV, *Estudos em Comemoração do X Aniversário da Licenciatura em Direito da Universidade do Minho*, Coimbra, 2004, p. 155.

VI. Não é raro que os textos constitucionais tomem a iniciativa de eles próprios proporem os princípios constitucionais que consideram existir, assim se facilitando bastante o caminho da respectiva descoberta.

Como não é inevitável que isso suceda, compete à actividade doutrinária e jurisprudencial detectar a sua presença, indo para além do mundo visível que é composto pelos preceitos que constam do articulado constitucional.

E até pode suceder que o legislador constituinte tenha apontado como princípios constitucionais realidades que, na verdade, não merecem essa designação, havendo a necessidade de posteriormente emendar a conclusão erradamente inserta no texto constitucional.

VII. Reflectindo sobre a procura dos princípios constitucionais nos termos da CRP, a primeira impressão inequívoca é a de que, dos mais recentes textos constitucionais, o texto português foi dos que mais longe levou a respectiva valorização.

Tal sucede não apenas de uma perspectiva directa, apresentando-os em muitas das suas disposições, mas também isso acontecendo por causa da sua eficácia explicativa na economia global do texto constitucional.

Por outro lado, no caso da CRP, não se pode ainda olvidar a importância do preâmbulo, bastante desenvolvido em comparação com os de outros textos constitucionais.

VIII. A observação do texto constitucional evidencia diversos preceitos em que os princípios constitucionais são considerados componentes activos da Ordem Constitucional[1212]:

– a primeira epígrafe introdutória da CRP, antes mesmo da sua Parte I, diz respeito aos "Princípios fundamentais", assim como alguns dos seus preceitos iniciais aglutinam alguns desses princípios[1213];

1212 Cfr. JORGE MIRANDA, *Manual...*, II, pp. 258 e ss.

1213 Cfr. o art. 80.° da CRP.

- vários preceitos expressamente identificam a existência de princípios fundamentais, como os princípios da universalidade e da igualdade[1214];
- numerosos preceitos constitucionais, não referindo a locução, consubstanciam essas mesmas realidades, que não deixam de o ser só por não serem assim designadas.

IX. O reconhecimento dos princípios constitucionais tem depois reflexo na consistência da Ordem Constitucional, uma vez que, dela fazendo parte, aí desempenham diversos papéis, regulativos – sendo pautas de orientação jurídico-constitucional – e hermenêuticos – sendo critérios de interpretação e de integração de lacunas.

Comprovando esta sua importância no caso português, está ainda o facto de os princípios constitucionais, lado a lado com as normas constitucionais, integrarem o "bloco da constitucionalidade", o qual serve de parâmetro no controlo da constitucionalidade dos actos jurídico-públicos, o que se recorda, de resto, em três dos mais relevantes preceitos da CRP:

> "Nos feitos submetidos a julgamento não podem os tribunais aplicar normas que infrinjam o disposto na Constituição ou os princípios nela consignados"[1215];
>
> "São inconstitucionais as normas que infrinjam o disposto na Constituição ou os princípios nela consignados"[1216];
>
> "O Direito ordinário anterior à entrada em vigor da Constituição mantém-se, desde que não seja contrário à Constituição ou aos princípios nela consignados"[1217].

[1214] Cfr. os arts. 12.° e 13.° da CRP.

[1215] Art. 204.° da CRP.

[1216] Art. 277.°, n.° 1, da CRP.

[1217] Art. 290.°, n.° 2, da CRP.

135. A relevância específica dos preâmbulos constitucionais

I. Em certos sistemas constitucionais, o estudo dos princípios constitucionais pode ainda contar com o contributo específico dos preâmbulos dos respectivos articulados constitucionais.

Esta é normalmente uma ocasião privilegiada para o legislador constituinte, numa momentânea suspensão reflexiva, propor a sua própria síntese acerca do texto que naquele momento inicia a sua vigência e que resultou de um conjunto de factos constituintes.

II. A consagração de preâmbulos constitucionais[1218] radica na característica comum, que se explicita no seu próprio conceito, de eles serem um arrazoado, não um texto articulado, que antecede o conjunto dos preceitos do texto constitucional.

Os preâmbulos constitucionais – como os preâmbulos de qualquer obra literária ou artística – estão antes e, por isso, não fazem parte do enredo que se vai relatar.

III. Não é, pois, de estranhar que esta matéria tenha suscitado amplo debate a respeito da sua natureza jurídica, debate que se desenvolveu acentuadamente em França, pelas peculiares características do preâmbulo da CF, sendo de referir quatro teses fundamentais que surgiram no contexto doutrinário gaulês[1219]:

– *a tese do valor meramente político, não jurídico-constitucional*: o preâmbulo valeria apenas como "nota prévia" de apresentação do texto constitucional, contando as vicissitudes do seu nascimento;

[1218] Sobre os preâmbulos constitucionais, v. Jorge Miranda, *O preâmbulo da Constituição*, in AAVV, ESC, I, Lisboa, 1977, pp. 17 e ss., e *Manual...*, II, pp. 261 e ss.; Marcelo Rebelo de Sousa, *Direito Constitucional...*, pp. 99 e 100.

[1219] Quanto ao valor jurídico do preâmbulo da CF, expondo todas as teorias e as posições, doutrinárias e jurisprudenciais assumidas em França, v., por todos, Jorge Bacelar Gouveia, *Os direitos fundamentais atípicos*, pp. 221 e ss.

– *a tese do valor jurídico-legal, não jurídico-constitucional*: o preâmbulo, tendo valor jurídico, seria somente provido de força infra-constitucional;
– *a tese do valor jurídico-constitucional directo*: o preâmbulo, ainda que exterior ao articulado, teria o mesmo valor dispositivo dos preceitos constitucionais;
– *a tese do valor jurídico-constitucional indirecto*: o preâmbulo, por não se inserir no articulado constitucional, unicamente valeria como especial pauta hermenêutica.

IV. No entanto, a redacção de um preâmbulo constitucional, sob esta perspectiva, não pode ser vista como propiciando uma resposta unívoca, pois que tudo dependerá das características do preâmbulo que, em concreto, se esteja a analisar, num dado Ordenamento Constitucional.

São logo de rejeitar as teorias que, sem qualquer arrimo num Direito Constitucional Positivo, tenham a veleidade de explicar a consistência jurídica de um certo preâmbulo constitucional, porquanto o seu conteúdo, assim como os termos em que se assume relevante na economia de um texto constitucional, são variáveis[1220].

Cumpre frisar a existência de três fundamentais modalidades, na certeza de que o preâmbulo não integra a parte dispositiva da Constituição:

– o *preâmbulo formal-protocolar*: consiste na adopção de uma pequena fórmula que antecede o primeiro artigo do texto constitucional, referindo-se ao órgão, ao local e à data da sua aprovação;
– o *preâmbulo histórico-narrativo*: consiste na descrição das circunstâncias histórico-políticas que rodearam o nascimento da Constituição, implicando uma certa interpretação do legislador constituinte a esse respeito, bem como do sentido que se lhes quis imprimir;

[1220] Contra, MARCELO REBELO DE SOUSA, *Direito Constitucional...*, p. 100.

– o *preâmbulo normativo-ordenador*: consiste na atribuição ao preâmbulo, não obstante a sua precedência e carácter externo em relação ao articulado constitucional, de uma mesma força dispositiva do texto constitucional, normalmente por acção de uma interpretação doutrinal ou jurisprudencial.

A observação de alguns sistemas constitucionais estrangeiros ilustra bem esta diversidade de opções em muitos articulados constitucionais.

V. Numa análise conclusiva, que possa elevar-se acima da mera indicação das diferenças de peso regulativo e hermenêutico, pode até dizer-se que os preâmbulos acabam por ser bons indicadores da evolução histórico-constitucional do Estado, dando conta das respectivas vicissitudes.

Os Estados mais antigos, e em que a tradição constitucional já se implantou há mais tempo, normalmente oferecem preâmbulos mais curtos e sóbrios, depressa entrando na respectiva parte dispositiva.

Já os Estados mais recentes, com as independências políticas alcançadas há pouco tempo, ou nos quais se produziram mudanças constitucionais de maior monta, habitualmente ostentam preâmbulos maiores, muito mais explicativos acerca das alterações ocorridas, nalguns casos tentando mesmo impor uma "versão oficial" da história dos acontecimentos que propiciaram o nascimento da nova Constituição em causa.

VI. O texto da CRP não rejeita, antes confirma, tudo quanto acabamos de dizer, pois que insere um preâmbulo desenvolvido, dentro da ideia de que um Estado que viveu uma profunda revolução constitucional prefere um preâmbulo mais explicativo e gongórico, nele se divisando, deste modo, três partes distintas, preâmbulo que não integra o *corpus dispositivo* do texto constitucional[1221]:

[1221] Sobre o preâmbulo da CRP, v. Jorge Miranda, *O preâmbulo...*, pp. 7 e ss., e *Manual...*, II, pp. 264 e ss.; Jorge Miranda e Rui Medeiros, *Constituição...*, I, pp. 47 e ss.

– uma *parte histórico-narrativa*, em que se descrevem os acontecimentos que estiveram na génese da revolução constitucional que originou o novo texto constitucional[1222];
– uma *parte substantivo-doutrinal*, em que se apresentam as principais ideias que vão enformar o novo texto constitucional[1223];
– uma *parte protocolar-formal*, em que se explica quem aprovou o texto constitucional[1224].

VII. Não têm sido poucas as críticas desferidas ao facto de, após sete revisões constitucionais, o texto do preâmbulo ter-se conservado intacto desde que foi redigido na Assembleia Constituinte, quando entretanto muita coisa mudou dentro do articulado constitucional.

As explicações que têm sido oferecidas assentam em razões de diferente índole, se bem que com assimétricos graus de persuasão explicativa:

– uma *razão histórica*: o preâmbulo ser ilustrativo de uma época, fazendo o seu retrato, e não devendo ser mudado;
– uma *razão política*: o preâmbulo corresponder a um momento constituinte, não podendo ser adulterado;
– uma *razão regulativa*: o preâmbulo ser inalterável por não integrar o articulado constitucional.

VIII. Contudo, nenhuma destas razões é convincente, sendo absolutamente necessário proceder à sua alteração em próxima revisão constitucional[1225].

Fundamental é perceber que o preâmbulo jamais poderá alcançar, ao arrepio do que de mais importante se encontra no texto da

---

1222 Cfr. os §§ 1.° e 2.° do preâmbulo da CRP.

1223 Cfr. os §§ 3.° e 4.° do preâmbulo da CRP.

1224 Cfr. o § 5.° do preâmbulo da CRP.

1225 Cfr. *infra* n.° 102 as nossas propostas para a próxima revisão constitucional.

CRP, uma rigidez superior à dos próprios limites materiais da revisão constitucional.

O mais curioso, porém, é verificar que, após as sucessivas revisões constitucionais, se instalou mesmo uma contradição insanável entre aquilo que diz o preâmbulo – ainda falando no "...caminho para uma sociedade socialista..." – e as opções insertas no articulado constitucional, que deixaram há muito de referir esse objectivo geral[1226].

[1226] Nem sequer deixará de ser bastante original reclamar uma inconstitucionalidade *sui generis* do preâmbulo por alusão aos preceitos constitucionais articulados no texto da CRP!

§ 31.° As normas constitucionais

136. O sentido das normas constitucionais em geral

I. A outra parte componente da Ordem Constitucional, analisados os princípios constitucionais, são as *normas constitucionais*[1227], que diversamente destes oferecem uma estrutura dualista, com base na contraposição entre dois elementos:

– a *previsão*: a descrição de um facto ou acontecimento, que assume relevância jurídica; e
– a *estatuição*: a atribuição de um efeito jurídico ao que se descreve na previsão[1228].

As normas jurídico-constitucionais estabelecem critérios materiais de decisão – não necessariamente comportamentos, embora isso aconteça na maior parte dos casos – que se recortam como a consequência que se associa à verificação de certo acontecimento ou facto.

[1227] Sobre as normas constitucionais em especial, v. MARCELO REBELO DE SOUSA, *Direito Constitucional...*, pp. 94 e ss.; JORGE MIRANDA, *Manual...*, II, pp. 267 e ss.; J. J. GOMES CANOTILHO, *Direito Constitucional e Teoria...*, pp. 1168 e ss.; LUÍS ROBERTO BARROSO, *O Direito Constitucional e a efetividade de suas normas*, 7.ª ed., Rio de Janeiro, 2003, pp. 75 e ss.; GILMAR FERREIRA MENDES, INOCÊNCIO MÁRTIRES COELHO e PAULO GUSTAVO GONET BRANCO, *Curso...*, pp. 24 e ss.

[1228] Sobre as normas jurídicas em geral, v. ARMIN KAUFMANN, *Teoría de las normas*, Buenos Aires, 1977, pp. 1 e ss.; J. BAPTISTA MACHADO, *Introdução ao Direito...*, pp. 79 e ss.; KARL LARENZ, *Metodologia...*, pp. 349 e ss.; MARIA LUÍSA DUARTE, *Introdução...*, pp. 87 e ss.; JOSÉ DE OLIVEIRA ASCENSÃO, *O Direito...*, pp. 499 e ss.; ARTHUR KAUFMANN, *Filosofia...*, pp. 147 e ss.

Por essa característica, a operacionalidade das normas constitucionais é essencialmente distinta, numa preocupação de serem de aplicação total, bem como diversamente se relacionando com outras normas constitucionais.

II. São numerosas as classificações possíveis de normas jurídicas estudadas ao nível da Teoria Geral do Direito, que as tem desenvolvido e em relação às quais, na maioria dos casos, se ligam diversos efeitos de regime, sendo essas classificações igualmente viáveis no Direito Constitucional[1229].

É que o Direito Constitucional, como sector jurídico, do mesmo modo comunga destas fundamentais preocupações da Teoria da Norma Jurídica, tal como elas têm sido desenvolvidas, sendo até interessante verificar que as normas do Direito Constitucional deixaram de ser normas meramente internas, para se tornarem normas com uma imensa variedade, dizendo respeito ao Estado-Poder, mas atingindo também o Estado-Sociedade.

Recorrendo àqueles ensinamentos, é de frisar as seguintes classificações gerais de normas jurídicas:

- *normas primárias e normas secundárias*: as *normas primárias* estabelecem critérios de decisão, enquanto que as *normas secundárias* fixam as consequências jurídicas para a violação daquelas normas primárias;
- *normas prescritivas, normas proibitivas e normas permissivas*: as *normas prescritivas* obrigam a um comportamento, as *normas proibitivas* vedam um comportamento e as *normas permissivas* permitem um comportamento;
- *normas imperativas e normas dispositivas*: as *normas imperativas* são normas que impõem uma orientação na aplicação do Direito

[1229] Com algumas das modalidades de normas jurídicas, v. MARCELO REBELO DE SOUSA, *Direito Constitucional...*, pp. 94 e 95; J. BAPTISTA MACHADO, *Introdução ao Direito...*, pp. 93 e ss.; J. DE OLIVEIRA ASCENSÃO, *O Direito...*, pp. 513 e ss.; JORGE MIRANDA, *Manual...*, II, pp. 267 e ss.

independentemente da vontade dos seus destinatários, ao passo que as *normas dispositivas* podem ser afastadas pela vontade das partes, numa lógica de supletividade jurídica;
- *normas materiais e normas remissivas*: as *normas materiais* estipulam um critério material de decisão, ao passo que as *normas remissivas* estabelecem uma ordenação de dever-ser, não por si, mas por referência a outras normas materiais, que contêm a disciplina que será, a final, aplicada;
- *normas comuns e normas particulares*: as *normas comuns* aplicam-se aos destinatários em geral, enquanto que as *normas particulares* apenas se dirigem a certas categorias de pessoas;
- *normas gerais, normas especiais e normas excepcionais*: as *normas gerais* aplicam-se à globalidade das situações, ao passo que as *normas especiais* estabelecem desvios em face de um regime para fazer face a certo grupo de casos, além de as *normas excepcionais* fixarem um regime que é essencialmente divergente ou oposto do regime fixado nas normas gerais;
- *normas nacionais, normas regionais e normas locais*: as *normas nacionais* aplicam-se à globalidade do território, enquanto que as *normas regionais* e as *normas locais*, respectivamente, se aplicam a parcelas territoriais, como as regiões autónomas, ou a mais pequenas porções do território nacional, como as autarquias locais ou qualquer outra circunscrição territorial.

III. Não são difíceis de identificar algumas destas classificações que exemplificam a aplicação do Direito Constitucional Português:
- *normas comuns e normas particulares*: os direitos fundamentais da pessoa humana são positivados por normas comuns, na titularidade de qualquer pessoa humana, ao passo que os direitos fundamentais que apenas se concebem para certas categorias de pessoas, ou para pessoas em certas circunstâncias, são normas particulares, como é o caso das normas que conferem aos partidos políticos direitos de antena, pessoas colectivas de cunho associativo, e das normas que consagram os direitos fundamentais das crianças, dos idosos ou dos deficientes;

– *normas gerais, normas especiais e normas excepcionais*: a norma que confere ao Presidente da República a liberdade de promulgar os actos legislativos é uma norma geral por referência à norma que, no âmbito do procedimento de revisão constitucional, impõe que o Chefe de Estado esteja obrigado à respectiva promulgação, não se lhe conferindo o direito de veto político, sendo esta uma norma excepcional; a norma que fixa a maioria relativa como esquema decisório normal é geral por contraste com a norma constitucional, que é especial, que estabelece a maioria absoluta para a aprovação das leis orgânicas.

IV. Em contrapartida, importa perceber que há certas classificações que, não obstante a sua relevância no plano da Teoria Geral do Direito, não se afeiçoam bem à natureza do Direito Constitucional, nele não fazendo sentido.

A título de exemplo, a destrinça entre *normas imperativas e normas dispositivas*, que é própria do domínio da colaboração entre a lei e a autonomia privada, não se julga adequada por não existir qualquer equivalência ordenadora entre o nível constitucional e o nível infraconstitucional.

Noutra perspectiva, pode suceder o contrário, ou seja, o aparecimento de classificações mais relevantes para o Direito Constitucional, ainda que se admita a sua aplicação a outros ramos do Direito ou até mesmo a sua localização privativa no sector jurídico-constitucional[1230]:

– *normas substantivas e normas adjectivas*: as normas substantivas consagram regimes jurídicos, com soluções para os problemas que pretendem resolver, ao passo que as *normas adjectivas* se destinam a implantar os mecanismos de defesa daqueles regimes que são aplicados;

[1230] Cfr. Marcelo Rebelo de Sousa, *Direito Constitucional...*, pp. 95 e 96; Jorge Miranda, *Manual...*, II, pp. 268 e ss.

– *normas materiais, normas organizatórias e normas procedimentais*: as *normas materiais* dizem respeito ao objecto e ao conteúdo dos actos, fixando-se a respectiva disciplina, as normas organizatórias são atinentes às atribuições e às competências das pessoas colectivas e órgãos que desenvolvem a respectiva actividade, e as normas procedimentais são normas que regulam os procedimentos da tramitação dos actos jurídico-públicos[1231].

137. Algumas modalidades de normas constitucionais em especial

I. Ao lado da aceitação e recusa das categorias de normas jurídicas na passagem da Teoria Geral do Direito ao Direito Constitucional, regista-se ainda um terceiro fenómeno, que é o da *construção de classificações de normas jurídicas que se assinalam como exclusivas do Direito Constitucional.*

São singulares classificações de normas constitucionais impostas pelas idiossincrasias específicas do Direito Constitucional, que, ao trabalhar com categorias dogmáticas próprias, propõe classificações privativas e que não encontram paralelo noutros sectores jurídicos, sendo de referir duas grandes classificações, na esteira do pensamento de JORGE MIRANDA[1232]:

– *entre normas preceptivas e normas programáticas*;
– *entre normas auto-exequíveis e normas hetero-exequíveis.*

[1231] Sobre esta importante classificação de normas constitucionais, v. KLAUS STERN, *Derecho del Estado...*, pp. 265 e ss.; JUAN ALFONSO SANTAMARÍA PASTOR, *Fundamentos...*, I, pp. 449 e ss.; J. J. GOMES CANOTILHO, *Direito Constitucional*, pp. 174 e ss., e *Direito Constitucional e Teoria...*, pp. 1168 e ss.; GASPAR CABALLERO SIERRA e MARCELA ANZOLA GIL, *Teoría...*, pp. 44 e ss.; JORGE MIRANDA, *Manual...*, II, pp. 268 e 269.

[1232] Cfr. JORGE MIRANDA, *Manual...*, II, pp. 270 e ss.

II. A distinção entre *as normas preceptivas e as normas programáticas opera com base no critério da intensidade normativa de cada proposição normativa em causa,* podendo dizer-se que o carácter preceptivo coincide com a eficácia imediata da norma, sem dependência da realização de qualquer outra condição, ao passo que o carácter programático fica conexo com a ideia da eficácia mediata da norma, sendo certo que a respectiva operacionalidade, já minimamente existente, se assume sobretudo ao nível dos fins, e não tanto dos meios.

Vários têm sido os critérios sugeridos para se realizar a respectiva diferenciação, conforme os enuncia, *v. g.*, MARCELO REBELO DE SOUSA[1233], mas nenhum deles explica convenientemente o sentido desta destrinça:

- *o critério da abstracção*: as normas programáticas seriam mais abstractas do que as normas preceptivas, na medida em que o grau de indeterminação do respectivo conteúdo se apresentaria sensivelmente mais elevado por comparação com o que se passaria com as normas preceptivas;
- *o critério da incompletude*: as normas programáticas seriam normas incompletas, diversamente do que se passaria com as normas preceptivas, porque por si só jamais poderiam lograr alcançar efectividade, ficando sempre na dependência da colaboração de outros poderes, que assim as iriam "completar";
- *o critério dos destinatários*: as normas programáticas seriam dirigidas aos poderes públicos, ao passo que as normas preceptivas se destinariam aos membros da comunidade política, públicos e privados, a todos globalmente vinculando.

São abundantes os casos que a CRP oferece de aplicação de cada uma destas categorias de normas constitucionais:

- *exemplos de normas preceptivas*: as normas sobre direitos, liberdades e garantias em geral, sendo de dar os exemplos do

[1233] Cfr. MARCELO REBELO DE SOUSA, *Direito Constitucional...*, pp. 97 e 98.

direito à vida, do direito à integridade pessoal ou do direito de reunião e manifestação[1234];
- *exemplos de normas programáticas*: as normas consagradoras de direitos económicos, sociais e culturais, como a norma que estabelece a gratuitidade de todos os graus de ensino[1235].

III. A outra classificação, que não se confunde com primeira e que se relaciona com o critério da respectiva eficácia directa ou indirecta na Ordem Jurídica, *radica no facto de as normas auto-exequíveis representarem uma inata capacidade de se executarem por si mesmo, enquanto que as normas hetero-exequíveis designam as normas que, por si mesmo, não têm aquela virtualidade,* requerendo o auxílio de uma *interpositio legislatoris* no sentido de tornar aplicáveis as orientações de dever ser nelas contidas.

Também são abundantes os exemplos de aplicação desta outra classificação de normas constitucionais:

- *exemplos de normas auto-exequíveis*: boa parte das normas de direitos, liberdades e garantias, bastando-se a si próprias para imporem a efectividade dos respectivos efeitos, como o direito de acesso aos cargos públicos ou o direito de petição[1236];
- *exemplos de normas hetero-exequíveis*: as normas de direitos sociais, sendo também normas programáticas, como ainda algumas das normas preceptivas que prevêem os direitos, liberdades e garantias, que carecem de lei aplicadora dos mesmos, tal sucedendo com os direitos à protecção dos dados pessoais informatizados[1237].

IV. Conjugando a primeira classificação das normas preceptivas e das normas programáticas com a classificação das normas auto-exe-

---

[1234] Cfr., respectivamente, os arts. 24.°, 25.° e 45.° da CRP.

[1235] Cfr. o art. 74.°, n.° 2, al. e), da CRP.

[1236] Cfr., respectivamente, os arts. 50.° e 52.°, n.° 1, da CRP.

[1237] Cfr. o art. 35.°, n.° 1, da CRP.

quíveis e das normas hetero-exequíveis, pode atingir-se a seguinte trilogia de normas constitucionais, tal como sugere JORGE MIRANDA[1238]:

– *as normas constitucionais preceptivas auto-exequíveis*: são normas constitucionais que se dotam, simultaneamente, de *eficácia imediata*, podendo ganhar logo sentido na realidade constitucional, e de *eficácia directa*, pois que não carecem de qualquer outro acto jurídico-público para serem executadas;
– *as normas constitucionais preceptivas hetero-exequíveis*: são normas constitucionais que possuem *eficácia imediata*, não dependendo da reunião de propícias condições de facto ao nível da realidade constitucional, mas ainda assim precisam de um acto jurídico-público complementar para serem executadas, o que só por elas não é possível, já que têm uma *eficácia indirecta*; e
– *as normas constitucionais programáticas, por definição sempre hetero-exequíveis*: são normas constitucionais que apenas usufruem de uma *eficácia mediata*, estipulando objectivos a atingir, mas sem que a respectiva força jurídica se imponha imediatamente, para o efeito carecendo de actos jurídico-públicos de execução, só tendo *eficácia indirecta*, mas também de outras condições, políticas, administrativas, económicas e sociais, no sentido de alcançar aqueles objectivos.

É igualmente possível localizar vários exemplos de ilustração da operacionalidade desta classificação compósita:

– *exemplos de normas constitucionais preceptivas auto-exequíveis*: em geral, as normas constitucionais de direitos, liberdades e garantias, desde que se imponham sem precisarem de qualquer colaboração de outros poderes, como sucede com a liberdade de expressão ou a liberdade de religião[1239];

1238 Cfr. JORGE MIRANDA, *Manual...*, II, pp. 276 e ss.

1239 Cfr., respectivamente, os arts. 37.° e 41.° da CRP.

– *exemplos de normas constitucionais preceptivas hetero-exequíveis*: as normas constitucionais que, possuindo uma eficácia directa, ainda assim carecem da ajuda de outros actos jurídico-públicos para se tornarem executáveis, como sucede com a efectividade da nova entidade reguladora da comunicação social[1240];
– *exemplos de normas constitucionais programáticas*: em geral, as normas constitucionais que positivam os direitos económicos, sociais e culturais, cujo efeito jurídico não é logo exigível na sua totalidade, pois que carecem da concorrência de condições, jurídicas e fácticas, para a sua realização, nomeadamente recursos financeiros de que o Estado nem sempre imediatamente dispõe, como sucede com o direito à segurança social, o direito à habitação condigna ou o direito à cultura[1241].

[1240] Cfr. o art. 39.° da CRP.

[1241] Cfr., respectivamente, os arts. 63.°, 65.° e 78.° da CRP.

§ 32.° O Direito Constitucional e a Ordem Jurídica

138. O Direito Constitucional e as outras parcelas da Ordem Jurídica

I. A concepção sistemática do Direito Constitucional, como Ordem Jurídica *a se*, não se pode limitar ao relacionamento, mais ou menos complexo, dos princípios e das normas constitucionais entre si, de acordo com todas as consequências que daí derivam para a construção de um verdadeiro sistema jurídico-constitucional.

Problema tão relevante quanto este, o qual também apela àquela dimensão sistemática do Direito Constitucional, é o *da relação do Direito Constitucional com a parte restante da Ordem Jurídica que seja pertinente, quer ao nível de fontes externas* – do Direito Internacional Público, do Direito da União Europeia e do Direito Canónico, *v. g.* – *quer ao nível das fontes internas* – dos diversos actos jurídico-públicos que tenham eficácia normativa ou, mais genericamente, ordenadora.

II. Nesta ocasião, *trata-se de observar os possíveis esquemas de inter-relação entre o sistema constitucional e os outros diversos sistemas normativos que integram a globalidade da Ordem Jurídica*, na pressuposição de que não podem viver divorciados, antes o sistema constitucional possuindo uma força irradiante para os outros níveis da Ordem Jurídica.

Este é um tema que, desde logo, se presta bem a uma análise de cariz temporal, ao permitir averiguar as relações entre diversos patamares da Ordem Jurídica quando surge uma nova Ordem Constitucional, como tivemos ocasião de observar[1242].

Mas é sobretudo um problema de cariz material, uma vez que, em qualquer momento, interessa observar as relações que se verificam na distribuição dos âmbitos regulativos entre o Direito Constitucional e os outros lugares da Ordem Jurídica.

III. Esta foi uma matéria que, logo nas linhas iniciais, pudemos aludir sob a óptica da separação material de tarefas entre os diversos ramos do Direito, do Direito Constitucional para os outros ramos jurídicos.

Agora, impõe-se aquilatar em que termos se arquitectam os vários esquemas de relacionamento entre os ramos do Direito, sem nunca esquecer que tudo isso deve enquadrar-se sob a ideia da constitucionalidade, que inere à própria definição do Direito Constitucional.

Do princípio da constitucionalidade não deriva nunca a impossibilidade de haver mecanismos de inter-relacionamento que não sejam de prevalência hierárquico-normativa, mas antes a partilha de âmbitos diferenciados de regulação que é inevitável aceitar, a bem da operacionalidade funcional da própria Ordem Jurídica, que jamais poderia sobreviver se tudo tivesse de ser consagrado no Direito Constitucional.

139. As relações inter-sistemáticas do Direito Constitucional com outros ramos normativos

I. As relações inter-sistemáticas que se estabelecem entre o Direito Constitucional e as outras parcelas da Ordem Jurídica, incluindo também outras ordens normativas não jurídicas, não são

[1242] Cfr. *supra* n.° 131.

todas iguais e permitem deslindar, em termos lógicos, diversos planos em que as mesmas podem agir:

- *no plano das fontes normativas*: o Direito Constitucional posiciona-se na formação das fontes do Direito, impondo as suas orientações, ou recebendo as orientações ditadas por outros ramos jurídicos;
- *no plano da hermenêutica jurídica*: o Direito Constitucional actua como parâmetro interpretativo e integrador de outros ramos jurídicos, podendo o inverso igualmente suceder, sempre que o Direito Constitucional careça desses influxos normativos;
- *no plano da aplicação das fontes normativas*: o Direito Constitucional vale preferentemente na aplicação das suas fontes no seio da Ordem Jurídica, mas podem ser aceites casos em que o mesmo Direito Constitucional se retraia em benefício da aplicação de outras fontes normativas, internas ou externas.

A despeito desta multi-funcionalidade das relações inter-sistemáticas do Direito com outras Ordens Normativas, a verdade é que o plano das fontes normativas corresponde à esmagadora maioria dos casos.

II. A diversidade das relações inter-sistemáticas deve ser identificada ao nível da Metodologia Jurídica, aí melhor se percebendo os termos da respectiva operacionalidade, segundo dois possíveis esquemas:

- a *inter-sistematicidade interna*; e
- a *inter-sistematicidade externa*.

A *inter-sistematicidade interna implica relações sistemáticas do Direito Constitucional dentro da Ordem Jurídica em geral*, comunicando com outras das suas fontes e disposições, podendo elas ser fontes internas ou externas, sob a óptica do Direito Constitucional como Direito Estadual.

A *inter-sistematicidade externa representa a possibilidade de o Direito Constitucional estabelecer comunicações com sectores normativos não jurídicos*, mas que passam a ser relevantes para o Direito Constitucional.

III. De longe que os casos mais frequentes são os que integram a *inter-sistematicidade interna*, porquanto é de supor que o Direito Constitucional, na sua qualidade de cume da pirâmide que é a Ordem Jurídica Positiva, tenha a função de a dirigir no seu conjunto.

O primeiro grupo de casos, com uma fenomenologia mais variada, enfileira-se na ideia de que, não podendo o Direito Constitucional tudo dizer, aceita que outros níveis de juridicidade o complementem ou até o pontualmente substituam, segundo esta crescente escala de liberdade de conformação que tais fontes vão possuir:

- *os conceitos constitucionais indeterminados*[1243]: são casos em que a normatividade do Direito Constitucional não se afigura clara no seu seio e a sua compreensão depende do recurso a um suplemento de normatividade[1244] fornecido por outros níveis da Ordem Jurídica[1245];
- *os conceitos constitucionais gerais*: são casos em que a normatividade do Direito Constitucional, sendo mínima, admite a respectiva conformação a partir de outros níveis de juridicidade,

---

1243 A respeito dos conceitos indeterminados, bem como das respectivas modalidades, numa óptica especial de Direito Público, v. ANDRÉ GONÇALVES PEREIRA, *Erro e ilegalidade no acto administrativo*, Lisboa, 1962, pp. 216 e ss.; WALTER SCHMITT, *Einführung in die Probleme des Verwaltungsrecht*, München, 1982, pp. 37 e ss.; J. M. SÉRVULO CORREIA, *Noções...*, I, pp. 178 e ss., e *Legalidade e autonomia contratual nos contratos administrativos*, Coimbra, 1987, pp. 473 e ss.; DIOGO FREITAS DO AMARAL, *Direito Administrativo*, II, Lisboa, 1988, pp. 165 e 166; JORGE BACELAR GOUVEIA, *O estado de excepção...*, II, pp. 1556 e ss.

1244 Quanto aos conceitos indeterminados do ponto de vista da Teoria Geral do Direito, v. J. BAPTISTA MACHADO, *Introdução ao Direito...*, pp. 113 e ss.; ANTÓNIO MENEZES CORDEIRO, *Da boa fé no Direito Civil*, II, Coimbra, 1985, pp. 1176 e ss.; KARL LARENZ, *Metodologia da Ciência do Direito*, 2.ª ed., Lisboa, 1989, pp. 140 e ss.; KARL ENGISCH, *Introdução...*, pp. 208 e ss.; MARCELO REBELO DE SOUSA e SOFIA GALVÃO, *Introdução...*, pp. 61 e 62.

1245 Exemplo: a definição do direito fundamental à habitação, em relação ao qual o art. 65.°, n.° 1, da CRP é bastante indeterminado, dizendo que "Todos têm o direito, para si e para a sua família, a uma habitação de dimensão adequada, em condições de higiene e conforto e que preserve a intimidade pessoal e a privacidade familiar".

que assim introduzem um factor de especificação na regulação constitucional[1246];

- *os conceitos constitucionais delegados*: são casos em que a normatividade do Direito Constitucional, ainda que nele deva plenamente existir, fica a cargo de outro nível normativo, que recebe a incumbência da definição dos termos do respectivo preenchimento constitucional, a partir de um leque mais ou menos vasto de contributos normativos considerados admissíveis[1247];
- *os conceitos constitucionais remissivos*: são casos em que o Direito Constitucional simplesmente se demite da sua função ordenadora própria e acriticamente aceita a normatividade que advenha de outro sector jurídico, que passam ali a valer com o mesmo sentido originário[1248].

O outro grupo de casos, inversamente deste, implica que aconteça o contrário e que, na sua relação com os outros níveis da normatividade jurídica, seja o Direito Constitucional a comandar a regulação jurídica, impondo ele próprio *conceitos constitucionais autónomos*, que são situações em que o Direito Constitucional, em vez de estabelecer esquemas de conciliação com outros níveis da Ordem Jurídica, impõe uma normatividade própria, mesmo em colisão com essas outras normatividades, as quais ficam forçadas à respectiva recepção, sob pena de inconstitucionalidade[1249].

[1246] Exemplo: a concretização do conceito geral de direito fundamental, que só em parte está constitucionalmente tipificado, e uma importante parcela desse esforço, por via do art. 16.°, n.° 1, da CRP, impende sobre o Direito Infraconstitucional, tanto interno como internacional.

[1247] Exemplo: o conceito de "dados pessoais", a ser definido por lei, nos termos do art. 35.°, n.° 2, da CRP.

[1248] Exemplo: o conceito de "família" ou de "casamento", nos termos do art. 36.° da CRP, acolhidos tal como eles se recortam no Direito da Família.

[1249] Exemplo: o conceito de "número nacional único", previsto no art. 35.°, n.° 5, da CRP, que não está consagrado em mais nenhum outro lugar, e ainda bem porque a sua previsão corresponde à respectiva proibição jurídico-constitucional.

IV. Não é de excluir que o Direito Constitucional igualmente estabeleça mecanismos de comunicação com outras Ordens Normativas que se localizam extra-muros do Direito, ainda que sendo menos frequentes, supondo uma *inter-sistematicidade externa.*

Estão nesta hipótese *as normas ou os princípios constitucionais que, explícita ou implicitamente, requeiram uma apreciação que vá para além da positividade do Direito em geral*, o que se pode conceber sempre que se precisa da intervenção de um sentido de dever-ser que não é jurídico:

– *a normatividade que é inerente aos valores presentes nas apreciações axiológicas supra-positivas*, mas que têm de ser, em geral, respeitadas pelo Direito, e em especial pelo Direito Constitucional, por vezes directamente incorporadas no Direito[1250] e no Direito Constitucional, sendo um bom exemplo disto a remissão para valorações atinentes à dignidade da pessoa humana[1251]; ou
– *a normatividade decorrente de outros saberes de natureza técnica*, mas que é recebida por força da sua importância na construção do sentido da positividade jurídica em geral e da positividade constitucional em especial, como sucede no domínio da remissão jurídica para normas técnicas[1252].

V. De índole muito variada são as razões que explicam estas distintas possibilidades de relação do Direito Constitucional com os

[1250] É o que sucede com a Ordem Moral, no caso do Direito Civil, quando o CC afirma, no art. 280.°, n.° 2, que "É nulo o negócio contrário à ordem pública, ou ofensivo dos bons costumes".

[1251] É o caso da LF, com a Ordem Religiosa, que no seu preâmbulo faz apelo a Deus, referência que depois se comunica ao conceito constitucional de dignidade da pessoa humana, o mesmo raciocínio se podendo fazer com o art. 1.° da CRP, ou mais difusamente na definição do conceito de religião, que integra o direito à liberdade religiosa.

[1252] É o que sucede com os ramos do Direito de maior coloração técnica, como no caso do conceito de poluição do Direito do Ambiente, que é referenciado no art. 66.°, n.° 2, da CRP.

outros patamares da Ordem Jurídica e até outros campos de normatividade:

- *comandar as opções fundamentais de outros ramos do Direito* e que pertençam à respectiva órbita, e não ao Direito Constitucional;
- *incorporar opções fundamentais que sejam ditadas por outros ramos do Direito*, mas cuja recepção global não se justifica, apenas alguns dos seus traços fundamentais;
- *estabelecer primariamente os fundamentos das disciplinas jurídicas*, as quais se distribuem por outros ramos do Direito, que assim se apresentam em dois ou mais segmentos distintos, um no Direito Constitucional e os outros nos respectivos ramos normativos.

Como quer que seja, há em todas elas um pressuposto comum, que as sustenta e sem o qual nenhuma ganharia operacionalidade: *a inevitável especialização estrutural e funcional dos vários sectores jurídicos, pois que, sendo o Direito Constitucional o núcleo regulativo do Direito, nele não se pode incluir a sua global regulação.*

Do mesmo modo, e em homenagem à sua função directiva da Ordem Jurídica, do Direito Constitucional é de esperar que brotem orientações que atinjam todos os mais recônditos lugares dessa mesma Ordem Jurídica ou que desta possa legitimamente receber contributos para melhor levar a cabo a sua missão ordenadora.

CAPÍTULO IX
O FUNDAMENTO DO DIREITO CONSTITUCIONAL

§ 33.° A relevância supra-positiva do Direito Constitucional

§ 34.° As normas constitucionais inconstitucionais

§ 33.° A relevância supra-positiva do Direito Constitucional

140. O Direito Constitucional e a busca da Justiça Material

I. A fundamentação do Direito Constitucional – nele assim confluindo, no fundo, a fundamentação de todo o Direito ou os caminhos da sua legitimação material – representa a grande interrogação que se lhe coloca, em busca do que se considera o Direito Justo[1253].

Obviamente que esta não é uma resposta de agora, antes tem acompanhado o Direito praticamente desde o início da sua existência, e muito antes do aparecimento do Direito Constitucional Contemporâneo[1254].

[1253] Sobre o eterno problema da legitimidade ou da justiça do poder político, v. FRANZ WIEACKER, *História...*, pp. 679 e ss.; MARCELO REBELO DE SOUSA, *Direito Constitucional...*, pp. 17 e ss.; J. BAPTISTA MACHADO, *Introdução ao Direito...*, pp. 273 e ss.; ANTÓNIO BRAZ TEIXEIRA, *Filosofia...*, pp. 257 e ss.; MARCELLO CAETANO, *Manual de Ciência Política...*, I, pp. 280 e ss.; REINHOLD ZIPPELIUS, *Teoria...*, pp. 149 e ss.; MIGUEL REALE, *Teoria Tridimensional...*, pp. 159 e ss.; MICHEL VILLEY, *Filosofia do Direito,* pp. 51 e ss.; RUDOLF VON JHERING, *A Luta pelo Direito*, Rio de Janeiro, 2004, pp. 19 e ss.; JOSÉ DE OLIVEIRA ASCENSÃO, *O Direito...*, pp. 217 e ss.; ANTÓNIO MANUEL HESPANHA, *Cultura Jurídica...*, pp. 341 e ss.; GUSTAVO ZAGREBELSKY, *Le Legge e la sua Giustizia*, Bologna, 2008, pp. 15 e ss.; PAULO FERREIRA DA CUNHA, *Constituição e Valores – Diálogos de Axiologia Constitucional,* in RDP, ano I, n.° 1, Lisboa, Janeiro/Junho de 2009, pp. 257 e ss.

[1254] Como lembra RUDOLF VON JHERING (*A Luta...*, p. 19), "O fim do Direito é a paz, o meio de atingi-lo, a luta. Enquanto o Direito tiver de contar com

Essa é a procura de um arrimo extrínseco – e ao mesmo tempo limitador do Direito Constitucional, qual verdadeira *reserva do Direito* – que se formou curiosamente ao longo do tempo, no essencial, em torno da categoria dos direitos fundamentais, primeiro consagrados nas Constituições e depois nos direitos do homem, previstos nos respectivos textos internacionais de protecção, ainda que mais tarde se tivesse propagado a outros princípios e paragens[1255].

II. Não se trata de saber se o Direito é vigente ou se o Direito é válido: trata-se, antes, de saber se o Direito é legítimo, com base na sua adequação a um padrão de Justiça Material[1256].

A legitimidade de que se cura, neste combate pelo Direito Justo, diferencia-se da resposta que se pode obter noutros contextos[1257]:

- *a resposta da positividade*, em que se quer determinar a vigência do Direito, de acordo com as regras da sua entrada em vigor;
- *a resposta da legalidade*, na qual se procura saber se o Direito produzido está conforme e é exercido segundo a forma juridicamente estabelecida;
- *a resposta da efectividade*, pela qual se pretende surpreender até que ponto o Direito é socialmente aceite – também por vezes referida como legitimação social – em função do grau de adesão da comunidade, para a qual concorrem factores fácticos e não valorativos.

---

as agressões partidas dos arrais da injustiça – e isso acontecerá enquanto o mundo for mundo – não poderá prescindir da luta. A vida do Direito é a luta – uma luta dos povos, dos governos, das classes sociais, dos indivíduos".

1255 Como escreve José de Oliveira Ascensão (*O Direito*..., pp. 217 e 218), "Todo o poder supõe que ao comando dos governantes se contraponha a obediência dos governados. Mas há que perguntar se o conteúdo do que se comanda e, portanto, do Direito instituído é irrelevante, ou se o poder, mesmo legitimamente instituído, se tem de justificar pelo seu exercício".

1256 Cfr. J. Baptista Machado, *Introdução ao Direito*..., p. 287.

1257 Cfr. Reinhold Zippelius, *Teoria*..., pp. 154 e ss.; Miguel Reale, *Teoria Tridimensional*..., pp. 34 e ss.

III. Só que essa está longe de se apresentar como uma concepção pacífica e importa registar, ainda que com brevidade, o caminho percorrido até à aceitação moderna dos limites materiais reconhecidos, recordando a velha máxima de que *lex injusta non est lex*.

Esta foi uma preocupação magistralmente sintetizada, há muitos séculos, por SANTO AGOSTINHO, ao perguntar: "Afastada a justiça, que são, na verdade, os reinos senão grandes quadrilhas de ladrões?"[1258].

Eis um problema, portanto, que se coloca no plano da *legitimidade material* (ou da Justiça) das normas jurídicas, não tanto no plano da respectiva *validade formal* – segundo um critério de juridicidade formal – ou no plano da respectiva *eficácia social* – de acordo com uma concepção de adesão social às normas jurídicas[1259].

IV. Se a procura do Direito Justo é assim tão antiga, quase tão antiga como o Direito, é natural e aconselhável que se possa equacionar, ao longo desse tempo, três grandes percursos, neles se mostrando fundas diferenças nas respostas dadas:

- as concepções pré-constitucionais materiais;
- as concepções liberais positivistas e formalistas; e
- as concepções hodiernas anti-positivistas, jusnaturalistas e outras[1260].

[1258] SANTO AGOSTINHO, *A Cidade de Deus*, p. 383.

[1259] Com uma síntese acerca deste tripé de valoração do Direito, NORBERTO BOBBIO, *Teoria Generale...*, pp. 23 e ss.

[1260] Com um percurso histórico acerca do Direito Natural, v. ANTÓNIO BRAZ TEIXEIRA, *Filosofia...*, pp. 274 e ss.; MARCELLO CAETANO, *Manual de Ciência Política...*, I, pp. 289 e ss.; PAULO FERREIRA DA CUNHA, *O desafio científico e o desafio pedagógico do Direito Natural*, in AAVV, *Direito Natural, Religiões e Culturas* (org. de PAULO FERREIRA DA CUNHA), Coimbra, 2004, pp. 119 e ss.; DIOGO FREITAS DO AMARAL, *Manual de Introdução...*, I, pp. 165 e ss.; ANTÓNIO BRAZ TEIXEIRA, *A Justiça e a crise do Direito Natural*, in AAVV, *Direito Natural, Religiões e Culturas* (org. de PAULO FERREIRA DA CUNHA), Coimbra, 2004, pp. 201 e ss.; JOSÉ DE OLIVEIRA ASCENSÃO, *O Direito...*, pp. 171 e ss.; JOSÉ CARLOS VIEIRA DE ANDRADE, *Os direitos fundamentais...*, pp. 17 e ss.; ARTHUR KAUFMANN, *Filoso-*

141. As concepções pré-constitucionais materiais

I. O primeiro grupo de concepções, temporalmente localizadas antes do aparecimento do Constitucionalismo, mas englobando muitos séculos da História Universal, acolhe diferentes entendimentos, sob o diapasão comum do reconhecimento do valor de limites externos à actuação do poder político.

Mas estas concepções, partilhando aquela ideia geral de limitação material do poder político, acentuadamente divergiram nos arrimos que encontram, bem como na diversidade substantiva das respectivas pautas limitadoras.

II. As concepções mais antigas são de raiz *cosmológica* e relacionaram-se com as pioneiras discussões filosóficas da Antiguidade Clássica em torno da necessidade de as leis respeitarem certas orientações fundamentais[1261].

De um modo geral, no pensamento grego, a ideia de justiça, natural e transcendente, bem transparecia em Themis e em Diké, que – como realça MIGUEL REALE – eram "...as personificações do sentido ideal que governa de maneira obrigatória o comportamento social", acrescentando ainda este autor brasileiro "...com as devidas cautelas, que, de início, por sua origem mítica, a *ordem humana* – na

fia..., pp. 32 e ss.; PAULO OTERO, *Instituições Políticas...*, I, pp. 55 e ss.; LEO STRAUSS, *Direito Natural e História*, Lisboa, 2009, pp. 3 e ss.

1261 Como não recordar, neste contexto, o drama de Antígona, que desrespeitou a lei de Creonte, que proíbira seu irmão, Polinices, de ser chorado ou sepultado, por ter lutado contra a própria pátria: "Com certeza, porque Zeus não pretendeu impor-me proibições nem Dike, a deusa que está com os númenos subterrâneos, jamais fixou aos homens normas parecidas. Além disso, eu não acreditava que os éditos humanos tivessem força suficiente para conferirem a um mortal a faculdade de violar as leis divinas, que nunca foram escritas mas são imutáveis. Não é de hoje nem de ontem que elas vivem: são eternas e ninguém sabe determinar o tempo em que foram promulgadas (SÓFOCLES, *Antígona*, 3.ª ed., Lisboa, 1988, p. 35).

qual se englobava o Direito – é sentida ou percebida como algo que deve ser"[1262].

Igualmente em Roma, com MARCO TÚLIO CÍCERO[1263], uma orientação limitativa do poder político se considerava vigente: "...existe um só Direito, aquele que constitui o vínculo da sociedade humana e que nasce de uma só Lei; e esta Lei é a recta razão enquanto ordena e proíbe[1264] (*ius naturale est quaedam vera lex, recta ratio, natura congruens, diffusa in omnes constans, sempiterna*)"[1265].

E MARCO TULIO CÍCERO ainda enfaticamente acrescentaria: "...daqui resulta que a justiça não existe em absoluto se não deriva da Natureza; e que a utilidade acaba com toda a justiça edificada sobre a base da utilidade. Se a Natureza não deve respaldar o Direito, todas as virtudes desaparecem"[1266].

III. A passagem à Idade Média determinou, nestas concepções pré-constitucionais, o surgimento de entendimentos marcadamente

---

1262 MIGUEL REALE, *Teoria Tridimensional...*, p. 162.

1263 Mas que seria generalizadamente aceite pela doutrina: basta recordar a admirável síntese de ULPIANO, os *Tria Praecepta Iuris* (in *Corpus Iuris Civilis*, I, 10): *honeste vivere, alterum neminem laedere, suum cuique tribuere.*

1264 MARCO TÚLIO CÍCERO, *Las Leyes*, Madrid, 1989, p. 184, e *Sobre los deberes*, Madrid, 1989, pp. 142 e ss., devendo-se-lhe a frase célebre "*Toga cedant arma!*".

1265 MARCO TÚLIO CÍCERO: "Existe, pois, uma lei verdadeira, que é a recta razão, conforme à Natureza, presente em todos os homens, constante e sempre eterna. Esta lei conduz-nos imperiosamente a fazer o que devemos e proíbe-nos o mal, desviando-nos dele. O homem honesto não é nunca surdo aos seus comandos e proibições: estas só não têm efeito sobre o homem perverso". Cfr. MARCO TÚLIO CÍCERO, *Da República*, apud DIOGO FREITAS DO AMARAL, *Manual de Introdução...*, I, p. 172.

Sobre o pensamento político de MARCO TÚLIO CÍCERO em geral, v. GIORGIO DEL VECCHIO, *Lições...*, pp. 54 e ss.; J. DA SILVA CUNHA, *História Breve...*, pp. 97 e ss.; MARCEL PRÉLOT e GEORGES LESCUYER, *Histoire...*, pp. 141 e ss.; DIOGO FREITAS DO AMARAL, *Ciência...*, I, pp. 165 e ss.; GERMÁN J. BIDART CAMPOS, *Manual...*, pp. 48 e ss.

1266 MARCO TÚLIO CÍCERO, *Las Leyes*, p. 184.

teológicos, no lastro da recepção do Cristianismo, ao mesmo tempo absorvendo a Filosofia Aristotélica.

Foi assim que nasceu uma *concepção jusnaturalista de raiz religiosa*, em que a lei humana necessariamente encontrava o seu limite na lei de Deus, com diversas modalidades, conforme os autores a propugnariam[1267]:

- Santo Agostinho defendeu a existência de um sentido de Justiça, ao mesmo tempo que estabeleceu a destrinça entre a *lex aeterna*, a *lex naturalis* e a *lex humana*;
- São Tomás de Aquino, mais elaboradamente, propôs a tetralogia da *lei eterna*, da *lei natural*, da *lei divina* e da *lei humana*, indexando o Doutor Angélico a legitimidade desta à respectiva conformidade com as outras leis consideradas superiores[1268].

IV. A Idade Moderna trouxe novas orientações na substanciação dos limites externos à actuação do poder político, com o Idealismo que filosoficamente ficou a dever-se ao contributo de René Descartes, o qual introduziria também o Subjectivismo, a partir daquele momento a fundamentação do Direito e do Poder se estabelecendo imanentemente ao próprio homem[1269].

[1267] Quanto ao Direito Natural realista, v. Mário Bigotte Chorão, *Aproximação ao realismo jurídico*, in AAVV, *Direito Natural, Religiões e Culturas* (org. de Paulo Ferreira da Cunha), Coimbra, 2004, pp. 21 e ss.; AAVV, *Cuestiones fundamentales de Derecho Natural – Actas de las III Jornadas Hispânicas de Derecho Natural* (ed. de Miguel Ayuso), Madrid, 2009, pp. 19 e ss.

[1268] Cfr. também Francisco Suárez, *De Legibus*, I, pp. 206 e ss.; Miguel Reale, *Teoria Tridimensional...*, pp. 167 e ss.

[1269] Ao mesmo tempo que idêntica perspectiva arredava o fundamento teológico, tão bem lembrado por João Paulo II, no seu último livro (*Memória e identidade – colóquios na transição do milénio*, Lisboa, 2005, p. 18): "Antes, tudo era interpretado na perspectiva do *esse* e procurava-se uma explicação de tudo dentro desta óptica: Deus, Ser plenamente auto-suficiente (*Ens subsistens*), era considerado o suporte indispensável para todo o *ens non subsistens, ens participatum*, isto é, para todos os seres criados e, por conseguinte, também para o homem. O *cogito, ergo sum*

Ao nível do Direito, foi precursor HUGO GRÓCIO, que marcou a viragem para a fundamentação racionalista – e não já teológica – do Direito, apelando ao Direito Natural[1270] descoberto pela *recta ratio*[1271].

Assim nasceria o Jusnaturalismo racionalista, frisando a aceitação de princípios imutáveis e descobertos pela "razão raciocinante", independentemente de considerações religiosas.

142. A viragem liberal para o positivismo legalista e normativista

I. A revolução constitucionalista da Idade Contemporânea provocou uma transformação radical em muitas das instituições políticas, mas também no plano da Ordem Jurídica e na sua fundamentação muitas coisas mudariam.

---

implicava uma ruptura com esta linha de pensamento: agora, tornava-se primordial o *ens cogitans*; depois de Descartes, a Filosofia torna-se uma ciência puramente de pensamento: tudo o que for *esse* – tanto o mundo criado como o Criador – permanece no campo do *cogito* como conteúdo do conhecimento humano. A Filosofia ocupa-se dos seres enquanto conteúdos do conhecimento, e não como existentes fora dele".

1270 Cfr. HUGO GRÓCIO, *Del Derecho de Presa – Derecho de la Guerra y de la Paz,* Madrid, 1987, p. 36, assim o explicitando: "O Homem não só tem a força associativa que não têm os demais seres animados (...) como tem, para além disso, o juízo para entender o que lhe agrada e o que o prejudica (...). O que repugna a este juízo se entende ser também contra o Direito Natural ou humano". E acrescentando noutro passo (p. 57) que o "...Direito Natural é ditado pela recta razão", sendo certo que a sua validade se apresentaria independente da existência de Deus (p. 36): "...o que dissemos teria lugar ainda que admitíssemos algo que não se pode fazer sem cometer o maior delito, como é aceitar que Deus não existe...".

1271 Sobre o jusracionalismo em geral, v. também GIORGIO DEL VECCHIO, *Grócio e a fundação do Direito Natural*, in *Direito e Paz*, Braga, 1968, pp. 133 e ss.; JUAN A. ALEJANDRE GARCÍA, *Derecho del Constitucionalismo y de la Codificación*, Sevilla, 1980, pp. 12 e ss.; FRANZ WIEACKER, *História...*, pp. 279 e ss.

É verdade que o nascimento dos textos constitucionais, assim como de outros instrumentos de limitação do poder absoluto, deu grandes êxitos na repressão de regimes absolutos.

Mas esses bons resultados do mesmo modo se alcançariam na radicação de uma concepção jusracionalista do Direito do século XVIII, bem patente na protecção dos *direitos fundamentais, essencialmente nos países que foram pioneiros no movimento tendente à consagração dos mesmos.*

II. Disso muito bem se incumbiram as declarações de direitos, que integradas ou não nos textos constitucionais representariam uma das modalidades de resposta que se tinha por necessária.

Esses direitos fundamentais depressa atingiriam as características que o Jusracionalismo subjacente lhes podia dar[1272]: (i) a intangibilidade, (ii) a imprescritibilidade e (iii) a inalienabilidade.

Isso sucedeu, primeiro, com a Declaração de Independência norte-americana de 1776 e, logo a seguir, em França, com a DDHC, de 1789. A primeira afirmação dos direitos do homem assumiu-se, deste modo, num contexto *abstracto e individualista*[1273].

III. Simplesmente, mercê de um conjunto de explicações várias, a concepção jusracionalista, se dominara o panorama constitucional dos finais do século XVIII e durante a primeira metade do século XIX, rapidamente entraria em declínio.

No seu lugar, emergiria uma outra concepção do Direito, sendo aquele jusracionalismo *progressivamente substituído por uma visão formalista do Direito, já não tanto preocupada com a consagração de um conjunto de valores materiais indisponíveis ao poder político, quanto antes atenta à garantia de mecanismos de actuação e de limitação formal do poder político*[1274].

1272 Cfr. Léon Duguit, *Traité...*, III, p. 611; Marcelo Rebelo de Sousa, *Direito Constitucional...*, pp. 19 e 20; Rogério Ehrhardt Soares, *Constituição*, p. 672; A. Castanheira Neves, *Método jurídico*, in Pol., IV, Lisboa, 1986, pp. 230 e 231.

1273 Cfr. *infra* n.° 184.

1274 Cfr. Diogo Freitas do Amaral, *Manual de Introdução...*, I, pp. 184 e ss.

Ainda que de diversa índole, essas *correntes positivistas formalistas* tinham em comum a rejeição de uma concepção jusracionalista que exactamente animara os debates no dealbar das revoluções liberal e constitucionalista[1275].

IV. No plano científico, foi o movimento do *positivismo científico* que esteve na sua génese, embora numa perspectiva que não se podia limitar a considerações meramente epistemológicas.

Na medida em que o Direito deveria ser estudado identicamente às ciências sociais, cuja "rainha" – nas célebres palavras de AUGUSTO COMTE (1798-1857) – seria a Sociologia, só se afirmaria possível como vinculante aquilo que fosse vertido em textos positivados pela autoridade do poder público.

E foi este autor que proporia como máxima metodológica a de que "Não há nada de real que não seja observável e tudo o que é observável é real"[1276].

[1275] Como afirma FRANCISCO LUCAS PIRES (*O problema...*, p. 368), a "...Constituição começa a ser tomada independentemente da sua particular intenção normativa e a *voluntas* de que ela se fizera mediadora é absorvida pela *ratio* que nela se havia fossilizado".

[1276] Acrescentando ainda AUGUSTO COMTE (*Reorganizar a sociedade*, 2.ª ed., Lisboa, 1990, p. 113) sobre a política positiva: "Esta superioridade resulta de que ela descobre o que os outros inventam. A política teológica e a metafísica imaginam o sistema que convém ao estado presente da civilização, dada a condição absoluta de que ele seja também o melhor possível".

E ainda aditando, criticamente, que "A política também não escapou, como não escaparam as outras ciências, a esta lei fundada sobre a natureza das coisas. O estado em que a ciência política se tem mantido até ao presente, e no qual ainda se encontra, corresponde com analogia perfeita ao que foi a astrologia para a astronomia, a alquimia para a química, e a busca da mezinha universal para a medicina" (p. 87).

Cfr. também MARCEL PRÉLOT e GEORGES LESCUYER, *Histoire...*, pp. 648 e ss.; ANTÓNIO MARQUES BESSA, *Quem governa?*, Lisboa, 1993, pp. 123 e ss.; PEDRO SOARES MARTÍNEZ, *Filosofia...*, pp. 336 e ss.; A. CASTANHEIRA NEVES, *O papel do jurista no nosso tempo*, in *Digesta*, 1.° vol., Coimbra, 1995, pp. 29 e ss.

As causas desta tendência para a formalização do Direito, para além do cientifismo aplicado ao Direito, foram também de natureza económico-social.

O concomitante crescer da importância da lei, em detrimento do poder de outras instâncias externas, estava bem em consonância com a nova classe dominante, política e socialmente: a burguesia, que tinha triunfado com o liberalismo político e com o capitalismo de tipo industrial.

V. A França foi talvez o primeiro espaço de repercussão do *positivismo formalista*, tendo aí nascido um positivismo de tipo *legalista*, exacerbando a vontade do poder legislativo como critério de dever-ser.

E depois, no plano da interpretação, a consequência inevitavelmente seria a do *exegetismo*, numa actividade unicamente preocupada com a reconstituição da vontade do legislador[1277].

VI. Na Alemanha, abandonando o contexto da luta política em que tinha nascido, o Estado de Direito rapidamente se assumiria como eminentemente *formal*. O Estado, nas normas que criava, entrava em relação com os cidadãos, ambos sendo possuidores de direitos subjectivos, os quais eram normativamente regulados.

A actividade do Estado seria determinada pelos padrões formais da legalidade e da constitucionalidade e a sua acção só se legitimaria se e enquanto a esfera dos indivíduos se encontrasse protegida por essas leis, só a estas competindo o reconhecimento de tais direitos[1278].

[1277] Cfr. José Hermano Saraiva, *A crise do Direito*, Lisboa, 1964, pp. 55 e ss.; Juan A. Alejandre García, *Derecho...*, pp. 19 e ss.; Henri Batiffol, *A filosofia do Direito*, Lisboa, s. d., pp. 11 e ss.; A. Castanheira Neves, *Método jurídico*, pp. 231 e 232; Mário Bigotte Chorão, *Método jurídico*, in Pol., IV, Lisboa, 1986, p. 1414.

[1278] Como afirma José de Sousa e Brito (*A lei penal na Constituição Portuguesa*, in AAVV, ESC, I, Lisboa, 1977, p. 227), "...os direitos individuais só têm existência e protecção na medida em que a lei, ou mais simplesmente a actividade legal do Estado, lhos reconhece".

Esta não era senão uma mera limitação formal do poder, que, instituindo certas normas, tinha de as levar até ao fim[1279].

Por força de circunstancialismos próprios, nos quais se inscrevia a inexistência de uma revolução constitucionalista e a coexistência tardia do princípio monárquico com o princípio da soberania popular, a resposta radicou no formalismo jurídico, gizado através da teoria da auto-limitação do Direito do Estado, para explicar a vinculação jurídica entrando em relação com os indivíduos, primeiramente formulado por RUDOLF VON JHERING e, depois, construído por GEORG JELLINEK[1280].

Diferentemente das experiências totalitárias do período que se viveu entre as guerras do século XX, o formalismo jurídico alemão não recusou a existência de direitos subjectivos públicos, mas criou um Estado de Direito Formal ou de mera Legalidade[1281].

VII. Outro seria ainda o caminho do *positivismo normativista* austríaco, também chamado de "metodológico", que com HANS KELSEN fechou por completo a porta a valorações supra-positivas, considerando a Ordem Jurídica uma multidão de normas com uma validade aferida em função da sua conformidade com a norma superior, tudo culminando numa "norma constitucional hipotética".

[1279] Cfr. MARCELLO CAETANO, *Manual de Ciência Política*..., I, pp. 299 e ss.; JORGE MIRANDA, *Manual*..., III, pp. 166 e ss.

[1280] GEORG JELLINEK, *L'État*..., I, pp. 502 e ss. Cfr. também ALBERTO DA CUNHA ROCHA SARAIVA, *Construção*..., I, pp. 71 e ss.; MARCELO REBELO DE SOUSA, *Direito Constitucional*..., pp. 19 e 20.

[1281] Em Portugal, era esta, no fundo, a concepção propugnada por MARCELLO CAETANO (*Páginas Inoportunas*, Lisboa, s. d., p. 158), não obstante se reclamar do valor transcendente da Justiça: "Uma lei, mesmo quando seja má, é preferível à ausência de lei nos casos em que da sua falta resulte o capricho nas resoluções da autoridade e a incerteza dos direitos dos indivíduos. A lei, estabelecendo critérios gerais e abstractos para a solução de casos concretos, é sempre uma garantia de igualdade e portanto de Justiça, ainda que esta Justiça seja meramente relativa e formal".

Esta apenas determinaria a existência em favor do Estado de um poder, de cariz constituinte, de criar uma Constituição com um qualquer conteúdo, sem com isso se poder discutir a eventualidade de um Direito Metafísico[1282].

Ficaram famosas, neste contexto, as palavras de HANS KELSEN: "Uma norma jurídica não vale porque tem um determinado conteúdo, quer dizer, porque o seu conteúdo pode ser deduzido pela via de um raciocínio lógico do de uma norma fundamental pressuposta, mas porque é criada por uma forma determinada – em última análise, apoiando-se numa norma fundamental pressuposta"[1283].

1282 Cfr. HANS KELSEN, *Teoria Pura...*, pp. 269 e ss., e *A Justiça e o Direito Natural*, 2.ª ed., Coimbra, 1979, pp. 169 e ss. Cfr. também JOSÉ HERMANO SARAIVA, *A crise...*, pp. 61 e ss.; FRANCISCO LUCAS PIRES, *O problema...*, pp. 372 e 373; MARCELO REBELO DE SOUSA, *Direito Constitucional...*, pp. 20 e 21; HENRI BATIFFOL, *A filosofia...*, pp. 22 e ss.; A. CASTANHEIRA NEVES, *Método jurídico*, pp. 239 e ss.; J. BAPTISTA MACHADO, *Teoria Pura do Direito*, in Pol., V, Lisboa, 1987, p. 1168, este frisando que, no processo de esvaziamento material do Direito, para HANS KELSEN haveria "...que deixar de parte elementos tradicionais, como o da Justiça, Razão ou Moralidade, que só podem contribuir para a confusão metodológica e teórica"; NORBERTO BOBBIO, *Contribución...*, pp. 117 e ss.; MÁRIO BIGOTTE CHORÃO, *Método jurídico*, pp. 1416 e 1417; ANTÓNIO BRAZ TEIXEIRA, *Filosofia...*, pp. 157 e ss.; MARCELO REBELO DE SOUSA e SOFIA GALVÃO, *Introdução...*, pp. 164 e 165; J. J. GOMES CANOTILHO, *Direito Constitucional*, p. 356, este lembrando que, para HANS KELSEN, o "Estado é como o Rei Midas, tudo o que apanha transforma em Direito."; LUZIA MARQUES DA SILVA CABRAL PINTO, *Os limites do poder constituinte e a legitimidade material da Constituição*, Coimbra, 1994, pp. 37 e ss.; MARIA LÚCIA AMARAL PINTO CORREIA, *Responsabilidade...*, pp. 332 e ss.

1283 HANS KELSEN, *Teoria Pura...*, p. 273. Dizendo ainda o mesmo autor noutra ocasião: "É chamada "pura" porque procura excluir da cognição do Direito positivo todos os elementos estranhos a este. Os limites deste objecto e de sua cognição devem ser claramente fixados em dois sentidos: a ciência específica do Direito, a disciplina geralmente denominada jurisprudência, deve ser distinguida da filosofia da justiça, por um lado, e da sociologia, ou cognição da realidade social, por outro" (*A Teoria Pura do Direito e a jurisprudência analítica*, in *O que é a justiça*, São Paulo, 1997, p. 261).

O irrealismo e o abstraccionismo lógico do positivismo metodológico evidentemente que nunca o fariam proceder, facilmente se antolhando, logo à nascença, o seu fracasso[1284].

VIII. O resultado destas correntes metodológico-jurídicas, para além de outras consequências para a Ciência do Direito em geral, fertilizaram no terreno da protecção dos direitos fundamentais herdada do jusracionalismo oitocentista, assim como depois irradiariam para outros aspectos fundamentais do Direito.

Definitivamente se votaria ao abandono essa concepção jusnaturalista, porque ela em si seria incapaz de corresponder aos novos postulados metodológicos, de acordo com três diferentes linhas de percurso:

- quer fundando-se numa observação da realidade social, devidamente traduzida numa concepção legalista do Direito;
- quer unicamente se validando com base numa concepção formalista de produção das normas jurídicas inferiores, sem qualquer implicação valorativa, insusceptível de comprovação científica[1285];
- quer adulterando o Direito Natural, não o negando, mas relativizando-o – ou, melhor dizendo, positivando-o – às

---

[1284] A crítica de J. BAPTISTA MACHADO (*O sistema científico e a teoria de Kelsen*, in RFDUL, XXVI, 1985, p. 27) não deixa de ser contundente: "Parece-nos que KELSEN, tomando para objecto da sua análise o Direito Positivo, não dá resposta à questão de saber o que é esta realidade. Antes, responde a qualquer outra coisa: responde designadamente à questão de saber como é possível conhecer essa realidade sem tomar em conta aquilo que é radicalmente constitutivo do que tal realidade tem de específico: o sentido de Justiça".

[1285] O balanço do positivismo jurídico, segundo as suas várias manifestações, é para MÁRIO BIGOTTE CHORÃO (*Positivismo jurídico*, in Pol., IV, Lisboa, 1986, p. 1425) acentuadamente negativo: "A atitude básica do juspositivismo em relação à metafísica privou a ordem jurídica de fundamentos e critérios de legitimidade objectivos e sólidos, deu largas ao relativismo axiológico e permitiu, enfim, que o direito se convertesse numa simples técnica nas mãos do Poder para fins manifestamente contrários à justiça e ao bem comum".

circunstâncias históricas, criando um Direito Natural de conteúdo variável[1286].

143. As reacções anti-positivistas e o novo Direito Natural

I. Rapidamente se perceberia, contudo, que o positivismo – primeiro, o voluntarista e, depois, o normativista – tinha caído num forte *solipsismo jurídico*[1287], bastando-se a si próprio, numa auto-suficiência que não podia reflectir a realidade dos fenómenos que pretendia retratar, outra coisa não sendo senão a expressão jurídica do grupo social dominante, num quietismo bem diferente do espírito que animara os ideais do Constitucionalismo inicial, com desprezo por:

(i) *realidades transcendentes – o Direito Natural*;
(ii) *realidades extra-legais – o Direito Consuetudinário*; e
(iii) *realidades institucionais – o ordenamento imanente das organizações sociais*.

II. Daí que os sinais de reacção contra esse positivismo formalista não se fizessem esperar, ainda no século XIX, bem como nas primeiras décadas do século XX[1288]:

1286 Que é criticada por J. BAPTISTA MACHADO, *Introdução ao Direito...*, p. 288, ao afirmar que "A concepção segundo o qual os referidos elementos "prescritivos" suprapositivos nascidos da estrutura de sentido de uma cultura e época histórica apontariam para a ideia de um "Direito Natural de conteúdo variável", não parece de molde a dar uma resposta satisfatória ao eterno problema do Direito justo. À primeira vista, só uma doutrina concebida nos moldes do Direito Natural clássico (metafísico) poderia ser uma resposta adequada àquela interrogação".

1287 Na feliz expressão de PABLO LUCAS VERDÚ, *La lucha contra el positivismo jurídico en la República de Weimar – La teoría constitucional de Rudolf Smend*, Madrid, 1987, p. 79, que explicita ainda que "O solipsismo jurídico é soberbamente prepotente, tende a estabelecer um *status quo* em benefício dos poderosos, a favor dos detentores do poder, num *establishment* que se autoreproduz."

1288 São ainda de referir dois outros importantes autores germânicos, que

– o *historicismo jurídico*, de FRIEDRICH CARL VON SAVIGNY, apelando para o *Volkgeist* enquanto instrumento de definição do dever-ser, lutaria contra as codificações abstractas e rígidas de inícios do século XIX[1289], sendo certo que a Ordem Jurídica se deveria considerar historicamente pressuposta e de índole marcadamente anti-voluntarista[1290];

---

com originalidade lutaram também contra o positivismo jurídico do século XIX: RUDOLF SMEND e HERMANN HELLER.

RUDOLF SMEND, com a sua *Integrationlehre*, preconizou uma densificação do conteúdo da Constituição a partir da realidade espiritual do Estado, determinada segundo um processo que se joga na tríplice função de integração pessoal, funcional e material (RUDOLF SMEND, *Constitución y Derecho Constitucional*, Madrid, 1985, pp. 62 e 63): "O objecto da teoria do Estado e do Direito Constitucional é o Estado enquanto parte da realidade espiritual (...) Se o Estado existe, é unicamente graças a estas diversas manifestações, expressões de um encadeamento espiritual e, de um modo mais decisivo, através das transformações e renovações que têm como objecto imediato encadeamento intelegível".

Cfr. também PABLO LUCAS VERDÚ, *La lucha contra...*, pp. 51 e ss.; AFONSO D'OLIVEIRA MARTINS, *O fenomenologismo e a teoria constitucional de Smend*, in AAVV, *Ab Uno ad Omnes – 75 anos da Coimbra Editora*, Coimbra, 1998, pp. 235 e ss.; JORGE MIRANDA, *Manual...*, II, p. 69.

HERMANN HELLER (*Teoría del Estado*, Cidade do México, 1942, pp. 267 e ss.), por seu lado, numa visão dinâmica da realidade social, considerou que a Constituição devia representar uma ligação estreita entre a normatividade dos respectivos preceitos e a realidade constitucional que visa conformar, sendo mesmo essa ligação a condição da sua sobrevivência, de acordo com os conceitos fundamentais de *normalidade fáctica* – de conformidade com a Constituição – e de *normatividade* – de imposições de dever a essa mesma realidade. Como afirma noutro momento (p. 269), a "...Constituição permanece através da mudança dos tempos e pessoas graças à probabilidade de que se repita no futuro a conduta humana que concorde com ela".

1289 Como escreve FRANZ WIEACKER (*História...*, p. 407), "A Escola Histórica do Direito descobriu na historicidade do Direito a historicidade do próprio povo. Ela viu mesmo no Direito, primeiro implicitamente e depois expressamente, uma manifestação do espírito do povo. Também aqui ela estava comprometida com uma nova experiência fundamental do historicismo."

1290 Cfr. MARCELO REBELO DE SOUSA, *Direito Constitucional...*, pp. 22 e 23; FRANZ WIEACKER, *História...*, pp. 397 e ss.; HENRI BATIFFOL, *A filosofia...*, pp. 29

– o *decisionismo*, de CARL SCHMITT, assentando numa concepção de poder como o produto da vontade do soberano, ao repelir o positivismo legalista como fundamento do Direito Constitucional, e perfilhando uma manifestação de força do poder político[1291];

– o *positivismo sociológico* e o *institucionalismo*, de MAURICE HAURIOU, LÉON DUGUIT, SANTI ROMANO e COSTANTINO MORTATI, fundando o Direito num conjunto de laços sociais perduráveis representados pelas instituições[1292], ao defender a Ordem Jurídica como eminentemente apoiada nas relações sociais de justiça e de solidariedade, a partir do conjunto das consciências individuais que a requeriam, num sentido exterior ao Estado[1293], atomisticamente consideradas ou representadas nas instituições[1294], e pondo-se, em geral, o acento

---

e 30; JUAN A. ALEJANDRE GARCÍA, *Derecho...*, pp. 25 e ss.; A. CASTANHEIRA NEVES, *Método jurídico*, pp. 231 e 232; MÁRIO BIGOTTE CHORÃO, *Positivismo jurídico*, pp. 1415 e 1416; EDUARDO VERA-CRUZ PINTO, *As origens do Direito Português – a tese germanista de Teófilo Braga*, Lisboa, 1996, pp. 21 e ss.

1291 Cfr. CARL SCHMITT, *Théorie...*, pp. 154 e ss. Cfr. também MARCELO REBELO DE SOUSA, *Direito Constitucional...*, pp. 24 e 25; GERMÁN GÓMEZ ORFANEL, *Excepción y normalidad en el pensamiento de Carl Schmitt,* Madrid, 1986, pp. 53 e ss.; GEORGE SCHWAB, *The challenge of the exception*, New York/Westport/London, 1989, pp. 44 e ss.; GABRIEL GUILLÉN KALLE, *Carl Schmitt en España – la frontera entre lo político y lo jurídico*, Madrid, 1996, pp. 63 e ss.

1292 Cfr. MARCELLO CAETANO, *Manual de Ciência Política...*, I, pp. 296 e ss.; MARCELO REBELO DE SOUSA, *Direito Constitucional...*, pp. 25 e 26; HENRI BATIFFOL, *A filosofia...*, pp. 31 e ss.; NORBERTO BOBBIO, *Contribución...*, pp. 153 e ss., e *Teoria...*, pp. 9 e ss.

1293 São bem expressivas, a este propósito, as palavras de LÉON DUGUIT (*Traité...*, I, p. 200): "Esta regra é uma regra de direito quando a massa das consciências individuais compreende que ela deve ter uma sanção social. É o sentimento de solidariedade e de justiça que lhe dá o seu carácter obrigatório...".

E depois ainda acrescenta (*Traité...*, I, p. 201): "Toda a sociedade tem um direito objectivo como tem uma língua, um território sobre o qual ela vive de maneira permanente ou momentânea, os costumes, os hábitos, uma religião".

1294 MAURICE HAURIOU, situando-se na mesma linha sociológica, ensaia explicação diversa da de LÉON DUGUIT para fundar o Direito: a regra de Direito

tónico na efectividade social do Direito, pois aí se buscaria o arrimo seguro da limitação do poder político[1295].

III. Mas só os trágicos acontecimentos das guerras do século XX, não obstante estes inúmeros e meritórios esforços doutrinários, exporiam completamente as fragilidades inerentes a uma visão meramente formalista do Direito em geral e do Direito Constitucional em especial.

Nele se fizeram incorporar novas concepções materiais, pelas quais o Estado se limitaria não já apenas pela normação que produzisse, mas essencialmente pelo tipo de soluções materiais adoptadas, numa evidente sobreposição com a perspectiva formal que paralelamente se conservaria.

Assim se afirmou *uma fundamentação material do Direito e do Estado, e também do Direito Constitucional,* a qual passou a significar a vinculação da produção jurídica a determinadas *soluções de conteúdo,* ditadas para a actividade legiferante, provindo de referenciais transestaduais, no reconhecimento de que haveria limites objectivos que em caso algum poderiam ser postergados.

A validade dos actos do poder político alargou-se aos respectivos conteúdos, que deviam estar conformes a essas orientações de fundo[1296]. *Assim se assistiu ao recolocar de novo destas questões, tendo na altura regressado também as considerações de tipo jusnaturalista*[1297], *mas com diferentes roupagens.*

---

corresponde à regulação das instituições sociais, que pela sua especificidade e perdurabilidade, no meio social, reclamam um estatuto jurídico condizente.

1295 A doutrina do positivismo sociológico exerceu grande influência em Portugal, em dois eminentes cultores do Direito Constitucional: DOMINGOS FEZAS VITAL, *Lições*..., p. 35, e ALBERTO DA CUNHA ROCHA SARAIVA, *Construção*..., I, pp. 29 e 30, e *Apontamentos*..., pp. 47 e ss.

1296 Registemos, novamente, as palavras de JOSÉ DE SOUSA E BRITO (*A lei penal*..., p. 227): "A validade dos actos dos órgãos do Estado não é, pois, apenas condicionada pela regularidade formal do seu processo de produção, mas também pela concordância material do seu conteúdo com uma tábua de valores que lhe é anterior e superior".

1297 Momento em que, utilizando as palavras de JOSÉ MANUEL SÉRVULO CORREIA (*Contencioso administrativo e Estado*..., p. 445), se operou a "...sua utiliza-

IV. Em grande medida, a limitação do poder estadual encontraria nos textos internacionais, sobretudo de protecção dos direitos do homem que conheceram neste período a sua génese e desenvolvimento, a resposta ideal à dificuldade de congraçar, por um lado, a certeza da positivação jurídica – que supostamente não se encontraria naquilo a que os positivistas, algo pejorativamente, chamavam a "metafísica jurídica" – e, por outro lado, a universalidade que resultaria de se impor limites comuns a todos os povos e sociedades políticas.

Isto seria ainda possível, no plano adjectivo, porque se criara uma instância supra-estadual especificamente ocupada com a limitação dos poderes dos Estados participantes no concerto das nações[1298].

Ao Direito Internacional Público, no sector dedicado aos direitos do homem, competiria o inesperado papel de auxiliar precioso na reafirmação desta limitação material ao poder público, protagonizada pelos direitos fundamentais de teor internacional.

V. Não obstante os progressos obtidos, sobretudo no campo do Direito Internacional Público, em associação com a crise do Estado Moderno, em certos sectores assiste-se ao *regresso a concepções de tipo formalista*, ainda que cuidando de, pelo menos, não cair nos crassos erros apontados ao positivismo formalista do século XIX e de princípios do século XX.

Baixando os braços perante a (pseudo) impossibilidade de encontrar um esteio material limitador do poder público, as investigações da Filosofia Jurídica direccionaram-se recentemente na busca

---

ção como cimento ideológico e axiológico da reconstrução político-jurídica dos Estados dilacerados pelo conflito e traumatizados por experiências totalitárias...".

Cfr., em termos críticos, WINFRIED HASSEMER, *História das ideias penais na Alemanha do pós-guerra*, Lisboa, 1995, pp. 16 e ss.

Tratou-se de um movimento geral revivalista do jusnaturalismo: LUZIA MARQUES DA SILVA CABRAL PINTO, *Os limites...*, pp. 65 e ss.

[1298] Como impressivamente afirma JOÃO DE CASTRO MENDES (*Direitos...*, p. 114), "Do puro campo do direito natural, os direitos do Homem passaram ao campo do direito internacional, e aí instalaram-se solidamente".

dos alicerces de uma limitação material do Direito mais no modo de decidir do que no que se pretende decidir.

Eis dois exemplos dessas tentativas:

– a *legitimação pelo procedimento*, de NIKLAS LUHMANN, esquema através do qual se justifica a aceitação social das decisões jurídicas (a sua legitimidade, definida como a "...disposição generalizada para aceitar decisões de conteúdo ainda não definido, dentro de certos limites de tolerância"[1299]), em substituição dos "antigos fundamentos jusnaturalistas"[1300], a partir do *procedimento*, encontrando este "...como que um reconhecimento generalizado, que é independente do valor do mérito de satisfazer a decisão isolada, e este reconhecimento arrasta consigo a aceitação e consideração de decisões obrigatórias"[1301], ainda que depois se admitindo diversas intensidades

---

1299 NIKLAS LUHMANN, *Legitimação pelo procedimento*, Brasília, 1980, p. 30.

1300 Apresentando-se a teoria da legitimação pelo procedimento como uma via alternativa que, todavia, como o próprio NIKLAS LUHMANN reconhece (*Legitimação...*, p. 26), não a afasta de todo, mas vai para além dela: "Nenhum procedimento pode prescindir de verdades nesta função específica; doutra forma, perder-se-ia num poço sem fundo de possibilidades sempre diferentes. Determinadas observações e determinadas conclusões têm de ser garantidas como obrigatórias. Há sempre um sentido que não pode ser negado sem tirar aquela relevância social à própria opinião e sem que se sacrifique a possibilidade de intervenção, e um dos resultados essenciais do método comunicativo em muitos procedimentos consiste em agrupar de tal forma o sentido confirmado que se torna diminuto o espaço de manobra da decisão. Está igualmente fora de dúvida que, tanto hoje como anteriormente, verdades com este sentido específico não são suficientes para resolver todos os problemas com uma absoluta certeza intersubjectiva. Por isso, uma teoria do procedimento necessita de um ponto de vista mais abstrato de relação funcional, que inclua o mecanismo da verdade, mas que não se esgote nele. É natural que para isso se apoie na *função* da verdade e, partindo dela, se procurem outros mecanismos de transmissão funcionalmente equivalentes, de complexidade mais reduzida. Aí deparamos com o mecanismo do poder e o problema da sua legitimidade".

1301 Cfr. NIKLAS LUHMANN, *Legitimação...*, p. 32.

nessa legitimação, em razão da estrutura e complexidade dos procedimentos analisados[1302]; ou

– a *teoria do consenso comunicativo*, de JÜRGEN HABERMAS, pela qual, não estando em causa o conteúdo da decisão, esta sempre se legitimaria na base de um consenso estrutural, quanto aos termos e recursos a utilizar na respectiva discussão, segundo "uma comunicação intersubjectiva sem dominação", toda ela despida de preconceitos e fundada nas realidades[1303], em que se apelaria a "...processos observáveis e que sejam abertos a comprovações intersubjectivas..."[1304], atribuindo

---

[1302] Que são os processos judiciais, a eleição política, a legislação e os procedimentos decisórios da administração. Cfr. NIKLAS LUHMANN, *Legitimação...*, pp. 49 e ss.

Sobre esta teoria de legitimação, cfr. também MARIA DA ASSUNÇÃO ANDRADE ESTEVES, *A constitucionalização...*, p. 129; JORGE MIRANDA, *Ciência Política...*, p. 49; NORBERTO BOBBIO, *Democracy...*, p. 88; J. J. GOMES CANOTILHO, *Direito Constitucional*, pp. 112 e ss.; JOÃO GONÇALVES LOUREIRO, *O procedimento administrativo entre a eficiência e a garantia dos particulares*, Coimbra, 1995, pp. 112 e ss.; LUZIA MARQUES DA SILVA CABRAL PINTO, *Os limites...*, pp. 52 e ss.; PEDRO CARLOS BACELAR DE VASCONCELOS, *Teoria Geral do Controlo Jurídico do Poder Público*, Lisboa, 1996, pp. 159 e ss.

[1303] Afirmando lapidarmente JÜRGEN HABERMAS (*O Discurso Filosófico da Modernidade*, Lisboa, 1990, p. 278): "Aquilo que antes cabia à filosofia transcendental, ou seja a análise intuitiva da consciência de si, adapta-se agora ao círculo de ciências reconstrutivas que procuram tornar explícito o conhecimento pré-teórico de regras de sujeitos falantes, agentes e *sabedores* competentes, da perspectiva de participantes em discursos e interacções a partir de uma análise de declarações conseguidas ou distorcidas". Cfr também JÜRGEN HABERMAS, *Between facts and norms*, Cambridge, 1996, pp. 132 e ss.

[1304] JÜRGEN HABERMAS, *Teoría de la acción comunicativa*, II, Madrid, 1992, p. 9. Cfr. também J. BAPTISTA MACHADO, *Introdução ao Direito...*, pp. 274 e ss.; JOSÉ LAMEGO, *Razão e argumentação – a decisão racional no Direito e na Política. Parte A. A fundamentação racional das normas*, in RJ, n.º 4, Março-Maio de 1984, pp. 121 e ss.; ROBERT ALEXY, *Teoría de la argumentación...*, pp. 111 e ss.; JOSÉ MANUEL DURÃO BARROSO, *O processo de democratização: uma tentativa de interpretação a partir de uma perspectiva sistémica*, in AAVV, PSPC, Lisboa, 1989, p. 43; MARIA DA ASSUNÇÃO ANDRADE ESTEVES, *A constitucionalização...*, pp. 127 e 128; PEDRO SERNA

este autor às instituições jurídicas uma função *regulativa*, não constitutiva, porque "...insertas num contexto político-cultural mais amplo, mantêm uma relação de continuidade com as normas éticas e juridicamente vêm a sancionar âmbitos de acção comunicativamente estruturados"[1305].

VI. *Nenhuma destas concepções, todavia, consegue resolver definitivamente a contraposição entre o jusnaturalismo e o positivismo na legitimação do Direito*[1306].

As teorias procedimentalistas ou processualistas apenas respondem a parte dos problemas, mas não dão solução a um conjunto de

---

BERMÚDEZ, *Positivismo conceptual y fundamentación de los derechos humanos*, Pamplona, 1990, pp. 165 e ss.; J. J. GOMES CANOTILHO, *Direito Constitucional*, pp. 114 e 115, entendendo a mesma com razoável "operacionalidade": "A ideia do contrato tem, porém, operacionalidade para, sob o ponto de vista teórico, explicar três dimensões da *justiça contratual constitucional* (...), sem se recorrer a "valores" ideologicamente encapuçados ou entidades divinas erguidas a instâncias normativas supremas"; A. CASTANHEIRA NEVES, *Metodologia...*, pp. 43 e ss.; FERNANDO PAULO DA SILVA SUORDEM, *O princípio da separação...*, pp. 57 e ss.; LUZIA MARQUES DA SILVA CABRAL PINTO, *Os limites...*, pp. 119 e ss.; CRISTINA M. M. QUEIROZ, *Interpretação...*, pp. 94 e ss.; LUIZ VERGÍLIO DALLA-ROSA, *Uma Teoria do Discurso Constitucional*, São Paulo, 2002, pp. 132 e ss.

1305 JÜRGEN HABERMAS, *Teoría...*, II, p. 517.

1306 Conforme frisa MARIA LÚCIA AMARAL PINTO CORREIA (*Responsabilidade...*, p. 342), "É por isso que os intérpretes e aplicadores da Constituição não podem, hoje, ser nem positivistas nem anti-positivistas: o direito positivo que interpretam encarregou-se ele próprio de ultrapassar a controvérsia *ius positivum/ius naturale*".

Não vemos, porém, como se possa encontrar superado o dualismo jusnaturalismo-positivismo só pelo facto de o primeiro passar a constar do *ius positivum*. Mesmo dentro deste, importa estabelecer uma diferenciação valorativa, com inequívocos resultados, depois, na colisão entre normas jurídicas, sendo certo que também não é ao *ius positum* que se pede a certificação da justeza material das normas de Direito Natural que nele se precipitaram, tudo isto sem contar ainda com os muitos casos de ausência da consagração deste.

temas que ficam ainda por resolver, jamais se podendo, em conclusão, prescindir de uma *pauta material de legitimação*[1307].

Como enfaticamente afirma JOÃO BAPTISTA MACHADO, "Ora a teoria do consenso como critério de verdade e de justiça não pode ser aceite. Desde logo, se o consenso é tomado como facto, dir-se-á que de um facto não pode deduzir-se qualquer validade, do mesmo modo que do facto entendido como mero facto psicológico de acordo de vontades não pode deduzir-se o carácter vinculante do mesmo"[1308].

Ou, como frisa PEDRO SERNA BERMÚDEZ, referindo-se especificamente aos limites do consenso como fundamento dos direitos fundamentais, "...o consenso serve como critério único de legitimação se se reduz o homem a pura liberdade, quer dizer, a natureza vazia..."[1309].

A validade dessa contraposição, como assinala PABLO LUCAS VERDÚ, merece ser, contudo, devidamente enquadrada e relativizada

---

[1307] Como afirma PEDRO CARLOS BACELAR DE VASCONCELOS (*Teoria Geral...*, pp. 167 e 168) quanto à teoria de NIKLAS LUHMANN, que é generalizável a outras teorias de tipo formalista, "...não vemos como o Direito possa evitar a «contaminação» ética. Não nos parece, de todo, que a necessidade de preservação da autonomia dos subsistemas político, jurídico, moral e económico – condição de uma inédita liberdade – que se foram diferenciando no sistema social, seja apenas possível na depurada conceptualização da clausura auto-referencial. Pelo contrário, não será em nome dessa mesma autonomia que o Direito há-de realizar uma apropriação diferenciada dos valores partilhados?".

A. CASTANHEIRA NEVES (*Metodologia...*, pp. 73 e 74) não deixa também de ser contundente nas suas críticas, dizendo, em certo trecho, que (p. 74) "...este juízo não terá de ser apenas racional-argumentativamente concludente e sim normativamente fundado na validade normativo-dogmática do sistema jurídico vigente – o seu juízo não poderá obedecer simplesmente às condições e regras do discurso da razão prática, terá que realizar fundadamente em concreto a validade jurídica", assim concluindo que (p. 74) "Por tudo o que a racionalidade judicativo-decisória, ou da normativa realização do direito, haverá de ser uma racionalidade de fundamentação (não apenas processual) e material (não simplesmente formal)".

[1308] J. BAPTISTA MACHADO, *Introdução ao Direito...*, p. 275.

[1309] PEDRO SERNA BERMÚDEZ, *Positivismo conceptual...*, p. 194.

por factores comuns, como a importância de certos acontecimentos ou a defesa dos grupos dominantes na sociedade[1310], em face da diversidade de jusnaturalismos e de positivismos que a Ciência Jurídica foi entretanto formando.

Isto sem esquecer, por outra parte, alguns factores que colocam a questão, nos dias de hoje, noutros moldes, dado o crescimento do Direito, fazendo funcionar cada vez menos uma dessas fontes de validade[1311].

VII. O percurso sinuoso e complexo em torno de uma limitação do poder público já nos mostra, de *per si*, que esta não é uma matéria despicienda, nem que se possa considerar resolvida: *é uma questão que inteiramente mantém a sua actualidade e sobre a qual importa sempre reflectir.*

É evidente que pensamos ser necessário uma limitação do poder que se assuma numa *visão transcendente* ao Estado e, em geral, a todo o poder positivo público que se exerça, em termos tais que o sentido de Direito Natural adquira uma dimensão de "indisponibilidade", contraposta à eventual arbitrariedade do poder público[1312].

A transcendência desses limites só pode acolher uma visão eminentemente material, segundo a qual eles são construídos na base de

---

[1310] PABLO LUCAS VERDÚ, *La lucha contra el positivismo...*, pp. 193 e ss.

[1311] O que, pura e simplesmente, não equivale à sua irrelevância, como refere DIOGO FREITAS DO AMARAL (*Manual de Introdução...*, I, p. 203): "Mas nem assim se perde a importância dos valores e normas que, sendo de Direito Natural, se encontrem positivados: é que, se o legislador positivo as revogar, de novo surgirá aí uma contradição a resolver entre o Direito Positivo e o Direito Natural, a qual terá de ser decidida – segundo os jusnaturalistas – pela prevalência deste sobre aquele".

[1312] Como escreve J. BAPTISTA MACHADO, *Introdução ao Direito...*, p. 299, "...as expressões "Direito Natural" e "Natureza das Coisas" se querem na verdade referir algo que não depende do arbítrio humano, muito embora seja algo que constitui o resultado de algum modo espontâneo de um processo evolutivo que assenta numa praxis humana histórica".

princípios ou valores materiais, ainda que alcançados no âmbito de uma discussão livre e racional[1313].

O centro nevrálgico da discussão, como era exactamente há duzentos anos, é o da determinação e da manipulação desses limites, não tanto o facto da sua existência: como lembra de novo JOÃO BAPTISTA MACHADO, "...se a resposta que damos a esta questão, ou seja, a concepção que temos do Direito Justo, muda em cada época, isto não tem de significar que mudem os ditos princípios. Dir-se-á, antes, que o que muda é o nosso conhecimento acerca deles"[1314].

Só as considerações de tipo supra-positivo – e não positivista ou sociológico – é que permitem chegar a uma conclusão segura.

A Justiça do Direito não pode ser dada pelo critério do poder, nem pode ser conferida pelo critério da sociedade: a Justiça do Direito só pode ser dada por um conjunto de princípios e valores que não são intrínsecos ao poder positivo ou ao poder social e que, por isso, se lhes impõem.

É que o Direito Constitucional Positivo, por referência ao Direito Natural[1315] que especificamente se refrange na dignidade da

---

1313 Isto mesmo afirma com clareza ARTHUR KAUFMANN (*Filosofia...*, p. 433): "É necessário um fenómeno que seja *simultaneamente ôntico e processual.* O que se procura só pode ser o homem. Não é, porém, o homem meramente empírico, nem tão-pouco o homem puramente numenal, mas o homem como *pessoa* (...), ou seja, o homem como complexo de relações que mantém com outros homens e com as coisas".

1314 J. BAPTISTA MACHADO, *Introdução ao Direito...*, p. 291.

1315 Sobre o jusnaturalismo em geral, nas suas correntes e formulações, v. ANGEL LATORRE, *Introdução...*, pp. 166 e ss.; GUSTAV RADBRUCH, *Filosofia do Direito*, 6.ª ed., Coimbra, 1979, pp. 61 e ss.; pp. 61 e ss.; GIORGIO DEL VECCHIO, *Lições...*, pp. 558 e ss.; J. BAPTISTA MACHADO, *Introdução ao Direito...*, pp. 286 e ss.; GÜNTER ELLSCHEID, *O problema do Direito Natural – uma orientação sistemática*, in AAVV, *Introdução à Filosofia do Direito e à Teoria do Direito Contemporâneas* (org. de ARTHUR KAUFMANN e WINFRIED HASSEMER), Lisboa, 2002, pp. 211 e ss.; ANTÓNIO MANUEL HESPANHA, *Cultura jurídica europeia – síntese de um milénio*, 3.ª ed., Mem Martins, 2003, pp. 206 e ss.; JORGE BACELAR GOUVEIA, *Manual...*, pp. 115 e ss.; DIOGO FREITAS DO AMARAL, *Manual de Introdução...*, I, pp. 193 e ss.; JOSÉ DE OLIVEIRA ASCENSÃO, *O Direito...*, pp. 172 e ss.

pessoa humana[1316], não lhe pode ser de todo indiferente e, pelo contrário, se lhe oferece com um elevado grau de pertinência[1317].

Mas também importa considerar que o Direito Constitucional, como Direito Positivo que é e da maior importância, não se apresenta sempre absolutamente relevante ao Direito Natural, contendo um largo feixe de princípios e normas que estão para além das exigências que dali emergem, de acordo com esta possível representação gráfica[1318]:

1316 Em cuja densificação não pode ser desconsiderado o contributo da Doutrina Social da Igreja, afirmando a pessoa humana como o sujeito das relações pessoais e sociais.

Cfr. MARTIM DE ALBUQUERQUE, *A Doutrina Social da Igreja*, Lisboa, 1965, pp. 9 e ss.; GIOVANNI AMBROSETTI, *Diritto Naturale Cristiano – profili di metodo, di storia e di teoria*, 2.ª ed., Milano, 1985, pp. 253 e ss.; JESÚS GONZÁLEZ PÉREZ, *La dignidad...*, pp. 40 e ss.; ANTÓNIO DE SOUSA LARA, *Elementos...*, pp. 154 e ss.; AMÉRICO A. TAIPA DE CARVALHO, *Pessoa humana – Direito – Estado – e Desenvolvimento Económico*, Coimbra, 1991, pp. 7 e ss.; GINO CONCETTI, *Pena...*, pp. 82 e ss.; JAVIER HERVADA e JOSÉ MANUEL ZUMAQUERO, *Juan Pablo II y los derechos humanos 1981-1992*, Pamplona, 1993, pp. 426 e ss., de entre outras múltiplas referências; JOÃO PAULO II, *Evangelium vitae*, Lisboa, 1995, pp. 53 e ss.; JÓNATAS MACHADO, *Liberdade religiosa...*, p. 193, ainda que este afirme que, na actualidade, o vínculo de cariz confessional se perdeu.

1317 A formulação do Direito Positivo, por alusão aos processos de conclusão e de determinação que são ditados pelo Direito Natural, também encontra áreas de *indiferença*, permitindo assim a existência de normas positivas de coloração jusnaturalista e normas positivas sem esta transcendência. Cfr. MÁRIO BIGOTTE CHORÃO, *Direito Natural*, in Pol., II, Lisboa, 1984, pp. 498 e 499.

1318 Como lembra J. BAPTISTA MACHADO (*Introdução ao Direito...*, pp. 306 e 307), "Também não queremos com isto dizer que todas as normas do Direito Comum derivam do Direito Natural; pois muitas delas representam soluções tecnicamente diversificadas, em que são várias as opções possíveis, e outras apresentam-se com um conteúdo normativo divergente de país para país, o que significa que na sua intervenção concretizadora o legislador, diferentemente do juiz, pode optar entre soluções ou conteúdos normativos diversos e igualmente compatíveis com a consciência colectiva".

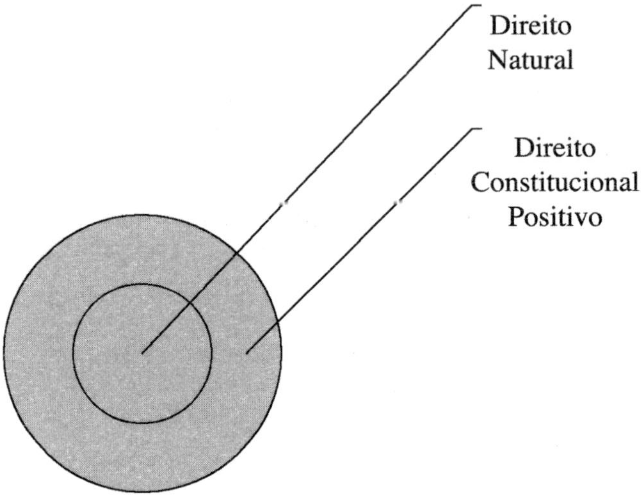

VIII. A este propósito, o CC tem um inciso curioso, segundo o qual "O dever de obediência à lei não pode ser afastado sob pretexto de ser injusto (...) o conteúdo do preceito legislativo"[1319].

Compreende-se bem a intenção que subjaz a esta disposição, uma vez que se quer afastar as concepções particulares de Justiça, porventura conferindo aos juízes um poder autónomo de ultrapassar o poder legislativo, em homenagem ao brocardo latino *dura lex sed lex*.

A invocação da injustiça da lei faz sentido no confronto com a Constituição ou com os padrões supra-constitucionais que sejam identificados:

– se a injustiça da lei implicar a inconstitucionalidade, evidentemente que os mecanismos de fiscalização podem ser activados;
– se a injustiça for da própria Constituição, ainda assim é legítimo invocar e praticar a sua desobediência.

Em qualquer dos casos, este preceito parece que não se pode ajustar a um critério de Justiça material que o Direito persegue[1320].

[1319] Art. 8.°, n.° 2, do CC.

[1320] Neste sentido, DIOGO FREITAS DO AMARAL, *Manual de Introdução...*, I, pp. 122 e 123. Cfr. o Ac. n.° 635/99 do Tribunal Constitucional, de 23 de Novembro.

§ 34.° As normas constitucionais inconstitucionais

144. O contributo de Otto Bachof e a resposta das doutrinas constitucionais

I. A afirmação de justiça do Direito Constitucional em reconhecimento de um conjunto de pautas axiológicas de vinculação externo-material do poder público, essência do Estado de Direito Material[1321], nunca podia considerar-se adjectivamente irrelevante no sentido de se alcançar o respectivo cumprimento.

Se mais nada se dissesse, faltaria ainda o instrumento positivo-constitucional que explicaria, no contexto de cada Ordenamento Constitucional, a inserção prática desses critérios, fazendo assim actuar, no seio do sistema de fiscalização da constitucionalidade, a sua operatividade.

Eis uma resposta dada pela *teoria das normas constitucionais inconstitucionais* (*verfassungswidrige Verfassungsnormen*), exposta pelo alemão OTTO BACHOF[1322], a qual decididamente viraria uma página na Ciência do Direito Constitucional do século XX[1323].

[1321] Parafraseando ERNST RUDOLF HUBER (*apud* FRANCISCO LUCAS PIRES, *Teoria da Constituição...*, p. 90, nt. n.° 3), agora como "*Verteidigungsbegriff*" e não já como "*Kampfsbegriff*".

[1322] OTTO BACHOF, *Normas...*, pp. 48 e ss.

[1323] Sobre as normas constitucionais inconstitucionais em geral, v. também, de entre outros, MARCELO REBELO DE SOUSA, *O valor...*, I, pp. 128 e ss.; J. J. GOMES CANOTILHO, *Direito Constitucional*, pp. 234 e ss.; THEODOR MAUNZ e REINHOLD ZIPPELIUS, *Deutsches...*, pp. 53 e ss.; MANUEL AFONSO VAZ, *Lei...*, pp. 210

II. Partindo do pressuposto básico de que o Direito Constitucional se vincularia a um Direito Suprapositivo ou Natural, ainda que o pudesse e devesse refranger nas suas normas e princípios estruturantes, a concepção deste autor estabelece, quanto às normas constitucionais inconstitucionais, uma divisão fundamental entre a *violação da Constituição escrita*, de um lado, e a *violação da Constituição não escrita*, do outro lado:

- naquele grupo, elenca as hipóteses (i) da inconstitucionalidade de normas constitucionais ilegais, (ii) da inconstitucionalidade das leis de alteração à Constituição, (iii) da inconstitucionalidade por violação de normas constitucionais de grau superior, (iv) da inconstitucionalidade resultante da "mudança de natureza" de normas constitucionais e (v) da inconstitucionalidade por infracção de Direito supra-legal positivado na lei constitucional;
- no outro grupo, refere os casos (i) da inconstitucionalidade por infracção dos princípios constitutivos não escritos do sentido da Constituição, (ii) da inconstitucionalidade por infracção do Direito Constitucional consuetudinário e (iii) da inconstitucionalidade por infracção de Direito supra-legal não positivado.

Foi assim que no Direito Constitucional, em reacção às orientações formalistas e valorativamente esvazíantes anteriormente em voga, *surgiu a ideia de vislumbrar nas fontes constitucionais umas mais importantes do que outras, em reconhecimento de que não seria o Direito Positivo, mesmo no seu estalão máximo, cego a considerações metafísicas, bem ao arrepio do que pretendia o cientifismo jurídico do século XIX*.

Essa sua diferença valorativa, plasmada em categorias jurídicas, daria azo a que alguns desses preceitos – os que contradissessem

e ss.; PAULO BONAVIDES, *O art. 45.° da Constituição Federal e a inconstitucionalidade de normas constitucionais*, in RFDUL, XXXVI, n.° 1, 1995, pp. 11 e ss.; LUZIA MARQUES DA SILVA CABRAL PINTO, *Os limites...*, pp. 72 e ss.; JORGE MIRANDA, *Manual de Direito Constitucional*, VI, Coimbra, 2001, pp. 13 e ss.

outros preceitos constitucionais prevalecentes – pudessem ser considerados como *normas constitucionais inconstitucionais*, com a consequência da respectiva desvalorização jurídica.

III. A difusão da teoria das normas constitucionais inconstitucionais marcaria a ocorrência, na doutrina constitucional alemã, de respostas desencontradas de aceitação e de repulsa, estas principalmente pelo aparente ilogismo que seria aceitar, dentro de um acto legislativo produto de uma mesma vontade constituinte, que é a Constituição, ordenações normativas contraditórias.

Também não lhe seria alheia a dificuldade prática de encontrar exemplos que a vivificassem: essa foi a posição que o Tribunal Constitucional Federal da Alemanha assumiu, admitindo em tese a sua existência, mas nunca chegando a aplicá-la, por ausência de uma exemplificação juspositiva[1324].

IV. A doutrina portuguesa, particularmente, receberia esta problemática, concedendo-lhe diversas respostas[1325]. O respectivo caso-

---

1324 Em decisões célebres (BVerfGE, 1, 18; 3, 225), o Tribunal Constitucional Federal Alemão admitiu, teoricamente, a existência de um Direito suprapositivo, limitador e vinculativo do legislador constituinte, considerando nula uma norma constitucional por violação dos postulados da justiça. Mas, em contrapartida, também considerou a hipótese de normas constitucionais inconstitucionais dificilmente factível num Estado de Direito, numa objecção apenas de ordem prática.

Cfr. PAULO BONAVIDES, *O art. 45.° da Constituição...*, pp. 7 e 8; LUZIA MARQUES DA SILVA CABRAL PINTO, *Os limites...*, pp. 73 e 74.

1325 Inversamente do que sucede com a jurisprudência constitucional, que, no único aresto em que roçou esta questão, se coibiu de tomar partido. Conforme se disse no Ac. 480/89, de 13 de Julho de 1989, (in ATC, 14.° vol., Lisboa, 1989, p. 158): "Para responder a esta questão, no caso, não se torna sequer necessário tomar posição sobre a *vexata quaestio* que consiste em saber se é (ou não) possível existirem normas constitucionais inconstitucionais e, sendo-o, se essa possibilidade se verifica relativamente a quaisquer normas constitucionais (sejam elas normas constitucionais originárias ou hajam resultado de uma revisão constitucional) ou se apenas existe quanto a esta última espécie de normas, como pretende certa doutrina...".

-pretexto seria a excepção constante do art. 298.° da CRP76, admitindo-se a incriminação retroactiva dos ex-agentes da PIDE/DGS, distorcendo a aplicação do princípio constitucional da não retroactividade da lei penal[1326].

Várias foram as posições assumidas a esse respeito:

- a *sua admissão genérica* – esta tese reconhece, na esteira do pensamento de OTTO BACHOF, que nem todas as normas constitucionais teriam o mesmo peso regulativo, admitindo-se a inconstitucionalidade das que pusessem em questão, ainda que limitadamente, certos valores que deveriam ser genericamente aplicados[1327];
- a *sua rejeição total* – simultaneamente esta tese numa perspectiva imanentista e metafísica: imanentista, enquanto as normas constitucionais inconstitucionais significassem contradições entre normas livremente criadas pelo legislador constituinte, que poderia legitimamente criar compromissos, pois que apenas existiria uma Constituição material "que embebe a Cons-

[1326] E também encontramos no espaço constitucional lusófono outro exemplo flagrante de uma norma constitucional, com isso se comprovando que esta é uma teoria também prática. Trata-se da disposição do proémio do art. 21.° da antiga Constituição Moçambicana de 1990, no qual se afirmava que "Adquire a nacionalidade moçambicana a mulher estrangeira que tenha contraído casamento com um moçambicano...". O seu carácter inconstitucional consistia na discriminação inadmissível que introduziu entre o homem e a mulher quanto à atribuição da nacionalidade por casamento, obviamente sem qualquer fundamento material que o justificasse que não seja fosse a eventual consideração da possibilidade de a mulher moçambicana – e não já o homem moçambicano – ser objecto de manipulação por parte de estrangeiro que com ela casasse, com os inconfessados propósitos de por este ínvio caminho alcançar a cidadania moçambicana.

[1327] Com os nomes de AFONSO RODRIGUES QUEIRÓ, *Lições...*, I, pp. 251 e ss.; ANTÓNIO CASTANHEIRA NEVES, *A revolução e o Direito – a situação de crise e o sentido do Direito no actual processo revolucionário*, Lisboa, 1976, pp. 6 e ss.; HEINRICH HÖRSTER, *O imposto complementar e o Estado de Direito*, in RDE, III, 1977, pp. 47 e ss.; RUI MANUEL GENS MOURA RAMOS, *Direito Internacional Privado...*, p. 187, nt. n.° 16.

tituição formal"; metafísica, na medida em que, embora reconhecendo a vinculatividade dessas normas, a sua relevância positiva se traduziria no fenómeno da *ilegitimidade* e não já no da *inconstitucionalidade*, este reservado para a Constituição positiva[1328];

– a *aceitação de normas constitucionais inconstitucionais, mas só supervenientemente, por ter havido, entretanto, uma revisão constitucional*[1329] – esta tese eclética, apoiando-se na necessidade de lidar com um conceito jurídico-positivo de inconstitucionalidade, que nunca se misturaria com critérios transcendentes ou supra-positivos de justiça, não deixa, contudo, de reconhecer essa eficácia supra-positiva, mas através da noção de ilegitimidade ou de injustiça das normas constitucionais; a única situação admissível seria a da consagração, por revisão constitucional, de normas constitucionais contrariando normas constitucionais originárias, aliás bem na linha da infra-ordenação do poder de revisão diante do poder constituinte, de cariz sempre originário[1330]; sendo a Constituição produto de um mesmo poder constituinte, não se compreenderia que esse mesmo poder constituinte considerasse algumas das suas normas constitucionais mais importantes do que outras e permitisse a desgraduação de algumas delas; sendo as Constituições do século XX textos cada vez mais compromissórios, em sociedades pluralistas, dificilmente se compreenderia que não

---

[1328] Cfr. MARCELO REBELO DE SOUSA, *O valor*..., I, pp. 129 e ss.

[1329] Cfr. JORGE MIRANDA, *Manual*..., VI, p. 13.

[1330] Também no Brasil vozes se têm insurgido contra a admissibilidade da teoria das normas constitucionais inconstitucionais, como é, *v. g.*, o caso de PAULO BONAVIDES (*O art. 45.° da Constituição*..., p. 16), a propósito de uma acção intentada pelo Governador de Rio Grande do Sul, criticando o uso desse controlo por ser de mudança e revisão da Constituição fora dos respectivos trâmites, afirmando mesmo que se tal teoria fosse aceite ela "...desencadearia, por consequência, a mais violenta das crises institucionais, consumando um golpe de Estado judiciário, com a implantação do «governo dos juízes» que a consciência e o escrúpulo de nossos magistrados repelem".

pudessem conviver princípios constitucionais antagónicos, decerto inconstitucionalizáveis de outro modo[1331];

– a *admissão teorética, mas reconhecendo a sua impossibilidade prática* – esta tese, também eclética, aceita a existência de normas constitucionais inconstitucionais, pois que parte da possibilidade de se encarar a superioridade de certas normas constitucionais sobre outras normas constitucionais, mas depois enfrenta enormes dificuldades na sua realização prática, já que não consegue superar os tremendos óbices de encontrar uma exemplificação prática, a isso não sendo alheia a complexidade de traçar a separação relativamente ao diferente problema da solução harmonizante, este se colocando em termos de hermenêutica jurídica, logicamente num momento prévio[1332].

V. Seja como for, a teoria das normas constitucionais inconstitucionais despertou os cultores do Direito Constitucional para aquilo que se apresenta como verdadeiramente importante: a *necessidade da limitação externa do poder constituinte e, por maioria de razão, dos poderes constituídos.*

É assim que, na generalidade dos autores, se admite a existência de limites transcendentes ao poder constituinte, que o mesmo deve respeitar nas formulações que leva a cabo[1333].

[1331] Assim, JORGE MIRANDA, *Manual...*, VI, pp. 18 e ss.

[1332] Desta opinião, J. J. GOMES CANOTILHO, *Direito Constitucional*, pp. 235 e 236: "A probabilidade da existência de uma norma constitucional originariamente inconstitucional é bastante restrita em Estados de direito democrático-constitucionais. Por isso é que a figura das normas constitucionais inconstitucionais, embora nos reconduza ao problema fulcral da validade material do direito, não tem conduzido a soluções práticas dignas de registo".

[1333] Aceitando esses limites transcendentes como fazendo parte do conceito de Estado de Direito, JORGE MIRANDA, *Direitos fundamentais*, pp. 94 e 95, e *Manual...*, IV, p. 196, afirmando que "Estado de Direito só existe (...) quando o Estado aceita a sua subordinação a critérios materiais que o transcendem; só existe quando se dá limitação material do poder político; e esta equivale a salvaguarda dos direitos fundamentais da pessoa humana".

A dúvida desloca-se para a determinação desses limites. É, portanto, uma teoria que não serve a todos aqueles que crêem ser o texto constitucional o topo do Ordenamento Jurídico: os que não aceitam que possam existir pautas juridicamente ordenadoras fora do Direito Constitucional Positivo.

VI. A teoria das normas constitucionais inconstitucionais também chamou a atenção para o facto de o legislador constitucional não ser imune ao erro e à má articulação de fontes que conglomera num mesmo nível hierárquico.

Assim como as contradições normativas em geral se podem resolver pela prevalência de certas fontes sobre outras, idêntico fenómeno pode ocorrer no âmbito do Direito Constitucional.

Indiscutivelmente que as dificuldades, aqui, são mais elevadas, pelo acentuado abstraccionismo com que trabalha a Constituição, localizando-se já no topo do Ordenamento Jurídico e, por conseguinte, sendo bem diversa de um código regulamentar, bem como pelo acentuado compromisso que os textos constitucionais, em Estado Social, naturalmente possuem.

Essas são diferenças, no entanto, de mero grau, nunca de natureza: não se trata, portanto, de qualquer tarefa criativa de revisão ou perversão da Constituição, mas sim de uma tarefa, cientificamente apoiada, de indagação do sentido das fontes e, desse jeito, de resolução das contradições normativas eventualmente presentes.

145. A aceitação mitigada da teoria das normas constitucionais inconstitucionais

I. Da nossa perspectiva, *a teoria da normas constitucionais inconstitucionais é uma teoria verdadeiramente adequada à expressão da problemática que lhe está subjacente, que é a da limitação extrínseca e material do poder público*, *maxime* do poder constituinte.

Assentando no postulado básico de que as normas constitucionais são todas constitucionais, eis uma teoria que reconhece como inevitável que há "umas mais constitucionais do que outras", com isso se justificando plenamente a valorização das primeiras sobre as segundas.

Não é de verberar a timidez da tendência da doutrina portuguesa na admissão de normas constitucionais inconstitucionais, no contexto das vicissitudes constitucionais, por definição supervenientes, aí se evidenciando a revisão constitucional que infrinja as normas constitucionais que parametrizam o exercício do correspondente poder constituído.

II. Só que não nos parece que esse seja o único caso, havendo que abrir a possibilidade de outras normas constitucionais inconstitucionais, sob a influência – ainda que estando longe do seu mero decalque – do contributo inestimável de OTTO BACHOF: *isso deve acontecer sempre que os valores e os princípios que possuam força jurídico-transcendente relativamente ao Direito Positivo se refranjam, nesse mesmo Direito Positivo, em certas disposições constitucionais.*

A violação destas normas constitucionais, não comportando qualquer esforço de concordância prática ou de aceitação acrítica do carácter compromissório do texto constitucional, desemboca depois na inconstitucionalização – e, consequente, invalidação – das que são tidas por valorativamente inferiores.

Não pretendemos com isto banir, de modo algum, *a categoria da ilegitimidade material das normas constitucionais,* mas unicamente reduzir-lhe o campo de actuação: a primeira só funciona para a contradição dos comandos que transportem limites materiais transcendentes não vertidos em normas constitucionais.

Há *normas constitucionais inconstitucionais quando se dá a violação de outras normas constitucionais valorativamente superiores*, assim como também há, paralelamente, *normas constitucionais ilegítimas, por violação de normas hierarquicamente superiores que não lograram positivação constitucional*, mas nem por isso menos vinculativas.

A funcionalidade desta teoria, na medida em que exprime um juízo de prevalência, pode depois resultar ou na invalidade geral da norma constitucional inferior, afastando-a definitivamente do Ordenamento Constitucional, ou, menos drasticamente, na prevalência episódica da norma superior, no caso de conflito entre normas no momento da aplicação[1334].

III. São três os pressupostos em que nos parece assentar uma adequada teoria das normas constitucionais inconstitucionais:

– *a restrição do conceito de inconstitucionalidade às normas da Constituição Positiva*, ou seja, às normas e princípios que sejam o produto da actuação humana, por contraposição ao Direito Natural ou Supra-positivo;
– *a distinção nítida entre a inconstitucionalidade enquanto realidade de validade* – que pressupõe a prevalência de normas constitucionais sobre outras normas constitucionais – *e a inconstitucionalidade enquanto fenómeno de contradição inter-normativa* – que se resolve pela cessação de vigência das normas posteriores ou pela concordância prática, no caso de colisão e de interpretação, esta nada tendo que ver com a problemática das normas constitucionais inconstitucionais;
– *a localização desta problemática para além da questão da fundamentação transpositiva do Direito Constitucional*, pois que a lógica das normas constitucionais inconstitucionais não se limita a tal

[1334] Nem sequer se registando qualquer óbice de natureza processual, relativamente ao poder de cognição do Tribunal Constitucional, pensando no Direito Constitucional Português, como muito bem referiu aquele alto tribunal, no Ac. n.° 480/89, de 13 de Julho (in ATC, 14.° vol., pp. 159 e 160): "Quem, na verdade, aceita a existência de uma axiologia transpositiva subtraída à disponibilidade do próprio poder constituinte não pode deixar de reconhecer aos tribunais em geral o poder de recusar a aplicação de uma norma que, inscrita embora no texto constitucional, se apresenta como *não-direito*. E ao Tribunal Constitucional não pode negar-lhe a competência para, em via de recurso, reapreciar as decisões judiciais que se tenham recusado a aplicar uma norma «constitucional» com tal fundamento (e, *a pari*, as decisões que hajam aplicado tais normas, não obstante o facto de haverem sido arguidas de inconstitucionais). Só assim este Tribunal será o órgão de soberania com competência para administrar justiça em matérias de natureza jurídico-constitucional, em última instância".

Direito e prende-se também com as opções de tipo valorativo que caibam na margem de manobra de cada legislador constituinte e nas opções livres deste em zonas de carácter neutro do ponto de vista dos valores imanentes às respectivas decisões.

IV. Em resumo: *admitimos a inconstitucionalidade de normas constitucionais nos seguintes casos*:

- *no caso das normas constitucionais supervenientes que contrariem normas constitucionais originárias, dotadas de supra-rigidez constitucional*, reconhecendo-se a prevalência destas sobre as primeiras, isso sem cuidar de serem ou não o reflexo de opções valorativas transcendentes[1335];
- *no caso das normas constitucionais que contradigam outras normas constitucionais, não por estas serem valorativamente superiores, mas porque traduzem opções erradas ou não queridas pelo legislador constituinte, numa tarefa de mera hermenêutica jurídica*, não podendo essa contradição ser resolvida pela concordância prática, nem pela cessação de vigência[1336] segundo os critérios da hierarquia, da cronologia ou da especialidade[1337];

[1335] O exemplo da consagração, depois da I revisão da CRP de 1982, dos membros vitalícios no Conselho de Estado na pessoa dos ex-Presidentes da República, configurando uma clara violação do princípio republicano.

[1336] Este vem a ser o caso em que se possam encontrar, num mesmo texto constitucional, contradições entre normas que tenham uma fundamentalidade diversa, na medida em que expressem diversos graus de importância constitucional, em íntima associação com a escala gradativa que necessariamente se deve deparar nos princípios e normas constitucionais, dando assim origem, por aplicação do princípio do aproveitamento das fontes normativas, à interpretação abrogante da fonte que deve considerar-se não prevalecente, aplicando-se na integralidade a outra, porquanto *omnis interpretatio si fieri potest, ita facienda est ut omnes contrarietatis amoveantur*.

Exemplo desta é a proposta por TÉRCIO SAMPAIO FERRAZ JÚNIOR (*Princípios condicionantes do poder constituinte estadual em face da Constituição Federal*, in *Interpretação e estudos da Constituição de 1988*, São Paulo, 1990, p. 88), distinguindo este autor

– *no caso das normas constitucionais que coloquem em questão o âmbito de eficácia de outras normas constitucionais que reflictam directamente considerações axiológicas supra-positivas*, estas tidas por prevalecentes porque precipitando, para o texto constitucional positivo, orientações que materialmente têm superioridade sobre aquelas normas constitucionais[1338].

---

três níveis de incidência, não tendo que ver com a problemática da axiologia transpositiva: (i) os princípios fundamentais *originários*, que reflectem a nova Ordem Constitucional e têm o "...sentido de imanentes à própria principialidade do exercício do poder constituinte"; (ii) os princípios fundamentais *instituídos*, que vêm depois, como opção de uma concreta manifestação do poder constituinte; (iii) e os princípios fundamentais *de reconhecimento* ou *teleológicos*, os quais se afirmam no momento do exercício do poder constituinte, permitindo a sua diferenciação de outros poderes constituintes "decorrentes".

1337 Quanto aos termos da admissibilidade da interpretação abrogante em geral, v. MARCELO REBELO DE SOUSA e SOFIA GALVÃO, *Introdução*..., pp. 60 e 61; JOSÉ DE OLIVEIRA ASCENSÃO, *O Direito*..., pp. 428 e ss.

1338 O caso mais conhecido de exemplificação, em Portugal, desta hipótese de normas constitucionais inconstitucionais vem então a ser o da invalidação da disposição transitória que, na parte final da CRP, aceitava a incriminação retroactiva dos ex-agentes da PIDE/DGS, contrariando o princípio da proibição da lei penal incriminadora, que se deveria considerar valorativamente superior, não obstante ter a mesma qualidade de preceito constitucional, cfr. o art. 292.º da CRP.

Nos Estados monárquicos, como é o caso da Espanha, não é difícil encontrar normas constitucionais inconstitucionais, na medida em que os critérios de sucessão ao trono privilegiem os descendentes masculinos em detrimento dos descendentes femininos, contrariando o princípio da igualdade, identicamente formulado pelos mesmos textos constitucionais.

ÍNDICE GERAL DO VOLUME I

Nota Prévia à 4.ª Edição 5
Nota Prévia à 3.ª Edição 7
Nota Prévia à 2.ª Edição 9
Nota Prévia à 1.ª Edição 11
Plano 13
Orientações de Leitura 15

I

INTRODUÇÃO AO DIREITO CONSTITUCIONAL

CAPÍTULO I

O DIREITO CONSTITUCIONAL

§ 1.° O Direito Constitucional na Enciclopédia Jurídica

1. O conceito de Direito Constitucional 29
2. As divisões do Direito Constitucional 33
3. As características do Direito Constitucional 39
4. As relações do Direito Constitucional com os ramos do Direito 46

§ 2.° O Direito Constitucional na Ciência do Direito

5. A Ciência do Direito Constitucional 57
6. As Ciências Afins e Auxiliares da Ciência do Direito Constitucional 65
7. Os elementos de estudo 72
8. As opções metodológicas e a sistematização da obra 102

CAPÍTULO II
O ESTADO NO DIREITO CONSTITUCIONAL

§ 3.° O poder político e o Estado

9. Conceito e origem do poder político 113
10. O poder político e os outros poderes 121
11. O poder político e as diversas entidades jurídico-políticas 127

§ 4.° O Estado como principal entidade jurídico-política

12. O sentido de Estado em geral 140
13. O elemento humano – o povo 147
14. O elemento funcional – a soberania 150
15. O elemento espacial – o território 159
16. As vicissitudes do Estado 168

§ 5.° A evolução do Estado na História Universal

17. A periodificação da evolução histórica do Estado 173
18. O Estado Oriental 175
19. O Estado Grego 177
20. O Estado Romano 180
21. O Estado Medieval 186
22. O Estado Moderno 191
23. O Estado Contemporâneo 197

§ 6.° O Estado Constitucional da Idade Contemporânea

24. O Estado Liberal do século XIX 206
25. O Estado Totalitário Socialista 209
26. O Estado Totalitário Fascista 224
27. O Estado Social do século XX 228
28. O Estado Pós-Social e da Pós-Modernidade do século XXI? 232

§ 7.° A caracterização do Estado Português

29. A formação e a evolução de Portugal 235
30. O elemento humano: os cidadãos portugueses 239
31. O elemento funcional: a soberania portuguesa 243
32. O elemento espacial: o território português 245

CAPÍTULO III
PERSPECTIVAS DE DIREITO CONSTITUCIONAL COMPARADO

§ 8.° Aspectos metodológicos gerais

33. A comparação em Direito Constitucional 253
34. Os Direitos Constitucionais Estrangeiros a comparar 257

§ 9.° O Direito Constitucional do Reino Unido

35. A formação histórica e a evolução na continuidade 261
36. Um ordenamento constitucional misto e flexível 265
37. Os direitos fundamentais e o papel dos tribunais na limitação do poder público 269
38. O parlamentarismo de gabinete numa monarquia simbólica 276

§ 10.° O Direito Constitucional dos Estados Unidos da América

39. Uma formação rápida e um aperfeiçoamento linear 284
40. A durabilidade, a elasticidade e a rigidez da Constituição de 1787 289
41. A novidade da estrutura federal 292
42. A força defensiva dos direitos fundamentais 295
43. O presidencialismo perfeito e a separação colaborante dos poderes 299
44. A fiscalização da constitucionalidade e a importância dos tribunais 308

§ 11.° O Direito Constitucional da França

45. Turbulência e estabilidade na evolução constitucional 310
46. A sucessão dos diversos textos constitucionais 312
47. A actual Constituição Francesa de 1958 330
48. A deficiente positivação dos direitos fundamentais e o papel do Conselho Constitucional 333
49. O semi-presidencialismo "gaullista" e a preponderância do Chefe de Estado 336
50. A fiscalização para-jurisdicional da constitucionalidade 340

§ 12.° Os Direitos Constitucionais dos Estados de Língua Portuguesa

51. A independência do Brasil e a sequência dos textos constitucionais . 342
52. A actual Constituição Brasileira de 1988 344
53. Os Estados Africanos de Língua Portuguesa – do Socialismo à Democracia 350

54. A caracterização político-constitucional geral da II República 355
55. Descrição breve dos Direitos Constitucionais Africanos Lusófonos .. 359
56. O Direito Constitucional de Timor-Leste em especial 366

§ 13.° **Outros Direitos Constitucionais**

57. O Direito Constitucional da Suíça 380
58. O Direito Constitucional da Itália 383
59. O Direito Constitucional da Alemanha 386
60. O Direito Constitucional da Espanha 394

CAPÍTULO IV
EVOLUÇÃO DO DIREITO CONSTITUCIONAL PORTUGUÊS

§ 14.° **Aspectos de ordem geral**

61. A periodificação da História do Direito Constitucional Português... 403
62. As constâncias e as rupturas do Constitucionalismo Português......... 410

§ 15.° **A Constituição Liberal de 1822**

63. A Revolução Liberal de 1820 e a "Súplica pela Constituição" de 1808 414
64. As "Bases da Constituição" de 1821 416
65. A formação parlamentar do texto constitucional definitivo e as suas duas vigências 419
66. A concepção progressista dos direitos fundamentais 421
67. O "presidencialismo" monárquico inoperante 425
68. A união real entre Portugal e o Brasil... 428

§ 16.° **A Carta Constitucional da Restauração de 1826**

69. Da ordem pré-constitucional à Restauração Constitucional............ 431
70. A outorga régia do texto constitucional e as suas três vigências........ 432
71. A desvalorização sistemática e o avanço regulativo dos direitos fundamentais 435
72. A novidade do poder moderador e a paulatina parlamentarização do sistema político 437
73. Os sucessivos Actos Adicionais 442

§ 17.° A Constituição Setembrista de 1838

74. A Revolução de 9 de Setembro de 1836 446
75. A formação pactícia e a vigência única do texto constitucional 448
76. O reforço da concepção liberal dos direitos fundamentais 449
77. A pretendida monarquia parlamentar "orleanista" 451

§ 18.° A Constituição Republicana de 1911 e o interregno de Sidónio Pais

78. A Revolução de 5 de Outubro de 1910 e o programa republicano. 455
79. A formação parlamentar e as duas vigências do texto constitucional 457
80. A concepção liberal e republicana dos direitos fundamentais 458
81. O parlamentarismo pulverizado de assembleia 465
82. O pioneirismo da fiscalização jurisdicional da constitucionalidade 469
83. As revisões constitucionais e o interregno de Sidónio Pais 471

§ 19.° A Constituição Fascizante de 1933

84. O Golpe Militar de 28 de Maio de 1926 e o "Estado Novo" 474
85. A tardia e plebiscitária formação do texto constitucional 475
86. A concepção nominal dos direitos fundamentais 478
87. A ordem social e económica corporativa 482
88. O autoritarismo governativo de chanceler 483
89. As muitas revisões constitucionais 488

§ 20.° A actual Constituição Democrática e Social de 1976

90. A Revolução de 25 de Abril de 1974 e o Programa do Movimento das Forças Armadas 492
91. O período constitucional provisório 495
92. A Assembleia Constituinte e os Pactos MFA-Partidos 499
93. A Constituição de 2 de Abril de 1976, a sua organização sistemática e as influências recebidas 502
94. A versão primitiva da Constituição de 1976 508
95. A primeira revisão constitucional de 1982 511
96. A segunda revisão constitucional de 1989 515
97. A terceira revisão constitucional de 1992 516
98. A quarta revisão constitucional de 1997 519
99. A quinta revisão constitucional de 2001 537
100. A sexta revisão constitucional de 2004 545
101. A sétima revisão constitucional de 2005 549
102. A próxima revisão constitucional 551

II

PARTE GERAL DO DIREITO CONSTITUCIONAL

CAPÍTULO V

AS FONTES DO DIREITO CONSTITUCIONAL

§ 21.° As fontes do Direito em geral e o Direito Constitucional

103. As fontes do Direito e o Código Civil 563
104. O Direito Constitucional como *norma normarum* da Ordem Jurídica 571
105. A amplitude da lei como fonte geral de Direito 576
106. A relevância independente do costume como fonte geral do Direito 579
107. A limitação da jurisprudência como fonte geral de Direito 582
108. As fontes do Direito e as fontes do Direito Constitucional 589

§ 22.° A Constituição como fonte principal do Direito Constitucional

109. O sentido geral de Constituição 591
110. A Constituição como lei estadual 600
111. A Constituição como acto jurídico-positivo supremo 601
112. A Constituição como núcleo do Ordenamento Jurídico Positivo 602
113. A Constituição como código jurídico 614

§ 23.° As fontes secundárias do Direito Constitucional

114. A mitigada relevância do costume constitucional 624
115. A limitação prática da jurisprudência constitucional 629
116. A exclusão de outras fontes do Direito Constitucional 632

CAPÍTULO VI

A DINÂMICA DO DIREITO CONSTITUCIONAL

§ 24.° O poder constituinte

117. Poder constituinte e nascimento da Constituição 639
118. As características do poder constituinte 642
119. Manifestações típicas do poder constituinte 644

§ 25.° As vicissitudes constitucionais

120. Os factos normativo-constitucionais supervenientes 648
121. Modalidades e tipos de vicissitudes constitucionais 649

§ 26.° A revisão constitucional

126. A revisão constitucional em geral 654
123. Os limites materiais da revisão constitucional................................ 657
124. A hiper-rigidez da Constituição Portuguesa.................................... 662

CAPÍTULO VII

A INTERPRETAÇÃO, A INTEGRAÇÃO E A APLICAÇÃO DO DIREITO CONSTITUCIONAL

§ 27.° A interpretação das disposições constitucionais

125. A aceitação dos cânones gerais da interpretação jurídica 673
126. Interpretação constitucional e interpretação conforme à Constituição.. 677
127. As singularidades da interpretação constitucional 679

§ 28.° A integração das lacunas constitucionais

128. A admissão das orientações gerais sobre a integração das lacunas jurídicas 684
129. Lacunas constitucionais e omissões legislativas 687
130. As singularidades da integração das lacunas constitucionais.............. 689

§ 29.° A aplicação das fontes constitucionais

131. A aplicação das fontes constitucionais no tempo em geral............... 695
132. A sucessão das fontes constitucionais e infraconstitucionais no tempo em especial 698
133. A aplicação das fontes constitucionais no espaço 701

CAPÍTULO VIII

A SISTEMATICIDADE DO DIREITO CONSTITUCIONAL

§ 30.° Os princípios constitucionais

134. O sentido dos princípios constitucionais em geral........................... 711
135. A relevância específica dos preâmbulos constitucionais 717

§ 31.° **As normas constitucionais**

136. O sentido das normas constitucionais em geral 722
137. Algumas modalidades de normas constitucionais em especial 726

§ 32.° **O Direito Constitucional e a Ordem Jurídica**

138. O Direito Constitucional e as outras parcelas da Ordem Jurídica 731
139. As relações inter-sistemáticas do Direito Constitucional com outros ramos normativos 732

CAPÍTULO IX
O FUNDAMENTO DO DIREITO CONSTITUCIONAL

§ 33.° **A relevância supra-positiva do Direito Constitucional**

140. O Direito Constitucional e a busca da Justiça Material 741
141. As concepções pré-constitucionais materiais 744
142. A viragem liberal para o positivismo legalista e normativista 747
143. As reacções anti-positivistas e o novo Direito Natural 754

§ 34.° **As normas constitucionais inconstitucionais**

144. O contributo de OTTO BACHOF e a resposta das doutrinas constitucionais 767
145. A aceitação mitigada da teoria das normas constitucionais inconstitucionais 773

Índice Geral do Volume I 779